ELIS

JULIO MARIA

Elis

Nada será como antes

COMPANHIA DAS LETRAS

Copyright © 2025 by Julio Maria

*Grafia atualizada segundo o Acordo Ortográfico da Língua Portuguesa de 1990,
que entrou em vigor no Brasil em 2009.*

Capa e caderno de fotos
Mariana Metidieri

Foto de capa
Paulo Kawall

Preparação
Richard Sanches

Índice onomástico
Luciano Marchiori

Revisão
Luiz Felipe Fonseca
Clara Diament

Dados Internacionais de Catalogação na Publicação (CIP)
(Câmara Brasileira do Livro, SP, Brasil)

Maria, Julio
       Elis : Nada será como antes / Julio Maria. — 1ª ed. — São
Paulo : Companhia das Letras, 2025.

    ISBN 978-85-359-3999-6

    1. Cantoras – Brasil – Biografia 2. Regina, Elis, 1945-1982
I. Título.

24-245582   CDD-782.0092

Índice para catálogo sistemático:
1. Cantoras brasileiras : Biografia   782.0092

Eliete Marques da Silva — Bibliotecária — CRB-8/9380

Todos os direitos desta edição reservados à
EDITORA SCHWARCZ S.A.
Rua Bandeira Paulista, 702, cj. 32
04532-002 — São Paulo — SP
Telefone: (11) 3707-3500
www.companhiadasletras.com.br
www.blogdacompanhia.com.br
facebook.com/companhiadasletras
instagram.com/companhiadasletras
x.com/cialetras

Com o amor de Eduardo e Helena
Para Josias, Maria Angela, Karina e nossas eternas Marias

Sumário

Prefácio — Zuza Homem de Mello 9
Uma biografia sem fim 13

Nada será como antes 17

1. 25
2. 38
3. 48
4. 67
5. 80
6. 107
7. 125
8. 138
9. 153
10. 171
11. 180
12. 189
13. 213
14. 235
15. 252

16.	259
17.	272
18.	284
19.	296
20.	325
21.	336
22.	354
23.	369
24.	389
25.	401

A lista de Elis 413

Entrevistados, agradecimentos e principais fontes 433
Créditos das imagens 437
Índice onomástico 439

Prefácio

Quem não gostaria de escrever a biografia de Elis Regina?

Em sua carreira breve e intensa e em sua vida pessoal, Elis expõe elementos de sobra para a mais tentadora narrativa sobre uma cantora brasileira. Ademais, não se trata de *uma* cantora, está-se falando *da* cantora. Daquela que legou uma obra que atravessa o tempo.

Narrar a vida de Elis Regina é empreitada provocadora, mas também traiçoeira para quem não consegue disfarçar cega admiração, pois pode conduzir ao perigo de adernar a biografia por estar impregnada de bajulação.

Com a compreensão aguçada pela sensibilidade, aliada à fluência do texto absorvente de um dos mais confiáveis jornalistas especializados na música brasileira, Julio Maria soube sobrepor-se a armadilhas desse tipo, elevando a leitura desta biografia à sensação de ser, provavelmente, a definitiva, malgrado a carreira de Elis suscitar, tal como a de um Sinatra, o surgimento de futuros livros nesses moldes. Ainda que isso aconteça, não vejo como superar a harmonia que Julio logrou atingir ao atrelar à biografia sobre Elis dois aspectos flagrantemente dominantes: o da música e o da vida pessoal.

Muito longe de ser um livro sensacionalista, a obra mantém admirável justeza ao expor situações e fatos, por vezes, de abordagem arriscada. Apresenta narrativas e ponderações que, além de desenharem o contorno de uma existência, penetram com profundidade na essência da intimidade feminina inseparável do talento musical dessa intrépida e trepidante cantora maior da música brasileira. Situações e fatos, até então, nunca dados à estampa com tanta clareza.

Julio traça a trajetória com régua e compasso. De adolescente gaúcha, baixinha e vesga, uma afinada crooner considerada fenomenal em Porto Alegre, que salta praticamente sozinha no picadeiro carioca da pós-bossa nova e rapidamente se consagra no primeiro ato da Era dos Festivais para, em seguida, assumir a responsabilidade do mais decantado programa musical da televisão, Elis mergulha nas contendas e bastidores das batalhas intestinas entre tendências dessa época efervescente da canção brasileira. Com minúcia, Julio Maria descreve manobras bem e mal-intencionadas nessa fornalha de vaidades, ao mesmo tempo que deixa claro o misterioso fascínio que Elis exercia sobre os homens, músicos e sobretudo compositores que por ela se apaixonaram, curtindo amores platônicos declarados sob a forma de inspiradas canções consagradoras. Paralelamente, o livro sedimenta mais nitidamente, se é que alguma dúvida ainda pudesse existir, sua arrojada atitude de arriscar sempre em proveito de novos compositores, que assim se tornaram os felizardos por ela revelados e logo passaram a pertencer aos que dão caráter à canção brasileira.

Julio enfoca a carreira de Elis no exterior e enfatiza sua atuação no território brasileiro através de seus shows memoráveis, que culminaram com o primeiro de três espetáculos que, em torno de um cantor, estabeleceu pioneiramente a linha divisória entre show musical e espetáculo completo com base na canção. Justamente dessas páginas em diante, o autor sabe interpretar com sagacidade o relacionamento de Elis com seus músicos, especialmente com o grande artífice de sua carreira, o admirável pianista e arranjador Cesar Camargo Mariano, com quem se acumpliciou integralmente na temporada vivida, não sem poucos percalços, em Los Angeles, para a concretização do projeto *Elis & Tom* (1974), um dos maiores triunfos da discografia brasileira. Estende-se ainda sobre os discutidos episódios dos embates da cantora na época da ditadura e sobre a cidadã que defendia direitos do músico ao mesmo tempo que exigia excelência de execução para suas requintadas interpretações, que, acreditem, chegaram a ser tachadas infundadamente de perfeitas demais. Não se deram conta tais opinantes de que, como carrega Julio, Elis era *um músico*.

Embates é o que não falta nas páginas do livro, mormente os travados nas crises conjugais das quais Elis tirou "o que poderia valer de bom", traçando uma linha do tempo de feitos influenciados pelos perfis de seus cônjuges. Nessa linha do tempo, Julio estabelece a conexão de Elis com seu repertório, com sua espiritualidade, com sua postura social e política, com sua probidade contrastante com turbulências sucedidas em seus últimos anos de vida, nos quais a dificuldade por não conseguir superar conflitos existenciais a levou à culminância das mais decepcionantes interpretações de sua carreira, no trem clandestino com destino desconhecido, e, por fim, ao trágico e inesperado epílogo que deixou pasmado um país inteiro.

Em sua pesquisa e nas mais de cem atiladas entrevistas que realizou, Julio foi incansável na busca de esclarecimentos sobre pontos obscuros que, uma vez aglutinados, resultaram no estudo que me parece o mais profundo já realizado sobre Elis Regina. Soube externar a compreensão que teve de Elis, abordando a individualidade intrincada e controvertida de uma mulher insegura que, não obstante, tinha absoluta segurança de ser, como confessou reservadamente, a maior cantora brasileira. Superdotada para a música, com capacidade e memória auditiva fora de série, Elis foi perfeccionista, enfezada, intolerante, quase sempre imprevisível, e teve urgência de viver. Fez quase tudo antes do tempo.

Com *Nada será como antes,* Julio Maria nos presenteia a biografia confiável, respeitosa e íntegra que Elis Regina, a cantora brasileira, merecia. O livro pelo qual esperávamos pacientemente por tantos anos.

Zuza Homem de Mello
Setembro de 2014

Uma biografia sem fim

Colocar um ponto-final na história de Elis Regina é a única incoerência permitida em sua biografia. E o fazemos já sabendo que seremos traídos. Pois por muitas vezes, depois de 2015, quando este livro foi publicado pela Master Books e tudo parecia concluído, Elis rendeu fatos que me fizeram lamentar não estar mais com o texto aberto. Era um áudio, um documento esquecido, um bom personagem escondido ou simplesmente um filtro novo que o tempo instala também nos biógrafos para fazê-los ver um mesmo fato por outro ângulo. Quando Elis foi vista dirigindo um carro e cantando "Como nossos pais" 41 anos depois de morta, provocou uma das maiores mobilizações em massa da era da desmobilização. Ao contrário de artistas vivos biograficamente inativos há algum tempo, Elis, morta, tem vitalidade para seguir produzindo fatos biográficos.

Era um desejo meu ver o livro de volta às lojas desde o encerramento das atividades da Master Books, mas o barulho criado por Elis em sua pós-vida a respeito dos limites do uso da inteligência artificial, em 2023, me deu a certeza de que esta biografia precisava ser revisitada. Era necessário atualizá-la, ampliá-la, revalidá-la e contradizê-la, ao menos até o dia em que Elis a desatualizasse mais uma vez. Assim, com o bom interesse da Companhia das Letras, voltei a campo dez anos depois do primeiro lançamento para buscar histórias que não constaram da primeira edição, reforçando-as com documentos inéditos, novas entrevistas, matérias de jornais, testemunhos e escritos que Elis deixou com amigos e familiares. Não resisti à tentação da reescrita para tornar o texto menos acidentado e mais fluido; objetivo, mas não linear; imparcial, mas não frio.

Decidi trazer mais Elis para as páginas da biografia. Ao redigir o texto original, por acreditar na força da "narrativa limpa", usei poucas aspas da artista, preferindo deitá-las em forma de texto corrido. Quem conta é o livro, não o personagem. Porém, ao reler as entrevistas concedidas por ela, percebi o quanto sua voz falada tem do magnetismo exercido por seu canto. É na fala de Elis que tudo começa. Suas ideias são expostas com ligações cognitivas ligeiras e decididas, sintaxes elaboradas e premissas abrangentes. Simples e densa, exatamente como é sua música.

Apesar de ter lançado o livro há dez anos, ainda sou chamado para falar da biografia em feiras e festivais literários pelo país. Em cada canto, alguém surge com um curioso relato pessoal sobre um dia, uma hora ou alguns minutos vividos ao lado de Elis (para um biógrafo que já lançou seu livro, deparar com essas pessoas é como encontrar diamantes e não poder fazer nada com eles). Mas com o relançamento por fazer, levitei ao saber que poderia trazer esses personagens para a história. Ao passar por Bonito, no Mato Grosso do Sul, para dar uma palestra ao lado do filho da cantora João Marcello Bôscoli, uma senhora levantou o braço e pediu para contar sua história com Elis em Campo Grande no início dos anos 1970. Era a escritora Lenilde Ramos. Enquanto ela narrava, percebi que aquela não era só uma experiência de fã, mas um delicioso episódio de importância biográfica. Chequei com outras fontes e a inseri no livro. Se fosse possível, eu passaria a vida fazendo isso.

No início da década de 2010, quando saí a campo pela primeira vez, todos os personagens deste livro pareciam dispostos a falar de Elis como Elis falaria deles: apaixonados e impiedosos. Era hora de abrir as caixas-pretas. Entendi que, para a geração anterior à minha, a partida de Elis, sobretudo pela forma como foi relatada, sobre um corpo ainda quente, havia deixado um trauma. Ao menos oitenta dos mais de cem entrevistados principais choraram em algum momento ao contarem suas histórias. Muitos se foram. Alberico Campana, Aldir Blanc, André Midani, Angela Maria, Ayrton dos Anjos, Beth Carvalho, Caçulinha, Carlos Lyra, Cauby Peixoto, Chiquinho de Moraes, Dulce Nunes,

Elifas Andreato, Erasmo Carlos, Ercy Carvalho Costa, Fernando Faro, Ivo Pitanguy, Jair Rodrigues, Jô Soares, João Araújo, João Donato, José Nogueira Neto, Luiz Carlos Miele, Pelé, Pierre Barouh, Raul de Souza, Renato Sérgio, Rita Lee, Rubinho Barsotti, Sérgio Cabral, Tunai, Wilson das Neves e Zuza Homem de Mello são alguns desses narradores que não estão mais aqui. É a eles que dedico esta biografia sem fim.

Julio Maria
Janeiro de 2025

Nada será como antes

A voz ao telefone sumia aos poucos. "Samuel…" Sofria, arrastava-se. "Samuel…" E ficava ainda mais frágil, até se desligar depois da terceira súplica. "Samuel…" Um barulho cortou a ligação, e Samuel Mac Dowell sentiu as mãos gelarem. Ele desligou, apanhou o paletó e saiu às pressas de seu escritório, na rua da Consolação com a avenida Ipiranga, para o prédio no número 668 da rua Doutor Melo Alves, nos Jardins. Minutos depois, às 10h15, chegava sem a elegância do homem que Elis Regina apresentara à família como namorado havia seis meses. As crianças Pedro e Maria Rita brincavam com as empregadas no playground quando Samuel entrou pela portaria e se aproximou, transtornado. "Quem está lá em cima?", perguntou a uma das empregadas, Maria das Dores. "Elis e João. Mas estão dormindo", ela respondeu. "Dá a chave." Subiu até o quinto andar pelo elevador de serviço e conseguiu entrar no apartamento, mas parou diante da porta que dava para o pequeno átrio da suíte de Elis. Maria das Dores o seguiu. "Elis, abre", gritou Samuel. Sem resposta, chamou mais alto. "Abre, Elis!" João estava acordado. Ouvia música no quarto ao lado quando percebeu que nada parecia despertar a mãe. Aumentou o volume do aparelho e bateu na parede com um cabo de vassoura para acordá-la. Ao ver que deixava marcas na pintura, parou com as batidas para não levar bronca. Das Dores trouxe as cópias das chaves da casa em uma caixa, e Samuel testou quase todas até conseguir destrancar a fechadura, mas então deparou com uma segunda porta, a do próprio quarto de Elis, também fechada. Girou a maçaneta e percebeu que estava trancada com a chave por dentro. Bateu ainda mais forte e chamou várias vezes. "As ferramentas, traz as ferramentas", pediu à arrumadeira.

Samuel desparafusou a roseta que protegia o buraco da fechadura e usou um alicate como martelo para bater sobre a chave de fenda e cortar a madeira. Sua intenção era alcançar a ponta da chave que trancava a porta por dentro para poder girá-la. Vinte minutos depois de chegar ao apartamento, ele entrava no quarto para ver a cena que mais temia. Das Dores já havia voltado ao playground para cuidar de Pedro e Maria Rita. João veio correndo do quarto ao lado, mas foi impedido de entrar. "Vai brincar, João. Está tudo bem", disse Samuel. Elis estava caída com os olhos semiabertos. Vestia um roupão cor-de-rosa e segurava o telefone com um dos braços estendidos. Seu lábio inferior estava roxo, e seus pés, gelados.

"Elis!", chamou Samuel. Ao tentar levantá-la, sentiu que o corpo dela pesava toneladas e que a cabeça e os braços pendiam no ar sem qualquer reação. Ele a recolocou no chão e ligou primeiro para seu sócio, o advogado Marco Antônio Barbosa. "Deixe o que está fazendo e venha agora. E traga o dr. Álvaro." Correu até a sala para pegar a lista telefônica, voltou ao quarto e discou para todos os números do Hospital das Clínicas que encontrou. Na quarta tentativa, falou com alguém que lhe sugeriu tentar o 190. Atendido agora por um policial cheio de perguntas, Samuel abreviou: "Você tem que mandar uma ambulância. É urgente!". Voltou, então, até Elis e passou a sacudir o corpo dela e a gritar seu nome várias vezes. "Elis, acorda!"

Secretária de Elis, Celina chegou ao apartamento intrigada com o silêncio da chefe. "Cadê essa Elis que não atende telefone?", perguntou da sala. Mas logo sentiu que aquela não era uma manhã comum e decidiu saber o que Samuel fazia na suíte. Correu até lá e viu tudo: "Meu Deus, o que é isso?". Samuel chacoalhava Elis, suplicando por algum sinal de vida. Ele, então, virou-se para Celina e pediu-lhe que discasse 190. Ao telefone, o atendente fez as mesmas perguntas de antes. "Mandem logo essa ambulância!", Samuel gritou ao fundo, quase descontrolado. Celina desligou e passou a ajudá-lo, pressionando o peito de Elis enquanto ele tentava uma respiração boca a boca. "Lili, fala comigo. Por favor, Lili, fala alguma coisa", chorava Celina, chamando Elis do jeito que fazia quando as duas estavam a sós.

Celina olhava cada traço do rosto pálido, a boca escura, as olheiras profundas, as mãos e os pés cada vez mais gelados. "Lili, pelo amor de Deus, respira!" O que estava diante dela não podia ser Elis Regina — um corpo sem vida, sem reação, entregue às vontades alheias. Samuel interfonou para a portaria e avisou que uma ambulância estava a caminho. Ele havia conseguido chamá-la. Minutos depois, uma sirene soou na rua. "Veja se chegou", disse para Celina. Ela foi até a janela do quarto e não viu nada. "Não é a nossa ambulância."

João, que brincava pelo prédio desde que Samuel o impedira de entrar no quarto, saiu pelo portão, atravessou a rua, entrou em um bar e comprou um saco de balas. Ao vê-lo retornar, o zelador João Francisco, já informado por um vizinho de que algo não ia bem no apartamento de Elis, não se conteve: "João, tem alguém doente na sua casa?". O garoto olhou para o saco de balas e respondeu baixo: "Acho que minha mãe está com gripe". Apesar de ter visto o esforço de Samuel para abrir a porta, Maria das Dores também não pensou no pior. Imaginou que Elis estava em um de seus sonos profundos, que a empregada testemunhara em várias manhãs daqueles quase dois anos em que trabalhava para a família. Agora, esperava a patroa acordar para pegar o dinheiro e ir à feira. Por volta das 11h, cansou de esperar. Deixou as crianças com a babá Teresa e foi às compras com o próprio dinheiro. Depois Elis a reembolsaria.

Samuel resolveu agir. "Cadê a chave do carro?", perguntou ele. "João Marcello deve estar com ela", respondeu Celina. "Mande ele subir, preciso do carro agora." Mas logo mudou de ideia. "Não, é melhor um táxi." Desceram pelo elevador, ele com Elis no colo. Assim que chegaram ao térreo, Celina correu até a rua para chamar um carro enquanto Samuel esperava sentado, com Elis nos braços, em uma escadinha da entrada de serviço. O primeiro táxi que avistou foi o do português Manoel Gouveia, um fusca ano 1976, branco, que reduziu a velocidade assim que Celina gritou, pedindo-lhe que parasse. Sem conseguir identificar de onde vinham os gritos, Manoel ameaçou partir, mas então percebeu a moça em desespero. "Embica na entrada do prédio, rápido. É caso de vida ou morte!" Manoel deu marcha a ré, subiu na calçada, abriu a porta e ficou aguardando. Ao mesmo tempo, um segundo táxi chegou com o amigo que Samuel chamara por telefone, Marco Antônio, e o médico de sua confiança, Álvaro Machado Júnior.

Samuel ajeitou o cobertor que envolvia o corpo de Elis e se levantou para levá-la ao carro. Ao notar a dificuldade de Samuel em empreender a tarefa, o zelador João Francisco deixou a portaria e foi ajudá-lo, imaginando que o homem trazia uma criança no colo. Quando viu o rosto pálido de Elis, tomou um susto. Samuel sentou-se no banco de trás do fusca para levar a cantora no colo, mas não conseguiu ajeitar as pernas, que ficaram descobertas e pendendo para fora do veículo. João Francisco correu para recolocar a manta que caía e percebeu que Elis estava molhada, exalando um leve cheiro de urina. Ao lado do motorista, Álvaro se posicionou de joelhos no banco do passageiro, de frente para Samuel, para poder examinar Elis enquanto o carro saía. Pôs a mão na testa dela e então segurou seu braço para averiguar os sinais vitais. Sem olhar para os outros ocupantes do veículo, concluiu algo que preferiu guardar para si. Samuel tampouco quis lhe perguntar alguma coisa. "Vamos para o Hospital das Clínicas", pediu o médico ao motorista. Seu Manoel acendeu os faróis altos e partiu. Em outro táxi, logo atrás, vinham Celina e Marco Antônio. Às 11h30, chegaram ao pronto-socorro.

Maria das Dores voltou da feira ao meio-dia. Carregava sacolas pesadas e, antes de pegar o elevador, decidiu descansar por algum tempo sentada na mureta perto do portão. Um carro da Polícia Militar estacionou. Os policiais desceram e chamaram o responsável pelo prédio. Atendidos pelo porteiro Nicola e por João Francisco, pediram o número de seus documentos para o registro de uma ocorrência, justificando que, naquela manhã, tinham a informação de que um dos moradores havia cometido suicídio. "Não sabemos de nada disso. Houve só uma senhora que passou mal e foi levada ao hospital pela família", respondeu Nicola. Os policiais fizeram mais algumas perguntas e foram embora, aparentemente sem prosseguirem com a ocorrência. Das Dores, intrigada, ouvia tudo. Antes de subir com as compras, foi tirar a dúvida. "Nicola, quem é a mulher que saiu desmaiada daqui?" "Foi a sua patroa", disse o porteiro. A empregada lhe pediu mais detalhes. "Olha, Dores, acho que a dona Elis estava morta quando saiu." A mulher largou as sacolas no chão e lançou as mãos à cabeça. Subiu rápido pelo elevador e encontrou Teresa no apartamento com as crianças. A babá não tinha certeza, mas compartilhou a conclusão a que chegara pela cena que tinha testemunhado à distância. "Ela devia estar morta, porque estava muito pequenininha." No instante em que Samuel saiu com Elis nos braços, Teresa estava no térreo, cuidando de Pedro e de Maria Rita. Ela distraiu a pequena quando percebeu que as coisas não estavam bem, mas não conseguiu impedir que Pedro visse imagens das quais nunca se esqueceria.

O garoto assistiu a tudo do playground — Elis passar desacordada nos braços de Samuel, ser colocada em um carro e ir embora sem dizer tchau. Aquilo que os grandes não explicavam ganhava a livre interpretação de uma criança de seis anos: a mãe foi passear. Duas horas e meia após sair com Elis nos braços, Samuel voltava transfigurado, confortado pelo amigo Marco Antônio e pelos irmãos Carlos e Beatriz. Foi até o quarto de Elis e lá ficou por algum tempo. Antes de sua chegada, Maria das Dores havia recolhido do chão do cômodo uma garrafa de Cinzano não de todo vazia. Rogério, irmão de Elis, também mexeu no quarto caminhando visivelmente atormentado. Às 15h30, chegou uma equipe de técnicos do Instituto de Criminalística da Polícia Científica. Analisaram os aposentos, fotografaram as portas e os móveis, e se retiraram, anotando no laudo técnico que, "face ao grande número de pessoas no apartamento, pressupõe-se intensa movimentação das mesmas em seu interior, particularmente na suíte da cantora. Nestas condições, o local se torna totalmente inidôneo para a perícia".

Cesar Camargo Mariano, pai de Pedro, chegou apressado. Ele tinha os olhos tristes e vermelhos, a barba feita e um dos braços enfaixado. De tudo, o mais estranho era o fato de estar ali pela primeira vez em pouco mais de seis meses, desde que havia se separado de Elis. Pedro dirigiu-se aos adultos para saber o que havia de errado. "Nada, vai brincar", disse uma das empregadas. O telefone da casa tocou e João atendeu. Era o jornalista de uma emissora de rádio: "Bom dia. Por favor, é da casa da Elis Regina?". "É, mas ela não está", respondeu o garoto. "É só para confirmar: soubemos que ela morreu nesta manhã, é isso mesmo?" João sorriu sem graça, desligou e voltou a brincar. Pedro, um tanto perdido, passou pela sala e ligou a TV para assistir a algum desenho animado no instante em que um plantão do *Jornal Hoje*, da Globo, começou a trazer as respostas que os adultos haviam negado. "Morreu nesta manhã a cantora Elis Regina." O menino voltou aos adultos com urgência: "Pai, a televisão está falando que a mãe morreu. É verdade?". O silêncio tomou conta da casa, e os olhares se centraram em Pedro. Cesar levou-o ao quarto, junto com a pequena Maria Rita, para tentar dizer aos dois filhos a verdade na qual ele mesmo custava a acreditar. A mãe que os pusera para dormir na noite anterior não voltaria mais.

A notícia saiu como um tiro. Milton Nascimento estava com alguns amigos em uma praia na zona sul do Rio quando, inexplicavelmente, sentiu que deveria ir para casa mais cedo. Ao entrar, a empregada o recebeu com um comentário. "Seu Milton, o senhor viu que a Elizeth Cardoso morreu?" "Elizeth? Tem certeza? Que estranho", pensou ele. Milton ligou a TV e deu imediatamente com o rosto de Elis tomando a tela inteira. "O corpo da cantora está sendo velado no Teatro Bandeirantes, em São Paulo", dizia o noticiário. Um furacão devastou Milton, deixando-o sem voz para gritar e sem ouvidos para atender ao telefone da casa, que começava a tocar sem parar. Assim que os amigos chegaram, souberam da notícia e perceberam seu estado de choque. Olharam-se e decidiram colocá-lo em um carro para seguirem em silêncio até uma praia deserta e distante. Quando avistou um barco atracado, vazio, Milton disse apenas: "É aqui, me deixem aqui". E ali ficou, sentado no barco, por um dia inteiro.

Gal Costa assistia à TV em casa, também no Rio. A notícia a deixou deprimida e sem fala por alguns dias. Nelson Motta havia acordado fazia pouco tempo quando recebeu uma ligação de sua ex-mulher, a atriz Marília Pêra: "Nelsinho, tenho uma notícia ruim pra te dar. A Elis…". Fagner estava em seu sítio na pequena Santarém, no Ceará. Muitos amigos o procuraram para lhe contar sobre a cantora, mas só o encontraram à tarde. Perder a mulher que o lançara como artista e lhe dera abrigo no Rio foi devastador. Rita Lee estava com o marido Roberto de Carvalho na casa em que viviam, na serra da Cantareira, em São Paulo. Às lágrimas, Rita foi levada por Roberto até um lugar nos arredores onde a amiga havia morado e ainda tinha uma casa, também na Cantareira. Entraram e ficaram no quintal, em silêncio, rezando e sentindo a presença da artista.

Jair Rodrigues se preparava para dar uma entrevista em uma emissora de rádio em Santos, no litoral paulista, onde faria um show. Sem jeito, o locutor o avisou, ainda fora do ar: "Seu Jair, desculpe, temos de dar uma notícia triste agora". Jair perdeu o chão, cancelou a apresentação e voltou para São Paulo. Guilherme Arantes estava no Estúdio Transamérica, no Rio, gravando a música "O melhor vai começar" para o disco *Lance legal*. Os técnicos souberam da morte de Elis pela TV da cantina do estúdio e decidiram avisar Guilherme com cuidado. Sabiam da paixão que ele tinha pela cantora. O músico levou um susto e pensou no quanto ela deveria estar vulnerável e solitária. Abaixou a cabeça, fez silêncio, reergueu-se e disse aos músicos à sua volta: "A vida precisa seguir".

Caetano Veloso estava em Ondina, na Bahia, quando o fato lhe chegou por outras pessoas que souberam pela TV. Aflito, queria mais explicações, preocupado com os filhos da cantora, expostos a um noticiário que associava a morte de Elis ao uso de drogas. João Bosco descansava, isolado em seu retiro de verão junto com a mulher Angela e o filho Francisco, nas praias de Marataízes, no litoral sul do Espírito Santo. Sem rádio, TV ou telefone, estava em casa quando um vizinho veio até ele: "Rapaz, que pena que sua amiga morreu". "Que amiga?" "Você não viu que a Elis Regina morreu?" João ouviu aquilo como se fosse brincadeira, mas o rapaz foi entrando em detalhes que transformaram sua incredulidade em pavor. Ney Matogrosso dirigia seu Escort rumo à casa do amigo Mário Troncoso, no Rio, quando ouviu a notícia pelo rádio do carro. Estacionou no acostamento, desligou o motor e ficou olhando para o horizonte até conseguir se recuperar. Edu Lobo tomava sol na praia de Ipanema. "A Elis morreu!", gritou uma mulher ao lado, com um rádio de pilha ligado. Não havia dúvidas. Mulher com esse nome, Elis, só havia uma.

Luiz Carlos Miele dirigia seu Puma conversível pelas ruas do Rio de Janeiro sem prestar atenção às notícias no rádio. Estava com a cabeça em coisas mais importantes, como a própria Elis Regina. Amigos desde os tempos em que vibravam juntos nos shows das portinhas mambembes do Beco das Garrafas, quando improvisavam refletores com cartolinas enroladas, Miele e Elis tinham daquelas cumplicidades que dispensavam provas de amor. Podiam passar anos sem se ver, mas o alicerce não se rompia. Pois bem naquele final de manhã, bateu em Miele uma vontade incontrolável de ver a Baixinha. Poucas horas antes, ele havia pedido a um empregado que postasse no correio uma carta em retribuição a um cartão carinhoso que Elis lhe enviara com dizeres cheios de entusiasmo e citações do arcebispo dom Helder Câmara. Sua resposta era na medida para tirar o riso mais escandaloso da amiga, um que ela dava de olhos fechados e com a cabeça para trás. "Elis, com licença de dom Helder Câmara, eu estou com uma puta saudade de você. Como é que eu faço para te ver agora?" O rádio do carro insistia na notícia. Ouvir o nome da cantora na mídia era comum, mas aquilo começava a ficar desconfortável. "Mais de 20 mil pessoas já passaram pelo velório, que está sendo realizado em São Paulo. Elis tinha 36 anos..." Miele desligou o rádio. Seu cérebro, ele entenderia depois, comportava-se como um cão de guarda para protegê-lo, acionando um mecanismo de sobrevivência para criar uma notícia paralela que o salvasse de um provável acidente automobilístico: "Puxa, a mãe da Elis... Que coisa, a mãe da Elis morreu".

Um clarão fez a mãe de Elis perder as memórias dos minutos que antecederam e de outros tantos que se seguiram à notícia da morte da filha. Dona Ercy Carvalho Costa só se lembraria, anos depois, de saber da tragédia pela televisão. E mais nada. Senhora de punhos largos, motivo de troça entre os irmãos quando criança, era ajudada por uma genética que parecia garantir a vida eterna. Sua resistência física descomunal, ela mesma dizia, se devia ao leite de cabra que tomou todos os dias durante a infância. Com os ossos de aço e a alma de ferro, não havia doença que a derrubasse. Ao se tornar mãe de Elis, primeiro, e de Rogério, depois, dizia que havia passado seus poderes aos filhos. Um estrabismo genético era o único "defeito de fábrica" em Elis e, ainda assim, daqueles sobre os quais os médicos diziam: "isso não mata ninguém". Elis e morte eram duas palavras que não combinavam em uma mesma frase. Sua filha Elis Regina? Bobagem. A TV insistia que ela estava morta. Já falava em velório, enterro, drogas. Não fazia sentido. Sua Elis Regina tinha energia para ser sol e tempestade. Das drogas, o coração de mãe dizia, jamais se aproximara. Só podia ser engano. Além do mais, aquela Elis pertencia a uma família em que as mulheres não podiam deixar o mundo assim, sem aviso prévio.

1.

Elis Regina Carvalho Costa vinha de uma linhagem de mulheres acostumadas a dar as cartas, para que seus mundos não se desfizessem nas mãos dos homens. Ana, a avó, mãe de Ercy, era portuguesa, de uma aldeia próxima a Coimbra. Seu temperamento árido de toda a vida talvez fosse explicado por aqueles tempos em que ela tinha como ofício carregar areia e pedra para ajudar os pais. Ana era a boa mãe das práticas, não dos carinhos. O seu certo era *o* certo, e ponto. Já vivendo em Porto Alegre, onde chegou ainda menina, lavava e passava roupas para Gregório, também português, mas do norte. Homem de poucas e pensadas palavras, treinou as virtudes da calma e da sensatez nos anos que passou trabalhando para uma paróquia nos arredores da cidade do Porto mais a serviço do padre do que de Deus. Não demorou para Gregório se engraçar com Ana, a mulher que cuidava de sua roupa e de sua vida antes mesmo de ser sua esposa, e logo a levou ao altar. Dos sete filhos, a segunda foi Ercy.

Na casa dos Carvalho Costa, música era para festa, nunca um ganha-pão. E, de todos ali, Ercy era aquela cuja voz mais brilhava. Seu pai achava graça. Sua mãe, nem tanto. "Cala essa boca, guria! No tempo em que tu tá cantando teu serviço tá parado." Os sons que chegavam pela Rádio Nacional do Rio de Janeiro vinham, muitas vezes, em forma de bolero. Em dias de festa, tudo ficava mais leve. A mãe estalava os dedos e fazia a casa dançar o vira. As vozes soavam mais altas do que o rádio, e a vizinhança queria saber: "Ana, para quem é a festa? Quem está fazendo aniversário?". Havia um desejo especial de Ercy confinado no que ela chamava de porão dos sonhos impossíveis: ser cantora. Uma ambição que o pequeno mundo em que vivia dizia ser inatingível. Se não podia cantar, Ercy dançaria. E, se não para ganhar o pão, para decretar alforria. Aos bailes, ela ia uma vez por mês, e foi em um deles que viu despontar o moreno magro de bigode e cabelo engomado, caladão, mas cheio de charme e sem-vergonhice, com um cigarro cambaleando no canto da boca. Queria saber se a moça jeitosa, de rosto redondo e sorriso largo, lhe concederia o prazer da contradança. Ela disse sim, sem saber que um segundo convite viria na sequência, poucos dias depois: "Quer casar comigo?".

Dona Ana não gostou muito daquilo. Aos olhos dela, Romeu, 24 anos, era moreno demais, quase negro. Sua filha, com 21 anos, não seria feliz ao lado de um homem assim. Ercy, dizia a mãe, precisava de um rapaz "distinto, de pele branca", como o marido de sua irmã Aida. "Negro não dá", dizia Ana. Seu Gregório não entendia. Se a filha gostava de Romeu, que mal havia? "Ele me parece uma boa pessoa", dizia aos amigos. O trator de Ana já havia deixado marcas na família. Na infância de Ercy, resolveu ela mesma cuidar de uma dor de ouvido da filha com esguichos de água quente e analgésico aplicados com seringa diretamente no tímpano da menina. O problema só piorou, e a audição em um dos ouvidos nunca mais foi a mesma. Agora, o enlace com Romeu, decidiu Ercy, sairia por bem ou por mal. E saiu por bem. Ao ver o brilho nos olhos da filha, Ana sentiu que estava perto de perdê-la. Ercy e Romeu se casaram um ano depois e, no seguinte, ela engravidou.

"Conta depois se dói muito?", pediu Aida à irmã. Era 17 de março de 1945, tarde de um domingo de sol em Porto Alegre, quando a primeira filha de Ercy mandou os primeiros sinais de que chegava sua hora de vir ao mundo. Enquanto levava a irmã para o Hospital Beneficência Portuguesa, Aida queria saber como era ser mãe. Mas, assim que começaram os trabalhos do parto normal, Ercy não sentiu mais nada. Ou adormeceu ou desmaiou, e só se lembraria de Elis sendo colocada em seu colo. "E aí, como foi?", perguntou a irmã ao entrar no quarto. "Não sei, Aida. Eu dormi", respondeu. "Sua infeliz!", chiou a irmã. Ao chegar ao hospital, Romeu já tinha as instruções para fazer o registro da filha no cartório. A menina iria se chamar Elis, assim como a irmã de Eloir e Eloisa, filhas de um casal de amigos que foram padrinhos de seu casamento. Mas deveria ser Elis com *i*, não com *y*, "pelo amor de Deus!", pediu a mãe. E, caso o moço do cartório reclamasse por Elis não ser nome de santa, o que quase todos faziam à época, bastaria Romeu sacar o Regina e anotar ao lado do primeiro nome para contornar a situação. Se não havia uma santa Elis, certamente haveria uma Regina. O moço do cartório não reclamou pela falta do nome bíblico, mas percebeu uma outra deformidade. Elis, segundo sua percepção, valia tanto para homem quanto para mulher. "Vão fazer uma confusão danada com a menina", disse o rapaz para Romeu. "Então coloca Regina também", respondeu o pai. "Elis Regina?", perguntou o escrivão. "Isso, Elis Regina", confirmou Romeu.

Para Ercy, seria sempre Elis. Só Elis. Ou Lilica. "Regina" era para deixar claro que o tempo iria fechar. Os primeiros anos de Elis Regina foram vividos em uma casa de madeira no bairro Navegantes, subúrbio de Porto Alegre. Seu Gregório, como bom patrício, plantava parreiras para produzir o próprio vinho, que era armazenado nos barris deixados no quintal. Ercy costurava as roupas sem economizar em laços e babados para uma filha que vestia como se fosse sua boneca. Andar e desfilar foram descobertas simultâneas de Elis. Se tivesse plateia, ela saía pelo corredor, caminhava e fazia um giro de pernas gracioso, esperando aplausos. Ao contrário da avó, que jamais saía em fotos por não suportar a própria imagem, a menina tinha consciência de que o equipamento que tia Aida levava até sua casa para tirar fotografias nos finais de semana poderia mostrá-la bela ou feia, dependeria apenas do empenho da retratada. Antes de aprender a falar, Elis saberia escolher os melhores ângulos para sair bem na foto.

Aos três anos, Elis cantava balbuciando e, aos cinco, fazia tudo virar música. E a música de verdade, que ouvia por tabela no rádio dos pais, tinha partes reproduzidas por sua voz o dia todo. A primeira que aprendeu a cantar foi "Adiós, pampa mía!", um tango argentino de sucesso lançado no mesmo ano de seu nascimento, 1945. "Chiquita Bacana", com Emilinha Borba, foi a segunda. Insegura e convicta em seus extremos, tímida e sorridente, estrábica em dias alternados, competitiva com os fortes e impaciente com os fracos, Elis foi formando uma personalidade de conflitos com o mundo e consigo mesma, sempre pronta para compensar deficiências com virtudes e vice-versa. Ao começar a cantar músicas inteiras, não era mais a menina que gostava de plateia. Ia para o quarto, longe da mãe, e sentia o chão se abrir a cada frase reproduzida de uma canção de Angela Maria ou de Cauby Peixoto que lhe chegava pela Rádio Nacional. As paixões dos pais — Marlene, Emilinha Borba, Francisco Alves — foram se tornando também suas descobertas e povoando seus pensamentos com música que parecia não acabar mais.

Elis não sabia tecnicamente o que eram vibrato ou sustentação, melismas ou drives, mas sentia quando algo diferente acontecia na voz dos cantores. Um pouco mais tarde, ouviria o trompetista Chet Baker cantando e João Gilberto tentando imitá-lo sem usar nenhum vibrato — algo que a influenciaria por toda a carreira na dosagem desse recurso. A voz da Elis criança era um descontrole, uma força indomável de timbre e volume que pareciam sair de uma mulher bem mais velha. A mãe, a avó e os vizinhos a ouviam todos os dias. Só faltava o mundo. E o caminho mais fácil para chegar a ele, naquela Porto Alegre da década de 1950, era o programa dominical *Clube do Guri*, que o apresentador Ary Rêgo conduzia das dez da manhã ao meio-dia com grande sucesso na Rádio Farroupilha. Às vésperas do aniversário de Elis, a avó pediu a Ercy que levasse a menina ao programa, como um presente para a neta. Não havia como negar.

Um dos campeões de audiência na época, o *Clube* tinha como estrelas seus talentos mirins, crianças que chegavam de todo o Rio Grande trazidas pelos pais, vestindo suas melhores roupas, para viver momentos de astros diante do microfone e de uma plateia que vibrava em palmas e assovios. As crianças ensaiavam antes com um pianista e voltavam para seus lugares, à espera do chamado de Ary. Ao chegar ao *Clube*, Elis, aos sete anos, já era um poço de dilemas. "Não, mãe, não quero mais", disse, antes mesmo do ensaio, provavelmente assustada com a festa que os meninos e as meninas mais ambientados faziam no estúdio. Nem o mentor Ary Rêgo a garota quis conhecer, o que fez Ercy perder a paciência — que já era curta. No caminho de volta para casa, a mãe não escondeu o desapontamento. "Mas tu achas mesmo que eu sou boba, né, menina? Me faz passar uma vergonha dessas?" Elis havia travado diante do palco e transformado o *Clube do Guri* em um leão a ser domado em nome da honra.

Ao sentir que a filha andava solitária demais, com aqueles pensamentos de onde só parecia brotar música, Ercy botou na cabeça que daria a Elis uma irmã. Uma parceira que já tinha até nome: Eliana. Seu Romeu não queria nem mais homem nem mulher e decretou a fábrica fechada. Ercy, então, enganou o marido, dizendo que não estava em dia fértil, e o recebeu em uma noite cheia de intenções. Quem veio depois de nove meses foi um menino, Rogério, moreno como o pai, que Elis trataria como se fosse seu filho de brinquedo.

A família mudou-se para uma casa melhor e maior. O pai, funcionário da Companhia Sul-brasileira de Vidros, tinha direito a uma das moradias no conjunto habitacional popular conhecido como Vila do IAPI, sigla para o Instituto de Aposentadoria e Pensão dos Industriários, criado no fim dos anos 1940, na periferia de Porto Alegre. Uma grande figueira na frente do número 21 da rua Rio Pardo, que se via assim que se abriam as janelas de madeira, era o que diferenciava o endereço das casas vizinhas. Seus dois quartos eram pequenos, mas a sala tinha o espaço de que Elis precisava para brincar de professora.

Bem perto dali havia um campo de futebol onde Rogério começaria a levar em consideração a ideia nunca vingada de se tornar um craque profissional. Talento ele tinha. Os amigos passaram a chamá-lo de Rogério Rosca assim que notaram sua habilidade singular de chutar a bola com a precisão necessária para colocá-la no ponto que quisesse. Feliz, de casa e irmão novos, Elis não se trancava mais para cantar. Quando a mulher lá de dentro dava sinais de que queria se manifestar, soltava a voz ali mesmo, na hora do jantar, acompanhada pelo rádio ligado ou mesmo à capela. Em dia que não cantava, um vizinho chamava Ercy do outro lado do muro do quintal: "Cadê a menina? Ficou doente?".

A volta ao *Clube do Guri* se deu quando Elis já tinha doze anos, assim que se sentiu segura para pagar a conta que havia pendurado com a mãe e com ela mesma. Música parecia, agora, um bicho menos selvagem, pois Ercy a pusera para fazer aulas de piano com uma professora particular. Se cantar era coisa de mulher à toa, pensou a mãe, um piano seria a redenção. O soberano instrumento encheria a casa de status e beleza, calaria os parentes invejosos e levaria a voz da filha à elegância dos salões. Só havia um problema: a família não tinha piano e, se dependesse da disposição de Romeu para abrir a carteira, não teria nem um pandeiro. Quando a professora, ciente de que já havia ensinado a Elis tudo o que podia, sugeriu à família que procurasse um conservatório para a menina seguir com a prática, o piano em casa passou a ser um item indispensável. Seu Romeu, injuriado pelas aulas que comiam parte de um ordenado apertado, mandou parar tudo. Nada de aula, nada de piano. Elis voltou seus esforços para o único instrumento que não precisava ser comprado e aquele que ninguém lhe tiraria: a voz.

"Mãe, me leva de novo no *Clube do Guri*?" Quando ouviu o pedido da filha, Ercy pulou nas sandálias. "E vais fazer o que lá, se já foi uma vez e não cantou nada? Tu achas que eu tenho tempo a perder?" Elis insistiu: "Não, mãe, dessa vez eu canto". Sem apostar nem dois contos na guria, Ercy atendeu ao pedido mais para ficar em paz com a própria consciência. "Quero só ver se tu vais cantar mesmo." Até o momento em que Elis foi chamada por Ary ao microfone, a mãe temeu por um novo vexame. Mesmo produzida para o estrelato, com vestidinho de missa, sapato branco e rabo de cavalo, a filha não parecia bem. Estava pálida, com as mãos geladas e o nariz sangrando de sujar a roupa. A luva, parte da indumentária preparada por Ercy, já tinha um dos dedos furado pelas mordidas que Elis dava em si mesma para aliviar a tensão.

Depois de um rápido ensaio com o pianista Rui Silva, chamaram com entusiasmo o nome da menina: "E, agora, Elis Regina!". Entre as primeiras notas do piano e o início da canção "Lábios de mel", de Waldir Rocha, que o rádio levava aos lares do país na voz de Angela Maria, ouviu-se um silêncio. A candidata só movia os olhos por trás dos óculos de lentes grossas, à procura do colo da mãe na plateia ou de uma saída de emergência por onde pudesse desaparecer. Sólida como o pedestal diante dela, Elis começou a cantar. Aos poucos, deixava sair a mulher de voz robusta que vivia em seu peito. As notas seguras não combinavam com a fragilidade da garota. A reação dos espectadores enchia Ercy de orgulho. Ary cruzou olhares com o pianista e sentiu que acabara de testemunhar algo muito sério antes mesmo que os aplausos terminassem. Em anos de rádio, desde o início de sua carreira, em Pelotas, quando ainda não havia pensado em vender tudo o que tinha para tentar a vida em Porto Alegre, Ary Rêgo não garimpara uma pepita daquele quilate. Ao chegar em casa, virou-se para a mulher, Dayse, e lhe disse o que repetiria outras vezes ao falar sobre Elis Regina: "Descobrimos a nova Carmen Miranda".

Elis sumiu da Rádio Farroupilha. Nem ela nem a mãe pensaram em fazer das tardes no *Clube do Guri* o início de uma carreira promissora. Haviam vivido ali um dia de glória que, para uma menina de doze anos, já era uma realização com começo, meio e fim. A dívida da filha com a mãe estava paga. Mas, ao cumprir a promessa de cantar e transformar os temores de Ercy em louros, ganhou moral. De mãe, Ercy começava a virar fã. "Canta, filha, canta aquela da Angela Maria", dizia para as visitas. E Elis cantava em casa, na rua, nos intervalos das aulas do tradicional Instituto Estadual de Educação General Flores da

Cunha, próximo ao Parque Farroupilha, onde entrou pensando em se tornar professora. A Elis aluna não era um fenômeno. Por exemplo, teve de fazer o terceiro ano duas vezes, depois de fracassar na primeira tentativa, sobretudo por suas birras com matemática e francês. Na matemática, o vilão eram os números. No francês, a professora.

Ida Godinho era um nome que dava calafrios nas meninas do General Flores. A mestra de francês usava preto dos pés — sempre enfiados em meias três-quartos e calçados com botas grossas — à cabeça, coberta por cabelos curtos e retintos. Os óculos sem aro e a testa inexpressiva avisavam que dali não sairiam risos. Entre as alunas, seu índice de popularidade era zero. As provas surpresa eram temidas e provocavam choro em quem não chegava à pronúncia correta de um "*comment allez-vous?*". Seus apelidos de bastidores, como códigos secretos, variavam de tempos em tempos, e Ida agia como se quisesse alimentá-los, sobretudo com suas investidas contra as colegas Elis Regina e Rejane Wilke, que estudavam na mesma sala. Rejane teve um dia ruim ao aparecer na escola de vestidinho xadrez azul e branco feito pela mãe — à época, um modelo conhecido como Brigitte Bardot, lançado em filmes pela atriz francesa. "Nossa, Rejane, bonito vestido!", disse Ida. "Gostou, professora? Ele se chama Brigitte Bardot." Foi o suficiente. "Que vergonha, menina. Nunca que tu deverias usar um vestido daquela devassa."

Eram vexames públicos, de preferência com amigas como testemunhas. Elis sofreu mais. Ao saber que seus dotes de cantora começavam a deixá-la popular e que as alunas chegavam a torcer para que o professor faltasse, o que permitia a Elis que assumisse o palco improvisado na sala, Ida foi aos extremos de sua fúria conservadora. De classe cheia, resolveu colocar a guria em seu lugar. Afinal, que negócio era aquele de aluna cantora? "Isso é coisa de gente rasteira, prática dos maus elementos", disparou. Elis chegou em casa arrasada. A mãe quis saber o que era, e a menina contou o caso aos soluços. Ercy foi à escola com o sangue português fervendo. Sem se intimidar com a imponência da diretoria, descarregou sua indignação. Aquilo não era coisa que professora fizesse a uma aluna. E quando que cantar era vergonha? Ida acabou deixando o colégio, e Elis seguiu até o fim, com o francês aprendido aos traumas. Só não sabia que, em um dia não muito distante, o idioma ensinado por Ida Godinho seria de grande valor.

As paredes do General Flores da Cunha testemunharam cenas menos bélicas. Em meio à turma só de meninas, Elis e Rejane falavam de garotos. E um dos primeiros a despertar os desejos e as fraquezas de Elis foi o camisa 8 do time do Grêmio, Gessy, craque que levaria onze títulos nas costas entre 1956 e 1962 e alimentaria um peculiar sonho de se tornar dentista. Para Elis, era mais uma paquera que terminou assim que ela o flagrou com uma guria "desajeitada e malvestida" após um treino do Grêmio. Havia também Willy, moço casado que se apaixonou por Elis com uma intensidade que quase o levou à loucura. Para não estragar a família, resolveu se mudar de Porto Alegre.

Entre Rejane e Elis era sempre mais agradável quando as duas falavam de música. Rejane tinha aulas de piano em casa, o que as condições de Elis não permitiam, e passou a se lembrar da amiga sempre que uma nova partitura lhe caía nas mãos. Sua mãe trouxe um dia a de "Fascination", uma antiga valsa francesa de 1904, de autoria atribuída a Dante Marchetti e Maurice de Féraudy, que acabara de se tornar popular no Brasil com a chegada do filme *Amor na tarde* [*Love in the Afternoon*], com Audrey Hepburn e Maurice Chevalier. Na voz de Elis, imaginou a amiga, aquilo ficaria lindo. Rejane copiou a letra, que já havia sido traduzida para o português em 1943 pelo radialista Armando Louzada e gravada por Carlos Galhardo, e esperou o recreio para mostrá-la. Sentada nas escadas que davam para o pátio, Rejane ouviu, em primeira mão e de cadeira cativa, Elis Regina cantar uma das músicas que, um dia, seria um de seus mais arrebatadores sucessos.

Quando o ciclo no General Flores terminou, Elis passou uma temporada de seis meses no Colégio Estadual Júlio de Castilhos e então foi cursar o ensino normal, como se chamava na época o curso voltado para o magistério, no Dom Diogo de Souza, pois estava disposta a sair de lá professora. Português era seu forte. Uma redação sua chamada "O pássaro e o poeta" demonstrava articulação e sensibilidade. E, com exceção de um deslize ao escrever a palavra "retroceder", grafada ali "retorceder", não havia erros. A professora deu a nota na página: 9,5. E fez uma observação: "Ótima".

Elis Regina Carvalho Costa — f 32 — fila B

Composição: *O pássaro e o poeta*

Um pássaro cheio de beleza e grandiosidade deixa por onde passa um rastro de luz e alegria. Alegria pura e límpida como as águas de uma fonte. Faz de sua vida um oceano de sentimentos bons e sãos. Nada lhe faz retorcer à ideia de que, um dia, talvez, um caçador lhe abata.

A certeza de que nunca deixará de existir outro pássaro que, como ele, distribua paz e felicidade, deixa-o confiante. Assim é o poeta. Mesmo sabendo que os injustos ou a morte cortarão sua trajetória, ele segue. Haverá, um dia, alguém que prosseguirá a sua caminhada em busca do verdadeiro sentimento de amizade que há no coração dos homens.

Foi por essa época que Elis deparou com um detalhe que ganhava vida própria: sua voz transbordava para além das salas de aula. Episódio de sorte ou destino, a volta ao *Clube do Guri* era questão de dias. Ary Rêgo, inconformado com o desaparecimento de sua pepita dos estúdios da Farroupilha, foi surpreendido por uma atendente quando fazia compras na tradicional Casa Masson, na rua Marechal Floriano com a dos Andradas. "Oi, Ary, eu sou a tia da Elis, lembra dela?" Incrédulo, Ary pegou o endereço de sua "Carmen Miranda" e seguiu para a Vila do IAPI, a fim de convencer a menina cantora a retornar à rádio. Bateu à porta de dona Ercy para falar do quanto estimava pela guria no palco de seu programa e do mal que a família faria à história se interrompesse o curso daquele rio. Não precisou mais. Com a bênção da mãe e da avó, Elis voltou para se tornar a menina da Rádio Farroupilha. E, de tempos em tempos, levar para casa um presente do patrocinador: uma caixa de chocolates Neugebauer.

Ary a fazia brilhar em um ambiente que já tinha estrelas mirins fortes como Maria Helena Andrade e Ruth Maria. Com Maria Helena, Elis protagonizou seu primeiro episódio de rivalidade. Um miniconcurso promovido por Ary havia terminado empatado, com as duas em primeiro lugar. Maria Helena, alegre e descontraída a ponto de conseguir cantar e sambar ao mesmo tempo, contra Elis, um poste com um vozeirão. No desempate, deu Elis. Seu prêmio: cinquenta cruzeiros e um ferro de passar roupas. Dona Ercy adorou.

Quando já parecia grande demais para estar no *Clube*, Elis foi promovida a secretária de Ary, uma espécie de ajudante de luxo. Ary Rêgo assistia à transição que parecia mudar tudo ao mesmo tempo. A cantora doméstica se profissionalizava, e a menina se despedia de uma adolescência que mal havia começado a viver. Dona Ercy fazia pressão. Se aparecesse uma nota ruim no boletim da escola, a brincadeira acabava. Porém, mesmo sem tempo para se dedicar aos estudos como antes, Elis conseguia manter suas avaliações na média, e a brincadeira continuava. A partir dali, as coisas aconteceriam rápidas e intensas demais, como se cada ano de sua vida equivalesse a três das pessoas normais. Elis Regina já tinha tiques de celebridade. Se Ary pedisse que cantasse um "sambinha", levava uma entortada: "Sambinha não sei, mas posso cantar um samba". Se fosse chamada a participar do coral da rádio, dava de ombros. Sua voz não era para soar em grupo.

A descoberta de Ary Rêgo começou a encher os olhos de outro homem nascido para o rádio e para as oportunidades de Porto Alegre. Maurício Sirotsky Sobrinho, um ex-locutor do serviço de alto-falantes e ex-radioator da concorrente Farroupilha que já havia se tornado apresentador e proprietário da Rádio Gaúcha, tinha um programa nas mesmas manhãs de domingo que Ary Rêgo, mas para um público um pouco mais velho. E era com o sangue quente que o Big Nariz — apelido que recebera, e que nunca o incomodou, por conta da bicanca que ostentava — fazia o popular *Programa Maurício Sobrinho*.

Aos sábados, no auditório do Cinema Castelo, centro de Porto Alegre, obrigava todos a ensaiarem as passagens do dia seguinte na íntegra, sempre com um ouvido colado no rádio para saber o que faria a emissora concorrente. Quando soube de Elis Regina, Big Nariz esfregou as mãos. Contra a Farroupilha, a Gaúcha tinha vantagens incontestáveis, como a de pagar bem mais do que uma caixa de bombons ou um saco de balas a seus cantores. Maurício convidou Elis e os pais dela para uma conversa. Queria a cantora em seu quadro de funcionários. Vestidos com roupas de domingo, Ercy e Romeu levaram a filha à sala de Maurício com sorrisos de satisfação, prontos para assinarem o contrato que fosse e fazer aquela cantoria se tornar fonte de renda. Elis saía dali com seu primeiro emprego registrado em carteira de trabalho.

A partir daquele 1º de dezembro de 1958, a Rádio Sociedade Gaúcha pagaria à sua mais nova funcionária, de treze anos de idade, 6 mil cruzeiros mensais. A escalada de aumentos que viriam a partir daí serviria para proteger a menina dos falcões que sobrevoavam o terreno de Maurício e cobrir parte das perdas que a inflação abocanhava. Os 6 mil iniciais passaram a 8 mil em 1960, 10 mil em 1961, 12 mil até julho de 1962, 20 mil até o fim de 1962, 25 mil no início de 1963 e, num último salto, 50 mil cruzeiros até o dia 1º de agosto de 1963. Com o primeiro salário, Elis passou em uma loja de brinquedos e comprou um boneco de plástico. Deu-lhe o nome de Paulinho, seu confidente e o último símbolo de uma infância da qual se despedia precocemente e para sempre.

Maurício não herdaria um projeto de diva pagando apenas com dinheiro. A conta seria mais alta. Escalar Elis para os outros programas, sobretudo para aqueles em que ela deveria fazer parte de corais, era um desafio cada vez mais difícil e que, ao menos uma vez, deixou a emissora na corda bamba. Em 1961, logo após a renúncia de Jânio Quadros à Presidência do Brasil, os militares passaram a defender o rompimento da ordem jurídica que garantiria a posse do vice João Goulart e se colocaram em campanha pela convocação de novas eleições, para que fosse escolhido outro presidente. Leonel Brizola, governador do Rio Grande do Sul e cunhado de Jango, acusando o golpe e espumando de raiva, liderou por catorze dias um movimento pela posse do vice, ato que seria conhecido como a Campanha da Legalidade.

A fim de ganhar força e apoio popular, Brizola baixou uma ordem às emissoras de rádio de todo o Rio Grande: seus cantores e cantoras tinham exatas doze horas para aprenderem o Hino da Legalidade, ensaiarem bonitinho e cantarem a plenos pulmões para todos os ouvintes. O hino era curto, e suas estrofes chamavam todos a "marchar com a bandeira, recusar a traição e protestar contra o tirano". Se houvesse dono de rádio rebelde, a suspensão das transmissões e a cassação de alvarás não estavam descartadas. A Gaúcha fez o que pôde. Depois de pedir a seus cantores que decorassem a letra, alinhou-os e esperou em vão até o limite do horário pela chegada de Elis Regina. Sem sua estrela maior, o contingente da emissora cantou temendo pelo desemprego com o fechamento da rádio. Nada disso aconteceu, mas Elis jamais deu satisfações sobre o sumiço. Com sua atitude, mandava uma banana para o coral da Rádio Gaúcha e outra para a campanha de Leonel Brizola.

O menino Lupicínio Morais Rodrigues, o Mutinho, sabia tudo sobre canções de dor de cotovelo. As pessoas entravam em um bar, grudavam os cotovelos no balcão e ficavam ali por horas, bebendo e lamentando as paixões perdidas. Seu tio era o cantor e compositor gaúcho Lupicínio Rodrigues, conhecido justamente por alimentar tais enfermidades do coração e dos cotovelos com canções de desamor como "Nervos de aço", "Ela disse-me assim" (Vá embora) e "Esses moços" (Pobres moços). De bar, tio Lupi também entendia. O Vogue era um de seus estabelecimentos de especialidades etílicas em Porto Alegre, na avenida Farrapos, e foi a ele que Lupicínio levou Mutinho para fazer um teste de baterista quando o garoto completou dezesseis anos.

O cantor e o menino pararam diante dos músicos que tocavam um samba-canção naquele instante. Lupi disse: "Trouxe meu sobrinho para ver se ele tem jeito pra coisa". Mutinho perdeu o ar. Além de seu tio não ter combinado nada sobre tocar, havia outra coisa desagradável: Muti nunca havia tocado uma bateria. Antes que a música executada pelo trio terminasse e o rapaz tivesse de se sentar ao instrumento, no lugar do grande baterista Antoninho Gonçalves e ao lado do guitarrista Leonino Prates, o Dedão, o garoto passou a olhar fixamente o que Gonçalves fazia com os pés: um tocava o pedal do bumbo e o outro, o do chimbal. A mão esquerda segurava uma baqueta do tipo vassourinha, acariciando a caixa com muita leveza, enquanto a outra fazia a condução no prato. Assim que a música acabou, Mutinho sentou-se na bateria e reproduziu exatamente o que o baterista fazia. Foi aprovado na hora: "Vem no sábado". Como o jovem ainda não tinha dezoito anos, Lupicínio conseguiu uma carteira de trabalho falsa para o sobrinho e o registrou no bar.

Mutinho soube que havia uma menina machucando corações no auditório da Rádio Gaúcha. Elis Regina tinha catorze anos quando se tornou uma crooner escalada para se apresentar diante da orquestra da Rádio Gaúcha, conduzida naquele momento pelo alemão Karl Faust, que muito tempo depois seria diretor artístico da gravadora alemã Deutsche Grammophon. Quando Mutinho chegou e tomou seu lugar no auditório, Elis cantava algo do repertório de Nora Ney ou de Angela Maria. Não importava mais a canção. A força da interpretação da "menina com sentimentos de adulto" o deixou rendido. Elis cantava chorando.

O jovem Mutinho passou a compor canções ao violão e aprendeu um pouco de piano quando percebeu que algo estava para acontecer. Ele tocava no conjunto melódico Flamboyant e logo faria parte de outros "melódicos" que atuavam em Porto Alegre, mas percebia o quanto a aparição do baiano João Gilberto estava transformando não só o conteúdo da canção brasileira, mas também a forma. Conjuntos melódicos e orquestras logo se tornariam reminiscências de uma era distante. Desde 1958, quando João apareceu com "Chega de saudade", ser moderno era ser bossa nova e, para ser bossa, só era preciso ter um violão. Mutinho pegou seu violão e partiu com alguns amigos para a Vila do IAPI, onde sabia que Elis morava.

Dona Ercy os recebeu com carinho. A mãe tratava a filha como uma joia, uma pequena estrela diante das visitas. Seu Romeu era mais discreto, vindo à sala vez ou outra. Elis vivia em condições bem melhores que as suas, percebeu Mutinho. Por ser filho de um pai alcoólatra, ele trabalhava desde os dez anos. Havia sido engraxate, vendedor de pastéis e office boy para ajudar a mãe e os irmãos. Diante de Elis, tocava ao violão canções do grupo Os Cariocas, do Trio Irakitan e do Quatro Ases e Um Coringa.

Mais próximo, Mutinho encorajou-se para apresentar a Elis uma de suas primeiras composições. Havia um piano em uma das salinhas adjacentes da Rádio Gaúcha, e foi lá que ele mostrou o moderno samba "Tristeza de Carnaval", composto em coautoria com Bidu. Elis o guardou na manga. Assim que começasse a gravar seus primeiros discos, depois de passar por conjuntos orquestrais e pelo próprio Flamboyant, ganhando a bagagem dos palcos que levaria para a vida toda, usaria o samba de Mutinho no momento certo. Em 1963, quando ela finalmente gravou "Tristeza de Carnaval" em seu terceiro LP da fase gaúcha, o cantor Lupicínio Rodrigues olhou a contracapa do disco. Ao perceber que a canção tinha como crédito Bidu e Mutinho, reclamou com o sobrinho: "Não entendo por que você usa Mutinho se sua mãe o batizou com meu nome".

As faltas de Elis aos sagrados ensaios de sábado do coral da Rádio Gaúcha começaram a tirar Maurício do sério. Homem já acostumado a estranhezas de astros como João Gilberto e Germano Mathias, gente que passava por seu palco quando ia ao Sul, não se sentia confortável em engolir desfeitas da guria do IAPI. Quando a paciência dele se esgotou, enquadrou Elis com uma advertência e deixou claro: que as faltas não se repetissem. Mas Elis, autoconfiante e ciente de que era cada vez mais necessária aos negócios da empresa, saiu da Gaúcha pisando duro. Não foi um golpe no vazio. As ruas já falavam seu nome em alto e bom som.

2.

Os ventos do norte sopravam com força, e Wilson Rodrigues Poso veio em um deles. Gerente comercial da gravadora Continental, com sede no Rio de Janeiro, Poso viajava pelo Brasil uma vez por ano a fim de saber das novidades de outras praças, conhecer artistas, cumprimentar lojistas e estabelecer contatos na era em que o disco começava a fazer girar uma cadeia lucrativa. Em uma das lojas do centro de Porto Alegre, cruzou com o amigo Glênio Reis, radialista da Rádio Gaúcha, homem de confiança e faro treinado em seu programa de auditório *Rádio Sequência*, por onde Elis já havia cantado vestida com o uniforme do colégio. Glênio alertou que a cidade havia sido tomada por um tornado. "Tu vais ficar abismado com a guria."

A frase era forte, mas nada que o executivo já não tivesse ouvido sobre outras "revelações" em suas andanças pelo país. Difícil era prová-la. Glênio fez um teste. Entrou com Poso na Discolândia, no centro de Porto Alegre, e perguntou ao dono: "Se Elis Regina lançasse um disco, você compraria para vender na sua loja?". "Elis Regina? Mas é claro que sim!" Agora havia um bom argumento. A cantora faria uma apresentação no auditório da Rádio Gaúcha naquela noite, uma chance única para Glênio mostrar ao colega o novo fenômeno do Sul. Ao chegarem ao endereço, pegaram Elis em ação, cantando de olhos fechados para uma pequena plateia que parecia em transe. Os recursos vocais saltavam um a um conforme as partes da canção exigiam, levando as emoções ao extremo e criando um impacto ainda maior por saírem de um ser tão frágil. Os truques de Elis pareciam inesgotáveis. Poso, homem experiente, de audição apurada para colher artistas reais nas plantações de tantos aventureiros, e que já havia trabalhado no lançamento da cantora Maysa no Rio de Janeiro, entendeu que Glênio Reis não brincava. Naquela noite, foi dormir com Elis Regina na cabeça.

Ainda que não fosse o diretor artístico da Continental e não tivesse poderes para fechar negócios por conta própria, Poso resolveu assumir os riscos das atitudes que estava prestes a tomar em nome da companhia. Até que o sistema de telefonia completasse uma ligação ao Rio e ele conseguisse pedir a bênção do chefão Nazareno de Brito para dar os próximos passos, tempo de mais passaria. Achou que não tinha erro e foi até Maurício Sobrinho. Encontrou um homem cortês, simpático e sem resistências em fazer negócios com sua contratada. Afinal, Elis continuaria funcionária de sua Rádio Gaúcha e, caso viesse a fazer sucesso com discos, sua audiência seria elevada. Mais uma vez, os pais de Elis foram convocados, e lá se foi a família assinar novos papéis com mais gente engravatada. A proposta era empolgante. Em dois anos, Elis faria dois discos. A Continental mandaria as passagens para ela e seu Romeu irem ao Rio de Janeiro para as gravações. Não havia cachê, como de praxe, mas, se os LPS estourassem de vender, todos naquela sala nadariam em dinheiro. O repertório? Só um detalhe, depois decidiriam. Elis dava adeus à inocência.

Ao voltar ao Rio, Poso encheu-se de coragem para falar com o chefe. Nazareno de Brito ouvia sua explanação sobre Elis Regina com as sobrancelhas em *v*. Na parte do "já contratei", o tempo fechou. "Como contratou? Sem me consultar?" As gravadoras tinham em seus diretores artísticos deuses mitológicos com superpoderes de sentir o cheiro de um fenômeno em potencial a quilômetros de distância. Eram sempre deles a primeira e a última palavra. Se Elis não fosse mesmo boa, Poso pagaria a conta com o próprio emprego. Nazareno ouviu a menina e se convenceu logo, até porque já havia um contrato assinado sobre seus ombros, mas resolveu dar o toque de Midas. Elis precisava de um bom produtor, e não cantaria nada daqueles sambas-canção de dor de cotovelo que trazia do Sul. O país estava mudando, e uma juventude que fazia seus pais comprarem discos acabara de ser descoberta. Elis era a artista que a Continental mandaria para o front com a missão de derrubar ninguém menos do que Celly Campello.

Ninguém falava em rock brasileiro naquele início de 1960, mas muita gente já falava de Celly Campello. Celly, uma morena pequena e cativante criada em Taubaté, no interior de São Paulo, havia se tornado uma gigante a bordo de "Estúpido Cupido", a versão do rock americano "Stupid Cupid", de 1958, lançada pela gravadora Odeon. Um projeto de sucesso logrado com uma história de capítulos que lembravam a trajetória da própria Elis Regina. Aos seis anos, Celly participara de um programa também chamado *Clube do Guri*, mas na Rádio Difusora de Taubaté. Aos doze anos, ganhou seu próprio programa na Rádio Cacique e, aos quinze, lançou seu primeiro disco, dividido com o irmão Tony Campello. "Estúpido Cupido" fazia dela, enfim, uma artista que falava com os jovens, não com seus pais. Se os corações estavam cansados de chorar, pé no traseiro do Cupido. E dizer aquilo dançando o que lá fora chamavam de rock 'n' roll era uma revolução em si. A festa do amor, ainda que trouxesse angústia e dor, poderia ser bem mais divertida do que cantavam as tradicionais vozes do rádio. Quando Elis chegou, Celly já havia vendido mais de 100 mil discos.

O melhor homem para colocar a bucha no canhão, concluiu Nazareno de Brito, era Carlos Imperial. Carlos, o "disc jockey da juventude", já havia produzido o álbum de estreia de Roberto Carlos, *Louco por você*, e estava envolvido com a frente que começava a se formar no país, com guitarras cinco graus mais quentes que as das músicas de Celly. Imperial exigia respeito não só pelas dimensões físicas. Alto, gordo e desbocado, era bom prestar atenção no que ele dizia. Os nomes que pronunciava, mais cedo ou mais tarde, soariam pelos ares e seriam contratados por uma ou outra gravadora. Sob o comando de Nazareno, Imperial repaginou Elis em som e imagem. Saíam a franja e os vestidos cheios de babados que a mãe costurava para entrarem sainhas, batons e coques com toda a ousadia que o tempo permitia. Ainda na época em que as orquestras faziam as bases mais seguras para um artista, mesmo para uma voz jovem, bandas de rock eram um risco. O arranjador Severino Filho, do grupo vocal Os Cariocas, foi chamado para conduzir um grupo orquestral, e as canções começaram a ser reunidas. Seria uma transição sem choques: Elis sairia do universo de Angela Maria para o mundo de Celly com um pé no sambinha e outro no twist.

A guria tinha de virar broto por força da natureza ou na marra. O texto que Carlos Imperial fez para a contracapa do LP batizado *Viva a Brotolândia*, de 1961, deixava claro. Aos quinze anos, Elis era "um broto cantando música de broto para você, broto, ouvir e dançar. Elis Regina é um broto, não só de idade, como de espírito também". Era broto demais. Ao sair o disco, o placar ficava em seis rocks ingênuos ("Sonhando", "Garoto último tipo", "As coisas que eu gosto", "Amor, amor", "Baby face" e "Fala-me de amor") contra quatro sambas-canção ("Murmúrio", "Samba feito pra mim", "Dor de cotovelo" e "Mesmo de mentira"), com direito a uma poça de lágrimas ("Tu serás") e um calipso na abertura ("Dá sorte"). Em todos, a impostação continuava a lembrar Angela Maria.

A Elis do disco, para muitos, não era a mesma que Porto Alegre havia aprendido a ouvir. Sua voz vinha muito afinada, mas sem os poderes que faziam dela uma promessa prematura. Os que a conheciam melhor achavam que algo em Elis soava falso. Ela não ouvia rock, sua escola era outra. Poso ia às gravações e percebia que algo não estava bem. A direção que estavam dando ao projeto brigava com a natureza de uma garota visivelmente insatisfeita sempre que se posicionava diante do microfone. Mas Poso preferiu, desta vez, não invadir o território alheio. Carlos Imperial deveria saber o que estava fazendo.

Se ainda não era a grande conquista de Elis, *Viva a Brotolândia* provocava as primeiras reverberações. A *Revista do Globo*, de Porto Alegre, dedicou uma matéria com foto da jovem cantora, em março de 1961: "Já com seu primeiro disco rodando por todo o Brasil, Elis Regina, a 'estrelinha da Rádio Gaúcha', vem se tornando um dos maiores sucessos de nossa música popular... Além do sucesso indiscutível, marca ela, com esta sua primeira gravação, um fato inédito para a radiofonia rio-grandense: é a primeira cantora gaúcha, militante do rádio sulino, que tem sua voz levada para a cera".

No Rio de Janeiro, o jornal *A Noite* esteve atento, antes mesmo do lançamento: "Elis Regina é o nome da gauchinha recém-contratada da Continental para reforçar seu cast. A jovem intérprete, já há alguns anos, é considerada a melhor cantora", anotou em sua edição de 16 de março de 1961. Quatro dias depois, o mesmo periódico retomou o assunto, festejando uma aposta antes de saber do resultado: "Pronto para ser prensado o LP de Elis Regina para a Continental. Tivemos o prazer de noticiar este broto gaúcho em primeira mão, certos de que, por seu valor jovem e espontâneo, será uma grata revelação para nosso mundo fonográfico". O *Correio da Manhã*, três meses depois e já com o disco em mãos, foi em outra direção: "Primeiro LP da ilustre desconhecida Elis Regina que, dizem, foi lançada para fazer concorrência a Celly Campello, que a esta altura deve estar morrendo de rir. O álbum *Viva a Brotolândia* traz uma seleção das mais pobres possíveis. Rocks e calipsos horríveis… Os sambas também, tirando 'Dor de cotovelo', são todos borocochôs", escreveu Rossini Pinto em sua coluna Esquina Sonora.

A cena que poucos viram, e que a própria cantora faria questão de sepultar em suas memórias, se deu em uma tarde na TV Rio, quando o broto Elis foi convidado pela produção do programa *Hoje é Dia de Rock*, de Jair de Taumaturgo, para cantar iê-iê-iê na mesma ocasião em que estavam escalados Ronnie Cord, Roberto Carlos, Sérgio Murilo e uma banda de músicos feras chamada The Clevers, mais tarde conhecida como Os Incríveis. A baixinha de quinze anos, no meio de tanto marmanjo, estava de passagem pelo Rio para divulgar *Viva a Brotolândia*. As investidas da gravadora e de Imperial para fazê-la um bibelô da era que pode ser chamada de pré-Jovem Guarda já extrapolavam os estúdios de gravação. As estratégias às quais era submetida, no entanto, só reforçavam em Elis sua vontade de começar tudo de novo.

Quando trabalhavam com os artistas de lugares mais distantes de suas bases, como era o caso de Porto Alegre, as gravadoras observavam primeiro como o público local reagia ao lançamento de seus filhos ilustres para depois decidirem o calibre a ser usado em uma operação nacional. Quem vencia em sua cidade tinha tudo para conquistar o país. Mas o que houve com Elis foi o mais estranho e absoluto silêncio. Ninguém saiu pela avenida Borges de Medeiros cantando "Dá sorte", ninguém ligou para o programa de Glênio Reis pedindo "Baby face". Sem ir adiante em sua terra, Elis não contaria com maiores esforços para ser lançada em outras praças. Como ainda havia uma segunda chance prevista em contrato, ela voltaria ao estúdio para fazer seu novo LP, agora sob o comando de outro diretor artístico, Diogo Mulero. Decerto, sabia-se que Mulero, o Palmeira da dupla caipira Palmeira e Piraci, sucesso com a gravação de "Menino da porteira", queria distância de rock. Uma boa notícia para Elis.

Diogo Mulero tinha talento e sensibilidade, mas ainda não sabia bem o que fazer com aquele material bruto trazido do Sul. Além de Severino Araújo, chamou os craques Guerra-Peixe e Renato de Oliveira para reforçar os arranjos e mudou de foco. Ele acreditava que Elis Regina, em suas mãos, deixaria o rock e se tornaria uma cantora popular. Seu nome, agora, seria grafado na capa como "Ellis" Regina. O broto voltava a ser a "jovem gauchinha", e o bolero era promovido a primeiro escalão.

42

Waltel Branco, maestro, violonista, compositor e arranjador, procurava oportunidades com artistas para emplacar composições quando ouviu a dica de Guerra-Peixe: "Se você tem alguma música no estilo samba-canção, vá à Continental e procure pelo Diogo". Waltel foi e ouviu o executivo dizer com entusiasmo que tinha em mãos "um diamante a ser lapidado". A música levada pelo compositor era "Canção de enganar despedida", que Diogo Mulero aceitou no ato e colocou no repertório de Elis. Conforme narra o jornalista Felippe Aníbal no livro *Waltel Branco: o maestro oculto*, Waltel esteve no estúdio quando Elis gravou a canção e saiu preocupado. O talento da menina parecia estar represado por um repertório menor. Ao passar por Diogo Mulero, ele comentou: "Vocês estão desperdiçando o diamante".

Poema de amor, o disco, saiu em 1962 e apresentou uma cantora ainda mais distante de suas origens da Rádio Gaúcha do que a menina que apareceu na Brotolândia de Imperial. O auge do estranhamento era o chá-chá-chá "As secretárias", uma versão para "Las secretarias", de Pepe Luiz. Elis gravou aquilo com pesar, e seu público cativo perguntava onde estava a menina dos palcos da Gaúcha. A pequena cantora dava trabalho por uma dificuldade de enquadramento estético. O que fazer com uma garota de dezessete anos que parece ter quarenta e se recusa a ser adolescente? Que repertório lhe cairia bem? De novo, o disco saiu e nada aconteceu. A crença de que ela seria a maior cantora do país parecia diminuir.

Gravata, terno azul e sapatos não combinavam com a forma de Ayrton dos Anjos ver o mundo. Alegre e festeiro, o jovem tinha que estar bem naquele personagem, mesmo sentindo a roupa desalinhada como se fosse dois números acima do seu tamanho. Era um cabo de vassoura dentro de um saco de batatas. As próximas horas seriam importantes. Com o coração inquieto, Ayrton seguiu para a casa de Elis, na Vila do IAPI. Era ousadia falar com sua musa, a garota de seus sonhos artísticos e românticos alimentados desde os tempos em que, a pedido da mãe, acompanhara a avó ao programa de Maurício Sobrinho, na Rádio Gaúcha. Enquanto a velhinha suspirava por Maurício, Ayrton desejava Elis. Agora, ele não podia vacilar. As mulheres gostavam de homens seguros, e Ayrton tinha de dizer a frase rapidamente, num tiro, assim que Elis atendesse a campainha: "Olá, Elis, eu sou Ayrton dos Anjos. Você quer gravar um disco?".

Ayrton não era Wilson Rodrigues Poso na arte de cativar estranhos à primeira vista, mas tinha boas intenções e alguma forma de viabilizá-las. Divulgador, em Porto Alegre, da gravadora recifense Mocambo, não precisou de muito para convencer Elis a fazer um novo disco com a empresa que ele representava. Ercy e Romeu o receberam com educação e diplomacia, mas sem o mesmo entusiasmo de quando ainda achavam que aqueles engravatados mudariam suas vidas. Andavam vacinados contra o deslumbramento de uma carreira que poderia não ser tão promissora assim, mas não fecharam as portas. Ayrton saiu da casa de Elis com o que importava naquele momento, um "sim". O problema era sensibilizar os donos da gravadora a lançá-la. Ao sentir que não teria respaldo, aceitou um convite em boa hora que lhe fizeram da companhia CBS e começou a vender a ideia aos novos patrões. Representantes do Rio de Janeiro foram a Porto Alegre conhecer a cantora e seus pais, em uma cena que já parecia familiar na residência dos Carvalho Costa. Elis gravaria dois discos naquele ano de 1963. Se vendessem como água, todos naquela sala nadariam em dinheiro. O repertório? Mero detalhe, decidiriam depois.

A nova Elis seria algo mais próximo de uma carioca de Copacabana. O samba-canção orquestrado perdia forças nas síncopes mais cruas da gafieira, do samba-jazz e até mesmo da bossa nova, muito em função dos arranjos do trombonista Astor Silva. A proposta era "ensolarar" Elis Regina. O pandeiro entrava já nas introduções de "Dengosa" e "1, 2, 3, balançou", algumas das armas do LP chamado apenas *Ellis Regina* para tentar firmar em definitivo o nome da garota. A guria, que já havia sido broto e pop, virava agora a nova voz do samba sem nunca ter segurado um tamborim. Mas não só isso. O lado B do mesmo disco abria com a espanhola "A Virgem de Macarena", uma versão para "La Virgen de Macareña", proposta por Astor depois de uma viagem que fizera a Buenos Aires. Acabou saindo tiro para muitos lados e, de novo, nenhum atingia o coração de Elis. A cantora se incomodava cada vez mais ao sentir que a única coisa que mudava de disco para disco era a cor do selo que ia no meio deles. De resto, todos os homens de negócios pareciam iguais. Mesmo se aproximando do repertório que falava um idioma que ela começava a entender melhor, como o do violonista Baden Powell, Elis não sentia estar cantando o que desejava. Ao ser desmamada antes da hora, podia até ser um fenômeno de voz, mas não tinha maturidade para comunicar o que, de fato, queria cantar. Assim, virava marionete. Além do álbum *Ellis Regina*, a CBS também lançou *O bem do amor* com a mesma orientação comercial, e, de novo, ninguém deu a mínima.

Apesar de já conhecer o Rio de Janeiro em suas viagens com Romeu para as gravações, Elis seguia sua vida na modesta casa do IAPI, ao lado do pai, da mãe, do irmão e de uma sobrinha de Ercy chamada Rosângela, apelidada de Gringa pela família, que passou a viver com os Carvalho Costa mais por necessidade do que por opção. Seu Romeu tinha oscilações entre empregos fixos, temporários e inexistentes e uma frequência certa no bar da esquina. Via nos salários da filha, fossem da Rádio Gaúcha ou como tímida vendedora de discos, uma chance de estabilidade financeira. Fumava até debaixo do chuveiro e bebia cada vez mais, mas não era de destratar a família. Pecava menos por ação e mais por omissão. Dona Ercy percebia que algo nos santos de pai e filha não batia. "Mãe, a senhora é bonita. Deixa ele e vai viver sua vida", dizia Elis. Ercy não entendia a origem do mal-estar e tentava convencer a filha de que o marido era um bom homem.

Ainda um apaixonado à distância, Ayrton dos Anjos tentava separar as coisas. Como agitador cultural, fazia uma espécie de intercâmbio com as cidades vizinhas, levando a elas novos artistas gaúchos e recebendo em Porto Alegre suas apostas. Em uma viagem à capital de Santa Catarina, levou sua descoberta para um show coletivo no Teatro Álvaro de Carvalho. Ayrton, com o cantor Luiz Henrique e outros novatos, foi de ônibus alugado. Elis, já uma estrela em ascensão, seguiu em um pequeno avião Douglas. Quem sabe dali não sairia outro coelho. Ao saber que Armando Pittigliani estaria na área, em férias, tomando sol na praia, tratou de ir buscá-lo imediatamente. Pittigliani era produtor da poderosa Philips, que comprara em 1958 a Companhia Brasileira de Discos (CBD) e que, mais tarde, passaria a usar o nome PolyGram no Brasil, de onde sairiam os maiores nomes da música brasileira naqueles meados de anos 1960. Um aval seu, por verbal que fosse, seria a injeção de ânimo de que Elis precisava. Ayrton se aproximou do colega, cheio de entusiasmo: "Você tem que conhecer a garota, o show é hoje à noite", disse ao executivo. O que Pittigliani menos queria era trabalhar naqueles dias, mas Ayrton era seu amigo e sabia vencer pelo cansaço. O diretor deixou a praia, foi para o hotel tomar um banho e, à noite, seguiu para o teatro.

Ao final da primeira parte da apresentação, uma menina miúda, de óculos grossos, acompanhada apenas por um violonista, cantou "A Virgem de Macarena" na mesma versão gravada no disco da CBS que poucos ouviram. "Quem é esse monstrinho que arrasa tudo?", Pittigliani quis saber. "É a Elis Regina que te falei", respondeu o gaúcho Ayrton. "Ela canta bem, mas está tudo errado. Vou falar com ela", encorajou-se. Ayrton o levou: "Elis, esse aqui é o chefão lá da Philips do Rio, ele gostou muito de você". "Ah é?", respondeu ela. Pittigliani decidiu travar um papo mais descontraído. "De onde você é, Elis?" "Eu já gravei na CBS", ela respondeu. "E o que você canta?" "Ah, eu canto bolero, rock, essas coisas." "E não gosta de música brasileira?" "Eu gosto, adoro, mas não querem que eu grave isso, dizem que não vende disco." "É mesmo? Quer ir para a Philips gravar comigo?" "Quero, mas tem que ser música brasileira." Estavam ali, já nos acertos, quando perceberam que era hora de voltar ao show. Antes de Elis retornar ao palco, Ayrton se aproximou: "E agora, Elis, o que você vai cantar?". "Um rock." "Peraí, não pode ser uma música brasileira?", perguntou o produtor. "Eu posso cantar 'Chão de estrelas'", disse ela. "Então canta essa pra gente", pediu Ayrton. "Canto. Você quer com lágrimas ou sem lágrimas?"

Ou a baixinha era uma falastrona ou um gênio. Elis começou a cantar "Chão de estrelas" como se os versos de Orestes Barbosa, ao menos os primeiros, fossem todos seus. "Minha vida era um palco iluminado, eu vivia vestido de dourado, palhaço das perdidas ilusões." Com vivência para requisitar todas aquelas frustrações para si, interpretava com verdade. Ao final, as lágrimas estavam entregues, conforme a encomenda, a Pittigliani, a Ayrton, a boa parte da plateia e à própria cantora. "Elis, este aqui é meu cartão. Agora é dezembro, estou de férias, apareça por lá em fevereiro", disse Pittigliani, assim que a reencontrou no camarim. "Mas eu tenho um contrato com a CBS", avisou. "A gente dá um jeito nesse contrato, a gente compra esse contrato, faz o que for preciso. Apareça em fevereiro."

Elis trancaria as memórias sobre os discos de sua fase gaúcha em um baú. Ela falou poucas vezes sobre eles, mas não os renegou. Em uma entrevista republicada no livro *Garota fenomenal: Celly Campello e o nascimento do rock no Brasil*, de Gonçalo Junior e Dimas Oliveira Junior, Elis diz o seguinte sobre *Viva a Brotolândia* quando perguntada se havia ficado incomodada por ter sido apresentada como uma espécie de nova Celly Campello: "Não o fato de ser escalada para ser uma segunda Celly Campello, mas para ser uma segunda pessoa". Apesar da pouca idade, era uma angústia perceber-se na condição de uma espécie de cantora cover. "Não sei se vou chegar lá um dia, mas eu queria morrer sendo eu... E eu não achava muita graça pintar no pedaço meio parasitando o trabalho de outra pessoa." Ela reconheceu ter feito o jogo, mas afirmou ter sido por falta de escolha: "Eu tinha dezesseis anos de idade e estava meio subentendido que a gravadora estava me fazendo um favor em me dar a chance de gravar aquele disco".

O Rio Grande do Sul estava prestes a perder a "Carmen Miranda" de Ary Rêgo, o diamante de Maurício Sobrinho, a paixão de Ayrton dos Anjos e a confidente de Rejane Wilke. Ao saber que Elis fazia as malas, o radialista Glênio Reis pensou em uma despedida. Avisou a Ercy que apareceria naquela noite com uns dez cantores gaúchos, que a senhora não se assustasse. Ercy fez os lanches e comprou os refrigerantes. Assim que escureceu na Vila do IAPI, os músicos se esconderam atrás da grande figueira, esperaram a luz do quarto se apagar e se posicionaram ao lado da janela para tocarem algumas das músicas que Elis havia gravado. Mas a janela não se abria. Lá pela quarta canção, Elis surgiu chorando. Glênio só conseguiu terminar o discurso que havia escrito e ensaiado aos soluços: "Tu vais embora, mas tenha certeza de que nós vamos ficar aqui acompanhando tua carreira, e tu vais mostrar a cantora que tu és para São Paulo, para o Rio de Janeiro e para o Brasil". Na manhã seguinte, Elis embarcava para o Rio com o pai e as passagens só de ida.

3.

Sem combinar nada, Elis Regina e o general Olímpio Mourão Filho resolveram marchar pelas ruas do Rio de Janeiro no mesmo dia. Era manhã de 31 de março de 1964 quando o general se antecipou ao acordo feito entre os militares para extirpar os perigos comunistas que, segundo as Forças Armadas, rondavam as ideias do presidente João Goulart. De Juiz de Fora, Minas Gerais, Mourão Filho chegava com suas tropas para pôr o país nas mãos dos militares pelos próximos 21 anos em um episódio conhecido por uns como Revolução de 1964 e por outros como Golpe de 64. João Goulart perdeu o país, e Elis perdeu uma reportagem na Rádio Guanabara, AM 1360 kHz. Uma equipe já estava a postos para cobrir a chegada daquela cantora de dezenove anos que vinha com o pai em um ônibus do Rio Grande do Sul quando o repórter, que ainda estava na redação, recebeu um telefonema do chefão Alexandre Kanduc. "Que horas vocês vão sair para esperar Elis?", quis saber Kanduc. "Às sete", respondeu o jornalista. "Então esquece e vai já para a rodovia Rio-Juiz de Fora. As tropas do general Olímpio estão chegando."

Elis desembarcou no Rio de Janeiro com 36 mil cruzeiros velhos e surrados na carteira, alguns endereços anotados em uma caderneta e uma carta de recomendação profissional conseguida por seu Romeu com amigos políticos influentes no Sul. Um deputado do PTB de Porto Alegre o ajudou com uma carta de apresentação profissional para ser apresentada na empresa Cibrazem, a Companhia Brasileira de Armazenamento. Ao chegar ao departamento de seleção da empresa, informaram que o nome do deputado que havia indicado Romeu constava na primeira lista de políticos a serem cassados pelo novo regime. Só o liberaram, segundo Elis contaria em uma entrevista de 1980, quando perceberam que Romeu "era otário e ingênuo".

Além do contato com Pittigliani, que a esperava na Philips desde fevereiro, Elis tinha notícias de que o ator Paulo Gracindo, depois de assisti-la em ação, em Porto Alegre, havia indicado seu nome aos diretores da TV Rio para que fosse aproveitada nos programas da emissora. Em pouco tempo, e antes de ser consagrada como cantora, Elis era um dos personagens de um humorístico chamado *A Escolinha do Edinho Gordo*, um formato que anos depois seria consagrado por Chico Anysio. O programa ia ao ar nas noites de segunda-feira e trazia um elenco que parecia levar jeito para as câmeras. Wilson Simonal era o espirituoso Porquinho; Jorge Ben, o distante Bicho do Mato; e Orlandivo, o Paçoca.

A bailarina e coreógrafa Marly Tavares acumulava as funções de interpretar a aluna Ceguinha e de criar as danças do programa. Jorge Ben era o mais duro da turma. Simonal, o que tinha mais molejo. Evelin, outra bailarina, era o Coelhinho de Saias. A turma era completada pelos integrantes do Trio Irakitan: Joãozinho era Tampinha; Gilvã era Bacalhau; e Edinho, o professor, também chamado de Sapo. À caçula Elis Regina cabia a personagem Luluzinha, uma garota carismática "de saias curtas e covinhas maliciosas", conforme a descreveu o *Jornal do Brasil*, e que sonhava cantar em uma boate e lançar um disco. Em um dos episódios mais engraçados, Elis fez a classe a acompanhar em uma versão compenetrada de "Jesus, alegria dos homens".

A experiência seria válida a Elis tanto por aquilo que acontecia diante das telas quanto pelos esbarrões de bastidores. Ao lado de Simonal, Jorge Ben, Marly Tavares e Orlandivo, ela vivia sua escolinha da vida real. O Trio Irakitan, com seus quase quinze anos de carreira, representava a velha guarda. E o baterista Dom Um Romão, nome que se tornava onipresente entre os músicos, ganhava sua admiração. Foi ele o primeiro a falar a Elis da existência de uma quebrada sem saída que levava o nome de Beco das Garrafas.

Ainda tateando o Rio de Janeiro naquele primeiro semestre de 1964, Elis recebeu um convite de Carlos Lyra, compositor e violonista de mãos cheias de harmonias intrincadas e belas melodias, parceiro de Vinicius de Moraes e Tom Jobim, autor de "Você e eu" e integrante da estelar caravana que dois anos antes se apresentara no Carnegie Hall, em Nova York, com a missão de apresentar a bossa nova ao mundo. Carlos Eduardo Lyra Barbosa já era Carlos Lyra quando descobriu Elis em um dos dois discos de sua fase gaúcha. Identificou uma garota de voz única e brilho incomum, com muito de Angela Maria, mas de uma personalidade artística forte e que parecia prestes a andar com as próprias pernas. Elis poderia ser a peça perfeita para ser encaixada como voz principal no LP que traria as canções que Lyra havia feito com Vinicius para uma comédia musical chamada *Pobre menina rica*. Suas músicas já haviam sido mostradas um ano antes na Boate Au Bon Gourmet por Lyra, Vinicius e uma estreante chamada Nara Leão, sob direção de Aloysio de Oliveira. Agora, depois da temporada no palco, Lyra queria que Elis cantasse as músicas que seriam gravadas com os arranjos de Antonio Carlos Jobim. Só faltava Elis passar em um teste que seria mais difícil do que o próprio Lyra poderia supor e que teria, na bancada, Tom Jobim.

Ao lado do pai, Elis usava sandálias e um vestido simples feito por dona Ercy quando tocou a campainha do apartamento de Lyra, na rua Barão da Torre, em Ipanema: "Oi, eu sou a Elis". Ao entrar na sala do simpático violonista, duas outras pessoas a esperavam: um ressabiado Tom Jobim e Lara, empresário e amigo de Lyra. O anfitrião empunhou o violão e, ali mesmo, na sala, pediu que Elis cantasse algo. Ela cantou "Primavera", do próprio Lyra, sem tirar reação alguma dos convidados. Assim que Tom conseguiu ficar a sós com o violonista, depois da primeira canção, desabafou: "Essa não vai dar, esquece. Vesguinha, caipira, feiosa, esquece". "Mas, Tom", argumentava o parceiro, "ouve só ela cantando." Lyra queria muito Elis, sentia que havia garimpado uma pedra preciosa. Sem perceber, ou fingindo que não percebia a má vontade de Tom, Elis seguia em outras tentativas. "E outra coisa", continuou o violonista, aos cochichos com Jobim: "Isso que vamos fazer é disco, ninguém vai ver a cara. Na roupa, a gente dá um jeito depois".

Nada convenceu Jobim a dar um voto de confiança à gaúcha. Mais tarde, Lyra desconfiaria de que as reservas do amigo ao nome de Elis eram para favorecer a cantora Dulce Nunes, que estava na lista para subir ao posto de intérprete de *Pobre menina rica*. Dulce era mulher do maestro Bené Nunes, amigo de Tom. Uma boa cantora, mas jamais páreo para a novidade que chegava do

Sul. Jogo de cartas marcadas ou não, o fato é que Elis era gongada na sala de Carlos Lyra. Pouco tempo depois, o LP saiu com a voz de Dulce e sem os arranjos de Tom, que acabou desistindo por sentir que aquele musical de veia crítica poderia entrar na mira dos militares, recentemente empossados no comando, e trazer problemas para suas viagens aos Estados Unidos. Tom não podia vacilar. "Garota de Ipanema" o apresentara ao mundo havia um ano, e em seus planos constava a gravação de discos nos excelentes estúdios norte-americanos. "E se não me deixarem mais entrar nos Estados Unidos?", perguntou a Lyra. Duas vezes frustrado, sem Tom e sem Elis, Carlos Lyra jamais se perdoaria por não ter batido o pé até o fim, por não ter ameaçado desistir do projeto se sua aposta não fosse aceita. Só lhe restava soprar o nome de Elis de forma que ele chegasse com mais força aos ouvidos dos diretores artísticos de TV no Rio e aos clubes efervescentes do Beco das Garrafas. A vitória de Elis em terras cariocas passava a ser questão de honra também para Lyra.

A parada não seria fácil. Contratada da TV Rio, Elis entrava nos lares cariocas como uma extraterrestre de alguma galáxia desconhecida direto para o planeta bossa nova. Uma turma de jovens modernos, com seus vinte anos curtidos na classe média da zona sul, estava diante da TV, na sala do jornalista Nelson Motta, quando ela apareceu. Era uma gente bem-nascida, como Wanda Sá, Francis Hime, Edu Lobo e Dori Caymmi, que já falavam "bossanovês" com fluência e seguravam as rédeas das tendências do país desde que seus apartamentos se tornaram ateliês de confecção do novo ritmo. Ao perceberem Elis endurecida diante do microfone, vestida como se vivesse nos anos 1930, cantando como se estivesse em 1940 e penteada com um capacete de laquê comum em meados de 1950, alternaram reações de graça, surpresa e escárnio. "Meu Deus, e o cabelo?", fulminavam as meninas. "Mas ela canta bem", rebatiam os defensores. "Canta nada, isso é grito", alvejava alguém. Nelson Motta, o dono do televisor, percebeu que Elis era um assombro de voz em um layout que precisava ser urgentemente repaginado. Baixinha de peitos grandes, mostrava uma ligeira vesguice nos ângulos frontais e um desajuste físico piorado por aqueles trajes antiquados quando tentava mexer o corpo. Os deboches à sua interpretação vinham dentro de um contexto histórico. Mulher cantora poderia ser Nara Leão. Homem, João Gilberto. O canto havia deixado de ser festa para virar reza em 1958, quando o violão de João uniu os seus poderes à música de Jobim, à poesia de Vinicius e à voz de Elizeth Cardoso para criar um novo e duradouro presente com o álbum *Canção do amor demais*. A partir dali, voz para fora era coisa do passado, recurso da gente antiga da Rádio Nacional como Francisco Alves e Sílvio Caldas. Ao voltar a aumentar o volume do canto em alguns decibéis, Elis enfrentava não só um apartamento de críticos implacáveis como também uma nova ordem musical que havia sido consagrada ali mesmo, naquela terra em que acabara de colocar os pés.

As esporádicas aparições na TV começaram a espalhar Elis Regina pelas salas cariocas, e nem todos prestavam atenção só em seus coques. "Há dias ouvimos na TV Tupi comentários acerca de Elis Regina. Falavam bem. Não a conhecemos, mas cogitamos fazê-lo. A moça, segundo os faladores, veio do Sul e apresenta-se como grande estrela da música brasileira. Será? Apareça, Elis", dizia a nota de Jorge Mascarenhas no jornal *Diário Carioca*.

O jornalista Renato Sérgio fazia sua refeição com a TV ligada no programa *Almoço com as Estrelas*, de Aérton Perlingeiro, da Tupi, quando o nome de Elis foi pronunciado como uma atração convidada. Renato ficou em choque e pensou: se pelo som da TV, que só transmitia imagens em preto e branco, ele sentia tamanho impacto, como seria ao vivo? Elis cantava com convicção. Ainda anestesiado, desligou a TV sem guardar o nome da menina. Alguns dias depois, o amigo e produtor Roberto Jorge entrou com urgência na redação do *Telejornal Pirelli*, da TV Rio, do qual Renato era editor. "Caro, preciso falar com você." "Se for rápido, pode ser agora", respondeu o jornalista. "Não precisa, vamos falar com calma", sugeriu Roberto. "Então vai indo para o bar que eu vou pra lá assim que terminar de editar o jornal", marcou Renato.

Ao fim do trabalho, os dois amigos se encontraram. "É o seguinte", começou Roberto. "Eu tenho nesta minha mão aqui a maior cantora do Brasil e nesta outra minha mão um lugar para esta grande cantora se apresentar." "Certo", cortou Renato, "e essa melhor cantora do Brasil seria quem, a Nara?", brincou. "Não, uma moça chamada Elis Regina", disse Roberto. Renato congelou. "Acho que é a mesma menina que eu vi na TV dia desses." O lugar que Roberto dizia ter para o primeiro show de Elis era justamente uma boate do tamanho de uma sala de apartamento classe média que ficava em um apêndice na rua Duvivier, em Copacabana. Seu nome já era conhecido de Elis: Beco das Garrafas, o beco dos insanos.

Há alguns anos o espaço já havia se tornado berço e quintal da bossa nova e do samba-jazz, a maior concentração de músicos do Rio de Janeiro, até porque eram muitos músicos e poucos metros quadrados. Sem luxo e com shows levantados na raça, o que os levava até lá era a sensação de estarem fazendo história. Sergio Mendes, Raul de Souza, Luis Carlos Vinhas, Baden Powell, Dom Um Romão, Dom Salvador, Airto Moreira, Flora Purim, Chico Batera, Tamba Trio, Quarteto em Cy, Jorge Ben "Babulina" e muita gente desfilando talento. O Beco era o portal a se atravessar antes de qualquer outra conquista, a pia de batismo de quem saía de lá direto para os estúdios das gravadoras ou, como Sergio Mendes e Chico Batera, para uma carreira no exterior. O "das Garrafas" do nome se tratava de uma homenagem à forma com que os vizinhos menos simpáticos da Duvivier expressavam seus sentimentos diante daquilo que chamavam de "bando de arruaceiros". Os músicos começaram a se juntar debaixo de suas janelas por volta de 1956 e, para quem queria dormir, a paz acabava. Quando o barulho ficava insuportável, geralmente com um saxofonista ou um trompetista tocando do lado de fora dos bares do Beco, garrafas voavam das janelas dos moradores para atingi-los em cheio. Apesar de não haver registro de morte, era tanta garrafa que o lugar ganhou o nome de Beco das Garrafadas. Mais tarde, Beco das Garrafas.

Metade do Beco, o que equivalia a duas boates, Little Club e Bottle's (as outras eram o inferninho Ma Griffe e a casa Bacará, que a partir de 1965 também se tornaria um prostíbulo), pertencia a Alberico Campana, um italiano que só queria pagar as contas e provar à família que poderia vencer na América do Sul depois de desembarcar no Rio de Janeiro em 1952 meio que contra sua vontade. A Venezuela era a sua primeira opção, o país do futuro que já havia levado muitos de seus amigos italianos e de onde parecia jorrar todo o petróleo do mundo. O problema é que Caracas exigia certificado de reservista em dia e Alberico não tinha. Com as portas fechadas na Venezuela, sobrou o Brasil. Sem saber a língua que se falava por aqui, ele aproveitou as horas de voo estudando espanhol. Seus amigos disseram que os brasileiros falavam algo muito parecido com o idioma dos venezuelanos.

Com dois anos de Rio, Alberico viu as economias entrarem na reserva quando começou a pensar em voltar para a Itália. Às vésperas de capitular, encontrou dois italianos que lhe falaram de uma oportunidade de negócios em um pedaço de rua sem saída. De boate, Alberico não entendia nada. Havia sido garçom e barman de restaurante em seu país, nunca dono de inferninho. Ao chegar ao Bottle's, que ainda se chamava Escondidinho, ficou encantado. Arrendou o espaço com a ajuda do irmão Giovanni, que também chegara da Itália recentemente, e passou a trabalhar 24 horas para que o negócio desse certo. Começou então a receber músicos de uma turma jovem que até então só tocava em apartamentos. Alberico soube que um trio liderado pelo pianista Luiz Carlos Vinhas havia encantado os clientes do restaurante Au Bon Gourmet, na avenida Nossa Senhora de Copacabana. A casa, que logo mais seria outro reduto de bossa-novistas, ainda não havia preparado sua freguesia para receber o samba com tantos acordes de jazz. Aos políticos, turistas e executivos que frequentavam o local, era ou samba ou jazz. Quando um encontrava com o outro, algo parecia sair de lugar. O dono da casa teve de escolher entre o trio de músicos do palco ou as mesas cheias da plateia. Naturalmente, ficou com a plateia. O trio de Vinhas, convidado por Alberico, foi parar no Beco das Garrafas.

A estreia de Elis Regina nos palcos do Rio de Janeiro deveria ser um acontecimento. Roberto Jorge, com o aval de Alberico para fazer o que bem entendesse no Bottle's, pediu a Renato Sérgio que criasse o roteiro do show. Renato tinha algo já bem adiantado guardado no fundo de uma gaveta, um texto feito por ele para um dia, se tudo desse certo, ser a base de um espetáculo do Tamba Trio, ou Trio Tamba, como alguns chamavam a sensação maior do Beco — um recordista em acumular gente dentro e fora das boates em que se apresentava. À mesa do restaurante La Fiorentina, no Leme, os amigos lançaram suas primeiras ideias, adaptando para Elis Regina o show que seria do Tamba e fechando o nome do espetáculo em *Sosifor agora*. A estrutura sofreria alterações, uma vez que a formação do grupo era outra. Piano, baixo e bateria ganhavam uma voz para seguirem, um elemento a mais que mudava tudo em uma época em que músicos de formações instrumentais chamavam pejorativamente intérpretes de "canários". Entre as canções, um apresentador faria interferências declamando trechos de poetas brasileiros que dialogassem com as músicas que seriam cantadas. As linhas gerais do espetáculo estavam ali, só precisavam combinar com Elis Regina.

Já com os contatos da cantora, Roberto levou Renato ao número 200 da rua Barata Ribeiro, em Copacabana, um pardieiro prestes a se tornar caso de saúde pública. Ver a jovem Elis naquelas condições, ele se lembraria, era angustiante. Em um quarto, sala e cozinha de dimensões claustrofóbicas parecia viver a embaixada do Rio Grande do Sul. Dona Ercy já havia chegado com o irmão de Elis, Rogério, que se instalara no sofá da sala. Havia muita gente com sotaque gaúcho, talvez amigos de passagem pelo Rio. Os espaços eram divididos por cortinas improvisadas. Renato se apresentou a seu Romeu. Jornalista sério, cabelos grisalhos, falou das intenções da dupla com a cantora. Romeu, ao velho estilo de poucas palavras, sentiu que poderia baixar a guarda e confiar a filha aos rapazes. No dia seguinte, Renato levava Elis para conhecer o Beco das Garrafas com a promessa de trazê-la de volta antes do amanhecer.

Era muita música boa, músicos aos montes e um público interessante que sofria para escolher entre ver Raul de Souza no Bottle's ou Wilson Simonal no Little. Nada em Porto Alegre se parecia com aquilo. As opções do Beco eram tantas que não raramente os próprios artistas combinavam seus horários para que as pessoas pudessem ver as atrações das três casas mais procuradas, quando o Bacará também entrou na disputa levando Marcos Valle para tocar com a cantora Leny Andrade, com o pianista Tenório Junior, o baterista Edison Machado e o baixista Sérgio Barroso. Ninguém saía com os bolsos cheios, mas a experiência de garotos como Valle, que aos vinte anos aguardava na calçada o dono da casa anunciá-lo para que surgisse como se viesse de algum camarim, não tinha preço. Elis ficou impressionada ao ver o baterista Edison Machado, ou Edison Maluco. Suas baquetas reviravam tudo, colocavam o ritmo no prato de condução e espalhavam pelas peças uma escola de samba em tempo de jazz. Sentada à frente de Edison, Elis parecia entrar em transe.

Ao mesmo tempo que Roberto e Renato levavam Elis ao Beco, a cantora já havia ganhado a bênção de alguns músicos que conhecera pelos programas da TV Rio. Manuel Gusmão, baixista do Copa Trio, do baterista Dom Um Romão e de Dom Salvador ao piano, sentiu o drama assim que se apresentou na emissora com a garota de sotaque gaúcho pela primeira vez. Gusmão hospedava Dom Salvador em sua casa e, por uma noite, chegou para o jantar como quem trazia uma barra de ouro. "Salvador, caí para trás hoje na TV Tupi. Toquei com uma garota que se chama Elis Regina." Enquanto Roberto e Renato arquitetavam o show de estreia, Gusmão e Salvador acionavam seus contatos, como se tudo que existia em 1964 tivesse de desaguar no Beco das Garrafas. Sem saber que Elis já tinha "dono", falaram com Giovanni, o irmão de Alberico, para que ela fizesse uma espécie de teste, uma audição. Giovanni, aparentemente também sem saber que seu irmão já havia acertado a estreia de Elis com Renato Sérgio, topou. Mas, ao ver Elis cantando pela primeira vez apenas para ele, tensa e insegura, não gostou. Ela parecia ter dificuldade para achar o tom das músicas. Gusmão e Salvador foram convencer Giovanni de que aquele havia sido apenas um dia infeliz, mas nem precisaram se esforçar. O que era de Elis estava escrito, ao menos no Beco das Garrafas.

O show pensado por Renato Sérgio e Roberto Jorge teria Elis sendo conduzida justamente pelo Copa Trio, que já havia estreado no Beco fazendo cama para as meninas do Quarteto em Cy, que eram acompanhadas também pela violonista Rosinha de Valença. Smoking era o traje dos homens — Elis decidiria depois o que vestir. Os ensaios começaram, e o script pensado por Renato mudava a cada passagem. A luz com holofotes feitos de lata de óleo seria pilotada por José Luiz de Oliveira, o Bico de Luz. Outra preocupação dos diretores era o gestual. Elis precisava melhorar a postura.

Chegado de Nova York em 1960, o bailarino e coreógrafo norte-americano Lennie Dale, que mais tarde se politizaria criando com homens travestidos um monumento da dança combativa chamado Dzi Croquettes, vivia por aqueles bares quando viu Elis ensaiando para o show de estreia. Renato, que já sabia de sua fama, pediu que ele desse aulas para a cantora. Como a voz, o corpo de Elis deveria voar. Lennie se realizou com a dedicação da nova aluna. Ao perceber seus braços curtos e leves, viu neles a salvação de uma personalidade que jamais dançaria pelo palco. Um palco, aliás, que praticamente não existia. Com o pouco espaço do Bottle's, Lennie tinha de pensar em algo que não exigisse um raio de atuação muito grande. Mais um motivo para investir nos braços. Uma vez que os levantasse, Elis teria suas hélices. O coreógrafo trabalhou tanto para que elas girassem que a cantora quase saiu voando.

Filho do jornalista, radialista e compositor Fernando Lobo, o estudante de direito e aspirante a músico Edu Lobo assistiu a um desses ensaios e gelou com algo que só os músicos percebiam. Elis tinha um senso harmônico de instrumentista, incomum aos cantores da época. Sabia quais acordes ficariam melhores, com ou sem acidentes, invertidos ou não, e cobrava seus músicos para que os encontrassem na forma em que sua intuição pedia. "Esse não está bom, é quase isso", dizia aos pianistas. Edu e Elis se conheceram no Beco, aos poucos, e ali começaram um namoro. Mas, naqueles dias que antecediam sua estreia, todas as forças estavam reservadas para a apresentação. Em um de seus primeiros pedidos, a cantora disse a Renato que queria abrir o show com "The

Lady Is a Tramp", um jazz clássico do fim da década de 1930, gravado mais tarde por Frank Sinatra e Ella Fitzgerald. O jornalista respirou fundo e explicou. "Elis, ninguém vai gostar se você cantar isso aqui. A música é ótima, mas não aqui." Era importante fazê-la entender que qualquer coisa em outro idioma seria uma insanidade naquele lugar em que uma nova música brasileira se afirmava. Renato disse que já havia encomendado um belo tema de abertura a Edu Lobo. Elis aceitou.

A cumplicidade entre Renato e Elis crescia durante os ensaios no Beco das Garrafas. E quanto mais se aventurava em conhecê-la, mais o jornalista sentia que algo não ia bem com a cantora. Desde que deixara o Rio Grande, Elis não tinha muito a comemorar. Sua coleção de conquistas era discutível: quatro discos que não emplacaram nenhuma canção nas rádios, um não de Tom Jobim na casa de Carlos Lyra e algumas pontas em programas da TV Rio com cachês que não lhe pagavam nem a condução. O Beco era só uma possibilidade de, na mais otimista das previsões, garantir um pequeno palco. Dinheiro não sairia dali. A situação só piorava quando Elis sentia a família escorada em seus ombros. A jovem estava assustada: o pai, a mãe e o irmão se alojavam debaixo de seus sonhos antes mesmo que eles se tornassem reais. A torcida pelo sucesso virava cobrança. Afinal, era dele que todos sobreviviam no apartamento da Barata Ribeiro. Pressionada, Elis reagia atacando. Depois de um ensaio cansativo, saiu com Renato pela orla de Copacabana para relaxar. Entraram em um restaurante e sentaram-se — Elis de costas para o mar e Renato de frente para Elis. A certa altura, a cantora interrompeu a conversa, virou-se na direção do mar e traçou com o indicador toda a linha do horizonte que conseguia avistar enquanto fazia para si uma promessa em voz alta: "Um dia, tudo isso vai ser meu".

A convicção de Elis nascia de sua falta de opção. No contexto em que se encontrava, era vencer ou voltar para Porto Alegre. A segunda noite em que saiu com Renato depois de outro ensaio foi para desabafar. Dessa vez, eles caminharam até o início da faixa de areia da praia com Elis cabisbaixa e mais cansada do que o normal. O jornalista quis saber o que se passava. Parou de andar e colocou-se na frente da cantora, recebendo de volta um olhar estrábico que denunciaria pela vida toda seus desequilíbrios. "O que foi, Elis? Você não está bem", disse Renato. "Quero voltar para Porto Alegre, não aguento mais." Os dois ficaram calados por uns dez segundos até que Renato colocou as mãos em seus ombros: "Não diga isso, Elis. Afinal, você quer ou não quer ser a maior cantora do Brasil?". Ela o fulminou com a resposta: "Eu não quero, Renato, eu já sou a maior cantora do Brasil".

Os ensaios haviam esquentado o nome de Elis no Beco das Garrafas. Infiltrados entre os funcionários do Bottle's, dois homens conhecidos pelos shows que produziam no vizinho Little Club, Luiz Carlos Miele e Ronaldo Bôscoli, assistiam a tudo aos cochichos. Miele e Bôscoli só haviam escutado a voz de Elis uma vez, ao passarem em frente a uma loja de discos em Copacabana no instante em que tocava um de seus primeiros álbuns. "Se ela não for um bagulho, nasceu uma estrela", comentou Bôscoli. A divulgação da apresentação de estreia da gaúcha era feita no boca a boca. A exceção havia sido uma nota de duas linhas publicada em uma coluna social do jornal *Última Hora*, acentuando o nome de Elis, como muitos o pronunciavam: "O Bottle's está de show novo. É uma cantora chamada 'Élis' Regina. Ela é bonitinha". E uma alfinetada de Carlos Imperial, que fracassara na tentativa de fazer a nova Celly Campello, em sua coluna "O Mundo é dos Brotos", da *Revista do Rádio*. "Elis Regina, gauchinha que adotou a cidadania carioca, está diariamente no Beco das Garrafas. Cuidado, menina, que esse Beco às vezes é ingrato e derruba muita gente que já se julga cartaz."

As quarenta mesas estavam tomadas quando a boate abriu suas portas naquela noite. O total que viesse do couvert artístico, dez cruzeiros por pessoa, seria dividido entre os músicos. Com isso conseguiriam, quando muito, pagar o próprio jantar. Alberico ficava com uma lanterna nas mãos para ajudar na iluminação. Alguns refletores feitos de cartolina eram pendurados no alto. O palco era uma estrutura formada por caixas de cerveja. Sem cadeira para se acomodar, o sambista Zé Keti sentou-se no chão. Carlos Lyra também foi dar uma força e amenizar a dívida que sentia ter com a cantora. Há quem tenha visto Jorge Ben espremido na plateia. Enquanto isso, Elis se maquiava em seu camarim particular, o banheiro da casa de Renato Sérgio.

"Ah, espera, preciso fazer uma coisa", disse Elis. "A gente vai se atrasar!", advertiu Renato. Quando estava para sair, já vestida e perfumada com a ajuda de Allete, mulher do jornalista, a cantora decidiu voltar a um dos cômodos. Foi até o quarto do filho bebê de Renato, se curvou sobre seu berço e lhe deu um beijo na testa enquanto dormia. Ao olhar para o amigo escorado na porta, explicou: "É só para dar sorte". O trio Elis, Renato e Roberto seguiu para o ponto de ônibus. Assim que a condução para Copacabana chegou, eles entraram pela frente, passaram pela roleta e escolheram um banco vazio ao fundo. O trajeto até a rua Duvivier não iria demorar, uma pena. Ter sonhado em silêncio naquele ônibus público ao lado de Elis, diria Renato, foi algo que valeu por cem shows.

Enquanto isso, a fila no Beco crescia. As mesas eram arrumadas, e o cartaz feito com o nome Elis ao lado de uma espora gaúcha já havia sido posicionado. Apesar de pouco se falarem no ônibus, os três amigos sentiam estar na mesma sintonia. De repente, Elis começou a cantar baixinho a primeira música que lhe veio à cabeça. Assim que ganhou confiança, aumentou o volume da voz sem ligar para as pessoas que iam nos bancos da frente. Renato e Roberto se entreolharam e, ainda em silêncio, perceberam o tamanho da cena que viviam. No começo sem jeito, depois mais seguros, entraram na cantoria e seguiram cantando até o ponto mais próximo do Beco, quando desceram para caminhar até o Bottle's.

Minutos antes do início da apresentação marcada para as 22h30, um fiscal do Juizado de Menores surgiu à procura do proprietário da casa. Se vissem Elis sem pais nem responsáveis, prestes a ser a atração principal de uma noite regada a uísque, revirariam ela e a casa em busca de qualquer contravenção. Os bares de Alberico Campana eram limpos de drogas. Quando fumavam um baseado — cocaína ainda era o "mal dos ricos", pouco difundida no meio artístico —, os músicos o faziam fora do ambiente de trabalho. Mas a bebida não havia como esconder. Um dos funcionários pensou rápido. Ao perceber o fiscal entrando, ergueu Elis e a colocou no sótão. Ela ficaria lá até o homem ir embora.

O roteiro do show *Sosifor agora*, dentro do que permitia a estrutura daquela espécie de Cavern Club de Copacabana, colocava a gaúcha no centro das atenções. Assim que foi anunciada, Elis levantou-se da plateia e se dirigiu ao palco. Não havia camarim. Ela começou a cantar, e um canhão de luz a mirou, deixando os músicos na penumbra. Canhão de luz era força de expressão. Era o artista quem tinha de acertar o foco do refletor feito com lata de óleo e pregado ao teto. Se errasse a posição, ficaria no escuro. Depois de Elis, Romão, que aparecia sob a luz de outro refletor, fazia um solo de bateria para Elis voltar cantando. Ela cantava e entregava para Dom Salvador improvisar ao piano. Por serem acionadas manualmente e estarem dentro de uma estrutura que aquecia mais do que deveria, um cheiro de queimado tomava o lugar e algumas lâmpadas davam defeito antes de o show acabar. Sônia Müller, que logo seria substituída por Íris Lettieri (conhecida por ser a voz dos aeroportos), era uma bela apresentadora da TV Rio trazida ao Beco por Renato para ser uma espécie de mestre de cerimônias. Assim que os artistas acabavam um número, todas as luzes eram apagadas para que apenas uma iluminasse Sônia. De cartola, ela declamava uma poesia sentada em lugares inesperados, como no balcão do bar. As luzes voltavam a se apagar, e ela ressurgia provocante à mesa de um cliente. Em algum instante combinado previamente, Elis voltava com tudo.

A temporada do Bottle's, de quinta a sábado, fazia o nome de Elis crescer. O jovem produtor Roberto Quartin, que ao lado do sócio Wadi Gebara começava a colocar de pé a pequena mas criteriosa gravadora Forma — que lançaria LPS históricos como *Afrosambas*, de Baden e Vinicius; *Coisas*, de Moacir Santos; e *Desenhos*, do saxofonista Vitor Assis Brasil —, foi até o Beco das Garrafas ver a cantora da qual tanto falavam. Ao final da apresentação, conforme narra o jornalista Renato Vieira no livro *Tempo feliz: a história da gravadora Forma*, ele a abordou e expôs todas as boas intenções de sua incipiente gravadora. Além de lançar Elis em uma casa discográfica que não priorizaria lucro financeiro, mas o projeto artístico, e que pensava em detalhes que iam da alta qualidade do texto dos encartes ao desenho gráfico das capas, Quartin queria também produzir o trabalho. Mas, talvez segura por ter a promessa feita pela Philips em mente, ou apenas por ser Elis, sua resposta desmanchou os sonhos de Quartin: "Você não tem condições de fazer por mim o que eu espero que venha a acontecer".

Seu timbre e sua percepção de conjunto eram elogiados entre os músicos, e o público se tornava cada vez mais numeroso graças ao boca a boca. No início do quinto final de semana, o telefone da boate tocou. Era a cantora querendo falar com Roberto Jorge. Ela estava em São Paulo e lamentava dizendo que não iria fazer o show no Beco porque o Aeroporto de Congonhas estava fechado devido a um temporal. Sem voos, só chegaria para a apresentação do dia seguinte. Seria perfeitamente compreensível não fosse uma cena intrigante que Roberto começou a assistir no instante em que falava com sua artista.

No instante em que Elis mencionou o termo "aeroporto fechado", o pianista Sergio Mendes entrou no Beco. Ele havia acabado de chegar de São Paulo. Wilson Simonal veio logo atrás, também dizendo que estava em São Paulo no dia anterior. Enquanto Elis se lamentava, Roberto fazia uma rápida reflexão. Por algum motivo, a cantora estava lhe dando uma rasteira. O fato é que Elis já ficara grande demais para o Beco e convites para outros shows fora do Rio eram cada vez mais frequentes. Na cabeça de Roberto, ela faltava ao Bottle's para cantar em outras praças. O produtor ficou furioso. "Espera aí, Elis, o pessoal que chegou de São Paulo agora está aqui na minha frente e você está dizendo que o aeroporto está fechado?" "E daí?", rebateu ela. "Você está me chamando de mentirosa?" Roberto prosseguiu: "Que história é essa? Você acha que tem algum moleque aqui?". Ao lado de Roberto, Renato sentiu vontade de pegar o telefone para apaziguar os ânimos, mas já era tarde. Depois de alguns insultos, a cantora desligou jurando nunca mais colocar os pés naquele beco. E jamais voltou a pronunciar os nomes de Roberto e de Renato.

Dois gaviões que haviam assistido aos ensaios no Bottle's sentiram que era hora de atacar. Miele e Bôscoli começavam a fazer seus nomes virarem um só como produtores inseparáveis dos chamados shows de bolso, os pocket shows, quando ficaram sabendo que Elis havia rompido com Renato e Roberto. Eles já tinham planos para a garota, confiando, sobretudo, em seus faros treinados logo ali ao lado, no vizinho Little Club, de propriedade do mesmo Alberico Campana. Se o desconhecido pianista niteroiense Sergio Mendes havia acabado de se tornar sucesso de bilheteria em suas mãos, em um espetáculo sem voz, com o saxofonista Paulo Moura, o baterista Dom Um Romão e o violonista Durval Ferreira, jogar Elis para cima seria moleza. Miele era um paulistano do bairro do Paraíso, de ancestrais italianos, repórter da TV Continental e com tiradas refinadas de um humor rápido. Sua alma gêmea, ou complementar, era o jornalista Ronaldo Bôscoli, um carioca culto, de manias excêntricas, texto solto e inteligente, e treinado em anos de jornalismo. A união do homem que pensava — Ronaldo — com o que realizava — Miele — já nascera como previsão de cartomante no dia em que uma missão profissional colocou os dois no mesmo banquinho.

De todo o povo da música brasileira de quem a crítica começava a falar com entusiasmo, Miele só fazia ideia de quem era João Gilberto. Isso até o dia em que seu chefe na TV Continental pediu que ele fizesse uma matéria com "esse pessoal aí da bossa nova". Perguntou aos amigos de redação quem poderia ajudá-lo a preparar uma entrevista com alguns dos nomes do movimento, e mais de uma pessoa indicou Ronaldo Bôscoli. Contratado da revista *Manchete*, Ronaldo estava na casa de sua namorada, Nara Leão, quando Miele ligou o convidando para estar na primeira matéria que ele faria sobre a bossa nova para a televisão. Ele já havia recebido o o.k. de Nara, Roberto Menescal, Luís Carlos Vinhas e do violonista e compositor Chico Feitosa.

A entrevista seria feita com todos sentados em um sofá na tv Continental, mas era gente de mais para a câmera enquadrar. Miele pediu que um auxiliar pegasse um ou dois banquinhos no bar ao lado da empresa para organizar melhor a cena. Ele contaria que nascia aí a expressão "um banquinho, um violão", mas, na verdade, ela já vinha sendo popularizada desde a chegada ao Rio do baiano João Gilberto. Miele e Bôscoli começavam uma longa amizade. Por falta de dinheiro, Miele se instalaria no sofá da sala de Bôscoli por uma temporada de alguns meses. Quando descobriram o Beco das Garrafas, criaram um slogan para definir o tipo de show que faziam em palcos minúsculos: "Dê-nos um elevador que nós te daremos um espetáculo".

Sem esperar a poeira do Bottle's baixar, a dupla cercou Elis com propostas de novas condições de trabalho, incluindo um repasse um pouco maior de couvert artístico. Insistiram até fazê-la aceitar estrear um espetáculo no Little Club. Quase tudo o que eles conheciam de Elis era do Beco, mas ambos confiavam em seus tacos e começaram a preparar um pacote para a cantora. O pocket show da dupla tinha uma bailarina clássica do Theatro Municipal do Rio de Janeiro, Marly Tavares, que já conhecia Elis da Escolinha do Edinho; um trio excepcional de instrumentistas liderado pelo pianista Luíz Carlos Vinhas, o Bossa 3; e Gaguinho, um passista e pandeirista comediante que faria um show sozinho, se fosse o caso. No repertório, havia "Preciso aprender a ser só", de Marcos e Paulo Sérgio Valle; e "Menino das laranjas", de Theo de Barros. Elis subiu um degrau em sua iniciante carreira depois da estreia, mas o *Jornal do Brasil* pediu mais na única crítica que saiu sobre a noite no Little Club: "A única falha é o mau aproveitamento de Elis Regina... Apesar de ser apresentada também dançando, foi esquecida como cantora".

A fama do Beco chegou a São Paulo antes da fama de Elis. Solano Ribeiro, músico e produtor da paulista tv Excelsior, foi ao Rio para conhecer os bares que lhe indicaram como imperdíveis na espécie de versão carioca, e em miniatura, da praça Roosevelt, onde ficavam as melhores casas de samba-jazz de São

Paulo. Solano queria fazer contatos e descobrir atrações que abastecessem os programas da emissora em que trabalhava. Ao entrar no Little, sentiu um grande impacto. Ao contrário dos paulistas, os cariocas reagiam com furor aos solos de bateria e piano, interferiam com assovios e aplaudiam assim que se sentiam tocados pela energia do palco. Elis se apresentava com tamanha entrega que acabou por desencadear uma reação inesperada em Solano, algo que ele entendeu como sendo sinais de pura paixão. Sentindo o corpo pulsar pela cantora que havia acabado de conhecer, penteou as sobrancelhas e sacou todas as credenciais para se aproximar assim que Elis terminasse o show. Apresentou-se como um jornalista enviado da Excelsior, fez muitos elogios à voz e a convidou para jantar. Eles saíram do Beco num táxi para darem uma volta pelos bares do Rio com música ao vivo, e o giro acabou atravessando a noite. Depois de trocarem beijos ao nascer do sol de Ipanema, Elis pediu para ficar em casa. Solano escreveu o que sentia em um bilhete e o deixou em seu bolso: "Amanheceu um amor em mim".

Solano seguiu para o Beco na noite seguinte apostando no mesmo itinerário. Passaria no Little para ver Elis cantar, a convidaria para jantar em algum canto com música ao vivo e terminaria se perdendo com a amada pelo Rio de Janeiro. Só não esperava ser surpreendido. Assim que deixou Elis em casa, ela decidiu acordar os pais para fazer um comunicado em nome do casal. "Pai, mãe, este aqui é o Solano Ribeiro. Nós vamos nos casar." A filha ia direto ao assunto e, provavelmente por bancar a família com o soldo que ganhava no Beco, sabia que não sofreria resistência.

Qualquer relação amorosa com Elis seria uma incógnita em 1964, já que tudo em sua vida parecia ter esperado esse ano para acontecer. O casal até que tentou. Ao marcarem suas viagens — ele trabalhando no embrião de um novo festival de música, ela alforriando-se do Beco para fazer shows pelo país —, Solano e Elis tentavam sincronizar horários de voos para ficarem juntos ao menos duas horas por semana durante algum trajeto. Nos momentos de namoro, falavam de política, cinema e música. De cabeça engajada em fundamentos esquerdistas, capaz de sintonizar a Rádio Nacional de Cuba para gravar um discurso de quatro horas de Fidel Castro, Solano dizia a Elis que jamais cantasse as "bobagens vazias de Tom Jobim". Música de protesto era o melhor caminho. Elis ouvia tudo com atenção. O Cinema Novo de Glauber Rocha, indicado por Solano, se tornou uma de suas paixões. Certa noite, ela destoou ao trazer uma dica de filme ao namorado fã de Che Guevara: *A Hard Day's Night*, dos Beatles.

A química que havia fascinado o produtor começou a ser diluída quando Solano percebeu comportamentos estranhos. O fato de Elis ser explosiva não era um problema. O intrigante era a impossibilidade de se prever quando ou contra quem seria a próxima explosão. Solano presenciou cenas de ataques verbais à família feitos por Elis que o preocuparam e experimentou reações físicas que não conseguiu digerir. Certo dia, o casal estava no apartamento da Barata Ribeiro, esperando uma resposta dos amigos Dom Um Romão e Flora Purim. Eles estavam prestes a viajar e poderiam deixar os namorados usarem o apartamento dúplex do Leblon, onde viviam. Elis andava de um lado a outro, excitada com a possibilidade de ter um momento de privacidade com o namorado. De repente, ela enrolou a revista *Manchete* que segurava e, sem dizer nada, desferiu um golpe por trás na cabeça de Solano. Naquele momento ele teve certeza de quanto ainda desconhecia a mulher com a qual pensava em se casar.

Hospedada em um hotel na avenida São João, durante uma de suas estadas em São Paulo, Elis pediu que a amiga Flora Purim ligasse para Solano e contasse sobre seu estado de saúde. "É melhor você passar aqui. Elis não está bem." Ao chegar ao quarto, o produtor encontrou a cantora deitada, pálida, coberta da cintura para baixo. Sua expressão denunciava algo grave, e ficou ainda pior quando ela decidiu contar o que havia feito: "Eu fiz um aborto". Não foi o ato que chocou Solano, conforme ele se lembraria anos depois, mas a forma como tudo se deu. Ele entendeu que um filho poderia interromper a carreira de uma cantora novata, mas lamentou por não saber da gravidez de Elis. Não ter sido comunicado, para ele, era algo imperdoável. Elis e Solano se separaram em definitivo após aquele dia.

Elis percebeu que transbordava o Beco das Garrafas e, pela primeira vez, emprestou sua força para ajudar outros artistas num manifesto. Foi em uma tarde de sábado de 1964 que os contratados das tvs Rio e Excelsior se reuniram nas mesinhas do Little Club para registrar um ultimato a seus patrões. Ou os cachês atrasados eram pagos, ou eles deixariam as emissoras. A comissão da Excelsior, formada por Tito Madi, Carlos José, Severino Filho e Silvio Cesar, saiu da negociação com a promessa de receber a maior parte dos atrasos em vinte dias e o restante em sessenta. Mas o grupo que pressionava a TV Rio, com o qual Elis tinha mais proximidade — Ciro Monteiro, Sylvinha Teles, Luciene Franco e Roberto Nascimento —, não fechou nenhum acordo e tudo que conseguiu foi marcar um próximo encontro. Sentada ao lado de Agostinho dos Santos, Elis levantou outra questão. Se uma mesma imagem de um artista era mostrada diversas vezes por uma ou várias emissoras associadas de TV, não era justo que esse artista recebesse por apenas uma aparição. Mais um impasse estava colocado.

Com uma agenda sendo preenchida por shows em outras cidades, Elis delegava ao pai a missão de ligar ou ir pessoalmente falar com os patrões no Little, justificando de qualquer jeito suas ausências. "Oi, Miele, a Elis não vai hoje, ela não está bem", dizia na sexta. "A Elis não vai, está sem voz", era a desculpa no sábado. Alberico e o público disposto a se acomodar no chão para ver a cantora se incomodavam cada vez mais com suas faltas. "Isso é uma tremenda sacanagem. Anuncia Elis e não tem Elis? O público tem razão em ficar revoltado", pressionava Alberico. O histórico de sumiços suspeitos do vizinho Bottle's Bar fez Miele e Ronaldo ligarem os nós. E uma revelação involuntária de um amigo de Ronaldo, comandante em uma empresa de aviação, não deixava dúvidas. "Ronaldo, vi uma menina no Paraná que canta demais. Seu nome é Élis ou Elis. Vocês têm que chamá-la para cantar aqui." Elis aumentava sua renda cantando em outros territórios em dias de trabalho no Beco, com o pai dando cobertura.

Quando Elis chegou ao Little, depois de sair do Bottle's, o Beco começou a entrar em crise. A alta do dólar à época era refletida nos preços da noite, fazendo uma dose de uísque, muitas vezes falsificado, chegar a duzentos cruzeiros. Uma refeição estudantil no Rio, quando cara, custava 25 cruzeiros. Grupos já se apresentavam para dois ou três casais, e os desgastes de artistas muito presentes na casa eram percebidos pela imprensa. Tenório Junior Trio, Trio Irakitan e Rosana Tapajós, quase atrações fixas, se estranhavam, com "cada um querendo ser mais moderno e mais cartaz do que o outro", conforme escreveu o colunista Eli Halfoun, do *Jornal do Brasil*. O inconformismo de Ronaldo com as faltas de Elis iria desferir um dos golpes finais nos últimos tempos de vibração do Beco das Garrafas.

O produtor esperou o dia certo para dar o bote. Assim que chegou o fim de semana, o telefone da boate tocou e ele fez questão de atender. Desta vez, a própria Elis dizia que não poderia fazer a apresentação da noite porque estava afônica. "Afônica é o cacete!", explodiu Ronaldo. "Fique sabendo que isto aqui não é palhaçada. Já sei que você faz show por aí." No que bateu, levou: "Faço mesmo, e daí? Sou mais eu. Se quiser me mandar embora, mande", disse Elis. Ele subiu o tom: "Então vá. Tá pensando que é quem? A Barbra Streisand?". E Elis devolveu: "Não estou pensando, eu sou a Barbra Streisand". Com um pincel e uma lata de piche, Ronaldo foi até a parede dos fundos, na qual os artistas eram anunciados, e pintou faixas pretas e borradas sobre o nome de Elis. Surgia a expressão "pichar alguém". Elis sumiu do Beco para sempre. E da vida da dupla Miele e Bôscoli por algum tempo.

4.

Elis havia começado a pingar em São Paulo como garoa, antes mesmo de deixar o Beco das Garrafas. Em suas escapadas, sem que Miele e Bôscoli soubessem, chegava com discrição a um mundo sobretudo de universitários loucos por uma nova música brasileira, ou, como em breve seria chamada, pela MPM — "música popular moderna". Fosse para pisar no palco de um espetáculo beneficente feito na Associação de Moças da Colônia Sírio-Libanesa ou do Clube Hebraica, o importante era que São Paulo a conhecesse. Cada vez mais segura, Elis topou o convite de Walter Silva, um jornalista e produtor de espírito empreendedor, para ser uma das atrações do show *O remédio é bossa*, organizado pelos alunos da Faculdade Paulista de Medicina em outubro de 1964. Em uma de suas escapadas-relâmpago do Beco das Garrafas, Elis havia chegado do Rio e se dirigido para a casa do produtor Walter Silva com pouco tempo para definir o que cantaria dali a dois dias.

Marcos Valle estava na sala, tirando o violão da capa, cheio de confiança para exibir sua apoteótica canção "Terra de ninguém", que fizera com o irmão Paulo Sérgio. Uma típica música de protesto que a ditadura, sobretudo depois que ganhasse plenos poderes com o ato institucional nº 5, faria tudo para interceptar. "Terra de ninguém" começava triste, narrando o caminhar de um nordestino sobre uma terra devastada por agonias e incertezas. Um homem que caía de cansaço ao final da tarde, mas que rezava e voltava cheio de coragem para lutar por aquilo que é seu no dia seguinte. O tom da canção mudava para maior quando chegavam os versos de esperança. Manoel Barenbein, um jovem produtor envolvido no projeto, ouviu a composição na voz de Elis e não teve dúvidas: "Vamos cantar essa". "Mas vai dar tempo?", preocupou-se Marcos. "Vai, sim, e vamos fazer da seguinte maneira..." Barenbein tinha sua estratégia.

Assim que o Cine Teatro Paramount abriu as cortinas para apresentar "Terra de ninguém", Marcos Valle estava sozinho, iluminado por um refletor e escorado em um banco alto de madeira com o violão entre as pernas. Qualquer tentativa de se ajeitar um pouco mais lhe dava a sensação de que iria desabar. O jovem respirou fundo e iniciou a primeira parte ao instrumento, disposto a vencer o silêncio da plateia. Sua música caminhou sem provocar grandes reações, até chegar o refrão redentor e a voz de Elis surgir para colocar boa parte do público de pé. Ela estava o tempo todo ao lado dos músicos, mas em um canto escuro do palco, e só foi iluminada quando sua parte chegou em tempo desdobrado — um recurso dramático que seria muito usado pelos compositores de festivais para envolver a plateia. Era o momento em que o ápice da emoção surgida de um crescente quase obrigava o público a cantar. A aparição de Elis desencadeou aplausos que ao mesmo tempo premiavam o talento de Marcos Valle e consagravam precocemente a cantora gaúcha que pouco havia cantado naquela noite.

Walter Silva, um nome onipresente no circuito de shows universitários, convidou Elis para uma nova missão: cantar no Denti-Samba, um evento promovido pela Faculdade de Odontologia da Universidade de São Paulo e que teria na primeira parte Walter Santos, Pery Ribeiro, Geraldo Vandré, Oscar Castro Neves, Paulinho Nogueira, Alaíde Costa e o grupo Zimbo Trio. Elis seria atração da segunda parte. Ela aceitou e chamou para acompanhá-la alguns dos melhores músicos que havia conhecido no Beco das Garrafas que integravam o Copa Trio. Eles ficariam hospedados no Hotel Danúbio, da avenida Brigadeiro Luís Antônio. Assim que chegaram, entregaram seus documentos ao recepcionista, mas ele se recusou a fazer o check-in de Dom Salvador e Dom Um Romão, os dois negros da equipe. "Não temos mais quartos, desculpe." Antes que dissessem algo, Elis passou a gritar palavrões contra o funcionário e a falar em racismo. Em pouco tempo, o recepcionista fez dois quartos aparecerem e aceitou o grupo inteiro. Mas Elis não se deu por satisfeita. Quando fazia seu show para quase 2 mil pessoas, contou toda a história do recepcionista racista no palco dando o nome do até então imaculado Hotel Danúbio.

O ano de 1964 seguia quente, e Elis mantinha a estratégia de nunca dizer não. Entre um palco e outro, chegou o convite para se apresentar com Silvio Cesar em uma boate da praça Roosevelt chamada Djalma's, do compositor Djalma Ferreira. Silvio conhecia Elis de outros bastidores. Quando estava para receber uma menção honrosa por seu disco *Amor demais*, no Theatro Municipal do Rio de Janeiro, percebeu se aproximarem o amigo e músico Rubens Bassini e uma garota que lhe parecia familiar de algum programa de TV. "Silvio, ela quer te conhecer", disse Rubens. Elis se comportava como uma fã. "Silvio, pode me dar um autógrafo?" Desconcertado, assinou a capa da *Revista do Rádio* que a garota tinha nas mãos: "Para Elis, o abraço de seu admirador, Silvio Cesar". Ao ser convidado para o espetáculo no Djalma's, Silvio sugeriu fazê-lo em duo com Elis. Com cachê e repertório devidamente divididos, a dupla escolheu as músicas, mandou o material para Eumir Deodato arranjar e se preparou para encarar São Paulo.

Durante a temporada no Djalma's, Elis ficou hospedada com Silvio em um apartamento na rua Albuquerque Lins, no bairro de Santa Cecília. O Djalma's era um pouco maior do que as bocas do Beco, mas atraía as atenções para a cena da bossa-jazz paulistana. Jair Rodrigues, que nunca vira Elis antes, apareceu para dar uma canja com uma música que estava lançando naquele momento, com um verso divertido que dizia "deixe que digam, que pensem, que falem". Enquanto cantava, dançava com as mãos estendidas, ora com as palmas para cima, ora para baixo. O grupo que tocava para ele tinha no sax tenor o argentino Hector Costita; no piano, Luiz Melo; no baixo, Chu Viana; na bateria, Turquinho; e no sax alto, Kuntz Naegele. Uma base maior, um som mais gordo, uma cama mais generosa do que o som que os trios do Beco produziam. Sem saber, Elis rascunhava o repertório de seu próximo disco quando cantava sobretudo "Menino das laranjas", de Theo de Barros; "Preciso aprender a ser só", de Marcos e Paulo Sérgio Valle; e "Berimbau", de Baden e Vinicius.

Silvio Cesar e Elis Regina viveram dias felizes no Djalma's. Além dos shows na casa, os dois participaram de uma mostra de músicos paulistas e cariocas no Teatro de Arena, dirigida por Solano Ribeiro, que não teve contato com Elis para evitar reabrir o trauma do aborto, chamada Primavera Eduardo é Festival de Bossa Nova, patrocinada pela loja de sapatos Eduardo. À capela, cantaram

"O amor em paz", de Tom Jobim e Vinicius de Moraes. Silvio colecionou cada nota de jornal que trazia referências à temporada feita ao lado da gaúcha. Um dia, ele foi arrumar as malas para voltar ao Rio de Janeiro, onde vivia. Ao sentir falta dos recortes, perguntou sobre eles para a moça que limpava o apartamento. "Aquele monte de jornal velho? Joguei tudo fora."

Instigado pelas repercussões de seus shows de formatos coletivos com músicos do Rio e de São Paulo, Solano percebeu que poderia ir além. Os jovens amavam os espetáculos que ele produzia. Se San Remo, na Itália, havia atraído os olhares do mundo para uma espécie de música, na visão do produtor, melosa e sem grandes virtudes, revelando um Sérgio Endrigo entre mil cantores descartáveis, por que São Paulo não poderia fazer melhor? A ideia de potencializar o fenômeno dos shows ao vivo em um programa de TV não o deixava em paz.

Solano configurou sua ofensiva. Pediu a Enrique Lebendiger, dono da editora de música Fermata, que lhe arranjasse o regulamento do Festival de San Remo. Estudou cada regra, adaptou o formato italiano à realidade de um mercado musical em nascimento e vendeu a ideia à TV Excelsior. Com carta branca da direção, anunciou a abertura das inscrições para um festival da canção de alcance nacional e foi atrás de um júri de peso: os músicos Caetano Zamma, Damiano Cozzella e Amilton Godoy, e os poetas Augusto de Campos e Décio Pignatari. As músicas inscritas não vinham em fitas, mas em partituras. Os jurados se revezavam ao piano para tocá-las sem saber quem as tinha mandado. Os candidatos se inscreviam usando códigos, não nomes reais. As melhores canções eram classificadas, e Solano, com a ajuda dos jurados, acatava o pedido do compositor para que sua obra fosse defendida por determinado intérprete ou ele mesmo indicava alguém. O patrocínio da empresa francesa de moda Rhodia garantia que o projeto rodasse por várias cidades, mas havia um preço. Solano sofria com as interferências do diretor de propaganda da Rhodia, Lívio Rangan, que queria desfiles de moda na abertura de cada apresentação e, sempre que possível, tentava influenciar na escolha dos vencedores. Ainda assim, aquela era a primeira experiência de Solano no ramo, mas com grandes chances de vingar. Centenas de compositores mandariam suas obras para concorrerem no I Festival Nacional de Música Popular Brasileira.

Com um total de 36 canções classificadas entre 1290 inscrições, uma boa performance para uma primeira investida, o festival precisava de visibilidade. Solano, pensando em atrair mídia, queria que todo o evento fosse realizado no

Guarujá, a praia dos famosos no litoral sul paulista. Como acontecia com o Festival de Cinema de Cannes, na França, a distância e alguma dificuldade de acesso só aumentariam o mito e criariam mais notícia. Mas Lívio Rangan não se contentou. Além do Guarujá, ele queria que as outras eliminatórias fossem realizadas em São Paulo, no Rio de Janeiro e na cidade fluminense de Petrópolis. A Excelsior deveria transmitir as apresentações, e as noites teriam como abertura o Show da Rhodia, que contaria com desfiles de moda e aberturas rápidas com cantores-propaganda da empresa, como Wilson Simonal.

Mesmo sendo praticada em benefício próprio, a interferência do patrocinador tirou o foco do Guarujá e evitou que o projeto de Solano naufragasse, triplicando sua visibilidade. Mas os organizadores temiam que o evento se tornasse mais da Rhodia do que da tv Excelsior, mais de moda do que de música. As ações de marketing da empresa, que distribuiu ingressos aos montes entre clientes e funcionários que pouco ligavam para os novos caminhos da música popular brasileira, trariam ao menos um desconforto na noite da estreia. Quando Solano chegou ao Cassino do Guarujá, foi recebido na porta com um alerta: "Não vai dar", disse o diretor musical Sylvio Mazzuca, antes mesmo que Solano colocasse os pés no recinto. "Não vai dar o quê?", quis saber Solano. "O lugar está lotado, e a polícia não deixa entrar mais ninguém." Além dos ingressos distribuídos pela Rhodia, a prefeitura do Guarujá, com interesses políticos, facilitou a entrada de mais gente do que permitia a capacidade do local. "O engenheiro garante que a segurança do prédio está comprometida e ele poderá desabar a qualquer momento", disse a Mazzuca um administrador do cassino.

Solano, barrado na porta de seu próprio festival, sentou-se na calçada e esperou pela liberação do espaço. Alguém da produção se aproximou e o conduziu para uma porta secreta, por onde alguns artistas estavam entrando. Antes de Solano alcançá-la, um homem de terno e gravata veio ao seu encontro, com sotaque francês: "Por favor, eu sou o presidente da Rhodia e gostaria que o senhor me ajudasse a entrar". Solano o levou consigo até a passagem privativa, mas, quando estavam perto da entrada, outro segurança apareceu: "Não podem entrar por aí!". Outros homens se aproximaram, pegaram o presidente pelo braço e começaram a conduzi-lo para fora do espaço quando Solano avisou, com um grito: "Esse aí é o presidente da Rhodia". Os dois foram soltos.

Depois que alguns artistas entraram até pela janela do cassino, a noite de 27 de março de 1965, um sábado, teria doze concorrentes dos quais sairiam apenas quatro classificados para a grande final, prevista para o dia 6 de abril, no Teatro Astoria, no Rio. Aos felizardos que conquistassem os pódios mais altos, 21 milhões de cruzeiros seriam divididos em: 10 milhões e o troféu Berimbau de Ouro para o primeiro colocado; 5 milhões para o segundo; 3 milhões para o terceiro; 2 milhões para o quarto; e 1 milhão para o quinto. Como a duplicidade de intérpretes era permitida, Elis ganhou duas músicas para defender: "Arrastão", de Edu Lobo e Vinicius de Moraes, e "Por um amor maior", de Francis Hime e Ruy Guerra.

A canção de Hime e Guerra já estava gravada no disco de Elis, *Samba, eu canto assim!*, desde janeiro, pronta para ser lançada, quando os jurados a aceitaram para disputar o festival realizado entre março e abril daquele mesmo ano de 1965. O regulamento era claro: todas as músicas concorrentes deviam ser inéditas tanto nos palcos quanto nos LPs. Por isso, a Philips segurou o lançamento do disco de estreia de Elis para sair depois que o festival acabasse e, muito provavelmente, consagrasse sua contratada. *Samba, eu canto assim!* era a promessa de Pittigliani cumprida mais de um ano depois do dia em que ele conheceu Elis em Florianópolis. Ela enfim encontrava o repertório que tinha a ver com seu gosto musical e podia gravar canções como "Reza", de Edu Lobo e Ruy Guerra; "João Valentão", de Dorival Caymmi; e "Preciso aprender a ser só", de Marcos e Paulo Sérgio Valle. Era o disco de profundidade e relevância que ela sonhava em fazer desde seu primeiro LP. Se fosse para escolher um hit, seria "Menino das laranjas", de Theo de Barros. Elis mostrava nessa gravação recursos técnicos que usaria por toda a vida, como um tipo de vibrato extraído da cantora de jazz Ella Fitzgerald.

"Por um amor maior" foi defendida com empenho e acabou, na primeira noite, classificada como a melhor performance de todas. Foram computados a seu favor 296 pontos contra os 176 de "Sonho de um Carnaval", de Chico Buarque, na voz de Geraldo Vandré. O outro compositor representado por Elis era um jovem de harmonia refinada chamado Edu Lobo, amigo e discípulo de Vinicius de Moraes. Edu havia começado a fazer "Arrastão", nota por nota, no dia em que brincava ao violão ao lado de Vinicius, brincando com um contracanto para a "Suíte dos pescadores", de Dorival Caymmi, em uma das festas que frequentava na zona sul do Rio. Mesmo quando sua melodia parecia finalizada, com vida própria, Vinicius dizia que ele deveria seguir trabalhando, tentando melhorá-la. Ficaram ali uma noite inteira, lapidando cada frase, até chegarem à forma definitiva. "Arrastão" nascia inspirada pela "Suíte dos pescadores". A música foi parar nas mãos dos jurados do Festival da Excelsior por indicação do diretor artístico da gravadora Elenco, Aloysio de Oliveira, que lançaria o primeiro LP de Edu com participação do grupo Tamba Trio. Ao ouvir "Arrastão" pela primeira vez, Solano identificou: esta é da Elis. Edu também queria a cantora como intérprete por acreditar que a gaúcha, que caía de amores por ele, seria a melhor representante de suas emoções.

"Arrastão" fazia jus ao nome. Sem querer, Edu e Vinicius acertavam o alvo ao propor uma canção de discurso épico com andamentos alternados e clima envolvente — um formato que se aproximava das composições que produziam em sua chegada quase que um subgênero, um afluente da música popular brasileira, conhecido nas internas como "música de festival". Em entrevista ao jornalista Zuza Homem de Mello, em 1979, Elis diria que "Arrastão" não foi a primeira canção sugerida para sua interpretação: "Quer saber mesmo a verdade? Eu ia cantar outra, chamada 'Resolução'. Mas, de repente, disseram que seria 'Arrastão'. Eu achava 'Resolução' melhor, com uma letra mais elaborada, com uma história de fôlego, longa". "Resolução", do mesmo Edu Lobo, em parceria com Lula Freire, seria gravada no LP *Samba, eu canto assim!*. Solano Ribeiro, no entanto, afirma que a canção jamais foi cogitada para ser defendida por Elis. "Eu nunca passei essa música para ela."

Mais do que harmonias engenhosas, a era pós-bossa nova precisava de estrofes que rompessem com os barquinhos, o sol e o mar do Rio de Janeiro. Na cartilha que muitos compositores passariam a estudar, canção para massas deveria causar impacto sem longas introduções. As histórias deveriam ser interpretadas com intensidade, trazer nome de personagem e boa dose dramática. Arranjos envolventes, por sua vez, alternavam introspecção e euforia. A introspecção era extraída de duos como, por exemplo, voz e piano, e a euforia, como uma preparação para o grande final da canção, vinha em tempo desdobrado, contagiante, com um som encorpado e crescente de bateria, baixo e tudo o mais, até atingirem o ápice. Ainda que nem todo mundo saísse do teatro assobiando a melodia de "Arrastão", a voz e os braços giratórios de "Hélice Regina" poderiam fazê-la levantar voo.

A imprensa, ou boa parte dela, não via os movimentos da cantora com entusiasmo. E suas decolagens se tornaram motivo de piada. "Quanto mais aplaudida, mais faz força, temendo-se que seus braços um dia se soltem e, como uma bomba atômica, caiam no Vietnã e acabem com a guerra", escreveu o *Diário Carioca*. "Lutou desesperadamente pela vitória da melodia de Edu Lobo e de Vinicius de Moraes, 'Arrastão'. Levantou os braços, rodopiou-os diante das câmeras, mostrou os dentes (aliás, bonitos) e quase perdeu a peruca (medonha) na hora do agudo", anotou Borelli Filho na *Revista do Rádio*. O *Jornal do Brasil* acendia outros sinais. "São Paulo curvou-se totalmente ao talento de Elis Regina, que é a grande figura da música brasileira de lá, no momento. Dizem, no entanto, que a moça está ficando difícil de lidar na medida em que vê seu sucesso crescer."

Ao olhar para os lados, Elis poderia se sentir cercada por uma gente que, bem ou mal, a conhecia de outras primaveras. Solano, o anfitrião do festival, não trazia boas lembranças. Ela não o via com ódio, mas um desconforto era mais do que evidente quando se cruzavam pelos corredores. Ronaldo Bôscoli, o mesmo que a havia demitido do Beco, ressurgia materializado de duas formas: como parceiro de Roberto Menescal na canção concorrente "Por quem morreu o amor", defendida por Pery Ribeiro, e ao lado de Luiz Carlos Vinhas na parceria de outra selecionada, "Cada vez mais Rio", cantada por Wilson Simonal. Além de ter tanta gente de quem Elis queria distância, os festivais não pareciam um lugar para se fazer novos amigos. Alguns compositores sentiam-se como cavalos posicionados nas raias do Jockey Club. Edu Lobo estremecia ao ouvir um desconhecido gritar: "Vê se não perde, hein, rapaz? Apostei em você!". Aquela espécie de olimpíada da canção tinha um outro agravante. A linha de largada estava cheia de cantoras que Elis, insegura e competitiva, sentia-se na obrigação de deixar para trás: Claudette Soares, Elizeth Cardoso, Márcia e Alaíde Costa.

A vaia ainda não havia sido criada na música brasileira em 1965. Sua invenção nesta seara data de 1967, durante o III Festival da Música Popular Brasileira da Record, quando uma ação de marketing da gravadora Philips foi colocada em prática para fazer seu contratado Jair Rodrigues vencer a parada e lançar um novo disco. Um pelotão de torcedores foi enviado ao Teatro Record com faixas e cartazes para que o mundo não tivesse dúvidas de que a música defendida por Jair, "O combatente", de Walter Santos e Tereza Sousa, era a melhor. Mas não foi isso que os jurados entenderam e, quando os primeiros classificados foram anunciados sem menção à música defendida por Jair, a torcida quis derrubar o prédio no grito. O ruído contagiou o auditório, fez vaiar até quem não via razão para isso, e assustou os jurados. A reação virulenta da plateia voltaria no mesmo festival, dias depois, desta vez de forma espontânea, para defenestrar o violonista Sérgio Ricardo e sua "Beto bom de bola". Depois de enfrentar uma incessante onda de gritos de desaprovação, ele destruiu o violão no palco e arremessou seus restos à plateia. Era consagrada a vaia, um personagem tão importante e decisivo de um festival quanto o cantor e os jurados. Antes disso, em 1965, as plateias eram comportadas e a vitória de uma música como "Arrastão" dependia de sua própria força e do carisma do intérprete. Elis não corria riscos.

Sem vaias pelo caminho, Lívio Rangan atacou de novo. Sua preferência entre os finalistas, não por acaso, era Wilson Simonal, que defendia a canção "Rio do meu amor". Simonal era o artista contratado para fazer os shows da Rhodia pelo país. Rangan atuou nos bastidores, oferecendo presentes e almoços para ganhar aliados no júri. Aqueles que votassem em Simonal, e não em Elis, teriam suas benesses. Ao perceber que a estratégia do empresário começava a surtir efeito, Solano acionou, após várias tentativas de completar uma ligação telefônica do Rio para São Paulo, o jornalista Walter Silva, conhecido como Pica-Pau, que apresentava uma potência na Rádio Bandeirantes chamada *Picape do Pica-Pau*. Walter indignou-se com a história das chantagens de Rangan e prometeu uma ofensiva naquele mesmo dia. Assim que o programa entrou no ar, expôs os bastidores do festival e acabou com o caráter do empresário sem dizer o nome da fonte. Minutos antes da finalíssima, Solano certificou-se da repercussão à fala de Walter e fez questão de repassá-la a Rangan, alertando que o país estava sabendo de suas práticas. Instantes antes do início das apresentações, o executivo reuniu o júri para dizer que esperava que todos votassem de acordo com suas próprias consciências.

As tvs da época exibiam suas programações apenas nas cidades em que as captavam. São Paulo não via o que era transmitido por emissoras afiliadas no Rio e vice-versa. Se uma praça quisesse ter o programa da outra, que o produzisse em seus estúdios, nos mesmos moldes, ou esperasse alguns dias para retransmiti-lo. Edu Lobo estava ansioso para saber como Elis cantaria "Arrastão" na Excelsior do Rio. Ele estava em São Paulo, ensaiando a trilha do musical *Arena conta Zumbi*, de Gianfrancesco Guarnieri e Augusto Boal, e saberia de tudo por telefone. Assim que Elis apareceu na tv para os cariocas, Edu estava no Bar Redondo, no centro da cidade, com a mãe ao telefone narrando tudo o que via. Enquanto Elis cantava, a cantora Claudette Soares, estupefata, virou-se para a intérprete Maysa e disse a frase que resumia a dimensão de algo que Edu não podia ver. "É, Maysa, quem cantou cantou. Acabou. Vamos embora." A classificação geral, narrada pela mãe de Edu Lobo, ficava assim: em quinto lugar, "Cada vez mais Rio", com Wilson Simonal; em quarto, "Queixa", com Ciro Monteiro; em terceiro, "Eu só queria ser", com Claudette Soares.

Faltavam dois. Edu sentiu taquicardia. Segundo lugar, "Valsa do amor que não vem", de Baden e Vinicius, cantada por Elizeth Cardoso. "Tá vendo, acabou", desabafou o compositor ao amigo Guarnieri. "Eles não vão dar o segundo e o primeiro lugar para uma letra do Vinicius", lamentou. Primeiro lugar: "Arrastão". E, então, não se ouviu mais nada. Edu e Guarnieri gritaram de São Paulo, a mãe de Edu gritou do Rio, e o teatro inteiro aplaudiu. A festa jogava o nome do compositor nas alturas e o de Elis nas estrelas. A cantora chorou e cantou a canção vitoriosa com os braços giratórios. Depois, voltou a ser a moça imprevisível que Vinicius havia acabado de batizar como Pimentinha. "Arrastão" era boa, mas a sua canção preferida mesmo era "Por um amor maior", de Francis Hime e Ruy Guerra.

A vitória de "Arrastão" coincidia com o momento em que shows em auditórios e teatros alugados por universitários se consolidavam como a saída para um universo que já não sabia o que fazer com tantos astros. Sem um circuito que fosse além das boates da praça Roosevelt, São Paulo via surgir um cenário vibrante de apresentações promovidas por estudantes. Artistas e plateias conheciam a catarse, o jogo de estímulos e respostas que mudava tudo durante uma performance, mesmo com pouco respaldo técnico em som, luz e cenografia. Assistir aos shows se tornava uma experiência. Os espetáculos universitários começaram a criar uma cena capitaneada por novos personagens, jovens com tino empreendedor e boa dose de criatividade que passariam a fazer a ponte entre as instituições, os artistas e o público.

Um deles era Manoel Poladian, aluno de direito da Faculdade Mackenzie, cheio de dom e instinto para os negócios, que já havia começado suas investidas em 1961 com o primeiro Festival da Balança. Por seus palcos, passaram artistas imponentes como João Gilberto, Tamba Trio, Johnny Alf, Dick Farney e, em 1965, Elis Regina. Horácio Berlinck era outro nome forte que, ao lado de Eduardo Muylaert, Antonio Carlos Calil e João Evangelista Leão, conceberia, no Teatro Paramount e com o respaldo da Faculdade de Direito da Universidade de São Paulo, o primeiro festival O Fino da Bossa, marca que depois seria usada para batizar um programa na TV Record. E Walter Silva, jornalista, radialista, esquerdista, apaixonado por música e um observador que não jogava palpites pela janela, completava o primeiro time. Quando Elis lançou seu primeiro disco, ainda disfarçada de Celly Campello, foi com o pai Romeu levá-lo ao programa de Walter na Rádio Bandeirantes — o mesmo que Solano havia usado para denunciar os aliciamentos de Lívio Rangan. Enquanto ninguém apostava dois centavos na gaúcha, Silva sentenciava para sua audiência: "Esta aqui vai ser a maior cantora do Brasil".

Pois era a vez de Walter Silva entrar na roda. Um ano depois de ajudar nos bastidores a turma de Horácio Berlinck, o engajado estudante de direito do largo São Francisco, a fazer e a divulgar o coletivo O Fino da Bossa no Paramount, que logo seria lançado em LP com um elenco que incluía Alaíde Costa, Nara Leão, Zimbo Trio, Jorge Ben, Paulinho Nogueira, Oscar Castro Neves e Sergio Mendes, o jornalista pegou gosto pelo negócio. Elis foi seu primeiro nome certo para estrelar um show centrado, desta vez, em duas atrações. Elis, a paixão de Walter, dividiria a frente do palco com o violonista Baden Powell, e os deuses fariam o resto. A ideia era colocá-la ao lado do maior violão da época para serem acompanhados pelo grupo instrumental Zimbo Trio, do pianista Amilton Godoy, do baterista Rubinho Barsotti e do baixista Luiz Chaves. Isso até que uma série de desencontros alterasse o curso da história.

O Zimbo agradeceu o convite, mas estava com viagem marcada para compromissos fora de São Paulo. Baden, sempre chegando e saindo do país, também tinha passagens compradas para a Europa. Quando veio sua negativa, centenas de anúncios em cartazes lambe-lambes já haviam sido encomendados com seu nome por Walter Silva em uma gráfica do centro de São Paulo. Manoel Barenbein, que ajudava Walter na empreitada como assistente de produção, correu para gritar "parem as máquinas" e conseguiu evitar um prejuízo maior. O Jongo Trio — com o pianista Cido Bianchi, o contrabaixista Sabá e o baterista Toninho — entrava no lugar do Zimbo em uma troca rápida e digna. Só faltava um santo para o altar de Baden.

Em uma noite na Boate Stardust, no centro de São Paulo, para discutir negócios com o empresário recém-chegado da Argentina, Marcos Lázaro, Walter, sua mulher Déa Silva e Manoel Barenbein assistiam de relance um rapaz negro, magro, cativante e com uma voz de longo alcance trabalhando como crooner do grupo do pianista Alan Gordin, pai do guitarrista Lanny Gordin e proprietário da boate, e do baterista Hugo Landwer. O menino esforçado do interior, que batalhava na noite de São Paulo desde o início da década, era Jair Rodrigues, que Elis havia visto no Djalma's. O palco parecia sempre pequeno para sua performance, sobretudo quando fazia a plateia cantar "Deixa isso pra lá". Se não tinha um primor de poesia, sua música não passava despercebida. Enquanto Walter falava com Lázaro, Déa o via intrigada, cheia de ideias. Assim que teve a primeira oportunidade, virou-se para o marido e fez sua aposta: "Walter, por que é que você não chama esse rapaz para cantar com Elis?". Jair? Não era aquilo que Walter pensava. Como substituir Baden Powell por Jair Rodrigues? Trocar a meditação de um monge pelas travessuras de um menino? "Ficou louca, mulher? Jair não tem nada a ver com Elis", respondeu. Déa insistiu. "Olha só o sucesso que ele está fazendo aqui." Walter repensou, ouviu a esposa e, juntos, começaram a trabalhar.

Walter e Déa, agora com o elenco fechado, fariam tudo para tirar do papel a temporada de três noites — 8, 9 e 12 de abril de 1965 — no Teatro Paramount da avenida Brigadeiro Luís Antônio, iniciada apenas três dias depois da final do Festival da Excelsior. O nome de Elis estava quente, era preciso aproveitar. Walter corria para conseguir equipamentos de luz e de som, resolvia os detalhes do aluguel do teatro e procurava por um pintor que fizesse os vistosos anúncios na fachada do Paramount. Déa preparava os lanches e o suco para abastecer o marido e, em um latão de vinte litros, diluía cola em água. Ela e Walter passaram as madrugadas seguintes colando cartazes do show pelos muros do centro de São Paulo. Às vezes, ao voltarem aos endereços dos locais onde já haviam fixado as propagandas, viam outros anúncios colados sobre os seus. Era a lei dos lambe-lambes. Eles preparavam mais material e voltavam à rua para colar seus cartazes em cima dos concorrentes.

Um espetáculo no Teatro Paramount, com um elenco daqueles, era mais custoso do que parecia. A contabilidade era anotada em centavos por Déa. Ao Jongo Trio, por ser trio: 450 mil cruzeiros. A Elis Regina e Jair Rodrigues: 300 mil para cada. Ao Aparecido, assistente da operação: 40 mil. Ao senhor que consertou e afinou o piano por duas vezes: 15 mil. Ao pintor da fachada do teatro, cheio de liberdades poéticas ao grafar os nomes "Ellis Regina, Jayr Rodrigues e Jongo Trio": 60 mil. Depois de marcar a luz, colar cartazes, contratar o afinador de piano e inspecionar os instrumentos, só faltava a Walter Silva ser a própria Elis Regina. E ele foi. Ao menos por duas horas de ensaio em que a cantora não pôde comparecer por causa de um compromisso particular, Walter fez a voz de Elis ao lado de Jair e do Jongo Trio. Sua recompensa estava próxima.

Duas mil pessoas lotavam o Paramount quando o piano de Cido Bianchi atacou os primeiros acordes do samba "O morro não tem vez", uma explosão emocional que seguiria quente pelas dez músicas seguintes, finalizando com "Menino das laranjas". A abertura feita sem pausas tinha uma sequência que enfileirava "Feio não é bonito", "Samba da carioca", "Esse mundo é meu", "A felicidade", "Samba de negro", "Vou andar por aí", "O sol nascerá", "Diz que fui por aí", "Acender as velas", "A voz do morro" e "O morro não tem vez". Jair e Elis se divertiam em improvisos e malandragens, sem ensaio, sorrindo como se fossem amigos de infância. Uma lista com as músicas do repertório havia sido escrita por Walter com giz branco, no chão do palco. Um tempo depois de ir às estrelas com sambas atômicos, Elis levava a plateia aos porões da alma cantando "Preciso aprender a ser só" para reerguê-la em seguida cantando "Zigue-zague" com Jair. Ao final do show, o escritório de Walter Silva, instalado no próprio teatro, foi visitado por dezenas de pessoas que queriam comprar ingressos para a noite seguinte antes mesmo de o produtor tê-la anunciado.

O primeiro grande sucesso de Elis em um palco bem maior do que os clubes do Beco das Garrafas aproximou a cantora de seu novo produtor, Walter Silva, a ponto de tê-lo como amigo, conselheiro e confidente, e de dividir com ele os versos da única letra que assinaria em sua vida, "Triste amor que vai morrer", registrada na Editora Moderna em 1966. Déa diria anos mais tarde que a inspiração inicial de Elis havia sido o traumático episódio do aborto praticado pela cantora em 1964, interrompendo a gestação da criança que teria Solano Ribeiro como pai. Em duas rápidas estrofes, a letra diz: "Triste amor que vai morrer/ por favor, para quê/ Se um amor igual ao seu/ Nunca vi, não senti/ É preciso compreender/ Sem você, vale o quê?/ Tenta entender/ Coisa tão bonita assim/ Não pode ter fim/ Um amor igual ao seu, meu bem/ Tem que ser meu". Toquinho lançaria a canção no mesmo ano de seu registro, em 1966, no disco *O violão de Toquinho*. Elis jamais a gravaria.

5.

Solano Ribeiro precisava agir rápido depois da fenomenal repercussão da vitória nacional de Elis. Era preciso amarrar o gigante que ele havia criado antes que a concorrência o capturasse. Com cautela, o produtor foi saber da cantora se ela aceitaria um contrato com a TV Excelsior para apresentar um musical que ainda seria arquitetado. A manobra de Solano poderia ter reações imprevisíveis, já que se tratava da primeira vez em que ele falaria diretamente com Elis após o rompimento do namoro. Certa de ter agora um novo preço no mercado, e com a vingança na ponta da flecha, Elis respondeu que aceitaria desde que recebesse a quantia de 600 mil cruzeiros por mês. Uma cifra astronômica que poderia inviabilizar o negócio. A TV Rio, apenas por comparação, depositava 80 mil cruzeiros por mês na conta de Elis antes de sua ida para São Paulo. Solano levou a proposta da cantora aos diretores Kalil Filho e Edson Leite e ouviu a resposta que o derrubou: "Não temos mais o que fazer com essa menina".

Marcos Lázaro, o manager polonês radicado na Argentina, de forte sotaque espanhol, já havia sido indicado por Solano para representar Elis no showbiz. Com a negativa da Excelsior, ele se sentiu livre para fazer o que melhor sabia: negociar. Espetou o nome de Elis na ponta de um anzol e o lançou em um tanque de tubarões. As TVs Tupi e Record iniciaram uma disputa como se fosse um leilão. A Record deu o melhor lance e fechou o contrato com a maior quantidade de zeros da música brasileira até então. Elis Regina Carvalho Costa, que sete anos antes havia começado a carreira recebendo 6 mil cruzeiros por mês na Rádio Gaúcha, saía da Excelsior para a Record ganhando um salário mensal de 6 milhões de cruzeiros.

Aos vinte anos, Elis pagava caro por ter se tornado ouro em tão pouco tempo. Se não estava ensaiando para os shows que tomavam sua agenda, estava gravando um disco depois do outro. Se não ensaiava para gravar discos, participava de reuniões para definir o novo programa que iria apresentar. No tempo que sobrava, Elis tentava viver. Sob a tutela de Marcos Lázaro, passou a ouvir conselhos sobre o que fazer quando tanto dinheiro entra na conta da noite para o dia. Autorizado por sua cliente, Lázaro comprou, de uma tacada só e apenas com o primeiro salário, um apartamento de luxo na avenida Rio Branco, no centro de São Paulo, no mesmo edifício em que ele morava com a família. Até arranjar-se na vida nova, que parecia não ter mais espaço para Romeu, Ercy e Rogério — todos de volta a Porto Alegre após a traumática experiência na Barata Ribeiro —, Elis já havia passado alguns dias morando com os Lázaro. Agora, com sua protegida a apenas dezessete andares abaixo de seus pés, o empresário poderia vigiá-la de perto. Aos mais íntimos, Lázaro chamava Elis, inspirado em Tio Patinhas, de sua "moedinha da sorte número 1".

Conter os deslumbramentos de uma garota propensa a jogar dinheiro para o alto quando queria satisfazer seus desejos era missão de Elisa, a mulher do empresário. Vestidos, joias e maquiagens eram adquiridos por Elis aos montes, algo que angustiava sua nova conselheira. "Minha filha, você deveria guardar dinheiro no banco, comprar dólares, imóveis, não desperdiçar", dizia Elisa. Depois de ouvir o pai lhe negar as aulas de música por não ter como pagar nem as teclas brancas do piano, Elis parecia consumir como por vingança. Elisa percebeu o movimento de Elis e resolveu deixá-la livre. Com uma conta bancária impensável para alguém de sua idade, procurada para dar autógrafos, cobiçada pelos homens, invejada pelas mulheres, Elis parecia tomada por uma sensação de poder. Gastar e amar, a partir daquele instante, eram temas sobre os quais ninguém teria qualquer ingerência durante sua vida.

Adilson Godoy era um pianista e estudante de direito nascido em uma família de músicos de Bauru, no interior de São Paulo. Seus irmãos eram seres onipresentes no cenário que havia criado a sonoridade "mezzo samba, mezzo jazz" de São Paulo: Amilton, o pianista de formação erudita do Zimbo Trio, e Amilson, também pianista, do Bossa Jazz Trio. Os Godoy estavam por toda parte, e Adylson, no melhor lugar onde poderia estar na tarde em que Elis havia acabado de gravar uma participação no programa *Gente*, da Record, ao lado do Zimbo Trio. Depois da gravação, Elis e Adylson, o Dico, começaram a experimentar um flerte que logo se desenvolveria em uma típica paixão entre músicos. Além de pianista, Dico compunha letras com sensibilidade.

Com pouco tempo de convivência, Adylson percebeu que Elis não era tão rasa em conhecimentos gerais quanto aparentava. Graciliano Ramos, Saint-Exupéry e Glauber Rocha eram seus maiores fascínios. Indignada com a miséria e os rumos políticos do país, ela tinha ideias que saíam com naturalidade, mas Dico notava um repetitivo traço de comportamento. Após ouvir atentamente uma informação que até então desconhecia, Elis poderia devolvê-la minutos depois como sendo de sua autoria, reprocessada com novos argumentos e profundas reflexões.

Ao deixar o estúdio da Record naquela noite, o casal seguiu para o restaurante Gigetto, próximo ao Teatro Cultura Artística, no centro de São Paulo, acompanhado pelos músicos do Zimbo Trio. Se divertiram, trocaram carinhos e, ao final, Dico pediu que Elis o deixasse levá-la em casa. O fusca do músico estava parado ao lado. Ao se aproximarem, Elis percebeu que um dos pneus do carro estava furado. Dico pegou o estepe, posicionou o macaco e ergueu o carro enquanto Elis esperava na calçada.

Se o fusca de Dico falasse, contaria mais, como do dia em que ele e Elis namoravam em seus bancos, calorosamente, em plena rua Machado de Assis, perto da casa dos Godoy. A polícia, que um ano depois do Golpe de 1964 havia endurecido suas abordagens, suspeitou do movimento estranho dentro do carro de vidros embaçados e fez sinal para os ocupantes abaixarem a janela. Dico atendeu, mas o policial não teve tempo de pedir os documentos. "O que é que foi, hein? Vocês não têm nada para fazer?", perguntou Elis. Com o militar ao lado, Dico não sabia como agir. "Ah, tanto bandido por aí, por que você não vai prender um?", continuava a cantora. Ao sentir que algo ruim poderia acontecer, o músico interveio, falando baixo: "O senhor me desculpe, a moça está nervosa, com problemas pessoais. A gente mora logo ali". O policial advertiu os dois, disse que estava muito tarde para ficarem no carro e os liberou.

Quando tudo estava bem, Elis gargalhava com facilidade e iniciava conversas que garantiam os prazeres da noite. Quando não, qualquer frase poderia deflagrar sua fúria. Seu espírito idealista emergia subitamente. Ela acreditava que no Brasil havia pobres de mais e lançava ideias sobre como a sociedade poderia mudar isso. Certo dia, ao falar de política, ela se virou para Adylson e questionou suas intenções como aluno de direito. "Quem e o que você vai defender se as leis não podem ser praticadas nesse país? Será que um dia vai poder tirar um preso político da cadeia?" Ele ficava pensativo. Quando o assunto era música, ela exaltava os anos de liberdade harmônica e instrumental trazidos pela estética da bossa nova, sobretudo por gente como Carlos Lyra e Johnny Alf. "Ainda bem que a bossa veio mexer nessa estrutura antiga. Que bom que ela trouxe o jazz."

Ainda em 1965, outra noite efusiva se deu durante a entrega do prestigioso prêmio Roquette Pinto, a designação dos comunicadores que era oferecida aos melhores profissionais do rádio e da TV, idealizado por Blota Jr. e realizado no auditório da Record. O anúncio dos vencedores não pegou ninguém de surpresa. Melhor cantora: Elis Regina. Artista revelação: Jair Rodrigues. No último quadro, decidiram fazer uma sessão com Zimbo Trio, Elis, Jair e Wilson Simonal como convidado. Os pares se revezaram. O Zimbo primeiro tocou sozinho para depois fazer um número com Simonal. Elis cantou com Jair e Zimbo e, depois, Elis e Wilson Simonal terminaram a noite. Estavam, lado a lado, os dois maiores artistas pop de um tempo, antes mesmo que esse termo, "pop", fosse criado. A dupla Elis e Simonal, revestida de grande carisma, chamou a atenção do diretor Paulinho Machado de Carvalho. O chefão da Record se aproximou assim que eles chegaram ao camarim. Ele queria que Simonal aceitasse o convite para ser, com Elis, a base do novo programa que já estava sendo desenhado pela emissora. Simonal, impossibilitado por um contrato que tinha com a TV Tupi, onde ganhava bem para apresentar *Spotlight*, descartou qualquer negociação.

Sem Simonal no páreo, Jair Rodrigues se tornou um parceiro natural, cuja química com Elis já havia sido testada e aplaudida nos palcos. Jair, acostumado a surpreender na condição de plano B, como fizera ao entrar no lugar de Baden Powell no show do Paramount, topou assim que o convite chegou a ele, naquela mesma noite. Iriam agora definir o formato, fazer os ensaios e preparar a estreia. O nome do programa estava escolhido: *O Fino da Bossa*, que Horácio

Berlinck, envolvido na produção, emprestava gentilmente para a emissora. O diretor seria o futuro autor de novelas da Globo, Manoel Carlos Gonçalves de Almeida, o Maneco.

"A gaúcha está chegando aí", avisou Maneco. *O Fino* teria ensaios e gravações todas as segundas para ser exibido nas noites de quarta, primeiro em São Paulo e, dias depois, em outras cidades. Aos rapazes do Zimbo, que já conheciam a peça, Elis era uma cantora carismática, de potencial artístico elevado, mas uma cantora. E cantora encarar instrumentista no tempo em que a música brasileira vivia seus dias de jazz não era fácil. Os músicos torciam o nariz, diziam que havia ego de mais para estofo acadêmico de menos e diminuíam as donas das vozes chamando-as pejorativamente de "canários".

Foi como um canário que Elis foi recebida no primeiro ensaio do *Fino*. Mas a ideia de que havia chegado mais uma cantora que vinha para ganhar fama às custas do talento dos músicos duraria pouco. "O que é que você vai cantar?", perguntou Amilton. "Você", disse Elis. "Eu já sou comprometido", respondeu ele. "Deixa de brincadeira, Amilton", falou Elis, com uma intimidade imediata. "Cadê a partitura?", quis saber Amilton. "Não tem, mas é muito fácil. Não se preocupe que eu canto para você."

Ousada, ela chegava dando aula. Amilton abriu os ouvidos, e Elis começou: "Você, manhã de todo meu/ você, que cedo entardeceu/ você, de quem a vida eu sou/ Eu sei, mas eu serei". Sem saber nomes de notas, acordes ou intervalos, Elis, com um fio de voz contido, apontava os caminhos da harmonia de "Você", de Bôscoli e Roberto Menescal, como se regesse as mãos do pianista. Amilton entendeu que o canário, na verdade, era um gavião. Ele se esforçou ao piano para não fazer feio. Em minutos, estava pronto para tocar uma canção que nunca havia escutado antes para uma voz que, como diziam todos que a conheciam, tinha algo de novo.

Os barquinhos da bossa nova já perdiam velocidade e Roberto Carlos ainda não era rei quando o trono da música brasileira foi ocupado por Elis, Jair e Zimbo Trio. O formato pensado pela Record era de um musical disfarçado de programa de auditório, e a crítica especializada e as plateias louvaram o programa imediatamente. E nada se dava por acaso. Não havia terreno mais fértil onde brotar o primeiro fenômeno de audiência da história da tv brasileira do que as dependências da Record. A emissora de Paulo Machado de Carvalho pai, um ex-aluno de direito do largo São Francisco que começou a fazer de sua nova paixão um império em 1931 ao fundar a Rádio Record, acreditava no magnetismo da música para atrair audiência. Isso desde que as portas de sua TV foram abertas, em 1953, três anos depois de chegarem ao Brasil os primeiros lotes das caixas valvuladas capazes de mostrar incríveis imagens em movimento, ainda que em preto e branco, chamadas aparelhos televisores.

Quando *O Fino da Bossa* surgiu, a Record já havia deixado de engatinhar, sobretudo por ter investido pesadamente em equipamentos e mão de obra especializada que pudesse lidar com as contratações dos artistas estrangeiros que a emissora fazia questão de levar a seus estúdios. Não obstante os baixos recursos disponíveis à época, tecnologia já era entendida como a alma do negócio. A rival Tupi, por exemplo, já havia sentido na pele os prejuízos de uma emissora que não dominava o assunto em 1960, quando resolveu trazer o guitarrista Les Paul e sua mulher, a cantora Mary Ford, para seus estúdios no bairro do Sumaré.

O grande Lester William Polsfus, o Les Paul, um dos principais músicos norte-americanos do século XX, inventor da guitarra elétrica de corpo sólido e de outros equipamentos de efeitos sonoros incorporados imediatamente à vida de algo que ele mesmo ajudou a nascer no início dos anos 1950 chamado rock 'n' roll, se sentia no picadeiro de um circo com malabaristas amadores pilotando câmeras de TV e aparelhos de áudio. A situação era de precariedade. As duas únicas câmeras do estúdio eram usadas para a transmissão de um teleteatro. Assim que terminou, entrou um rápido intervalo comercial e os contrarregras correram para criar para Les Paul e Mary Ford um outro cenário, no mesmo estúdio, reposicionando as duas câmeras para filmá-los. Les Paul sorria docemente, tentando, quem sabe, se lembrar o que mesmo o havia feito se meter naqueles confins da América do Sul. A Record, aprendendo com o fracasso da vizinha, decidiu que queria ir mais longe.

A direção de Paulinho Machado de Carvalho, filho do fundador, era sensível e corajosa. Ao perceber que vivia anos de efervescência cultural, conseguiu verba para trazer artistas que viviam o auge de suas carreiras, como Amália Rodrigues, Louis Armstrong, Bill Halley & His Comets, Johnny Ray, Roy Hamilton e Nat King Cole. As apresentações ao vivo no Teatro Record eram tratadas como grandes acontecimentos. Eufórico com os resultados artísticos e comerciais de suas investidas, Paulinho queria mais. Certo dia, ouviu alguém falar em Sammy Davis Jr. O homem arrasava, tinha de ser o próximo. Sem mensageiro que fosse ao seu encontro nos Estados Unidos para convidá-lo a vir ao Brasil em bom inglês, Paulinho olhou para um jovem que meses antes havia entrado na empresa na função de trocador de plugues dos microfones da mesa de som e perguntou: "Zuza, você acha que pode fazer isso?".

José Eduardo Homem de Mello, o Zuza, era a peça-chave para a materialização das ambições da Record. Escondido na patente mais rasa entre os técnicos da emissora desde que voltara de uma temporada dos Estados Unidos e fora demitido de suas funções de crítico musical do jornal *Folha de S.Paulo*, Zuza não só falava bem inglês como dominava a língua do som. Filho de fazendeiro com posses, em Itatinga, interior de São Paulo, havia morado em Nova York entre 1957 e 1958 estudando música e musicologia na School of Jazz e na Juilliard School, além de passar uma temporada como estagiário do engenheiro de som Tom Dawd, na gravadora Atlantic Records — além de assistir, nas horas vagas, a shows de Ray Charles, Billie Holiday e do Modern Jazz Quartet. Ao voltar ao Brasil, vinha com credenciais e conhecimento que poucos, ou ninguém, possuíam. Ao aceitar o desafio proposto por Paulinho, foi aos Estados Unidos e voltou, dias depois, com um contrato fechado para trazer Sammy Davis Jr. Caiu nas graças do chefe e ganhou espaço. De plugador de microfones, tornou-se responsável pela parte técnica do som do Teatro Record — algo como promover, de um dia para o outro, um cabo a capitão. Paulinho sabia que não poderia falhar. E era Zuza quem deveria cuidar para que seus artistas cantassem alto.

O Fino da Bossa vinha para colocar todo o potencial da Record em teste, mas os primeiros sinais eram de otimismo. As filas em frente ao teatro subiam a rua da Consolação por dois ou três quarteirões. Sobretudo composto de estudantes universitários de classe média, o público pagava para ver não só as gravações principais, mas também suas preliminares — shows destinados aos artistas novatos que não eram exibidos pela tv. Os cinemas da região fechavam as portas, e os restaurantes abriam. Elis, Jair e Zimbo seriam preparados para receber todos os grandes nomes da época, fosse uma gente nova como Chico Buarque, Maria Bethânia, Edu Lobo, Nara Leão e Milton Nascimento, fossem os veteranos Vinicius, Ataulfo Alves, Aracy de Almeida, Tom Jobim, Agostinho dos Santos e Dorival Caymmi. A era em que viviam era única, um tempo em que Hermeto Pascoal, Heraldo do Monte, Raul de Souza e Baden Powell faziam um programa de televisão ser líder de audiência em horário nobre.

Assim que as cortinas abriram para a gravação do primeiro *O Fino da Bossa*, no dia 17 de maio de 1965, uma segunda-feira, Elis foi atingida por um impacto de tamanha força que só sentiria de novo, conforme revelaria anos depois, no dia em que virasse mãe. Mais do que sentir as pernas bambas ou o coração eufórico, ela se desligou, andando aparentemente sem destino pelo pequeno espaço da coxia. O palco ao qual deveria se dirigir em alguns minutos a angustiava. Sem tapete, mesa ou cadeira, havia em cena apenas um pedestal sustentando o microfone. Se não fosse por sua experiência em cantar desde menina nos bailes de Porto Alegre, interpretando um repertório que ia de Cauby Peixoto a Chet Baker, ela possivelmente travaria. Agora, o Teatro Record parecia muito maior do que minutos antes no rápido ensaio que Elis havia feito com os músicos. À sua frente estavam as enormes câmeras de TV e as centenas de jovens extasiados antes mesmo de a transmissão começar.

O primeiro convidado foi Ciro Monteiro, que cantou "Formosa" com Elis, acompanhado pelo Zimbo Trio e por Baden Powell (Baden só vinha do Rio de táxi. Aviões lhe davam pânico). Maria Odette interpretou "Boa palavra"; Edu Lobo fez "Terra de ninguém" e "Reza"; Nara Leão se juntou a Edu e ao Zimbo para mostrar "Zambi"; Baden tocou sozinho "Consolação". Ao final, Elis e Jair fecharam com o explosivo pot-pourri de sambas. Sete dias depois seria a vez de Ataulfo Alves mostrar, com Elis, "Mulata assanhada". E Dorival Caymmi faria uma das noites mais comoventes ao cantar "Das rosas". Todas as transmissões eram pensadas de forma a fazer o telespectador se sentir no teatro assim que ele ouvisse as palmas nos momentos de entusiasmo.

Na semana seguinte foi a vez de Adoniran Barbosa, sambista de uma geração anterior à de Elis que já havia se tornado um fenômeno de São Paulo, como apontou a audiência aferida no dia de sua aparição. Com ele, Elis e Jair levaram *O Fino* à liderança isolada na TV. "Agora vou prestar a minha homenagem a um artista que não é da minha geração. Isto é, ele não tem vinte anos. Mas, no caso, ter vinte anos não é muito importante. O que importa é a música que ele faz, que é muito boa", preparou Elis. Sob aplausos, Adoniran chegou falando do samba que já cantava havia mais de uma década. "Adoniran, de quem é 'Saudosa maloca'?", quis saber Elis. "Este samba eu fiz comigo mesmo", respondeu. Elis ria de tudo. Ela perguntou como ele havia feito uma parceria com Vinicius de Moraes sem conhecê-lo. "Fácil. A Aracy de Almeida é muito amiga dele, e ele estava em Paris nessa ocasião, na Unesco. Ela recebeu uma carta dele com dois versinhos que diziam embaixo: 'Aracy, faça o que quiser com esses versos'." Explicou então que Aracy, uma "ligação" sua, lhe deu a letra. "Então a letra é de Vinicius e a melodia é sua?", perguntou Elis. "É, a musiquinha é minha", disse Adoniran. A apresentadora pediu que cantasse a parceria, e ele mostrou "Bom dia, tristeza". Depois, cantou "Luz da Light" e "Prova de carinho".

Mais uma semana e seria a vez de outro ineditismo anunciado por Elis. "Pela primeira vez no palco do *Fino da Bossa*: Jorge Ben." Ela já havia cantado "Mas que nada" com o quinteto do pianista Luiz Loy quando apresentou o cantor e compositor que havia conhecido no Rio de Janeiro. Os microfones captaram um estrondo de palmas da plateia. Jorge passou os acordes nas cordas de náilon de seu violão e começou: "Chorava todo mundo, mas agora ninguém chora mais, chora mais, chora mais...". Não era samba nem rock, nem gafieira, nem baião, mas poderia ser tudo isso também. Elis o acompanhou no refrão, cantando uma oitava acima.

Foi a primeira e última aparição de Jorge no *Fino*. Um dia antes de ele voltar ao Teatro Record para gravar sua segunda participação, foi à gravação do programa *Jovem Guarda* no mesmo teatro, que já fazia sucesso dando abrigo à turma de Roberto, Erasmo e Wanderléa. Apesar de os dois musicais serem transmitidos pela mesma emissora, o ato foi considerado por Elis e Jair uma traição ao movimento. Quem pisasse no *Jovem Guarda* não teria espaço no *Fino*. Jorge desabafou em uma entrevista à revista *Intervalo*: "Minha música é como a de Roberto e Erasmo. É simples, acessível, fácil de guardar. Por isso, sem o pernóstico do jazz importado e das letras sociais, ela é cantada por todo mundo. Por crianças que mal sabem falar, por jovens e adultos".

O segredo do clima reproduzido na transmissão era um microfone Philips de longo alcance que Zuza posicionava sobre a plateia, a fim de captar os assobios e os aplausos que muitas vezes vinham antes que as músicas terminassem. Ao constatar que Tuta Carvalho — integrante da chamada equipe A da Record, com os diretores Manoel Carlos, Raul Duarte e Nilton Travesso — usaria imagens de reações do público durante as apresentações, Zuza percebeu que aquilo seria estranhíssimo se não fosse acompanhado de áudio. Era preciso reforçar as cenas da plateia em êxtase com o som de seus gritos, ou algo pareceria estar fora do eixo. A mesa de som ficava com um canal a postos o tempo todo para ser aberto assim que a plateia desse sinal de vida e as câmeras de Tuta a focalizassem. O som que Zuza captava com os recursos que trouxera da Atlantic era melhor do que o áudio das emissoras rivais. Um efeito de reverberação artificial trabalhado com ecos sobrepostos, conseguido com um antigo gravador de fita Magnecord, era responsável por um brilho maior.

Assim que o baque inicial foi superado, Elis abriu o sorriso e seguiu ao encontro de Jair Rodrigues. Ao ver o maestro Ciro Pereira no fosso do teatro, ela ficou mais calma. Um pouco antes de entrar em cena, foi o experiente Ciro quem amansou os nervos da equipe. "Calma, rapaziada, ninguém vai morrer. Esse não foi o primeiro nem vai ser o último. Se cada um de vocês ficar assim, nesse estado, o que vai acontecer?" Com Elis, ele preferiu falar reservadamente: "Elis, fica calma senão você vai acabar tendo um enfarte. E você não tem idade para isso". Maestro de talento excepcional, Ciro estava certo. Ele havia identificado uma menina à beira de um colapso, que havia passado às claras as três noites que antecederam a estreia, deitando-se no travesseiro, fechando os olhos e vendo um mar de gente à sua frente. "Você só tem vinte anos!", ele a tranquilizava.

Os ensaios eram tumultuados e nem sempre feitos no mesmo lugar. Elis poderia, em uma mesma tarde, passar o som no palco principal com o grupo regional do músico Caçulinha, que a cantora adorava, subir para o terceiro andar para cantar algum trecho com o trio ou o quinteto de Luiz Loy e voltar às pressas para a abertura do programa com o Zimbo Trio. "Não sei como eu lembrava de alguma coisa quando entrava em cena. Era muita confusão", disse numa entrevista transmitida em 17 de maio de 1978 no *Programa do Zuza*, apresentado durante onze anos por Zuza Homem de Mello na Rádio Jovem Pan. As memórias de Elis diziam mais: "Nunca me diverti tanto na minha vida. Eu era no *Fino da Bossa* a mesma coisa que o Cid Moreira era no *Jornal Nacional*. Recebia uma ficha de apresentação com o nome das pessoas, os números musicais e uma ordem: se vira".

O formato do programa não reinventava a roda. O Zimbo Trio fazia um número instrumental, longo e incendiário, para ser aplaudido ruidosamente e sem manipulações de auditório. Então, Elis surgia e cantava um de seus sucessos da época, que podia ser "Menino das laranjas", "Preciso aprender a ser só" ou "Arrastão". "Upa neguinho" seria lançada em um dos programas com um arranjo feito pelo desconhecido pianista Cesar Camargo Mariano, que substituíra de emergência o Zimbo Trio na ocasião em que o grupo ficou preso no

Rio de Janeiro após uma apresentação, por falta de voo que chegasse a tempo. Elis dizia amenidades, cumprimentava a plateia e chamava ao palco Jair Rodrigues. Os dois cantavam juntos e logo passavam a receber convidados.

Gilberto Gil aparecia pelos corredores com o violão em uma das mãos e a pastinha da Gessy Lever na outra, nos tempos em que andava dividido entre a música e a carreira de executivo da multinacional que vendia sabonetes. João Gilberto chegou um dia para cantar, mas não queria sair do camarim. Como não respondia aos chamados de um contrarregra para comparecer ao início da gravação, um segurança mal-humorado, sem ideia de quem era João Gilberto, entrou na sala, mostrou uma pistola e ameaçou o convidado: "Vai descer ou não vai?". João foi.

Um outro maestro do *Fino* era Chiquinho de Moraes, jovem da cidade de Tietê, interior de São Paulo, que só não se tornou advogado porque a mãe considerava "profissão de vagabundo". "Meu filho vai ser é músico", disse ela, depois de vê-lo imitar com um graveto nas mãos o maestro que regia uma orquestra no coreto da praça. Chico sentia estar ao lado de uma cantora com poderes sobrenaturais assim que recebeu Elis em seus primeiros ensaios. As músicas nunca eram passadas duas vezes. Quando faltava tempo, nem ensaio havia. Elis preferia que seus convidados usassem os minutos que antecediam o programa para treinar com a orquestra. Ela se garantiria ao vivo.

Chiquinho passou a fazer arranjos com pegadinhas para testar os dotes de Elis. Escrevia introduções arriscadas que jamais entregavam o início das canções de bandeja, com harmonias indefinidas e tempos quebrados. Elis entrava no tempo, seguindo o instinto. As brincadeiras de Chiquinho seriam consideradas por ele mesmo, anos mais tarde, irresponsabilidades de um jovem em início de carreira.

As fitas com as gravações do *Fino* logo passaram a seguir de malote para as emissoras afiliadas da Record em outros estados, e Jair, Elis e Zimbo, famosos nacionalmente, começaram a ser contratados para fazer shows em praças que eles não conheciam, inflando suas contas bancárias — e o ego de Elis Regina. Ela sabia de seu tamanho e não fingia modéstia quando algo, ou alguém, parecia ameaçá-la. Como uma rainha que não admitia princesas, passou a se incomodar com a escalação de outras cantoras em seu programa. Sua soberania no palco, único espaço em que não permitiria concorrência, tinha de ser inquestionável. Alaíde Costa, sem sistema de defesa emocional que a protegesse das alfinetadas do meio artístico, viveu ao lado de Elis um episódio que deixou marcas. Nana Caymmi, barrada no *Fino*, saiu do Teatro Record soltando brasa. E Maricenne Costa e Claudette Soares não levaram desaforos para casa.

Ao surgir no *Fino* para sua primeira apresentação como contratada da Record, Alaíde foi recebida de pé por uma plateia vibrante. Havia uma história por trás daquela imagem que comovia boa parte de quem a testemunhava. Muitos fãs que conheciam Alaíde desde sua apresentação no show coletivo *O fino da bossa*, de Horácio Berlinck, entendiam sua aparição como o retorno de uma cantora ferida na alma pela perda de um filho, uma tragédia ocorrida meses antes e em pleno palco. Minutos antes de defender a música "Morrer de amor", de Oscar Castro Neves e Luvercy Fiorini, no mesmo Festival da Excelsior que Elis ganharia com "Arrastão", Alaíde recebeu Elis no camarim fazendo força para parecer que tudo o que havia acontecido na noite anterior não passava de uma anomalia do destino.

Ao lado de Wilson Simonal e do Zimbo Trio, Alaíde havia feito o show mais difícil de sua carreira no Teatro Paramount ouvindo parte da plateia gritar "Elis! Elis!" sempre que chegava sua vez de cantar. Grávida de três meses do jornalista e locutor Mário Lima, a cantora entendeu aquela manifestação como uma ação orquestrada pela cantora, algo que jamais pôde comprovar. Pouco antes de se dirigir ao palco, havia recebido Elis Regina no camarim. A gaúcha começava a andar pela cidade, era um nome em ascensão, conhecia Simonal da TV Rio e com ele já havia se apresentado por lá, mas ainda não gozava das graças que "Arrastão" viria a lhe dar dias depois. "Eu estou até arrependida de ter vindo aqui", disse Elis, visivelmente ansiosa para ser convidada a cantar por Alaíde naquela noite. Como isso não aconteceu, voltou contrariada para a plateia. Os gritos de "Elis" seguiram cada vez mais agressivos até o final da apresentação, quando a carioca começou a passar mal. Do Paramount, seguiu direto para uma consulta com seu ginecologista, que assegurou a necessidade de repouso total para o bem da criança que levava no ventre. Alaíde não obedeceu.

Ela seguiu para o auditório da TV Excelsior de São Paulo pronta para cantar "Morrer de amor" na segunda eliminatória do concurso. Quando se preparava para o palco, Elis apareceu para visitá-la novamente. "Acabei saindo ontem antes de seu show terminar. E aí? Eles continuaram chamando meu nome?", provocou. Alaíde fingiu não entender, mas subiu ao palco bastante contrariada. Sem perceber que estava com um início de sangramento, seguiu com a interpretação até o fim. Assim que terminou, Elizeth Cardoso, que estava nos bastidores esperando para cantar "Valsa do amor que não vem", de Baden e Vinicius, percebeu seu estado e chamou o pianista Pedrinho Mattar para acompanhá-la até o hospital mais próximo. Alaíde foi levada às pressas, mas quando chegou já não havia muito a ser feito. Os primeiros exames comprovaram que a criança estava morta.

O aborto natural sofrido por Alaíde Costa pode não ter tido nada a ver com as provocações de Elis Regina. Alaíde havia subido no palco contrariando as orientações de seu médico. Mas a infeliz sequência dos fatos a levou a guardar uma segura distância de Elis, que lhe trazia as piores lembranças. Até que, tempos depois, Alaíde ressurgiu em *O Fino da Bossa* para sentir-se consagrada pelos aplausos que a receberam. Mas sua reaparição ovacionada foi também, de certa forma, sua despedida do programa de televisão de maior audiência no país.

Por motivos jamais revelados pela direção ou pela própria Elis, Alaíde passaria os três próximos meses sendo escalada por Manoel Carlos, comparecendo ao programa, mas, ao final, ouvindo que não havia mais tempo para ela se apresentar. Mesmo recebendo em dia o salário da emissora, sentiu que havia sido colocada na geladeira. Quando faltavam alguns meses para vencer seu contrato, foi à direção e pediu desligamento. Alaíde e Elis jamais voltaram a se falar.

Claudette era um nome de estrada e discografia de respeito naqueles meados da década de 1960. Após obter o terceiro lugar cantando "Eu só queria ser", de Vera Brasil e Miriam Ribeiro, no mesmo festival de "Arrastão", seu moral foi às alturas e *O Fino da Bossa* passou a escalá-la de tempos em tempos na condição de convidada especial, pagando-lhe um dinheiro extra para cada aparição. Maneco a chamou para que ela dividisse o palco com Elis em uma das edições, e um sinal amarelo acendeu nos camarins. Ao chegar à Record, houve uma reunião entre as cantoras e o diretor Manoel Carlos para definirem o que fariam no palco. Claudette, sabendo da fama de pimenta da parceira, resolveu arder primeiro. "Maneco, será que a Elis não pode cantar uma música minha?", provocou. Elis envesgou: "Claro que eu canto", irritou-se. E a carioca prosseguiu, divertindo-se na zona de risco: "Mas meu tom é mais baixo do que o seu. Será que o tom original vai dar para você?". Aos ouvidos de Elis, era um insulto. "Eu canto em qualquer tom, meu bem. Qual você quer?" No final, "Eu só queria ser" saiu no tom original, com um belo dueto de duas grandes vozes.

Maricenne Costa já tinha credenciais respeitáveis entre os bossa-novistas. Chamada assim por Jota Silvestre, o antigo apresentador da Tupi que não via futuro em seu Maria Ignez Senne Costa de batismo pela confusão que ele poderia criar com a cantora de baião Marinês, Maricenne caiu nas graças de Maneco assim que foi convidada para uma temporada de shows nos Estados Unidos, feito considerável de um número restrito de cantoras da época, como Astrud Gilberto e Wanda Sá. Ao chegar para a costumeira reunião que antecedia os ensaios no Teatro Record, Maricenne ouviu Elis falando alto com Maneco, provavelmente para que ela escutasse. "Até cantora da noite agora vem fazer o *Fino*?" Maricenne virou-se para Elis: "Cantora da noite brasileira e paulista que vai cantar nos Estados Unidos". O golpe desconcertou Elis e a deixou sem revide. Maricenne cantou "Ave Maria", do compositor francês Charles Gounod, em formato de bossa nova.

Nana Caymmi havia acabado de chegar da Venezuela, onde morou por cinco anos, quando recebeu o convite da produção para cantar no *Fino* em uma noite que tinha tudo para ser sua. Aos quatro meses de gravidez, esperando João Gilberto, seu terceiro filho com o médico Gilberto José Aponte Paoli, a herdeira de Dorival Caymmi cantaria ao lado de outro João Gilberto, o original, a quem Nana declarava todo seu amor batizando seu primeiro herdeiro homem com o nome composto e quase exclusivo do baiano de Juazeiro.

Até ali, Nana era pequena. Os que não a ouviram cantar "Acalanto" em um disco do pai de 1960 certamente só a conheciam de sobrenome. Ainda que fosse assim, Caymmi era o sobrenome, um patrimônio desde "O que é que a baiana tem", gravada por Carmen Miranda em 1939. Se estar ao lado de João Gilberto era um sonho a ser vivido, imagine fazê-lo no palco da Record, a casa dos músicos naqueles anos 1960. Ao lado de Elis Regina, então, que Nana respeitava como uma das grandes vozes da década, a euforia aumentava. Nana seguiu para São Paulo de avião, chegou e foi direto para um hotel reservado pela produção, no centro da cidade.

Como faziam todos os convidados, apareceu cedo na rua da Consolação para se reunir com Elis e a direção do programa, pronta para receber as coordenadas. Assim que chegou, sentiu que as coisas poderiam não seguir exatamente o roteiro que imaginara. Uma das primeiras cenas que viu foi Elis travando uma conversa reservada e cheia de gestos nervosos com o empresário

Marcos Lázaro. Algo lhe dizia que o tema da conversa era ela mesma. Minutos depois, Lázaro se aproximou de Nana com uma expressão desajustada. "Infelizmente, não vai dar para você cantar hoje. O programa já está completo." Nana nunca entendeu o que de fato a fez ser dispensada do *Fino*, ou "bloqueada", como diria. Durante a viagem de volta ao Rio de Janeiro, ela tentava desfazer sem sucesso os nós daquele emaranhado de sentimentos. Como uma emissora de TV a tirava grávida de sua cidade, pagava-lhe as passagens de avião e a colocava em um hotel caro para dizer que não precisava mais de sua voz na hora da gravação?

No ano seguinte, 1966, Nana voltou a encontrar Elis nos bastidores do I Festival Internacional da Canção Popular, produzido pela TV Rio no palco do Maracanãzinho. Nana defendia "Saveiros", uma parceria do irmão Dori com o novato compositor Nelson Motta, e Elis, que vinha de uma amarga passagem pelo II Festival da MPB da Record naquele mesmo ano, quando conseguiu apenas o quinto lugar para "Ensaio geral", de Gil, e nenhuma classificação para "Jogo de roda", de Edu Lobo e Ruy Guerra, tentava voltar ao topo com "Canto triste", de Edu Lobo e Vinicius de Moraes. Os jurados consideraram Nana a maior voz da temporada e a anunciaram vencedora, sendo seguida por Tuca, defendendo "O cavaleiro", de sua autoria com Geraldo Vandré; e Maysa, com "Dia das rosas", de Luiz Bonfá e Maria Helena Toledo. A plateia, que torcia em ruidosa maioria pela marcha-rancho de Maysa, e a própria Elis, amarga por não ter aparecido entre os três primeiros, levaram um susto com o resultado. A vaia tomou o Maracanãzinho, e Elis não escondeu o desapontamento. Meses depois, a Record contrataria Nana para ser mais uma de suas vozes a aparecer nos programas da emissora. Ainda que funcionárias do mesmo patrão, Nana e Elis jamais voltaram a se falar.

Maysa, que não era Nana, não ficaria com Elis atravessada em sua garganta nem por um minuto. Depois de um começo de amizade relativamente diplomático, com direito a troca de elogios e uma visita de Maysa ao *Fino da Bossa*, as conquistas profissionais da gaúcha não lhe caíam bem. Antes de serem rivais, as duas se cruzaram nos corredores da Record. Maysa encurralou Elis, desafiadora. "Fiquei sabendo que você me imita. Imita minha voz que eu quero ver." Era verdade. Elis sabia reproduzir os trejeitos vocais não só de Maysa, mas também de Angela Maria e Isaurinha Garcia, tudo com reverência.

Maysa ouviu a imitação e saiu sorrindo. Com o tempo, seus grandes olhos passaram a ver a gaúcha como uma mulher mau-caráter, capaz até de sabotar sua bebida para levá-la à lona. Sem provas, foi justamente essa a acusação que ela usou para explicar sua derrota naquele Festival Internacional da Canção: Elis a teria dopado.

A noite seguiu do Maracanãzinho para uma boate no Leblon, com um clima de festa entre jurados e concorrentes verdadeiro apenas na superfície. Maysa e Elis, já calibradas no uísque servido nos bastidores do ginásio, sentaram-se frente a frente, um descuido quase fatal. Maysa disparou primeiro: "Sua gauchinha de merda". E Elis respondeu: "Cala a boca, sua pinguça". Menescal, sentado perto das duas, sentiu que a prosa não seria das mais edificantes e se levantou para ir embora em sinal de protesto. Ao passar por trás de Maysa, percebeu uma garrafa de uísque raspando sua cabeça. Maysa estava prestes a arremessá-la em Elis. Com um reflexo de goleiro, segurou a garrafa antes que ela alçasse voo. A mão de Maysa foi, a garrafa ficou. E os palavrões entre as duas continuaram por mais algum tempo.

De todos que andavam nos bastidores da Record, ninguém conheceria mais a fúria de Elis Regina do que Maria das Graças Oliveira Rallo, uma mineira de Juiz de Fora, filha de um motorista de ônibus e de uma dona de casa, recém-chegada a São Paulo para tentar a vitória nos palcos. Indicada pelo amigo trompetista da orquestra da Record, Waldir de Barros, a jovem via em Elis um canto moderno, vigoroso e, em seu programa, a chance de ser cantora profissional. Em pouco tempo, Maria das Graças mudaria seu nome para Claudia.

O drama de Claudia começou no dia de sua pretensa glória. A voz da mineira era algo de estarrecer. Ao soltá-la no teste com o maestro da orquestra da Record, Cyro Pereira, cantando "Canção do amor demais", fez pararem para assisti-la de uma só vez Maysa e Elizeth Cardoso, que ensaiavam no mesmo teatro para um outro programa. Quando terminou, alguns músicos da orquestra e as duas cantoras bateram palmas. Sua apresentação de estreia no *Fino* foi arrebatadora. Os jornais do dia seguinte elogiaram: "Claudia: uma das vozes mais lindas dos últimos quinze anos", publicou o *Última Hora*. O *Jornal do Brasil* foi atrás: "Claudia, uma moça de dezoito anos, paulista, segundo os entendidos está prometendo ser, dentro de pouco tempo, uma das melhores cantoras brasileiras". A Record a contratou para o programa, e Marcos Lázaro, o mesmo empresário de Elis, passou a representá-la.

Um novo fenômeno era desenhado até que Ronaldo Bôscoli a abordou com uma proposta ousada: fazer um show no Beco das Garrafas, que teria a direção assinada por ele e Miele, chamado *Quem tem medo de Elis Regina?*. A ideia era criar em contraponto, polarizar os personagens, faturar em cima de uma rivalidade que, se não existisse de fato, passaria a existir à força. Claudia não aceitou e argumentou com o produtor, pressentindo o pior: "Olha, Ronaldo, é perigoso, sou uma cantora em início de carreira. Se eu fizer isso, as portas podem se fechar". A dupla de produtores entendeu e mudou o nome do espetáculo para *Claudia não se aprende na escola*, mas era tarde.

Ainda que nenhuma sessão do espetáculo tenha sido feita com o nome anterior, a notícia da intenção do show chegou ao Teatro Record e aos ouvidos de Elis. Ao receber Claudia para sua participação no *Fino*, Elis começou um ritual de desonras com requintes de crueldade diante da plateia e das câmeras. "Agora, eu quero apresentar a vocês uma menina que começou a carreira aqui no meu programa. O nome dela é Maria das Graças, e ela quer agora fazer um show no Rio de Janeiro chamado *Quem tem medo de Elis Regina?*", disse Elis. Claudia foi vaiada por cinco minutos. Ao responder às perguntas agressivas de Elis, segurava o choro. "Quer dizer que você vai fazer um show com esse nome no Rio de Janeiro?" Claudia rebatia: "Eu fui chamada para fazer esse show, mas não fiz". "E por que não fez?", pressionava Elis. "Eu acho que não precisaria fazer um show assim." Claudia teve forças para cantar a oportuna letra de "Chora céu". O público seguiu em vaias até surgirem os primeiros aplausos.

Tudo que a mãe de Claudia lhe dizia, que o negócio de ser cantora não era coisa que valia, começou a fazer sentido. A imprensa triturou a jovem. Não era exatamente o que Ronaldo queria, mas a polarização movida a paixões estava criada. "Medíocre" e "aproveitadora" foram os termos mais publicáveis usados contra ela. E histórias do tipo "Claudia bateu em Elis Regina no ar" ou "Claudia empurrou Elis Regina no fosso" começaram a ser criadas. O efeito foi imediato. Claudia, "a vilã oportunista", fez um show esvaziado com Miele e Bôscoli no Beco das Garrafas. Sua próxima produção seria a temporada *Qual é o tom, Mr. Jobim?*, no Teatro de Bolso, no Leblon. Ela ficaria ali por três meses cantando para ninguém. Eram só as mesas, os garçons, Claudia e o dono da boate, Aurimar Rocha.

Sem público, a cantora pedia para ser liberada. Claudia estava traumatizada, não queria ser exposta, mas para não criar inimizade com Aurimar decidiu ficar até o fim da temporada, vivendo no Rio em condições precárias. Quando a fome chegava, ela tomava água e ia à praia secar-se no sol para "distrair o estômago" — uma técnica que, ela não sabia a razão, parecia funcionar. Assim que a poeira baixou, Claudia voltou a se inscrever em festivais de música e a se destacar em muitos deles. Viajou para México, Grécia, Japão, Espanha e Venezuela, de onde trouxe prêmios. Em 1969, com "Razão de paz para não cantar", de Alésio de Barros e do futuro maestro de Roberto Carlos, Eduardo Lages, venceu o I Festival Fluminense da Canção. Mas a noite que viveu ao lado de Elis em *O Fino da Bossa* deixaria a ferida exposta e Claudia jamais conquistaria uma carreira maior.

Elis despejava sua fúria quando sentia a sombra da injustiça se aproximar das pessoas de que gostava. Era quando seus atos e palavras poderiam transbordar as barreiras do bom senso. Caçulinha, que encabeçava o grupo regional que acompanhava Elis no *Fino*, era um de seus amigos à época. Um dia, ela o surpreendeu: "Diz aí, Caçula, quanto é que você ganha aqui no programa?". "Ah, quinhentos cruzeiros." "Só isso? Então vamos agora mesmo pedir aumento." Elis subiu as escadas puxando o tecladista pelo braço até chegarem à sala do diretor Paulinho Machado de Carvalho. "Paulinho, é o seguinte: o Caçulinha está ganhando muito mal. O senhor tem de ver um aumento para ele e para todos os músicos do programa." Caçulinha queria sumir. "Se o senhor não der um aumento, ele vai embora", disse Elis, decidida a resolver o problema à revelia das emoções do próprio Caçula. Mas Elis não acertou o alvo. Paulinho estava armado contra os costumeiros pedidos de revisão salarial da emissora. "Ora, que ele saia!", respondeu o diretor. "Eu não quero sair, não!", interferiu Caçula. Por influência de Elis, os músicos receberiam um reajuste algum tempo depois da conversa. Mas, naquele dia, Caçula deu uma bronca na amiga: "Você precisava dizer uma coisa dessas?".

Outro por quem Elis comprava brigas era Chiquinho de Moraes. Chico havia se atrasado alguns minutos para um ensaio. Um trombonista de mau humor não gostou do atraso e levantou a voz: "Isso são horas, maestro?". Antes de qualquer reação do próprio Chico, Elis esticou o braço com o dedo apontado para o músico. "E você, está pensando que é quem? Coloque-se no seu lugar, você aqui é só o trombonista. E nem é dos melhores."

* * *

Havia um preço a ser pago por todos que estavam à frente de um programa festejado e aguardado pelas famílias que possuíam aparelhos de TV em casa. Anos mais tarde, a própria Elis iria desabafar durante uma entrevista a um programa de televisão: "Eu era uma líder geniosa, temperamental e que dizia o que queria mesmo. *O Fino da Bossa* foi tudo de bom e tudo de ruim que se pode passar na vida de uma pessoa". A relação entre Elis e Zimbo Trio era de parceria, irmandade e, por parte de Elis, também possessão. O Zimbo era o "seu" grupo, uma percepção que começava a crescer na imprensa. "Reunir num mesmo disco Elis Regina e Zimbo Trio fez a certeza de seu êxito. Pois temos hoje um LP, já na praça, com a cantora que tomou conta dos *teenagers* com o melhor conjunto da nossa música popular", cravou a seção de lançamentos do jornal *O Estado de S. Paulo* em novembro de 1965 sobre o resultado de *O fino do fino*, o único disco a juntar a cantora e o trio. Sendo assim, era só ela que o grupo deveria acompanhar. A relação de Elis com aqueles jovens virtuosos se deu de forma imediata, e suas afinidades haviam sido testadas em uma viagem internacional ao Peru, a primeira de Elis.

Convidado pela embaixada daquele país, o Zimbo foi informado de que poderia levar uma cantora e indicou a parceira. Elis só falava em música durante as viagens de avião, no hotel, nos cafés da manhã. Amilton passou a andar com folhas de partitura no bolso para anotar as ideias dela, que surgiam a todo instante. Em um dos trajetos, ela cantou uma linha melódica em sete por quatro, um tempo quebrado demais para a cabeça de alguém que nem partitura sabia ler. Quando iam para a cena, no calor de um palco, ela queria engolir o mundo com uma alegria incontrolável por estar fazendo música. Intimamente, os instrumentistas do Zimbo, ao lado de Elis, sabiam que faziam isso melhor que todos — uma autoconfiança que os levava às alturas. Elis, o quarto instrumentista do grupo, tinha uma interação premonitória com o piano, o baixo e a bateria de Rubinho, com quem se entendia nas frases mais tortas.

Os incômodos surgiram quando o Zimbo passou a ser visto como um grupo de acompanhamento — algo que, em essência, nunca foi. Quando a gaúcha chegou, a banda já tinha disco lançado, era diplomada em improvisos nas madrugadas da Baiúca, a mais importante boate de São Paulo no início da década de 1960, e fazia shows com um repertório instrumental vibrante, mesmo quando tocava temas de bossa nova. Virava assim uma chave importante, implodindo a timidez do banquinho e violão com uma massa instrumental grande e vigorosa. O Brasil descobria rapidamente o trio, e o mundo o reconhecia aos poucos. *Bossa no Paramount*, uma compilação com artistas que incluía o Zimbo, teve cotação máxima na revista americana especializada em jazz, a *Downbeat*. Com três anos de formação, a banda levaria três prêmios Roquette Pinto. À sombra de Elis, os músicos temiam virar apenas sombras.

Jair Rodrigues de Oliveira também não estava a passeio. Sujeito mais boa-praça não havia. O menino interiorano de Igarapava, cidade em que nasceu 27 anos antes de conhecer Elis, sem pai desde que era criança de colo, frequentava as missas de domingo sempre com segundas intenções. O que o padre dizia importava bem menos do que a beleza que sentia sair das vozes do coral, até que a mãe, dona Conceição, lhe puxava a orelha e o fazia olhar para o sacerdote. Assim que Conceição o viu cantar pela primeira vez, afirmou, olhando em seus olhos: "Meu filho, acho que você dá para um grande cantor". Anos depois, ao ver a mãe na plateia de um show em São Paulo, devolveu: "Tá vendo, mãe, virei cantor sem precisar dar pra ninguém".

Mesmo com sucessos em sua carreira solo, Jair parecia à prova de contaminações ególatras, mal comum de seu meio. Sua voz, como a de Elis, era para fora, potente, sem resquícios da postura cool bossa-novista. Mas Jair nunca apenas cantava. Certa vez viu uma senhora dormindo em seu show, foi até lá e desferiu um tapa na cadeira em que ela estava que quase a enfartou. Olhava a plateia nos olhos e era capaz de plantar bananeira se sentisse vontade. Sua proximidade com Elis ficou provada de largada, no espetáculo do Paramount, como previra Déa, mulher de Walter Silva. Ouvir dialogarem em "Diz que fui por aí", no pot-pourri que abria o show, era como espionar a noite de dois amantes. Viviam e morriam, rasgando a alma de felicidade, diante de 2 mil pessoas. Uma força que levaria muitos a acreditar que tinham um caso fora dos palcos, o que nunca ocorreu.

Não era com Jair que Elis mais se abria, mas era com ele que ela sorria, e muito, mesmo quando o tempo ameaçava fechar. Em uma viagem que fizeram com o Zimbo Trio a Portugal, Jair se aborreceu quando Elis saiu do tom em uma brincadeira: "Fica na tua aí, negão, que os portugueses não gostam de preto, não". Jair fechou a cara, nunca havia passado constrangimento por causa da cor de sua pele. O baterista Rubinho percebeu e tentou desfazer o clima com diplomacia, usando o apelido do amigo. "Que cara é essa, Cachorrão?" Jair desabafou, e Rubinho intercedeu por ele: "Pô, Elis. Que história é essa de falar esse negócio para o Jair?". Elis sustentou: "Jair, os portugueses não gostam de preto, não, preferem as pretinhas".

O único episódio em que de fato estiveram por um triz do rompimento se deu no Teatro Record. Antes do início do *Fino*, Elis ensaiava um número difícil com o Zimbo quando Jair abriu a porta e deparou com um grupo de fãs assistindo ao ensaio. Ao verem o cantor, fizeram toda a farra que podiam. Elis explodiu, olhando para Jair: "Ô, rapaz, você não está vendo que eu estou ensaiando? Que falta de educação é essa?". Assim que teve a primeira chance, depois do ensaio, Jair desabafou com a parceira. "Olha aqui, Elis, se você falar assim comigo de novo eu juro que lhe meto a mão no pé da sua orelha." Elis e Jair saíram chateados e assim ficaram por um tempo.

As vendagens provavam também que era ao lado de Jair que Elis funcionava bem em estúdio. Ao mesmo tempo que já tinha em mãos *Samba, eu canto assim!* pronto para ser lançado, a Philips procurou Walter Silva tão logo soube que o produtor havia gravado o memorável encontro do Teatro Paramount. "Quanto você quer por isso?", quis saber a companhia. Walter ficou sem ação. "Mas isso se vende?" Resolveu jogar alto, na primeira chance que teve de ganhar um dinheiro com o fenômeno que fez nascer. "Quero um milhão e meio." Sem contestar, a gravadora liberou a verba, desde que Walter jamais reclamasse um tostão de royalties. Negócio fechado. *Dois na bossa*, com Elis, Jair e Jongo Trio, vendeu uma quantidade de discos absurda para os parâmetros da época, fora da curva que se via na indústria fonográfica desde que esta começara a se constituir como tal. Uma cifra começou a surgir, provavelmente contaminada pela comoção: aquele seria o primeiro LP a vender 1 milhão de cópias no Brasil. Um exagero que seria corrigido por Elis, anos depois: o número certo, segundo a cantora, era de 120 mil cópias — o que não deixava de ser uma proeza para os padrões vigentes.

Em 1979, o baixista Sabá, do Jongo Trio, daria uma entrevista ao programa de Zuza Homem de Mello, da Rádio Jovem Pan, dizendo que o show era para ter sido batizado como *Três na bossa*, mas que "outros interesses" impediram. Walter jamais teve *Três na bossa* como uma possibilidade. Outra acusação de Sabá, também pelos jornais, seria a de que o produtor não havia pagado o cachê do trio. Walter, furioso, enviou para os mesmos jornais o recibo de pagamento ao grupo no valor de 450 mil cruzeiros. E um terceiro equívoco, doloroso para o casal Walter e Déa, seria a afirmação de que o espetáculo era fruto do improviso. O produtor já havia traçado o repertório que seria colocado em ação nos ensaios que antecederam os shows. A falha, esta sim, havia sido não colocar o nome Jongo Trio na capa dos primeiros discos.

"Cassado o disco de 'Élis' Regina." Foi com este título que o *Diário Carioca* de 21 de agosto de 1965 apresentou uma matéria sobre uma busca menos glamourosa ao LP da dupla. Quem queria colocar as mãos em *Dois na bossa*, segundo a reportagem, eram três oficiais de justiça, a mando do juiz João Bosco Cavalcanti Lana, da 13ª Vara Cível. O problema estava nos créditos de "Samba de negro", de Roberto Correa e Silvio Gomes Pereira, que, na primeira prensagem, apareceu como "Subi lá no morro", de Nilo Queirós. "O LP, apesar de muito procurado, não está sendo encontrado nas casas vendedoras que, sabedoras da medida judicial, estão o escondendo com receio de que cada admirador de Elis seja um oficial de Justiça", dizia a reportagem. Um exagero que misturava dois fatos em um e revelava um sintoma de rejeição. O problema com o nome do samba e de seus autores foi resolvido nas edições seguintes, mas o sumiço do LP das lojas era em virtude da grande vendagem e da falta de preparo da gravadora para reabastecer os lojistas. A imprensa carioca, ou parte dela, não perdoava o fato de Elis ter trocado o Rio por São Paulo.

Em outubro de 1965, Elis recebeu de uma amiga chamada Célia Regina quatro folhas de papel almaço com perguntas redigidas a caneta sobre bossa nova e Jovem Guarda, além de outros assuntos. É um questionário que pode ter sido usado para um trabalho de escola ou apenas para satisfazer a curiosidade da colega. Nele, Elis responde sobre modismos, dá sua opinião a respeito da música feita por Roberto Carlos, diz qual é o "melhor compositor da música brasileira", fala o que pensa sobre a "música pura" e responde a uma polêmica sobre racismo levantada pela amiga. Elis tinha vinte anos. Quase sessenta anos depois, o filho mais novo da cantora, Pedro Mariano, recebeu esse material das mãos de uma fã depois de participar de um espetáculo em homenagem a Elis, em São Paulo. A pessoa que entregou os originais da entrevista, talvez a própria Célia, não deixou nenhum contato, mas Pedro certificou-se da veracidade do documento pela letra da mãe.

São Paulo, 1º de outubro de 1965

1. A música brasileira propriamente dita é a bossa lenta, samba ou mistura das músicas?

Há indivíduos que dizem que nossa música sofreu influência do jazz. Parto do princípio de que não existe música pura popular, evidentemente. Todos os compositores foram buscar na erudita, em Liszt, Debussy e outros, as fontes de pesquisa para seus trabalhos. Quanto mais elevado musicalmente estiver o compositor, mais elevada será sua obra. Nosso ouvido é um filtro. Põe para fora o resultado do que ouve diariamente, seja nativo da Grécia, de Portugal, de qualquer lugar. Bossa foi um termo comercial criado a fim de "vender" uma matéria que se pretendia fosse nova. Em música brasileira não há bossa, nem velha nem nova. Há uma bossa muito nossa e única no mundo, resultado do cruzamento Brasil índio, África escrava e Portugal senhor. A isso se deu o nome de samba, ritmo nacional brasileiro. As melodias feitas dentro desse ritmo não têm nada a ver com suas origens. Pois na época do rádio, televisão, dos discos e do cinema não existe mais uma música pura brasileira. Quem se bate por isso são os saudosistas, que já por serem saudosistas estão afastados da realidade brasileira.

2. Qual o melhor compositor da música moderna?

Não existem coisas melhores. O que é melhor para mim pode não ser melhor para o resto do mundo. Melhor depende de gosto, sensibilidade, temperamento, identidade. Levando em conta esses quatro itens, para mim, o melhor compositor brasileiro é Edu Lobo.

3. Poderá dizer qual foi a primeira bossa nova? Como surgiu a ideia, quem cantou e se foi bem recebida?

Não acredito em bossa nova ou bossa velha. O que há é música boa ou música ruim. De repente, um grupo de jovens resolveu mudar o panorama musical de nossa terra. As mudanças surgem de inconformidades. Eles estavam inconformes com o que se fazia em nome da música brasileira. E resolveram renovar. Foram eles: Johnny Alf, Tom Jobim, Carlos Lyra, Menescal etc. Aliados ao já grande Vinicius, mudaram tudo. Até a forma de cantar. Surgiu então João Gilberto. Lógico que foi bem recebida por quem tinha capacidade para entender o que se fazia a partir de então. Tanto foi bem recebida que, na ausência de autênticos valores, procuraram criar fórmulas. E com toda a briga, quem ganhou foi o Brasil e sua música, reconhecida e copiada no mundo inteiro.

4. Na música "Sem Deus com a família" (de César Roldão, cantada por Elis e Jair no disco *Dois na bossa*), não acha que o branco está sendo desvalorizado, já que há brancos pobres e pretos ricos (um verso diz "sapato de pobre é tamanco/ a vida não tem solução/ Morada de rico é palácio/ E casa de pobre é barracão")?

Não sou a autora da música. Sou portadora da mensagem que o autor pretendia enviar. Não posso opinar sobre intenções. Tudo, porém, está sendo problema de quem interpreta. O problema não está em quem fabrica a carapuça, e sim em quem a enterra até o pescoço.

5. A música da Jovem Guarda (Roberto Carlos etc.) é música brasileira?

Não. É submúsica.

6. Os jovens (15, 16, 18 anos) preferem a bossa nova ou a música dos cabeludos?

Tudo é uma questão de equilíbrio. Há jovens que nem aos doze anos gostaram disso. Há meninos que só querem ouvir música clássica e fazê-la. Penso que esse tipo de música, a dos cabeludos, como você diz, encerra um estado de espírito. Inconformidade, revolta e, principalmente, luta consigo mesmo pela busca de alguma coisa que não sabem o que é devido à pouca idade. Com o tempo vão se acalmando, equilibrando e voltando ao que se chama de tranquilidade emocional. Então, os gostos, inclusive o musical, modificam e estabilizam.

Ao final, Elis agradece:

Muito obrigada pela satisfação que você me deu
Um grande abraço e todo o carinho desta amiga Elis Regina

Walter Silva tiraria uma última lasca de *Dois na bossa*. Ao saber que uma edição do LP estava prevista para ser lançada na Argentina, o produtor contestou, dizendo que o acordo com a Philips previa apenas o lançamento no Brasil. A gravadora pagou outro milhão e meio de cruzeiros, e não se falou mais no assunto. Depois do sucesso, a Philips tentaria repetir a marca em 1966, com Elis e Jair acompanhados pelo quinteto do pianista Luiz Loy em algumas canções e pelo grupo Bossa Jazz Trio, que tinha ao piano Amilson Godoy, irmão de Amilton, e Adylson em outras. Era o *Dois na bossa número 2*, sem grandes vendagens apesar do natural impulso do programa. Uma nova tentativa seria feita no mesmo Teatro Paramount em 1967, com a dupla à frente da orquestra da Record para *Dois na bossa número 3*. Por pertencer a outra gravadora, a RGE, o Zimbo Trio estava impedido de participar das gravações com Elis e Jair, da Philips. Mais uma vez, o que saía da intimidade pública entre os dois cantores era um álbum de sambas-canção e de enredo, com um longo pot-pourri em homenagem à Mangueira esquentado pelas manifestações da plateia que Zuza Homem de Mello fazia questão de não cortar da captação.

Antes do show que seria feito para a gravação do terceiro *Dois na bossa*, quando se preparava para passar a música "Cruz de cinza, cruz de sal", de Walter Santos e Tereza Souza, Elis não se conteve ao ver pelo teatro o jovem gordinho de cabelos encaracolados que conhecia da TV e das cidades em que se encontravam quando suas agendas coincidiam. "Ô, Jô Soares, está com o bongô aí?" Jô respondeu: "Claro, Elis, por quê?". "Pega lá e vem tocar essa aqui com a gente", pediu. Com um fraseado rítmico ágil desde a introdução, o amigo Jô, que fazia Elis gargalhar imitando um sotaque gaúcho arrastado sempre que os dois se cruzavam, acabou participando da gravação como convidado especial, mesmo não tendo seu nome creditado no encarte do LP. O disco trazia reforços no repertório, como "Marcha de Quarta-Feira de Cinzas", de Lyra e Vinicius, e um segundo pot-pourri chamado "Romântico", com "Minha namorada", "Eu sei que vou te amar", "A volta" e "Primavera". Apesar de mostrar o sólido caminho que haviam encontrado, a sensação do primeiro LP da série não seria retomada.

O enfraquecimento de um programa líder de audiência com uma fórmula que lotava o teatro da Record e grudava seus telespectadores no sofá se intensificou em meados de seu segundo ano de vida, em 1966, quando *O Fino da Bossa* foi afinando até virar só *O Fino*. A festa regada a uma música de espécie rara esfriava por interesses que já não eram mais apenas artísticos. Horácio Berlinck sentiu a crise na audiência abater um projeto que parecia não ter mais de onde tirar dinheiro. Do alto da intransigência de seus vinte anos de idade, foi a Paulinho Machado de Carvalho de decisão tomada: "Paulinho, vou sair do programa. E o nome não vai ficar, não". O diretor nem discutiu. "Tudo bem, ficamos só com *O Fino*." Mal sabiam que a marca *O fino da bossa*, apesar de criada pela turma de Berlinck, jamais fora registrada por ninguém — o que valia ali era apenas o acordo verbal.

Outro desgaste começava a ficar evidente entre Elis e o Zimbo sempre que alguma cantora pedia para ser acompanhada pelo grupo. Elizeth Cardoso, dama da música brasileira que a Record chamara para fazer par com Ciro Monteiro na liderança do programa *Bossaudade*, pensado para um público mais velho, pediu em contrato o Zimbo para acompanhá-la. Elis se enfureceu e foi sem sucesso manifestar o descontentamento na direção, já que o grupo aceitou o convite e agora não era mais exclusivo de Elis. Fugindo da condição de músicos de apoio da estrela do *Fino da Bossa*, o trio desenvolvia alergia às crises de ciúme da cantora. Aquilo não poderia continuar.

As aparências já poderiam enganar até mesmo os fãs dos invencíveis Elis e Jair, a dupla dos sambas dinâmicos e de química poderosa. Apesar de falar pelos corredores de seu desconforto com a escalação de algumas cantoras de grande potencial, não consta que Elis tenha pedido a Manoel Carlos o sumiço definitivo de alguma concorrente. No entanto, um dia, Elis entrou na sala de Maneco com uma solicitação delicada: queria que Jair Rodrigues fosse demitido. Aos olhos da gaúcha, o parceiro era incontrolável e suas estripulias já haviam passado dos limites. Não dava para apresentar um programa ao lado de alguém dando piruetas e plantando bananeiras. "Pô, já falei com ele que não dá pra ser assim, então é melhor tirar", argumentou. O diretor percebeu que se tratava de uma explosão com grandes chances de desaparecer na mesma velocidade com que surgira e resolveu apostar no tempo. Falou sutilmente com Jair, pedindo que maneirasse, e manteve a dupla em ação para não enfraquecer mais o programa. Maneco estava certo. Elis não voltou a falar no assunto.

A própria Record também deu uma força para que *O Fino* entrasse na UTI antes da hora. Desde a estreia, quando percebeu que o pote tinha mel, a emissora passou a espremer cada gota da atração, caindo nas tentações dos anunciantes e cometendo o pecado de não saber a hora de parar de aumentar o faturamento. Mesmo com o alto índice de televisores sintonizados, Paulinho Machado de Carvalho queria mais, e deixava o programa, projetado para durar sessenta minutos, ficar no ar por até quatro horas. Em alguns dias, Elis cantava quinze músicas, fora os convidados. O público passou a girar o botão em busca das novelas da TV Tupi e da Excelsior. Quando 1966 começou, Elis, com oito discos lançados, shows pelo país e um programa semanal nas costas, pediu dois meses de férias, e a Record aceitou.

Sem perceber qualquer risco, ou fingindo que eles não existiam, Elis fazia um balanço vitorioso de 1965 à revista *Fatos & Fotos*. "Foi o melhor ano da minha vida." Planejava uma viagem à Europa para se desligar do mundo. Iria a Portugal, Espanha, Itália e França. Se os dólares permitissem, esticaria na Grécia para medir tijolo por tijolo do Partenon com uma fita métrica. "Quero saber se é mesmo tudo aquilo que a gente estuda na escola." Sobre as pessoas que haviam contribuído para suas conquistas, falava de Jair Rodrigues: "Moço menino, motivo só de alegria, palavra certa no momento preciso. Piada no momento de tensão". Chamava Manoel Carlos de "Gordo Maneco" e, sobre si mesma, fazia uma de suas primeiras reflexões públicas mais profundas. "Elis Regina é uma menina velha, consequência única e exclusiva do mundo em que vive. E para que vocês melhor me conheçam e não façam ideias falsas a meu respeito, aí vai mais: Elis Regina Carvalho Costa tem vinte anos e é completamente diferente da Elis Regina, a cantora, mulher de pelo menos quarenta anos bem vividos. Quem conhece uma não conhece a outra. A Elis Regina é obrigada a conviver com todo mundo, a ter determinado tipo de vida, a gostar de determinadas coisas que não agradam a Elis Regina Carvalho Costa. E por isso procuro isolar uma da outra." Com toda essa autonomia, seria difícil dizer a Elis que sua primeira grande viagem pelo mundo poderia se voltar contra a sua carreira. Não era o momento para tirar de cena um rosto com o qual o telespectador havia se habituado, sobretudo diante de uma ameaça que chegava do Rio de Janeiro em Cadillacs vermelhos que não andavam a menos de 120 quilômetros por hora.

6.

Elis e Jair eram soberanos na TV até que os cabeludos apareceram em suas vidas, mais exatamente às 16h30 do dia 22 de agosto de 1965, quando foi ao ar o primeiro programa *Jovem Guarda*. Tudo começou com um buraco a ser preenchido. Proibida de seguir exibindo as partidas de futebol nas tardes de domingo, após um desentendimento com a Federação Paulista de Futebol, que alegou queda de público nos estádios em virtude das transmissões, a Record viu abrir uma janela em sua programação. Se já tinha uma atração para a música popular moderna, *O Fino*, e outra para a velha guarda, o *Bossaudade*, faltava arrebatar os adolescentes — uma nova classe de telespectadores na qual nem as TVs nem o mercado publicitário levavam fé. Comercialmente, para a TV brasileira, os jovens ainda não existiam. Se a ideia de despertá-los com um programa juvenil desse certo, a brecha aberta na programação poderia ser preenchida com glória.

Marcelo Leopoldo e Silva foi o diretor designado pela emissora para dar forma ao projeto. Uma de suas primeiras missões foi achar um nome para o programa, que não soasse nem antiquado nem patético, capaz de fazer a comunicação direta com garotos dispostos a pensar menos e a dançar mais. Marcelo lembrou de uma coluna social de sucesso do jornal *Última Hora* chamada "Jovem Guarda", assinada pelo amigo jornalista Ricardo Amaral. Suas notas narravam casos amorosos e revelavam segredos guardados pelos playboys mais descolados da época, filhos de famílias ricas e tradicionais de São Paulo e do Rio de Janeiro. Amaral havia sido demitido do jornal *Shopping News*, onde também era responsável por uma coluna de nome menos original, mas de proposta idêntica, a "Gente Nova". Sem saber como batizaria seu novo espaço no *Última Hora*, conversou com o amigo colunista Tavares de Miranda, da *Folha de S.Paulo*, e ouviu dele uma sugestão: "Se eu falo dos mais velhos, falo da velha guarda. Já você, que fala dos mais jovens, filhos dos meus personagens, fala da jovem guarda". O nome soava bem, tinha força e ritmo para pegar de primeira. Marcelo Leopoldo cresceu os olhos no título do amigo, mas teve caráter. Foi a Ricardo Amaral e lhe pediu uma carta autorizando o uso da marca pelo programa prestes a estrear na Record. Sem cobrar nada pela cessão da marca, algo de que se arrependeria anos mais tarde, o jornalista escreveu a permissão de próprio punho e a repassou a Marcelo. Já existia um nome. Só faltava o resto.

O efeito Elis-Jair pesou no momento de definir o musical. A emissora vasculhou tudo em busca de uma dupla, de preferência um casal, assim como Elis e Jair, com o qual moças e rapazes se identificariam. Primeiro tentou Celly Campello e o cantor Sergio Murilo. Mas, sem o irmão Tony, com quem já havia feito um programa na Record, Celly alegou que não se sentiria bem com a própria consciência e declinou do convite. A emissora evitava buscar um artista no Rio de Janeiro, já que as transmissões dos programas ainda eram locais e o público paulista poderia estranhar gente de outra praça arrastando erres e assoviando esses. No entanto, as opções em São Paulo não eram muitas e a direção passou a olhar para o Rio como uma possibilidade, sobretudo depois de colocar na mira um rapaz que personificava o moço com fama de mau que a emissora tanto procurava: Erasmo Esteves, que o Rio conhecia como Erasmo Carlos.

Erasmo, que acabara de lançar "Festa de arromba", estava em ascensão. Ao chegar na Record, falou com os diretores sobre as duas opções de mulheres pensadas para serem sua parceira, Wanderléa ou Rosemary, ambas citadas na letra da música. Apoiou a escolha de Wanderléa, mas fez questão de sugerir um amigo do Rio que começava a fazer sucesso, Roberto Carlos. Ao final de muita negociação, chegou-se ao veredito: em vez de dupla, seria a primeira vez que um semanal de TV da Record receberia um trio de apresentadores. Paulinho Machado de Carvalho já conhecia o rapaz sugerido por Erasmo, e dele morria de preguiça. Nas memórias do diretor, Roberto Carlos era um jovem educado mas pegajoso, que vinha do Rio direto para a emissora, caminhar pelos corredores pedindo para ser escalado para qualquer programa. Desta vez, no entanto, tratava-se de um pedido de Erasmo. Paulinho refletiu por alguns dias. Mal não faria. Se desse errado e o terceiro elemento se confirmasse um fracasso, ele o encostaria e manteria Erasmo e Wanderléa no foco.

A Record decidiu fazer um teste com Roberto e o trouxe a São Paulo para saber como o moço se comportaria em um estúdio de TV diante das câmeras. Sentado em uma sala com o violão nas mãos, esperando o sinal para começar a cantar, Roberto não sabia que era observado por Paulinho Machado através de um vidro. O diretor ainda não havia escutado a voz do candidato quando se fixou em sua expressão. Os olhos fundos e tristes combinados com um sorriso contido mudavam a má impressão. Depois de passar algum tempo analisando a figura do cantor, o diretor sentiu que aquela poderia ser a imagem de um astro predestinado ao sucesso, sobretudo com as mulheres. Era como se Roberto estivesse sempre pedindo colo. Paulinho sentiu um estalo e, a partir desse instante, ninguém mais precisou convencê-lo de que daria certo. Comunicou ao cantor que ele estava no time e mandou marcar as primeiras reuniões com Manoel Carlos, que já dirigia *O Fino* e assumiria também o *Jovem Guarda*. Na saída de um dos encontros, Roberto cruzou com o baixista Luiz Chaves, do Zimbo Trio. O roqueiro estava cabisbaixo e balbuciou uma frase que Chaves nunca compreendeu: "Esse programa não vai durar muito, não".

A jovem guarda era o "Arrastão" de Roberto Carlos, e foi isso o que Elis Regina percebeu ao retornar de férias. O programa já era visto por cerca de 3 milhões de pessoas nas noites de sábado, apenas na capital paulista, uma audiência que chegava a bater 100% no Ibope. O Instituto Brasileiro de Opinião Pública e Estatística — o mesmo que começava a diagnosticar a desidratação na audiência do *Fino* — existia antes mesmo da televisão, desde 1942, permitindo que os diretores das emissoras de rádio soubessem qual programa era o mais escutado no momento em São Paulo. O *Jornal do Brasil* de 27 de maio de 1966, em um artigo assinado por Fausto Wolff, dizia: "O iê-iê-iê conseguiu varrer dos palcos, das boates, das rádios, dos auditórios e da televisão qualquer outra espécie de música. Elis Regina, Nara Leão e muitos outros cantores cujo lugar de preferência popular parecia ser indestrutível simplesmente desapareceram". Ironicamente, a mesma TV Record, que garimpava gênios para abastecer o cenário que ela ajudara a criar, abrigava o início da fenomenal explosão de um projeto que surgia sem compromissos com o que passava a ser chamado de qualidade artística. As canções jovens tinham letras tão ingênuas quanto os gritos que se ouviam na frente do Teatro Record, algo como "Hey, hey, hey! Roberto é nosso rei" e "Asa, asa, asa! Roberto é uma brasa". Elis teve um choque.

A cantora logo fez questão de mostrar de que lado da música brasileira estava, criando um bloco de oposição aos jovens que cantavam no formato importado, levando melodias e harmonias consideradas rasas por ela, com guitarras que não representavam a cultura do país. Ao falar à revista *Intervalo*, Elis abriu fogo publicamente pela primeira vez contra o rapaz que já chamavam de rei. "Roberto Carlos não é cantor, e logo ninguém vai mais se lembrar de suas músicas infantis." Incomodada com o fato de não ser mais a sensação da TV, Elis se preparou para a guerra. Claudette Soares foi uma das primeiras a se sentir no meio do fogo cruzado, logo depois que teve a permissão de Roberto e Erasmo para gravar a canção "Como é grande o meu amor por você". Em uma decisão misteriosa, abafada e jamais assumida por Elis, Claudette foi suspensa do *Fino* — um provável castigo por sua "traição à música genuinamente brasileira".

De programa, a *Jovem Guarda* virava movimento, algo que não aconteceu com o *Fino*. No embalo das músicas surgiam produtos como roupas e calçados, que tornavam o projeto também um acerto comercial. O estouro dos roqueiros fez a direção da emissora olhar para o *Fino* como algo desgastado e carente de reformulação. O encanto havia sido quebrado por um intrigante feitiço. Se os programas eram exibidos em dias diferentes — o *Jovem Guarda* nas tardes de domingo e O *Fino* às quartas — e se os públicos pareciam tão distintos — adolescentes e crianças do iê-iê-iê versus formadores de opinião e estudantes universitários politizados da MPB —, o que poderia explicar a debandada?

Manoel Carlos foi procurado por Paulinho Machado de Carvalho. "Maneco, queria saber se você não se importa de eu passar a direção do programa para o pessoal do Rio, o Ronaldo Bôscoli e o Miele." "Claro que não", respondeu Maneco. "Pode passar para eles, eu adoro o Bôscoli." Só que Elis Regina não adorava o Bôscoli. Sentia por ele uma mistura de repulsa e náusea. Ela não se esquecia do dia em que vira seu nome pichado no Beco das Garrafas. Se Bôscoli entrasse pela porta da frente, Elis sairia pelos fundos. Depois de deixar isso claro para a direção do programa, ameaçou ir para a Tupi.

110

O pianista Luizinho Eça, amigo da dupla dos tempos do Beco, um dos fundadores do Tamba Trio, passou a mediar os ânimos como uma espécie de representante informal da Record, fazendo o que podia para não deixar o negócio melar. Afinal, era a chance de os cariocas ganharem um bom pedaço de terra na poderosa emissora paulista. "A coisa está brava pro lado de vocês, mas vamos dar um jeito", disse para Miele. Luizinho insistiu tanto com Elis que ela cedeu, mas não sem fazer uma exigência: só negociaria a passagem de bastão na direção de seu programa se tratasse de tudo diretamente com Miele, que todos conheciam como Barba. Miele foi a São Paulo falar com Elis. Usou seu charme e conseguiu um o.k. para a nova fase do programa, mas havia mais uma condição irrevogável de Elis: que ela jamais respirasse do mesmo ar de Ronaldo Bôscoli. Miele prometeu que seria como ela quisesse e saiu do encontro festejando. Enviou ao Rio um telegrama aos cuidados do amigo com uma palavra de três letras: "Gol!". Bôscoli respondeu com uma frase menos cifrada: "Se ela me disser bom-dia, eu como".

A "turma dos cariocas", como a nova dupla de diretores era conhecida nas internas da Record, em nada agradava ao time que já estava consolidado no programa, e vice-versa. Bôscoli considerava Jair Rodrigues uma presença cafona. "Uma cantora com esse talento ao lado de um cara que planta bananeira no palco não dá certo, é loucura", argumentou. A demissão de Jair foi o primeiro ato da nova administração. Sentindo o ar pesado, e já farto da imagem de trio acompanhante, o Zimbo aproveitou que seu contrato vencia e pulou fora.

A administração Miele-Bôscoli queria fazer uma recauchutagem geral. *O Fino*, mais elitizado, precisava de um novo tema de abertura. Luizinho Eça, convidado para fazer a música, chamou Miele, Bôscoli e Elis para trabalharem na letra e na melodia em sua casa, sem saber o tamanho da encrenca que arrumava. Elis seguiu para o endereço disposta a mostrar o quanto estava falando sério quando disse que não se dirigiria a Ronaldo nem sob tortura. A cantora ficou com Miele e Luizinho na sala em que havia um piano enquanto Bôscoli, com lápis e papel na mão, permanecia isolado como um enfermo em outro cômodo, pronto para escrever os versos sobre os acordes que seriam criados à distância. Após Luizinho tocar as primeiras notas do que viria a ser a nova canção, Miele gritou: "Tá ouvindo daí, Ronaldo?". "Sim, tá bom", respondeu o produtor, e anotou um verso. Mais um trecho da música foi tocado de lá, e Bôscoli anotou alguma coisa de cá. "Miele, venha dar uma olhada?" Ele foi, pegou o trecho escrito por Ronaldo e o trouxe de volta para Luizinho testar ao piano com a voz de Elis.

Elis ouvia e dava o veredito. Se era um sim, Miele gritava: "Ronaldo, valeu". Então, o processo recomeçava do ponto em que haviam parado. Luizinho tocava mais um trecho, Bôscoli se inspirava no outro quarto, Miele buscava a letra, Luizinho a testava com a harmonia, e Elis colocava a voz. Ao final, ela esticava o polegar para cima ou para baixo. No instante em que estavam terminando, Vinicius de Moraes passou para fazer uma visita repentina a Luizinho. Ao ver a cena e sentir o clima, saiu apressado sem dizer o que queria. "Luizinho, eu ia te dar um recado, mas depois eu ligo", disse do corredor, esticando o pescoço para dentro da sala. "Isso aí vai dar merda", cochichou baixinho, e se foi.

Sem o Zimbo Trio, Elis adotava como suporte o Bossa Jazz Trio, com o qual havia gravado o segundo álbum da trilogia *Dois na bossa*. Além das performances na TV, era com o novo time do pianista Amilson Godoy, do baixista Jurandir Meirelles e do baterista José Roberto Sarsano que Elis sairia para uma breve viagem à Venezuela, onde faria uma apresentação em uma emissora de TV em Caracas. O jovem quarteto aproveitava para se divertir antes de retornar à rotina de shows e gravações na Record.

Um pouco antes da viagem, durante um coquetel em um restaurante que ficava em frente à TV Excelsior, na rua Nestor Pestana, centro de São Paulo, José Roberto e Elis trocaram olhares e sentiram calores. Embora tivessem a mesma idade, o baterista se considerava uma criança ao lado da cantora que ele via como uma mulher. Elis era articulada, pensava em constituir família, sabia o que queria e, sobretudo, o que não queria. E uma de suas decisões mais recentes era a de que ninguém soubesse que eles estavam tendo um romance. José Roberto, a quem Elis chamava carinhosamente de Zé Colmeia, e Elis, a quem Zé Colmeia chamava afetuosamente de Catatau, tinham de segurar as pontas de um caso secreto.

Ao lado de uma celebridade, o jovem baterista bolava estratégias para que seu romance proibido não vazasse. Para irem ao cinema, escolhiam sessões em horários da tarde, geralmente as mais vazias. Ao chegarem, esperavam a projeção começar para entrar na sala e saíam um pouco antes de os créditos subirem na tela. *Cidadão Kane* foi um dos longas que tocou Elis profundamente. Sem mais detalhes, dizia ao namorado que aquele filme tinha uma forte mensagem relacionada a sua própria vida. Homens ricos e mais velhos cansaram de cortejar Elis na frente de José Roberto, nas tardes em que o músico esperava pela cantora em frente ao Teatro Record. Ao perceber que ele sentia ciúmes, Elis segurava o rosto dele e pedia com doçura para ele não ficar assim. O baterista percebia a velocidade com que sua amada mudava de humor, passando do estado de euforia para a tristeza profunda em segundos. Mistérios que ele jamais decifraria com precisão.

Caracas seria um alívio depois do clima pesado que rondava a TV Record dos tempos de mudança. Sorrir era preciso e, ao menos por duas vezes, os venezuelanos ouviram a gargalhada de Elis. A primeira foi em uma festa em que os brasileiros foram recebidos pela alta sociedade local, um evento de pessoas finas e bem-nascidas dispostas a conhecer de perto a gaúcha de quem a América Latina tanto falava. De repente, quando José Roberto começou a falar sobre uma bebida genuinamente brasileira chamada pinga, o clima mudou. Em alguns países latino-americanos, "pinga" significa pênis.

Em outra noite, ao saírem de táxi de um jantar em direção ao hotel em que estavam hospedados, Elis e os músicos do Bossa Jazz foram parados por soldados do Exército venezuelano que faziam uma blitz nas ruas em busca de drogas e armas ilegais. Todos desceram do carro e mostraram os documentos, mas tiveram de encostar na parede enquanto eram revistados. Amilson levava no bolso da calça uma caixinha de chicletes brasileiros. Ao ver o objeto estranho, um dos militares ficou tenso, entendendo que a caixa fosse um artefato explosivo, e deu a ordem para que todos se jogassem no chão. Ficaram por um tempo assim, deitados na rua, mas o chiclete não explodiu, e os músicos foram liberados.

De volta a São Paulo, Elis e o Bossa Jazz Trio desembarcaram impressionados com a qualidade técnica da TV venezuelana. Em uma das cenas, os profissionais fizeram uma montagem com a imagem de Elis cantando como se estivesse em pé sobre a caixa da bateria de José Roberto — um recurso que passava longe das possibilidades da Record. "Eles estão muito à frente", comentou Elis aos repórteres, na chegada do grupo ao Aeroporto de Congonhas.

Zé Colmeia e Catatau continuavam se conhecendo mais, conforme as agendas permitiam. Marcavam discretamente idas ao cinema e a restaurantes para alimentar a confiança mútua da qual a cantora parecia carecer em meio ao ciclone em que vivia. Em um fim de semana sem compromissos, Elis levou José

Roberto para conhecer a família, que passava alguns dias nas praias de Araruama, no Rio de Janeiro. Aos poucos, o namorado já não tão secreto assim testemunhava as relações conturbadas da família Carvalho Costa. Havia certo carinho no convívio com a mãe, mas com o pai era só conflito. José Roberto sentia que, por mais que nenhum dos dois pensasse em algo mais sério, como filhos e casamento, Elis precisava mostrar aos pais que estava ao lado de alguém normal. Seu Romeu o recebeu friamente, com um aperto de mão frouxo e nenhuma palavra. Dona Ercy foi mais atenciosa. Após fazer as apresentações, Elis levou José Roberto para o quarto e imediatamente encostou o ouvido na porta para saber o que falariam de seu acompanhante — uma aflição que só passou quando ela percebeu que Zé Colmeia não havia sido rejeitado.

Cada vez mais angustiada com os rumos que sua vida ganhava, com um programa em crise dirigido agora por Bôscoli, um homem de quem desconfiava até que ele provasse o contrário, Elis mostrava-se frágil, dando um descanso para a mulher decidida. José Roberto falou a ela, sem maiores intenções, de uma espécie de conselheira espiritual, dona Isaura, que orientava a mãe dele nos momentos de incerteza. Elis quis conhecer a tal mulher. Assim que ela se colocou à sua frente, desandou a chorar compulsivamente, deixando impressionado o próprio Zé Roberto. Dona Isaura falou em "espírito perturbado" e disse para a moça tomar cuidado.

Dias depois, quando o casal estava de passagem pelo Rio de Janeiro, Elis fez questão de ir com o namorado até um centro de umbanda indicado por amigos. José Roberto se assustava com cenas de pessoas se contorcendo e falando com vozes estranhas, mas a namorada seguia em frente. Diante de um pai de santo, Elis ouviu que deveria se proteger fazendo um trabalho em uma encruzilhada à sua escolha, mas levando consigo uma garrafa de aguardente, velas brancas e vermelhas e uma cumbuca de barro. Juntos, a cantora e o baterista compraram o que foi mandado, pegaram um táxi e seguiram tarde da noite para depositar o despacho em uma esquina do Méier, o tradicional bairro da zona norte do Rio. Enquanto Elis preparava a encomenda dizendo as palavras que as entidades haviam indicado, José Roberto sentia o queixo bater.

Anjos e demônios brigavam por espaço na vida de Elis. Ao mesmo tempo que mandava e desmandava na Record, a artista mais bem paga do país sentia-se hostilizada. Certa vez, na casa de José Roberto, ela aguardava a hora de sair para fazer um show na cidade de Santo André, onde seria acompanhada pelo Zimbo Trio. Era um dia de chuva, e a cantora estava com febre, gripada e afônica, sem condições de encarar duas horas de apresentação. José Roberto a convenceu de que o melhor era cancelar. Eles decidiram ligar para o empresário Marcos Lázaro e dar a má notícia. Lázaro resolveu apanhar José Roberto e Elis de carro e levar os dois até o local da apresentação, onde o público já esperava pela cantora, para que ela mesma dissesse que não iria cantar naquela noite. Diante da plateia, Elis, visivelmente abatida, explicava que não faria o show porque seu estado de saúde não permitia. No dia seguinte, um jornal da região estampava que a cantora havia cancelado a apresentação depois de aparecer visivelmente embriagada e escondendo uma gravidez com um casaco. Para uma jovem que poucos anos antes cantava com as amigas em uma sala de aula de Porto Alegre, o mundo se tornara hostil rápido demais.

Os maiores dilemas, no entanto, vinham da emissora que pagava o seu salário. Colocar a MPB contra a Jovem Guarda em um ringue era algo que muito interessava à Record — uma polarização saborosa que deveria ser alimentada junto aos telespectadores e aos artistas para render notícia e, consequentemente, audiência. Afinal, tratava-se de uma briga da Record consigo mesma, que nem passava pelas concorrentes Tupi e Excelsior. Os argumentos para legitimar um racha entre os dois gêneros musicais eram inquestionáveis. De um lado, politicamente o esquerdo, estava a MPB, uma sigla que a imprensa criou para noticiar os festivais da canção. Por não caber nos títulos dos jornais, o termo "música popular brasileira" foi abreviado, tornando-se mais sonoro e funcional. Do outro lado, teoricamente mais alinhado com a direita e o conservadorismo, ou simplesmente com a despolitização juvenil, estava a Jovem Guarda de Roberto, Erasmo e Wanderléa.

A decadência do *Fino*, que nas mãos de Miele e Bôscoli seguia descendo a ladeira no Ibope, já beirando 30% de audiência, era o argumento perfeito para convencer os artistas da MPB de que eles deveriam ir para as ruas. Vibrante com a inspirada peça de marketing pensada pela emissora, Paulinho Machado convocou uma reunião na empresa com a ala dos engajados, entre eles Elis, Nara Leão, Geraldo Vandré, Ronaldo Bôscoli, Gilberto Gil e Caetano Veloso, este como convidado especial e conselheiro de Gil, sem direito a voto. A ideia era encontrar um caminho para a sobrevivência da legítima música brasileira diante da ofensiva dos reprodutores de uma cultura "descartável e importada". Era preciso estancar a hemorragia da audiência, que não parecia ter cura. Em defesa das riquezas nacionais, Vandré enlevou-se com um discurso comovente em nome das identidades sonoras brasileiras. Gil discursou sobre o mesmo tema, dando voltas acerca da importância dos meios de comunicação na formação de uma identidade definitivamente brasileira. Quando quase todos pareciam flutuar, erguidos por ideais nacionalistas e identitários, Nara Leão pediu a palavra e passou a discursar em outra direção, olhando diretamente para Paulinho Machado de Carvalho: "Sr. Paulinho, estou aqui como contratada de sua emissora e irei sempre cumprir meus compromissos quando for escalada para qualquer programa. A emissora é do senhor, e o senhor pode fazer o que bem entender com ela. Só gostaria de pedir um favor: que o senhor diga aos seus produtores que não me escalem mais para estar em um mesmo programa com Elis Regina". Silêncio dramático. "O que é isso, Nara?", perguntou Bôscoli.

Quem estava na sala sabia a que Nara se referia. Uma edição da revista *Manchete* de 17 de junho de 1967 havia exposto todas as feridas entre ela e Elis em uma matéria de página inteira assinada pelo jornalista Carlos Marques. Segundo a publicação, as cantoras foram convidadas a fazer uma foto nos estúdios da Manchete, ao lado de Gilberto Gil e Chico Buarque. Por azar, Gil e Chico tiveram compromissos e não puderam aparecer. Assim, Nara, aparentemente calma, e Elis, visivelmente tensa, ficavam frente a frente. O fotógrafo já havia disparado alguns flashes quando Elis abandonou a sala dizendo que não gostava de Nara. Mais tarde, o jornalista entrevistou as cantoras separadamente e publicou os textos na mesma página.

O depoimento de Elis Regina sobre Nara Leão para a revista *Manchete* não deixava dúvidas sobre a sua indisposição com a rival. O título da matéria havia sido extraído de uma de suas frases: "Nara canta mal e fala bem". Ela dizia: "Me irrita sua falta de posição dentro e fora da MPB. Ela foi musa, mas começou a trair os movimentos dos quais participava. Começou na bossa, passou a cantar samba de morro, depois músicas de protesto e agora aderiu ao iê-iê. Negou todos… Nara Leão desmente sempre a imprensa quando esta publica algo que não lhe convém… Observei que na música Nara segue esta mesma filosofia. Afirma e depois desmente conforme as conveniências. Exemplo disso foi quando ela conseguiu ser manchete do jornal *Última Hora* ao espinafrar o Exército Brasileiro…".

Elis seguiu acusando Nara de provocar desavenças com artistas que começavam a fazer sucesso, como Roberto Carlos, apenas para ganhar espaços maiores na mídia. "O que me admira é que ela faz psicanálise há seis anos. Será que faz psicanálise ou curso de publicidade, de autopromoção?" E não parou por aí: "A verdade é que Nara Leão canta muito mal, mas fala muito bem. No fundo, esta confusão toda é altamente promocional para ela". Sem discernir a cantora da mulher, algo que pedia que fizessem com ela, partiu para revelações de camarim. "Nara não sabe o que quer. Um dia, no meu camarim, na Record, ela disse: 'Não gosto de nada que faço, já estudei canto, fiz cerâmica, aula de música, mas nada disso me satisfaz. O que eu quero, na verdade, é me casar, ter filhos e viver bem com meu marido'." Elis dizia que, ela própria, nada tinha contra a Jovem Guarda, mas sim contra a apelação. "Não é verdade que eu não gosto de Roberto Carlos, pelo contrário, acho que ele é o melhor de todos."

Ainda sem saber o que Elis havia dito para o jornalista, Nara foi mais amena em suas colocações. Disse não entender o que havia de errado com a cantora. "Quero cantar, quero que ela cante e queremos vender discos. Sou muito amiga de todas as cantoras." Fez então um retrospecto para tentar identificar o momento em que as coisas começaram a ficar tensas. "Conheci Elis em um show no Teatro Paramount, em 1965. Trabalhamos na mesma estação de TV e na mesma fábrica de discos. Toda essa confusão começou quando apareci com o sucesso de 'A banda', de Chico Buarque. Ela concorreu no mesmo festival, no ano passado, e daí em diante aconteceram coisas que me desagradaram."

Nara se referia ao II Festival da Música Popular Brasileira da Record, entre setembro e outubro de 1966, quando "A banda", de Chico, empatou, após uma fervorosa final, com "Disparada", de Geraldo Vandré e Theo de Barros, defendida por Jair Rodrigues. Elis, cantando "Ensaio geral", de Gilberto Gil, ficou em quinto lugar. Nara seguiu em suas memórias: "Quando Elis, certa vez, me apresentou em seu programa como 'uma moça que está prometendo muito', achei que estava sendo agredida". Sobre cantar músicas ligadas ao iê-iê de Roberto Carlos, a cantora rebatia: "Canto e cantarei o que for de bom gosto. Em São Paulo, recentemente apresentei músicas dos Beatles. Quem tem coragem de dizer que eles não prestam? 'Yesterday', por exemplo, é quase erudita. O próprio Roberto Carlos tem músicas que são agradáveis a qualquer ouvinte. Ninguém pode negar que 'Nossa canção' é bela". Dado o recado, Nara fechava seu depoimento propondo um acordo de paz. "Possuo todos os discos de Elis Regina, gosto dela como cantora e acho que ela tem um excelente repertório. E ponto-final."

O ponto-final era reaberto na reunião da Record. Elis, talvez por reconhecer que havia ido muito mais longe na matéria da *Manchete* do que sua colega de profissão, não rebateu o desabafo que Nara fez ao diretor Paulinho. Nara tinha classe e falava usando um tom que esvaziava os argumentos de quem levantasse a voz. Algo ficava claro naquela reunião. Antes de haver um racha entre a MPB e a Jovem Guarda, havia os egos exaltados da própria MPB. Depois de alertar Paulinho de sua indisposição em dividir qualquer palco com Elis, Nara tirou do bolso um documento e o mostrou ao diretor. "Aqui está a minha carteira da Ordem dos Músicos do Brasil. É só ver, sou classificada como cantora." A reunião terminou ali. A rivalidade entre Nara e Elis, não.

Antes de chegar ao desfecho, a reunião da Record havia rendido frutos. Em vez de pensar em alguma nova interferência no *Fino* para salvá-lo das baixas audiências, a direção iria desligar os aparelhos de vez e investir em um novo projeto para minimizar as travessuras da Jovem Guarda. Elis Regina voltaria a se apresentar ao lado de Jair Rodrigues, mas outras noites teriam também Wilson Simonal, Nara Leão, Chico Buarque, Geraldo Vandré e Gilberto Gil, que iriam se revezar na liderança de um novo programa semanal chamado *Frente Única: Noite da Música Popular Brasileira*, gravado também no Teatro Paramount, de viés nacionalista e que seguiria investindo nos grandes nomes da época ao estilo de *O Fino da Bossa*.

Elis aceitou não só seguir na emissora como também liderar uma manifestação no dia da estreia do programa, algo que seria vendido pela própria Record como uma espécie de grito contra o rock 'n' roll. A intenção da emissora, muito mais do que a suposta preocupação com o futuro da música popular brasileira, era fazer com que seus programas sobre a Jovem Guarda e a MPB ganhassem publicidade. Na tarde de 17 de julho de 1967, uma bem divulgada Passeata Contra a Guitarra Elétrica, com Elis Regina, Edu Lobo, Gilberto Gil, Zé Keti, Geraldo Vandré, MPB4 e todas as pessoas que se uniam a seus ídolos pelo caminho, mesmo sem saber bem por que faziam isso, seguiam em coros do largo São Francisco até o Teatro Paramount, na avenida Brigadeiro Luís Antônio. Na janela do Hotel Danúbio, no centro da cidade, Caetano Veloso e Nara Leão apenas lamentavam. "Isso me dá medo. Parece uma manifestação do Partido Integralista", disse Nara, referindo-se ao movimento ultradireitista dos anos 1930.

O primeiro show da série *Noite da Música Popular Brasileira*, seguindo a dinâmica do *Fino*, de gravações às segundas e exibições na TV às quartas, foi definido por Marcos Lázaro como "a noite em que Elis Regina seria relançada". As calçadas da avenida Brigadeiro Luís Antônio voltaram a ficar lotadas, como nos bons tempos, mas um grupo de estudantes passava um abaixo-assinado pedindo o retorno do antigo programa de Elis. Pouco antes do início do show, já eram quase quinhentos nomes para serem entregues à direção da Record, exigindo a volta do velho *Fino*. Ao subir ao palco com um atraso de quase uma hora, Elis foi aplaudida de pé por quase dois minutos e cartazes foram erguidos com os dizeres "Elis nunca morrerá".

O jogo da Record expunha uma contradição interna. Diante da insatisfação e das expectativas dos artistas da *Frente Única*, a emissora elaborou um plano de ação com três tópicos: 1. a Rádio Record de São Paulo passaria a transmitir 100% de música brasileira; 2. a programação da TV seria reformulada, privilegiando a MPB; e 3. novas ideias seriam discutidas em reuniões semanais. As estratégias chegaram a ser divulgadas em jornais da época, mas ficaram no papel, até porque nenhum diretor de TV levantaria a hipótese de encostar Roberto Carlos, o homem que mais vendia discos no país.

Ao mesmo tempo que servia de Q.G. para os militantes da MPB mais pura, a Record havia instalado em seus corredores o nascedouro dos jovem-guardistas. Setenta por cento dos artistas famosos adeptos da guitarra elétrica eram contratados da emissora paulista. Avassaladores, Roberto, Erasmo e Wanderléa seguiam à frente da Jovem Guarda enquanto o jovem Ronaldo Lindenberg von Schilgen Cintra Nogueira tentava ser Ronnie Von.

A paz de Ronnie Von acabou no dia em que a Rádio Tamoio, do Rio de Janeiro, tocou uma de suas músicas pela primeira vez. Descoberto pelo produtor João Araújo enquanto se apresentava como convidado surpresa do grupo The Brazilian Bitles, Ronnie gravou sem compromisso um compacto com duas canções dos Beatles, "You've Got to Hide Your Love Away" de um lado e, do outro, "Girl", que se transformou em "Meu bem" na versão do cantor. O compacto era um teste feito a pedido de João, no qual nem o próprio Ronnie apostou um centavo. Até que "Meu bem" tocou no rádio, para susto do próprio cantor. O garoto foi às lágrimas, ligou para os amigos e soube que nenhum deles havia escutado. Mas uma tia-avó que não deveria escutar escutou e tocou a sirene na casa dos Cintra Nogueira. Alguns parentes reagiram com fúria, dizendo que Ronnie jogaria o nome da família na lama ao se envolver com gente da pior espécie, jovens que não só se dedicavam à música, profissão de desocupados, como penduravam no peito uma aberração chamada guitarra elétrica.

A guitarra elétrica de Ronnie Von não tinha nada a ver com a guitarra elétrica da Jovem Guarda. Apesar de ter sido lançado com uma balada ingênua, Ronnie queria chegar a algum lugar que a turma de Roberto não chegaria por limitações estéticas e a MPB recusaria por radicalismo. Mais do que cantar para os brotos, ele queria experimentar, fazer rock com arranjo sinfônico, seguir as trincheiras que estavam sendo abertas pelos Beatles e criar uma terceira via para quem não estivesse enquadrado em nenhum dos dois padrões estabelecidos.

Depois do sucesso do primeiro disco, Ronnie foi contratado pela Record para fazer o programa *O Pequeno Mundo de Ronnie Von*, e mais uma rivalidade foi criada na emissora. A imagem de Ronnie como potencial de sucesso era avassaladora. Moreno, olhos grandes e verdes, generoso e educado, foi identificado como uma ameaça direta ao reino de Roberto Carlos assim que seu rosto apareceu na tela pela primeira vez, em 15 de outubro de 1966. A reação nos bastidores foi imediata, e, embora Ronnie fosse empregado do mesmo patrão da turma da Jovem Guarda, um decreto não oficial, mas assustador, foi baixado na Record: artista que pisasse no palco de Ronnie não seria bem-vindo na *Jovem Guarda*. Por medo de represália, muita gente ficou com a turma de Roberto, desidratando o elenco de *O Pequeno Mundo de Ronnie Von*. Sobraram algumas bandas de rock mais ousadas que não teriam ingresso na Jovem Guarda nem se pagassem por ele e um grupo que o próprio Ronnie, inspirado pelo título de um livro de Stefan Wul, batizou de Os Mutantes.

Não importava de onde vinham ou que língua falavam. Para Elis e o núcleo duro da MPB, Ronnie, Roberto, Erasmo, Wanderléa e Mutantes saíam todos do mesmo balaio contaminado pela cultura anglo-saxônica e o que ela possuía de mais vil. Aqueles eram dias em que a música brasileira se afirmava e se instrumentalizava politicamente. Fazer rock 'n' roll soava a provocação imperialista, entreguismo e alienação proveniente de mentes colonizadas. Habitando o mesmo universo da Record, o minúsculo mundo de Ronnie Von haveria de se encontrar um dia com o império de Elis. Quando os dois andavam pelos bastidores da emissora instantes antes do início do *Show do Dia 7*, especial que escalava todo o elenco da Record, esse dia chegou. Ao ver Ronnie, Elis disparou sem piedade. Como poderia ele, um rapaz de posses e pedigree, com toda a educação recebida da alta sociedade, atrever-se a promover uma música tão superficial? Depois de ouvir o sermão de Elis, Ronnie respondeu: "E você, Elis? Está lembrada de como começou?", disse, evocando a fase que a cantora preferia manter nas sombras, o período de pré-Jovem Guarda iniciado com o disco *Viva a Brotolândia*. "Eu era nova, e você já deveria ter superado isso", respondeu Elis.

Não adiantava Ronnie tentar convencer a cantora de que sua proposta ia além das baladas ingênuas da Jovem Guarda, algo que ele mesmo detestava. A própria Elis já deveria saber disso desde que Ronnie havia recusado gravar "Por você", uma música composta por Vinicius de Moraes em parceria com Francisco Enoé para a trilha do filme *Garota de Ipanema*. O motivo: a canção tratava de uma balada exatamente nos moldes das gravações dos jovem-guardistas, com uma levada manhosa que dizia três expressões das quais Ronnie queria distância: "pra frente", "barra limpa" e "papo firme". "Por você, senhorazinha menina/ Que mais linda não vai ter nunca mais/ E que além de ser pra frente, barra limpa/ E papo firme por demais." Elis havia ficado indignada com a negativa de Ronnie e ligou para o pai dele, tirando satisfações. "Como seu filho se recusa a gravar uma música de Vinicius de Moraes?" Ronnie acabou gravando e chegou à única conclusão a que poderia chegar depois do embate com Elis na Record: a pior censura que o atingia não vinha dos agentes da ditadura, mas de um regime de normas estéticas bem definidas conhecido como MPB.

Elis tinha a faca nos dentes. Na edição especial do *Fino* para marcar a despedida do programa, que havia ocorrido dois meses antes do novo *Frente Única*, houve "Parabéns a você" entoado pela plateia, participações de Hebe Camargo e Agnaldo Rayol, homenagens a Pixinguinha com Elis cantando "Carinhoso" e a inédita presença diante das câmeras do diretor Paulo Machado de Carvalho Filho, que deixara sua sala para parabenizar a apresentadora por sua "luta em nome da música brasileira". Apoiada e fortalecida, ela ia ao ataque: "Quem estiver do nosso lado, muito bem. Quem não estiver que se cuide".

Erasmo Carlos, dias depois da ameaça de Elis, ofereceu a receita do sucesso em uma matéria do jornal *Última Hora*, um curso rápido, "inteiramente grátis" e "a quem interessar": humildade acima de tudo; ser sempre o mesmo, antes, durante e depois do sucesso; não dar cano em shows confirmados; fazer muitos shows de caridade; promover seus colegas de movimento com carinho e afeto; descer do pedestal em que pensam que estão e misturar-se com o povo; visitar de vez em quando uma estação de rádio; responder com ternura às cartas dos fãs; e, finalmente, procurar gravar canções ingênuas e fáceis, pois o povo vive tempos de guerra e a música é a sua distração. "Sigam o exemplo de 'A banda' e 'A praça' que vocês se darão bem."

O jornalista e produtor Nelson Motta escreveu um artigo no *Jornal do Brasil* sobre as polêmicas da *Frente Única*. E foi objetivo: "As divergências pessoais (a união fez a força do iê-iê-iê) devem ser esquecidas para início de qualquer conversa em torno da promoção da MPB. Nara Leão tem que achar Elis Regina uma simpatia (pelo menos oficialmente), e Ronaldo Bôscoli e Edu Lobo devem considerar-se reciprocamente pessoas excelentes (pelo menos para constar)". Gil havia sugerido uma saída, lembrava Motta: "Gilberto Gil acha que muito da culpa cabe aos compositores, que estão fazendo músicas enormes e intelectualizadas, de difícil consumo. Ele faz questão de dizer que não está sugerindo músicas fáceis ou primárias, e sim uma música mais direta, sem perda de qualidade".

Motta falava ainda de uma epidemia que parecia assolar a MPB: a exclusividade tóxica. "Se Nara Leão grava uma música, ninguém mais o faz. Idem com Elis Regina, Geraldo Vandré ou Jair Rodrigues. 'A banda' teve apenas três gravações diferentes. 'Disparada', idem. 'The Shadow of Your Smile' tem mais de cem gravações diferentes na América, onde cada cantor dá a sua versão sem se preocupar com os outros… Se acabar a doença da exclusividade, a música brasileira estará perto do sucesso." E terminava citando uma frase de Carlos Imperial: "Alegria, alegria, o bolo dá pra todo mundo".

Dois dias depois, Gil aparecia no mesmo *Jornal do Brasil* retomando o assunto que resvalava em Elis Regina. Os cantores que sofriam da "doença da exclusividade", exigindo músicas inéditas de seus fornecedores, provocavam certo desabastecimento do mercado. A situação piorava por causa da postura dos próprios compositores, que passavam a guardar suas melhores criações para serem defendidas por eles mesmos nos próximos festivais. "No ano passado já éramos poucos, agora somos muito menos em virtude do campo que foi aberto. Chico tem produzido muito. Vandré, Caetano e eu também. Meu repertório esgotou-se completamente e só agora estou pensando em compor para apresentar no próximo festival."

Sem articulação alguma com a frente ampla da MPB, a Ordem dos Músicos do Brasil apertou o cerco contra a Jovem Guarda ao decidir ser mais rígida com os cantores e instrumentistas que iam prestar testes para renovar ou retirar suas carteiras de músicos. Sem essa licença, ficavam impedidos de se apresentar em boates, clubes, emissoras de rádio ou televisão. Os que fossem flagrados trabalhando sem o documento pagariam multas pesadas e seriam enquadrados por exercício ilegal da profissão. O alvo não declarado era o crescente contingente de músicos dispostos a tocar iê-iê-iê pelo país.

Centenas de instrumentistas de São Paulo, Belo Horizonte e Rio de Janeiro correram para legalizar suas situações, mas encontraram dificuldade. A própria OMB calculou que 90% dos candidatos que tocavam em conjuntos de rock eram reprovados nas provas aplicadas pela instituição. Muitos músicos simplesmente não compareciam. Na OMB do Rio, dos 2500 inscritos para as provas de junho de 1967, apenas mil compareceram. Como a lei era para todos, os músicos da MPB também deveriam renovar o documento ou, no caso dos ainda ilegais, tirar suas carteiras o mais rápido possível. Nara Leão e Elis Regina fizeram os testes práticos e teóricos e passaram, mas Chico Buarque foi reprovado. A Ordem dos Músicos concedeu uma carteira provisória para que ele fizesse os shows já agendados para aquele ano e, como procedia com todos os que fracassavam na primeira tentativa, definiu um prazo de seis meses para que ele estudasse e retornasse para uma segunda chance.

O embate entre os estridentes defensores da MPB e os pacíficos representantes do iê-iê-iê, que ainda não entendiam por que aquilo que faziam em português não era considerado música brasileira, esquentou até chegar ao Ministério das Relações Exteriores do presidente militar Artur da Costa e Silva. Deixando claro de que lado estava, o ministro Magalhães Pinto ofereceu um almoço a representantes da classe artística na Casa do Barão do Rio Branco para anunciar que a estrutura do Itamaraty estaria disponível a todos os artistas que trabalhassem pela imagem do país no exterior. A velha e a nova guarda do samba e da MPB compareceram em peso, com Ciro Monteiro, Pixinguinha, Lúcio Rangel, Orlando Silva, Elizeth Cardoso, Elza Soares, Elis Regina, Tom Jobim, Donga, Almirante, Edu Lobo, o maestro Guerra-Peixe, Vinicius de Moraes, Jair Rodrigues e Nara Leão. Dos jovem-guardistas, nem cheiro. Ao proferir um rápido discurso, Magalhães Pinto parecia falar sobre a turma de Roberto Carlos. "Durante largo período de nossa história, parecemos voltados mais para fora em razão de nosso complexo do período colonial. Era como se esperássemos atingir a maioridade por um esforço de emulação com as admiradas civilizações europeias. Vivíamos a contradição de duas vinculações inconciliáveis: a que nos prendia a esta terra pelo berço e a que nos mantinha culturalmente atados a outras nações." Por um raro e curto momento, a MPB e o regime militar pareciam falar a mesma língua.

Ainda que pudesse considerar a Ordem dos Músicos e o Itamaraty aliados em sua tentativa de higienização da MPB, a frente não teria os resultados esperados. O plano da Record era testar o revezamento de apresentadores por dois meses com a *Noite da Música Popular Brasileira*, no Teatro Paramount, para dar o posto definitivo ao artista que fizesse mais sucesso. "Acho que, se fizermos a união de todas as atuais correntes da música popular brasileira de raiz, poderemos vencer", disse Gil, antecipando um conceito que, em breve, seria usado para a Tropicália. "Nossa frente há de vencer", garantiu Elis. A Record, que no Rio de Janeiro teria o programa da frente retransmitido pela TV Tupi, tratou de publicar um anúncio nos jornais, em espaço nobre, como fez no *Diário de Notícias* do dia 20 de agosto de 1967: "*Frente Única da Música Popular Brasileira* — um programa em resposta à ameaça do iê-iê-iê ao movimento musical brasileiro. Com nossos mais famosos cantores: Elis Regina, Nara Leão, Chico Buarque, Jair Rodrigues, Agnaldo Rayol, Gilberto Gil e MPB4. Entre outros cobras, eles vão participar juntos deste programa que agora se inicia, produzido especialmente para responder à ameaça do ritmo alienígena. Segundas-feiras, às 20h20 — TV Tupi, Canal 6".

Os mpbistas estavam dispostos a se unir contra os "alienígenas" e seguiram as dicas escritas por Nelson Motta no *Jornal do Brasil*. No programa apresentado por Gil, o baiano surgiu sob aplausos, trazendo Elis, Nara e Jair cantando todos "A banda". A imagem de Elis e Nara lado a lado era um recado claro da disposição que tinham para recolocar a música brasileira em lugar de destaque na mídia. Mas, ao contrário da comoção no teatro, as noites não tinham o impacto de audiência esperado. "Ainda não sabemos se isso vai emplacar", comentavam dirigentes nos bastidores. O problema é que nem todos os shows de Nana Caymmi, Gil, Miltinho, Agostinho dos Santos, Maria Odette e Geraldo Vandré pareciam suficientes para sensibilizar o telespectador para as guerrilhas de classe. Sem Ibope que o sustentasse, o *Noite da Música Popular Brasileira*, ou *Frente Única da MPB*, naufragou antes mesmo que despontasse um novo líder.

7.

Elis Regina fascinava os muitos homens de seu universo. Eles a disputavam o tempo todo e surgiam de muitas frentes. Compositores, arranjadores, diretores de TV, empresários da música, instrumentistas, produtores de disco, advogados, engenheiros de som. Muitos não saberiam descrever exatamente o que é que, em Elis, tanto os enfeitiçava. Ao contrário do padrão das moças da época, Elis era ao mesmo tempo decidida e misteriosa, e a mania que tinha de se jogar em penhascos para realizar cada interpretação valia também para os seus relacionamentos.

Além de fornecedor de grandes canções, Edu Lobo foi um namorado discreto. Por ele, Elis se deslumbrou e foi correspondida. Mesmo quando estava ao lado de outros homens, como Solano, Dico e José Roberto, ela fazia questão de propagandear os feitos do compositor. "Arrastão" era a parceria perfeita, uma conquista que só os aproximava, sacramentando um namoro que havia começado com o freio de mão puxado nos ensaios do Beco das Garrafas e seguido discreto até o temperamento imprevisível de Elis desgastar a relação. As brigas vieram e, ao seguir para uma temporada na Europa, Edu aproveitou para se distanciar definitivamente de Elis.

Quando tinha poucos meses de São Paulo, Elis conheceu o compositor e violonista Toquinho em uma noite na Boate Cave. Ela estava com o empresário

Marcos Lázaro e acabou se enturmando com os músicos. Aos dezenove anos, Toquinho já tinha um violão e uma elegância de chamar atenção. Os santos bateram logo no primeiro dia em que se viram, e a cantora se aproximou rapidamente de sua família, frequentando sua casa no bairro do Bom Retiro, em São Paulo, como mais um porto para ancorar seus sentimentos. Percebendo que a amizade dos dois caminhava pelas bordas da paixão, Toquinho sentia que poderia perder o controle. Não sabia se o tremor que começava a sentir com força cada vez maior era experimentado sozinho ou se brotava também em Elis. Ele sugeriu dar aulas de violão a Elis, e ela aceitou. Tudo ia bem, com o professor tentando ser o mais profissional possível, até que ela começou a confidenciar segredos.

O maior deles foi recebido por Toquinho como uma indireta. Elis dizia que estava apaixonada, mas não revelava por quem, o que só ativava no amigo a sensação de vitória. A paixão de Elis só poderia ser por ele mesmo. Se havia dúvidas, Toquinho acabou tendo certeza no dia em que Elis chegou com um livro de presente, *O pequeno príncipe*, de Saint-Exupéry, assinado e com dedicatória da cantora: "Você é o responsável por aquilo que cativas". O jogo estava ganho, Elis só precisava ter coragem para ir em frente. Mas, quando o dia da revelação chegou, Toquinho caiu de costas. O rapaz por quem Elis estava apaixonada era um baterista casado, e a frase escrita no livro, algo que ele não sabia, era apenas a reprodução de um trecho da obra de Exupéry.

Gilberto Gil não foi namorado de Elis, mas vontade não lhe faltou. Gil, à época casado com Nana Caymmi, apaixonou-se dolorosamente pela cantora gaúcha. Diante de seus desejos, comportava-se com a obediência de um samurai, com cuidado para não investir em declarações íntimas. Tudo deveria ser muito delicado. Ter aceitado participar da Passeata da Frente Única, que depois seria conhecida como Passeata Contra a Guitarra Elétrica, liderada por Elis, mesmo sem acreditar em uma linha do que pregavam seus adeptos e sem jamais ter visto a guitarra como um símbolo da suposta invasão cultural ianque, já havia sido uma prova de seu amor. Quando Elis lhe pediu adesão à passeata, Gil criou um discurso que justificasse a decisão para si mesmo e explicou aos amigos que "o que estava em jogo era o que a guitarra representava, não o instrumento em si". Ele diria mais tarde que o evento não havia sido uma passeata contra a guitarra, mas que essa foi a interpretação que se deu. O fato é que Gil seguiu marchando de braços dados com Elis. "Por que isso, Gil?", contestou Caetano Veloso. "Vamos ter um programa de TV", respondeu Gil. Nem ao amigo ele disse que tudo não passava de uma legítima loucura de amor. "Eu fui por amor à Elis", diria Gil anos depois.

Era o feitiço de Elis agindo em homens desnorteados por seus enigmas. Ao compor uma música, Gil sabia estar falando a língua de Elis, e era apenas ali que ambos se encontravam, no sublime das canções. A possibilidade de tê-la como mulher era remota e, por isso mesmo, apaixonante. Gil a admirou desde o início, quando o telefone de sua mesa soou no escritório da Gessy Lever, no centro de São Paulo. "É Gilberto Gil?" "Sim." "Aqui é Elis Regina. Baden, Vinicius e Edu me falaram de você. Venha me ver, quero ouvir suas músicas. Onde você está?" "Estou aqui no meu trabalho, na praça da República." "Então vem, eu moro perto, a duas quadras daí." Além de muitos comentários convergirem para os talentos do compositor baiano, Elis soube do ouro que saía de seu violão assim que recebeu de Edu uma fita cassete com músicas cantadas por Gil, Caetano e Maria Bethânia. Gil voou para o apartamento de Elis com sua roupa de representante de sabonetes e pastas de dente da Gessy Lever, sentou-se no sofá e mostrou todas as canções que, imaginou, a deixariam feliz.

Elis não só escolheu as músicas de Gil que queria gravar como passou a incensar na imprensa o poder de suas letras. Logo depois de lançar "Louvação" no álbum *Dois na bossa volume 2*, com Jair Rodrigues, um ato de sorte extraído das cinzas de uma tragédia colocou Gil nas alturas. No instante em que a canção era tocada na Rádio Panamericana, futura Jovem Pan, que ao lado das emissoras Record e São Paulo formava o tripé de empresas de comunicação da família Carvalho, um incêndio começou a destruir o prédio, na avenida Miruna. Além de acabar com equipamentos caros e importados, as chamas consumiam imagens arquivadas de programas musicais antológicos e fitas com cenas de gols de Pelé que nunca mais seriam vistas.

Antes de abandonar o posto, o locutor da Panamericana acionou um comando para que a música que tocava na ocasião do incêndio voltasse ao início assim que terminasse, e assim permanecesse, infinitamente. A música era "Louvação", na voz de Gil. A direção percebeu a comoção popular diante do episódio e fez dos versos que Torquato Neto escrevera para o baiano musicar um hino de perseverança, a trilha para a imediata reconstrução da empresa que mais atuava na propagação da música brasileira. "Vou fazer a louvação — louvação, louvação/ Do que deve ser louvado — ser louvado, ser louvado/ Meu povo, preste atenção — atenção, atenção/ Que me escute com cuidado/ [...] E louvo, pra começar/ Da vida o que é bem maior/ Louvo a esperança da gente/ Na vida, pra ser melhor." Nos dois dias seguintes, "Louvação" tocou muitas vezes, uma após a outra, o dia todo, e ficou impossível não se perguntar de quem era aquela voz. O jovem baiano formado em administração de empresas e filho de pai médico nascia para o mundo.

Elis começou a gravar Gilberto Gil aos montes — além de "Louvação", vieram "Roda" e "Lunik 9" na safra 1966-7. Ainda assim, Elis, aos olhos de Gil, continuava de um tamanho que só permitia paixões à distância. Diante de sua grandeza, o súdito se calava. Ficava ouvindo suas ideias até que ela dizia: "Fale, Gil". E então, voltava a si e tentava falar. Gil guardou tudo o que sentiu por Elis, sem jamais confessar seus sentimentos a ela. Nem precisava. Na noite de 1967, durante a Passeata Contra a Guitarra Elétrica, ele deu o braço à madrinha e marchou para derrubar um inimigo que ele mesmo nem sabia ao certo o que era. Ao lado de Elis, Gil caminharia sorrindo até o infinito.

A fragilidade dos apaixonados não parecia interessar a Elis. De homem sem atitude bastava o pai, que passou a ter a filha como muleta a amparar sua incapacidade de caminhar sozinho. Seu Romeu gastava o dinheiro de Elis em jogos, bebida e cigarro. Sem uma referência paterna de solidez, a cantora passou a procurar segurança. Quando Ronaldo Bôscoli veio do Rio com Miele para dirigi-la, ela o abominou o quanto pôde até sentir a firmeza que o diferenciava da maioria dos homens. Em geral, eles tremiam diante de sua condição de mito e não sabiam como se aproximar. Algumas decisões de Bôscoli até podiam ser equivocadas, mas só o fato de existirem com um personalismo sofisticado e por vezes exótico já despertava em Elis admiração e desejo.

A conquista de Elis por Ronaldo Bôscoli, um desafio ainda mais difícil depois do traumático episódio de sua demissão do Beco das Garrafas, havia acontecido na casa de Luizinho Eça, durante os encontros para a criação da música de abertura do novo *Fino*. "Elis, posso falar com você?", arriscou Bôscoli. "O que é que você quer?", ela respondeu. "Depois que você saiu do Beco, eu perdi tudo. Perdi você, perdi os shows, perdi tudo. Só fiquei com o Miele para botar no palco com a [cantora] Tuca." A estratégia funcionou. Elis topou passear com ele pelo Beco, matar saudades dos velhos tempos e ver Miele em ação.

Bôscoli assumiu riscos ao dizer para a cantora o que ninguém tinha coragem de dizer. "Esse seu layout é ridículo. Você tem que dar um jeito nisso." Elis passou a usar um salto dezesseis para levantar o moral na presença de Bôscoli, mas a sobrancelha de Dircinha Batista e o cabelo capacete reforçavam um certo anacronismo, que aparecia também nas escolhas dos vestidos. Moda não era o forte de Elis. Inspirado na imagem da atriz Mia Farrow, então namorada de Frank Sinatra, Bôscoli pediu para Elis assumir seu 1,53 metro de altura, cortar o cabelo bem curto e investir em peças mais jovens. A guarda de Elis foi baixando. No primeiro dia em que ela passou por Bôscoli e disse "bom dia" cheia de entusiasmo, a profecia do produtor começou a se concretizar.

Hospedado com Miele no Hotel Normandie, em São Paulo, para dirigir o programa da Record, Bôscoli fez da improbabilidade daquela conquista uma obsessão. O ódio alimentado por Elis já dera sinais de que poderia esconder uma paixão. A estratégia agora era rondar sem atacar, acariciar sem beijar, jogar o jogo da paciência — qualquer ato precipitado seria fatal. Elis deveria se sentir especial, nunca uma presa. Certo dia, o telefone do quarto do hotel tocou. "Miele, é Elis. O Ronaldo está? Por favor, peça para ele passar em casa pra gente acertar detalhes do programa." Miele deu o recado com a expressão de quem diz "agora vai", e Ronaldo foi. Desarmado, ele foi na primeira noite, foi na segunda e retornou na terceira, seguindo o mesmo roteiro. Falava apenas de trabalho e voltava para o hotel sem dizer nada para Miele. *Só pode ser uma maquinação diabólica*, pensava o amigo.

E era. Na casa de Elis, Ronaldo Bôscoli segurava os demônios para não cair em tentação. Elis o recebia com roupas sensuais e servia uísque. Ele falava de negócios, de Frank Sinatra, sorria, despedia-se e voltava para o hotel. Quando a quarta noite ameaçou seguir o mesmo ciclo, Elis não se conteve: "Escuta aqui", disse, olhando em seus olhos. "Você é veado ou me acha uma merda?" Sem dizer nada, Bôscoli a pegou no colo, levou-a até o quarto, fechou a porta com um dos pés e por lá ficaram por dois dias, isolados e sem atender telefonemas. Uma secretária ficou encarregada de levar a comida. Bôscoli deitava-se ao lado de Elis com um sentimento de vitória — a maior delas, mesmo já tendo namorado cantoras como Maysa e Nara Leão, e sendo conhecido pelos íntimos como "rabo de cometa", que não desgruda de uma estrela. Mas a conquista de Elis era especial, conduzida habilmente com estratégia e paixão. Ao anunciar o casamento para o fim daquele ano de 1967, alguns corações seriam destruídos.

Ninguém se apaixonou por Elis com a mesma abnegação de Milton Nascimento. Era ele um garoto de vinte anos, carioca criado em Três Pontas, Minas

Gerais, quando chegou a São Paulo com o pianista e vizinho Wagner Tiso de supetão, ambos trazidos pelo compositor Pacífico Mascarenhas. Ao abrir os olhos, estava na casa da cantora Luiza Fonseca tremendo da timidez patológica que o calava e lhe dava calafrios. Havia informação de mais e tempo de menos para digerir tudo o que acontecia em sua vida. Pacífico não disse a Milton nem a Wagner o motivo da viagem. Quando chegaram, foram levados a um estúdio onde Luiza gravava um disco. O pianista e arranjador Moacir Santos, grande mestre à distância tanto para Milton quanto para Wagner, fazia os arranjos das canções diante de seus olhos.

Depois da gravação, houve uma festa na casa de Luiza. Milton foi e ficou sentado, olhando as pessoas que só conhecia pelo nome, de um mundo que ele não esperava habitar tão cedo. Em silêncio, seus olhos inspecionavam a sala, até que passou uma morena pequena e graciosa que se sentou no canto oposto em que ele estava. Milton a conhecia de vista, talvez de alguma capa de disco ou algum show. Ao puxar a ficha na memória de ex-programador de rádio em Três Pontas, lembrou-se da música que ela cantava, uma espécie de iê-iê-iê com ar de Celly Campello, mas mais abolerado, chamada "Dá sorte", de um disco que tinha um nome engraçado, *Viva a Brotolândia*. Milton já sabia o que fazer para se aproximar, só precisava de uma oportunidade. Mas, de repente, o puxaram dali e o colocaram ao piano para cantar algo. Milton e Wagner, ainda ressabiados, mostraram uma canção que tinham feito juntos havia um tempo, chamada "Aconteceu".

Assim que a festa acabou, saíram todos caminhando pela rua. Milton apertou o passo até chegar perto de Elis. Quando estava próximo, cantarolou os versos que lembrava de "Dá sorte". "Dá sorte fazer o que eu digo, dá sorte querer seu amor, dá sorte cantar comigo." Mas "Dá sorte" deu azar e Elis se virou, furiosa: "Cala a boca! Nem toca nesse negócio". Milton não sabia que a fase de *Viva a Brotolândia* havia sido enterrada por Elis e que qualquer menção a ela seria considerada uma afronta. Ele não disse mais nada.

Após passar um tempo em São Paulo, Milton Nascimento retornou para Minas Gerais. Certo dia, ele estava na casa da família dos amigos Márcio e Lô Borges, em Belo Horizonte, quando ligou a tv. "Eu estou apaixonado", dizia, enquanto assistia Elis e Jair apresentando *O Fino da Bossa*. Inspirado pela cantora e entusiasmado com a efervescência musical paulistana, resolveu se mudar de mala, cuia e um violão para uma modesta pensão de estudantes que ficava no bairro do Paraíso, na zona sul. Mas a São Paulo da virada de 1965 para 1966 tinha uma média de cinquenta músicos desempregados para cada instrumento. Decidido a viver do que sabia fazer, ele resistiu à escassez até conseguir um contrato com uma boate para se apresentar. Dinheiro mesmo demorou a aparecer. Enquanto vagava pela cidade, teve um sinal de que algo deveria mudar em sua vida antes que fosse tarde. Com muita fome, sem se alimentar havia dias, viu tudo escurecer e só não caiu na rua porque conseguiu se escorar em um muro.

E então a voz de Milton Nascimento chegou aos ouvidos de Baden Powell. Nem Milton sabe como o violonista o conheceu. Talvez por meio de um LP que ele havia gravado em 1965 com o Quarteto Sambacana, só com músicas de Pacífico Mascarenhas. O fato é que seu nome passou a ser bancado por um dos maiores instrumentistas brasileiros, e a palavra de Baden já valia ouro. Ao inscrever "Cidade vazia", que fizera com Lula Freire, no II Festival Nacional de Música Popular Brasileira, da TV Excelsior, entre abril e junho de 1966, Baden indicou Milton Nascimento para ser intérprete. Amilton Godoy, que estava no júri, estranhou: "Quem é esse cara? Vai jogar uma música bacana dessas no lixo dando para um desconhecido cantar? Por que não escolhe uma cantora?". E Baden respondeu: "Amilton, cantora abre a boca e sai pedra. Eu me responsabilizo por esse intérprete. É um menino de Minas, vale a pena". Restou a Amilton consentir. "Está bem, a responsabilidade é sua." "Cidade vazia", prejudicada por uma interpretação nervosa de Milton na final, bem diferente da empolgação que ele mostrara na fase eliminatória disputada em Porto Alegre, levou o quarto lugar. Nenhuma façanha para Baden, mas um feito nada desprezível para o garoto que havia poucos meses passava fome em São Paulo.

Foi quando estava saindo do Festival da Excelsior que Milton viu Elis Regina. Ele sabia agora que a menina que cortejou por parecer frágil era, na verdade, gigante. Mineiros, cariocas e paulistas só falavam em seu nome. Ao vê-la de novo, por segundos, sentiu o coração bater com força, lembrou-se da bronca que levara por falar de *Viva a Brotolândia* e decidiu não olhar para os lados. Seguiria seu caminho, sem dizer nem oi, e seria protegido pelo benefício da dúvida. Elis não saberia se ele a vira ou não.

Ao passar por ela, Milton ouviu o som de um tamanco estalando no chão. "Mineiro não tem educação, não?", perguntou Elis. Milton tentou dizer algo. "Cala a boca", interrompeu ela, usando a frase que já soava familiar. "O negócio é o seguinte", disse a gaúcha. "De manhã a gente vê uma pessoa e diz bom-dia. De tarde a gente diz boa-tarde e de noite a gente diz boa-noite. Isso se chama educação." Milton tentou falar, e mais uma vez não conseguiu. "E outra coisa: eu quero que você vá para minha casa cantar aquela música que cantou na casa da Luiza." Ela deu o endereço e começou a cantarolar "Aconteceu", a canção que ele havia apresentado com Tiso. Milton se espantou. "Mas eu cantei isso uma vez só e você já sabe a música?" Elis olhou em seus olhos, colocou o dedo indicador no meio da própria testa e respondeu com três palavras, pausadamente: "Memória, meu caro". Elis comentou também sobre a interpretação do cantor para a música "Cidade vazia", no Festival da Excelsior: "Que raiva que eu fiquei, você tinha que ter tirado o primeiro lugar. Precisava cantar como cantou em Porto Alegre, mas você avacalhou tudo". Milton fechou a cara, e Elis mudou de assunto. "E então? Que dia você vai lá em casa?"

Milton marcou a visita a Elis, mas não queria ir sozinho. Constrangido, perguntou aos amigos que viviam com ele na pensão se algum toparia acompanhá-lo até a casa da cantora. Queria ter um porto seguro para quando a timidez o impedisse de falar. Mas os amigos não entenderam o pedido e se negaram a acompanhá-lo. Saíram Milton e o violão, de ônibus, rumo ao centro da cidade. Ao chegar no endereço, ele tocou a campainha e Elis abriu a porta. Milton entrou e percebeu que Gilberto Gil estava lá. O compositor baiano fazia mais uma visita ao seu amor platônico, a convite de Elis, oficialmente para mostrar novas músicas e ajudá-la a escolher o repertório do próximo disco que ela iria gravar. Entre dois amores secretos e encabulados, Elis flutuava sobre acordes e letras de canções feitas para seu prazer. "Esta sim", "esta não", bastava dizer. Ou "esta é boa, mas pode melhorar". Gil diz que Milton tocou umas três músicas naquele dia. Milton afirma que foram 23. Ou 33. Ou mais. Nas memórias de Milton, aquela tarde levou uma eternidade. E a cada canção que tocava, sentia de Elis a mais profunda frieza. Milton tocou "Crença", e Elis nada. "Gira girou", e nada. "E a gente sonhando". Nada. E outra e mais outra, até desistir. "Não tem mais nenhuma?", insistiu a cantora.

Havia, mas Milton a evitava. Tratava-se de uma de suas primeiras canções, composta anos antes, em Belo Horizonte, e lançada em um desconhecido disco coletivo com músicos de Minas, em 1965. Milton havia se inspirado ao ler um livro sobre a história da música norte-americana criada pelos negros nos Estados Unidos. Ao chegar na parte da criação dos cantos entoados nos campos

132

de algodão do Mississippi pelos escravizados, a origem do blues, pai de toda a música norte-americana, Milton decidiu fazer sua própria canção de trabalho. Foi à janela do escritório no qual trabalhava como datilógrafo, no 21º andar de um edifício, e tentou captar os ruídos dos homens que ganhavam a vida como mascates na rua em frente. Nada pareceu interessante. Pensou então nas salinas que via na infância durante os passeios com uma madrinha que o levava do Rio de Janeiro, onde nasceu, até Cabo Frio, e encontrou a imagem que procurava. Inspirado, abriu-se para as ideias e encontrou um caminho harmônico interessante, mesmo que ele nada tivesse a ver com um blues. A canção parecia boa, mas não estava terminada. Era uma obra ainda em progresso, não um cartão de visitas a ser mostrado para alguém prestes a lançá-lo. Elis quis ouvir mesmo assim, e Milton, exaurido pelo desconforto diante de Gil, pela indiferença de Elis e pelo nervosismo de si mesmo, tocou "Canção do sal". Ao terminar, sem olhar para ninguém, já colocava o violão na capa quando ouviu: "É essa, Milton", disse Elis. "Essa é a música que eu quero."

"Canção do sal" abriu a porta de Elis para Milton Nascimento. Quando o álbum *Elis* saiu, em 1966, muitos comemoraram o fato de terem sido gravados pela cantora. Gil e o parceiro João Augusto abriam o LP com "Roda". Depois vinham Caetano Veloso ("Samba em paz" e "Boa palavra"), Edu Lobo e Gianfrancesco Guarnieri ("Estatuinha"), mais Gil ("Lunik 9"), Chico Buarque ("Tem mais samba"), Marcos e Paulo Sérgio Valle ("Sonho de Maria"), Francis Hime e Vinicius de Moraes ("Tereza sabe sambar") e Pixinguinha e João de Barro ("Carinhoso"). O fechamento, posição de luxo na época dos LPs tanto quanto a abertura, ficava com Milton Nascimento e sua "Canção do sal".

Elis gravou e adotou Milton com um sentimento materno, protegendo-o em uma cidade que não costumava acolher simplicidades interioranas. Decidida a fazê-lo voar alto, Elis foi até a direção do programa *O Fino da Bossa* e disse que iria levá-lo. Mas sentiu resistências ao convidado por ele não passar de um ilustre desconhecido. "Se ele não vier, não tem programa", ameaçou, e ganhou a parada. Milton foi. O cantor apaixonava-se silenciosamente por Elis, cada vez mais, e pagava sua paixão com músicas, muitas músicas. Até o fim de sua carreira, Elis gravaria várias canções de Milton Nascimento. "Eu passei a fazer tudo imaginando que ela gravaria", diria o músico, anos depois. Mesmo que sua musa um dia não estivesse mais presente, Milton continuaria a compor só para ela.

A subserviência de Milton a Elis só não era maior do que as certezas que o cantor tinha sobre suas próprias composições. Quando ouviu a gravação que Elis fez para "Canção do sal", usou sua mudez enigmática para passar um recado que jamais conseguiria verbalizar. Preferiu o silêncio, sem explicações. Elis ficou intrigada, mas não insistiu. A partir dali, Milton passou também a lhe dar medo. "Eu tenho medo do silêncio do Milton", diria ela anos depois. O que quer que viesse com sua assinatura deveria ser gravado com uma qualidade absurda. Sobre "Canção do sal", o pressentimento de Elis estava correto: o compositor não se manifestou porque não gostou do resultado, algo que só revelou em entrevista para esta biografia. O problema não estava na voz, mas no arranjo feito pelo maestro Chiquinho de Moraes, que tornava suave algo que deveria manter um gosto de terra. Afinal, disse ele, tratava-se de uma canção de trabalho. Milton entendeu que, se falasse com Elis, por mais que escolhesse as palavras, ela não iria aceitar. Ele também tinha medo de Elis. Por isso, nunca deu sua opinião. A alma de "Canção do sal" só seria lavada diante de seu criador em 1973, quando Elis, ao lado do pianista Cesar Camargo Mariano, do baterista Paulinho Braga e do baixista Luizão Maia, tocaria a música no programa *Ensaio*, da TV Cultura, apresentado por Fernando Faro. Uma base seca, sem sopros nem a bateria de samba que apareciam no disco, além de um andamento mais introspectivo, deixava a voz de Elis livre. "Meu Deus, por que ela não gravou assim no disco?", Milton se perguntou ao ver o programa.

Milton e Elis começavam a se entender sem palavras, tanto nas músicas quanto fora delas. Ela sentia que, mais do que com Gilberto Gil, que todos diziam ser seu compositor maior, Milton estabelecia com ela uma afinidade telepática. Ela sabia o que ele queria mesmo se a música viesse sem letra. Só se queixava de sua mudez quando precisava de uma opinião, mas se dizia acostumada a homens de poucas palavras desde que conhecera o primeiro deles, Romeu, o pai que passou por sua infância fumando e lendo jornal.

A relação se fortalecia, e Milton passou a sonhar com Elis até se autodiagnosticar como portador de um mal ao qual davam o nome de amor platônico. Elis não saía de sua cabeça, mesmo quando ele a via com outros homens. Milton vivia na extremidade da paixão incondicional, criando uma lógica para suportar a dor. A felicidade de Elis, mesmo a vendo em braços que não eram os seus, trazia-lhe conforto pela simples constatação de que o amor estava presente. E havendo amor, mesmo trazido por outros homens, Milton se sentiria por perto. "Se havia amor, eu estava lá", disse em entrevista ao biógrafo. Suas maiores declarações eram feitas em música. Todas elas sairiam de seu sentimento mais profundo por Elis e teriam como intenção penetrá-la na alma de uma forma que ele jamais conseguiria fazer verbalmente. Se um dia Elis percebesse que era a inspiração de tudo o que ele criava, quem sabe o que ele sentia poderia ser dito enfim.

Às vésperas do Natal de 1966, o cantor esperava Elis nos bastidores de *O Fino da Bossa* para se falarem depois do programa. Eles sempre saíam para jantar com a conta garantida por Elis, já que, pelas economias de Milton, nem jantar haveria. "Me diz uma coisa, onde você vai passar o Natal?", quis saber Elis. "Em Três Pontas, com minha família", respondeu Milton. "Não, você vai passar o Natal no Rio de Janeiro comigo." Seria a primeira vez que o cantor quebraria a tradição familiar e não veria seus parentes naquela época do ano. Milton aceitou o convite e seguiu para o apartamento de Elis em Copacabana, onde a cantora receberia a família e alguns de seus melhores amigos. Ao chegar, ele se sentou em um canto e deixou os olhos vagarem.

Os presentes foram abertos, e os cumprimentos, feitos. Elis puxou uma cadeira para ficar à frente de Milton como se o mundo ao redor não existisse. Olhou bem em seus olhos e começou a chorar um pranto profundo, que parecia estar lá havia um bom tempo. Uma frase veio à cabeça de Milton. "Eu acho que aqui está nascendo uma linda história de amor." Elis desabafou sobre suas angústias, lembrando episódios desde os tempos em que tentaram fazê-la uma nova Celly Campello. Uma das fases mais belas de sua vida havia sido interrompida por um projeto que lhe criaram à revelia de sua vontade. Nunca foi fácil, e quanto mais a chamavam de menina-prodígio, mais difícil se tornava. Elis só queria cantar, colocar para fora o monte de música que aparecia em sua cabeça. Só não imaginava que a mesma música que a realizava fazia parte de uma ciranda de negócios movida por uma gente que ela jamais imaginou existir fora da ficção. Disse que os homens que se aproximavam queriam sempre levá-la para a cama. Que sucesso era esse? O papel de confidente das amarguras de Elis, certamente potencializadas pelo clima nostálgico de uma noite de Natal, aumentava em Milton duas certezas: a de que ele a amava e a de que por esse amor continuaria fiel ao silêncio.

A lista de grandes homens calados na vida de Elis reservava mais um. Indicado pelo produtor João Evangelista Leão, o jovem Francisco Buarque de

Hollanda chegou visivelmente constrangido à casa da cantora, que a essa altura já se tornara uma espécie de terra prometida para os compositores em busca de uma voz que abençoasse suas carreiras. Espremendo o braço do violão com toda a força da timidez, Chico entrou, se sentou e, como uma fita cassete que se enrola no cabeçote do gravador, travou. Elis ficou olhando para Chico, e nada. Mais tarde, ela diria que a falta de atitude do rapaz passados quinze minutos se tornou um grande incômodo. Elis tomou a dianteira. "Você é amigo do João?" "Sim." "E então, quer gravar suas músicas em uma fita?" Ela tentou deixá-lo à vontade na sala para que gravasse suas dez ou doze canções em paz. Eram geniais, mas isso só ficou claro mais tarde. A primeira impressão de Elis não foi boa e, depois que Chico se foi, ela ligou para João Evangelista: "Oi, João, eu conheci seu amigo, mas acho que ele não está a fim de ser gravado". Elis, por não ter sentido firmeza, não gravou as músicas que Chico deixara. Nara Leão gravou.

Se ela parasse para pensar, seria de enlouquecer. A intensidade dos acontecimentos na vida de Elis não era algo normal. No fim de 1967, ela tinha 22 anos e quase quatro de carreira, além dos limites de Porto Alegre. Havia gravado *Dois na bossa*, o disco mais vendido no Brasil até então, e era contratada da maior gravadora do país, a Philips. Suas façanhas incluíam shows no exterior, a vitória em um festival nacional de música e a conquista do maior salário da TV brasileira, além de lançar Gilberto Gil, Milton Nascimento e Edu Lobo. O apetite da indústria criada pela nova música brasileira parecia não ter fim. Só nos primeiros cinco meses de 1966 foram 500 mil LPs vendidos, movimentando 3 bilhões de cruzeiros, o equivalente a cerca de 40 milhões de reais. A lista dos artistas mais procurados pelo público tinha em seus primeiros lugares Chico Buarque, Nara Leão, Quarteto em Cy, Jair Rodrigues, Geraldo Vandré, Tuca, Gilberto Gil, Caetano Veloso, MPB4 e Elis Regina. Só na voz de Chico, "A banda" havia sido responsável pela venda de 80 mil discos. Com Nara, 70 mil. As meninas do Quarteto em Cy garantiram a venda de 30 mil LPs. Um compacto de "Disparada", gravado por Jair Rodrigues, vendeu 40 mil cópias.

Os números deixavam Elis desorientada. A ciranda de shows não lhe permitia respiros. Segunda-feira ela estava em São Paulo, terça em Belém, quarta no Recife. Às vezes, acordava sem se lembrar do nome da cidade em que estava.

Ao olhar para os lados, via cifras. Com um pouco de esforço, se algum repórter perguntasse, ela lembraria que em um tempo não muito distante era uma menina apaixonada por violetas, que adorava o cheiro do perfume Y, que torcia para o "Pelé Futebol Clube" e que sonhava em se casar e ter filhos. Mas, quando voltava à realidade, sentia o baque. Marcos Lázaro, o empresário, vivia debruçado em contabilidades, cuidando da carreira de mais da metade dos artistas da Record. Elis tinha um salário volumoso, que lhe permitia tudo ao mesmo tempo que trazia angústia. Certo dia, Elis se olhou no espelho e viu um produto de supermercado. Sem suportar mais a pressão, foi fazer psicanálise.

Sentada no divã, Elis tentava entender as origens de sua insatisfação. A garota de Porto Alegre criada por uma mãe tradicional para ser dona de casa saía pelo mundo sem ouvir nenhum conselho. A cada passo, desde o início, sentia-se uma máquina de fazer dinheiro para si e para os outros. A alegria que marcava sua personalidade havia sido trocada pela ansiedade e pela agitação, algo que o tempo poderia transformar em distúrbios mentais mais sérios. Elis sentia que não havia recebido educação para viver no meio artístico. Suas crises, ela diria em entrevistas posteriores às sessões de análise, eram deflagradas sempre que era atingida pela falta de honestidade. "Procurei carinho no meio, mas não achei", disse à revista *Manchete*, em 1966.

Seus complexos, suspeitava, poderiam ter origem em sua estatura de 1,53 metro. "Pessoal pequenininho tem um negócio esquisito que movimenta para a frente, não dá para explicar. Ele tem que crescer, senão morre. Se não pode ser maior fisicamente, tem de ser maior na profissão", disse no mesmo ano, em entrevista ao jornal *Última Hora*. Ao final de não mais do que cinco sessões terapêuticas, Elis comemorava um feito: "Sempre liguei muito para o que diziam de mim. A psicanálise me ajudou agora. Não penso mais nisso". E lamentava outro: "Aprendi na psicanálise que não se pode ser vulnerável diante das pessoas que nos rodeiam. Perdi a confiança em mim e no resto". Quando descia aos primeiros anos de vida e se encontrava com sua infância, tinha pena da menina que via. Por ser a única guria entre os Carvalho Costa, se dava conta de ter sido prisioneira do amor excessivo da mãe, da avó e da tia. A sensação de ser propriedade voltava agora, ao olhar para si e se ver como um fantoche nas mãos dos homens das gravadoras, do showbiz, das emissoras de tv. "É terrível não nos sentirmos donos de nós mesmos." Elis teria um pouco mais de motivos para pensar assim. Afinal, havia chegado o dia de seu casamento com Ronaldo Bôscoli.

8.

Dizer "sim" era pouco, pequeno demais para decretar a queda de uma resistência tão longa. Assim que o padre perguntasse a Ronaldo Fernando Esquerdo e Bôscoli, 39 anos, se ele aceitava a senhora Elis Regina Carvalho Costa, 22 anos, como sua legítima esposa, Ronaldo diria: "Quero perfeitamente, quero". O galanteador mais eficiente do meio artístico nos anos 1960, com mestrado em técnicas da conquista e sensibilidade feminina, com especialização em cantoras de bossa nova e MPB, iria ceder à razão e jurar matrimônio aos olhos de Deus e dos homens. O casamento civil estava marcado para as 16h30 de 5 de dezembro de 1967. O religioso seria dois dias depois, na Capela Mayrink, na Floresta da Tijuca, um espaço para 36 pessoas que receberia quinhentas. Só o véu de Elis tinha dez metros de comprimento, quase maior que a extensão da capela. Era um lugar pequeno, mas de grande valor para Bôscoli. Quando era aluno do Colégio São José, com oito anos, ele foi levado à capelinha por alguns de seus padres professores. Ao olhar para o altar, pensou que, se um dia viesse a se casar, aquele seria o cenário perfeito. Estar na Capela Mayrink ao lado de sua futura esposa era promessa feita não a Deus, mas a si mesmo.

Não por acaso, a cerimônia do casamento civil foi marcada na casa dos noivos, uma mansão em estilo mediterrâneo de impressionar a high society carioca, na ladeira da Gruta da Imprensa, avenida Niemeyer, Rio. De costas para um ainda pacífico Morro do Vidigal e de frente para o azul do mar, a morada de três andares em estilo colonial, com três quartos, dois banheiros, uma sala de estar de onze por cinco metros, sala de jantar, dois escritórios, móveis de madeira antiga, dependências para cinco empregados e um deque havia influenciado na decisão do casamento. Elis, aconselhada por Bôscoli, havia deixado de gastar em roupas e joias para economizar até conseguir comprar a sua casa dos sonhos, um cantinho luxuoso que não parecia existir por menos do que 200 milhões de cruzeiros novos. Numa tarde de ousadia, depois de muita procura, o casal resolveu subir a Ladeira da Gruta. Ao topar com um muro branco iluminado de uma mansão fora dos padrões dos apartamentos que tinham visto até ali, tiveram certeza de que aquele espaço seria deles. O pacote oferecido pelo proprietário era de 150 milhões de cruzeiros, incluindo a mansão com praticamente todos os móveis que havia dentro. Bôscoli não teve dúvidas de que Elis deveria fechar o negócio na hora. "E se eu comprar esse elefante branco e você não se casar comigo?", disse ela. Bôscoli, sem saída, só disse o.k., a gente se casa.

Um dia antes da cerimônia, Elis recebeu alguns jornalistas para mostrar seus mimos. Ainda deslumbrada com a mansão na qual havia dormido pela primeira vez na noite anterior, ela os levou aos cômodos, apontando os objetos de que mais gostava. "Olha que relógio lindo. Foi do meu avô, tem mais de cem anos." "Esses sofás de couro foi Marcos Lázaro quem deu." "Aquele sino persa é a nossa campainha." Ao cruzar com um retrato de Frank Sinatra na parede do escritório do marido, que ela chamava de Velho, comentou com bastante convicção: "Velho gosta mais dele do que de mim". Elis vivia dias de ansiedade à espera do casamento. Fumava meio maço de cigarros por dia, algo bem acima de sua média, e dava sinais de esgotamento físico. "Ontem, quase dei uma trombada com o carro, estava cochilando no volante", disse aos repórteres. "Amanhã, a essa hora, estarei me casando. Parece mentira."

O amanhã chegou rápido, e Elis entrou apressada, direto do cabeleireiro. Os jornalistas estavam por lá de novo, mas, desta vez, ao redor de Bôscoli. Irritada, ela passou por todos calada, tocando da sala até Boboca, um dos seis cachorros do casal. "Vocês estão vendo? Ela é assim mesmo", disse Bôscoli, visivelmente exausto em meio a uma espécie de coletiva de imprensa improvisada, talvez a única de que se tenha registro oferecida por um noivo duas horas antes do casamento. "Vamos nos casar com separação total de bens", ele fazia questão de explicar. A casa que todos admiravam, dizia Bôscoli, seria paga por ele também. Sua condição, agora, era a de um "ex-aventureiro do amor", como afirmou aos jornalistas. Se quisesse aplicar um golpe financeiro, completava, já o teria feito em outras mulheres. Elis muito lhe devia por ser ele o mentor de seu novo visual. A declaração seguinte seria ainda mais boscoliana: "Não sou rico, mas estou bem. Ela ganha 15 milhões por mês, e eu, dois e meio. O trivial será mantido por mim. O luxo, por ela. Quero ser o Ronaldo Bôscoli, não o marido de Elis Regina".

No horário marcado, estavam quase todos presentes na Capela Mayrink. Dezesseis convidados, 33 fotógrafos, dez cinegrafistas e um juiz com o livro paroquial BB4 aberto na folha 158 esperando Ronaldo Bôscoli e Elis Regina testemunharem um matrimônio no qual muitos disseram que só acreditariam vendo. A imprensa foi tomada de provocação: "De qualquer maneira, nunca se pode saber com quem nossas filhas vão se casar. Às vezes a gente cria uma pessoa com todo carinho, conforto e educação para vê-la, enfim, tombar nos braços de Ronaldo Bôscoli. Mas Elis Regina terá, para todo o sempre, o conforto de saber que a Guerra do Vietnã é muito pior", escreveu José Carlos Oliveira no *Jornal do Brasil*.

Paulinho Machado de Carvalho e o estilista Dener Pamplona, dois padrinhos escolhidos pelo casal, chegaram com uma hora de atraso. Seria uma falta grave se o casamento não fosse aquele. Os próprios noivos já sentiam um mal-estar indisfarçável por estarem curtindo uma ressaca de pé. Havia dois dias que Elis e Bôscoli faziam juntos suas despedidas de solteiro. Duas noites antes, estavam em uma badalada festa no Copacabana Palace para celebrar a despedida da atriz norte-americana Joan Crawford, com direito a banquete, desfile de moda e show da própria Elis Regina. "Os noivos mal se aguentavam", publicou o jornal *O Estado de S. Paulo* no dia seguinte ao casamento.

Gravata, terno escuro de listras mais apertado que o normal, camisa rosa de punhos e colarinho brancos e cabelos no gel, Ronaldo Bôscoli estava pronto para levar ao juiz sua maior conquista. Até então, Elis era a algoz de sua trajetória de produtor do Beco das Garrafas e de sua carreira de compositor. À época, ela não dava a mínima para canções oceânicas da bossa nova, deixando à deriva "O barquinho" que Bôscoli compusera tão dignamente com Roberto Menescal. Seu desprezo aos fofurismos tinha origem no engajamento por uma MPB politizada e combativa. Bôscoli contra-atacava e referia-se à turma de Elis como "a esquerda festiva". "Elis estava no comando da fuzilaria", dizia ele, sobre a politização das letras da MPB. A sensação de reverter aquilo no altar era de vitória. Quase vingança.

Quando deu início aos trabalhos, elogiando os dotes vocais de Elis, o juiz Ciro Lima já havia sido chamado por Bôscoli de Armando Marques, um dos maiores árbitros brasileiros de futebol. Ciro, mesmo nervoso pela presença da cantora, sorriu com a brincadeira. O escrivão que o acompanhava na cerimônia, Antônio Faro, percebeu que havia se esquecido de algo e correu para vestir a toga antes do ritual. A chuva insistente que caía sobre o Rio nos dias anteriores estava mais fraca desde que a cozinheira Glória mandara seu filho desenhar um sol no quintal da casa para que as nuvens se dissipassem. Ainda assim, as mulheres de longo sofreram para subir as escadarias que levavam à sala da mansão.

Além de Paulinho de Carvalho e Dener, estavam presentes muitas personalidades da época, como Luizinho Eça, Paulo Garcez, Francis Hime e Marcos Lázaro. Uma baixa sentida entre os convidados foi a da manequim Vera Barreto Leite, impedida de comparecer para ser madrinha do noivo por não conseguir um voo que saísse de São Paulo a tempo, onde estava para um compromisso profissional. A cantora Wanda Sá aceitou substituí-la. Apesar de Elis não usar um vestido feito pela mãe, conforme as duas sonhavam, dona Ercy assistia ao casamento da filha aos prantos. Ela não tinha por Bôscoli uma opinião sólida, mas se alegrava ao perceber sua menina feliz. Ao ver Ercy emocionada, Bôscoli tentou ser gentil: "Mamãe, está em prantos? Qualquer coisa, estamos aí". Testemunhada por amigos e pela imprensa, Elis assinava os documentos que tinha de assinar e guardava mais lágrimas para o altar do dia 7.

Alguém espalhou pela TV Record que a ideia de marcar o casamento no dia 7 não era exatamente uma coincidência, mas uma estratégia de Elis. A emissora apresentava nesta data o *Show do Dia 7*, um especial de música e humor, com a convocação de quase todos os seus contratados. Ao marcar a cerimônia para a mesma data, diziam os artistas que não foram convidados, Elis se livraria de metade dos bicões que ela preferia ver só no trabalho. Elis e Bôscoli escolheram os padrinhos um para o outro e fizeram questão de não saber quem seria padrinho de quem. "A gente prefere assim, tudo na base da surpresa", disse Elis aos jornalistas.

E foi na base da surpresa que Elis levou do produtor Armando Pittigliani um pisão na cauda do vestido, logo na entrada da igreja, enquanto ela tentava passar por alguns convidados que comiam sanduíche. "Não pisa no meu rabo, porra", esbravejou. Luizinho Eça tentava criar um clima tocando a música "Imagem" ao piano, acompanhado por um sexteto de cordas da Orquestra Sinfônica Brasileira. Cinegrafistas, fotógrafos, padrinhos, convidados e penetras disputavam espaço até com o padre, Francisco de Assis Ohmacht. Bôscoli estava ao lado do sacerdote quando se deu conta de que não conseguia encontrar as alianças. Miele sentiu a enrascada e o socorreu: "Se não achar as suas, casa com a minha", cochichou. Mas Bôscoli as encontrou no fundo de um bolso do paletó. Ao tentar restabelecer a ordem, padre Francisco apanhou o sino e passou a tocá-lo com tanta força que o deixou escapar. O sino voou sobre as cabeças de alguns convidados e desapareceu, mas ninguém se machucou.

Logo que proferiu as primeiras palavras da cerimônia, o sacerdote ouviu um cinegrafista pedindo que abaixasse a cabeça para ele filmar Elis Regina. "Ou eu ou você, meu filho", respondeu o padre. O altar era ocupado pela nova turma de Elis, pessoas da alta esfera carioca apresentadas a ela sobretudo pelo marido. O casal Laura e Abelardo Figueiredo tinha uma importância especial na construção da sra. Bôscoli. Uma operação silenciosa encomendada pelo noivo e já posta em prática que visava sofisticar Elis, com Laura apresentando sua aluna à alta-costura e a iniciando em outras experiências nobres. Helena Campos e Nelson Motta pai, além do jornalista Nelsinho Motta, eram grandes amigos de Bôscoli. E Miele, um algodão entre os cristais, com sua habilidade para mediar desavenças familiares, não poderia faltar. Nem naquela noite, nem nunca.

Um dos ajudantes do padre, que deveria ler as passagens religiosas, não estava presente. Sem sacristão, Miele foi convocado de improviso. Ao ver o barbudo a seu lado, o padre pediu: "Meu filho, você pega este livro aqui e, quando eu fizer assim com a cabeça, repita o que eu disser, o.k.? Vai seguindo o texto aí". O livro era a Bíblia. Jornalistas de São Paulo, que cobriam a cerimônia, acabaram confundindo Miele com algum líder religioso. "Estranhamente, o casamento de Elis foi oficializado por um padre católico e um rabino", escreveu um repórter. Bôscoli, que havia tentado vencer o nervosismo inicial tomando doses de uísque antes da cerimônia, não conseguia parar de rir ao olhar para Miele. Assim que o padre pediu que todos rezassem um pai-nosso e uma ave-maria, Elis e Bôscoli já habitavam mundos diferentes. Ela, compenetrada. Ele, segurando uma crise de riso.

As pessoas que não conseguiam ver os noivos tiravam os sapatos e subiam nos bancos. Luiz Eça começou a tocar a "Ária da quarta corda", de Bach, e Elis chorou. O sacerdote leu uma passagem do Evangelho de São Mateus e pediu que todos olhassem para a imagem da Virgem Maria e fizessem suas orações, mas percebeu que ninguém conseguia enxergá-la. "Não tem importância, vamos continuar. A cerimônia está muito boa, realmente", disse ele, quando começou a conversar com a noiva como se estivessem os dois sentados no Beco das Garrafas. Ao ver a certidão de batismo de Elis, o padre disse ter notado que a cantora havia sido ungida por um conterrâneo seu, chegado ao Brasil da Alemanha na mesma época que ele. Elis devolveu com algum comentário e os dois engataram uma conversa até que o sacerdote olhou para Bôscoli e disse: "Fico satisfeito em saber que você estudou em um ambiente fraternal, o nosso Colégio São Bento, e sei que conservou aqueles traços de amizade e gratidão". Com a expressão mais angelical que poderia esboçar, Bôscoli sorriu.

Rogério, irmão da noiva, chorava baixo em um canto quando o padre pediu que o casal se abraçasse. Bôscoli perguntou se beijar era permitido. Diante do sim, deu três beijos, um após o outro, para que os fotógrafos fizessem seus trabalhos. Um convidado esbarrou no altar e derrubou os vasos em que estavam algumas margaridas e que seguravam uma das pontas de um véu suspenso, que despencou como se fosse uma rede de pesca sobre algumas pessoas. Elis, desde a música de Bach, apenas chorava.

Se soubesse o que iria anteceder sua noite de núpcias, Elis poderia ter economizado tempo e terminado tudo antes mesmo de começar. Após o casamento religioso, os tios de Laura Figueiredo ofereceram uma festa para poucas pessoas em seu apartamento. A certa altura, Bôscoli desapareceu. Elis percebeu e perguntou: "Vocês viram o Ronaldo?". Depois de procurar por quase todos os cômodos, a amiga e jornalista Cristina Gurjão, uma das convidadas, foi ao banheiro, temendo o pior. Girou a maçaneta e flagrou o marido de Elis com uma mulher seminua. "Desculpe, Cristina, eu estava muito nervoso com essa história de casamento", ele tentou justificar. A jornalista voltou até Elis antes que o pior acontecesse e decidiu salvar o matrimônio do ano dizendo uma frase da qual apenas metade era verdade: "Ronaldo está no banheiro".

Ronaldo Bôscoli não tinha vocação para ser figurante. Gostava de ir à frente e a seu jeito, sem medir palavras. O que pensava, dizia; o que sentia, fazia. Sem freios nem filtros. "Meu casamento será um sucesso na medida em que minha gaúcha esposa se carioquize, se modernize permanentemente, como eu, e perca sua essência pequeno-burguesa", disse ao *Diário da Noite*. Sua ficha corrida trazia lendas e feitos saborosos. Era ele, nem sempre ao mesmo tempo, jornalista esportivo, cronista, compositor, produtor e agitador cultural com uma insaciável sanha pela conquista do sexo alheio em qualquer uma dessas funções. A técnica que desenvolveu para tanto havia sido testada na noite do Rio de Janeiro. Como fora com Elis, todas as condições deveriam ser criadas para que as mulheres viessem aos seus braços, não o contrário.

Foi assim com Nara Leão. Antes de existir Elis no Rio de Janeiro, Bôscoli já sabia estar no lugar certo, na hora certa e de olhos na mulher ideal. Aos poucos, ele chegou ao apartamento do pai de Nara, o dr. Jairo Leão. Jairo promovia encontros domésticos com a presença dos jovens músicos da zona sul carioca que criavam a bossa nova, o melhor lugar do mundo para um jornalista estar naqueles últimos anos da década de 1950. Ao contrário de Nara, meiga, sensível e relativamente hábil com o violão, um instrumento incomum para mulheres à época, Bôscoli era desafinado e sem dotes para instrumentista. Talvez não passasse de um fanfarrão em meio a tanta gente virtuosa se não fosse sua capacidade de criar belos versos. Nara, morena, olhos grandes, lábios fartos, inteligente, pequena de corpo e intensa em sentimentos, manteve com Bôscoli uma relação de fidelidade e entrega. Uma vida vivida em águas tão calmas que acabaria por despertar no produtor a vontade de pular a cerca para cair no quintal de Maysa.

Maysa era a tormenta. Ainda noivo de Nara, Bôscoli não se conteve ao avistar os grandes olhos da rainha das dores de amor e dos sambas-canção que ele próprio ouvia com algum desprezo. Alta, encorpada, lábios estreitos, inteligente e explosiva, Maysa era seu novo desafio. Depois de arrebatar Nara com doçura e guardá-la como um troféu, ele deveria domar a nova cantora até influenciá-la a trocar a música que ele considerava envelhecida pela energia da bossa nova. Nara ficou sabendo da traição e se foi para sempre da vida de Bôscoli e de Maysa. Agora, a cantora seria apenas uma ex-amiga. Já Maysa, nas mãos de Bôscoli, cantaria até bossa, mas a um preço alto. Antes mesmo de descobrir que dormia com uma mulher em estágio avançado de dependência alcoólica, Bôscoli já vivia seu inferno particular. Brigas e discussões capazes de fazer despencar qualquer mundo minaram a relação e levaram ao rompimento do casal. Assim, quando Elis despontou como a próxima na lista de conquistas de Bôscoli, aquela que diziam ser tempestuosa soou para ele como um bálsamo, uma fusão das duas principais estrelas anteriores que ele havia conquistado. Decidida como Nara, explosiva como Maysa, Elis tinha o talento e a intensidade das duas juntas.

O bonde já não tinha freios quando Ronaldo Bôscoli decidiu apanhá-lo. Ao mesmo tempo que Elis assinava um papel dizendo ser sua, ela se tornava cada vez mais do mundo. Um mês depois do casamento, embarcou para Cannes, na França, onde participaria do Mercado Internacional de Discos e Edições Musicais, o Midem, ao lado do Bossa Jazz Trio. Com as passagens pagas pela Philips, Elis seria a representante brasileira de 450 artistas saídos de 38 países e observados por cerca de quinhentos jornalistas especializados em música. Bôscoli poderia ter feito as malas e embarcado com a mulher, se não fosse um detalhe: aviões lhe davam pavor.

O pianista Dom Salvador recebeu uma carta de Elis pelo correio, datada de 29 de dezembro de 1967: "Salvador, salve! Preciso que vocês (você e o trio) estejam em São Paulo terça-feira pela manhã. O assunto é urgente e importante, além de decisivo e de interesse para vocês. Espero que todos estejam bem. Dê um beijão na Maria. Elis". Salvador, pianista de alto calibre, conhecido do Beco das Garrafas, morava no Rio com a mulher, Maria (se pronuncia Mariá), e o filho, Marcelo, no mesmo apartamento 808 da Barata Ribeiro, em Copacabana, que um dia havia sido alugado por Elis. Convidada para ser madrinha de casamento do amigo, a cantora o indicou para assumir o imóvel assim que ela se mudou para São Paulo e deixou, como presente, dois meses de aluguel pagos.

Elis sonhava com o trio de Salvador ao seu lado, na época formado pelo baixista Edson Lobo e pelo baterista Victor Manga, provavelmente para aquela e para outras viagens, mas o pianista nem procurou saber a razão do convite por um único motivo: tocar com Elis era sinônimo de voltar a morar em São Paulo, algo que o aterrorizava sobretudo porque sobravam trabalhos nos estúdios do Rio. Era a segunda vez que Elis flertava profissionalmente com Salvador. Uma aproximação mais discreta já havia sido feita no ano anterior, em 1966, quando o Zimbo fez uma apresentação no Porão 73, em Copacabana. Salvador conta que Rubinho, baterista do Zimbo, disse que o pianista Amilton

Godoy estaria pensando em deixar o grupo para se dedicar a uma carreira de concertista e que Elis o chamaria para seu lugar. Amilton diz que jamais pensou em sair do Zimbo. De qualquer forma, Salvador não se entusiasmou com a possível substituição e, em um raro episódio, um músico disse não para Elis Regina.

O Midem era o passo em direção à glória internacional que faltava a Elis, um festival para o qual o mundo olharia durante dez dias. A rede de TV Eurovision, por meio do satélite Telstar, iria garantir uma transmissão direta para 80 milhões de espectadores na Europa e nos Estados Unidos. Além dos aplausos de crítica e público, um fenômeno em potencial poderia ajudar a artista a fechar contratos de lançamento de LPs na Europa, receber convites para shows em outros países e estar ao lado de uma gente que valia a pena conhecer. A atração que fecharia a noite em que Elis cantaria eram as Supremes, de Diana Ross, que chegavam orgulhosas pelos mais de 35 milhões de discos vendidos só nos Estados Unidos.

Estar no Midem em 1968 era estar no centro de um universo que acabara de ser chacoalhado em suas bases pelos Beatles, com o lançamento do álbum *Sgt. Pepper's Lonely Hearts Club Band*, e por Jimi Hendrix e seus LPs *Are You Experienced?* e *Axis: Bold as Love*. O rock viajava com doses de um ácido que respingava no Brasil. Ao ouvir *Sgt. Pepper's*, Gilberto Gil pirou. Ao imaginar como seria se ele também misturasse Beatles à Banda de Pífanos de Caruaru, passou a levantar as colunas da Tropicália ao lado de Caetano Veloso. O mesmo homem que no ano anterior desfilava de braços dados com Elis contra a presença da guitarra elétrica na música brasileira derrubava barreiras de gênero.

Estar no Midem era estar também ao lado de grandes vendedores de discos, dentre eles Roberto Carlos. Mesmo sem representar oficialmente o Brasil, missão exclusiva de Elis naquele ano, Roberto surgiu como uma verdade inconveniente à cantora. Sua passagem por Cannes era para receber um troféu na condição de artista brasileiro que mais vendera discos em 1967. Elis podia encantar plateias com "Upa, neguinho", mas ninguém faturava mais que um rei que voava nas asas de "Namoradinha de um amigo meu".

A indiferença também era uma cruel possibilidade nas apresentações do Midem. Aos garotos do Golden Kids, por exemplo, que faziam uma espécie de folk circense cantado em tcheco, a falta de repercussão fez com que passassem anônimos. A reação da plateia era o polegar do imperador. Aplausos burocráticos mandavam os artistas de volta ao seu país na mesma classe econômica em que haviam chegado. Gritos efusivos estendiam a eles o tapete vermelho. Definitivamente na moda desde 1962, com o concerto da bossa nova no Carnegie Hall de Nova York; indiscutivelmente no auge desde 1967, quando Sinatra gravou com Jobim nos Estados Unidos o antológico encontro Francis Albert Sinatra e Antonio Carlos Jobim, o Brasil, mesmo quando representado por uma voz menos conhecida, saía em vantagem.

Ao subir ao palco para o show de abertura cantando "Upa, neguinho", Elis era apresentada a uma plateia de 2 mil pessoas que pouco sabiam sobre ela. As palmas vieram em massa, e a imprensa lhe reservou linhas generosas no dia seguinte. Antes de chegar a Cannes, o grupo havia passado dois dias em Paris, onde Marcos Lázaro tentou fechar algumas datas para apresentações no clássico Olympia, o templo inaugurado em 1893 no qual se apresentaram gigantes da Europa e da América sobretudo depois de 1954, quando foi reativado como casa de shows pelo empresário Bruno Coquatrix. A negociação para um concerto de Elis não foi adiante, deixando a cantora furiosa com Lázaro por entender que havia faltado habilidade de seu manager. Mas as boas notícias chegaram logo. O sucesso do show de Elis no Midem levou Bruno Coquatrix ao seu camarim imediatamente depois da apresentação. O Olympia estava de portas abertas para uma temporada da cantora.

Recém-casada com Bôscoli, Elis mantinha a relação afetiva com José Roberto Sarsano, o baterista que a acompanhava na França, beneficiada pelas facilidades da viagem internacional. Ela era discreta ao viver o romance extraconjugal, presenciado apenas pelos amigos de grupo Amilson e Jurandir. Por sua vez, apesar de estar ao lado de alguém dez anos mais experiente, a léguas de sua ingenuidade, José Roberto não via em Elis uma mulher estabilizada emocionalmente. Disposto a curtir tudo que viviam, ele percebia que tanto sucesso e dinheiro despejados sobre uma garota de origem humilde também tinham um preço. Aos olhos do baterista, Elis não estava casada por paixão, mas por segurança. Ainda que estivesse certa de que era Bôscoli o homem que lhe daria um filho, Elis não falava do marido com o calor dos amantes.

A Record via seu pássaro em voos cada vez mais altos. Era preciso agir rápido para segurá-lo, se não mais pelo bolso, pelo coração. Assim que voltasse do Olympia, Elis receberia uma homenagem no clássico *Show do Dia 7*. Sua vida seria contada em detalhes com a presença de toda a família, pai, mãe, irmão e colegas de trabalho que iam de Chico Anysio a Marcos Valle, Nelson Motta a Hebe Camargo. Tudo estava pensado para que, durante três horas e meia de duração, Elis se desmanchasse em lágrimas e lembrasse que sua história tinha raízes fincadas naquela emissora.

Ao chegar ao Aeroporto de Orly para uma temporada de três semanas no Olympia, Elis era aguardada por Bruno Coquatrix em meio a repórteres e cinegrafistas. A tv estatal francesa tinha por norma evitar monopólios artísticos, por isso não investia em exibições maciças de um mesmo nome. Ao perceber o clamor pela brasileira de cabelos curtos e sorriso largo, a emissora decidiu quebrar a regra e mostrá-la cantando sete vezes durante a semana. A revista *L'Express* registrou: "A política de 'antimatraquage' de Roland Dhordain, novo diretor de departamento de variedades televisionadas, está caindo em contradição antes mesmo de ser aplicada. Isso por culpa de um diabinho brasileiro de 23 anos chamado Elis Regina". Uma emissora de rádio se referiu a ela como "*la petite brasilienne belle comme le soleil*" [a pequena brasileira bela como o sol]. A revista *Paris Match* a recebeu com uma reportagem "a cores" de três páginas, um luxo dispensado aos grandes da época.

Pouco antes de abrirem as cortinas vermelhas e Elis ser chamada ao palco pelo apresentador de smoking, a cantora repassava o francês que usaria para apresentar seus músicos e com o qual cantaria "Samba da bênção". A pronúncia havia sido orientada pelo próprio Coquatrix para tentar romper a resistência de uma plateia exigente com o idioma. Mas o apresentador exagerou na tinta, ou não: "E agora, a cantora considerada por Bruno Coquatrix a nova Édith Piaf", anunciou. Por mais que a plateia confiasse no faro de Bruno, comparar uma garota saída da distante América do Sul com a diva maior dos franceses soava infâmia. As palmas foram frias, e Elis, agora, entrava para matar mil leões.

Depois de apresentar o Bossa Jazz Trio com todos os biquinhos de um francês bem pronunciado, Elis fez um sinal ao grupo e todos atacaram de "Arrastão". Charmosa, de vestido curto e dourado comprado na Butique Real, a mesma fornecedora de Brigitte Bardot, Elis começou uma rápida e implacável conquista. A plateia, que haviam garantido ser uma das mais frias, entregava-se em palmas para acompanhar "Samba da bênção" em francês e "Canto de Ossanha". Ao final, os franceses estavam de pé. As duas últimas canções seriam "Deixa", já aprovada pela plateia do Midem, e aquela que a levara mais longe até então, seu hit "Upa, neguinho", responsável pela venda de 10 mil exemplares em vinte dias de um compacto colocado pela Philips nas lojas de Paris. Mesmo sem saber o que a música dizia, os franceses tentavam cantar junto. Quando "Upa, neguinho" acabou, o teatro fez uma espécie de batismo com uma ovação que parecia não ter fim. Elis e o Bossa Jazz Trio saíram do palco e retornaram por seis vezes para cantar e, nas últimas, agradecer os aplausos. Coquatrix dizia que os artistas com potencial de crescimento internacional não deviam atender pedidos de bis. "Elis é um dos maiores talentos que eu já vi, comparada à Judy Garland e, em alguns momentos, à Barbra Streisand", falava aos repórteres. "É lamentável que ela volte ao Brasil. Uma artista internacional não tem direito a ter pátria." E, olhando para a cantora, seguia: "Você tem tudo para fazer sucesso na Europa. Deixa que eu cuido disso".

Quando entrou no camarim, Elis foi tomada por um choro incontrolável. Como Édith Piaf e Charles Aznavour, ela conquistava o Olympia quatro anos depois de deixar Porto Alegre. Dona Ercy precisava estar lá. Um telegrama do Brasil, assinado por Ronaldo Bôscoli, trazia três frases: "Eu sabia, eu sabia, eu sabia". Vencer em Paris era o auge. Inspirada, ela havia escrito uma carta a Bôscoli antes do show, sublimando naturalmente o caso com o baterista em nome da esperança: "Velho, meu amor. Que é que vou te contar? Que estou feliz, que as coisas correm às mil maravilhas, que tudo se encaminha da melhor maneira possível? É verdade, eu não poderia estar melhor. Em todos os lugares que eu chego, em todos, sou recebida friamente, até cantar. Depois, então, tudo muda. As pessoas prestam atenção, mudam cenários, apresentação, iluminação etc. Chovem convites, a imprensa fala de mim e tudo".

Os jornais franceses do dia seguinte tentavam ser originais em seus superlativos. *Le Figaro* buscava referências no que conhecia de Brasil: "Ela é a flor do Carnaval do Rio, do qual possui a efervescência. Um rosto curioso, diferente, com a testa larga, todo o seu corpo dança sob o vestido. O seu samba nunca é triste, e sua alegria leve tem um charme irresistível". *L'Aurore* adornava mais: "Uma extraordinária e encantadora brasileira. Elis Regina ou o ritmo louco, levado ao paroxismo". O *World Pop News* sugeria os próximos passos: "Ela canta, termina o número, e todos pedem bis. Merece a gravação de um LP que bem poderia ser registrado em Londres, em língua inglesa". No dia seguinte, um casal abordou Elis com uma caneta em mãos: "A senhora pode nos dar um autógrafo?". Conforme confessaria mais tarde, a França fazia Elis se sentir Deus.

Marcos Lázaro contava os dólares. Depois do show, seu escritório passou a receber dezenas de telegramas da Noruega, Suécia, Dinamarca, Alemanha e Estados Unidos pedindo pela "Barbra Streisand brasileira". A alta procura elevava a cotação de Elis. Suas apresentações, agora, não sairiam por menos de 20 mil dólares. "Elis merece, precisamos valorizar nossos artistas", dizia o empresário com seu orgulhoso sotaque espanhol. A imprensa brasileira saudou Elis com a mesma euforia que a francesa. E o jornalista Fernando Lobo, pai de Edu, não perdeu a alfinetada nos cartolas em um comentário no *Correio da Manhã*: "Não é de hoje que o artista brasileiro se vira sozinho. Os de mando só descruzam os braços para bater palmas. Agora que Elis marca o maior sucesso pela música popular brasileira, vai sair feijoada completa pelos moços do Itamaraty".

Ronaldo Bôscoli, ainda preferindo a morte por solidão à possibilidade de despencar em um avião e desaparecer no mar, havia enviado cartas de amor e desespero pela ausência da mulher. A conta de telefone de Elis batia os duzentos dólares em ligações para socorrer as crises de angústia do marido. Apesar dos momentos ao lado de Sarsano, a cantora declarava-se de novo a Bôscoli em seu retorno ao Brasil: "Velho, eu não via a hora de te ver. Você se comportou direito?". Aos jornalistas que a esperavam no Aeroporto do Galeão, ela lamentava sobre a distância. "Só morei quinze dias na casa do Rio desde o nosso casamento." Mais magra, de vestido azul e branco, com grandes óculos escuros sobre o rosto maquiado, trazia 110 quilos extras de bagagem, que incluíam suvenires, dois óculos de sol, castiçais para a casa nova, vestidos da Dior, roupas Pierre Cardin e um biquíni estampado que ela não poderia usar nos três graus abaixo de zero de Paris, além de muita maquiagem. Ao total, um estouro que lhe custou oitocentos dólares em taxas de alfândega. Para Bôscoli, meias, abotoaduras de ouro e uma foto em que Elis aparecia em frente ao cartaz com seu nome na fachada do Olympia. O marido que entendesse o recado: em breve, a França teria Elis de volta.

Antes dos franceses, porém, havia os gaúchos. O povo que a aplaudira na Rádio Farroupilha como a pepita de Ary Rego sentia saudades. Eles acompanhavam cada uma de suas conquistas por rádio, TV e revista, mas esperavam com ansiedade para tê-la ao vivo. Os gaúchos amavam Elis incondicionalmente, mas algo não descia bem depois que a cantora passou a pronunciar palavras soprando as letras R e S. Uma delicada relação fonético-cultural havia se imposto assim que os fãs do Sul depararam com as primeiras gravações e entrevistas de Elis fora de Porto Alegre.

Ao adotar o sotaque carioca com tamanha habilidade e rapidez, Elis era vista como alguém que preferia esquecer suas origens, uma atitude que feria o orgulho sulista na alma. O canto de sua fala evitava a língua vibrando no céu da boca e impostava um chiado que torturava os ouvidos da tradição. Os que esperavam de Elis a redenção por nunca ter se tornado embaixadora dos pampas, no entanto, dariam com as cuias n'água. "Eu saí de Porto Alegre para ser cantora, não para fundar um Centro de Tradições Gaúchas. Nunca disse que iria sair vestida de prenda cantando 'Prenda minha'", disse em 1981, em pleno território gaúcho, durante uma entrevista ao *Jornal do Almoço* da emissora RBS. "Quando saí daqui, saí porque não tinha mais onde trabalhar. Os conjuntos de baile estavam acabando, e a TV Excelsior havia invadido o país. Outras pessoas ficaram e acabaram morrendo." A ferida aberta naqueles que viam ingratidão em sua postura tinha uma chance de cicatrizar. Elis chegava para fazer um show no Rio Grande do Sul depois da consagração na França. Do rio Sena para o rio Guaíba, levava o mesmo Bossa Jazz Trio para o Auditório Araújo Vianna, onde festejariam os onze anos da Rádio Guaíba com o mesmo show que havia arrebatado Paris.

Antes de partir para Porto Alegre, ainda assoviando como os cariocas, Elis falou com os jornalistas sem medir palavras. "Olha, a vida lá [no Rio Grande do Sul] é toda diferente porque, de qualquer maneira, aquilo é uma cidade do interior, província à beça." O descuido não passaria despercebido. "Elis magoa gaúchos" era o título da matéria do jornal *O Estado de S. Paulo* em 19 de julho de 1968. Alguns programas de rádio e TV do Sul abriram mesas-redondas para discutir a desatenção de Elis com sua história. Para piorar, o show no Araújo Vianna havia deixado a desejar. Os quarenta minutos sem bis de uma apresentação prevista para uma hora foram entendidos como descaso. A plateia lembrou de cantores internacionais que haviam feito aparições recentes muito mais generosas, como a sul-africana Miriam Makeba. A ferida, para muitos, continuava aberta.

A própria Elis reconhecia mudanças na fala. Sua passagem pelo Sul renderia uma desgastante discussão com tia Aida, irmã de Ercy, que não aceitava a traição soando nos lábios da sobrinha. A culpa daquela contravenção cultural, segundo Elis, era de sua ultrassensibilidade auditiva. "Acontece que eu tenho um grande ouvido para a música e uma grande capacidade de percepção e assimilação das coisas. Ora, vivendo como vivi, intensamente, no meio musical carioca e sofrendo as influências desse meio, ou seja, de uma linguagem diferente, nada mais natural que houvesse uma transformação na minha forma de expressão", disse em entrevista ao jornal *O Globo*, durante sua passagem por Porto Alegre.

Sentindo-se condenada pela ala mais radical de seus conterrâneos, Elis avançava para se defender: "Encaro meu sotaque com a maior naturalidade, e as ondas surgidas a respeito do assunto, principalmente em certos ambientes gaúchos, ou se originam da incompreensão, ou são realmente frutos da má-fé. Eu estou trabalhando não para um estado, mas em prol da música popular do Brasil". À revista *O Cruzeiro*, ela voltou ao assunto elevando mais a temperatura: "Sou gaúcha, mas não tenho problemas com Porto Alegre. Porto Alegre é que tem problemas comigo". Ao lembrar do quanto apontaram seu chiado como demérito, a ira aumentava. "Eles queriam que eu andasse vestida de prenda ou de bombacha, tomasse chimarrão em vez de uísque e andasse a cavalo no Rio de Janeiro. Não sou cidadã de Porto Alegre, sou cidadã do mundo." Quando a entrevista já havia terminado, Elis voltou-se ao repórter para sua última observação: "Olha, para terminar, eu só queria que o pessoal da minha terra entendesse o que eu falei, que não ficassem chateados. Não posso perder tempo em ser uma gaúcha quando preciso ser uma brasileira".

9.

A Elis que estava nas impressões de Roberto Menescal ainda era a moça que havia aparecido em alguns programas da TV Rio, em 1964. Não tinha como esquecer. Menescal ficou surpreso com a força de Elis sem saber que ela também já sabia algo sobre a magia de seu violão. Naquele ano, quando havia acabado de chegar ao Rio, ela tocou a campainha do compositor acompanhada pelo baixista Manuel Gusmão em busca de músicas para gravar seu primeiro disco pela Philips. Mas Menescal não estava. "Seu Menescal, veio uma moça aqui, disse que era Elis Regina", contou a empregada. O tempo passou até o dia em que o acaso os colocou frente a frente nos corredores da Record. Enquanto conversavam, lembrando das vezes em que tentaram se falar, Tom Jobim se aproximou, dando origem a um diálogo lembrado pelo violonista em sua essência: "E aí, Menesca, como vai?", disse Tom. "Tudo bem, Tom. Essa é a Elis Regina", Menescal apresentou. "Ah, que bom, já ouvi muito falar dessa moça, como vai Elis?", respondeu o compositor. Por constrangimento ou falta de memória, Tom não mencionou o episódio em que havia escutado Elis na casa de Carlos Lyra, e a reprovado, para o teste de *Pobre menina rica*.

Elis não escondeu o incômodo e tentou ignorar a existência de Tom. Acenou rapidamente com a cabeça em sua direção e voltou a falar com Menescal do ponto onde haviam interrompido a conversa, como se ninguém estivesse a seu lado: "E então, Menescal, a gente pode marcar para ver aquelas músicas?". Elis sabia quem era Tom Jobim, o mundo sabia. Sem jeito, Menescal tentou contornar a situação, mas Tom sentiu o golpe. "Pois é, Menesca, a gente se encontra por aí", disse constrangido, e se retirou. Ao se verem de novo, Tom comentou: "Aquela gaúcha é danada".

Menescal foi convidado por Elis para ser seu novo guitarrista e diretor musical. De quebra, seria também a primeira testemunha de que nem tudo na vida de Elis e Bôscoli seria tão cor-de-rosa quanto pintavam as páginas da revista *Manchete*, na qual Bôscoli escrevia uma coluna. Durante as preparações para uma temporada de Elis na Boate Sucata, do empresário Ricardo Amaral, Menescal temia que, em alguma noite, todos fossem parar na delegacia. Seiscentas pessoas por sessão assistiam a uma mulher radiante sem saber das cenas bélicas que o casal protagonizava nos bastidores. Elis e Bôscoli pareciam desenvolver com gosto a técnica de guerrear sem se abalar. Durante os ensaios, qualquer pedido de Bôscoli ou observação de Elis valiam como uma senha para um novo embate. Menescal via tudo lembrando da frase de Carlos Imperial, dias depois do matrimônio: "Deus castigou os dois casando um com o outro".

Os ensaios seguiam uma espécie de roteiro, sem muita variação: o diretor-marido Bôscoli sugeria à cantora-esposa Elis que ela fizesse algo, um movimento, um gesto, uma empostação de voz diferente. Elis dizia que não faria "porra nenhuma". Bôscoli a mandava "à merda", dizendo que não precisava fazer nada mesmo. Elis, então, afirmava que se quisesse fazer o que acabara de dizer que não faria poderia fazer sim. Afinal, quem era Bôscoli para dizer o que ela deveria fazer ou não fazer. Quando as cortinas se abriam, Elis respirava fundo e surgia no palco com uma entrega de deixar Bôscoli, Miele e Menescal desconcertados. "Não acredito que é a mesma mulher", dizia Miele a si mesmo.

Acolhida pelas elegantes notas de Roberto Menescal, além de ser dirigida pelo maestro Erlon Chaves e observada por Armando Pittigliani, Elis quebrava a trilogia festiva da série *Dois na bossa* com o disco *Elis especial*, um álbum mais sofisticado do que o anterior, de 1966, de mais voz e menos instrumentos, com arranjos orquestrais contidos, piano quando preciso e bateria se necessário. Importavam mais a colocação da voz, a qualidade dos vibratos e a carga emotiva de maior ou menor intensidade, respeitando o que as palavras pediam. Para Menescal, a cantora mostrava traços de uma personalidade que ia muito além do pugilismo verbal. Se quisesse, poderia chorar sem desafinar. Se

154

quisesse mais, usaria o choro como recurso para abafar as notas e torná-las mais suaves.

A canção "Carta ao mar" era uma declaração de Bôscoli a Elis dos tempos de paz, musicada por Menescal, que havia atingido a cantora em cheio. Maior do que a solidão que ele sentia pelas frequentes partidas da mulher, as desavenças jogavam a alma de Bôscoli em um calabouço, como declamavam as entrelinhas de seus versos: "Me multiplicando em sol/ tento uma canção pra você/ Trago flores, girassóis/ Não me importa malquerer/ O que vai em mim vem/ de um desejo imenso de ser outra vez/ Um barco, um azul/ Outra vez, de tarde, morrer". Elis gravou "Carta ao mar" com intensidade, abrindo a torneira para que a lágrima apenas gotejasse e embargasse sua voz, sem deixar que inundasse a melodia. Conseguir manter o descontrole iminente sob controle era uma estratégia de Elis. "Não sei como ela faz isso. Se eu choro, tenho de parar de cantar", dizia Gal Costa.

Menescal chamou os músicos que já tinha em mãos para dirigir a volta de Elis à França. Sem o Bossa Jazz Trio, ela voltava ao Midem e ao Olympia escoltada pelo Elis 5, com o baterista Wilson das Neves, o pianista Antonio Adolfo, o baixista Jurandir Meirelles, único remanescente do Bossa Jazz, e o percussionista Hermes, além da guitarra de Menescal. "Sim, guitarra", respondia Elis quando lembrada pelos jornalistas da batalha que ela havia encampado contra tudo o que considerava símbolo de colonização cultural. Elis criou um argumento técnico para explicar sua mudança de posição, tomada durante a temporada da Boate Sucata. "O violão puro de Menescal não era ouvido. O contrabaixo de Jurandir também não. Só havia uma alternativa para fazer o trabalho deles aparecer: usar guitarra e baixo elétricos", disse ao *Jornal da Tarde*. O sexto elemento chamado para seguir com o grupo foi o maestro Erlon Chaves, responsável por escrever os arranjos que seriam executados pela orquestra do Olympia. Nos ensaios na casa de Elis, os músicos sentiam o clima esquentar quando Bôscoli dava sugestões. "Elis, faz como o Sinatra, suprime algumas palavras", dizia o marido. Não atendido na maioria das vezes, ele provocava: "Não tem jeito, a Claudia canta muito mais do que você".

O que havia dado certo em Paris seguia na lista do show. "Upa, neguinho" e "Canto de Ossanha" eram certeiras, mas "Corrida de jangada" e "Aquarela do Brasil" também seriam usadas em instantes especiais. A presença de Antonio Adolfo inspirou Elis a incluir "Sá Marina", o sucesso que ele e Tibério Gaspar haviam lançado na voz de Wilson Simonal. Antes dos shows principais, houve duas apresentações em um pequeno teatro no subúrbio de Paris para testar o repertório. Elis só entrava na segunda parte, depois que a noite abria com um número de dança de um grupo norte-americano. A plateia tentava entender o recado daquela linguagem brasileira de samba com jazz sem se entregar de imediato.

Erlon Chaves causou preocupação na equipe quando deu sinais de que poderia estar em Paris mais interessado em apreciar o sorriso da Mona Lisa do que em fazer shows. A estreia no Olympia se aproximava, e nenhuma nota musical havia sido escrita. "E os arranjos, Erlon?", perguntava Menescal. "Deixa comigo", respondia. Na noite anterior ao show, quando um fiasco se anunciava, o maestro fez um pedido: "Mandem um copista me encontrar no teatro". Assim que enviaram o ajudante que transcreveria suas ideias para as partituras, Erlon avisou que não o esperassem no hotel. Ele iria passar a noite no Olympia. Quando o sol nasceu, as músicas estavam todas arranjadas, com linhas escritas para cada instrumento. Antonio Adolfo não acreditou quando ouviu o resultado à noite e tocou pensando: "Ele conseguiu".

"Ela é genial, ela é Carnaval, ela é o Brasil, ela é Elis Regina." Elis estava fresca na memória do Olympia quando a mestre de cerimônias a anunciou assim, nem um ano depois de a "diabinha", como alguns apresentadores de TV a chamavam, provocar um tornado em Paris. "Upa, neguinho" era um sucesso incontornável, nas rádios e TVs, e Elis começou a se incomodar com ele. "Estou louca que este neguinho cresça, vá logo servir o Exército e vire homem grande", disse ela em entrevista a jornalistas brasileiros, quando ainda estava no Brasil. Mas era seu "neguinho" o que ainda deixava a plateia estrangeira de joelhos. Acompanhada pelo quinteto e pela orquestra regida por Erlon, Elis parecia mais solta, mais atrevida.

Antes que o grupo voltasse para o bis, um homem entrou no camarim se apresentando como empresário. Queria fechar uma turnê de Elis por outros países da Europa. Se estavam no paraíso, que abraçassem os anjos. Menescal disse sim em nome do conjunto e voltou para o palco. Em poucos minutos, e sem maiores detalhes, estava fechada uma temporada de Elis por Suíça, Holanda, Bélgica, Suécia e Inglaterra. Mas, antes, havia Cannes. E, antes de Cannes, Pierre Barouh.

A segunda temporada de uma cantora sul-americana no mesmo ano no Olympia, um feito inédito até então, confirmou a aposta de Bruno Coquatrix e trouxe consequências imediatas. Todos queriam Elis. O cantor Pierre Barouh, autor da adaptação para o francês de "Samba da bênção", apanhou a cantora pelo braço e a levou a um estúdio de Paris para gravar com ela um compacto com as versões, também em francês, feitas por ele para "A noite do meu bem", de Dolores Duran, e "Noite dos mascarados", de Chico Buarque. Barouh havia se rendido à música brasileira desde o dia em que estivera em uma apresentação do acordeonista Sivuca, em Portugal, e via em Elis um fenômeno com um potencial vocal e uma divisão rítmica que o desnorteavam. O disco que gravaram, hoje uma peça de colecionador, fez sucesso relativo, mas garantiu a permanência da voz de Elis nas principais rádios francesas após a temporada.

Assim como o Olympia, a feira internacional da indústria do disco, que seria realizada em Cannes, teria Elis mais uma vez. Antes que os brasileiros chegassem ao sul da França, as gráficas já estavam reproduzindo os panfletos que seriam entregues ao público dias antes da abertura com o slogan: "Midem, o festival que lançou Elis Regina".

Os termômetros do Midem apontavam um calor dos trópicos naquele início de 1969, a ponto de provocar vertigem em algumas delegações. A noite de abertura estava prevista para ter ao menos quatro shows de artistas brasileiros considerados sensação pelos franceses: Elis, Edu Lobo, Mutantes e Chico Buarque. Gilberto Gil também estava na lista, mas, sem que seus amigos soubessem, vivia no Brasil dias que destoavam do tom festivo de Cannes. Ele e Caetano estavam presos no Rio, acusados pelos militares de desrespeitarem dois símbolos nacionais durante um show. A celebração verde-amarela que o Midem propôs não agradou aos outros países. Ao todo, estavam por lá artistas de 42 países dos cinco continentes. Eles queriam condições de igualdade para serem percebidos por contratantes e executivos de multinacionais. Dirigentes estrangeiros alegaram desvantagem na avassaladora escalação de artistas brasileiros e conseguiram mudar as peças do jogo. Elis e Edu Lobo cantariam na abertura. Mutantes e Chico, no dia seguinte. Uma mudança que só pulverizava ainda mais os brasileiros no evento. Até quem olhava para os artistas dos Estados Unidos via brasileiro infiltrado. Um dos cinco maiores vendedores de discos da América, que deixara o Brasil havia quatro anos, estava inscrito como um dos representantes da música norte-americana: Sergio Mendes.

Inspirados por Elis, os europeus conheciam outros nomes importantes saídos do Brasil. Edu Lobo recebeu o título de "melhor compositor latino-americano da nova geração". O jornal *Nice Matin*, de maior circulação no sul da França, dedicou uma página ao Brasil com um texto sobre os Mutantes depois de vê-los cantar "Caminhante noturno": "É preciso ouvir os Mutantes para acreditar que os Beatles não estão sozinhos na vanguarda da moderna música popular. Esses três jovens brasileiros conseguem monopolizar uma plateia imensa, transmitindo com uma musicalidade fenomenal o que há de melhor na música jovem. A noivinha é uma graça". Após ver todos os brasileiros, o cantor da Guiana Francesa, Henry Salvador, disse: "É o futuro". Sobre Elis, que havia cantado "Casa forte", "Memórias de Marta Saré" e "Corrida de jangada", a jornalista Danielle Heymann, do *L'Express*, comentou: "Sutil, inteligente e viva". E o *Nice Matin* informou que "tudo o que se poderia dizer sobre a maior cantora brasileira já foi dito. A Europa foi dominada definitivamente por sua voz inigualável".

Essa mesma voz poderia também dizer não a Chico Buarque. Os jornalistas brasileiros que cobriam o evento enviaram notícias de um mal-estar entre Elis e Chico no dia em que o cantor se preparava para sua apresentação. O motivo, dizia uma reportagem do *Jornal do Brasil*, era um pedido de empréstimo de músicos. Chico teria viajado sem acompanhantes e solicitara à equipe de Elis alguns escudeiros para seu show. Elis esbravejou ao empresário Marcos Lázaro, dizendo que pagava muito bem a seus músicos justamente para que eles fossem só seus. O presidente da gravadora Philips, André Midani, segundo a reportagem, interveio e concordou em ceder os instrumentos, mas não os instrumentistas.

A Elis das desavenças intensas mas breves com o marido era a mesma Elis do meio musical. Assim como a fúria conjugal se dissipava em segundos, as tempestades da vida artística eram breves. A opinião de Elis mudava de rumo com a mesma destreza com que sua voz modulava tons. Se havia dito o não ríspido a Chico Buarque na França, o mal-estar seria logo desfeito. Elis esteve ao lado de Chico assim que voltou ao Brasil, quando os dois passaram a fazer parte do Jovem Flu, um grupo de artistas torcedores do Fluminense que queriam Francisco Laport como novo presidente do time.

Elis, Chico, o marido Bôscoli e mais o ator Hugo Carvana, o jornalista Nelson Motta, os cantores Dori Caymmi e Silvio Caldas e o agora diretor artístico de gravadora Armando Pittigliani assinaram um manifesto que teria consequências históricas nos rumos do tricolor: "O princípio básico do Jovem Flu é de que o Fluminense Futebol Clube forme e mantenha um grande time, justificando o seu nome. Para isso, o Jovem Flu exige uma revolução", dizia o documento. Os artistas não queriam que os dirigentes usassem o futebol como meio de projeção pessoal e política. Mesmo depois de ajudar a colocar Laport na presidência, da qual só sairia em 1972, o Jovem Flu tentou continuar na pressão para participar também da escalação, até que os próprios artistas perceberam que passavam dos limites e tiraram o time de campo. Elis, militante futebolística, já havia declarado sua opção nos gramados quando gravou "Bom tempo", em 1968, cantando "Jovem Flu satisfeito/ Alegria batendo no peito/ Radinho contando direito/ a vitória do meu tricolor". O autor da música: Chico Buarque.

A França marcava só o início da maior saga que Elis faria pela Europa depois que os músicos aceitaram o convite feito às pressas nos bastidores do Olympia. Quando o avião pousou em Estocolmo, na Suécia, para uma turnê de 36 dias pelos países vizinhos, um homem de fala mansa e bem-vestido, óculos de aro preto e uma calvície ganhando terreno recebeu o grupo na saída do aeroporto. Conversaram, trocaram gentilezas e marcaram um giro pela noite sueca de música quente sob graus negativos. *Que gentileza a Philips mandar um representante para recepcioná-los*, pensou Menescal.

Ao saírem levados pelo atencioso guia de sotaque francês, entraram num bar onde um grupo tocava jazz e ficaram por ali, entre goles de cerveja e papos de iniciados. Até que o rapaz se dirigiu aos instrumentistas da casa e pediu que eles deixassem os brasileiros darem uma canja. O grupo de Elis empunhou os instrumentos e começou a tocar música brasileira. O clima esquentou, e o guia não se conteve. Sacou uma gaita do paletó e subiu ao palco, tomando os improvisos com frases limpas e ágeis. *Esses suecos sabem tudo*, pensou Menescal. "Qual a próxima?", alguém perguntou. "Bluesette", sugeriu o gaitista. "Bluesette, Toots Thielemans", sacou Menescal. Toots Thielemans. "Bluesette." Toots... Calvície. Gaita. Aeroporto. Menescal teve a epifania. O guia sueco, ou o homem misterioso que as circunstâncias fizeram parecer se tratar de um guia, era o próprio Toots Thielemans. O gaitista belga que conduzira Ella Fitzgerald e Bill Evans com solos memoráveis, além de criar temas monumentais do jazz, estava ao lado do grupo o tempo todo.

Dois dias depois, quando já haviam passado por um programa de TV onde encontraram a cantora e ativista sul-africana Miriam Makeba, estavam todos no estúdio Europafilm, de Estocolmo, para gravar o disco *Elis & Toots*. Sem tempo para invenções, decidiram fazer um álbum de risco zero. Elis e Menescal pensaram em músicas que deslizariam sem enroscos. "Wave", "Aquarela do Brasil", "Nega do cabelo duro", "Corrida de jangada", "O barquinho", "Você", "O sonho", "Canto de Ossanha" e "A volta". Toots ficaria livre para solos e intervenções de fundo. As instrumentais eram "Visão", de Antonio Adolfo e Tibério Gaspar; "Wilsamba", de Menescal; e "Honeysuckle Rose", de Andy Razaf e Fats Waller. "Five for Elis", a única de Toots, havia sido feita sobre o tempo quebrado de cinco por quatro, uma inspiração nas divisões que Elis gostava de promover para testar a concentração de seus bateristas. O álbum foi gravado em dois dias de fevereiro de 1969 e entrou para a discografia da cantora como uma lembrança do ano de sua expansão territorial.

Menescal via episódios que o arrepiavam. Por vezes, era desencorajado a tentar cativar plateias em lugares como Suíça e Bélgica, onde o público não se rendia a desconhecidos que cantavam em idiomas estranhos. Ao saber das recomendações, Elis se preparou para a briga com o dobro da vontade. Alguns minutos depois do início do show, a plateia já estava em suas mãos. Em outra ocasião, um gerente avisou que as condições de interação de músicos e cantor eram sofríveis porque os músicos ficariam posicionados a uns cem metros de distância do palco onde Elis estaria. Quando ouviu isso, a cantora piscou para Menescal como se dissesse: "Então é aqui que vamos arrasar". Ao final da apresentação, vendo as pessoas aplaudindo de pé, ela foi ao ouvido do violonista para dizer: "Não tem essa de público, rapaz. A gente é que faz o público".

Havia ainda uma nova investida internacional da Philips para aquele ano, que seguia a política de aproveitar o momento para lustrar sua estrela internacional. A agenda previa para maio um LP gravado em Londres com a orquestra do maestro Peter Knight, mas ninguém suportaria esperar todo esse tempo longe do Brasil. O excesso de convivência entre os músicos e a distância de casa já cobravam seu preço. Elis começou a implicar com muitos detalhes e a deixar evidente quando não gostava de algo, um comportamento cada vez mais frequente. Preocupado com a unidade do conjunto, Menescal bolou uma estratégia da qual Elis jamais teve conhecimento. Como a demanda da cantora por companhia era grande, os músicos fizeram um revezamento para acompanhá-la em suas saídas. Um tomaria café com Elis, outro almoçaria e um terceiro jantaria. Depois dos encontros, as queixas do grupo passaram a chegar com uma frase cada vez mais frequente: "Pô, Menesca, assim não dá. Você viu o que ela fez comigo?".

Elis passou a não admitir que o grupo se separasse. Queria todos juntos no café, no almoço e no jantar. Mas o conjunto resistia, e seguia em revezamento. Elis queria alguém para ajudá-la a carregar as sacolas no dia em que resolveu fazer compras em Londres. Menescal, o cavalheiro de prontidão da vez, respirou fundo e seguiu com a colega, parando diante de cada vitrine, entrando nas lojas, observando e comentando sobre cada vestido. Quando as sacolas já eram muitas, ele começou a bambear. Na esquina da Oxford Street com a Regent Street, Elis avistou uma loja enorme e seus olhos brilharam. "Elis, esta é uma loja de noiva e você já é casada. Vamos embora?", argumentou Menescal. "Não, vamos entrar", disse Elis.

Tudo o que Menescal queria naquele instante era um quarto. Um quarto e um banho. Ele se virou para Elis e disse: "Então vai, Elis. Vai que te espero aqui", disse, prometendo ficar onde estava até ela voltar. Assim que Elis deu as costas, Menescal saiu em direção ao metrô mais próximo, rumo ao hotel. Antes de descer as escadas da estação, olhou para trás e viu Elis de pescoço alto tentando avistá-lo. Chegou ao hotel, mergulhou na banheira de água quente, mas não relaxou, imaginando como seria assim que Elis voltasse. Sua intuição estava certa. O telefone do quarto tocou, ele saiu da banheira, enrolou-se na toalha e atendeu: "Seu filho da puta. Então você me deixa sozinha", gritava ela, do outro lado da linha. "Desculpe, pensei que você tivesse ido embora", ele mentiu. Só alguns dias depois, dentro de um avião, Menescal entenderia quem era Elis Regina.

Havia muito cansaço na volta ao Brasil. Exaustos, saudosos de suas famílias, os músicos queriam descansar também de Elis Regina. Menescal sentou-se na poltrona da aeronave e abriu um livro em qualquer página mais para se proteger do que para ler. A cantora se aproximou pelo corredor, parou a seu lado e perguntou: "Posso me sentar?". Querendo dizer não, Menescal disse sim. "Claro, Elis, estou lendo um livro." "Eu também vou ler", ela disse. Menescal contava as horas para chegar ao Brasil e torcia para seguirem o voo em silêncio quando a cantora fechou as páginas da revista com força e olhou decidida para ele: "Você pensa que eu vou ser uma Elizeth Cardoso com sessenta e poucos anos cantando para sobreviver?". "Eu não estou pensando nada, Elis, só estou lendo, pelo amor de Deus." E ela prosseguiu: "Não, você pensa, sim. Mas você vai ver que não. Eu não vou ficar como a Elizeth Cardoso". Menescal voltou ao silêncio intrigado com a frase que fazia tudo ganhar sentido. Não era por acaso que Elis colocava três anos de vida em um. A existência, para ela, estava sempre sustentada por um fio. Tristeza e alegria eram experimentadas no limite e nada poderia ficar para depois. A vontade de fazer compras, de andar pelas ruas, de estar com os amigos. Os saltos sem garantia de retorno em cada canção só poderiam ser dados por quem tinha urgência de viver. Elis, pensava Menescal, não era para os fracos.

O Brasil também não. Quando o avião aterrissou com os músicos no Aeroporto Santos Dumont, o país já era outro. Entre o dia 13 de dezembro de 1968, data em que os homens do general Costa e Silva faziam valer o ato institucional nº 5, até o final de fevereiro de 1969, quando Gil e Caetano eram confinados em uma prisão domiciliar em Salvador, o terror instalado com violência física e psicológica tentava desidratar o ambiente artístico sufocando suas supostas lideranças. As notícias que não vinham mais pelos jornais transtornavam Elis. Gil, que faltara ao Midem por conta da prisão, iria logo mais se exilar em Londres com Caetano. Geraldo Vandré, parceiro de Elis na resistência por uma música de reafirmação nacional, fugiu para o Chile, de onde partiria para a França na condição de exilado intelectual. Desde seu recente segundo lugar no III Festival Internacional da Canção, com "Pra não dizer que não falei das flores", conclamando o povo a fazer a hora da revolução sem esperar acontecer, que os militares o tinham colocado na mira. Edu Lobo, outro colaborador de prestígio, estava nos Estados Unidos estudando orquestração e respirando o ar de Los Angeles. E Chico Buarque, que acabara de se apresentar com Elis no Midem da França, nem havia voltado. Alertado pela família, partiu para Roma com a mulher Marieta Severo, grávida de Silvia, a primeira filha do casal. O que seria um passeio de dez dias acabou se estendendo, sobretudo após a notícia das prisões de Caetano e Gil, para uma temporada de catorze meses. Elis Regina estava só, mas havia se preparado para isso.

Entusiasmada com as vitórias internacionais, Elis não sentia o impacto das perdas. Menos de quatro meses depois de voltar ao Brasil de sua temporada internacional, estava com o grupo Elis 5 de volta à Europa para gravar o LP *Elis Regina em Londres*. Ao chegar com os músicos ao estúdio, a pontual orquestra do maestro Peter Knight estava a postos. Um rápido comentário de Knight sobre alguns arranjos que ele ouvira em discos anteriores da cantora, escritos por Chiquinho de Moraes, havia deixado o clima um tanto hostil. "As orquestrações são boas, mas seriam melhores se os instrumentos estivessem afinados." O sindicato dos músicos ingleses havia ganhado uma batalha dos estúdios londrinos para garantir mais dinheiro e empregos à categoria. Gravações em playback não eram permitidas. Ou seja, nada de músicos gravarem bases para Elis chegar e colocar voz. Tudo deveria ser feito ao vivo. Outra condição exigida por acordo era a presença de instrumentistas ingleses no estúdio, mesmo se os estrangeiros trouxessem uma sinfônica completa. Assim, para cada músico brasileiro havia um equivalente inglês que ficaria de prontidão para assumir o posto caso alguém sofresse um infarto ou algo parecido.

Knight havia sugerido que os brasileiros ensaiassem com a orquestra por uma semana antes das gravações. Menescal agradeceu, mas dispensou a proposta, perdoando intimamente o maestro por não conhecer Elis. Assim que as cordas soaram no estúdio, a cantora pareceu flutuar a dois palmos do chão para cantar "A Time for Love" e "How Insensitive". Não havia muito espaço para a orquestra no samba rock "Zazueira", de Jorge Ben, mas sobrava em "Wave", "Você", "O barquinho" e em "Se você pensa", de Roberto e Erasmo. "Sim, Roberto Carlos", respondia ela, quando era mais uma vez lembrada de sua pouca fé nos jovem-guardistas. "Eu não gostava, mas mudei, dá licença? O Roberto, com 'Se você pensa', fez a música mais contundente sobre o relacionamento entre duas pessoas: a que explora e a que é sentimentalmente explorada pela outra. É a melhor música dele e a melhor que eu conheço no gênero", disse em entrevista ao *Jornal da Tarde*. Elis gravou o disco sem repetir nenhum compasso. Um único reparo aconteceu por causa de um violino desafinado. Quando a última nota silenciou, todos os músicos, titulares e reservas, se levantaram para aplaudir Elis.

Elis Regina vivia 1969 com vitórias e sorrisos que iam na contramão de quem perdia tudo. Uma depressão coletiva abatia o universo ao seu redor com a debandada forçada de seus timoneiros. A música brasileira, pela primeira vez desde o início da bossa nova, no final dos anos 1950, não sabia para onde ir. O trauma dos exilados, um dramático choque de realidade diante de um regime que se fazia fisicamente presente em suas vidas, assustava quem havia ficado no Brasil. Muitos sentimentos estavam misturados. Impotência, medo, saudade e dúvida: quem seria o próximo?

Chamas começaram a consumir a memória da música brasileira em janeiro de 1969, com uma sequência de incêndios que nunca tiveram suas origens esclarecidas. O império dos Machado de Carvalho, nascente da música brasileira moderna, era abatido pelo fogo. Em janeiro, a torre de transmissão da TV Record, que ficava na avenida Paulista, foi a primeira a ser destruída. Dois meses depois, labaredas que surgiram no camarim de Roberto Carlos tomaram o histórico Teatro Record Consolação. Mais quatro meses, no dia 13 de julho, ardia o Teatro Record Centro, o antigo Paramount, onde Elis havia começado sua história em São Paulo ao lado de Jair Rodrigues. Menos de três horas depois, a TV Globo perdia seus estúdios da rua das Palmeiras pelo mesmo motivo.

O V Festival da Música Popular Brasileira tornou-se o melhor retrato daqueles dias. Usando como base o Teatro Record Augusta, um antigo cinema alugado pelos Machado de Carvalho, a emissora tentou se reerguer. Mudou o formato das eliminatórias colocando o músico diante de jurados que agora ficavam no palco, dentre eles Maysa, Aracy de Almeida e Agostinho dos Santos. Parecia um show de calouros. A plateia e a audiência debandaram quando sentiram que a qualidade das canções não era a mesma. Se não fosse pelo jovem Paulinho da Viola, o festival daquele ano, tal qual os teatros, estaria condenado às cinzas. "Sinal fechado", que deu o primeiro lugar a Paulinho, era a não música e a não letra de festival, uma fuga proposital. Esse era o recado. A canção perdia suas referências e as pessoas não conseguiam mais se comunicar. "Olá, como vai?/ Eu vou indo, e você, tudo bem?" Paulinho dizia tudo sem dizer muito, a ponto de sensibilizar até os jurados.

O AI-5 levou mais tempo para ser sentido por Elis. Depois de saber de seus primeiros estragos, ela se comportou com certa indiferença e a confiança de quem nada devia. Do festival dos traumas, conseguiu aproveitar duas canções para seu repertório futuro: "Sinal fechado" entraria no show e no LP de *Transversal do tempo*, e "Comunicação", defendida por Vanusa, seria gravada no álbum *Em pleno verão*. No caminho contrário dos que partiam, Elis queria ficar, sobretudo agora que jovem-guardistas e tropicalistas faziam parte do passado. Roberto Carlos, o maior vendedor de discos de 1968, se tornara o primeiro brasileiro a vencer o Festival de San Remo, na Itália, cantando "Canzone per te", de Sergio Endrigo e Sergio Bardotti. Roberto havia acabado de se despedir das tardes de domingo com *O inimitável*, LP de onde saíam "As canções que você fez pra mim", "Ciúme de você", "Eu te amo, te amo, te amo" e "Se você pensa". Sua transição para cantor romântico criava um personagem que faria comprarem seus LPS não apenas garotas de quinze anos, mas suas mães. A transmutação de estilo aumentava seu público drasticamente e se provaria vital assim que a Jovem Guarda começasse a naufragar.

Se dependesse de Ronaldo Bôscoli, Elis não sairia mais do Brasil. "Uma cantora que ganha mais de 50 mil cruzeiros novos em seu país, apoiada pelo público e com seu marido ao lado, não pode se dar ao luxo de iniciar uma carreira no estrangeiro", disse à revista *Veja* em dezembro de 1968. Ainda com algum controle emocional sobre Elis, Bôscoli tentava domar os desejos da mulher em se lançar novamente pelo mundo. "Vou levar adiante minha carreira internacional, vale a pena", dissera Elis ao *Jornal da Tarde* em 3 de março de 1968. Mas, ao retornar da turnê europeia, seu discurso era outro. "Eu ganho muito dinheiro, 60 mil cruzeiros por mês, para me aventurar no exterior sem garantias extraordinárias. Não vou destruir tudo o que fiz somente para dizer que me apresentei no exterior. Além disso, adoro minha terra", falou ao jornal *O Estado de S. Paulo* em 22 de dezembro.

Por ausência de identificação ou falta de paciência, Elis nunca fez parte de movimentos musicais. Considerada uma cantora de MPB, o que nunca foi movimento, ela preferia andar só, mesmo quando colocada como parte de uma sigla, evitando concorrências internas. No Sul, Elis rejeitou a condição de cantora de exaltação das tradições regionais e, fora dele, não as usou para formar sua personalidade. No Rio, observou os cariocas mantendo deles uma distância segura e sem fazer esforços para ser aceita pela turma da bossa nova. Depois da Jovem Guarda, que repudiara antes mesmo que existisse como movimento, quando deixou claro o mal-estar que sentia no papel de uma espécie de Celly Campello cover, Elis se viu diante de outra novidade de existência grupal e, por consequência, excludente, chamada Tropicália. Ao saber da ideia de derrubada das fronteiras que existiam entre o rock eletrificado e os regionalismos acústicos propostos pelo tropicalismo, que havia precedido o exílio dos baianos, Elis, mais uma vez, disse: "Estou fora".

Elis era dura. Ela observava a expressão musical tropicalista como uma tentativa de capitalização sobre um invento sobretudo pop e sem relevância artística. "Gosto do Gil, mas de sua fase a.T., o Gil antes da Tropicália", disse ao jornal *O Estado de S. Paulo*. De Bôscoli, vinha uma interessante reflexão que desaguava em um involuntário elogio às avessas: "Eles [os tropicalistas] estão trinta anos à frente. A cultura deve ser dada ao povo em doses homeopáticas". Elis e Bôscoli desdenhavam publicamente da Tropicália, mas o que diziam não deveria ser retrato fiel do que pensavam. Afinal, Elis também fizera sérios planos para gravar um disco produzido pelo maestro dos tropicalistas, Rogério Duprat.

Duprat vinha de arranjos revolucionários impressos em canções interpretadas por Caetano, Gil, Gal, Nara, Mutantes e Tom Zé, com os quais lançaria o referencial *Tropicália ou Panis et circencis*, considerado um dos álbuns mais importantes gravados no Brasil. Havia criado uma saga monumental em "Domingo no parque", de Gil, misturando o Nordeste às guitarras dos Mutantes, invenção que conduziu a canção ao segundo lugar no Festival da Record de 1967. Duprat não saía da cabeça de Elis quando Armando Pittigliani, já diretor artístico da Philips, ligou para o produtor Manoel Barenbein: "Manoel, a Elis quer falar com a gente". Barenbein, Pittigliani, Fernando Lobo, pai de Edu, e Elis se encontraram em uma churrascaria nos Jardins, em São Paulo. "Quero que você produza o meu próximo disco", disse Elis a Barenbein. E emendou com um segundo pedido: "E que o Rogério Duprat faça os arranjos".

Seria um estrondo, pensou Barenbein. Elis aderindo ao tropicalismo sob a batuta de Duprat. Saíram todos animados da reunião, alinhando as ideias, mas Elis não voltou ao assunto. Barenbein estranhou o sumiço e logo ficou sabendo que a cantora estava em estúdio com o arranjador Erlon Chaves, dirigida pelo mesmo Pittigliani, gravando seu próximo trabalho que seria chamado *Elis: como & porque*. Algum tempo depois, voltaria a cruzar com Elis, que acenaria sempre com um "Manoel, precisamos gravar aquele nosso disco com o Duprat". Em 1974, o selo independente do pesquisador Marcus Pereira lançaria um disco que traria Elis interpretando canções de compositores gaúchos com os arranjos de Duprat. Um projeto que nada tinha de tropicalista e que pouco circulou. Já o álbum com o qual Barenbein sonhou jamais existiu.

Ignorando a falta de clima para patriotismos, Elis começou o novo disco declamando seu amor à pátria com "Aquarela do Brasil", de Ary Barroso. Ela havia ficado em dúvida se a unia com "Nega do cabelo duro", argumentando que o disco poderia soar envelhecido, mas Pittigliani insistiu na ideia e ela foi em frente. Quando chegou na parte do "qual é o pente que te penteia", percebeu o efeito de chocalho no chiado da frase e não teve dúvidas do acerto. As gravações de *Elis: como & porque* foram marcadas em um estúdio alugado pela Philips perto da estação de trem da Central do Brasil. Dos distantes Chico, Caetano e Gil não havia nada, mas de Edu Lobo ela aproveitava "Casa forte", com a melodia feita em vocalise, e "Memórias de Marta Saré". "O sonho", de Egberto Gismonti, trazia uma complexidade melódica de se ouvir muitas vezes antes de assobiá-la, e "Vera Cruz", de Milton e Márcio Borges, era outra que só se alcançava depois dos espinhos. Apesar das regravações de "Canto de Ossanha" e "O barquinho", Elis queria desafios mais elevados.

A contracapa do LP trazia quinze tópicos escritos por Elis em tom confessional. No terceiro, ela usava um episódio histórico para falar sobre seu novo conceito de coragem: "O medo que eu tinha se me afigurou ridículo vendo aquele homenzinho solto no espaço, sem cordão umbilical". Assim, ficou bonita a sua lembrança sobre o astronauta norte-americano Neil Armstrong, que se tornou o primeiro homem a pisar na Lua, em 20 de julho de 1969, no mesmo instante em que Elis e seus músicos gravavam o novo álbum. A realidade foi menos romântica. Ao ver Pittigliani e os músicos parando as gravações para assistir à cena pela TV que ficava em um cômodo abaixo do estúdio, Elis se enfureceu. Enquanto o locutor traduzia a frase que dizia ser aquele "um pequeno passo para um homem, um salto gigante para a humanidade", ela queria mandar seus músicos para Marte. "Que porra estão fazendo?" "O homem está pisando na Lua, Elis. Venha ver", disse Pittigliani. "Homem na Lua é o cacete. Vamos gravar e parar de ver essa palhaçada. Ficam esses americanos fazendo marketing."

Estar perto de Elis era estar sempre perto de Ronaldo Bôscoli. Aos que ganhavam sua confiança, ainda que temporariamente, a cantora se abria em intimidades sem filtrar os desabafos de seus dramas conjugais. Armando Pittigliani, desde a viagem em que a vira pela primeira vez, no Sul, se tornara um dos homens em quem Elis confiava. Assim que ele atendeu ao telefone no meio da madrugada, soube o tamanho de tal confiança. "Sou eu, Elis." "Oi, Elis, aconteceu alguma coisa?" "Você pode dizer para aquele filho da puta do Bôscoli que eu não quero mais ficar com ele?" "Ah, Elis, agora são quatro horas da manhã, depois eu falo com ele." Pittigliani também era amigo de Bôscoli e, no meio do fogo, testemunhava dribles do marido na esposa. Ao ouvir de uma "fonte anônima" que Bôscoli havia adentrado com outra mulher os portais de um motel, Elis foi à guerra. Depois de soltar os cães em Bôscoli, resolveu ouvir suas últimas palavras.

A justificativa de Bôscoli para estar em um motel com outra mulher, por sinal também casada, era a seguinte: depois de uma briga com Elis, ele se sentiu devastado, prestes a desmoronar. Precisava de um ombro amigo. Mas quem? Um homem não resolveria seu problema, não saberia o que lhe dizer. Homens em geral são rasos para os dilemas do coração. Se fosse ver uma mulher solteira e inexperiente, se depararia com o mesmo problema. Como fazê-la entender tal sofrimento se nem parceiro teria? Bôscoli foi, por isso, afogar suas mágoas com uma senhora casada. Incrível, mas a desculpa ia colando. "E o motel?", quis saber Elis. "Ah, sim", prosseguiu Bôscoli. Sendo ele um homem conhecido, não poderia entrar em um restaurante ao lado de uma mulher que não fosse sua esposa. O único lugar seguro para proteger Elis das más-línguas era um motel.

Outro escândalo doméstico viria depois de alguns dias. Elis descobriu que o marido Ronaldo tinha cama cativa no King's Motel de São Conrado, conforme informava a fatura do cartão de crédito do marido, enviada pelo correio: três estadas em menos de um mês. Sem Bôscoli em casa, ela abriu o envelope, preocupada em pagar as contas. Depois de constatar a traição, deitou-se no sofá, apanhou um livro e esperou o marido. "Meu amor, que saudade", disse ele, abrindo a porta. "Filho da puta, saia da minha frente", respondeu ela, arremessando o livro e a fatura em sua direção. "Elis, não é nada disso, você vai me ouvir", gritou Ronaldo. Ele sabia que a mulher respondia bem quando subia o tom. Assim que ela parou de falar, ele sacou outra de suas histórias. "Olha, você tem passado muito tempo ensaiando, e eu não consigo ficar nessa casa sem você. Fico louco, pego minha máquina de escrever e vou para o King's trabalhar com o Miele. Pode ligar para ele." Miele confirmaria qualquer absurdo que viesse pelo telefone em nome de Bôscoli, mas Elis não ligou.

Elis estava ainda furiosa com Bôscoli quando resolveu atender a um pedido de Miele: o pessoal do jornal *O Pasquim* queria muito uma entrevista com ela. Elis e *O Pasquim* teriam uma relação intensa. Duas grandes entrevistas seriam publicadas em momentos bem diferentes de sua vida. A primeira se deu em outubro de 1969. Ela ainda não era mãe, João Marcello nasceria no ano seguinte, e, apesar de estar brigada com Ronaldo, vivia com ele na grande casa da avenida Niemeyer. Elis topou, e os entrevistadores Millôr Fernandes, Jaguar,

Luiz Carlos Maciel, Sérgio Cabral, Paulo Francis e Tarso de Castro, a artilharia intelectual mais pesada da imprensa do país, se aprontaram para inquirir uma garota de 24 anos. Olhando para os "quilômetros de mar" vistos da sala e municiados de várias garrafas de uísque, entraram madrugada perguntando sobre vida, música, afetos, desafetos, virtudes e desafinações. Queriam Elis falando mal de alguém. Ao voltar para a redação, Luiz Carlos Maciel fez o texto de abertura: "Se sua inteligência impressionou, o que realmente cativou a equipe d'*O Pasquim* foi a sinceridade evidente de seus afetos, a franqueza de suas posições e o sorriso espontâneo, que é um dos segredos de sua graça pessoal".

Instigada a falar sobre as desafinações de Maria Bethânia, já muito comentadas nos bastidores por músicos e jornalistas, Elis respondeu: "Um músico uma vez me observou: 'Mas a Bethânia não é afinada...'. Aí eu perguntei: 'Quem é a cantora mais afinada do Brasil?'. Ele disse: 'Não sei'. Eu lhe disse: 'Pois é, então não é a coisa mais importante do mundo. O Sinatra também desafina para burro. No entanto, o médio das coisas do Sinatra é maior do que todo mundo". Não satisfeito com o que pareceu uma passada de pano de Elis, Millôr insistiu: "Você elogiou na Bethânia os pontos que me parecem ser a antítese do que você procura em sua arte".

Em resposta a Millôr, Elis falou das intenções diferentes das cantoras e as ligou à origem de cada. "Nós temos tipos diferentes de formação musical. Bethânia nasceu em Salvador, com um folclore rico, que tem muita música. Em contraposição, o folclore do Rio Grande do Sul, onde nasci, não é rico a ponto de a gente ficar vidrado e querer sair cantando 'Negrinho do pastoreio' a vida inteira. Vai encher um pouco a paciência." Elis havia sido formada sem a espontaneidade da tradição que lhe fora imposta e, portanto, rejeitada. "É muito acintoso esse negócio lá. Desde o pré-primário eles obrigam a gente a ficar cantando aquelas coisas, aqueles hinos terríveis, um negócio muito rígido. Então, você não se identifica com as músicas da tua terra, como eu não me identifiquei. Eu era vidrada em bolero, tango e, depois, música norte-americana." Ou seja, conforme explicava aos seis jornalistas homens que a encurralaram: "Uma coisa completamente diferente da genética de Bethânia".

Havia mais comparações. Tarso de Castro, o mais provocativo, deu a entender que Elis havia imitado Gal Costa ao gravar "Se você pensa", de Roberto e Erasmo Carlos, no disco *Elis Regina em Londres*. Gal gravou a mesma música, em andamento mais lento, em álbum lançado também em 1969. Elis desafiou

Tarso a ouvir as duas regravações: "Eu boto as duas gravações agora, e a tua cara vai cair". E explicou como se preparou para cantar o rock de Roberto. Em vez de ficar atenta ao som das palavras, ela ouviu o "som das notas". "Acho que as letras, às vezes, podem até prejudicar o som da música. Eu fui formada como um músico, entende?" A canção não saía de sua cabeça não pelos versos, mas pela melodia. "Eu comecei a cantar imitando o som do pistom (trompete). Quando o Nelsinho (Motta) me trouxe a letra, eu estava achando bom o som sem palavras, e procurei que as palavras ficassem com aquele som."

A intitulada "mais longa entrevista do *Pasquim*" até aquele ano de 1969 traz ainda Elis defendendo Chico Buarque: "O Chico é um cara que tem 25 anos e [as pessoas dizem que] 'já era'. Não consigo entender como podem pensar isso de um cara de 25 anos. É desprezar demais a capacidade que uma pessoa tem de criar, de fazer coisas. Num ano, Roberto Carlos apareceu dez vezes na capa de *Manchete* e dez vezes foi jogado no lixo". Então, Tarso muda de assunto e diz que não gostava de Elis por tê-la visto atacando Nara Leão em uma entrevista. Com uma fala que usou poucas vezes, Elis reconhece que não era uma pessoa muito bacana. Sua autoanálise é surpreendente. "Foi comportamento errado meu. Quando eu comecei a cantar aqui [no Rio] eu tinha só dezoito anos. Quer dizer dezoito anos, famosa, achando que era dona da verdade… Eu realmente reconheço que criei muito clima, muita aresta com várias pessoas desnecessariamente por falta de diplomacia, por não saber lidar. Hoje em dia eu não faria assim. Faço o possível e o impossível para que as pessoas entendam que eu não penso mais desse jeito, eu acho que estava realmente com o rei na barriga."

Ela responde ainda sobre os compositores que reclamavam de intérpretes que alteravam suas obras. "A grande vantagem dos músicos norte-americanos sobre os brasileiros é que eles não têm preconceitos. O Cole Porter é gravado e regravado de todas as maneiras possíveis e imagináveis há quarenta ou cinquenta anos. E é por isso que ele é o Cole Porter, um cara imortal. Reclamar das mudanças é, da parte dos compositores, que eles me perdoem, a maior frescura. Se eles têm uma visão de uma coisa, eu tenho o direito de ter a minha."

10.

Assim como a irreversível agonia da audiência do *Fino* havia levado à lona um dos maiores fenômenos televisivos da Record, os especiais com Elis que vieram na sequência também não vingaram. Miele e Bôscoli decidiram se voltar para os espetáculos teatrais, até porque não havia muita opção: a Record os demitira por falta de resultados. Assim, terminava também a era de Elis na emissora paulista. "Saí em solidariedade a eles", disse a cantora à época, simplificando um pouco a história. Sem o mesmo público ligando a TV para ver artistas cantando música brasileira como nos bons tempos, não havia mais ambiente para Elis. Depois de várias tentativas de mantê-la à frente de um programa, a Record decidiu dispensá-la. Mas Elis caía atirando: "Lá é tudo limitado. Não quero mais fazer televisão". Uma promessa que ela não cumpriria.

Uma temporada de shows no Teatro da Praia surgiu como uma chance para Miele e Bôscoli colocarem em cena um musical de Elis Regina com toda a influência norte-americana que eles já haviam provado ser viável desde as produções no Beco. Para centralizar a produção, a dupla criou a Praia Produções Artísticas Ltda., em que Miele e Bôscoli escreviam, Miele e Elis apresentavam e os demais — músicos, iluminadores, maquiadores e técnicos de som — prestavam serviço aos patrões. O teatro tinha 550 lugares e ficava em um prédio em obras. O escritório dos produtores foi improvisado na cobertura, com caixotes servindo de bancos e tábuas de mesa. O telefone, um dos primeiros objetos instalados no local, vivia em silêncio, até que, um dia, tocou. O presidente da companhia aérea Air France no Brasil, Joseph Halfin, tinha um convite a fazer. Ele ligava de São Paulo para contratar Elis para cantar na abertura do Molière, o grande prêmio das artes no país, que seria transmitido pela TV. O convite era honroso, mas algo intrigou a dupla. Uma apresentação de Elis na TV, àquela altura, poderia minar a força do espetáculo que eles estavam prestes a estrear no Rio. "Mas na TV serão 45 minutos, enquanto no teatro vocês terão duas horas", argumentou Halfin. Sim, fazia sentido. A reunião foi marcada, e o local escolhido para receber o presidente da maior companhia de aviação francesa foi a ainda inacabada sede da Praia Produções Artísticas.

Enquanto Halfin não aparecia, Miele e Bôscoli aproveitaram para ter uma discussão técnica sobre voos e galinhas, que nada tinha a ver com Elis, com a Air France ou com qualquer coisa que já haviam discutido em suas vidas. A questão de Bôscoli era a seguinte: se ele arremessasse uma galinha exatamente de onde eles estavam, o 13º andar de um edifício, ela voaria? "Não voa, não, Ronaldo", disse Miele. "Será que não?", duvidou Bôscoli. "Ronaldo, galinha não voa." Um terceiro elemento surgiu na conversa. "Chefia, dá licença, mas galinha voa, sim. Eu sei, já trabalhei em granja." Era o contrarregra da equipe, que ouvia a conversa atento enquanto pegava uma cerveja na caixa de isopor colocada no canto da sala. Bôscoli não desistiu: "Aposto cem cruzeiros que galinha voa". E mandou o contrarregra ir comprar o animal.

Joseph Halfin chegou tirando a poeira do terno. Se aproximou da dupla, fez os cumprimentos e foi logo aos detalhes do show e das passagens de avião que iria providenciar para a celebração do Molière, mas foi interrompido. "Dá licença, chefia", era o contrarregra com uma galinha enrolada em um jornal. "Só um minuto, sr. Halfin", pediu Miele, reabrindo a discussão. A convite de Bôscoli, foram todos para o parapeito enquanto Miele perguntava a opinião do maior especialista em voos que conheciam. "Halfin, o senhor acha que galinha voa?" O executivo pareceu pressentir algo: "Não faço a menor ideia", respondeu. "Ronaldo, me dá essa galinha", disse Miele, impaciente, retirando a ave do embrulho e a arremessando no espaço.

Diante do presidente da Air France, a galinha avançou alguns metros para frente, mas percebeu que não se sustentaria e entrou em pânico. Ao tentar voltar, perdeu altitude e colidiu de bico com a vidraça do andar de baixo. Soltou então um último som antes de despencar e se despedaçar na calçada. Miele virou-se primeiro para Ronaldo e disse: "Dá as cem pratas aqui, eu disse que galinha não voava". E, depois, para Halfin. "Como o senhor está pensando mesmo em fazer a apresentação de Elis no Molière?" Antes que o executivo respondesse, o contrarregra interferiu mais uma vez: "Chefia, a galinha tá lá embaixo mortaça. Tudo bem se eu pegar o que sobrou pra fazer uma canja?".

Alguns dias depois, Halfin ligou mais uma vez para marcar a reunião de assinatura do contrato. Desta vez, Miele foi à sede da Air France, em São Paulo, para fechar o negócio. Ao chegar, subiu pelo elevador da presidência. "Bom dia, senhor Halfin." "Olá, Miele, o senhor pode esperar só um minuto?", disse o executivo, pedindo que entrasse na sala um outro diretor da empresa. "Por favor, Miele, o senhor poderia contar a esse homem a história da galinha voadora? Ele diz que é tudo mentira." Miele saiu do escritório com um contrato assinado para Elis e a amizade dos realizadores de um prêmio que o produtor apresentaria na tv pelos próximos dezessete anos. Para Elis, o show no Molière serviria de aquecimento para o Teatro da Praia, temporada que se tornaria uma das mais especiais de sua vida: quando as cortinas se abrissem, ela surgiria levando um filho no ventre.

Em cena, Elis e Miele contavam casos, sapateavam e faziam imitações seguindo um roteiro que nem sempre conseguia amarrar tudo. Vinicius de Moraes, Erlon Chaves, Nelson Motta, Betty Faria, Pery Ribeiro e Claudio Marzo ocupavam algumas das primeiras cadeiras no dia da estreia. Muitas vezes biográficas, as falas de Elis traziam lembranças do Beco das Garrafas, lugar "onde o mais bobo dava nó em pingo d'água". Lennie Dale ganhava uma caricatura efeminada de Miele e era lembrado por Elis, que falava sobre os expressivos movimentos de braço que ela havia aprendido com o dançarino: "Fiquei louca com Lennie. Aí comecei a tal natação e fui apelidada de Hélice Regina". Miele, Elis e a plateia se divertiam. Duas partes mais sérias eram uma bela homenagem feita a Charlie Chaplin, com Elis vestida de Carlitos, e as citações a Caetano Veloso, ainda exilado em Londres: "É a pessoa mais importante da minha geração", dizia a cantora antes de interpretar "Irene", de Caetano, com um arranjo tropicalista de Menescal.

Cobrada de suas contradições pelos críticos, agindo frequentemente na contramão de suas falas, Elis não demonstrava constrangimento. A questão da vez era Caetano Veloso, que ela havia alvejado durante a Tropicália. "Um dia eu cometi o erro de dizer que não gostava do Caetano. Agora, estou aqui para dizer que ele é o maior poeta, o homem que faz as mais belas letras do Brasil. Eu não gostava do Caetano porque tudo o que ele fazia e dizia servia como uma carapuça para mim. Até o pescoço", disse, em entrevista coletiva, pouco antes de estrear no Teatro da Praia. Gil, também em Londres, era lembrado com uma interpretação de "Aquele abraço". O resultado dos shows animou a Philips a lançar a apresentação em disco: *Elis e Miele no Teatro da Praia*. A temporada só não foi mais longe porque era a hora de Elis virar mãe.

Segundo seu médico, Elis colocaria a gestação em risco se continuasse com a rotina dos palcos. Ela então prometeu ficar em casa até João, seu primeiro filho, nascer. Dois meses depois, no entanto, sentiu o peso da espera. Já estava craque no tricô, passava horas diante da TV e brincava com os cachorros contando os minutos para virar mãe. Um dia, percebeu que um de seus cães olhava para ela como se sorrisse com uma expressão diferente, e se assustou. Era voltar aos palcos ou enlouquecer. "Quando a gente começa a achar que o cachorro está com um sorriso diferente, é hora de sair de casa", desabafou. Miele e Bôscoli, mais uma vez, entravam em ação, mas seguindo as recomendações que o médico prescrevera depois de sentir que não conseguiria convencer Elis a permanecer de repouso. Ao contrário da dinâmica apresentação no Teatro da Praia, seu novo show, desta vez no Canecão, teria uma cantora mais estática diante do microfone, fazendo breves comentários antes de cada canção. O repertório trazia "Aquarela do Brasil", "Canto de Ossanha" e "Corrida de jangada". Assim como no espetáculo anterior, seu figurino era comprado em uma loja de crianças do Rio chamada Bebê Conforto. "Eu me sinto bem com elas, são do meu número", brincava Elis.

Logo no primeiro show, Elis levou à lona um homem de 1,93 metro de altura. Erasmo Carlos nunca respondeu frontalmente aos ataques da cantora durante as investidas da MPB contra a Jovem Guarda nem quis saber a razão de tanto ódio. A crítica o via com ressalvas, e muita gente da classe artística colocava em suspeita a qualidade de seus trabalhos. Ainda assim, Erasmo estava lá, na plateia de Elis. Sentado ao lado de André Midani, ele chorou quando Elis começou a cantar "As curvas da estrada de Santos". A música feita por ele e Roberto Carlos surgia na voz de Elis como se, finalmente, o levasse à glória. Só ali ele se sentiu, de fato, entre os grandes. Em entrevista ao jornalista Ruy Castro, publicada pela revista *Playboy*, em 1980, o cantor revisitou a noite em que, segundo ele, "deu a volta por cima". "Era o começo do reconhecimento, mas era também o fim de mágoas antigas, o começo de uma proposta, de um novo tempo, de amizade entre intérpretes e compositores das mais variadas tendências. O Roberto não estava presente, mas eu chorei por ele porque sei que ele também choraria se estivesse lá. Eu pensava: *A gente é legal, porra! Taí a prova de que nós somos legais!*"

Mesmo entusiasmada com o novo espetáculo, Elis sentiu que o filho queria nascer. Ela e boa parte da plateia do Canecão, que se assustava ao ver a barriga enorme da qual João Marcello parecia prestes a sair enquanto a mãe cantava "Vou deitar e rolar". Elis pronunciava com tanta convicção a parte do "quaquaraquaquá, quem riu, quaquaraquaquá, fui eu", um claro recado para o marido Ronaldo Bôscoli, que, da plateia, Paulo César Pinheiro, o letrista da música de Baden Powell, ficava aflito: "Ela vai ter um aborto espontâneo", dizia aos amigos.

João Marcello, o menino pelo qual o casal vibrava desde que Elis apareceu na imprensa abanando eufórica o resultado positivo do exame de gravidez, começou a vir ao mundo na manhã em que Elis chegou à casa da amiga Silvia Vinhas para uma visita corriqueira. Foi o pianista Luiz Carlos Vinhas, marido de Silvia, quem a levou ao hospital. Avisado por telefone, Ronaldo seguiu para vê-la no mesmo instante. João nasceria no meio de um ano de euforia para que o Brasil conquistasse mais uma Copa do Mundo, em um 17 de junho, na Casa de Saúde São José, no Rio de Janeiro. Mesmo dia de Brasil contra Uruguai, valendo uma vaga na final.

Apaixonado por futebol, Bôscoli sentia o coração palpitar por duas razões. Ela havia feito planos para receber os amigos na casa da Niemeyer. Juntos, iriam assistir ao jogo antes que o filho João entrasse em sua pequena área como um centroavante oportunista. Às 10h30, o menino achou o caminho do gol e veio ao mundo pelas mãos do obstetra Ivan Lengruber, em uma rápida cirurgia cesariana. A escolha do nome João Marcello satisfazia aos pais, mas traía um juramento. Ou melhor, dois. O nome João era vontade de Elis; Marcello, ideia de Bôscoli. O casal, no entanto, havia feito uma promessa a dois jogadores da Seleção Brasileira, Pelé e Carlos Alberto Torres, antes que eles embarcassem para o México. Se o Brasil voltasse com o título, o menino se chamaria Carlos Alberto, prometeu Elis a Carlos Alberto. Bôscoli fez a mesma promessa a Pelé. Se o Brasil trouxesse a taça, o menino se chamaria Edson.

Quando os rapazes chegaram com a Jules Rimet debaixo do braço, o casal apresentou a eles, na casa da Niemeyer, o novo membro da família: "Este aqui é o João Marcello". Pelé não se constrangeu: "Não importa, meu pai se chama João". Para o craque, a escolha não deixou de homenageá-lo.

Se perguntassem a Elis por que ela insistia em trabalhar mesmo grávida, fazendo shows e compras no supermercado, a frase saía pronta: "Gravidez não é doença. É vida". Confiante no ditado da mulher, Bôscoli deu uma passada no boteco mais próximo para uma calibrada nas ideias e voltou ao quarto da maternidade para ficar ao lado do filho depois de tomar algumas doses de uísque. A hora de o Brasil entrar em campo se aproximava. Ouvindo o barulho dos fogos, Bôscoli deu um beijo em João e correu para ver a partida com os amigos na Niemeyer. Com Clodoaldo, Jairzinho e Rivelino, o Brasil despachou a Celeste uruguaia por 3 a 1 e se aprontou para a grande final. João Marcello era seu amuleto da sorte. Quatro dias depois, o Brasil vencia a Itália no Estádio Azteca com um 4 a 1 liderado por Pelé, Gerson, Jairzinho e Carlos Alberto. Era alegria demais para Bôscoli, até que as más notícias começaram a chegar.

João Marcello não estava bem. O leite de Elis secou, e os médicos identificaram uma intolerância da criança ao leite de vaca e seus derivados, que muito complicaria a vida da mãe. Só outros seios poderiam alimentar João naqueles primeiros anos de vida. De saúde frágil, o garoto foi colocado no soro com um grave quadro de desidratação, sob observação e sem prazo para a alta. Seu estado piorou, e a equipe médica decidiu ter uma séria conversa com Elis, usando um tom preocupante. Elis passou a noite acordada, ao lado do berço do filho, fazendo confissões, promessas e juras de amor, chorando e sorrindo. No dia seguinte, os médicos entraram na sala e se espantaram com a melhora de João. Um deles perguntou como havia sido a noite, e Elis contou que tinham apenas "conversado muito". Inspirado, o doutor deu o diagnóstico: "Sua voz salvou o seu filho".

Elis deixou João com as enfermeiras e saiu do hospital direto para a casa da família Figueiredo, seus amigos no Rio de Janeiro desde o início do noivado com Bôscoli. Laura, mulher do empresário da noite Abelardo, dava colo à amiga e via Elis desabar com o sentimento de culpa. Ela acreditava que o fato de ter feito uma cirurgia plástica com o dr. Ivo Pitanguy para diminuir os seios havia prejudicado a amamentação. Mas as filhas de Laura, Mônica e Patrícia, se comoviam com aquilo que consideravam um traço brilhante da tia postiça.

Minutos depois do choro, Elis decidia tomar banho e mergulhava na espuma da banheira com um sorriso e uma leveza que já eram maiores do que os problemas. João era um mundo de sentimentos em que Elis finalmente poderia cultivar o amor incondicional sem se sentir uma peça de tabuleiro. Estava ali, em seus braços, o primeiro homem no qual ela poderia confiar.

Quase um ano depois, Elis resolveu escrever uma carta de amor ao filho. Assim que colocou o ponto-final, dobrou a folha de papel, fechou o envelope e o guardou em um cofre que tinha em casa. A ideia era mostrá-la a João apenas quando ele completasse dezoito anos. Orphila Negrão, amiga da cantora, negociava alguns de seus bens logo depois de sua morte, em 1982, quando encontrou o documento no cofre de Elis. João Marcello só soube da existência da carta por este livro.

Rio, 14 de junho de 1971

João

Queria era te dizer que te amo, preciso de você. Quero você mais do que tudo que já quis. Queria te dizer também que não sei como é que achava graça nas coisas antes de você surgir, porque eu sinto uma falta incrível de você. Quando não está por perto, os troços perdem o sentido e a razão. Outra coisa que você precisa saber é que você construiu pacas. Você me pegou um bagaço daqueles, me ajeitou, me maneirou, me devolveu a risada do ginásio, criou uma fonte de investimento em minhas áreas menos desenvolvidas. Negócio maravilhoso a sua mão no meu cabelo. A única mão que não me mete medo. Coisa linda seus olhos me olhando sério, me levando a sério, me descobrindo até pra mim. Incrível sua boca sorrindo e falando coisas poucas, mas o suficiente para nos entendermos e sabermos que estamos em boas mãos. Quanto eu te devo! Não tem o que dê jeito.

Você chegou e arrasou, acabou com o baile. Se porventura eu falhar, se não estiver à sua altura, se for menos do que você acha que merecia, não me imagine mais do que eu sou. Tenho tantos problemas quanto você. Não me culpe. Antes, procure me compreender. Sou resultado do que a vida fez comigo, inconsciente e inconsequentemente. Saiba, porém, que você foi o único ser com o qual eu não fui inconsciente nem inconsequente. Pensei, medi tudo, apesar de que não sou perfeita. Bem que gostaria de ter sido, mas nunca se consegue, mesmo tentando o máximo. O bacana é que sobra a todos uma vida para consertar os erros cometidos nesse pouco tempo e, no que depender de mim, creia, me jogo de cabeça e não te deixo em falta.

Só quero que a gente sempre fale de frente, sem camuflagem, olho no olho. Esteja certo, eu nunca vou mentir, nem uma mentira piedosa. O que tiver que ser vai ser. Nem que seja ferro em brasa, mas vai. Porque o que há de mais bonito é a confiança nos companheiros de briga. Fora dela, não há salvação. É o mínimo que posso fazer de verdade verdadeira com você, que me deu uma concepção nova de vida. Só me falta dizer muito obrigada por você ser tudo o que você é, por você ter nascido e por você ter me dado a felicidade de dividir tão intimamente o meu corpo. Sejamos felizes, é o que quero. E é o que há de ser, meu filho. Sou tua sempre. Mamãe.

Os shows voltaram logo, mais precisamente quatro meses depois da recuperação de João. Em sua primeira viagem a São Paulo, Elis se hospedou com o filho no Hotel San Raphael, na avenida São João. Miele e Bôscoli tinham um amigo em quem podiam confiar em São Paulo, José Nogueira Neto, o Nogueirinha. Assim que chegaram, Miele foi a ele explicar a situação: "Nogueira, seguinte: o João, filho da Elis, tem um problema. Só aceita leite materno. Mas o leite da Elis secou. Lá no Rio ela compra leite de uma clínica em Botafogo, mas aqui em São Paulo não sabemos como arranjar isso. Você conseguiria esse leite pra gente?". Nogueira saiu de farmácia em farmácia, mas nenhuma vendia o tipo de leite de que precisavam. Por meio de amigos médicos do Hospital das Clínicas, ele soube que só o Banco de Leite do Hospital do Servidor Público Estadual de São Paulo poderia ajudá-lo. O leite em excesso das parturientes passava por um processo no qual ele entrava líquido e saía em pó, com as propriedades inalteradas e seguro para ser armazenado. O problema é que o Servidor não estava autorizado a vendê-lo. Nogueira foi ao relações-públicas do hospital com uma proposta: em troca de doses diárias do produto, Elis faria campanha na TV para que as mulheres fizessem mais doações de leite materno ao hospital. Ninguém iria negar uma garota-propaganda como Elis Regina.

Nogueira era o parceiro de papos e copos de Miele e Bôscoli, sobretudo em noites de luar que não tinham Elis Regina. Em uma delas, Bôscoli o convidou para passar uma temporada no Rio e irem a uma boate conhecer um jovem cantor do qual todos falavam muito. Com Elis cumprindo agenda fora do

Rio, a noite era deles. Ao chegarem ao show, viram o cantor negro, alto, de sorriso enorme e voz ainda maior vestido como um alienígena em Copacabana. Emílio Santiago era seu nome, e seu futuro era de glórias desde que, pensaram os amigos, nunca mais usasse aquela blusa de gola rolê com calça de flanela creme no verão carioca.

Os amigos voltaram cansados para a casa da Niemeyer. Conversaram um pouco e foram dormir. Nogueira no quarto de hóspedes, Bôscoli na cama de casal. Mas Bôscoli começou a ficar inquieto, com uma taquicardia que às vezes atacava, despertando nele um incontrolável medo da morte. Além de não entrar em avião, o produtor temia morrer eletrocutado ou vítima de terremoto. Quando Nogueira pegou no sono, o parceiro foi a seu quarto. "Nogueirinha, sabe o que é, né? Eu estou aqui com essa palpitação. Vamos conversar um pouco, quem sabe eu me acalmo e consigo dormir." De rádio ligado, eles começaram a trocar ideias. Nogueira se deitou no lado direito da cama, Ronaldo no esquerdo. "Pô, mas aquele Emílio é bom mesmo, não?" "O cara arrasa." Falaram mais alguns minutos e dormiram. Quando o dia clareou, a porta se abriu e Elis entrou, furiosa ao ver a cena. "Ronaldo, o que você está fazendo na cama com um homem?" E não se acalmou nem quando reconheceu Zé Nogueira. "Pelo amor de Deus, Nogueira. Está dormindo com o meu marido agora?"

11.

Elis concluía que, de novo, mudar era preciso, seja lá o que isso significasse. Segura de que faria com a voz o que bem entendesse, sentia agora a necessidade de embarcar em voos mais juvenis, de perder o medo de ser pop, de andar por terras ainda mais desconhecidas. Fazer isso sem vender a alma é o que seria o seu desafio. Ninguém dos altos escalões da Philips lhe cobrava nada, até porque sabiam que Elis iria embora no dia em que ousassem enfrentá-la. Mas um fato é que a cantora nunca mais foi um estouro da boiada em vendas desde o primeiro *Dois na bossa*. Aos 24 anos, o detalhe de não ser ainda uma voz das massas era algo que a incomodava.

Nelson Motta chegou como o homem que poderia colocá-la nos trilhos de um outro destino, seja lá também o que isso pudesse significar. Jovem e antenado, bem relacionado, tinha o poder de se materializar nos melhores lugares onde quem gostava de boa música poderia estar. Quando a bossa nova nasceu nos apartamentos da zona sul do Rio, ele era da turma, amigo dos compositores. Quando a era dos festivais se estabilizou, atacava de jornalista e compositor. E quando Sebastião Rodrigues Maia começou a virar Tim Maia, traduzindo para o português o soul e o funk que ferviam nos Estados Unidos, Motta já era produtor após ter sido repórter em jornais cariocas. Jogando contra havia apenas o fato de ser ele um legítimo integrante da turma de Bôscoli, uma gente que Elis via de olhos vesgos por saber que era a ela que seu marido recorria antes e depois das batalhas domésticas. Era preciso uma aproximação estratégica e cuidadosa que Motta saberia conduzir com habilidade. Afinal, se estava feliz pelo convite de André Midani para ser o novo produtor de Elis, ela também precisava de seus serviços para operar a mudança que tanto queria.

Motta traçou para si mesmo algumas regras informais para que sua direção não acabasse em colisão frontal com uma muralha. Fazer o que Elis pedisse, com a subserviência de um samurai, era a primeira delas. Mostrar o que conseguisse recolher de compositores novos sem usar tons impositivos era outra. O produtor estava próximo dos Mutantes e adorava rock 'n' roll, mas decidiu pisar no campo minado com meias de seda, ainda que isso significasse, por vezes, abrir mão de seus gostos pessoais.

A estratégia deu certo, e o álbum *Em pleno verão* veio brilhante. Os arranjos de Erlon Chaves tinham sopros abertos, conduzindo uma voz vibrante e entusiasmada. Vou "Deitar e rolar (quaquaraquaquá)", de Baden Powell com Paulo César Pinheiro, era um samba encrencado mas bem próximo, com um refrão de se guardar na primeira audição. Sua origem nada tinha de revanche ou revide de Elis contra Bôscoli, embora partes da letra soassem como provas definitivas de suas turbulências conjugais: "Não venha querer se consolar/ que agora não dá mais pé nem nunca mais vai dar/ Também quem mandou se levantar/ Quem levantou pra sair perde o lugar". O arremesso da autoestima às alturas refletia sobretudo o retorno de Baden à vida depois de uma temporada tentando afogar a depressão no álcool. Dias difíceis, de quando era assombrado pelo fantasma de Teresa, a mulher que tanto amava e de quem havia acabado de se separar. "Vou deitar e rolar" era, oficialmente, a trilha do violonista reerguendo a cabeça ao lado do amigo Paulo César. Extraoficialmente, seria também uma ameaça que Elis dirigia ao marido infiel e que, em pouco tempo, colocaria em prática. O repertório trazia ainda o *hitmaker* Jorge Ben com duas, "Bicho do mato" e a inédita "Até aí morreu Neves", e Roberto e Erasmo Carlos, já nos braços da antiga detratora, com "As curvas da estrada de Santos" — um torpedo radiofônico de alta precisão. Por sugestão de Motta, Elis se libertava da gravação original, investindo em uma interpretação rasgada e livre, como uma cantora de soul norte-americana, reforçada por um piano blues e uma bateria volumosa que levavam a canção nas alturas até o fim.

Motta fez encomendas a Caetano Veloso e Gilberto Gil que, do exílio, em Londres, mandaram suas letras cheias de recados subliminares, na medida para driblar a capacidade de entendimento dos militares. "Fechado pra balanço" era Gil falando de si mesmo: "Tô fechado pra balanço/ Meu saldo deve ser bom/ [...] Viver não me custa nada/ Viver só me custa a vida". E "Não tenha medo" era Caetano enviando uma carta para Elis, mais escancarada, desafiando a inteligência dos fuzis. "Não tenha medo não tenha medo não tenha medo não/ [...] Nem um não/ Nem um senão/ Nem um ladrão/ Nenhuma escuridão/ Nada é pior do que tudo/ Que você já tem no seu coração mudo." Apenas um senão ficaria por conta dos arranjos de Erlon, que mais tarde Motta consideraria exagerados. *Em pleno verão* abatia dois alvos com um disparo. Elis soava livre, leve e jovem conseguindo, mesmo que em doses calculadas, um grau maior de engajamento político. E tinha mais. Uma participação armada por Motta faria as testemunhas crerem na existência dos deuses.

"Puta que o pariu, que cantor é esse?" Elis não segurou o susto quando ouviu Tim Maia pela primeira vez, cantando "Primavera" em uma fita que Motta havia levado de uma reunião com os executivos da Philips. A fita foi apresentada pelo produtor Manoel Barenbein aos colegas de trabalho, quando Motta pediu para mostrar a Elis quem era o negrão black power que vinha fazendo a cabeça dos diretores da gravadora. Embora ainda desconhecido, Tim tentava uma carreira na música havia três anos, desde que voltara de uma temporada nos Estados Unidos. Mais do que um dueto, juntá-lo a Elis Regina seria um duelo.

Motta o convidou para aparecer na Philips no dia de gravação, e Tim foi cheio de vontade. Ajeitou o violão no colo e começou mostrando "Primavera" e mais meia dúzia de canções. Quando chegou a "These Are the Songs", uma balada *à la* Marvin Gaye com partes em inglês e português que ele mesmo havia composto, Motta e Elis gritaram ao mesmo tempo: "É essa!". A música foi gravada naquele dia. Não por acaso, Tim havia escolhido cantar o momento mais solto, mais soul, quando tinha certeza de que deitaria nos improvisos. Ao ouvir Elis rasgando, vinha como um trator. Se um queria sexo, o outro falava de amor, e Nelson Motta sentia estar escrevendo uma parte da história.

O tiro acertado no alvo de *Em pleno verão* aproximou Nelson Motta de Elis Regina com uma serenidade inédita no histórico de relacionamentos profissionais da cantora. Era como se Nelson soubesse dos terrenos em que não

182

deveria pisar e como se Elis retribuísse o respeito sem jamais destratá-lo. Havia um contexto para que essa aproximação ficasse forte. Ronaldo Bôscoli rondava mais por São Paulo do que pelo Rio de Janeiro, às voltas com sua nova Boate Blow Up, aberta na rua Augusta em sociedade com Miele. Sem mais receber do marido tantas novidades artísticas como no começo do relacionamento, Elis viu no novo produtor o portal que a levaria a mundos desafiadores. A fila começava a andar. Motta, mesmo casado, passou a gostar de Elis além da conta já no terceiro mês em que trabalhavam juntos. Em uma das noites em que Bôscoli estava em São Paulo, combinou com a cantora e compositora Joyce Moreno, na época assinando apenas Joyce, e seu marido de então, Nelson Angelo, de irem os três ao casarão de Elis, na avenida Niemeyer.

Joyce, de quem Elis gostava muito e acabara de gravar "Copacabana velha de guerra" após descobrir seus dons no IV Festival Internacional da Canção Popular da TV Globo, queria mostrar músicas novas para o próximo disco da amiga. Nelson Angelo também poderia emplacar alguma. Conversavam todos recostados nas espreguiçadeiras brancas do terraço até que Joyce, grávida de sete meses de sua primeira filha, sentiu sono e foi levada para dormir na cama de Elis. Sem Joyce na turma, comprimidos de mescalina foram distribuídos e todos iniciaram suas viagens. Nelson Motta conta ter sido ele a pessoa que levou para o encontro a substância que Tim Maia havia trazido dos Estados Unidos.

O efeito da droga veio logo, como descrevera Aldous Huxley em seus estudos publicados em *As portas da percepção*, quase duas décadas antes. As luzes passaram a brilhar mais, e a música começou a se misturar com os odores da noite — algo que Huxley classificara como um cruzamento de sentidos. Ali, provavelmente pela baixa dose que tomaram, não houve sintomas de *bad trip* — as viagens indesejáveis que poderiam levar a surtos de dor e angústia. Suspensos no tempo, os amigos se sentiam leves, confiantes e transbordando de amor pelo universo. A madrugada avançou. Pela manhã, Joyce despertou e foi até o terraço onde estavam Elis e Nelson Motta, ainda deitados na espreguiçadeira e com os pés para fora da manta. A cantora percebeu que algo estava ficando sério demais para haver testemunhas, chamou o marido e partiu. Sozinhos, Motta e Elis começavam a aliviar as vontades proibidas dos dias de gravação com beijos apaixonados.

Vigarista, traidor? Não. Havia sinceridade em seus sentimentos. Sinceridade? Qual sinceridade poderia justificar tal atitude? Elis havia cantado em seu casamento, um álbum de fotos documentava as memórias daquela noite. Sim, ele era digno do inferno, mas amava Elis. E Bôscoli? Seu amigo, seu mestre? A criatura tinha o direito de engolir o criador depois de golpeá-lo pelas costas? Menos. Havia muito tempo que Bôscoli não tratava a esposa como deveria. Se não fosse em seus braços, logo encontraria outro refúgio que a restaurasse até a perfeição. Ainda assim, era sujo. Mas não mais sujo do que as desavenças e os palavrões do casal. Sim, ele estava decidido, iria brigar por Elis. Mas havia ainda sua mulher, suas duas filhas. O que pensariam do pai? Um canalha por estar com outra ou um covarde por não lutar pela própria felicidade? Nelson Motta dirigia pelas curvas da avenida Niemeyer ouvindo anjos e demônios. Ainda sem saber qual deles tinha razão, sentia uma euforia brotar nos porões da alma com uma violência que quase o fazia levitar naquela primeira manhã depois de ter tido Elis Regina só para ele.

Nelson, sem dizer nada à mulher, e Elis, silenciosa com Bôscoli, configuraram um legítimo caso extraconjugal. A princípio, não havia grandes problemas que os impedissem de se encontrar, mas a imprensa começou a captar os comentários que pairavam pelos ares do Rio. Quando procurado por jornalistas especializados em alcovas, Motta tinha, literalmente, um texto pronto: "Perguntar a mim sobre os problemas de Elis com o Bôscoli é bater na porta errada", escreveu a uma repórter da revista *Intervalo*, em 1971, autorizando que ela publicasse suas palavras na íntegra. "Como padrinho de casamento deles, só resta torcer para que tudo se resolva. É muito penoso ter de ver tanta gente se meter e torcer contra um casal que teve a sorte-azar de ser famoso e admirado." Ao final, o produtor tentava dissipar as nuvens carregadas citando com bom humor os filhos pequenos dos dois casais: "Mônica e eu temos a Elis como nossa futura consogra, já que é inevitável o rumoroso caso entre o senhor João Marcello Bôscoli e a senhorita Joana Motta".

Nelson começava a trabalhar no novo disco que Elis lançaria sob sua administração e andava envolvido com a produção da série musical que tinha a cantora como uma das apresentadoras. O *Som Livre Exportação*, na Globo, seria sua volta à TV depois de fracassadas tentativas de emplacar na Record um novo fenômeno de audiência. Cada vez mais próximos, Elis e Nelson passaram a criar zonas seguras de conforto. Um dos refúgios era o Hotel Margaridas, em

Petrópolis. Elis chegava para o encontro secreto trazendo o filho João Marcello, de um ano, e a babá a tiracolo. Passavam ali um final de semana unidos e voltavam para suas vidas reais cheios de culpa e felicidade. Sair pelo Rio juntos era difícil, mas não impossível. O bunker mais confiável era o apartamento de André Midani, que muitas vezes os recebia pela manhã com a mulher Márcia Mendes, apresentadora do telejornal *Hoje*, da Globo. Ou a casa de Rogério, irmão de Elis, que assistia de camarote ao par de pontas brotar na testa do cunhado cujo santo jamais bateu com o dele. O King's Motel, em São Conrado, era um dos poucos destinos seguros em território carioca. Elis não usava disfarces, mas se abaixava assim que chegavam para pedir um quarto.

Sem uma faísca que pudesse causar incêndio na relação, Nelson Motta animava-se para tirar seus LPs do plástico. Enquanto escolhia o repertório do próximo disco, levava Elis a um mundo que ela pouco conhecia. James Taylor, o rapaz norte-americano que se mudou para Londres em 1968 para ser lançado pela Apple, a gravadora dos Beatles, valia uma audição atenciosa. Crosby, Stills and Nash, Cat Stevens, Led Zepellin, Rolling Stones. Motta entrava na vida de Elis com vinis que, anos antes, poderiam ser arremessados contra a cabeça dele. A guitarra, definitivamente, não era mais um mal a ser combatido, mas uma aliada. E foi em uma dessas incursões que Elis aceitou gravar "Golden Slumbers" no disco *Ela*, uma canção de Lennon e McCartney que os Beatles haviam lançado dois anos antes, em 1969, no álbum *Abbey Road*. Com Motta, Elis derrubava a última muralha, mesmo quando o resultado não ficava entre os melhores. Os arranjos de Chiquinho de Moraes, sobretudo nos timbres de um teclado de cabaré, embrulhavam os Beatles com fitas demais. Caminhando perigosamente por um território sagrado, Elis partia para uma postura vocal que suprimia a delicadeza da canção sem reinventá-la. Os Beatles, que não eram a praia nem de Elis nem de Chiquinho, jamais voltariam a um disco seu.

A compensação surgia no campo em que Elis jogava de olhos fechados. Além de ouvir o que Motta lhe mostrava, ela queria sangue novo e ainda confiava, sobretudo, no próprio faro. Seguindo suas orientações, Motta saiu à caça e deparou com Ivan Lins, um rapaz de 25 anos que começava a circular nos shows universitários. A própria Philips já estava de olho em seu jeito de compor. Só faltava o telefone tocar. "Olá, Ivan Lins? Aqui é o Nelson Motta. Estou com a Elis, e ela queria conhecer seu trabalho. Você pode mandar uma fita?" A resposta deve ter sido um "claro que sim", mas Ivan não se lembra exatamente por sentir que sofreu um apagão.

A Ivan Lins, um chamado de Elis era algo equivalente a John Lennon convidando um garoto para tocar em sua banda. Ivan via Elis pela televisão como um ser inatingível, com uma força que fugia à sua compreensão. Agora, ele precisava gravar algumas músicas em uma fita e enviá-las para Nelson Motta. Simples, se a ansiedade não fizesse os dias levarem o dobro do tempo para passar. Entre as gravações, mandou aquela na qual mais acreditava, "Madalena", um extenso samba composto com Ronaldo Monteiro de Souza, de harmonia movimentada e levada quente. Motta ligou de volta assim que ouviu a fita: "Ivan, tem aqui umas três músicas bacanas, mas você não quer encurtar essa 'Madalena'?". Ivan topou, passou a tesoura em alguns versos e reenviou a fita. Ficou dois dias andando pela sala até que o telefone voltou a tocar. "Ivan, aqui é o Roberto Menescal. Estou fazendo os arranjos para o disco da Elis. Você não quer passar no endereço dela amanhã para vocês se conhecerem?" Mais uma vez, Ivan sentiu o chão se abrir.

Assim que abriu a porta para Ivan, Elis, talvez por vê-lo tão trêmulo, o recebeu com mais delicadeza que o normal. A presença do músico era importante não só para que se conhecessem, mas também para que o pianista José Roberto Bertrami, que acompanharia Elis na gravação, aprendesse o singular jeito de Ivan lidar com as teclas. O encontro foi simpático, agradável, deixando as melhores impressões entre as partes. Uma semana depois, Elis voltou a chamar Ivan para falarem mais sobre o repertório.

Ao retornar à casa da Niemeyer com o parceiro Ronaldo Monteiro, Ivan tocou a campainha e a empregada atendeu. "Olá, eu sou Ivan Lins, e este aqui é o Ronaldo. A Elis está?" "Só um minuto." Ao anunciar as visitas, a funcionária só mencionou Ronaldo. A noite anterior não havia sido de carícias entre Elis e Ronaldo Bôscoli, que acabou indo dormir em um hotel depois de brigarem feio. Ao ouvir a empregada dizer que Ronaldo a chamava, Elis veio atender pisando firme e soltando palavrões. "Cachorro, como é que você tem coragem de aparecer na minha casa?", dizia enquanto se aproximava da porta. Ivan lembra que não fazia ideia do que acontecia, mas teve vontade de chorar. Elis percebeu logo o engano e se recompôs em segundos, como se nada tivesse acontecido, pedindo que os dois entrassem.

Três meses antes que o LP saísse, em abril daquele ano, "Madalena" era lançada pela Philips em compacto duplo, uma jogada para esquentar o futuro lançamento e tentar levar Elis às massas com incansáveis execuções nas rádios. Deu certo. A lista dos compactos mais vendidos no Brasil em 7 de março de 1971 tinha Elis no topo, com "Madalena", seguida por Roberto Carlos ("Ana"), Johnny Mathis ("Close to You") e Waldick Soriano ("Paixão de um homem"). Vencer Roberto, ainda que o LP não repetisse a mesma façanha, ficando em sexto lugar durante suas primeiras semanas no mercado, tinha um sabor especial e selava um dos raros encontros harmoniosos de Elis. Mais do que uma parceria entre cantora e compositor, Elis seria, para sempre, a protetora de Ivan Lins.

A busca por um grande repertório seguia, e Motta lançava mão de outra estratégia para fazê-la gravar uma música que já havia sido lançada por outra cantora, uma questão delicada. Incluir "Cinema Olympia", de Caetano Veloso, era missão quase impossível, uma vez que a outra cantora em questão era ninguém menos que Gal Costa. Além da insegurança que fazia Elis evitar rinhas com grandes vozes, havia um agravante: naquele momento, uma polarização era criada entre as duas maiores artistas do país — em parte artificial, estimulada pela imprensa; em parte natural, percebida pelo público. Para muitos, Gal era a moderna e Elis, a antiga. Por mais que tivesse feitos que a desvencilhassem da imagem de tradicionalista, algo que parecia cristalizado sobretudo depois que o tropicalismo estabelecera novas possibilidades também às cantoras, Elis ainda era atingida pela crítica. Nelson Motta tentou cicatrizar a ferida fazendo-a sangrar: "Elis, por que você não grava esta música?", desafiou. "Porque a Gal já gravou", respondeu Elis. "É por isso mesmo, faça melhor", insistiu ele. Elis, assim como Gal, jamais reconheceria publicamente a concorrência, até porque as duas alimentavam uma relação fraterna. Mas, em silêncio, a história era outra. Gal era a realidade a ser enfrentada, um arraso sem fazer força, a voz de um pássaro em extinção. A chance de mostrar que poderia ser melhor do que isso era tentadora. O.k., que viesse "Cinema Olympia".

Quando se sentou para ouvir o resultado da gravação, Nelson Motta o considerou muito semelhante ao estrago de um tiro que se dá no próprio pé. Não era para ser assim, com tantas cordas colocadas pelo maestro Chiquinho de Moraes, tanta imponência orquestral em uma faixa que deveria soar com a força autossuficiente de um rock 'n' roll. Elis não parece ter tido a mesma impressão, já que cantou "Cinema Olympia" muitas vezes, mas uma reflexão tomou o produtor depois do incômodo com o episódio. Colocada ao lado de Rita Lee, Elis protagonizava um contraponto interessante. A amiga Mutante havia nascido com voz ideal para cantar bossa nova enquanto Elis, a voz da MPB, tinha tudo para ser uma roqueira fenomenal.

O grupo que saiu pela estrada com Elis para lançar o disco *Ela* era o mesmo que havia participado das gravações. Seu novo guitarrista era Toninho Horta, um rapaz de linguagem jazzística, desenvolvida junto à turma de Belo Horizonte, uma das gratas surpresas na música instrumental dos últimos anos e que Elis aceitou após submeter a um teste em sua casa. O segundo guitarrista era o jovem Nelson Angelo, um fã incondicional de Elis desde os tempos de *O Fino da Bossa*. O piano era de Sérgio Carvalho; o baixo, do pernambucano Novelli; a percussão, de Hermes Contesini; e a bateria, do experiente Wilson das Neves, que Elis já havia tirado da TV Tupi pagando o dobro. "Quanto você ganha lá?" "Seiscentos cruzeiros", respondeu Das Neves. "Venha tocar comigo que eu pago mil e duzentos." Negócio fechado.

Depois de passar por várias cidades, o grupo iria terminar a temporada com um show em um clube de Vinhedo, no interior de São Paulo. O clima nos bastidores não era dos melhores. Alguns músicos vinham contestando os valores do cachê e pediam aumento, mas a cantora achava a partilha a contento e se exaltava com o assunto. Após ser apresentado por Miele, o grupo subiu ao palco e fez o show até o final, com profissionalismo. Quando soavam os últimos acordes de "Upa, neguinho", Elis foi ao microfone como quem arremessa calmamente uma granada para trás: "Eu queria que vocês aplaudissem minha banda com força porque, a partir de hoje, ela não toca mais comigo". O conjunto inteiro estava demitido.

12.

Nelson Motta era um resort que Elis se daria ao luxo de frequentar depois de dois longos anos de tormentas ao lado de Ronaldo Bôscoli. Com Nelsinho não havia estresse, cobranças nem detalhes da relação a serem discutidos. Opiniões não se tornavam quedas de braço e ideias não soavam como provocação. Nas benesses da vida extraconjugal experimentada por Elis, ninguém perguntava onde estava o dinheiro da feira nem contava no calendário os dias sem sexo. Até que, um dia, o boleto chegou com o preço da aventura. E Nelson Motta conheceu o inferno.

Assim que os rumores de sua relação secreta com a cantora começaram a ser amplificados, o produtor tentou aliviar a consciência separando-se da mulher e deixando para a família a casa com todos os móveis. Nelsinho foi morar no apartamento de um amigo no bairro da Lagoa, que, aos poucos, se transformava em uma espécie de refúgio de jovens divorciados da zona sul do Rio, com direito a viagens lisérgicas ao som de Cat Stevens. Sua felicidade plena parecia estar a um passo de se concretizar, bastava Elis pedir o divórcio. Motta soube que o romance havia chegado aos ouvidos de Bôscoli, e soube também da frase que Bôscoli disse ao descobrir que estava sendo traído por seu aprendiz de galanteador de 1,67 metro de altura. "Até que enfim Elis encontrou alguém à sua altura." Mas, para Motta, valia passar pela tempestade. Seu casamento estava sendo finalizado, e o de Elis, ao que lhe parecia, também. Ao menos, era o que Elis dizia. "Vou me separar, agora vou", prometia. "De hoje não passa", reforçava. "Agora, ele foi longe demais", seguia, sem tomar nenhuma decisão.

Elis não só não se separou como armou a cena que fez Nelson Motta pagar caro pelo envolvimento com a mulher do amigo. Certa manhã de outubro, Motta atendeu ao telefone. Elis falava como se não fosse Elis, a sua Elis. Tinha um jeito formal, a voz dura e uma certeza inabalável. Ela dizia estar ao lado do marido. Bôscoli, ela dizia, estava enfermo, internado em um hospital para se tratar de uma depressão provocada pelos boatos sobre a traição da mulher.

Na frente do marido, Elis culpava Nelsinho por tudo e pedia que ele parasse de espalhar mentiras para os jornalistas. Depois de afirmar que nunca existiu nada entre os dois, e que jamais existiria, a cantora desligou o telefone sem se despedir. Nelson ficou paralisado, lutando para crer que tudo não passava de uma estratégia de Elis para se desvencilhar das desconfianças do marido. Mas não. Elis não o procurou mais, e ele entrou em uma perigosa espiral de sentimentos melancólicos. Como última estratégia, depois de mandar recados até por dona Ercy, apanhou todas as cartas que havia recebido da amante e as levou a Rogério, irmão da cantora, para que ele mostrasse tudo e, quem sabe, fizesse Elis se lembrar do que haviam vivido. Sem esperanças, Nelsinho partiu para Londres. No destino que sonhou ir com sua amada, se entupiu de ácido com todos os malucos da Portobello Road até vencer o luto. Era o fim de sua temporada de Elis Regina.

Aos jornalistas, Elis já havia sinalizado uma possível separação de Bôscoli ao discorrer sobre suas convicções a respeito do casamento e da maternidade. Para ela, o matrimônio jamais deveria ter os filhos como sustentação. "Tem muita gente que pensa que filho pode dar jeito em casamento destrambelhado. Puro engano, ou irresponsabilidade. É obrigação evitar que a criança cresça em uma casa doente", disse à revista *Fatos & Fotos*. Elis sentia que as desavenças que ela e Bôscoli chegaram a alimentar em público pesavam demais. Depois de experimentar as águas mansas de Nelson Motta, voltar a dizer palavrões no café da manhã era mais que retrocesso. Miele, mesmo sentindo a maior intensidade dos desentendimentos, valorizava cada instante ao lado da dupla, degustando as tiradas de Bôscoli e as interpretações musicais domésticas de Elis. Quando não era tenso, estar naquela casa era divertido. Elis, dizia

190

ele, era a única artista dona de um talento com o qual ele não conseguia, e não queria, se acostumar.

Bôscoli e Miele foram convidados pela Globo para dirigir uma série com o nome *Elis Especial*, que também poderia se chamar *Bôscoli Especial*, tamanha a impressão digital do produtor em cada episódio. Com o respaldo financeiro e tecnológico da Globo, as ideias dos diretores eram quase todas possíveis de se tornar realidade. Elis dançava tango com Jece Valadão, segurava Miele em miniatura na palma da mão e aparecia ao lado de uma sósia pelas ruas do Rio cantando "Copacabana velha de guerra". Declamava os textos do marido, atuava como protagonista nos quadros e cantava, na maioria das vezes, em playback, ao contrário do calor das performances ao vivo. O primeiro programa abria com sua imagem diante do espelho, maquiando-se de palhaço enquanto dizia: "Especial? É, é uma ideia. Só que eu preciso me acostumar à ideia de trabalhar sozinha. Já não me agrada que seja muito individual, eu o tempo todo não me agrada. Não, não é isso, não. Eu tenho certeza do que sei fazer. Não é medo de errar, não. É medo de estar só. Aquele medo que, no fundo, os astronautas devem ter". O texto de Bôscoli ganhava a sinceridade de Elis e rendia audiência.

A cantora surgia autobiográfica entre bonecos gigantes de Jair Rodrigues, Frank Sinatra, Pelé e Vinicius de Moraes. Ao lado de cada um, repassava a vida. "Vinicius de Moraes tem muito a ver comigo, com minha carreira. Ele me batizou Pimentinha. Li sobre o amor através dele. Vinicius, o que ama sempre como da primeira vez." Sobre Jair, uma imposição sua para que estivesse entre as quatro personalidades, já que Bôscoli continuava não vendo no sambista afinidades artísticas que justificassem sua presença ao lado de Elis, ela dizia ser o "Jairzinho do meu ataque", lembrava do "gol" que haviam feito em 1965 no show do Teatro Paramount e arrematava a plateia dublando o pot-pourri de sambas do disco *Dois na bossa*. Elis encostava-se então na imagem de Frank Sinatra, ídolo de Bôscoli, e dizia: "Frank Sinatra, maior carreira de cantor do século xx. Taí um cara que fez tudo bem, na hora certa. Taí um cara que viveu tudo de uma vez só. Sinatra é um ser desconcertante. Romântico e cruel, engraçado e triste". O quadro terminava com Elis escorada em Pelé, "o único bom moço dos quatro", cantando "Perdão, não tem", do próprio jogador, que Elis havia gravado com ele em 1969 no compacto *Tabelinha: Pelé × Elis*.

A lealdade de Miele, oferecida com a mesma entrega para Elis e Bôscoli, tornava o produtor um ponto de equilíbrio na vida do casal. Com ele, cenas que poderiam ser trágicas ficavam cômicas. "O que Miele pedir eu faço", dizia Elis para alfinetar Bôscoli, mostrando que sua doçura era reservada aos que a mereciam. "Elis, vamos fazer uma cena em que você e Menescal saem do mar usando roupa de mergulho, o.k.?", disse Miele, em um set no Clube Costa Brava, no Rio, onde eles gravavam um clipe para a música "Carta ao mar". "Mas eu não sei nadar e aqui está muito fundo", disse Elis. "Sem problema, qualquer coisa o Menescal pega você, ele é campeão mundial de pesca submarina." Usando equipamento adequado, Elis submergiu e quase não voltou. Quando parecia se afogar, Menescal a retirou das águas. Assim que recuperou o fôlego e retirou a máscara de mergulho, xingou Miele, Bôscoli e Menescal com uma ira incontrolável.

Outro episódio que comprovou sua importância na balança de egos do casal se deu no dia em que Miele foi convidado por uma repórter e um fotógrafo para irem todos à casa de Elis fazer uma grande entrevista. Os jornalistas disseram que estavam sem coragem de ir sozinhos, e pediram ajuda ao produtor. Miele aceitou, sabendo que sua função poderia ser a de um segurança. O casal os recebeu simpático, respondeu a todas as perguntas e, depois, Elis serviu o almoço. Com todos à mesa, Bôscoli pediu que a mulher passasse o sal. "Por quê? Tá dizendo que minha comida não tem sal? Vai comer a comida da tua mãe, aquela idiota", respondeu Elis. "Minha mãe, idiota? E a tua? Aquela lavadeira", devolveu o marido. Elis subvertia os palavrões, usando frases como a que disse naquela mesa: "Ah, vai tomar atrás do seu saco!". Era quando Ronaldo diagnosticava sua mulher com um distúrbio de comportamento que um dia seria chamado de bipolaridade: "Elis, você é ciclotímica". Miele sentiu que deveria agir com estratégia: "Gente, aquele festival de filmes do Charles Chaplin está nos cinemas, o que vocês acham?". Elis pensou um pouco: "Já estreou aqui no Rio? Eu aceito. Tá a fim, Ronaldo?". "Eu topo", respondeu o marido.

Elis queria estar sempre ao lado de compositores novos. Certa noite, ela promoveu um encontro com uma turma que tinha Dori Caymmi, Francis Hime, Nelson Motta, Edu Lobo e Marcos Valle, e aceitou receber outros repórteres que queriam produzir uma matéria sobre o encontro. Enquanto os convidados falavam de música e tocavam, um jornalista passou a andar pela casa chamando os artistas de lado e fazendo perguntas provocativas, como se tentasse jogar uns contra os outros. De Marcos Valle, que havia acabado de mostrar "Viola enluarada" para Elis, o repórter quis saber: "Mas você só tem essa música?". A Dori e Francis Hime, perguntou: "Você gosta da Elis mesmo? Ela não é estranha?". Um dos convidados avisou a cantora, e o tempo fechou. "Mas você é um filho da puta!", disse, ameaçando estapeá-lo ao mesmo tempo que o colocava para fora. "Eu trago os meus amigos aqui, e você vem fazer joguinho? Se Ronaldo estivesse aqui, ele te matava."

Antes que o casamento com Bôscoli desabasse e todos deixassem a mansão da avenida Niemeyer para seguir sua vida, haveria tempo para uma demonstração de afeto. Raimundo Fagner era um jovem cearense de 21 anos, alto, magro, de roupas amassadas e com os olhos fundos de fome. Ele pensava em desistir de suas aventuras no Rio em busca de alguém que gravasse suas canções. Os pais o pressionavam para seu retorno a Brasília, onde havia abandonado o curso de arquitetura para se tornar cantor. Ao saber que Roberto Menescal procurava músicas para o espetáculo *É Elis*, o cearense mandou uma fita cassete com quatro ou cinco de suas composições. Elis se apaixonou por "Mucuripe", "Cavalo ferro" e "Noves fora", parcerias com outro cearense da mesma turma, Belchior, e quis conhecer o autor.

As sessões do espetáculo *É Elis*, produzido por Miele e Bôscoli, eram sucedidas por jantares em restaurantes caros. Fagner, sempre na plateia como convidado do casal, nunca aceitava esticar a noite com os amigos. Inventava desculpas, abaixava a cabeça e saía em silêncio. Bôscoli começou a desconfiar de seu comportamento. Depois de um dos shows, ofereceu carona ao cantor e o deixou no ponto em que ele pedira para ficar. Assim que Fagner se afastou, o produtor o seguiu à distância até vê-lo entrar em um prédio abandonado. Subiu e, ao ver o estado das dependências, entendeu tudo. Fagner não tinha itens básicos, como colchão. Um primo que havia alugado o apartamento o deixara sozinho quando faltava um mês para dar o prazo de entrega do imóvel. Sem mesada dos pais, o cearense só esperava o mês vencer para voltar para sua terra. Ao chegar em casa, Bôscoli foi falar com Elis. No dia seguinte, ligou para Fagner e fez o convite. A casa da Niemeyer era sua, pelo tempo que ele precisasse.

Foram quatro meses de convivência com Fagner, os quatro últimos meses do casal Elis e Bôscoli. Um período tenso, mas que faria bem à carreira do iniciante. A casa de Elis era um catalisador de músicos e jornalistas com os quais o cearense não imaginava conviver. Antes mesmo de sair o álbum *Clube da esquina*, de Milton e Lô Borges, Fagner estava na sala para ouvir algumas das gravações do disco pela primeira vez ao lado do próprio Milton Nascimento. Ivan Lins e a mulher Lucinha eram hóspedes frequentes. E João Marcello, com dois anos, era considerado o seu salvador nos momentos mais difíceis. Era a João que Fagner recorria quando o tempo fechava durante as batalhas finais entre Elis e Bôscoli. Sua estratégia era pegar o menino no colo e sair do recinto sem que ninguém percebesse.

"Será repartido o grande manjar. Informo-lhes, pesaroso, que está muito abalada a relação Elis-Bôscoli. Que seja poupado o JMB. Indefeso que é. Quanto a mim, mandem bala, bichos!" Era final de 1971 quando Ronaldo Bôscoli escreveu de próprio punho as palavras sobre o desenlace de seu casamento na revista *Intervalo*. Sua preocupação era o filho, tratado no comunicado pelas iniciais. Bôscoli suspeitava, com razão, de que teria sérias dificuldades para ver o garoto a partir daquele dia. Ventos soprados da turnê de Elis na Europa, um ano antes, haviam informado a ele que a cantora trocara mais do que carinhos com o grande intérprete francês Pierre Barouh. Um caso nunca confirmado, mas que fez Bôscoli se sentir com razões para trair Elis com uma vizinha que andava se oferecendo como alternativa à solidão do produtor. Agora, ao ouvir o nome de Nelson Motta, ele também coçava a testa. Em seu livro de memórias, Bôscoli contou: "Ele [Nelson Motta] queria ser eu de qualquer maneira. Era meu discípulo e começou a paquerar a Elis. Nelsinho oficializou a pretensão, quis casar-se com ela e tudo. Mas havia outros urubus rondando a carniça e minando nosso relacionamento".

Quando o rompimento com Elis se mostrou inevitável, Bôscoli tentou outra estratégia, a última, para tentar recuperá-la. Arranjou uma namorada loira e atraente, "de parar a avenida Atlântica", como disse Nelson Motta. Ele imaginou que, assim que Elis soubesse do romance, ficaria furiosa, depois melancólica e, enfim, voltaria às lágrimas para seus braços. Mas não foi bem assim. "Elis, eu vou embora e vou me casar com outra pessoa. Vou pedir para ela vir buscar minhas coisas", disse Bôscoli. "Seu filho da puta, quero só ver se ela tem coragem de aparecer aqui", respondeu. A nova mulher de Ronaldo apareceu, estacionou o carro e, antes de descer, ouviu um barulho no capô. Da janela, Elis arremessou uma das malas do marido com todos os discos de Frank Sinatra.

O clima da separação rondava o espetáculo *É Elis* — o que de certa forma foi sentido pela crítica. "O show não consegue fazer com que o público preste mais atenção às músicas, cantadas quase que friamente. E se Elis briga com sua personalidade explosiva durante quase duas horas, também não é certo que ela, apesar de seu esforço, ganhe uma nova face", anotou uma crítica da revista *Veja* do dia 15 de março de 1972.

Elis já havia estreado a temporada ameaçando subir ao palco com o teatro em reforma. Ao saber que os carpinteiros não haviam finalizado os trabalhos faltando poucas horas para o espetáculo, disse a Ronaldo Bôscoli: "Vou pisar nesse palco esta noite, com carpinteiro e tudo". Ela surgia dando um recado visual e outro verbal. Seu rosto não tinha maquiagem. O vestido de renda que usava era longo e branco, o cabelo estava curto, e as unhas, ao natural. Suas primeiras palavras eram: "Olha, minha gente, o bom desse show é que ele não vai ter nada de especial. É uma transa simples, só eu e vocês. Vou apenas cantar". No camarim, uma repórter da revista *Manchete* a procurou para saber o quanto ela estava ganhando. "Ganho um tutu firme. Dá para comprar bala para o João Marcello, carne para Cassius Clay e Dolly, milho para Neurótico e Aristóteles e mais ração para cinco galinhas, dois galos e dois marrecos." O primeiro era seu filho; o segundo e o terceiro, seus cães. E o quarto e o quinto, seus patos.

A separação do casal que dera a Fagner o primeiro abrigo decente no Rio deixou o cearense em uma saia justa. Ele ainda morava na casa da Niemeyer quando os discos de Bôscoli voaram pelas encostas de São Conrado. Agora, qualquer decisão poderia soar como uma tomada de partido de um dos lados. Bôscoli era um amigo acolhedor, e Elis cantava cinco músicas suas em *É Elis*: "Moto 1", "Mucuripe" e "Noves fora", feita em parceria com Belchior; "Cavalo ferro", com Ricardo Bezerra; e "Canto de cordel", com Miele. Ao cantar "Cavalo ferro", Elis não respeitava o pedido de um censor com aspirações frustradas de compositor que ordenara trocar a palavra "decide" por "divide" no verso: "Pulsando num segundo letal/ No planalto central/ Onde se decide/ O bem e o mal". Ela usava o proibido "decide" com malandragem e sorria para a plateia. Fagner adorava.

Mas, assim que as últimas coisas de Bôscoli foram levadas, Elis perguntou ao cearense se ele não gostaria de seguir com ela, dividindo a casa e ajudando com João. Fagner agradeceu, mas tinha outros planos. Um casal de amigos o convidou, e ele partiu para viver com eles em uma casa na travessa Santa Leocádia, em Copacabana. Elis, considerando que Fagner havia apoiado Bôscoli, não aceitou a decisão. Por anos, o trataria com frieza.

O show no Teatro da Praia ganhava relevância em duas frentes. Além de trazer músicas que seriam gravadas no próximo disco, como "20 anos blue" (de Sueli Costa e Vitor Martins, usada para abrir e fechar), "Boa noite, amor" (conhecida na voz de Francisco Alves), "Olhos abertos" (de Zé Rodrix e Guarabyra) e "Vida de bailarina" (do repertório de Angela Maria), Elis tinha na mesma ficha técnica, pela primeira e única vez, dois personagens que protagonizariam a importante transição conjugal e profissional de sua vida. *É Elis* marcava o check-out de Ronaldo Bôscoli e a chegada do pianista Cesar Camargo Mariano. A sucessão havia sido intermediada por Manoel Francisco de Moraes Mello, o maestro Chiquinho de Moraes.

Chico de Moraes já havia rodado quilômetros suficientes para que suas palavras tivessem peso. Além de assinar orquestrações nos últimos LPs de Elis, havia sido o regente do conjunto que acompanhava a cantora na TV Record, nos tempos de *O Fino da Bossa*, e era um dos poucos que entravam na sala do empresário Marcos Lázaro sem bater. Assim como Elis, Chiquinho também estava no auge, trabalhando em arranjos, regendo orquestras e tocando piano para outro artista que muito prezava, Roberto Carlos. A possibilidade cada vez mais iminente de ele ser convocado para acompanhar os dois, Roberto e Elis, na mesma data começou a lhe tirar o sono. Chiquinho levou o caso ao chefe Marcos Lázaro: "E se isso acontecer?". *"No, fique tranquilo, hombre"*, tranquilizou o empresário.

Mas Chiquinho seguiu pensando em um substituto. Quando falou com Ronaldo Bôscoli, ouviu a sugestão do amigo: "Por que você não manda o Roberto Carlos para aquele lugar e assume logo a Elis?". Não era bem assim. Somado ao fato de não poder estar em dois lugares ao mesmo tempo, Chico havia acabado de se casar com uma mulher que pagava para que ele não estivesse em um daqueles dois lugares jamais: ao lado de Elis Regina. Apesar de jurar que só tinha com Elis uma relação profissional, sua esposa não lidava nada bem com a ideia de que os dois poderiam viajar juntos para apresentações fora do Rio. Pressionado, Chiquinho pensou em sugerir como seu substituto nos trabalhos com Elis um jovem pianista que havia prestado bons serviços a Wilson Simonal e integrado brilhantemente o grupo Som Três: o tecladista Cesar Camargo Mariano.

O maestro levou a ideia para Elis. "Eu já ouvi falar dele", ela reagiu, sem euforia. "O.k., pode chamar o rapaz", disse Ronaldo Bôscoli, dando aval. A primeira oportunidade de Chico abordar Cesar para falar sobre Elis foi em Porto Alegre, durante uma edição do programa *Som Livre Exportação*, no qual o pianista acompanhou Wilson Simonal. A conversa se deu nos bastidores, em uma sala de paredes escuras, em meio ao som e às luzes coloridas que piscavam do palco em ritmo frenético. Um cenário psicodélico com vozes altas e o rosto dos interlocutores aparecendo e desaparecendo nas trocas de luz. Foi assim que aconteceu a conversa que mudaria a vida de Elis Regina. Chico fez uma rápida introdução e chegou ao ponto: "Seria interessante se você entrasse como pianista da Elis, o que acha?". Cesar respondeu com uma frase: "Foi o que eu sempre desejei".

Os dois combinaram o primeiro encontro com Elis. Era sábado. Na quarta, Cesar pegaria um voo de São Paulo para o Rio, desembarcaria no Santos Dumont no começo da tarde, ligaria para Chiquinho apanhá-lo e, juntos, chegariam à casa de Elis, em São Conrado. Mas, apressado, Cesar chegou antes do combinado, por volta de 10h30, e ligou para Chico no exato instante em que ele estava nas preliminares do sexo com sua mulher. Quando o telefone tocou, o maestro pulou da cama como se despencasse das nuvens. "Chico, cheguei", disse Cesar. Chiquinho desligou contrariado, praguejou dois ou três palavrões e ouviu muitos outros da esposa, mas vestiu-se e foi buscar o colega no aeroporto.

Ao chegarem à casa de Elis, eles subiram um lance de escadas que dava no portão de entrada e tocaram a campainha. Uma moça que trabalhava para o casal atendeu e os deixou entrar para esperarem na sala. Alguns minutos depois, vieram Ronaldo e Elis. Chiquinho tomou a dianteira e foi direto: "Aqui está o homem, Elis. Aqui, encerro minha tarefa. Tchau". Chico desceu as escadas com pressa, entrou no carro e deixou São Conrado o mais rápido que pôde para chegar em casa e retomar o clima perdido com a mulher.

Nuvens carregadas anunciavam tempestade sobre a casa da avenida Niemeyer. Sem esperanças de salvar o casamento, Ronaldo usava a instabilidade provocada pela mudança na condução musical de Elis para provar que era um homem, acima de tudo, profissional. "Cesar", começou ele, "Elis e eu estamos nos separando e decidimos que não vamos continuar trabalhando juntos", disse, com Elis distante. "O assunto de nossa conversa aqui é o seguinte: ela quer mudar de grupo, mudar de casa, de marido, de tudo, e está a fim de trabalhar com você. Só que estamos com um show parcialmente montado. Já tenho uma ideia de cenário e iluminação, mas ainda é preciso escrever o roteiro e escolher as músicas com ela. Eu não vou dirigir, estou puxando o carro. Você quer pegar esse pepino?" Não era exatamente o início de vida nova que Cesar imaginara, mas, se era o preço para tocar com Elis, ele estava disposto a pagá-lo. Algum tempo depois, consumadas a separação de Elis e Ronaldo e a união de Elis e Cesar, Chiquinho de Moraes encontrou Ronaldo Bôscoli cabisbaixo em uma boate. "Viu o que você arrumou, Chico?", disse Ronaldo. "Você perdeu o emprego de maestro, e eu perdi o de marido."

A era Cesar Camargo começou com uma missão: formar uma banda a tempo, escolher um bom repertório e ensaiar. Os primeiros convites foram feitos para o baixista Sabá e o baterista Toninho Pinheiro, que formaram com Cesar o grupo Som 3, em 1966. Mas, para a surpresa do pianista, ambos disseram não. Um "não" que desceu estranho, sinalizando que os músicos poderiam estar começando a rejeitar trabalhos com Elis. A próxima ligação foi para o guitarrista Luiz Claudio Ramos, que logo indicou o baixista Luizão Maia, conhecido por fazer um som "tão gordo quanto ele" — como dizia Elis —, e o baterista Paulo Braga, oriundo de uma formação instrumental mineira que tinha Milton Nascimento no baixo e Wagner Tiso ao piano.

Mais uma vez, o resultado de um show inspirou a gravadora Philips a lançar um disco. Enquanto as apresentações de *É Elis* aconteciam nas noites de terça a domingo, com sessões duplas aos fins de semana, as gravações do LP eram realizadas à tarde. Não havia como não se entrosar tocando por tanto tempo. Além da parceria de Elis com Cesar, nascia assim, sob muito trabalho, a base de um grupo que ficaria por anos ao lado da cantora, cultivando um espantoso entendimento sem palavras. Luiz Claudio Ramos deixou a formação para tocar com Chico Buarque logo depois da estreia do espetáculo. Para seu lugar, por sugestão de Luizão Maia, foi chamado o guitarrista Hélio Delmiro. Estava formado algo que a história da música brasileira conheceria como Quarteto Fantástico.

Além de um filho, o único bem que poderia sair das ruínas do casamento com Ronaldo Bôscoli era uma grande interpretação. Elis percebeu que a agonia que vivia, aliada à sensibilidade que ganhara desde que havia se tornado mãe, poderia ser combustível para uma memorável gravação. O que a tornava grande, ela sabia, era sua capacidade de expor a vida em público, sem máscaras, criando uma identificação imediata com a plateia e representando suas dores em cada canção. Com a voz carregada de drama, Elis ligou para o compositor Paulo César Pinheiro com uma encomenda. "Paulinho, estou vivendo uma situação braba de separação. Você me faz uma daquelas?"

Paulo ligou para o violonista Baden Powell, contou a situação de Elis e combinou o encontro com urgência. Em pouco tempo, Paulo fez a letra e Baden, a melodia. Desceram até o fundo do poço imaginando uma Elis em pedaços, com sentimentos que eram deles também e de qualquer um que sofresse a perda de um amor. Colocaram o ponto-final e o nome na canção: "Última forma". Paulo ligou para Elis: "Sua música está pronta". Elis estava curiosa para ouvir o resultado e pediu que o amigo levasse Baden a seu encontro, com o violão em punho, para que mostrassem o resultado ao vivo. Ela os esperaria após uma sessão de *É Elis*. Ao chegarem ao teatro, Paulinho e Baden desceram para esperar Elis no camarim. Baden tirava o violão da capa quando a cantora chegou e se sentou à sua frente. Um jovem varria o corredor, um pouco distante do grupo.

A dupla começou a mostrar a música: "É, como eu falei não ia durar/ Eu bem que avisei, vai desmoronar/ Hoje ou amanhã um vai se curvar/ E graças a Deus não vai ser eu que vai mudar". Os olhos de Elis ficaram vesgos e sua expressão, tensa. Paulo seguiu: "E qualquer um pode se enganar/ Você foi comum, pois é, você foi vulgar/ O que é que eu fui fazer quando dispus te acompanhar/ Porém, pra mim você morreu/ Você foi castigo que Deus me deu".

Elis quase não reagia. Seu rosto refletia não a alegria espontânea que ela demonstrava em suas descobertas, mas uma angústia que parecia aterrorizá-la. Quando a música acabou, um silêncio tomou o camarim. Só se ouvia a vassoura do funcionário do teatro varrendo o corredor. *Isso não está dando certo*, pensou Paulo. Elis se manteve calada, até que Baden cutucou o amigo. "Parceiro, vamos embora?" Saíram os dois tentando entender o que havia se passado. "Mas o que será que houve?", perguntava Baden. "Será que a gente carregou na tinta?", dizia Paulo. Anos depois, quando "Última forma" já havia sido gravada pelo grupo MPB4 e pelas cantoras Márcia e Elizeth Cardoso, Paulo encontrou Elis e não perdeu a chance de perguntar: "Por que você não gravou a música, Elis? Não era boa?". Elis respondeu: "Era, Paulo César, era boa até demais".

As canções que Elis escolhia para gravar passavam por um filtro pessoal que não se limitava a aferir só as qualidades artísticas, como a originalidade da harmonia e a profundidade da letra. Como ela havia deixado claro no episódio de "Cinema Olympia", só aceitaria regravar uma canção lançada por outro artista se tivesse certeza de que sua voz seria mais marcante do que a versão anterior. Se duvidasse de si mesma, batia em retirada, como quando ouviu Milton Nascimento cantando "Viola enluarada". Mesmo já tendo anunciado aos autores Marcos e Paulo Sérgio Valle que queria a canção, Elis concluiu que nada mais poderia fazer depois que a "voz de Deus", como se referia à voz de Milton, havia passado por ali.

Seu critério de seleção poderia barrar também músicas que tinham o poder de aumentar feridas em momentos delicados da vida, que a engatilhasse de maneira perigosa. Foi o que levou à retirada de seu repertório, ainda que temporária, da canção "Deixa o mundo e o sol entrar". Os autores Marcos e Paulo Valle pareciam ter escrito os versos depois de olhar sobre o muro do casal Elis e Bôscoli, observando-o com binóculos. Pois, se não haviam feito nada disso, como poderiam saber tanto de suas vidas a ponto de escreverem versos como: "De repente, vejo bem/ eu sou alguém com medo de viver/ Sou prisioneiro das coisas que eu amei/ Mas não tem sentido estar na vida/ Preso a quem não quero mais". E vinha a segunda estrofe: "De outro lado está você/ nessas promessas vou quase sem ver/ que esse amor aflito/ guardado só pra nós/ de tão grande já não dá no quarto/ pede o mundo e a luz do sol". E a redentora terceira parte: "Meu passado já morreu/ quem veio dele, sei, vai me entender/ que o amor existe enquanto há paixão/ Siga, minha amiga, pela vida/ E que eu viva um novo amor".

Foi Ronaldo Bôscoli quem entendeu primeiro que havia verdades de mais nas frases, fraturas que não precisavam ser ainda mais expostas. Elis concordou e, mesmo após gravar a canção sob as súplicas de Nelson Motta, em 1971, decidiu engavetá-la. A versão da cantora para "Deixa o mundo e o sol entrar" só seria lançada em 1979 no disco *Elis especial*, que Elis desprezaria por ter sido feito à sua revelia na Philips, com sobras de estúdio. O que o casal não sabia é que a letra de Paulo Sérgio Valle falava da angústia pela qual passava o próprio autor, que também vivia um doloroso processo de separação na mesma época. Um drama que provocava sintomas universais e que poderia estar na biografia de qualquer um.

Assim que Bôscoli se foi da casa de São Conrado, os olhos de Elis se fixaram em Cesar Camargo Mariano. Depois de um dos últimos shows da temporada, ela o chamou em seu camarim para fazer um convite cheio de segundas intenções. Ela o queria como convidado em uma das sessões de cinema que promovia em sua casa para os amigos mais íntimos, uma vez por semana, usando um projetor emprestado pelo Museu da Imagem e do Som. O filme da próxima sessão seria *Morangos silvestres*, de Ingmar Bergman. Cesar aceitou.

Quando o primeiro rolo do filme chegou ao final, Elis se levantou e deixou a sala por um instante. Ao voltar, passou por Cesar, colocou um bilhete no bolso de sua camisa e pediu discretamente que ele só lesse depois do filme. As luzes foram apagadas e a projeção recomeçou. Olhando a tela sem conseguir mais se concentrar na história do médico Isak Borg, Cesar estava eufórico. Saiu antes do final do filme e se trancou no banheiro com o bilhete nas mãos. As frases de Elis não traziam muita poesia, mas tinham objetividade: "Gosto de você pra caralho, quero você pra caralho. Caguei para o mundo". Cesar olhou para a janela e imaginou-se passando por ela. Ele precisava de tempo, de ar puro. Era um homem casado e não pensava em divórcio. Sem coragem de voltar para a sala e se reunir ao grupo de amigos, olhou de novo a janela e decidiu fugir. Apertou-se até passar pelo buraco, caiu no quintal, entrou no carro e desapareceu.

Isso tudo foi na noite de uma segunda-feira. Na quarta-feira, às 14h, Elis, Cesar e todos os músicos deveriam começar a gravar o primeiro disco que Cesar faria inteiramente com Elis. O estúdio estava reservado. Aos amigos mais próximos, ela já dava o músico por desaparecido. "Perdi o arranjador e o namorado", dizia. Sem esperanças, chamou outro pianista para as gravações. Antonio Adolfo era um craque que faria o trabalho bem-feito e em pouco tempo. A primeira música da lista era "Atrás da porta", de Chico Buarque e Francis Hime. Nada poderia ser mais simbólico.

Cesar sumiu de pavor. Assim que saiu da casa de Elis, dirigiu sem destino até estacionar em uma rua pouco movimentada. Por dois dias, refletiu sobre o que poderia mudar em sua vida no instante em que girasse a chave do carro e voltasse para ver a cantora que ele havia acabado de conhecer. Decidido a mudar de vida, dirigiu até a sua casa, estacionou e entrou para conversar com a esposa. Cesar desabafou sobre seus sentimentos por Elis, anunciou que estava terminando a relação e seguiu para o estúdio.

Ao chegar, o pianista deparou com Antonio Adolfo, que estava a postos diante do instrumento, prestes a começar a gravação. Ao vê-lo, Cesar não conseguiu disfarçar o mal-estar, mas Elis contornou a situação, pediu desculpas a

Adolfo e o dispensou para que Cesar assumisse a direção artística do disco. Ao terminarem de gravar "Atrás da porta", ficaram sozinhos no estúdio. Elis ofereceu uma carona: "Quer que eu leve você para sua casa?", ela perguntou. Cesar não pensou muito: "Sim, só preciso pegar minha escova de dentes".

Se era para mudar tudo, que fosse com intensidade. Elis queria ir fundo no novo disco para provar que, ao contrário do que parte da crítica dizia, havia muito frescor na música brasileira. Depois de finalizar a temporada de *É Elis*, ela colocou pressão no produtor Roberto Menescal para fechar o repertório do LP usando canções que haviam funcionado no show e conseguindo material novo. *É Elis*, com pouco mais de vinte músicas, rendeu frutos dignos de entrarem no álbum e outras que a cantora preferiu descartar, como uma versão de "Construção", de Chico Buarque, apontada pela crítica como um dos pontos altos do show, e "Quarto de pensão", do cearense Wilson Cirino em parceria com Pyty.

Duas músicas escolhidas para o álbum haviam sido lançadas em um compacto com quatro faixas cantadas por Elis, em 1971, antes de o show *É Elis* estrear: "Nada será como antes" (de Milton Nascimento e Ronaldo Bastos) e "Casa no campo" (Tavito e Zé Rodrix). As outras duas eram "A fia de Chico Brito", de Chico Anysio, que havia sido gravada por Dolores Duran, em 1956, e "Osanah", do roqueiro Tony Osanah. Cesar fez os arranjos, Menescal trabalhou na direção de produção e de estúdio, e Marco Mazzola foi o técnico de gravação.

E como Tony Osanah, um roqueiro de Buenos Aires saído das noites do antológico La Cueva, foi parar em um disco de Elis? Tony ainda não era Osanah, mas já escrevia sua história particular no Brasil desde 1967, quando levou seu grupo de roqueiros argentinos Beat Boys, formado por ele, o baixista Willy Verdaguer, o também guitarrista Cacho Valdés e o baterista Marcelo Frias, para Caetano Veloso apoiar a canção "Alegria, alegria" no Festival da Record daquele ano. No final de 1970, Tony trocou São Paulo pelo Rio para tocar na temporada da peça *A vida escrachada de Joana Martini e Baby Stompanatto*, escrita por Bráulio Pedroso, no Teatro Ipanema.

Certa noite, depois da peça, Tony saiu do teatro com um grupo de amigos e foi tocar em um bar de blues de Copacabana, na rua Barata Ribeiro, a convite do guitarrista Celso Blues Boy. Depois de fazer uma entrada, desceu do palco e foi abordado por Nelson Motta. "Eu sei que você tem músicas boas para mostrar. Não quer aparecer amanhã no estúdio da Philips, na avenida Rio Branco?"

Tony foi e mostrou a primeira composição que havia feito desde sua chegada da Argentina. "Osanah", palavra que ele entendia como "mensageiro que alerta sobre o futuro", era um rock quase psicodélico com uma mistura rítmica alucinante. Nelson não vacilou: "Gostei". E abriu o jogo: "Eu estou escolhendo músicas para o próximo disco de Elis". Tony paralisou: "Elis? A Elis Regina? De *O Fino da Bossa*?". "Sim", disse Nelson, que buscava músicas para o álbum *Ela*, de 1971. A própria cantora chegou ao estúdio minutos depois. Ao ouvir o rock, confirmou: "Vou gravar". E perguntou como Tony gostaria de assinar nos créditos. "Só Tony mesmo", ele disse, com o eterno sotaque argentino. "Então vai ser Tony Osanah", decidiu Elis. E Tony respondeu: "Isso é muito original". Apesar de entrar no compacto duplo ao lado de "Casa no campo" e "Nada será como antes", o que muito orgulharia Tony por toda a vida, a música não foi escolhida para estar nem no álbum *Ela*, de 1971, nem no disco que viria no ano seguinte, para o qual Roberto Menescal devia seguir trabalhando duro.

"Conseguiu as outras músicas?", dizia Elis para Menescal. "Não, mas vamos conseguir", respondia ele. Na terceira cobrança, o produtor se posicionou: "Elis, você me chamou por alguma razão. Então, me dê quinze dias para eu conseguir e, depois de ouvi-las, você diz se gostou ou não". Elis estava tensa, inconformada por não encontrar as outras canções com a mesma facilidade dos anos anteriores. "Eu já falei com alguns compositores, mas ninguém tem nada pra mim", reclamou para Menescal.

Uma fita cassete chegou às mãos de Elis com os nomes de Francis Hime e Chico Buarque escritos na etiqueta. Elis e Menescal ouviram a primeira canção, a segunda e a terceira, mas não gostaram de nada. Seguiram para a quarta, a quinta, a sexta e a sétima, sem que nada os empolgasse. Eram belas composições, mas nenhuma que Elis quisesse gravar no momento. Quando as opções acabaram, Elis e Menescal falavam sobre outras possibilidades de compositores enquanto a fita continuava a girar. De repente, algo passou a soar como se fosse o esboço de alguma canção inacabada: "Quando olhastes bem nos olhos meus/ e o teu olhar era de adeus...", e logo começava um lá lá lá só para segurar a melodia, sem nada definido. Dias depois, Francis Hime perguntou a Menescal se eles haviam gostado de algo. O produtor agradeceu, explicou que não era bem aquilo que queriam, mas ficou curioso. "Que música é aquela que não está terminada?", questionou. "Deve ser algo que estava na fita. Eu gravei as outras por cima, nem sabia que ainda estava lá", disse Hime. Segundo ele, Chico estava para terminar a canção, mas nunca conseguiu.

Menescal sentou-se com Elis, rodeado de fitas cassete, para mostrar tudo o que havia conseguido com os "fornecedores do mercado". "O que é isso? Parece ótimo", dizia Elis. "É '20 anos blue', da Sueli Costa e do Vitor Martins", respondeu Menescal. "Muito bom. E essa aí?" "É 'Casa no campo', do Zé Rodrix e do Tavito." Então, a voz de Menescal ficou mais grave: "Agora, Elis, tem uma música aqui que faço questão que você grave. É do Tom Jobim". Elis estranhou. "Mas o Tom não tem nada de novo." Menescal insistiu: "Esta aqui é nova, e eu a roubei".

O "crime" aconteceu na sala de Tom, no Rio. Menescal, em meio à cruzada por canções para sua cliente, chegou à casa do maestro no instante em que ele ensinava uma nova música para uma cantora desconhecida chamada Rose. "Menesca, só um minutinho que já falo com você, deixa só eu acabar a música aqui com a moça." Sentado, de ouvidos ligados, Menescal sentiu nos acordes tocados por Jobim um poder que havia muito não percebia em uma nova criação. Assim que Rose se foi, feliz e certa de que gravaria uma pepita de Tom Jobim, Menescal falou como se anunciasse um assalto: "Tom, é o seguinte, essa música é minha e eu vou levá-la para a Elis". "Mas e a moça, Menesca?" "Ah, diz a ela que eu roubei." Ao ouvir a canção, Elis não precisou esperar a segunda estrofe: "Vamos gravar". A música era "Águas de março". Cesar Mariano tem outra versão para explicar como a canção chegou às mãos de Elis. Em seu livro de memórias, diz que foi Tom Jobim quem apareceu na casa da cantora levando "Águas de março" como um presente. Um episódio não necessariamente exclui o outro. Menescal pode ter colhido primeiro a canção na casa de Tom e, depois, Elis ter recebido o pianista, que faria questão de mostrar como gostaria que a canção fosse cantada.

Ainda era preciso definir o que fazer com o rascunho de canção que havia surgido como um fantasma na fita de Francis Hime. Menescal fez Elis gravar a música, mesmo inacabada, com o "lá lá lá" na parte sem letra, e ligou para Chico Buarque. "Estou indo até aí para mostrar uma coisa a você." Chico ouviu a música e identificou: "Isto é meu com o Francis, mas não consegui acabar, só fiz a primeira parte". "Pois é, a gente quer gravar. Como faremos?", disse Menescal. Chico apanhou um pedaço de papel e escreveu a segunda parte ali mesmo,

204

em poucos minutos, na frente do amigo. "Toma, não quero ler de novo", disse o compositor. Estava pronta "Atrás da porta".

Desde que começou a gravá-la, Elis não parou de chorar. Chorava misturando notas a soluços com uma entrega que parecia ultrapassar a carga emocional mais elevada das interpretações. Elis chegou a parar a gravação para começar de novo. Ao assumir a voz das mulheres deixadas por seus amores, Chico acertava Elis em cheio. Era ela mesma aquela que, ao ver no amante o seu olhar de adeus, se debruçava sobre o seu corpo, se arrastava, o arranhava e agarrava em seus cabelos, em seus pés e aos pés da cama. E que, então, havia dado para maldizê-lo, sujar seu nome e humilhá-lo, e se vingar a qualquer preço o adorando pelo avesso, tudo para mostrar que ainda era apenas e eternamente sua. Se aquele homem era Ronaldo Bôscoli? Talvez. O pai de seu filho havia acabado de partir, deixando pela casa um garotinho de olhos grandes e cheio de alegria que a preenchia com paixão e sensibilidade. Mas tomar o que Elis cantava como reflexo literal do que ela vivia era um perigo. Nem tudo o que a fazia chorar no palco era fruto de fatos biográficos inquestionáveis. Seus desgostos, muitas vezes, eram usados apenas como a faísca que acendia interpretações monumentais.

Ao parar no meio de uma gravação para fazê-la de novo, Elis quebrava uma invencibilidade que já virava mito entre os que trabalhavam com ela. Edu Lobo, Nelson Motta, Amilton Godoy, Cesar Camargo Mariano, ninguém jamais viu Elis gravar uma mesma música por duas vezes para acertar uma falha. Roberto Menescal era o único a viver tal experiência.

No dia em que foram gravar "Depois da queda", uma música do próprio Menescal, criada em uma das viagens que os dois fizeram juntos, Elis desafinou. Menescal havia captado primeiro a parte instrumental para que a voz fosse colocada depois, mas algo sempre saía errado quando Elis cantava. Ela seguia a linha melódica da canção fora do tom, sem perceber. Trilhava um caminho não só dissonante como espantosamente desafinado. "Elis, você está me ouvindo bem?", quis saber Menescal, da sala de gravações. "Sim, por quê?", respondeu ela, impaciente. "Vamos fazer de novo, o.k.?", pediu. Tentaram, mas tudo continuou fora de lugar. "Eu vou até aí, Elis", disse o produtor, saindo da sala. Menescal vivia a estranha situação de ter de dizer a Elis que o que ela cantava estava errado, feio, torto. Havia convidados no estúdio naquele dia, acompanhando as gravações. O produtor pediu que todos saíssem por um instante, menos Elis. "O que é? Tem alguma coisa errada?", ela quis saber, nervosa. "Você está cantando em outro tom." Elis explodiu. "Eu não vou gravar mais nada." Quando ela estava prestes a deixar o estúdio, Menescal teve um clique. "Já sei, algo não está batendo. Vamos tirar aquela flauta do arranjo."

Elis desafinava por um fenômeno típico aos chamados ouvidos absolutos, que são extremamente sensíveis, caso de instrumentistas como o pianista João Donato e o baixista Bebeto Castilho, do Tamba Trio. Ao ouvir o som da flauta, a cantora deixava a tonalidade da música para embarcar, sem querer, em seus harmônicos — frequências que podem produzir outras notas musicais, mais perceptíveis em instrumentos como os de sopro. Elis se agarrava a um dos harmônicos e o adotava inconscientemente como a tonalidade da canção. A questão era de superafinação, não de desafinação. Ao tirar a flauta, Menescal eliminava o harmônico que atrapalhava Elis.

Assim que saiu o disco de 1972, Menescal e Elis correram para o ouvir juntos. A abertura era feita com "20 anos blue", seguindo com "Bala com bala", "Nada será como antes", "Mucuripe" (de Fagner e Belchior), "Olhos abertos" (de Zé Rodrix e Guarabyra), "Vida de bailarina" (Américo Seixas e Dorival Silva), "Cais" (Milton e Ronaldo Bastos), "Me deixa em paz" (Ivan Lins e Ronaldo Monteiro) e "Casa no campo" (Zé Rodrix e Tavito), além de "Águas de março", "Atrás da porta" e "Boa noite, amor". Elis sentia que inaugurava um momento. A união com Cesar renovava suas forças e consagrava uma vitória em duas frentes. Ela tinha nas mãos uma coleção de músicas imbatível e um grupo de músicos dos sonhos.

Ao final da audição do LP com Menescal, o mais absoluto silêncio tomou a sala de Elis quando o lado A do LP chegou ao fim. Ela olhou para baixo, Menescal olhou para ela, e ninguém falou nada. O produtor se levantou, virou o disco, colocou a agulha na primeira faixa e voltou ao seu lugar. Elis de olhos fechados, Menescal apreensivo. Assim que a última nota da última canção terminou, o produtor, intrigado pela falta de reação de Elis, ouviu-a dizer a frase com a qual criaria mais uma teoria sobre o que era aquela mulher afinal. "Eu sou foda escolhendo repertório."

Se quisesse brigar com Elis, Menescal teria argumentos. Como assim ela era foda escolhendo o repertório? Afinal, quem havia cruzado o Rio de Janeiro atrás dos diamantes para a rainha? Quem havia insistido para que ela gravasse canções como "Águas de março", praticamente surrupiada de Tom Jobim? Sua resposta à frase de Elis, no entanto, foi apenas um "claro que é". Menescal sentiu que Elis usava a força de sua própria verdade, a mesma verdade construída que abastecia muitas de suas interpretações. Elis não deixava de ter razão. Se ela não havia encontrado as composições, tais composições haviam chegado até ela. E Menescal era apenas o mediador entre a poesia do mundo e a voz dela.

Vivendo em ritmo alucinado, Elis seguia um novo roteiro de vida, mesmo sabendo que ele sempre poderia mudar. Seu disco do ano, em que aparecia na capa sentada em uma cadeira, com um sorriso sereno, produzido por Menescal e arranjado por Cesar, seria lançado no Teatro da Praia antes de seguir para outras cidades. Hélio Delmiro fazia sua estreia, sendo recebido pela bateria de Paulinho, por Cesar e pelo baixo de Luizão. Criavam, sob o comando de Cesar, um modelo que seria copiado em larga escala e entraria para a linha evolutiva da música brasileira. Uma simbiose acionada por um baixista que tocava a serviço da voz, usando o baixo como se fosse um surdo; um baterista que tocava a serviço do baixo, fazendo-o crescer em seu bumbo de dois tempos; um guitarrista que tocava a serviço do pianista, reforçando os acordes com discrição; e um pianista que trabalhava a serviço de todos.

Quando Elis já havia estreado a temporada do novo show no Teatro da Praia, o local seria usado em segredo por um homem chamado Odair José de Araújo. Odair José era uma voz de ouro em 1972, uma usina de canções populares prestes a lançar mais um disco para vender 200 mil cópias e ajudar a gravadora a pagar a conta de artistas de renome da MPB que não chegavam nem à metade disso. Ele queria se libertar das influências dos produtores que o viam como um jovem-guardista genérico e investia em um som folk conduzido por um trio formado pelo tecladista José Roberto Bertrami, pelo baixista Alex Malheiros e pelo baterista Ivan "Mamão" Conti, que logo ganharia vida própria com o nome de Azymuth. Odair já tinha tudo, só não tinha a capa. Até que Bertrami, com acesso ao grupo de Elis, lembrou que a cantora fazia temporada no teatro. "E se a gente fizer a foto no palco deles?" Odair comprou a ideia, e Bertrami conseguiu as chaves. Em uma tarde de casa vazia, subiram ao tablado montado com os instrumentos da banda de Elis para registrar um Odair sentado de olhos fechados e violão no colo, no centro de uma foto de fundo escuro.

Elis, distante do universo de Odair, virou seu amuleto da sorte. O disco *Assim sou eu...* se tornou seu primeiro fenômeno de vendas.

Quando a turnê de 1972 estreou em Belo Horizonte, um homem foi visto chorando atrás do palco do Teatro Francisco Nunes. Era o guitarrista Hélio Delmiro, que não conseguia conter as lágrimas ao ouvir Elis e Cesar interpretando, só os dois, a música "Boa noite, amor", que Elis cantava lembrando dos anos em que a voz de Francisco Alves invadia a sala da casa de seus pais em Porto Alegre, deixando todos em silêncio. Hélio sentia-se realizado ao lado da cantora que conhecera pela TV, no programa *O Fino da Bossa*. Beliscava-se para ter certeza de que não vivia um delírio. Soluçando atrás do palco, ele ouvia Elis e se lembrava de algo que ela havia dito: "Hélio, às vezes eu tenho vontade de frear meu canto só para ninguém perder nenhuma nota que você toca".

Por essa época, ao passar por Campo Grande, Elis fez uma apresentação no Teatro Glauce Rocha, da então Universidade Estadual de Mato Grosso (a partir da divisão oficial do estado, em 1977, a instituição seria federalizada e se tornaria Universidade Federal do Mato Grosso do Sul). Quem estava na equipe de produção local do show era Lenilde Ramos, que se tornaria importante escritora, musicista e ativista cultural, integrante da Academia Sul-Mato--Grossense de Letras. Mas ali, Lenilde era ainda uma estudante de letras de dezenove anos, uma fã de Elis que havia feito de tudo para trabalhar nos bastidores do show quando soube que a cantora iria se apresentar na cidade.

A jovem Lenilde entrou para levar algo ao camarim e viu Elis sozinha diante de um grande espelho rodeado de luzes. Elis se virou para ela e perguntou: "Como está o público?". O teatro já tinha seus 1100 lugares tomados. "Está cheio, e as pessoas estão muito bem-arrumadas", respondeu Lenilde. Então, de súbito, Elis decidiu: "Sabe uma coisa? Eu vou entrar assim". Ela estava de camiseta branca e calça jeans. E foi assim que apareceu em cena. Houve surpresa e indignação quando a plateia vestida de forma distinta viu Elis tão despojada. Lenilde se lembra de casais mais velhos se levantarem ainda no início do show e se retirarem como forma de protesto.

A realidade do guitarrista Hélio Delmiro voaria ainda mais alto do que seus sonhos no final de 1972, assim que Elis fosse convidada por uma emissora de TV da Alemanha para gravar um especial em coprodução com a TV Globo, por sugestão do maestro brasileiro Julio Medaglia, que vivia na cidade alemã de Baden-Baden. Solano Ribeiro, que já havia feito outros projetos de música brasileira para o Terceiro Canal da emissora Südwestrundfunk (SWR), que detinha também o Primeiro Canal na TV alemã, foi nomeado por Boni, diretor da Globo, para supervisionar o especial. Assim que chegou com Elis, Cesar, Luizão e Paulinho aos estúdios, Hélio percebeu o tamanho do investimento.

Os alemães haviam despejado milhões de marcos em uma produção de arrojo impressionante, dirigida pelo holandês Rob Touber, um especialista em efeitos especiais. Elis começava cantando "Samba do avião" em inglês, montada em uma borboleta gigante que sobrevoava o mapa do Brasil, um país que os germânicos mal sabiam em que canto do mundo ficava. E seguia com "Roda", de Gil, colocando os bailarinos de cintura dura do coreógrafo neozelandês Jimmy James para dançar samba, um gênero que a Europa pensava se tratar de um primo da salsa. Era o encontro — ou a colisão — de dois mundos. De um lado, o estilo "deixa que a gente faz na hora" dos brasileiros e, do outro, o "só vamos fazer o que foi combinado" dos alemães. O problema era que o talento dos brasileiros, que nunca combinavam nada, estava em seus instintos. E era aí que os germânicos patinavam.

Quando o baterista do maestro Rolf-Hans Müller tentou pegar a levada de um dos sambas de Elis, imprimindo uma contagem para o teclado de Cesar Camargo Mariano, suas baquetas travaram e a música não saiu do lugar. Várias tentativas e nada. O baterista de Elis, Paulo Braga, ofereceu ajuda, e o alemão, constrangido, aceitou. Paulinho assumiu a bateria e resolveu o problema. Hélio então se sentou e começou a passar o som do violão tocando o que viesse à cabeça. Os músicos europeus se aproximaram em silêncio para ouvi-lo ao seu redor. Ao terminar, o maestro Müller comentou com Julio Medaglia, que acompanhava as gravações e servia de tradutor: "Eu não sabia que um violão tinha essas sonoridades".

Mas havia tensão no ar. Cesar estranhava os arranjos quando deparava com as partituras escritas pelos colegas nórdicos, e Elis já começava a sentir saudades do filho João, que a esperava no Brasil. Enquanto isso, os produtores queriam mais. Gravaram em uma sequência "Cinema Olympia", com a cantora à frente de uma fachada de cinema pornô, e "Bala com bala", com a divisão de João Bosco entortando o que havia sobrado de lógica no entendimento musical dos alemães.

O cantor germânico negro Roberto Blanco, filho de pais cubanos, aparecia cantando em alemão "Pedro pedreiro", de Chico Buarque, e Elis voltava, na mesma língua, pronunciando em close os versos de "Roda". Cantava então "Comunicação", "Me deixa em paz" e, sentada em uma cadeira de balanço, "Casa no campo". Rodeada por nove crianças negras, interpretava duas canções de temática racial que à época não seriam vistas como politicamente incorretas: "Upa, neguinho" e "Nega do cabelo duro", além de "Black Is Beautiful", que ela faria na sequência, em outro cenário. "Upa, neguinho" causou mais um choque quando o maestro Rolf-Hans Müller tentou contar seu tempo. Sua mão subia no fraco e descia no forte até ser atropelada por uma paradinha que lhe dava nos nervos. Os músicos voltavam àquela parte para que ele desvendasse o mistério, mas era inútil. Depois de um tempo, Müller deixou que a natureza cuidasse da canção e desistiu de entendê-la. Mas foi com o cantor francês Michel Legrand que Elis protagonizou os grandes momentos do especial. Uma das cenas mostrava os dois cantando "Summer of 42", com o francês ao piano. Depois do final de outro número, Legrand encarou uma das câmeras e falou de improviso: "Esta é a maior do mundo".

Havia ainda ajustes a serem feitos, cenas a serem retocadas, mas o prazo de validade da diplomacia de Elis venceu assim que ela se deu conta de que o Natal de 1972 se aproximava e que a última coisa que queria era ver o Papai Noel da Alemanha. "Acabem logo com isso que eu vou embora amanhã", decretou aos produtores. Nem as idas ao cinema nas horas vagas para ver filmes como *Laranja mecânica*, ao lado do tradutor em tempo real ao pé de seu ouvido, Julio Medaglia, a divertiam mais. Os produtores não acabaram, e ela cumpriu a promessa, voltando com os músicos ao Brasil no dia seguinte. Na Globo, Boni teve o retorno de Solano sobre o especial e recebeu de Medaglia uma notícia que o irritou. O maestro, que já era contra a presença de Blanco no especial por achá-la descabida, sabia bem o idioma alemão e estranhou partes da letra que ouvira na versão germânica de "Pedro pedreiro". Mas, mesmo com suas recomendações para que ela fosse vetada, a participação de Blanco foi mantida na edição final.

Elis já tinha um novo marido, um novo arranjador, um disco novo e, agora, uma outra casa. A mansão da Niemeyer havia sido substituída por uma casa no Condomínio Joatinga, enfiado entre o mar e as montanhas de São Conrado, no Rio, com uma espécie de praia particular que se podia cruzar em dez minutos. Um refúgio em alta na época entre artistas como Aracy Balabanian, Betty Faria, Juca de Oliveira e Gracindo Júnior. João Marcello, três anos, fazia amizades na vizinhança com garotos como Daniel, filho do autor de novelas Walter Negrão e de sua mulher, Orphila. Nas idas e vindas para resgatar João da sala dos vizinhos, Elis começava a cultivar uma afetuosa relação com os amigos do acaso. Walter e Orphila passaram a ser pessoas nas quais ela confiava, sobretudo porque não a temiam e diziam exatamente o que pensavam.

Foi no Joá que Elis teve de se habituar ao procedimento legal de dividir João Marcello com o pai. Ronaldo Bôscoli, vivendo próximo ao condomínio, teve de brigar na Justiça para poder ver o filho nos finais de semana. Elis comunicou Orphila de que uma decisão judicial a tornava responsável pela entrega do garoto e por fazer valer os direitos de Ronaldo. A vizinha jamais viu o documento que comprovasse tal decisão, mas confiou na amiga. Quando Ronaldo chegava para buscar João no horário marcado, Elis desaparecia com o filho. Orphila saía atrás dos dois pelo condomínio, descendo as escadas às pressas para encontrá-los brincando escondidos em um canto da praia.

A Joatinga era também o novo Q.G. que Elis armou para fazer o que fez por toda a vida desde que saiu de Porto Alegre: receber pessoas que ninguém conhecia para ouvir as canções que elas faziam. Seu veredito saía no ato, dizendo se o material seria gravado ou não. Ela jamais aceitava algo por consideração. Em uma tarde de pouco ânimo, Elis chamou Walter e Orphila para ajudar ela e Cesar com duas visitas que estavam prestes a chegar, indicadas com entusiasmo por André Midani. Elis combinou com Walter: se ela chutasse sua canela por debaixo da mesa, era porque a coisa estava chata. Ele deveria dizer: "Elis, o pessoal daquele encontro está esperando, vamos?". Elis despacharia as visitas e todos ficariam livres. Os rapazes chegaram cheios de prosa e confiança. Um era mais alto e mais magro, ambos de barba. Conversaram com certo grau de intimidade e tiraram o violão do estojo. A primeira coisa que mostraram foi um bolero que pegou Elis de jeito: "Dois pra lá, dois pra cá". Ela não queria se livrar de Aldir Blanc e João Bosco nunca mais. Walter sorria, chutando sua canela por baixo da mesa.

Aquele não havia sido o primeiro encontro de Elis com João Bosco. Sexto filho de dona Lilá e seu Daniel, um ano mais novo que Elis, João fazia do violão um amigo íntimo. Seu nome havia sido soprado também por Vinicius de Moraes, que o conhecia desde 1967. Depois de saber que amigos em comum já haviam marcado conversas com a cantora, Bosco foi conhecê-la nos bastidores do espetáculo *É Elis*. Ainda estudava engenharia com determinação na Universidade Federal de Ouro Preto, mas aproveitou as férias para levar suas canções aos ouvidos de Elis. Ao sentir o que saía de seu violão, sobretudo de músicas como "Agnus sei" e "Bala com bala", ela reagiu com um entusiasmo adolescente. "Outro mineiro, meu Deus, que sorte a minha." Sobre "Bala com bala", decidiu no ato: "Vamos colocar no show".

Quando já cantava o samba quebrado e de personalidade forte que distanciava seus criadores João Bosco e Aldir Blanc de qualquer corrente musical do país naquele momento, Elis quis fazer uma surpresa. Ela estava de passagem por Minas Gerais, com uma apresentação em Belo Horizonte, e aproveitou para esticar até Ouro Preto levando o endereço da república em que o universitário João Bosco vivia com outros estudantes. Ao chegar, perguntou pelo músico. "Estão te chamando aí fora, parece a Elis Regina", avisou um amigo. Bosco atendeu a porta e era mesmo. Ela e Cesar vinham buscá-lo para que ele visse o que haviam feito com o seu samba. João seguiu com o casal até Belo Horizonte e se comoveu ao assistir "Bala com bala" no palco. Era do que o estudante precisava para dar adeus à engenharia. Antes que partisse para o Rio, Elis fez um pedido: "Nunca mais deixe de compor suas coisas estranhas".

13.

O início da década de 1970 exigia uma dose extra de coragem de quem resolvesse ganhar a vida como cantor de música popular brasileira. O país andava no sufoco, e cabia à classe artística atuar no front de uma resistência que só tinha as canções como arma. Havia gente fora dessa, cantores que por sua natureza apolítica recebiam uma espécie de salvo-conduto. Nenhum militar bateria à porta de Roberto Carlos para interrogá-lo sobre "Detalhes", de 1971, nem proibiria o rei do baião Luiz Gonzaga de cantar "Qui nem jiló". Jair Rodrigues, mesmo andando com uma turma combativa, não se engajava por uma questão de aptidão. Ele chegou a ir a encontros de artistas da MPB de esquerda para falar de política, mas os próprios companheiros lhe deram baixa assim que perceberam que Jair não havia nascido para protestar.

Desde que os militares haviam se ungido de superpoderes com o ato institucional nº 5, em 13 de dezembro de 1968, toda atividade que dependesse do pensamento livre para existir ficaria sob suspeita. Um dos artigos do documento era claro: qualquer ideia expressa por meio da imprensa, da música, do teatro ou do cinema deveria ser avaliada previamente por um agente do departamento de cultura do Serviço Nacional de Informações — agente para o regime, censor para os artistas. As perseguições aos infratores eram implacáveis, com interdição de canções e prisão de intérpretes e autores que instigassem a revolta popular ou tentassem driblar a inteligência da censura com figuras de linguagem subversivas, sempre segundo a interpretação dos agentes.

Ao mesmo tempo que apertava o cerco, jogando desafetos no cárcere ou pressionando para que saíssem do país, a censura inspirava e capacitava às avessas uma geração inteira de autores jovens, talentosos e donos de uma argumentação crítica e poética nunca vista até então. A qualidade das composições atingia seus níveis mais altos graças, ironia histórica, ao terror militar.

João Bosco e Aldir Blanc eram protagonistas nos discos de Elis quando a linha de tiro começou a ficar mais perto de suas cabeças. Depois de "Bala com bala", em 1972, marcaram presença com "O caçador de esmeralda", "Agnus sei", "Cabaré" e "Comadre", no ano seguinte, e voltaram em 1974 com "Dois pra lá, dois pra cá", "Caça à raposa" e outra canção ainda sem nome definido, chamada ora de "Navegante negro", ora de "Almirante negro". Os militares leram a letra da canção, enviada pela gravadora para análise, e a consideraram inapta para circulação. Se quisessem gravá-la, os autores deveriam mudar algumas palavras. Um experiente funcionário da gravadora RCA, amigo de Aldir, sugeriu um truque: "Deve ser por causa do título. Coloquem um nome genérico que eles nem vão ler a letra, e mande de novo". Assim, trocaram "Almirante/ Navegante negro" por "O mestre-sala dos mares".

Ao ser chamado para comparecer ao Palácio do Catete, no Rio, para se explicar sobre a canção, Aldir Blanc sentiu como se fosse olhar nos olhos do diabo. Sentado em uma cadeira do tipo carteira escolar, ele aguardava ser chamado enquanto ouvia vozes alteradas saindo de uma outra sala: "Precisamos acabar com o Ney Matogrosso, precisamos matar aquele cara!". Minutos depois, um oficial se aproximou de Aldir, com o coldre da arma bem à vista, para dizer, antes mesmo de convidá-lo a entrar em sua sala, que ele e João Bosco estavam errados em fazer uma música exaltando a raça negra.

"O mestre-sala dos mares" era uma homenagem a João Cândido Felisberto, o Almirante Negro, herói de um episódio de 1910 conhecido como a Revolta da Chibata, quando os marinheiros negros brasileiros sofriam os resquícios dos tempos da escravatura sendo segregados e maltratados, muitos até a morte, nos porões dos navios ancorados na baía de Guanabara. Na livre interpretação de um censor, preparado para interceptar truques linguísticos, os marinheiros negros eram o povo oprimido e os oficiais repressores, uma representação dos militares. Depois de Aldir dar uma rápida aula de história e explicar quem era o Almirante Negro, o interrogador aceitou a gravação, mas avisou em tom de ameaça: "De negro não se fala nem bem nem mal. Simplesmente, não se fala". Assim como João Cândido Felisberto, o oficial também era negro.

O laço ajustado ao pescoço da classe artística pelo presidente Costa e Silva seria apertado por Emílio Garrastazu Médici — que deixaria o posto em 1974 com uma ficha corrida recheada de exílios, prisões, mortes, torturas e desaparecimentos de suspeitos de atentar contra o regime. Por outro lado, as ruas começavam a ser tomadas por ações paramilitares de grupos classificados como terroristas, que praticavam sequestros para forçar a libertação de companheiros e assaltos a bancos, a principal receita das operações. Elis Regina, assim como Chico, Gil, Caetano, Vandré e Edu Lobo, já tinha sua ficha devidamente preenchida e arquivada no Dops, o Departamento de Ordem Política e Social.

Foi nesse cenário que Elis cometeu seu maior e mais caro delito aos olhos dos oficiais. Durante a turnê pela Europa com o time de Roberto Menescal, ela concedeu inúmeras entrevistas nas quais era perguntada sobre a situação política do Brasil. Ao comentar o fato, ela não poupava os militares. Desde que dera uma entrevista para a revista *Visão*, em 1966, suas palavras caminhavam perigosamente pela zona vigiada. Ao ouvir Elis dizer que investia tudo o que ganhava comprando dólares e joias para se proteger de algum ato econômico surpresa que pudesse ser preparado pelos militares, o repórter quis saber se ela estava declarando falta de confiança na política econômica do governo. Elis respondeu: "Só acredito em meus dentes. E, de vez em quando, eles me mordem a língua".

Menescal pressentia que algo não acabaria bem. Quando a cantora começava a desancar a censura e os dirigentes de seu país, ele tocava em seu ombro. "Elis, é melhor você parar de falar essas coisas. Eles vão acabar indo atrás de você." Ela não se intimidava: "E quem disse que eu tenho medo?".

Durante uma passagem de Elis pela Europa, no primeiro semestre de 1971, o jornalista Marlis Skoltens, da revista holandesa *Tros-Nederland*, quis saber de um assunto incômodo aos brasileiros. "E como está a situação política em seu país?" A famosa resposta atribuída a Elis, de que "o Brasil de hoje é governado por um bando de gorilas", não aparece na transcrição da entrevista feita pelos agentes da Divisão de Segurança da Aeronáutica no Brasil. Ainda que não a tenha dito, o que Elis fala na matéria publicada sob o título "A primavera impetuosa de Elis Regina" é igualmente perturbador para quem a queria viva ao voltar para um Brasil governado por Emílio Garrastazu Médici.

Ministério da Aeronáutica
Quarta Zona Aérea
Quartel-general
Divisão de Segurança

Esta divisão tomou conhecimento e encaminha o documento constante no anexo, que versa sobre entrevista concedida a um jornalista estrangeiro publicada na revista *Tros-Nederlands*, de 23 de maio de 1971.

Tradução da entrevista concedida pela cantora Elis Regina e publicada na revista holandesa *Tros-Nederlans*:

"Em 23 de maio, a TV Tros apresentará ao público holandês a cantora brasileira Elis Regina. Marlis Sckoltens manteve uma conversa com esta artista sul-americana, que espera fazer uma grande carreira na Europa.

"Entre um bocado de salada, uma garfada de carne e um gole de vinho, Elis fala, em espanhol, português, francês e inglês, sobre sua carreira, em geral, e sobre o Brasil, em particular. Perguntas sobre política a intimidam um pouco. Sua opinião não se ajusta às ideias das autoridades brasileiras. Também as letras de alguns de seus números não são toleradas na pátria de Elis. Segundo ela, um órgão especial exerce um controle incessante sobre o que ela diz em entrevistas para a imprensa, o rádio e a televisão.

"Apesar desta censura, Elis deixa escapar declarações incisivas. Elis: 'Talvez isso me cause alguns problemas, mas não faz mal. Eles (os militares) estão loucos, total e completamente, doidos varridos. Uma porção de amigos meus estão presos, e o que foi que fizeram? Cometeram crimes? Não, apenas disseram a verdade. Disseram que o regime vigente está completamente errado e tentaram dizê-lo em canções, filmes e peças teatrais. Até a televisão está sob controle. Aqui na Europa se pensa que os brasileiros são muito felizes, alegres, animados. Porém nós somos melancólicos. Não levamos uma vida boa'.

"'Mas você própria não provoca aquela impressão?' 'Sim, tem razão. Mas essa é uma pequena parte de minha personalidade. Vivo de acordo com o lema de Charles Chaplin (Smile, though your heart is aching, even though it's breaking).

"'Elis, você vê como solução para seu país a adoção de um regime como o que existe atualmente em Cuba? Ela reflete um pouco e diz com ênfase: 'Não sei se isso seria bom para o Brasil. Eu...'. E não continua.

"Começa de repente a falar apaixonadamente sobre a personalidade sul-americana: 'Não me agradam inteiramente os brasileiros, sua mentalidade. Acho-os demasiadamente frívolos. Detesto o Carnaval carioca. Normalmente, as pessoas não são capazes nem têm permissão de fazer nada, mas durante aqueles quatro dias, repentinamente, tudo se torna possível'.

"'Mudam tanto durante o Carnaval que eu às vezes me pergunto se haveria tanta necessidade de uma tal válvula de escape anual se durante o resto do ano a situação fosse também mais livre. Durante aquele período são esquecidos todos os laços e relações. Os de família, com ou sem casamento, perdem a importância. Somente o que conta são mulheres, bebida e música. A televisão não transmite nada além disso. Quatro dias depois, tudo é esquecido e eles recaem na indolência habitual. Ah, odeio isso.'"

Avisada pelo diretor de jornalismo da Globo, Armando Nogueira, de que "os casacas" estavam à sua procura, a cantora teve medo. Os militares a convocaram para prestar depoimento no Centro de Relações Públicas do Exército, e Elis ligou para Midani. "E aí, o que eu faço? Eles querem falar comigo." A resposta do diretor não foi das mais reconfortantes: "Vai logo antes que eles venham buscar você". A cantora foi até o CRPE, mas saiu de boca fechada. Ela só daria detalhes do encontro em uma entrevista concedida em 1979. Elis contou que a reunião com os militares havia sido uma tormenta, com horas de uma tensão psicológica que ela gostaria de enterrar. Antes mesmo de sair de casa, era aterrorizada pelo fato de não saber o que iria encontrar. Tudo passava por sua cabeça. "Eu estava louca de medo. Um medo muito mais de uma coisa que eu não sabia o que era do que o medo de uma coisa que era perigosa."

Ao entrar no prédio da avenida Presidente Vargas, observou um homem fardado e três à paisana, um deles lendo jornal. Por quatro horas responderia detalhes de sua vida de mãe, mulher, cantora e amiga de músicos. O fardado lhe mostrava fotos em que ela aparecia em um palco cantando com os braços estendidos. Queriam saber se aquilo era um sinal. "Não, sou eu cantando 'Arrastão'", respondeu. Antes de deixarem Elis sair, os homens fizeram duas "sugestões": que não cantasse mais nem "Black Is Beautiful" nem "Upa, neguinho" e que não comentasse com ninguém o que havia se passado ali. "Eu estava atônita, sabiam tudo da minha vida. Tudo, sabe o que é tudo? Dia tal, lugar tal, tal hora, você conversou com fulano… Até os números de cheques que eu mandava para minha mãe em Porto Alegre, o número da conta." Além de observá-la de perto, algumas vezes como espiões de óculos escuros em carros parados nas esquinas, como lembraria o filho João Marcello, as Forças Armadas já redigiam relatórios sobre seu modo de vida.

Um documento preparado pelo Centro de Informações do Exército (CIE) dissecava Elis:

> A cantora esteve na Holanda no início de 1969, ocasião em que concedeu entrevista coletiva à imprensa, em ambiente formal e seguindo as normas desse tipo de relacionamento. Viajou para a Itália e Inglaterra no princípio de 1971, não tendo feito declarações à imprensa. No Brasil, jamais concedeu entrevista a qualquer órgão de imprensa estrangeiro. Nos anos de 1966 e 1967, atuou ao lado de alguns cantores de esquerda considerados subversivos após as agitações de 1968, destacando-se, entre eles, Caetano Veloso, Gilberto Gil, Geraldo Vandré e Edu Lobo. É muito afeita a gravar músicas de protesto, inclusive ligadas ao movimento Poder Negro norte-americano, apesar de não demonstrar ligação com o mesmo.

Ser apontada ao lado de Gil, Caetano e Edu Lobo não era novidade. Mas, pela primeira vez, seu nome aparecia associado à luta de grupos raciais, ainda que o relatório afirmasse não ter comprovação de uma participação efetiva dela. O regime havia colocado Elis em observação no quesito ameaça nacional também por causa de um homem negro com quase dois metros de altura, cabelo black power e calça boca de sino que respondia por Toni Tornado.

Antônio Viana Gomes já tinha quarenta anos quando a boa notícia chegou. Antes disso, sua vida parecia ter saído de um filme policial. Toni deixou a casa dos pais em Mirante do Paranapanema, interior de São Paulo, para viver pelas ruas do Rio engraxando sapatos e vendendo saquinhos de amendoim. Quando o estoque acabou, alistou-se como paraquedista do Exército para servir na mesma turma de cabo Abravanel, conhecido à época por sua habilidade em fazer dinheiro vendendo cera de carnaúba para os soldados engraxarem os coturnos e, anos depois, por seu dom diante das câmeras sob o nome de Silvio Santos. Sem futuro entre os militares e sem desconfiar de que um dia seria perseguido por eles, Toni trocou o Brasil pelos Estados Unidos. Sem dinheiro, instalou-se em uma pensão no Harlem, em Nova York, para viver ao lado de traficantes e prostitutas.

Toni foi batizado de Comfort e ganhou a simpatia de negros e latinos ligados ao tráfico. Sua influência como negociador de drogas aumentou, e ele passou a investir em mulheres. Chegou a tomar conta de vinte profissionais do sexo, que lhe pagavam uma porcentagem do que recebiam em troca de proteção. Toni já tinha um carro próprio, comprado com o dinheiro pago pelas prostitutas, quando a polícia o prendeu. Seu disfarce de lavador de carros, emprego que arrumou como fachada, durou até o dia em que foi conduzido à delegacia. Ele teve duas horas para recolher seus pertences e se preparar para ser escoltado até o interior de um avião que partiria para o Brasil. Nem as cadeias dos EUA queriam Toni Tornado.

Pouca gente no Brasil sabia dos apuros de Toni até 1970. Tibério Gaspar e Antonio Adolfo haviam feito a canção "BR-3" e a inscreveram no V FIC, o Festival Internacional da Canção da Globo, mas precisavam de um cantor para defendê-la. Tibério chamou Wilson Simonal, que estava impedido de aceitar o convite por já ser uma das atrações que cantaria no evento. Bateu então na porta de Tim Maia, que decidiu não aceitar para não atrapalhar o lançamento de seu primeiro disco. Então, uma indicação do cantor Orlandivo levou Tibério até uma boate de má fama, a New Holiday, antigo Porão 73. Toni Tornado construía naquela bodega carioca seu Apollo Theater particular provando que, além de cuidar de mulheres em Nova York, ele havia aprendido a cantar. Dos shows a que Toni assistiu nas horas vagas do Harlem, um deles mudaria sua vida. Suas roupas, sua dança e seu cabelo tentavam copiar James Brown.

Toni virou Tornado assim, ao vencer a etapa nacional do V FIC defendendo "BR-3" com o quarteto de Osmar Milito e os vocais do Trio Ternura. Sua exposição midiática fez os agentes do regime militar entrarem em alerta. Ainda que não cantasse nada que se parecesse com a poesia engajada de Chico Buarque, sua presença em um palco comunicava a possibilidade de uma afirmação racial pelo orgulho cultural, algo aprendido por Toni em Nova York. A censura, baseada nas informações que chegavam sobre os movimentos negros dos Estados Unidos, o classificou como uma ameaça "ao bem-estar da família brasileira".

Ele já era um furacão em 1971, quando Elis Regina assumiu a presidência do júri do conturbado VI FIC. Dori Caymmi, Taiguara, Milton Nascimento, Ivan Lins, Baden Powell, Os Mutantes e Caetano Veloso se recusaram a participar do festival. Um pouco depois, Paulinho da Viola, Sérgio Ricardo, Ruy

Guerra, Tom Jobim, Capinan, Chico Buarque, Vinicius de Moraes, Toquinho, Edu Lobo, Egberto Gismonti e os irmãos Marcos e Paulo Sérgio Valle revogaram suas próprias inscrições. Os artistas não aceitavam mais a polícia fichando-os e vasculhando seus versos antes de liberar as participações. Desidratado e com poucos talentos inscritos, o FIC se tornou o festival do fim de uma era. Ainda assim, Elis aceitou fazer uma apresentação durante as eliminatórias e assumiu o posto de líder do júri, que tinha na bancada nomes como o do compositor João de Barro, o Braguinha, Dom Salvador e Tibério Gaspar.

A cantora subiu ao palco do Maracanãzinho no dia da final, 26 de setembro de 1971, diante de 20 mil pessoas, para cantar "Black Is Beautiful", de Marcos e Paulo Sérgio Valle, enquanto os votos eram contabilizados. Ao final, eles dariam a vitória ao Trio Ternura, que concorria com "Kyrie", canção que o tempo apagaria, e deixariam "Desacato", de Antonio Carlos e Jocafi, em segundo lugar, e "Dia de verão", de Eumir Deodato, em terceiro. "Casa no campo", de Tavito e Zé Rodrix, seria esquecida em nono lugar, mas imortalizada pela voz de Elis, que a garimparia naquele festival para gravá-la no ano seguinte.

"Black Is Beautiful", que Elis havia lançado no disco *Ela*, vinha com provocações implícitas, talvez as únicas que sobreviveram àquele festival. Como uma infiltrada no júri, ela subiu ao palco como se levasse uma arma escondida. Sem a necessidade de ter a apresentação submetida aos censores, já que não se tratava de uma concorrente, Elis contrabandeava uma música de protesto racial com uma letra sem metáforas: "Hoje cedo, na rua do Ouvidor/ quantos brancos horríveis eu vi/ Eu quero um homem de cor/ Um deus negro/ do Congo ou daqui/ que se integre no meu sangue europeu". Sua voz crescia, reforçava a palavra "horríveis" e chegava ao refrão rasgada, como a de uma cantora de blues negra norte-americana: "*Black Is beautiful, black Is beautiful/ Black beauty so peaceful/ I wanna a black, I wanna a beautiful*".

Antes de chegar à voz de Elis, no entanto, a música havia sido ajustada por seus autores Marcos e Paulo Valle por ordens dos militares. A original dizia "um deus negro, do Congo ou daqui/ que melhore o meu sangue europeu". Mas a ideia do sangue negro correndo nas veias de um branco para torná-lo melhor indignou o sistema. "O que é que vocês querem? Trazer música de protesto racial para o Brasil?", perguntou o censor para Paulo no dia da contestação dos autores. Sentindo que estava prestes a perder a canção, Paulo foi rápido na resposta: "E se trocarmos 'que melhore' por 'que se integre no meu sangue

220

europeu'?". Meio a contragosto do agente, como dizia sua expressão facial, a letra ganhou o carimbo de "liberado" e a música foi lançada. Elis não havia tido problema com ela até o momento em que Toni Tornado, que assistia ao festival dos bastidores, subiu ao palco sem avisar.

Ao ouvir Elis cantar "eu quero um homem de cor" pela segunda vez, Toni partiu para os holofotes, abraçou a cantora e ergueu o braço para o alto com o punho fechado diante das 20 mil pessoas. Era tudo de que os agentes precisavam para pegá-lo. O movimento que Toni fazia era exatamente o mesmo dos Panteras Negras, um partido radical norte-americano, criado em 1966, que defendia a luta armada contra os brancos e o pagamento de indenização aos negros pelos séculos de escravidão. Toni não havia pensado em nada disso quando levantou o braço no Maracanãzinho, surpreendendo Elis e deixando a plateia em delírio. Mas, ao abaixá-lo, estava na mira. Homens fardados foram ao camarim para ouvir suas explicações. "Quer dizer que você tem ligações com os Panteras Negras?" "Que é isso, doutor, quem compôs essa música foram dois loiros."

Os minutos de empolgação de Toni ao lado de Elis lhe custaram caro. Conduzido à delegacia, ele foi colocado diante das autoridades. "Então, você é o negrão da 'BR-3'?" perguntou o delegado. "Aquele que dança dando giro?" "Sim, sou eu mesmo", confirmou Toni. "Então, dança um pouco aí pra gente ver." Toni cantou e fez todos os passos que sabia. Quando parava por alguma razão, um novo policial aparecia. "Olha só, esse aqui é o Toni Tornado, dança aí de novo pra gente ver", pedia o mesmo delegado. Diante do terror psicológico de uma situação vivida por mais de dez horas, Toni recebia um recado: ou baixava a bola ou raspariam seu black power. Anos depois, o cantor soube dos próprios autores de "Black Is Beautiful", Marcos e Paulo Sérgio Valle, que os instintos não o traíram quando ele sentiu que deveria subir naquele palco. Apesar de não citar nomes, o "homem de cor" no qual os irmãos Valle se inspiraram para fazer a canção era ele mesmo, Toni Tornado.

No dia 22 de setembro de 1971, o Centro de Informações do Exército redigiu um documento sob o título "Discriminação racial no Brasil". Para os militares, os negros, com a ajuda dos meios de comunicação, estavam sendo perigosamente valorizados no país. O relatório afirma em sua conclusão: "Nota-se que existe em vários setores da vida nacional um interesse suspeito de levantar a questão racial no país, seguindo a uma 'orquestração' através dos meios de comunicação social, sendo necessárias providências para impedir que se desenvolva".

Os exemplos enumeram exaltações ou denúncias de racismo feitas em alguns setores da sociedade. 1. Duas revistas: "A revista *Realidade*, em seu número 64, de julho de 1971, procura despertar o valor do negro em todas as atividades profissionais da vida brasileira… A revista *Veja*, nº 150, de julho de 1971, faz em anúncios a chamada para o assunto de *Realidade* com o seguinte título: 'Black — Preto é a cor! Os negros são lindos!'. 2. Uma novela: "Na televisão, o tema tem sido seguidamente abordado em programas ao vivo e nas novelas, agravando-se agora com a apresentação na TV Globo-Rio da novela de Janete Clair, comunista fichada, *O homem que deve morrer*". 3. Programas de TV: "Domingo, dia 18 de julho de 1971, no *Programa Silvio Santos*, apesar de o apresentador querer eximir-se de cooperação com o problema de denúncias sobre discriminação racial no Brasil, recebeu a cantora Carmen Silva, que, com grande sensacionalismo, se queixou de haver sido vítima de preconceito de cor". Carmen, negra, contou no programa a história de sua tentativa de alugar um apartamento na rua Albuquerque Lins, centro de São Paulo. Ao recebê-la, a imobiliária informou que não havia apartamentos disponíveis no prédio. Em seguida, um amigo da cantora, branco, foi à mesma imobiliária, que mostrou três apartamentos disponíveis no mesmo prédio. Ao questionar a empresa sobre o caso, os responsáveis disseram que os moradores não queriam pessoas negras como vizinhas. 4. Uma artista: "A cantora Ellis Regina, que registra antecedentes de agitação subversiva no meio artístico, contribui apresentando uma canção em que diz: 'Eu quero um homem de cor'. Na mesma letra, tradução de uma canção norte-americana do 'poder negro', os brancos são violentamente criticados. Esta canção vem sendo constantemente tocada em todas as estações, merecendo destaque pela insistência com que é apresentada na rádio Jornal do Brasil".

Os militares vigiavam Elis desde os primeiros anos de casamento com Bôscoli. O mesmo documento que a associava aos "movimentos negros norte-americanos" descrevia detalhes de sua então conturbada vida conjugal: "Atravessa, no momento, uma fase bastante difícil de sua vida particular com o marido, o compositor e produtor de TV Ronaldo Bôscoli, doente e necessitando de tratamento psiquiátrico. Seu genitor (Romeu) tornou-se inimigo do marido, chegando ao ponto de ameaçar a vida do genro". Os oficiais se referiam aos tempos de guerra — e, mais especificamente, ao dia em que Romeu Costa fez uma visita ao genro com um revólver .38 em punho.

Elis havia acabado de ter uma séria discussão com Bôscoli, ameaçando deixar a casa. No auge da briga, investiu sobre o marido com as unhas, mas foi contida com um empurrão e caiu. Ergueu-se e, ainda chorando, ligou para seu Romeu, denunciando o marido. "Pai, o Ronaldo me bateu." Romeu era de poucas palavras e quase nenhuma ação, até que mexessem com seus filhos. Ele logo chegou à casa de Elis armado, sem nenhuma dúvida do que iria fazer. Bôscoli estava no banheiro e, de lá, ouviu a voz de Romeu dizendo que homem nenhum bateria em sua filha.

Bôscoli gritava para seu Romeu largar a arma, e Elis implorava que o pai parasse. Um casal de tios que assistia à cena fez outra sugestão. Chamar a polícia seria atrair escândalo de mais e garantir presença nas manchetes dos jornais do dia seguinte. De quebra, Romeu poderia ser preso por tentativa de homicídio e porte ilegal de arma. A ideia era chamar os médicos para que tirassem Bôscoli do banheiro como se ele estivesse passando por uma crise de nervos. Elis ligou para a Clínica São Vicente e pediu uma ambulância. Seu marido, segundo ela, estava a ponto de demolir a casa. Assim que os homens chegaram, Romeu estava contido, mas Bôscoli não havia saído do banheiro. Os enfermeiros o acalmaram, o fizeram abrir a porta, ajustaram seus braços em uma camisa de força e o conduziram pela mesma sala onde estava Romeu. Algumas horas de repouso de Bôscoli no hospital fariam a poeira baixar.

A espionagem do regime parecia ver tudo: as brigas de Elis, quem eram e como viviam seus amigos, como caminhava a relação com os pais. Mais assustadora era a constatação de que podiam ver Elis Regina também por dentro, como mostrava um trecho do mesmo documento: "Mostra-se retraída, não participante de grupos, mesmo em festas ou reuniões sociais". E até reconhecia qualidades: "Cumpre seus contratos e compromissos corretamente, aceitando programas não remunerados, quando para fins filantrópicos ou solicitados por órgãos públicos".

A vigília dos fardados sobre Elis ia além, a ponto de recair sobre aqueles que ouviam seus discos. O diplomata da Embaixada da Suécia, Bo Lolgren, estava na Cinelândia durante o confronto entre militares e oficiais do Dops e estudantes que pediam por liberdade de expressão em abril de 1968, quando foi abordado por um soldado da PM. Apesar das imunidades do cargo, foi revistado e considerado suspeito de subversão por levar na bolsa dois objetos de alta periculosidade: um gravador e um LP de Elis Regina. Lolgren foi preso e entregue a um pelotão do Exército. Ao perceber a enrascada do colega, o deputado federal do Movimento Democrático Brasileiro Hermano Alves correu em socorro do diplomata, mas foi cercado por seis baionetas apontadas na direção de seu peito. "Ouçam o material, vejam se há algo suspeito", pediu Alves. Os oficiais não gostaram de ver o LP de Elis e, pior, de ouvir o áudio que estava na fita do gravador. Lolgren havia registrado os gritos dos manifestantes diante da truculência dos soldados. Os argumentos de Alves foram fortes, e os militares decidiram liberar o sueco, mas só depois que ele apagasse a fita que levava, segundo um oficial, "gritos ofensivos às Forças Armadas".

Elis seria visitada pelo pior órgão que poderia bater em sua porta. Agentes do departamento de propaganda ligaram para sua casa, pedindo que ela colaborasse com uma chamada que gostariam de fazer para divulgar na televisão a Semana da Pátria. De novo, Elis ligou para Midani: "Vai cozinhando eles que daqui a pouco passa a Semana da Pátria e você não fez", aconselhou o executivo. Mas não seria tão simples. Depois de um dos espetáculos que fazia no Teatro da Praia, com Miele e Bôscoli, Elis foi procurada no camarim por um homem fardado. "Nós viemos aqui para gravar com você e trouxemos os artistas", disse ele, de filmadora em punho e texto pronto. O clima era de constrangimento e indignação. Alguns artistas à época contratados pela Globo foram colocados atrás de Elis. Ao final de um trecho do Hino Nacional, a câmera fechava na cantora, e ela dizia uma frase com um sorriso forçado: "Salve a Semana da Pátria". Isso depois de conclamar a audiência a participar das festividades. "Nesta festa, todos nós vamos cantar juntos a música de maior sucesso neste país: o nosso hino. Pense na vibração que vai ser você e 90 milhões de brasileiros cantando juntos, à mesma hora, em todos os pontos do país", dizia a peça de um governo que batia recordes em gastos com propaganda.

Elis não esperava que justamente o ano de 1972 lhe reservaria um golpe ainda maior. Além de ter gravado a chamada para a Semana da Pátria, ela também estava na lista para cantar nas comemorações do Sesquicentenário da Independência, o aniversário dos 150 anos da Independência do Brasil que o governo arquitetava com ambição. Ser patriota, para Médici, era apoiar o regime militar. E era essa a ideia que sua agressiva comunicação sedimentava ao criar o slogan "Brasil, ame-o ou deixe-o". Seu governo era marcado pelo fim de uma fase de avanços econômicos, com um considerável crescimento da classe média, aumento do consumo de bens duráveis e a popularização de geladeiras e televisores coloridos que haviam chegado em 1972, o "milagre brasileiro" que o tempo provaria não ser tão generoso assim. O homem que havia endurecido as bases da repressão não medindo esforços para exterminar as organizações de esquerda e seus supostos envolvidos, e que não cumpria a promessa de restituir a democracia até o fim de seu mandato, via na data a oportunidade de elevar sua popularidade e unir o povo com uma série de festejos realizados em todo o país.

A maior cerimônia foi para receber do governo português também ditatorial de Américo Tomás os restos mortais do imperador dom Pedro I, até então reservados no Mosteiro de São Vicente de Fora, em Lisboa, capital de Portugal. Viriam direto para a baía de Guanabara, no Rio, depois de doze dias de viagem nas dependências do suntuoso navio *Funchal*. Após uma cerimônia acompanhada por uma multidão que tomava a avenida Rio Branco, Médici ordenou que a urna real passasse por várias capitais do país antes de ser acomodada no Monumento do Ipiranga, em São Paulo. Maior visibilidade impossível, e havia ainda outras frentes. Nos esportes, a grande investida foi a organização da Taça Independência, disputada por vinte equipes da América do Sul, Europa e África. A simbólica final entre Brasil e Portugal foi vencida no Estádio do Maracanã pela seleção canarinho, com um gol de Jairzinho aos 44 minutos do segundo tempo. Só faltava a música.

A banda de rock Os Incríveis, que um dia tocou no mesmo palco de Elis ainda quando se chamava The Clevers, gravou um compacto interpretando os hinos Nacional e da Independência com baixo, guitarra e bateria. O disco vinha como brinde a quem comprasse uma caixa do sabão em pó Rinso, o primeiro comercializado no país, em 1950. As vendas do Rinso estouraram, os discos voaram alto, mas a banda teria de responder para sempre sobre a ação vista na época pela imprensa combativa e pelos artistas politizados como um ato pró-regime. Uma barra aos jovens que já faziam seus protestos quando ligavam uma guitarra. A retaliação moral que sofreriam da classe musical seria nada perto do que estava para acontecer com Elis Regina.

O início das Olimpíadas do Exército seria celebrado com um show em um ginásio militar de Belo Horizonte, aberto ao público. Marcos Lázaro, que empresariava alguns dos maiores artistas da época, foi procurado meses antes da festa por contratantes do regime que queriam alguns de seus cantores em troca de cachês de mercado. Depois de cercar todos os "nãos", disseram, com um tom ameaçador, que esperavam sobretudo por uma apresentação especial: a de Elis Regina.

Lázaro foi checar com sua artista. Ele sabia da resposta, mas colocou na mesa os perigos que uma negativa podia trazer. Elis pensou no filho João Marcello, temeu por tudo o que poderia acontecer com ele e reconsiderou. Não havia saída, os militares a tinham nas mãos. Se corresse ou os ignorasse, seria presa, talvez torturada, e deixaria João sem mãe — uma possibilidade que a apavorava, conforme revelaria em uma entrevista anos depois. Se cedesse ao convite e cantasse o Hino Nacional, seria decretada traidora. Entre as duas opções, ficou com a segunda. Era seu filho ou o mundo. Elis seguiu para cantar para o Exército.

Ivan Lins também foi contratado para se apresentar. Antes do show, ele sentia que as mensagens estavam no ar. Aos músicos, cabia entrar em cena, tocar e ir embora, sem discursos improvisados. Ivan fez sua apresentação, recebeu o cachê das mãos de Lázaro e não se sentiu diretamente ameaçado em nenhum instante. Sobrinho do general Lauro Alves Filho, desconfiava de que tinha costas quentes. Mas sua crucificação, como a de Elis, seria providenciada por integrantes de uma vigília da esquerda radical que também tinha poderes para enterrar pessoas vivas.

O semanário *O Pasquim*, atuante desde 1969, de voz reconhecida por sua oposição ao regime militar, vivia o auge, elevando sua tiragem inicial de 20 mil exemplares ao dia, no ano de sua criação, para 200 mil naquele início de década. Seu nome, sinônimo de jornal satírico e panfletário, havia sido sugestão do cartunista Jaguar, um dos fundadores ao lado de Tarso de Castro e Sérgio Cabral. Millôr Fernandes, Plínio Marcos, Ivan Lessa, Ziraldo, Paulo Francis e Henfil estavam no grupo de colaboradores hábeis em cutucar feridas com humor e profundidade, afirmando uma das maiores reações intelectuais à ditadura. Sua ferocidade aumentava na mesma proporção em que os militares apertavam o cerco, o que lhes rendia crédito entre os leitores e inúmeras ordens de prisão.

O Pasquim observava o comportamento da classe artística com uma sanha censória às avessas. Sobretudo aos que não aparentavam estar alinhados às fileiras da contestação, reservava uma lápide no Cemitério dos Mortos Vivos do Cabôco Mamadô, uma das seções mais lidas da publicação, feita por Henfil em forma de história em quadrinhos. O personagem Cabôco Mamadô era implacável em suas execuções. Certo dia, cismou que Hebe Camargo estava indo longe demais em sua alienação como apresentadora de TV amiga de todos e saiu em sua captura. "Onde encontrá-la? Basta apurar o ouvido escutando alguém bater palmas", dizia o personagem. Ao ser capturada, Hebe tentava se desvencilhar: "Vai implicar com o Silvio Santos, seu malvado!". E Cabôco Mamadô respondia: "Ele está no nosso plano de expansão". Hebe entrou no túmulo, cabisbaixa, mas saiu logo depois cheia da mesma animação com a qual apresentava seus programas: "Palmas para o poderoso sol, palmas para as nuvens, palmas para os dirigentes dos ventos...", dizia ela, no meio de um cemitério que já tinha as covas de Nelson Rodrigues, Flavio Cavalcanti e Wilson Simonal.

Simonal havia começado a ser enterrado vivo um ano antes de Elis se apresentar nas Olimpíadas do Exército, e não só pelas tiras de Henfil. Muitas páginas de *O Pasquim* foram dedicadas ao velório artístico do Rei da Pilantragem depois que viera à tona uma história sinistra. Inconformado com o lucro que não vinha de sua empresa, a Simonal Produções Artísticas, o cantor percebeu que havia um desfalque nas finanças e logo apontou o dedo para seu contador, Raphael Viviani. Humilhado e demitido, Viviani enfureceu o ex-patrão contra-atacando-o com uma ação trabalhista por falta de pagamento de 13º salário e férias. Disposto a parir uma confissão a fórceps, cego de ira, Simonal pediu a seu motorista e dois amigos que trabalhavam no Dops que fizessem o serviço sujo. Os homens apanharam Viviani em seu apartamento e o conduziram ao escritório do cantor para que ele abrisse o bico. Sem resultado, seguiram com o contador, sem Simonal, para um porão do Dops de onde os gritos não poderiam vazar e ajustaram ao seu lado uma espécie de aparelho de telefone movido a manivela. Enquanto Viviani segurava as pontas descascadas de dois fios, um dos homens girava o instrumento. O corpo de Viviani se contorcia, e sua boca espumava. Quando não suportava mais, ele escreveu uma carta dizendo que havia torrado o dinheiro desviado do cantor com bebidas e mulheres.

Ao voltar para casa, Viviani seguiu com a mulher Jacira ao 13º DP de Copacabana para prestar queixa. A notícia chegou aos jornais, e o que era um episódio policial começou a se transformar em uma aberração política. Simonal seria transformado em uma espécie de íntimo e frequente colaborador do Dops, um alcaguete, a ponto de receber favores pessoais de seus amigos torturadores. O veredito da Justiça — que só veio em 1974, cinco anos e quatro meses de prisão por extorsão, e não por tortura, que acabaram sendo cumpridos com Simonal em liberdade — não foi maior do que a condenação da patrulha ideológica. A partir do dia em que seu nome apareceu associado aos milicos, começou a ser jogado como indigente na cova do Cabôco Mamadô. Ainda que as tais colaborações jamais houvessem sido comprovadas e que nenhum artista aparecesse para dizer que fora entregue por Simonal, o estrago estava feito. Sem empresários para comprar shows, sem programas de TV que o chamassem, sua carreira terminava ali.

Existisse ou não ditadura, Simonal perderia a graça assim que descobrissem que ele era capaz de mandar prender e bater em um homem para tirar-lhe uma confissão. Por si só, essa seria uma acusação digna de enterrar qualquer artista em qualquer época. Mas o fato de mandar que amigos do Dops fizessem isso em anos de chumbo o obrigava imediatamente a pagar uma sobretaxa pelo erro. Seu pecado mortal, aos olhos da esquerda, era colaborar com os militares. Ninguém estava nem aí para as dores de Viviani. Curiosamente, uma migração de culpa que o tempo provaria ser benéfica à memória de Wilson Simonal. Quarenta anos depois, ninguém se referiria a ele como o artista que mandou espancar um homem, mas como uma vítima da esquerda.

Henfil enterrou Elis Regina no Cemitério dos Mortos Vivos em uma cova ao lado de Marília Pêra, Pelé e Hebe. Se não chegou a abalar as estruturas de sua carreira, fez dois estragos que se tornariam mais visíveis com o tempo. Do lado de fora, um mal-estar velado se estabeleceu no meio artístico. Do lado de dentro, Elis se sentia devastada. Em entrevista à revista *Veja*, seis anos depois, ela estava mais à vontade para falar do assunto. "Eu cantei nessas Olimpíadas, e o pessoal da Globo também cantou. Todos foram obrigados a fazer isso. E você vai dizer não? Eu tive exemplos muito recentes de pessoas que disseram não e se lascaram, então eu disse sim." E seguia: "Quando apareceu isso, eu procurei o Aldir Blanc e disse: 'Poxa, que sacanagem'. E ele falou: 'Você cedeu como cederam os 90 milhões [de brasileiros na época]. Agora é fácil acusar'". Na mesma resposta, Elis mostrava arrependimento. "E tem mais: numa situação excepcional, idêntica, eu não sei se faria de novo. Mas eu morro de medo. Faço todos os espetáculos me borrando de medo todos os dias. E se mandar parar eu paro porque medo eu tenho."

Ivan Lins era visto como simpatizante da ditadura antes de sua presença nas Olimpíadas, logo depois da gravação de uma música que tinha como único problema o nome: "O amor é o meu país". Assim como os censores interditavam palavras, expressões e músicas inteiras, os formadores de opinião da esquerda censuravam termos interpretados como acenos de gentileza ao regime. "País" era um deles. Qualquer declaração de amor ao Brasil estava suspensa, a não ser que viesse em forma de abraço mandado por alguém que estivesse de partida para o exílio, como havia feito Gilberto Gil. Ivan foi execrado pela esquerda e cumprimentado pela direita, duas reações que lhe davam calafrios. Ao andar na rua, coronéis vinham parabenizá-lo pela parceria com Ronaldo Monteiro, que havia levado o segundo lugar no v Festival da Canção. Só Elis Regina saiu em sua defesa, escrevendo um manifesto de duas páginas pedindo justiça.

A malhação de Elis ameaçou se dar em praça pública pela primeira vez em um show do projeto Phono 73, que a gravadora Philips realizava com seus artistas no Centro de Convenções do Anhembi, em São Paulo, fazendo-os se apresentar em números solo e em parcerias inusitadas para uma plateia sobretudo formada por estudantes universitários. Elis apareceu de cabelos curtos e vestido preto, reto e comprido, ligeiramente rodado. Um visual que a aproximava de um seminarista, como lembraria Caetano Veloso.

Havia tensão no ar. Enquanto ela cantava "Cabaré", um jovem se ergueu na plateia com um grito: "Paraíba!". Alguns riram, outros vaiaram. Menos por seu visual e mais pela hostilidade de alguns setores da plateia, Elis era alvo de uma manifestação política. Caetano Veloso estava no Anhembi e ficou indignado. Ele já havia escutado a cantora dizer que os tropicalistas não tinham nada de artístico, que eram só espuma e autopromoção. Mas também havia escutado a mesma Elis reconhecer no show do Teatro da Praia que era ele, Caetano, a personalidade mais importante de sua geração. Ali, de qualquer forma, o baiano estava para assistir à apresentação daquela que considerava a maior cantora do país. Quando o insulto a Elis ecoou pela plateia, o sangue subiu e Caetano virou bicho. "Respeitem Elis Regina! Esta é a maior cantora do Brasil! Vocês não sabem o que estão dizendo!" A produção acionou a segurança para localizar a pessoa que havia insultado Elis da plateia, mas a reação de Caetano o fez desaparecer.

Caetano esteve com Elis no dia seguinte, em um evento promovido pela gravadora para a imprensa. Desconfortável com o ambiente elegante e cheio de pompas, o baiano dispensou as formalidades e se largou no chão, sentado com as pernas cruzadas, como se estivesse em uma calçada de sua Santo Amaro da Purificação. Ao olhar para o lado, viu Elis e Cesar se aproximarem sorrindo. Eles o cumprimentaram e se sentaram ao lado, também no chão. Falavam sobre a noite anterior e sorriam quando Caetano fez um comentário. "Elis, adorei você cantando 'Nega do cabelo duro'." Elis ficou vesga no ato, olhou firme para Caetano e perguntou, desafiadora: "Por quê?". Caetano não entendeu a afronta. "Como, por quê? Eu disse que achei lindo ver você cantando essa música."

Depois de contornado o estranho mal-estar, ficaram os três ali como amigos, até que chegou José Ramos Tinhorão, um dos maiores críticos de música brasileira à época. "Oi, Caetano, eu sou o Tinhorão, como vai?" "Sei quem é você", disse Caetano. "Eu discuto com você desde que eu tinha dezoito anos", lembrou o músico, a respeito do artigo que Tinhorão escreveu contra suas ideias quando o artista ainda morava na Bahia. "Eu sei", respondeu o crítico. "Eu acompanho tudo, mas vou lhe dizer uma coisa: eu respeito você. Você briga comigo, mas eu respeito você." A essa altura, Caetano já havia suspeitado qual era a de Tinhorão. Ele tratava Elis e Cesar com descaso, mandando indiretas sem dar atenção. Tinhorão seguiu com suas provocações ao casal, segundo as memórias de Caetano: "Eu respeito mais você do que esse povo que está aí, mais do que o Tom Jobim". Quando Elis estava por um triz de reagir, Caetano cortou o crítico: "Tinhorão, para com isso, você é errado demais".

Elis não era uma unanimidade na crítica. O primeiro disco feito com Cesar era uma obra de arte inquestionável, com "Águas de março", "Atrás da porta" e "Bala com bala", passando o recado de tudo o que sua voz era capaz de fazer, e sua vendagem logo chegaria às 100 mil cópias, bem mais do que a média de 20 mil vendidas de cada álbum até ali. Mas a aproximação definitiva com o grande público, pretendida desde a temporada com Nelson Motta, ainda era um desafio. Depois de dizer que Elis era uma simpatizante dos militares, parte da imprensa começou a tecer comentários desagradáveis, como se a cantora maquiasse certa frieza de interpretação esbanjando técnica. Sua insegurança, tratada em sessões de psicanálise, vivia dias de pico, aumentando sua necessidade de provar que era a melhor, ainda que, para isso, tivesse de se tornar um trator.

230

"Águas de março" não seria o único delito de Roberto Menescal em nome de Elis. A máxima do produtor para justificar qualquer procedimento era bem objetiva: "Quando estou fazendo um disco de alguém, é tudo para esse alguém". Menescal estava fechando o repertório de Elis para o novo disco de 1973 quando ouviu uma fita mostrada por Cesar. A melodia e a letra o pegaram imediatamente: "Quando eu piso em folhas secas/ caídas de uma mangueira/ penso na minha escola/ E nos poetas da minha Estação Primeira/ Não sei quantas vezes/ Subi o morro cantando/ Sempre o sol me queimando/ E assim vou me acabando". A decisão de Menescal estava tomada antes que a canção chegasse ao fim. Ainda que os bons modos não aconselhassem a um produtor usurpar uma canção já gravada de uma cantora prestes a lançá-la, era exatamente isto o que ele iria fazer. A fita que Cesar mostrou a Menescal era de Beth Carvalho cantando "Folhas secas", de Nelson Cavaquinho e Guilherme de Brito. E por que é que uma fita dessas dormia no aparelho de som de Cesar Camargo e Elis Regina? A resposta deixava a situação mais delicada.

Beth Carvalho conhecia Cesar Camargo Mariano desde os tempos em que o músico era casado com a cantora Marisa Gata Mansa e tocava no Som 3. Aos 26 anos, a carioca morena, filha de um advogado cassado pelo regime militar, convidou Cesar para tocar teclado em seu disco de estreia *Andança*, de 1969, com a música título que havia lhe dado o terceiro lugar no Festival Internacional da Canção do ano anterior e que logo a empossaria como a rainha do samba. Até ali, Beth equilibrava-se com um pé no samba e outro na MPB.

Quando começava a preparar seu primeiro disco de samba, Beth perguntou a Cesar o que ele fazia da vida naquele momento. Ficou sabendo que namorava e tocava com Elis, mas quis se certificar de tudo antes de lhe fazer um convite: "Você é músico exclusivo da Elis?". "Imagina, faço discos com todos", ele respondeu. "Quer fazer os arranjos do meu próximo LP?" Cesar não só topou como entrou em estúdio com a cantora para fazer *Canto para um novo dia*, que sairia pela pequena gravadora Tapecar, arrastando consigo o baterista Paulinho Braga e o baixista Luizão Maia, núcleo rítmico que também gravava o novo disco de Elis.

"Folhas secas" havia sido garimpada do repertório de Nelson Cavaquinho e Guilherme de Brito para ser uma das canções mais fortes do álbum. De quebra, a sambista levava para o estúdio o próprio Nelson, que tocaria a música com seu inconfundível violão de pegada rústica. Beth apresentou Cesar à lenda do morro da Mangueira, e o disco foi feito em clima de roda, com Dino 7 Cordas, Luis Claudio, Mestre Marçal e Martinho da Vila na percussão. Quando as músicas já estavam prontas, aguardando o lançamento do álbum, Cesar levou uma fita com todas elas para ouvir em casa e acabou mostrando-a a Menescal. Mais do que a contestável decisão do produtor, havia antes a traição de um amigo.

Beth não acreditou quando ouviu os primeiros rumores de que Elis iria lançar "Folhas secas". De qualquer forma, ligou para Cesar. "Pois é, estão falando por aí que a Elis gravou 'Folhas secas', pode?" "Ah, Beth, e você vai ligar para o que dizem?", respondeu Cesar. Mas os boatos aumentaram a ponto de levar Beth a voltar ao assunto com o pianista. Ao vê-lo no trânsito, ela emparelhou seu carro ao dele, baixou o vidro e perguntou: "Cesar, qual é o nome da música do Nelson Cavaquinho que a Elis vai gravar?". "Ah, eu me esqueci", respondeu o músico. Uma prima jornalista de Beth, que estava prestes a entrevistar Elis, prometeu conseguir informações durante a entrevista para ajudar a sambista. "Deixa que eu pergunto. Assim que a entrevista acabar, eu te ligo", acertou. No meio da tarde, o telefone de Beth tocou. "Gravou, sim", disse a prima.

Beth colocou em prática um plano amadurecido desde que ela pressentiu Elis rondando seu território. Ligou para Manolo Camero, espanhol proprietário da Tapecar, com uma ordem: "Solta um compacto de divulgação agora mesmo com 'Folhas secas'. A Elis quer sair na frente". Manolo correu para produzir o que podia de discos, apenas para fazer a "Folhas secas" de Beth chegar às rádios o mais rápido possível, mas a Tapecar não tinha o mesmo poder de fogo da Philips e a música não tocava. De um disc jockey de São Paulo, Beth ouviu uma história sem confirmação. "Eles amassaram os discos. Não dá para tocar", disse o rapaz. "Eles" deveria ser qualquer um da gravadora concorrente. Ou ninguém. Os discos poderiam estar danificados por um erro na fabricação-relâmpago. Beth ligou de novo para Manolo. "Faça um novo lote."

A música de Elis acabou chegando na frente. Mais sofisticada nos arranjos e com os mesmos músicos que haviam acabado de gravar com Beth — além de Cesar, Luizão no baixo, Paulinho na bateria e Chico Batera na percussão —, "Folhas secas" deixou o morro e foi parar na zona sul. Cesar tocava um órgão Hammond e um teclado de efeitos modernos na introdução enquanto Elis acomodava a voz com delicadeza sobre o violão estudado nas harmonias da bossa nova de Menescal — muito diferente do dedilhado de Nelson Cavaquinho.

A gravação de Beth veio logo depois. Sua voz doce carregava um século de samba. Apesar da gravação de Elis, a versão de "Folhas secas" que venceu o tempo foi a de Beth Carvalho. Mesmo depois da morte de Nelson Cavaquinho, em 1986, ela jamais faria um show sem cantá-la. Beth não foi tirar satisfações com Elis, mas ficaria sem falar com Cesar pelos vinte anos seguintes.

A dependência que Elis tinha do estrelato parecia ter nascido com a própria carreira. Já havia se manifestado lá pelo ano de 1966, quando ninguém suspeitou que ela via com olhos grandes a cantora Maria Odette, Mariô, levar um discreto quinto lugar no II Festival Nacional de Música Popular Brasileira da TV Excelsior defendendo a música "Boa palavra", feita por Caetano Veloso nos moldes das canções encomendadas para festivais. Mariô foi uma das primeiras amigas de Elis em São Paulo. Sua casa no bairro do Ipiranga, sua família e seu carro Gordini estavam à disposição da gaúcha. Quando Elis decidiu aprender a dirigir, foi o pobre Gordini que virou cobaia. "Você precisa pisar na embreagem antes de frear, senão o carro morre, Elis", dizia Mariô. "Mas morre por quê?" "Eu sei lá, Elis, não sou mecânico."

Mariô dizia à amiga que já havia tido um flerte com o cantor Roberto Carlos. Um namorico da época, de trocar olhares e pegar nas mãos. Pois em uma noite, quando as duas estavam no apartamento de Elis, na avenida São João, foi a gaúcha quem disse que iria se encontrar com o cantor. "Mariô, ele me chamou para jantar, mas não sei se vou." Mariô insistiu que a amiga fosse. Elis topou, mas, antes de sair, pediu que a amiga a esperasse lá mesmo, em seu apartamento. Poucas horas depois, por volta de uma hora da manhã, Elis retornou. "E, então, como foi?", quis saber Mariô. "Ah, amanhã eu te conto", encerrou Elis, que continuou evasiva no dia seguinte. "Achei ele prepotente. Sei lá, deixa para lá." Mariô parou de perguntar, e Elis jamais voltou a tocar no assunto. Mais de cinquenta anos depois desse episódio, em entrevista para este livro, Mariô refletiu sobre algo que nunca havia pensado. Elis pode simplesmente não ter ido ao encontro de Roberto e criado um affair imaginário para empatar o jogo com a amiga. Um fato seguinte na vida das duas mostraria que Elis não suportava a ideia de ficar para trás, nem com homens nem com canções.

Elis fez a Mariô um convite simpático. "Estou gravando um disco e queria muito que você passasse pelo estúdio amanhã, pode ser?" "Claro que sim", aceitou a colega, cheia de orgulho por poder testemunhar o momento tão especial. Ao chegar ao estúdio, Mariô sentou-se na sala dos técnicos para aguardar enquanto a amiga colocava voz em uma canção. Ao final, Elis foi até ela e pediu ao técnico que soltasse a música que eles haviam gravado no dia anterior. A introdução já entregava que se tratava de "Boa palavra", lançada por Maria Odette, a única um pouco mais famosa de seu repertório. Elis arrasava, passando por cima de qualquer interpretação anterior. Assim que a gravação acabou, Mariô falou com Elis segurando o choro: "Você vai mesmo lançar essa música? Poxa, tinha tantas que poderia gravar, por que logo essa?". E Elis respondeu: "Escuta, Mariô, não se preocupe. Quando ouvirem 'Boa palavra' vão lembrar de você, não de mim. Ela vai ser sempre sua". Elis chamava a colega, na percepção da própria Mariô, para dizer algo como: "Minha querida, se é para fazer isso bem-feito, deixe que eu faço".

14.

A era do empresário Marcos Lázaro na vida de Elis tinha os seus dias contados. Haviam sido quase dez anos de um relacionamento sem grandes atritos, até a cantora resolver dar algumas declarações desconfortáveis à imprensa. Elis dizia estar "cansada de financiar o caviar do senhor Lázaro" e contestava, ao lado do marido Cesar, alguns acertos financeiros feitos pelo empresário. A cantora sabia que ainda era a "moedinha da sorte nº 1 do Tio Patinhas", a galinha dos ovos de ouro dentre os quase cinquenta artistas que o império de Lázaro chegou a ter, para os quais ele vendia shows e negociava contratos. A relação paterna que existira no início com Elis, de proteção e orientação, se transformava em rancores de ambos os lados. Filho de poloneses judeus crescido na Argentina, vivendo no Brasil desde 1962, Lázaro também estava cansado de Elis.

Cesar Camargo Mariano passou a se ressentir da partilha dos cachês de shows vendidos por Lázaro. Depois de um ano rodando o Brasil, ele percebeu que, por suas contas, não ganhava o que merecia. Ou melhor, reproduzindo as palavras que Cesar usa em seu livro de memórias, não ganhava "dinheiro algum" das apresentações que fazia com Elis. O casal passou a contestar a administração do empresário. Cesar conta em seu livro a resposta que ouviu ao falar com Lázaro: "Mas você não é marido dela? Então o seu dinheiro está incluído no cachê dela", disse o empresário. "Como incluído, Marcos? Elis trabalha como intérprete, e eu como acompanhante, arranjador e produtor musical. São funções diferentes. Se eu não estivesse aqui, você teria de pagar outra pessoa por esse trabalho, certo?" Lázaro, segundo o pianista, teria insistido: "Cesar, vocês são marido e mulher. Resolva isso com ela".

Elis saiu em defesa de Cesar. Uma auditoria foi aberta no escritório da cantora e, segundo Cesar, constatou-se que Lázaro devia muito mais do que o casal imaginava. Marcos Lázaro alegou que fazia investimentos com parte da receita proveniente dos shows e que não poderia pagar o que o casal pedia. Diante do impasse, não havia mais razão para seguirem juntos. Elis, por carta, rompeu com o empresário. O irmão de Marcos, José Lázaro, trabalhou com o casal durante algumas viagens de Elis e Cesar à América Latina. Sua versão do desgaste entre empresário e artistas, em entrevista para esta biografia, repudia o calote do irmão e aponta casos de ciúmes profissionais entre marido e mulher. "Em uma viagem ao México, por exemplo, o nome de Elis aparecia grande no letreiro do teatro e o de Cesar, pequeno. Isso era um problema para ele."

Os tempos difíceis trouxeram Elis e Cesar para São Paulo, uma mudança que atingia Ronaldo Bôscoli. Se suas visitas ao filho João já eram complicadas, agora seria pior. Elis argumentava que Bôscoli não cumpria as datas de devolução da criança e que, por isso, também não se via obrigada a entregá-la nas datas preestabelecidas. A mudança de cidade dificultava as ações judiciais contra a ex-mulher, que deveriam correr por São Paulo. João ficava no meio do fogo cruzado.

Com tantas mudanças, Cesar e Elis ainda buscavam estabilizar a carreira na nova cidade quando surgiu Roberto de Oliveira, um garoto de 22 anos cheio de energia, ideias inovadoras e veia de empreendedor. O contexto era favorável para que Roberto se desse bem. Elis, conforme desabafou ao amigo jornalista Fernando Faro, estava farta do mesmo modelo de apresentação. Ela queria se livrar das plateias mal-educadas e dos shows que pareciam baile de debutantes. O circuito das casas de show dos primeiros anos da década de 1970 era, de fato, desanimador. Nem São Paulo nem Rio sabiam o que era uma casa de espetáculos estruturada para essa finalidade. O Rio tinha o Canecão, e São Paulo contava com poucos teatros de porte médio, como o Maria Della Costa e o Tuca, da Pontifícia Universidade Católica. Para conseguir uma frequência maior de shows, os empresários vendiam seus artistas para clubes como o Círculo

Militar e o Sírio-Libanês, que programavam apresentações no meio de festas como Baile do Havaí e almoços beneficentes — ambientes que não estavam preparados para receber Elis Regina, e vice-versa. Em um deles, Elis se descontrolou com o ruído provocado pela plateia e pelos garçons batendo copos. Quando não suportou mais cantar naquelas condições, arremessou o microfone em direção à plateia e saiu calada para não voltar mais. São Paulo tinha muito músico para pouco palco. Era preciso pensar em alguma estratégia.

Roberto de Oliveira tinha uma. Ele olhou para um meio que só crescia desde o final dos anos 1960, graças ao aumento das faculdades paulistas, sobretudo no interior de São Paulo. André Midani, presidente da Philips, o conheceu em uma reunião de negócios que ele fazia com o compositor Renato Teixeira, irmão de Roberto. Midani pressentiu o talento do menino de dezenove anos e sugeriu que ele começasse a vender LPs de sua gravadora. Inspirado em uma experiência que o executivo conhecera na Holanda, os discos eram colocados em barracas, no pátio das faculdades, e o comércio rolava durante os intervalos das aulas.

Com o sucesso da venda dos discos, Roberto despertou para outra vontade: vender shows. "Deixe que eu arrumo isso para você. Mas, primeiro, venda os discos", pediu Midani. A estratégia para a venda de shows seria baseada na venda dos LPs. Os artistas se apresentariam ao meio-dia nos auditórios das universidades, quando a turma da manhã saía e a da tarde chegava. O público lotou as plateias logo nas primeiras apresentações, e o projeto cresceu. Uma negociação com os centros acadêmicos propôs uma divisão de obrigações. A faculdade ficava com 10% da bilheteria em troca do espaço e da divulgação enquanto o empresário, que detinha os 90% restantes, providenciaria os ingressos, os cartazes, o equipamento de som, o cachê do artista e o pagamento dos impostos. Um negócio em que todos saíam ganhando e que servia de ponte entre um público jovem, respeitoso e carente por shows, e o artista de grife, ávido por espaços maiores. Vinicius de Moraes, Toquinho, Marília Medalha, Trio Mocotó, Chico Buarque sozinho e com o MPB4, Paulinho da Viola com o Época de Ouro, Luiz Gonzaga com Gonzaguinha e Quarteto em Cy — todos embarcaram nos ônibus universitários de Roberto de Oliveira.

Ao falar da empreitada à revista *Veja*, Roberto usou a expressão "circuito universitário", e o nome pegou. De São Paulo, os artistas saíam para cantar no campus de universidades que ficavam em Lins, Tupã, Limeira, São José do Rio

Preto. Turnês mais longas chegaram a visitar quarenta regiões, com um show por dia. A equipe pegava a estrada com dois caminhões, uma logística impressionante para a época, que garantia a montagem da estrutura em duas localidades ao mesmo tempo. Uma para o show de hoje, outra para o show de amanhã. Cidades com 50 mil habitantes lotavam teatros com capacidade para 5 mil pessoas. "A gente colocava 10% da população local na plateia. Imagine se fizéssemos isso em São Paulo", lembrou Roberto. Os artistas, mesmo os consagrados, aderiram ao formato e começaram a cantar para estudantes em uma época em que, mesmo não tocando em assuntos políticos, pegava muito bem estar ao lado dos universitários.

Vinicius se encheu de energia e seguiu para uma temporada pelo interior paulista. Com dores no joelho, foi examinado por um médico de Lins, no centro-oeste do estado. A conclusão do especialista foi de que o poeta deveria ficar de molho na cidade por tempo indeterminado, sem se locomover, até que as dores passassem. Shows foram cancelados, e alguns jornais de São Paulo noticiaram o fato com gravidade. Vinicius ficou em Lins, com as pernas para cima, até um novo exame ser feito. Preocupado, Roberto procurou um segundo especialista para ter outra opinião e descobriu que não havia nenhum mal no poeta. O motivo da internação era outro. Se dependesse do médico, fã confesso de Vinicius, o compositor ficaria na cidade pelos próximos 120 anos. Seu joelho estava ótimo, era o doutor quem não queria deixá-lo partir.

As histórias da caravana universitária estimulavam Elis. Ela havia feito apresentações no formato itinerante com Marcos Lázaro, mas nada que chegasse perto da vibração que sentia ao ouvir os relatos do Circuito Universitário. Elis sentiu que estava diante de uma rara oportunidade para levar sua música para um público maior e mais interessante do que as plateias elitizadas de clubes e ginásios. Roberto parecia confiável e, apesar da pouca idade, respondia por uma bem estruturada empresa de produções chamada Clack. Elis o procurou disposta a entrar em um de seus ônibus o quanto antes. Dias depois, ela sairia com o filho João, o marido Cesar e toda a sua banda rumo ao interior.

O peso e a glória da estrada eram sentidos já nas primeiras apresentações. Quando a faculdade em que paravam não tinha teatro, os artistas tocavam onde fosse possível, incluindo cinemas ou salas de projeção com um palco de menos de dois metros de largura. Nesses casos, a bateria era reduzida a três ou quatro peças. O camarim dos músicos era o próprio ônibus, e os restaurantes, os postos de gasolina. Ao chegarem a uma das cidades, Elis e Cesar receberam das mãos de um mensageiro um convite do prefeito para que fossem jantar em um dos melhores restaurantes locais. Eles aceitaram, agradeceram a lembrança e correram para o show. Depois da apresentação, quatro carros oficiais esperavam os músicos. O casal entrou em um deles e partiu para o local marcado. Antes que estacionassem na porta do restaurante, viram uma faixa estendida na entrada com a frase: "Hoje Elis Regina janta aqui". Elis e Cesar, que iam no carro da frente, pediram ao motorista que não parasse. A noite acabou com todos em um posto de gasolina, se abastecendo de guaraná e sanduíche de mortadela. O restaurante do qual fugiram, souberam no dia seguinte, era do próprio prefeito.

Quando percebia que o tédio se instalava nas viagens, sobretudo no pequeno João, Cesar colocava botas, luvas, camiseta preta, sunga vermelha por cima de uma meia-calça emprestada de Elis, óculos escuros e o capacete da moto que ele levava em um reboque puxado pelo ônibus e se transformava em Capitão Bolinha, um super-herói que vinha de outra galáxia para salvar a trupe dos momentos de desgaste nas longas viagens. João vibrava com isso. Quando se hospedavam em hotéis, os dois entravam nos quartos dos outros músicos chutando a porta, prontos para defender o universo.

Além de vendedor de shows, Roberto era visto por Elis como um novo farol. Sem uma locomotiva para puxar seus vagões desde o fim dos trabalhos com Marcos Lázaro, ela havia começado a sentir os dissabores de uma carreira sem rumo. Dos discos transbordavam técnica e bom repertório e, das apresentações, uma sempre elogiada entrega. Mas a imagem de Elis havia sofrido desgastes desde o episódio das Olimpíadas do Exército. Alguns formadores de opinião diziam que ela era dúbia. Suas entrevistas vinham com forte carga contestatória, comportamental e política, mas suas atitudes eram insuficientes. Ao perceber que sua aproximação com o público estudantil nos shows do Circuito Universitário havia iniciado uma nova fase de sua carreira, Elis foi pedir para Roberto se tornar, oficialmente, seu novo empresário.

Governar os passos de artistas não era exatamente o sonho de Roberto de Oliveira, mas era Elis Regina quem estava pedindo, e isso o tocou. O jovem aceitou o pedido, mas fez uma exigência: a cantora deveria seguir suas orientações. A imagem de Elis seria resgatada, mas era preciso ter paciência. Com muito trabalho, conseguiriam fazer isso em um prazo máximo de um ano. Elis só deveria falar no palco se fosse para dizer os textos que Roberto elaboraria previamente. E era preciso ter cautela também fora de cena. A ideia era valorizar a mulher sofisticada que existia em Elis. A primeira conversa dos dois foi assim: "Elis, o problema é o seguinte: você faz sucesso, tem qualidade, mas não tem prestígio. Primeiro, você precisa se recompor com esse público que quer alcançar, mais politizado, formador de opinião, estudantes. Eles ainda estão grilados com você. Você vai fazer tudo o que eu falar?". Elis concordou e aceitou as condições. Um presente parecia cair dos céus, na hora certa. Ao fazer dez anos de Philips, Elis ganharia da gravadora um presente ideal para os planos de Roberto de Oliveira.

A efeméride dos dez anos em 1974 era uma conta que não fechava. Se fosse calcular pelo primeiro disco de Elis lançado pela Philips, *Samba, eu canto assim!*, eles teriam de esperar um ano para abrir a champanhe, já que a data de lançamento era janeiro de 1965. Se preferissem levar em conta a data do primeiro contrato assinado em carteira, poderiam falar em quinze anos, já que ele se dera em 1959, no departamento de recursos humanos da Rádio Farroupilha, em Porto Alegre. E o primeiro disco de Elis, de fato, *Viva a Brotolândia*, saíra em 1961, portanto, treze anos atrás. Mas, deste, Elis queria distância e não o usaria como marco histórico. O que restou para fazer de 1964 a pedra inaugural de algo em sua trajetória foi sua chegada ao Rio e a estreia no Beco das Garrafas. Ao pensar em carreira, Elis apagava os tempos vividos no Rio Grande do Sul.

Roberto de Oliveira foi atrás de um parceiro de peso que celebrasse a data ao lado de Elis em forma de dueto. Um grande disco a duas vozes deveria ser lançado para festejar uma década de Elis, e o primeiro a ser convidado por Roberto, segundo suas memórias, foi Caetano Veloso, que negou a parceria. Procurado para este livro, Caetano diz não se lembrar do convite. Uma segunda tentativa, de acordo com o empresário, foi Chico Buarque, que também disse não para Elis Regina. Roberto não se lembra dos motivos das recusas — elas nunca eram detalhadas —, mas sentia que poderiam ter a ver com certa indisposição em relação ao nome de Elis. O terceiro da lista, menos provável por estar morando nos Estados Unidos, foi o de Tom Jobim.

A ideia da união dos dois artistas chegou a André Midani. No início de janeiro de 1974, ele ligou para Jobim antecipando o convite em nome da gravadora e, no dia 17 do mesmo mês, enviou uma carta ao maestro, conforme o pesquisador Sérgio Cabral publicou na biografia do compositor lançada em 1997. Midani escreveu: "Tom querido. Confirmo nossa conversa telefônica, durante a qual expus a você nosso desejo — o de Elis e da companhia — de realizar uma gravação de doze músicas suas, gravação esta que deverá ser realizada em colaboração muito estreita entre você e Elis Regina, já que seria evidentemente importante sua participação pessoal, artística e instrumental". Midani promete na carta vendagens altas ("uma venda no Brasil de aproximadamente 70, 80 mil discos"), investimento pesado da Philips ("a companhia investirá fortes quantias em dinheir5o para que a gravação seja a mais enfática possível") e repercussão em outros países ("haverá sem dúvida possibilidade de vendas substanciais no Japão, na Alemanha, na Espanha...").

Apesar das turbulências iniciais na relação de Elis com o maestro — ela não esqueceu do dia em que foi reprovada no teste para cantar as músicas de *Pobre menina rica* na casa de Carlos Lyra —, o tempo fez dela uma fã de Jobim. Ela já havia lançado "Águas de março" com grande sucesso em 1972 e, agora, tinha a chance de estar a seu lado para gravar um LP. Midani acionou Aloysio de Oliveira, criador do selo Elenco, produtor dos mais competentes, ex-marido de Carmen Miranda, a quem conheceu tocando no Bando da Lua, ex-tradutor e narrador dos filmes de Walt Disney para o Brasil, que havia morado por longo tempo em Los Angeles. Aloysio faria a ponte com Jobim e cuidaria da produção. Roberto ajudaria no que fosse preciso, começando com uma parceria com a TV Bandeirantes, que pagaria parte das passagens de avião. As filmagens dos bastidores do encontro para um possível documentário no futuro também seriam de sua responsabilidade. Estava tudo desenhado, só faltava combinar com Tom Jobim. Elis, Cesar e os músicos esperavam pelo sinal verde de Aloysio.

A estratégia de Roberto foi falar com Tom pessoalmente. Assim seria mais fácil convencê-lo dos detalhes da gravação. Em uma breve conversa com o maestro por telefone, Aloysio avisou que a turma de Elis, com João Marcello a tira-colo, chegaria às sete da manhã do dia seguinte, em Los Angeles. Sem os músicos Luizão, Paulinho Braga e Hélio Delmiro, que iriam depois que o terreno estivesse ajeitado, Elis, Cesar, João, Roberto e Aloysio chegaram sob chuva fina e encontraram Tom vestido como Humphrey Bogart na área do desembarque. De sobretudo, guarda-chuva e segurando uma rosa vermelha para receber a cantora que ele ainda preferia chamar de "Élis", Tom os aguardava com charme. Cumprimentou a todos, os conduziu ao carro e os levou para casa onde Thereza, sua mulher, esperava com o café da manhã pronto.

O café seguiu com bacon, omelete, torradas e todas as amenidades que poderiam digerir até que alguém resolvesse falar sobre como fariam o álbum. Elis havia sido alertada de que o maestro não era fácil. Antes de sair do Brasil, só para garantir que ela não travaria, decorou um texto repassado o tempo todo em silêncio: "Olha, Tom, eu queria que você entendesse. Eu gosto muito de suas músicas. Não vim para Los Angeles com a intenção de atrapalhar a sua vida, pelo contrário". Era introdução de mais, pensou Elis, conforme a cantora narrou em uma entrevista anos depois. Ela preferiu ficar calada. Como ninguém entrou no assunto, o próprio Tom deu o primeiro passo. Ele já sabia do disco, mas disfarçou: "E então, pessoal? Vieram fazer algum show por aqui?".

Aloysio tomou a dianteira. Explicou que estavam todos ali para gravar o disco de que Midani havia falado na carta. O álbum de Elis e dele. Houve silêncio. Tom se levantou da mesa e passou a andar pela cozinha, cada vez mais perto de dizer algo que poderia acabar com o sonho dos convidados. Aos poucos, revelou sua verdadeira preocupação: "Puxa, espera um pouco... Um disco com a 'Élis' Regina... E quais músicas seriam? Quais músicas a gente iria cantar, Aloysio?", perguntou, mostrando-se cético. Elis disse que havia pensado em umas quinze. "Ô, Aloysio, e quem vai fazer os arranjos?", disse, dirigindo-se sempre ao produtor. A resposta o deixou tenso: "O Cesar".

"Você?", disse Tom com espanto. "Isso é loucura, você com suas pobres notinhas brasileiras no meio dos feras daqui? Não dá. Thereza, ligue para o Claus Ogerman, urgente!" Claus Ogerman, arranjador e compositor alemão, havia trabalhado com Stan Getz, João Gilberto, Oscar Peterson, Stanley Turrentine e Cal Tjader, além de Tom Jobim. Thereza ligou, mas ele não estava. "Então ligue para o Johnny Mandel." Johnny Mandel tinha serviços prestados a Frank Sinatra, Peggy Lee e Shirley Horn. Thereza ligou, mas ele também não foi encontrado. Elis se segurava, e Cesar já pensava em voltar para o Brasil. A pedido de Tom, as ligações de Thereza continuavam, uma depois da outra. Aloysio achou melhor intervir: "Tom, meu caro, Cesar é o arranjador da Elis e do projeto". "Eu sei", respondeu Tom. E continuou: "Thereza, liga para o Don Sebesky". Aloysio insistiu: "Tom, querido, sente-se aqui. Este é um trabalho muito importante para eles, você já ouviu os discos da Elis?". Tom foi ficando mais relaxado.

Dois mundos se chocavam naquela manhã. Ao contrário das experimentações de Cesar, Tom só tinha olhos e mãos para o piano. E poucas palavras o

242

assustavam mais do que "teclado". Quando ouvia os sons tirados por Cesar, Tom desdenhava, chamando-os de "aporrinholas". De qualquer forma, a brecha estava aberta e cabia a Cesar aproveitá-la. Encorajado por uma repentina mudança de humor do maestro, ele tirou o paletó e se sentou ao piano. Tom pegou o violão. Ali, com a voz de Elis, passaram a fazer música brasileira em um momento de aproximação e intimidade. Ao final, o repertório do disco estava quase todo acertado.

Mas as dissonâncias voltaram a soar entre os dois pianistas assim que Cesar começou a trabalhar nos arranjos. Sozinho no quarto do hotel, depois de despachar Elis com João Marcello para a Disneylândia para que ele pudesse pensar só em música, Cesar temia por qualquer erro. Antes de escrever a primeira nota de um arranjo, o telefone do quarto tocou. Cesar narra o diálogo com Tom em seu livro de memórias: "Oi, Mariano". "Olá, Tom." "Bem, como anda o trabalho?" "Nem comecei ainda, Tom. Estou fazendo isto agora." "Ah, bom trabalho então." Alguns minutos depois, o telefone voltou a tocar. "Mariano?" "Oi, Tom." "Olha, com qual música você vai começar?" "Pois é, estou pensando em 'Corcovado'." "Ah, perfeito, bom trabalho." E, cinco minutos depois: "Mariano". "Oi, Tom." "Como é que você sabe que sou eu, Mariano? Bem, você pode me dizer em que compasso está?" Tom pediu também para ouvir pelo telefone um dos arranjos que estavam sendo feitos. "Mariano, Mariano! Pelo amor de Deus, você está maluco usando esses acordes americanos, rapaz", advertiu o maestro.

Cesar confessaria que se manteve no projeto em nome de Elis. Em outros casos, teria abandonado tudo. Mas a cantora queria muito aquele disco, ele era seu presente e, apesar do mal-estar, Cesar também queria que tudo acontecesse. Afinal, estavam ao lado de um artista que tinha créditos de sobra para cultivar as excentricidades. Ainda assim, Cesar ensaiou uma resposta para a próxima manifestação de desconfiança de Tom. Quando ela veio, ele a usou: "Maestro, eu estou aqui fazendo esses arranjos com a sonoridade mais apropriada para a Elis. É a minha personalidade musical amparada à dela. Se um dia você me convidar para fazer arranjos para um trabalho seu, vou fazer do jeitinho que você está pensando, adequando o meu estilo à sua personalidade musical". Era a filosofia que Cesar levaria para a carreira, a mesma que o consagraria como um dos grandes músicos do país. Sua frase saiu com tanta verdade que Tom resolveu baixar a guarda: "Tem razão, Mariano, tem razão".

Wanderléa estava em Los Angeles no mesmo período em que Elis gravava o disco com Tom. Quem via as duas no passado, quando a Jovem Guarda e *O Fino da Bossa* entraram em guerra, poderia imaginá-las em um ringue, e jamais dividindo a mesma piscina, a mesma refeição e a mesma casa. Wanderléa passava uma temporada nos Estados Unidos para acompanhar o tratamento do marido Zé Renato, filho de Chacrinha, que tentava se recuperar de um acidente que o deixara em uma cadeira de rodas. Elis já havia iniciado uma relação afetuosa com a cantora quando ela ainda morava na casa da Niemeyer e aproveitou um dia de folga do estúdio para visitar a amiga.

"Elis, a casa é grande. Se quiser deixar o João aqui para vocês trabalharem em paz, nós cuidaremos dele", sugeriu Wanderléa. Elis aceitou e passou a levar e buscar seu filho todos os dias na casa da "tia Wandeca". Ao chegar, o pequeno João ficou deslumbrado pela figura da artista. Era como se fosse uma fada loira. Curiosamente, Tom também fez da casa de Wanderléa um refúgio, sem jamais aparecer por lá com Cesar ou Elis. Usava o piano de cauda da sala para tocar "Águas de março" tomando cerveja Tuborg e comendo caranguejo em frente a uma plateia formada por Wanderléa, seu irmão Bill, Zé Renato, a enfermeira Creuza, a secretária Heloísa e o chofer Severino.

As gravações começaram com Tom Jobim ainda assustado. Era chegada a hora em que ele poderia perder definitivamente o comando das canções, e isso era angustiante. "Só tinha de ser com você", "Triste", "Corcovado", "Retrato em branco e preto", "Fotografia", "Inútil paisagem", "Chovendo na roseira", tudo o que fizera de melhor estava ali, entregue a uma voz que seguia os caminhos traçados por um homem no qual ele não conseguia confiar. "Águas de março" abria o disco, com a participação de Tom. As outras viriam com arranjos pensados por Cesar, exceto "Soneto da separação", que teve total envolvimento do maestro. Às vésperas de entrarem no estúdio para gravar, Tom quis saber: "Mariano, como será agora?". Cesar respondeu: "Amanhã chegam os músicos do Brasil pra gente gravar". A reação do maestro lembrou o dia em que ele ouviu que Cesar seria o arranjador. "O quê? Músicos brasileiros na terra que tem os melhores músicos do mundo? Não, Aloysio, parem esse avião no ar!" "Qual é o problema do Tom Jobim?", perguntava Cesar. Seriam eles o problema? A insegurança de Tom ganhava dos medos de Elis? O páreo era duro.

Os músicos chegaram a Los Angeles loucos para gravar. Ao ver o baixo de Luizão Maia, Tom Jobim grudou no braço de Cesar. "Rapaz, o que é isso? Uma guitarra de quatro cordas? Estou vendo tudo elétrico, baixo, guitarra, tecla-do…" Ainda paciente, Cesar explicou. "Calma, Tom, já gravamos a parte acús-tica com o piano de pau." O termo "piano de pau" fez o maestro transfigurar. "Aloysio, me socorre. Aquele instrumento maravilhoso virou piano de pau, meu Deus!" Cesar deu uma dica: do outro lado da rua, bem perto do estúdio, havia um chope fantástico. E se ele fosse até lá? Jobim sentiu o convite para sair e saiu. As gravações iriam começar.

Elis queria responder às desconfianças de Tom da melhor maneira, e as respostas vieram quando as músicas começaram a sair. "Águas de março" fica-va mais envolvente, com Tom e Elis em estado de graça brincando com os tem-pos. "Modinha" tinha arranjos orquestrais conduzindo uma voz bela e escura. "Triste" consagrava a base que Cesar criara, um suingue que poderia ser per-cebido no todo ou nos detalhes, sem que nenhuma nota colidisse com outra. O segredo parecia estar na mão esquerda de Cesar, que fazia os acordes se mo-vimentarem nunca abertos demais, e no contratempo produzido pela mão direita. A guitarra discreta reforçava os acordes do piano, e o tempo forte do baixo andava colado aos graves do bumbo da bateria, criando um efeito que os músicos chamavam de "bumbo de corda".

Luizão Maia brincava com os parceiros: "Aqui, se tirar a mão fica bom também". Falava sobre o som redondo que sentia chegar antes mesmo que ele começasse a tocar seu instrumento. Quando alguém dizia a Hélio Delmiro que não estava ouvindo a guitarra, ele respondia: "É assim mesmo. Se ouvir, está errado". O grupo só queria servir às vozes de Elis e Tom com uma estrutura de marcações bem distribuídas, sem uma nota que pudesse fazê-los aparecer mais do que o necessário. Tom sentia que nem tudo seria uma catástrofe, e con-fidenciou a Hélio Delmiro logo depois de ouvir o solo que ele fizera para "Fo-tografia". "Quando soube que vinha guitarra, eu quase mandei parar o avião. Agora, estou mais aliviado."

Em um dos ensaios, João desapareceu. Ele não havia sido levado para a casa de Wanderléa nem estava nas salas vizinhas. Quando Elis ameaçava entrar em desespero, com os músicos buscando por João até na rua, o garoto de qua-tro anos foi encontrado dormindo no bumbo da bateria de Paulinho Braga.

Tom se sentou com Elis e Cesar, entre uma e outra gravação, para cantar o que viesse à cabeça. Tom com um violão no colo e Cesar ao teclado deixavam Elis solta e sorridente. "Céu e mar", de Johnny Alf, foi uma das canções ensaiadas de improviso que não entraram no disco. Com o poder de ver belezas que sempre estiveram por perto, mas que poucos perceberam, Tom chegou uma tarde falando de um de seus mestres, Ary Barroso, e das maravilhas que ele havia feito ao compor "Na batucada da vida". Elis aprendeu com o maestro como deveria cantá-la e assim faria, não no disco que gravavam, mas em seu próximo álbum, que sairia ainda em 1974.

No Brasil, André Midani e Roberto Menescal estavam ansiosos por saber das gravações com Mr. Jobim. Menescal ligou para Elis em uma manhã: "O que é que você quer, Menescal?". "E aí, Elis, como as coisas estão indo?" "Como estão indo? Estão uma merda. O Tom está com má vontade, ninguém está tocando bem. Esse disco vai ser uma merda." Menescal, que conhecia bem os arroubos de Elis, usou a estratégia de um pai paciente e desviou o assunto. "E como foi a Disney com o João?" "Ah, foi ótimo, a gente se divertiu muito." Depois de dar uma volta no quarteirão, o produtor retornava à rua principal. "E então, sobre a gravação, alguma música ficou boa?" "Ah, sim", dizia Elis. "'Brigas nunca mais' ficou ótima." E dois minutos a mais, ela já estava totalmente diferente: "Menescal, você tem que ouvir umas coisas que estamos fazendo, pegue um avião e venha, o disco está maravilhoso". Se Bôscoli ouvisse, a chamaria de ciclotímica.

Enquanto os músicos trabalhavam, Roberto de Oliveira também voltou ao Brasil esperando para retornar a Los Angeles no final das gravações. E também ouviu muitas queixas de Elis por telefone. "Roberto, eu vou voltar. Isto aqui não vai dar certo, o Tom não gosta dos teclados do Cesar, só quer saber de piano, você tem de vir para cá." Roberto, sem a mesma experiência de Menescal, adiantou a passagem e seguiu para Los Angeles.

Roberto havia contratado uma equipe para filmar o encontro. Fazia parte de seu projeto para levantar a imagem de Elis e mostrá-la soberana ao lado do maestro em Los Angeles. Durante um dos intervalos, Elis e Tom foram levados ao aeroporto para refazer, diante das câmeras, o momento da chegada aos Estados Unidos. Imagens da gravação e dos bastidores renderam horas de registros e só viriam a público em 2023, no documentário de Roberto Oliveira e Jom Tob Azulay *Elis & Tom — Só tinha de ser com você*. Em um dos ensaios de "Chovendo na roseira", com o trio e mais Luizão sentados no estúdio, Tom corrige Elis quando ela canta que o tico-tico "vai chovendo no molhado". "Não!", diz Tom. "É passeando no molhado!" Elis sorri e segue em frente. Quando vem

246

o solo do piano de Cesar, Tom diz alto: "Ih, mas olha que música bonita, porra. Essa música é bonita, sabia?". Cesar sola, e Tom fala por cima. "O mundo era bom, né? Ah, quando tinha sapos, passarinhos…" Elis sorri, tira um cigarro do maço e volta a cantar.

As câmeras de Roberto flagraram também o momento em que todos foram ouvir o resultado de "Chovendo na roseira". Ao contrário de Tom, satisfeito, Elis queria recolocar a voz. O problema era um trecho da letra que ela havia cantado de forma errada. Em vez de "pétalas de rosa carregadas pelo vento" seria "pétalas de rosa espalhadas pelo vento". "Vou fazer agora", decidiu, roendo as unhas, sabendo que teria de enfrentar o maestro. Jobim percebeu o que Elis queria e, espertamente, tomou a dianteira. "Ó… está bonito… Você quer mudar… Não é por causa de letra não, né?", tentou fechar a questão. Mas Elis não desistiu: "É por causa da letra". "Está muito bom", disse o maestro. "Mas eu preferia que saísse direito", retomou Elis. Para não confrontá-la, Jobim mudou de assunto: "Escuta, e como é que ficou o órgão do Cesar?", perguntou aos técnicos. Elis respondeu: "Está ótimo".

Assim que as gravações acabaram, vinte dias depois do início, Tom não parecia guardar mágoas ou desconfianças. Depois do último compasso gravado, o maestro seguiu para casa e Elis, Roberto, Aloysio e os músicos voltaram para o hotel. Cesar ficou no estúdio para fazer a mixagem, já que o aluguel do local não previa mais nenhum dia para finalizações. O tecladista havia se dado bem com o técnico, Humberto Gatica, sobrinho do cantor de boleros chileno Lucho Gatica. O trabalho entrou pela madrugada e seguiu até as cinco horas da manhã, quando o último reparo foi feito. Ainda dava tempo de fazer uma audição geral. Gatica apagou as luzes, deixando apenas a claridade que vinha da mesa de som, e soltou as gravações. Sentado em uma almofada, no meio dos instrumentos, Cesar ouvia tudo e chorava.

Foi no dia seguinte, ouvindo as gravações finalizadas no estúdio, que João descobriu o poder da voz de sua mãe. Enquanto as canções soavam pela sala, os músicos falavam com Cesar sobre Elis, e ele entendia a razão de tanta gente elogiá-la. Era a primeira vez que ele sofria o impacto emocional ao ouvir a mãe cantar. Logo depois, Tom recebeu de Cesar uma fita mixada. À tarde, o telefone do apartamento onde Elis estava hospedada tocou. "Cesar, o Tom quer falar com você." Cesar pegou o aparelho e ouviu a voz rouca vindo do outro lado:

"Olha aqui, ô Mariano, eu queria dizer um negócio para você. Eu estou acostumado a tomar banho de banheira, com aquela água parada, a sujeira do meu corpo em volta, aquela mesma temperatura. E vocês estão acostumados a tomar banho de chuveiro, com a água fresca caindo na cabeça o tempo todo. Entendeu, Mariano?". Cesar Mariano entendeu. Tom não pedia desculpas, mas tentava redimir-se de suas desconfianças explicando os medos de um homem que só queria viver da contemplação.

Elis & Tom era um diamante esculpido com talento e paciência. A inspiração havia sido o LP *Por toda a minha vida*, que a cantora de formação lírica Lenita Bruno gravara em 1959 só com obras de Jobim, quando tornou-se uma das primeiras intérpretes de "Eu sei que vou te amar", "Sem você", "Soneto da separação" e da própria "Por toda a minha vida". A obra já havia sido, ali, reforçada pelos arranjos de cordas, mas Elis, agora com mais recursos técnicos do estúdio de Los Angeles, superava qualquer registro. O disco saía no momento certo, com Elis em pleno projeto de expansão de público e em busca de prestígio definitivo. Só faltava a *Elis & Tom* um lançamento à altura.

Depois que todos voltaram ao Brasil, Roberto ficou por mais dois meses nos Estados Unidos sondando um mercado que, imaginava, tinha tudo para ser conquistado por Elis. Das informações que obtivera com profissionais do meio artístico, o empresário extraiu as duas condições indispensáveis para que uma cantora brasileira acontecesse nos Estados Unidos: começar de baixo e cantar em inglês. Elis não gostou nem de uma nem de outra. O público com o qual a cantora se preocupava era o brasileiro, e o idioma, por mais que seus dotes para aprender outras línguas lhe permitissem cantar até em tcheco, era o português. Elis sabia que a língua inglesa não era seu forte, não por uma deficiência técnica, mas por total falta de vontade. A canção "Bonita", de Tom Jobim, havia acabado de ser exemplo disso. Ao ouvir o resultado de sua interpretação em inglês, preferiu que ela não entrasse no LP. Sem se animar com o projeto de internacionalização proposto por Roberto, que incluía uma dinâmica de seis meses morando nos Estados Unidos e seis meses no Brasil, ela apenas respondeu: "Como é que eu vou cantar em inglês? Eu sou uma artista brasileira".

Antes de idealizar os shows de lançamento do álbum, Roberto deu sequência à sua estratégia. Com o amigo jornalista Silvio Lancellotti, da revista *Veja*, negociou uma entrevista na seção Páginas Amarelas para dar o tom das mudanças que marcariam a "nova Elis". A cantora começava falando sobre a fama de mau-caráter que carregava desde a primeira metade da década anterior.

248

Elis dava voltas para achar, diante do repórter, alguma explicação plausível. "Primeiro, eu não tinha a mesma estrutura emocional de um Chico Buarque de Hollanda ou de um Gilberto Gil. Era somente uma gauchinha com um curso normal e algumas ideias na cabeça. E, segundo, exatamente por minhas origens, eu não tinha tempo a perder." E daí? "Se Chico não alcançasse o sucesso que teve, poderia continuar a praticar sua arquitetura. Gil acabaria se tornando um respeitável executivo. E eu? O que eu iria fazer?"

Um pouco mais objetiva, Elis lembrou que o boato havia surgido durante sua passagem pelo comando de *O Fino da Bossa*, na Record, quando diziam que ela estava sempre pronta para derrubar cantoras que ameaçassem sua soberania. "Eu nunca derrubei ninguém", defendia-se. Seu maior erro? Não ter gravado Chico Buarque antes de Nara Leão. Ao lembrar do apelido de Eliscóptero, que ganhou após seguir as orientações de Lennie Dale, soltando os braços para o alto como se cantasse praticando um nado de costas, confessou que as críticas a seu gestual a traumatizaram e a fizeram por anos se apresentar com os músculos enrijecidos e as mãos coladas na cintura, angustiada a ponto de sentir dores pelo corpo no dia seguinte. Elis fazia vários elogios a Roberto de Oliveira, seu novo empresário, e terminava dizendo que "o circuito universitário é o fato mais importante da história da música popular brasileira na década de 1970".

Em maio de 1974, Roberto agendou para Elis uma minitemporada de dois shows — chamados convenientemente de recitais — no Teatro Maria Della Costa, em São Paulo. A cozinha da cantora, com mais Hélio Delmiro na guitarra, seria acompanhada por um quarteto de cordas, reforçando o tom camerístico da noite. O preço dos ingressos foi colocado nas alturas para criar na plateia um sentimento de exclusividade, uma jogada perigosa, mas vital para aferir o quanto as pessoas estavam dispostas a pagar para ver Elis. O teatro lotou nas duas noites, sábado e domingo. Elis apareceu vestida com sobriedade em um palco cru, de fundo neutro e luzes discretas. Sua fala era contida, evitando piadas e maiores aproximações do público. O que importava era a cantora e nada mais. A crítica a elogiou com superlativos, e a plateia VIP espalhou os detalhes da noite. Outro ponto para Roberto de Oliveira.

Depois da pequena temporada no Maria Della Costa, Elis pegou novamente a estrada com o Circuito Universitário para cidades do Sul que ainda não havia visitado. Ao retornar, fez uma apresentação para inaugurar o Teatro Bandeirantes, em São Paulo, ao lado de Rita Lee, Tim Maia, Maria Bethânia e

Chico Buarque. Uma noite daquelas, com Elis cantando músicas de Milton Nascimento ("Conversando no bar" e "Travessia"), João Bosco e Aldir Blanc ("O mestre-sala dos mares"), Jobim e Aloysio de Oliveira ("Só tinha de ser com você"), e se unindo a Chico Buarque para fazer "Pois é". Chegava a hora, enfim, de colocar no palco o encontro com Tom Jobim.

O LP seria lançado com apenas três shows, dois no Teatro Bandeirantes, de São Paulo, e um no teatro do Hotel Nacional, no Rio. A imprensa fez o estardalhaço previsto, e Roberto estabeleceu novamente altos preços de ingressos, 150 cruzeiros por uma cadeira na plateia A e cem na B. Além das intenções de embrulhar Elis como produto de luxo, a alta dos bilhetes era justificada também por ser aquela a primeira aparição de Tom nos palcos paulistas em uma década. Aos 47 anos, o compositor quebrava o silêncio que adotara também fora de cena. "Se eu não falar agora com as pessoas, quando é que eu vou falar?", dizia aos repórteres, em uma coletiva de imprensa realizada um dia antes do primeiro show. Tom já devia duas à gaúcha. Além de fazê-lo sentir de novo a adrenalina dos grandes palcos, seu nome voltava a surgir nas rádios do Brasil com a execução de "Águas de março". Era a volta de Tom Jobim ao hit parade. Ou, como ele dizia, ao *hate parade* — a parada do ódio.

A imprensa também sofreu restrições com os planos de tornar Elis mais inatingível. As TVs foram proibidas de filmar as apresentações, e os pedidos de gravação com a dupla foram negados. A Globo não se conformou com o não de Roberto e continuou insistindo. Quando soube que ninguém teria as imagens do dueto, a emissora passou a querer em dobro, mas Roberto se mostrou irredutível. Até que Boni, diretor-geral da Globo, chamou o empresário para uma conversa. Roberto estava armado, pronto para dizer não, mas foi surpreendido com a resposta de Boni após dizer ao chefão da Globo que "não vamos fazer nada para a TV mesmo, já estava em nosso projeto". Boni despejou um caminhão de dinheiro na mesa. "O.k., eu pago isso." Os zeros eram tantos que o empresário não teve como não ceder — uma quantia que arcava com sobra com todas as dívidas que os produtores haviam acumulado para fazer o disco e as apresentações. Elis e Tom gravaram algumas passagens para a TV no estúdio e um clipe para "Águas de março", um dueto que deixava os artistas frente a frente, mas com um ajuste técnico de dar arrepios em Roberto. Elis, colocada sobre um praticável, aparecia quase que da mesma altura de Tom. Uma heresia a Roberto, que considerava o dueto charmoso exatamente pelas particularidades da dupla, com Elis olhando para o alto, Tom olhando para baixo, e os dois parecendo flutuar acima de todos.

O show foi feito em três partes, amparado pelo quinteto de Cesar e pelas cordas do maestro Leo Peracchi, que havia feito os arranjos para o disco de Lenita Bruno. Elis primeiro cantava "Conversando no bar", "Caça à raposa", "Ponta de areia" e outras cinco músicas de seu repertório. Tom surgia ovacionado. Sob os arranjos de Peracchi, ele mostrava "Chovendo na roseira", "Modinha" e "Corcovado". Elis voltava para cantar com o maestro "Soneto da separação", "Inútil paisagem", "Dindi" e, apoteoticamente, "Águas de março". E o público via a história acontecendo diante dos seus olhos.

15.

Os olhos de Natan Marques brilhavam a cada virada de bateria de Paulinho Braga, a cada solo de Hélio Delmiro. A plateia do Teatro Maria Della Costa, pensava, era o melhor lugar do mundo para se estar quando Elis ocupava o palco. Ver o time de Cesar em ação o levava a uma experiência sensorial. Natan era um jovem guitarrista conhecido nos bares de São Paulo. Tocava quase todas as noites e gastava o cachê que recebia para pagar as aulas de música no Clam, o centro de aprendizagem dirigido pelos integrantes do Zimbo Trio. Depois da noite no Maria Della Costa, ele seguiu inspirado com seu instrumento para a Boate La Licorne, no centro de São Paulo. De Vicente Celestino a Raul Seixas, Natan tocaria tudo em estado de graça.

Quatro dias depois de ver Elis no Maria Della Costa, o telefone tocou. "Natan, é o Luiz Chaves." Chaves, baixista do Zimbo, era um dos professores do Clam. "Rapaz, pega esse endereço que eu vou te passar, é da casa de Elis Regina. Vai lá com o instrumento e, quando chegar, diga que é o aluno do Clam." Natan tremeu. "Como?", perguntou. "É isso, eles querem um guitarrista e eu indiquei você", respondeu Chaves. "Eu não vou, professor. Não tenho capacidade para isso, sou músico de boate", disse o guitarrista. Chaves falou lentamente: "Natan, escuta: eu tenho certeza de que Elis nunca mais vai te largar depois que vocês se conhecerem".

No ônibus que seguia para a rua Califórnia, no Brooklin, o endereço de Elis e Cesar em São Paulo, Natan era movido mais por um sentimento de retribuição ao carinho do mestre Luiz Chaves do que por alguma pretensão de se tornar integrante do supergrupo que havia visto quatro dias antes no Maria Della Costa. Ao chegar, tocou a campainha e Elis atendeu com um sorriso. A cantora o conduziu ao local onde iriam ensaiar, uma garagem espaçosa, cheia de instrumentos e aparelhagem de som. Cesar, sentado em um canto, apenas o investigava.

O teste correu bem, com músicas que Natan conhecia, muitas gravadas no LP *Elis & Tom* e outras de fases diversas. Natan sentiu que havia um clima de mudança no ar. Se tudo corresse bem, ele iria entrar no lugar de Hélio Delmiro, que acabara de fazer o disco com Tom e os shows do Maria Della Costa. Os motivos da troca não ficaram claros. O desafio imediato do grupo era seguir em mais uma etapa do circuito universitário começando por cidades do Sul, saindo de Porto Alegre, passando por Caxias do Sul, Curitiba, Londrina e retornando pelo interior de São Paulo.

Antes da partida, Cesar teve uma conversa com o guitarrista, conforme lembra o próprio Natan. "Natan, eu já falei com os outros músicos. Vamos sair pra essa viagem depois de ensaiarmos por duas semanas. Sem desmerecer ninguém, vamos usar essa temporada para fazer um teste. Se não houver um entrosamento, vou ser obrigado a dizer na volta, o.k.?" Durante a temporada, Natan tentaria aprender com os toques que chegavam de todas as formas. Por ora, sabia que Elis não suportava músico que tentasse aparecer mais do que ela. E, de Cesar, ouvia a frase que definia o seu conceito de grupo: "Acompanhar é uma arte".

Ao chegarem a Porto Alegre, Elis passou por Natan instantes antes de entrar em cena. Percebeu a tensão do guitarrista e resolveu acalmá-lo, perguntando como se sentia. "Eu? Como se estivesse no corredor da morte", respondeu. "Que nada, depois da primeira música tudo passa, você vai ver", ela o tranquilizou. Elis e Porto Alegre tinham seus dilemas, mas naquele show realizado nas dependências de um antigo cinema ela só receberia palmas. Antes de subirem ao palco, uma cena apontada por Elis chamou a atenção dos músicos. Ainda quando passavam o som, um fiscal chegou para saber se todos estavam em dia com suas obrigações perante a Ordem dos Músicos do Brasil. Elis chamou o percussionista Chico Batera, que acompanhava o grupo, e cochichou. "Você viu quem era o fiscal da Ordem? Caramba, era o Lupicínio Rodrigues."

Assim que a temporada chegou a Londrina, no norte do Paraná, Cesar chamou Natan. Pediu que falassem em um lugar reservado, no ônibus da banda, já que seria uma conversa delicada. Havia chegado a hora de ouvir do chefe um balanço sobre os shows que Natan havia feito com o grupo até ali. Ele foi para o encontro com a certeza de que seria dispensado. "Natan, lembra aquele papo do começo?", disse Cesar, de expressão contrita. Natan imaginou que o colega estivesse sem jeito para dar a notícia e tentou facilitar a própria demissão: "Cesar, para mim foi uma honra estar com vocês, só tenho a agradecer", respondeu. "Rapaz", cortou Cesar, "só quero dizer que você vai continuar com a gente." A respiração profunda de Natan virou choro. E Cesar seguiu: "A gente só queria uma pessoa sem vícios, que aceitasse a nossa forma de tocar".

A Philips queria, além do projeto especial com Jobim, mais um álbum de Elis. A recente temporada de feitos da cantora incluía a mudança do Rio para São Paulo, o encontro com Tom Jobim em Los Angeles, o show no Maria Della Costa e o circuito universitário de Roberto de Oliveira. Agora, havia um novo álbum em preparação, que traria a quase censurada "O mestre-sala dos mares", de João Bosco e Aldir Blanc, e um mergulho em Milton Nascimento, com "Travessia", "Ponta de areia" e "Saudades dos aviões da Pan Air", que Elis trocou o nome para "Conversando no bar" por temer represálias dos militares que haviam determinado o fechamento da empresa de aviação norte-americana, deixando o mercado livre para os voos da nacional Varig.

Milton voltava cheio de inspirações e amores represados por Elis. A composição de "Conversando no bar" era uma dessas provas de afeto. Pensando em sua amada, ele fez inúmeras tentativas melódicas e harmônicas. O trabalho durou das 9h às 18h, sem que ele tirasse as mãos do violão. Acostumado a compor rápido, Milton sentiu o corpo tremer depois de ficar nove horas repetindo acordes. Como não conseguia concluir nada naquele dia, resolveu descansar, deixando o violão na sala. Ao passar pela porta do quarto em que ficava o piano, teve uma sensação estranha, como se algo o puxasse. Entrou no quarto, sentou-se diante do instrumento, colocou as mãos nas teclas e deixou uma música vir inteira, com começo, meio e fim. "Ponta de areia" nasceu assim, em menos de quinze minutos, e seguiu direto para as mãos de Elis.

Quem iria assinar a direção de produção do disco de Elis era um garoto que já havia despertado sua curiosidade. Seu nome era Marco Mazzola, um técnico de som dedicado que ajustava cada microfone como se estivesse trabalhando sempre para uma orquestra sinfônica. Mazza ganhou as atenções de Elis no dia em que perdeu o medo de dar palpites e se meteu no jeito do baterista Paulinho Braga tocar a música "Nada será como antes". "Cesar, posso falar uma coisa?" "Claro, garotão, diz aí." "Dá um toque pro batera fazer uma virada naquela passagem, acho que vai ficar legal." Cesar e Elis decidiram levar a sugestão a Paulinho. *Ou vai ser meu upgrade ou a minha condenação*, pensou Mazzola. A sugestão emplacou, e o garoto ganhou moral. Quando chegou a fase da mixagem, Cesar pediu que o produtor fizesse tudo sozinho. Elis também se interessou ao saber que Mazzola havia trabalhado no lançamento do primeiro disco de Raul Seixas. Ela jamais gravaria um daqueles rocks de Raul — não tinham sua linguagem —, mas seus olhos brilharam quando Mazzola mostrou a ela "Trem das sete" e "Let Me Sing, Let Me Sing". Elis via Raul como um mestre em compor letras que davam o recado de forma direta e profunda.

Mazzola se tornou amigo de Elis em pouco tempo, e percebeu os sinais dos ciúmes da cantora no dia em que conheceu uma bela moça em Ipanema. Marina Lima tinha pouco mais de vinte anos e havia acabado de ser apresentada aos executivos da gravadora como uma promessa. Mazzola ouvia as músicas trazidas pela novata, mais empolgado com o par de pernas cruzado à sua frente do que com o potencial de suas canções. Ele sugeriu aos chefes que contratassem Marina e comentou sobre o assunto com Elis durante um trajeto que os dois faziam de carro pela orla de Copacabana. Ao colocar a fita cassete de Marina para tocar no aparelho do carro, Mazzola viu Elis ficar chocada com sua empolgação. "Quem está cantando?", ela quis saber. "A Marina, não é ótima?", respondeu Mazzola. "Pô, Mazza, tu tá comendo essa mulher?", provocou Elis. "Que é isso, Elis? Claro que não." E Elis continuava. "Está comendo, sim, só pode estar comendo. Mazza, faça-me o favor, tira essa merda dessa fita." A reação assustou Mazzola.

Milton foi ao estúdio, a convite de Elis, ouvir suas canções ganhando forma com os arranjos de Cesar Camargo Mariano. Ele se emocionou com o resultado de "Conversando no bar", mas algo o incomodou em "Ponta de areia". Alguma coisa não ia bem na forma como Elis cantava. Uma parte da música desvirtuava a proposta original da composição. Milton foi falar com Elis. "Olha,

Elis, tem alguma coisa errada, não é assim como você está fazendo." Elis ficou vesga, um sinal de contrariedade que Milton conhecia bem, e disse: "Não tem nada de errado aqui. E, se tiver, foi você quem errou na hora de fazer a música". A cantora saiu pisando duro, bateu a porta com força e deixou Milton em silêncio. *Será que vai ser nossa primeira briga?*, pensou ele, atônito, conforme contou para esta biografia. Depois de alguns minutos, Elis voltou ao estúdio e, sem falar com ninguém, pediu para regravar "Ponta de areia". Quando chegou a parte da música que havia sido contestada por Milton, Elis cantou exatamente como o compositor queria.

Gilberto Gil, ainda apaixonado por Elis, sentiu que sua relação com a cantora poderia sofrer algum abalo no dia em que a ouviu cantar "O compositor me disse". A ideia de Gil era tirar Elis da zona de tensão na qual os discos anteriores pareciam jogá-la com uma canção que serviria para fazê-la esquecer dos fantasmas que a perseguiam. A letra trazia uma sugestão de vida que Elis não acatava, um pedido para que ela "cantasse distraidamente, como bate o coração". Ao ouvir a gravação tensa, Gil sentiu que a interpretação de Elis colidia com a letra. Ele falou com alguns amigos sobre sua insatisfação e suspeitou que seus comentários foram levados à cantora. Assim que mandou uma nova colaboração, a música "Rebento", Gil recebeu como resposta um bilhete de poucas e ressentidas palavras: "Não entendi a harmonia". Mais tarde, Elis não só entenderia a harmonia como faria de "Rebento" uma de suas grandes interpretações.

Autor que tivesse uma canção gravada por Elis sentia impactos imediatos. Quando novatos, eles despontavam do anonimato em poucos dias, assim que seus nomes aparecessem na contracapa de um disco da cantora. Era o aval de que precisavam, um selo de qualidade. Elis era exigente com tudo o que cantava. Mesmo quando se alinhou a registros mais pop, como em algumas produções de Nelson Motta, ela não baixou a exigência sobretudo com harmonias bem construídas e letras consistentes. O efeito Elis passou a atiçar a cobiça dos compositores, que mandavam centenas de fitas para a casa da cantora. Muitos deles passaram a criar músicas para agradar Elis, nos moldes de Elis, em busca de um perfil poético e musical específico que Elis e Cesar desenvolviam.

Até artistas que nunca seriam gravados por ela deram saltos de qualidade ao criarem música com a intenção de agradá-la. Hyldon, que pertencia à cena do soul brasileiro dos anos 1970, foi à luta após vê-la cantar "These Are the

Com os pais, Romeu e Ercy, em Porto Alegre. A fala e o canto vieram ao mesmo tempo.

Aos três anos, em frente à casa na Vila do IAPI, em Porto Alegre.

Elis (*à esq.*) com amiguinhos na Vila do IAPI. A vizinhança começava a conhecer o seu canto.

Com o irmão Rogério, seu primeiro confidente.

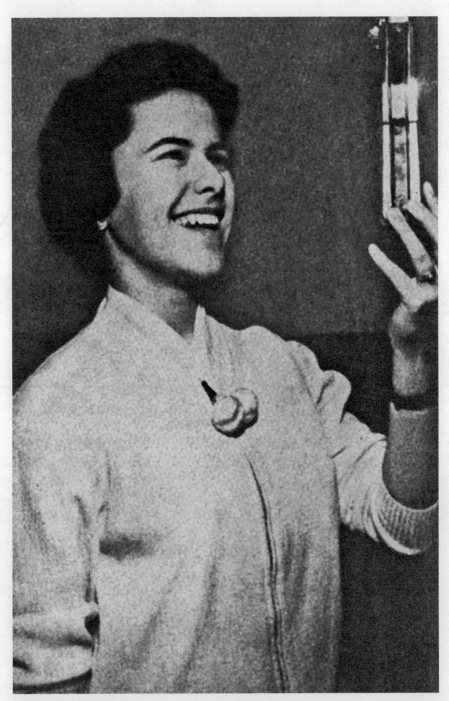
Contratada da Rádio Farroupilha de Porto Alegre.

Hospedada no Copacabana Palace em outubro de 1965, ano em que se tornou celebridade ao vencer o Festival da Excelsior.

Rindo à toa: em 1966, começava a ser procurada por compositores que a queriam como intérprete de suas melhores canções.

Ato que ficou conhecido como Passeata Contra a Guitarra Elétrica, realizado em 1967. Elis liderou a caminhada que saiu do largo São Francisco e seguiu até o Teatro Paramount, na avenida Brigadeiro Luís Antônio, em São Paulo. A seu lado estavam Jair Rodrigues, Zé Keti, Geraldo Vandré, Edu Lobo, MPB-4 e Gilberto Gil.

No casamento com Ronaldo Bôscoli, em 1967, ao lado dos padrinhos: Dener e sua mulher, a modelo Maria Stella Splendore, e o empresário Abelardo Figueiredo e sua mulher, Laura.

Tabelinha com Pelé: compacto lançado em 1969 trouxe duas músicas gravadas pela dupla: "Vexamão" e "Perdão, não tem".

Com o parceiro Jair Rodrigues, em 1973, oito anos depois de liderarem audiência na TV Record à frente do programa *O Fino da Bossa*.

Gil, um apaixonado por Elis, divide com ela o palco durante o show *Phono 73*, no Pavilhão de Exposições do Anhembi.

Estar ao lado de Tom Jobim era um sonho da cantora e uma estratégia do produtor Roberto de Oliveira para reposicioná-la na música brasileira. O disco *Elis & Tom*, lançado em 1974, selou de maneira memorável o fim das desconfianças entre os artistas.

O espetáculo *Falso brilhante*, realizado entre 1975 e 1977, se tornou uma das mais longevas temporadas na história da música brasileira.

Maria Rita, João Marcello e Pedro Mariano em 1978, no refúgio de Elis, a casa de madeira da serra da Cantareira.

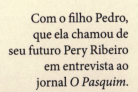

Com o filho Pedro, que ela chamou de seu futuro Pery Ribeiro em entrevista ao jornal *O Pasquim*.

Elis (*quinta da esq. para a dir.*) no especial *Mulher 80*, dirigido por Daniel Filho e exibido pela TV Globo no final de 1979. Ao ser entrevistada, ela se emocionou ao falar do nascimento da filha, Maria Rita.

o lado de Cesar Camargo Mariano no show *Saudade do Brasil*, de 1980: crítica olítica contundente e formação musical estelar.

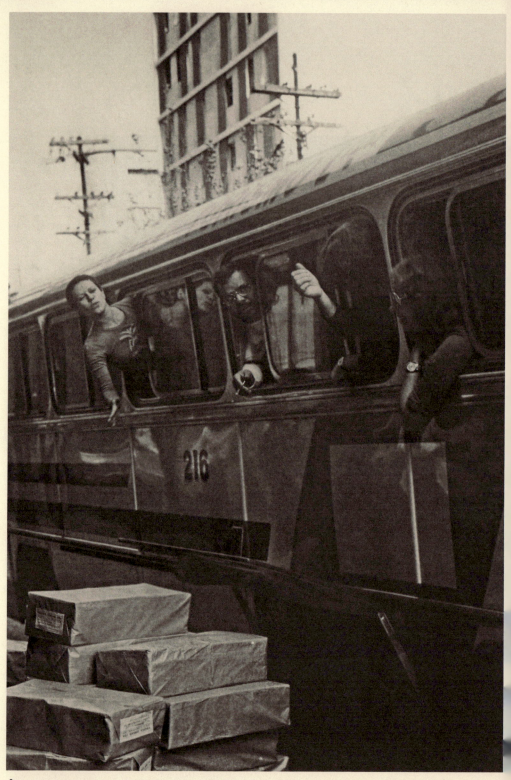
Ônibus comprado em 1980 por Elis e Cesar Camargo Mariano para excursionar pelo interior de São Paulo fazendo shows.

Samuel Mac Dowell, o primeiro a socorrer Elis na manhã de 19 de janeiro de 1982, se debruça sobre o caixão ao mesmo tempo que protege João Marcello, de onze anos.

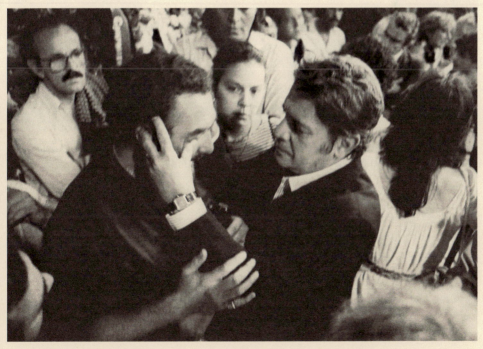

O produtor Luís Carlos Miele é consolado por Ronaldo Bôscoli durante o enterro.

Ainda incrédulos pela morte prematura da cantora, milhares de fãs se despedem no velório do Teatro Bandeirantes e, depois, no Cemitério do Morumby.

Songs" com o amigo Tim Maia. Ele gravou uma fita cassete com seis músicas próprias e a entregou a Nelson Motta, para que ele levasse a Elis. Depois de alguns dias sem resposta, Hyldon cercou o jornalista na saída da TV Globo, onde Motta apresentava um programa com notícias do mundo musical. Ele queria saber se ainda poderia sonhar com uma gravação de Elis. Motta deu a notícia ruim e a boa na mesma frase: "Elis não vai gravar suas músicas porque achou que elas não estão dentro do estilo que procura, mas adorou o que você faz, sua batida de violão, seu jeito de cantar. Só acha que é você quem deve gravá-las". A partir deste dia, Hyldon perdeu o medo de cantar suas próprias canções. Uma Elis que só conheceu por discos passou a exercer sobre ele um controle à distância, tornando-o um criador exigente. Sempre que terminasse uma nova composição, faria a mesma pergunta: "Será que a Elis gravaria?".

Alceu Valença e Geraldo Azevedo chegaram juntos ao lugar certo na hora errada. Amigos de longa data das ruas do Recife, se encontraram no Rio em 1971 dispostos a colocar suas carreiras nos trilhos. Com uma coleção de canções na cabeça e o violão de Geraldo Azevedo debaixo do braço, entraram ressabiados no camarim do Teatro da Praia para falar com Elis durante o intervalo de um ensaio. Ao ver Alceu enrijecido, Geraldo tomou a frente. Elis os recebeu simpática, sentou-se diante dos dois com as pernas sobre o sofá e se preparou para ouvi-los quando chegou Milton Nascimento. "Olá, Milton. O que tem de novo?", pediu Elis, esquecendo-se dos pernambucanos. De candidatos a fornecedores de canções para Elis, Alceu Valença e Geraldo Azevedo se tornaram testemunhas silenciosas de uma bela cena. Milton cantava, e Elis sorria. Os amigos partiram sem conseguir mostrar nenhuma música.

João Donato foi outro a sentar-se no sofá de Elis. Os dois estiveram juntos uma única vez para falar sobre repertório, por intermédio do amigo em comum Paulo Cesar Pinheiro, que fazia letras para o disco de Donato chamado *Quem é quem*, de 1973. Elis ouviu quase tudo desse álbum em primeira mão. "Chorou chorou", "Terremoto", "Mentiras", "A rã". Mas foi "Cadê Jodel", com letra de Marcos Valle, que a balançou. Donato voltou para casa certo de que os olhos lacrimosos de Elis, no instante em que ela ouvira a canção, eram sinal de que ela gravaria "Cadê Jodel". Não foi o que aconteceu. Elis não gravou nenhuma das canções mostradas pelo pianista, e havia algo de bom nisso. Os registros feitos pela cantora tornavam-se, muitas vezes, registros definitivos. Ao mesmo tempo que davam visibilidade ao compositor, as gravações de Elis inviabilizavam o sucesso de qualquer outra gravação, incluindo a do próprio criador da música. Na voz do próprio Donato, "Quem é quem" entrou para a discografia do pianista como uma joia preciosa.

De fato, alguns criadores viram suas músicas gravadas por Elis se tornarem concorrentes deles mesmos. Era o efeito Elis ao contrário. Gilberto Gil passou por isso. Sempre que Elis surgia com a gravação de uma de suas canções, ele sentia algo dúbio, uma espécie de prazer por ser lembrado por ela e desconforto por ver suas filhas no colo de outra mãe. Elis era mãe zelosa, mas Gil era brutalmente apegado às próprias composições. Ao ouvir a gravação de Elis para sua "Oriente", em 1973, sentiu raiva pelo que considerou um erro brutal de Elis. Em vez de cantar "se oriente rapaz/ pela constatação de que a aranha/ vive do que tece", Elis disse "constatação de que a aranha *duvido que* tece".

Gil jamais disse a Elis que ser gravado por ela poderia ser também um problema, uma vez que ele mesmo teria de fazer muito melhor quando fosse cantar a própria canção. Elis sabia que tinha tal poder e, quando sentia que poderia ser um problema a um autor pelo qual guardava apreço especial, preferia poupá-lo. Após decidir gravar "Abre alas", de Ivan e Vitor Martins, ficou sabendo que a música estaria no próximo álbum de Ivan Lins, *Modo livre*, de 1974, e desistiu da canção para não prejudicar o lançamento do amigo. "Grave você, Ivan, essa é sua", lembra o compositor.

16.

Havia um abismo cultural e de costumes entre o passado em Porto Alegre e tudo o que Elis conhecera pelo mundo até então. Os tapetes vermelhos estendidos a ela contrastavam com a infância e a adolescência carentes de pai e de luxos na Vila do IAPI. Elis atravessara uma ponte para não voltar mais, ainda que guardasse um grande carinho pela mãe, dona Ercy, e pelo irmão Rogério, que ela chamava de Géio. Desde a frustrante tentativa de unir a família no Rio, quando todos se espremeram na rua Barata Ribeiro, pai, mãe e irmão passaram a ter presenças intermitentes e a testemunhar os humores oscilantes de Elis em suas relações. Ora o pai era a questão — bebedor dos ganhos da filha, jogador e apostador da boa vontade da mulher —, ora a mãe era que ficava na mira, passiva diante do marido e resistente a qualquer mudança sugerida por Elis. Muitas vezes, depois de ajudá-los, Elis rompia com todos, sem piedade, decretando sua independência até que o coração apertasse de novo. Ao pai, reservou por anos o cargo de empresário, até porque não havia outra opção para uma menina de origem pobre. Antes de Marcos Lázaro, era seu Romeu que cuidava da receita dos primeiros shows, convertendo vencimentos e cachês em litros de cachaça e maços de cigarros. Ao irmão, coube a função de técnico de som, piloto de uma mesa de oito canais.

A casa de Elis e Cesar no Brooklin havia sido alugada também para recolocar a família da cantora em sua órbita. Rogério chegou a morar por algum tempo com o casal, alimentando um triângulo de sentimentos nem sempre fácil de ser decodificado. Desde a infância, Elis tinha com o irmão uma ligação profunda e espiritual. Quando Elis partiu de Porto Alegre, Géio sofreu. Mas a relação, mesmo distante, parecia segura, a ponto de Elis e Géio, nos momentos que passavam juntos, viverem em uma espécie de bolha. As brigas também tinham razões e desenrolares que só eles entendiam. Desavenças surgiam com a mesma rapidez com que desapareciam, antes de qualquer interferência externa. Um ano antes de morrer, Elis deixou ao irmão uma carta com referências a uma desavença que só os dois podiam explicar:

Géio, meu primeiro grande amor:

Antes de qualquer coisa quero que mais uma vez fique registrado meu profundo e desmesurado amor por você. Primeiro homem que tomou meu coração de assalto. É bem verdade que era um projeto de homem, quatro quilos e pouco de mau humor e choro que iluminaram minha vida. Também um projeto de vida essa cortiça, trabalhada com competência e paciência chinesa, é uma mistura do que eu vou ser, sempre e sempre, capaz de fazer por você, por sua felicidade, por sua paz e seu sorriso. Que Deus nos proteja irmãos, que a gente sempre esteja próximos, mais que fisicamente juntos, espiritualmente juntos, e que seja restabelecido nosso sistema de trocas, tragicamente interrompido. Mas, espero, possível de ser reatado. Na paz, na concórdia e na certeza do amor que sempre nos rodeia.

Te amo loucamente, sempre e sempre, beijos e mais beijos.

Mais próxima da família, com todas as angústias que isso poderia significar, Elis vivia dias de estrela fora de casa e se realizava dentro dela como uma irretocável administradora do lar. Antes de embarcar para um próximo show, mesmo que tivesse acabado de chegar de viagem, ela se sentia um fracasso se não arranjasse tempo para algo que parecia lhe dar tantas alegrias quanto o palco: o fogão. Aos que aceitavam seus convites, demonstrava o prazer que sentia em cozinhar o prato que fosse seguindo uma espécie de ritual doméstico, pilotando as panelas e as conversas com um copo de cerveja nas mãos. Sua peixada ficou famosa. Márcio Moreira, publicitário e amigo de Cesar, conheceu seus dotes gastronômicos e tentou elogiá-los: "Elis, você está de parabéns. Cozinha muito bem". Elis, bem menos formal, devolveu: "É porque você ainda não me viu cantar".

260

* * *

Anos depois de ter se tornado grande demais para andar pelas ruas com a mesma tranquilidade dos anônimos, Elis ainda fazia feira, sacolão, mercado, açougue, banco e levava o filho na escola. Se esquecesse o dinheiro, pedia ao dono da barraca de alface que pendurasse a conta. Só não admitia tietagens enquanto queria viver "vida de gente". Considerava pedidos de autógrafos, nesses momentos, uma invasão. Café da manhã, por mais que as noites pudessem ser agitadas, ela gostava de tomar com os filhos. E comprar carne era uma prática de desconcertar açougueiros. Um deles não se conformava com a cena em seu estabelecimento. Elis entrava em seu espaço para escolher a peça, tirá-la da vitrine e cortar o bife em tiras finas e sem gordura, do jeito que a família gostava.

Em casa, Elis nunca ouvia seus próprios discos. Quando não colocava para tocar as fitas cassete enviadas por novos compositores, eram LPs de Ray Charles, Aretha Franklin, Herbie Hancock, Earth, Wind and Fire, John Lennon, Singers Unlimited, Bill Evans, Chicago, Gino Vanelli e Nat King Cole. Se tivesse nascido nos Estados Unidos, Elis seria, certamente, uma cantora de soul. Em 1979, ela chegou do trabalho com um LP no plástico. "João, sabe o Michael Jackson, aquele menino dos Jackson 5? O Quincy Jones produziu. Olha aqui." Mãe e filho conheciam bem o produtor Quincy Jones de outros álbuns, mas, como todo mundo, só faziam uma vaga ideia de quem era o garoto que havia começado a vida cantando com os irmãos, aos cinco anos. João colocou o álbum no toca-discos e ouviu tudo até chegar à introdução de "Don't Stop 'til You Get Enough". Ele se lembra de sentir a espinha gelar. Michael acabou se tornando uma referência para toda a vida de João. *Off the Wall*, o disco que a mãe lhe deu, venderia mais de 20 milhões de cópias em quinze anos e abriria o caminho para a consagração do astro com *Thriller*, lançado dez meses após a morte de Elis.

Ainda que se alimentasse dos prazeres do lar, Elis considerava as viagens internacionais um mal necessário. Como o idioma francês, treinado nas semanas em que ela passou em Paris, o espanhol garantia entrevistas e breves diálogos com a plateia. Não havia tempo para aulas. Quando a oportunidade de partir para uma nova temporada no México apareceu, ela juntou os escudeiros que tinha à mão e se foi. Como Toninho Pinheiro, baterista que havia assumido a vaga deixada temporariamente aberta por Paulo Braga, não podia abrir mão de outros compromissos profissionais, quem assumiu o posto foi Nenê, músico de pavio curto como Elis e que chegava por indicação de Rubinho Barsotti, baterista do Zimbo Trio.

Antes de embarcar com o grupo para o México, Nenê passou por um teste de sobrevivência em um show nos moldes das apresentações que Elis tanto abominava, em um clube de Santos. Logo após a apresentação, Elis foi para o camarim deixando na porta, como era de costume, o irmão Rogério para controlar a entrada e a saída de fãs. Impacientes com a demora, jovens usando camisas de torcidas organizadas do Santos começaram a forçar a entrada. Rogério segurou tudo o que pôde até que um suposto líder do grupo pediu para passar.

"Vai deixar a gente entrar ou não?", deu o ultimato a Géio. "Agora não dá, só mais um minuto", respondeu o guardião. O santista desferiu um soco direto no rosto de Rogério, que o desnorteou por algum tempo. A confusão foi instaurada, músicos e seguranças de um lado, fãs e torcedores do Santos do outro. Ao ver que seu irmão havia sido atingido, Elis deixou o camarim e se dirigiu aos torcedores. Encarou um por um querendo saber quem havia batido em Géio. "Seus filhos da puta!" Os fortões recuaram, mas a banda sentiu que o clima de revanche estava armado do lado de fora. Elis e os músicos saíram às pressas antes que viesse o pior. No dia seguinte, a imprensa local tinha uma manchete: "Show de música e de confusão".

Sobrevivente da fúria santista, nada mais poderia derrotar Nenê. E, assim, o baterista seguiu com Elis, Natan, Luizão Maia e Cesar Mariano para a temporada mexicana de vinte dias, com shows previstos em uma universidade na Cidade do México e outros agendados em uma rede de hotéis onde a língua que menos se ouvia era o espanhol e a bebida mais pedida era o uísque escocês. Com um repertório de Tom Jobim e Edu Lobo, que sempre funcionava bem em apresentações fora do Brasil, Elis percebeu, em uma das noites, o incômodo de um homem que estava na plateia de cara amarrada.

Mesmo ouvindo aplausos efusivos depois de cada canção, o sujeito seguia de cara fechada. Quando mais da metade do show já havia passado, o rapaz chamou o garçom. Falou com ele ao ouvido e lhe entregou um bilhete para ser repassado a Elis com o nome de uma música que ele gostaria de ouvir. Ao receber o recado, ela respondeu que, lamentavelmente, o pedido não estava no repertório da noite. Mas o homem estava disposto a estender o assunto e enviou outro bilhete pelo mesmo garçom, dizendo que Elis não cantava seu pedido porque se tratava de uma péssima cantora.

A primeira entrada acabou, e Elis não disse nada aos seus músicos. Foi ao camarim, conversou amenidades com os parceiros e voltou ao palco. Enquanto a banda fazia o prefixo que costumava fazer como uma introdução à segunda parte do show, a cantora se armou. Posicionou o microfone na mão direita e o arremessou em direção à cabeça do cliente. Os cinco metros de distância que parecia haver entre o palco e a mesa foram traçados com precisão, e o alvo, atingido. O homem, que tinha o perfil físico de um boxeador, levantou-se aos gritos e ameaçou avançar sobre o palco, mas acabou saindo do hotel.

Apesar disso, a temporada mexicana ia bem, rendendo cenas com estudantes subindo ao palco em êxtase para cumprimentar a cantora. No fim de uma das apresentações, Elis estava reunida com os músicos quando tocou em um assunto surpreendente. Ao voltar para o Brasil, ela e Cesar iriam concentrar seus esforços na montagem de um novo espetáculo, algo que exigiria uma nova postura dos músicos e dela própria e que resultaria em um conceito inédito de musical brasileiro.

Antes de se jogar na nova investida, Elis havia feito uma visita à casa de João Bosco e de sua mulher, Angela, no Rio de Janeiro. João estava com o filho Francisco, recém-nascido, e Elis foi logo pegando a criança nos braços assim que chegou, cheia de ternura e escolada nos mimos treinados com João Marcello. Alguns minutos depois, Chico banhou Elis com o vômito do leite que havia acabado de mamar. Mesmo depois de se limpar, o azedo não saía da roupa, e Elis sentiu-se inspirada: "Isto me deu uma vontade danada de ser mãe de novo". Algum tempo depois, vinha a notícia de que Elis estava grávida de seu segundo filho. João Bosco brincava: "Elis, você ficou grávida do vômito do Chico".

Pedro Camargo Mariano e o espetáculo *Falso brilhante* foram gestados no início de 1975. Mas Pedro veio ao mundo primeiro. Ao ler uma reportagem no *Jornal da Tarde* que levava o título de "Nasceu", pela qual seu autor, o repórter Marcos Faerman, ganhou um Prêmio Esso de jornalismo, a jornalista Mônica Figueiredo pensou em Elis. A matéria falava de um tal método Leboyer, criado pelo francês Frédérick Leboyer e trazido ao Brasil em 1974 pelo dr. Claudio Basbaum. Por aquele tipo de parto, a criança vinha ao mundo sem sofrer a suposta violência dos métodos convencionais. O texto brilhante de Faerman descrevia os partos de Basbaum e fazia crer que Elis poderia ser poupada dos traumas que havia experimentado no nascimento de João.

Além do *Jornal da Tarde*, uma matéria do *Fantástico*, na Globo, ajudava a fazer de Basbaum uma celebridade de dar autógrafos pelas ruas. A cantora Baby Consuelo correu a ele assim que ficou grávida de sua primeira filha. "Oi, seu Basbaum, é a Baby. Eu estou parindo. Venha fazer meu parto", pedia ela, por telefone, a um médico que nunca ouvira falar de Novos Baianos. "Dona Baby, fique calma. Desculpe, mas se a senhora vier ao Hospital São Luiz, terei o maior prazer em atendê-la." Baby tomou um avião de Salvador a São Paulo levando todos os parceiros do grupo com ela, além de uma sacola de frutas. Quando o médico se preparava para realizar uma cirurgia, foi procurado por uma enfermeira: "Doutor, a senhora Baby está aí com todos os amigos. Estão fazendo um piquenique na recepção".

Elis chegou curiosa ao consultório de Basbaum. Além de querer saber tudo sobre sua forma humanizada de trazer bebês ao mundo, falava de política com surpreendente conhecimento histórico. "O que o senhor é do Leôncio Basbaum?", ela perguntou, referindo-se ao tio de Claudio, o importante escritor e historiador comunista que havia escondido Luís Carlos Prestes por dois anos em sua casa. Era nas consultas que Basbaum conhecia melhor sua paciente. Soube o quão difícil era sua relação com os pais, do quanto eles dependiam financeiramente da filha e do peso que isso acarretava àquela conflituosa relação. Como as conversas se estendiam mais do que o previsto, o obstetra começou a marcar as consultas sempre no final do dia, reservando não menos de duas horas para cada uma. Quinze minutos sobre gravidez, o resto sobre vida. Rápida, de humor imprevisível, Elis ouvia atenta as instruções de Basbaum. Se Pedro não viesse pelo método Leboyer, partiriam para uma cesárea convencional.

Elis chamava Basbaum de Doutor Cegonha quando chegou com cólicas ao Hospital São Luiz, em 18 de abril de 1975. Os princípios do Leboyer estavam claros: as dores das contrações seriam vividas no início, antes de qualquer anestesia ser administrada. A iluminação da sala seria suave, e nenhuma conversa seria permitida. O ambiente deveria ser de paz e tranquilidade — a não ser que a própria parturiente resolvesse soltar o verbo. Assim que as dores chegaram, Elis desandou a xingar o doutor e tudo o que via pela frente. "Como é que o senhor me coloca numa merda dessa?" "Calma, Elis, nós vamos parir juntos", dizia Basbaum.

264

As salas ao lado ouviam os gritos de dor e os palavrões de Elis. Quando as dores ficaram insuportáveis e o nascimento se aproximou, Basbaum chamou o anestesista — que Elis batizou de Mágico — para aplicar a peridural. As dores foram se apaziguando, e Pedro começou a nascer, fazendo Elis se emocionar com algo que não havia experimentado na cesárea de João. Depois de analisar a criança, Basbaum a colocou no colo da mãe antes mesmo de romper o cordão umbilical. Pelo Leboyer, o cordão deve ser mantido para que a criança tenha tempo de aprender a respirar enquanto recebe o sangue oxigenado da mãe. Segundo Basbaum, forçar a respiração extirpando o cordão é o mesmo que submeter os pequenos a uma espécie de aprendizado por sufocamento.

Dias depois do nascimento de seu "segundo primogênito", como brincava, Elis arquitetava algo que extrapolaria os limites de um show de música convencional. Sem Roberto de Oliveira como empresário havia dois anos, Elis queria realizar um projeto no qual narraria a vida de um artista em sua plenitude, com começo poético, meio consagrador e fim traumático. Mais do que tocar instrumentos, os músicos teriam de se embeber nas técnicas dramatúrgicas e encenar situações na pele de personagens com vida própria. A ideia original era conseguirem com a prefeitura de São Paulo um terreno para fazer a estreia em um grande circo que a própria trupe armaria. Logo depois, sairiam por regiões nobres e periféricas de várias cidades do país, erguendo lonas e tablados.

Mas as negociações com o poder público não avançaram, e Elis mudou o plano. Se era para o espetáculo ter uma sede, que ela fosse o Teatro Bandeirantes, com uma extensa boca de palco que permitiria manter o conceito circense da apresentação. O nome *Falso brilhante* vinha do pouco otimismo da cantora com a trajetória convencional de um artista nos anos 1970. O espetáculo teria sua origem na descoberta do dom, passaria pelas graças do sucesso e terminaria no desalento provocado pela máquina comercial na qual um jovem artista é jogado. A trama não entregava de cara a inspiração autobiográfica, já que Elis só gravava aquilo que desejava, mas a rebeldia contra a indústria mostrava-se certeira. Antes mesmo de *Falso brilhante* sair em disco pela multinacional Philips, pronto para vender muitas cópias, os problemas já estavam de volta.

Elis precisava de estratégia. Seus desafios para colocar o circo de pé eram basicamente três: checar quem da trupe seguiria no projeto, escolher um novo repertório e delegar as funções ligadas à dramaturgia a quem melhor pudesse lidar com elas. Assim, *Falso brilhante* começava com uma consulta geral: Natan Marques? "Tô dentro." Nenê? "Vai ter que interpretar, é? O.k." Luizão Maia? "É um conceito que não tem nada a ver com o que eu gosto de fazer. Não posso." Cesar já tinha convidado Hélio Delmiro e Paulo Braga, conforme conta em seu livro de memórias, *Solo*, mas os músicos teriam alegado incompatibilidade de agenda. Aos novos tripulantes juntou-se Crispin del Cistia, músico de várias frentes que Cesar conhecia de outros trabalhos. Só faltava o baixista. A saída de Luizão deixava um vácuo no som de baixo seguro, mas Natan conhecia Wilson Gomes, um sujeito bom e aguerrido que, como ele, batalhava o almoço do dia seguinte tocando nos jantares da Boate La Licorne. Um dia, dois homens bateram à sua porta. Wilson olhou pelo olho mágico e avistou Natan e Nenê. "Wilson, coloca a roupa, vamos ensaiar", disseram os amigos. Sem perguntar com quem, Wilson foi.

Um espetáculo só com músicas inéditas poderia não combinar com a proposta autobiográfica do show. O garimpo de Elis resultou em uma epopeia de 46 canções que se agrupavam em duas partes, 29 na primeira e dezessete na segunda, e que simbolizavam um passeio por sua carreira — com "Arrastão", "Upa, neguinho", "Aquarela do Brasil" e "Canto de Ossanha" — combinado com músicas que refletiam seu incansável estado de alerta para identificar novidades, algo que a levava em direção a "Velha roupa colorida" e "Como nossos pais", de um jovem cearense chamado Belchior.

Elis havia guardado aquelas canções desde seu encontro com o compositor em São Paulo. Depois de se conhecerem por acaso, em um estúdio no centro, ela, que já sabia do jovem por materiais mostrados por Fagner, pediu que Belchior fosse até sua casa levar o que tinha de melhor. Ele foi e levou uma fita cassete com várias canções. Elis ouviu tudo sorrindo, mas seu riso era sobre algo indecifrável. Para Belchior, que estava tenso, a cantora ria de incredulidade pela ousadia de alguém capaz de mostrar músicas tão mal-acabadas. Ela pediu mais algum tempo, foi a seu quarto e voltou com uma decisão. Ela iria gravar "Como nossos pais" e "Velha roupa colorida". "Mas, por favor, deixe a fita comigo e não mostre essas músicas a ninguém", pediu. Belchior jurou fidelidade. Antes de partir, disse a Elis que não tinha dinheiro para voltar para casa. Ela tirou algumas notas da carteira e as entregou, para que pagasse o táxi de volta.

266

* * *

Os sempre presentes João Bosco e Aldir Blanc voltavam ao repertório de Elis com "O cavaleiro e os moinhos" e "Um por todos", e Chico Buarque fazia presença com "Tatuagem", canção que renderia um dos momentos mais fortes do espetáculo. Na versão de Armando Louzada, "Fascinação", que Elis cantava na adolescência sentada com uma amiga no pátio do colégio, em Porto Alegre, foi outro grande sucesso.

Antes de fecharem o pacote, Elis ligou para a casa de Milton Nascimento em busca de uma nova composição do amigo. Em vez de optar por alguma regravação, ela queria algo inédito, de impacto para algum momento forte do show. O telefone chamou algumas vezes antes de ser atendido. "Oi, Milton, é a Elis. Estou montando um espetáculo novo. Queria saber se tem algo para mim." O homem que se identificou como Milton Nascimento respondeu rouco, tenso, cheio de mistérios. "Elis Regina? Oi, Elis, não tenho nada para você, não quero saber de fazer música nova pra você tão cedo. E não precisa me ligar mais, tá?" E desligou. Algo não ia bem com o seu maior compositor. E que tom era aquele que nem nos piores pesadelos Elis imaginaria ouvir de seu criador mais sensível? Ela não teve tempo de investigar. *Falso brilhante* seria realizado como um raro espetáculo de Elis sem nenhuma canção de Milton Nascimento.

O próximo passo era reunir as pessoas que fariam a proposta sair do papel. Por mais empreendedores que fossem os espíritos de Elis e Cesar, eles nada entendiam do universo teatral, não tinham condições técnicas para transformar homens que passaram a vida tocando instrumentos em atores. Nomeada produtora executiva, Orphila Negrão ajudava a identificar um diretor para aquele perfil de espetáculo. A primeira tentativa foi Ademar Guerra, de *Marat/Sade* e *Oh, que delícia de guerra!*, especialista em montagens populosas. "Um novo espetáculo de Elis Regina? Sei", respondeu o dramaturgo. Alguma repulsa ao nome de Elis começou a ser percebida. Ademar, temendo desgastes, não quis a empreitada e indicou Chico de Assis, experiente figura criada no Teatro de Arena. Mas Chico sentiu o mesmo e passou a bola para Silnei Siqueira, outro gigante com uma ficha de óperas e montagens que o habilitariam com folga para a missão. Mas Silnei alegou impedimento de agenda, e o nome que restou foi o de Myriam Muniz.

Myriam não tinha um currículo de direção tão extenso. Na verdade, havia assinado apenas uma preparação de atores para uma montagem de *Cândido, ou o melhor dos mundos,* de Voltaire, dirigida e adaptada por seu marido, Sylvio Zilber. Mas, como fundadora do Teatro Escola Macunaíma, professora de dramaturgia e com atuações de peso desde 1961 no Teatro Oficina, poderia se transformar na figura que procuravam. Ela topou. Era só marcar os ensaios.

Elis entrava em uma encrenca. Aos olhos de Myriam, ensaiar com a banda não bastava. Era preciso tirar de cada músico o máximo de uma interpretação que nem eles sabiam se eram capazes de executar. Uma viagem seria feita ao centro de cada um, trabalhando nos limites do autoconhecimento. A sede do Macunaíma foi o primeiro laboratório, onde eram dadas aulas de linguagem corporal com o bailarino José Carlos Viola e assistência psicológica com Roberto Freire, o psicanalista que intervinha sempre que os músicos se estranhavam ou quando os gênios de Myriam e Elis resolviam esticar o cabo de guerra. O grupo precisava de mais espaço para trazer os instrumentos e juntar as técnicas de interpretação que todos aprendiam a partir daquilo que, de fato, tinham certeza de fazer bem: música. Muitos suspiraram aliviados quando Elis chegou com a notícia de que a prefeitura de São Paulo havia acabado de liberar uma grande sala para a trupe, em um lugar que só tinha de charmosa a aura: as salas que ficavam embaixo do Viaduto do Chá, no centro de São Paulo.

Muitos ratos saíram às pressas assim que Elis abriu a porta da sala de ensaios pela primeira vez. O espaço parecia um porão abandonado, ao lado do Theatro Municipal. Um depósito de material em decomposição que servia de banheiro para as pessoas desabrigadas do centro. Sem verba de pré-produção, os próprios músicos dobraram as mangas e se lançaram na faxina, pegando em vassouras, caçando ratos e retirando o entulho. Depois de comandar a limpeza, Elis providenciou um fogão para cozinhar para os músicos e pediu que começassem a levar seus instrumentos. Era nessa sala, debaixo de um viaduto e ao lado das Lojas Mappin, que a mulher que havia deixado a plateia do Olympia de Paris encantada preparava sua reinvenção.

Ao mesmo tempo que os músicos pensavam nos arranjos das canções, Myriam começava a costurar sons a expressões, propondo que, literalmente, todos soltassem suas feras. Não era fácil segurar o riso. Nenê, fortão, cara fechada, tinha de imitar um leão ou uma raposa. Natan, muito tímido, rugia na pele de um tigre. Myriam queria liberar o grupo e proporcionar a cada um a

268

possibilidade de ser outra coisa. Uma atividade consistia em interpretar fisicamente a sensação que os sons sugerissem. Quando Cesar tocava no teclado algo prazeroso, Crispim devia fazer o mesmo com sua expressão facial. Natan ligava o pedal de distorção de sua guitarra para um solo raivoso enquanto Wilson traduzia o que sentia com gestos corporais. Myriam trabalhava com pedras brutas, sentindo que a lapidação só viria com muita prática. Sugeriu, então, que os músicos usassem maquiagem. Se os corpos não atingissem um objetivo cênico, a expressão do rosto estava garantida.

Myriam queria ainda soltar algumas travas de Elis. Apesar do magnetismo fascinante que a cantora exercia quando interpretava uma canção, o teatro exigia mais. Era preciso perder toda a timidez e o temor dos lugares públicos e fora de controle. E o melhor lugar para se fazer isso não era uma sala de ensaio.

Myriam chamou Elis e alguns músicos do grupo para saírem pelo centro de São Paulo. Começaram pelo viaduto do Chá, no Vale do Anhangabaú, exatamente em cima da sala em que ensaiavam. A diretora pediu que Elis atravessasse a rua e cantasse sozinha do outro lado do viaduto, com o máximo volume, sem ligar para as pessoas que passassem ou que pudessem parar para vê-la. Só deveria seguir cantando. Quando Elis venceu a timidez e fez a voz chegar limpa do outro lado, o objetivo foi alcançado. Depois, foram pela avenida Ipiranga até o início da rua Augusta. E Elis cantou em meio às pessoas que caminhavam pelas estreitas calçadas da Augusta.

Myriam Muniz e Elis Regina eram dois fios desencapados que produziam faíscas sempre que se encostavam. Mulheres de opinião forte, decididas em seus destinos, elas se respeitavam, temiam-se e, da junção de tudo isso, extraíam as maiores conquistas. Os primeiros ruídos vieram quando Elis percebeu que, dos ensaios, estava saindo teatro de mais e música de menos. "E quando é que eu vou cantar?", ela perguntava. Os músicos também se incomodavam. "Elis, está tudo legal pra caramba, mas você está virando mais atriz do que cantora", disse Nenê.

Os ensaios terminaram, e a estreia de *Falso brilhante* ficou mais próxima. O artista plástico Naum Alves de Souza foi convidado para fazer a cenografia; Lu Martin, os figurinos; o irmão Rogério cuidaria do som, e a Trama, a produtora que Elis criara com Cesar para gerenciar seus próprios espetáculos, já que ela mesma os financiava, abria o guarda-chuva jurídico das burocracias. Era 17 de dezembro de 1975 quando os ônibus de excursão vindos de cidades do interior e de outros estados começaram a se enfileirar em frente ao Teatro Bandeirantes, na avenida Brigadeiro Luís Antônio. "Vai ser o espetáculo mais popular que já fiz, acessível a todas as pessoas. E, para isso, cobraremos o mínimo indispensável para a sobrevivência da equipe", disse Elis em entrevista ao jornal *Última Hora*. Os ingressos eram vendidos a razoáveis quarenta cruzeiros, com direito a meia-entrada para estudantes. Comparados aos bilhetes de 150 cruzeiros cobrados para o show com Tom Jobim no mesmo Bandeirantes, em 1974, o preço era ótimo.

Apesar de as filas darem a entender que os 1200 lugares para a estreia estavam tomados, mais gente chegava, o trânsito das vias próximas era interrompido e, em frente ao teatro, cambistas ofereciam bilhetes pelo triplo do preço normal. O barulho era grande. Os que não tinham assentos ficavam de pé, em filas sobrepostas nas laterais.

Um facho de luz iluminava os músicos que surgiam no teatro caracterizados como os personagens que eles mesmos escolheram representar — super-heróis, caubói, vampiro, palhaço e espantalho. Ao chegarem ao palco, depois de caminhar pelas fileiras da plateia, apanhavam seus instrumentos, entoavam um tema de circo e recebiam Elis, uma menina de cachos loiros, bochechas rosa e olhos grandes, que usava um vestido colorido e cheio de laços. Ela se unia aos amigos enquanto eles tocavam cantigas de sua infância, levando-a de volta para o Clube do Guri. A plateia, que esperava por um show convencional de Elis — mesmo porque ninguém conhecia outra forma de espetáculo musical em São Paulo até o início daquela noite —, se entregou e aplaudiu com entusiasmo mesmo sem saber bem o que estava aplaudindo. Elis surgia, na sequência, como a cantora que os fãs conheceram em 1965, interpretando "Arrastão". A era dos festivais era seguida pela fase da TV Record, com "Upa, neguinho" e "Canto de Ossanha". Um pouco mais adiante, vinha a representação do primeiro dissabor. Assim que se tornava uma estrela, a força da indústria era mostrada por duas mãos gigantes que surgiam de cima, despencando sobre os sonhos de Elis.

Angustiada, ela atuava em um palco pouco iluminado para logo depois renascer, vestida de branco, de rosto limpo e sentada em um balanço sustentado por um trapézio. Elis cantava em italiano, francês, espanhol, português. Era, ao mesmo tempo, Carmen Miranda, Violeta Parra, Frank Sinatra, cantora de bolero, sambista, roqueira, ufanista e militante de esquerda. Sorria dos próprios percalços, sofria com as conquistas e mudava de rosto e de voz, virando uma chave na própria alma para desfilar todos os recursos que havia aprimorado até ali, submetendo a plateia por mais de duas horas.

Antes de deixarem o palco, ao final de dois atos, os músicos ouviram uma massa volumosa de aplausos que chegava do público. Abraçados, alguns não seguraram a emoção. Elis seguiu para o camarim com a sensação de jogo ganho. Ao entrar, viu a mãe à sua espera e correu para seus braços. "Bendita a hora em que eu deixei você cantar no Clube do Guri, minha filha", soluçava dona Ercy. As pessoas não queriam ir embora. Gritavam por Elis, mas ela não voltou ao palco. Muitas pessoas da plateia, no dia seguinte, iriam voltar.

"Vale a pena comprar esse *Falso brilhante*, mesmo que no câmbio negro", noticiava no *Jornal da Tarde* a repórter Regina Guerreiro, referindo-se aos cambistas, que cobravam até setenta cruzeiros por um lugar no teatro, trinta a mais do que o preço oficial. Ao seu estilo, carregado nas cores quentes, Walter Silva começava assim a detalhada crítica que fez para a *Folha de S.Paulo*: "O que dizer de um espetáculo que, logo no primeiro número, põe a plateia de pé e em estado de semidelírio? Um espetáculo que, ao final do primeiro ato, faz com que os espectadores se abracem e chorem juntos?". Walter era um exemplo do sequestro emocional que *Falso brilhante* provocava. Viver a experiência do espetáculo por duas horas não parecia suficiente. O jornalista voltaria ao Bandeirantes para sorver "o maior espetáculo do ano", como ele mesmo escreveu, outras 32 vezes.

Milton Nascimento esteve na plateia logo nas primeiras sessões do show. Em uma delas, encorajou-se e foi falar com Elis. Queria saber por que afinal ela não havia incluído nenhuma de suas músicas no roteiro. Milton não batia bem, concluiu Elis. Pois não foi ele mesmo que dias antes da estreia disse que não faria música nenhuma para ela? "Milton, eu te liguei, e você disse que não queria mais fazer música pra mim, você estava bêbado?" "Não, Elis, nem bêbado eu diria uma coisa dessas. Não pode ser, eu não iria negar." Elis estranhou e chamou Cesar para confirmar a história. "É verdade, Milton, ela te ligou." Desolado, Milton falou do caso com um grupo de amigos e ouviu de um deles uma revelação que o destruiu. Quando Elis ligou para sua casa, um colega que estava por lá durante uma festa atendeu ao telefone e se fez passar por Milton, divertindo-se com a situação. Depois de descobrir a farsa, Milton enterraria o colega para sempre, prometendo nunca mais pronunciar seu nome.

17.

Até o dia 18 de fevereiro de 1977, *Falso brilhante*, nome retirado do bolero "Dois pra lá, dois pra cá", de João Bosco e Aldir Blanc, seria apresentado mais de trezentas vezes e visto por um público estimado em 280 mil pessoas. Eram cinco shows por semana, de quarta a domingo, sempre no mesmo Teatro Bandeirantes. Sinal de um dia fraco era quando havia "apenas" trinta cadeiras extras na plateia. O comércio de bares e restaurantes da região entrou com pedidos na prefeitura para que fossem autorizados a funcionar até mais tarde nos dias de show. As limitações de uma época ainda despreparada para grandes produções deixavam tudo mais heroico. Sem os microfones sem fio, inexistentes até então, Elis cantava, dançava, chorava e corria entre cabos e aparelhos de som. Além de energia durante o espetáculo, nos primeiros meses ela pedia aos músicos que chegassem ao teatro duas horas antes para passarem o show inteiro. Uma convivência intensa que cobraria seu preço.

A bilheteria sempre esgotada e as críticas elogiosas inspiraram a gravadora Philips a registrar parte do repertório do show em LP. Com a agenda tomada por *Falso brilhante*, sobravam segunda e terça para os músicos descansarem e conviverem com suas famílias. Como era impossível suspender a temporada do espetáculo, já que a produção cara precisava de receita para pagar as despesas do show, Elis decidiu gravar o disco nos dias de folga. Em uma manhã de segunda-feira, o grupo seguiu para o Rio disposto a liquidar a gravação até terça-feira para que, na quarta, já estivessem de volta ao Teatro Bandeirantes.

Cesar, Elis e os músicos eram assistidos novamente pelo produtor Marco Mazzola, que pilotava a mesa com agilidade. O primeiro dia seria usado para gravação, e o segundo, para mixagem. Ao perceber o potencial de "Como nossos pais", Mazzola sugeriu trocar a ideia de iniciar a canção com uma pegada de samba, pensada por Cesar Camargo Mariano, por algo mais rock, com guitarra e bateria. O arranjo foi aprovado. A música de Belchior e outras nove canções criavam uma espécie de melhores momentos do show, com "Tatuagem", "Fascinação" e "Jardins de infância". "Gracias a la vida", da chilena Violeta Parra, faria o disco ser proibido na Argentina, que andava mergulhada no caos político com a morte do presidente Juan Perón.

Com os solos e as harmonias das músicas decorados, o grupo se posicionou no estúdio preparado por Mazzola. O produtor estava tenso por saber que não teria segunda chance. Para não perderem o dia, era preciso registrar tudo, de preferência de primeira. Para complicar, Elis chegou com a voz rouca dos espetáculos do fim de semana em São Paulo. Aos amigos que tentavam alertá-la dos perigos de forçar as cordas vocais, ela tranquilizava: "Não se preocupe, não é a voz que canta". Como seria tudo registrado ao vivo, sem tempo para gravações separadas, Mazzola a posicionou em um canto estratégico da sala para que os sons dos outros instrumentos não vazassem em seu microfone. As músicas saíam em apenas um take, mas a voz de Elis, cada vez mais rouca, indicava sobrecarga.

O maior temor de Mazzola se deu na hora de gravar "Velha roupa colorida". O rock de Belchior, com notas altas, tinha uma primeira parte quente e acelerada e outra em andamento blues, de vocal rasgado. Elis fazia todos os contorcionismos que podia, mas, exausta, não chegava bem a alguns lugares aos quais tentava levar a melodia. A voz dava seus últimos arranques. Mazzola, experiente, sugeriu que eles gravassem as músicas que faltavam e que deixassem "Velha roupa colorida" por último. Era uma forma de tirar a pressão dos músicos.

Era noite quando todos retomaram a canção. Aos músicos, Mazzola, sabendo que usaria as últimas forças de Elis, subiu o tom: "Gente, tem que ser de primeira, o.k.?". Com seu jovem auxiliar de estúdio, foi mais objetivo: "Meu irmão, solta essa merda aí na hora, não vai errar essa porra!". Antes de dar o.k., percebeu que a luz vermelha da placa de "gravando" estava apagada. "Rapaz, liga essa luz", ordenou. Cesar fez a contagem, e Elis e banda começaram: "Você não sente nem vê, mas eu não posso deixar de dizer, meu amigo/ que uma nova mudança em breve vai acontecer". A rouquidão colocava na voz de Elis uma espécie de timbre de cantora de blues norte-americana. Mesmo no limite do suportável, havia muita convicção e a banda percebeu seu esforço em completar a canção sem vacilar. Mazzola ficou petrificado: "Não pode ser, a mulher canta tudo de primeira". Ao terminar, Elis, exausta, sentou-se em uma almofada para se recuperar em silêncio. Mazzola se aproximou, cuidadoso. "Tudo bem?", perguntou. "Tudo, você gostou?", ela devolveu. "Achei demais." Elis subiu os olhos e perguntou a seu produtor: "Você acha que alguém vai gravar isso melhor do que eu?".

O estúdio ficava em uma Barra da Tijuca ainda bem despovoada, de muitos automóveis e poucos pedestres. Elis, Natan e Wilson saíram tarde da noite em busca de um táxi que os levasse até o hotel, deixando os outros para adiantarem a mixagem com Mazzola. Mas táxi também estava raro naquela noite, e Natan sugeriu que pegassem um ônibus. Elis topou e entrou no primeiro que apareceu, com destino a Copacabana. Como o ônibus estava cheio, os músicos ficaram de pé, e o que Natan imaginava começou a acontecer: as pessoas se cutucavam e apontavam para Elis. "É ela!", cochichavam. Natan tinha uma estratégia. Assim que via pessoas prestes a iniciarem um tumulto, dizia em voz alta: "Baixinha, daqui a pouco vai acontecer aquele negócio". "Acontecer o quê?", Elis respondia. "Vão começar a dizer que você é a Elis Regina." Uma mulher que estava próxima disse: "E não é?". "Minha senhora", falou Natan, "a senhora acha mesmo que Elis Regina estaria aqui a essa hora andando de ônibus com a gente?"

Assim que o álbum *Falso brilhante* foi lançado, um mês depois das gravações, Elis decidiu que os músicos, em vez de cachês, ganhariam royalties, uma porcentagem sobre as vendas. "Todo mundo se matou para fazer isso, não é justo ganharem só cachê", ela disse ao grupo. Pouco depois, Cesar se reuniu com os colegas com outra sugestão. "Eu estive pensando sobre aquele negócio dos royalties, é melhor a gente pegar o dinheiro do disco mesmo, o cachê. Esse disco não vai vender nada." Nenê contestou. "Bicho, vamos arriscar ganhar a porcentagem." Mas Cesar insistiu que a gravadora havia decidido assim, e o pagamento saiu em valor fixo.

274

Cachês de músicos nunca foram dilema para Elis. Sua lógica era a de que quanto mais valorizasse seus colaboradores, mais eles a respeitariam. A disputa entre os artistas que pagavam melhor naqueles tempos se dava entre Elis e Roberto Carlos. O que eles ganhavam em uma noite tocando com Elis era algo em torno de 1500 reais, aproximando para valores atuais. Isso, de quarta a domingo, garantia uma boa receita. Nas internas, ela sempre procurava saber quanto os outros nomes ofereciam. Dependendo dos valores, fazia seus reajustes. "Que Roberto Carlos que nada. Nem que for por um centavo, eu vou pagar mais", dizia Elis. Tocar com ela não significava renunciar às influências, que iam de Chick Corea e Herbie Hancock, em Cesar; a Led Zeppelin e Eric Clapton, em Crispin. As extensas conexões de gênero no repertório da cantora aceitavam quase tudo, desde que os músicos não esquecessem do mais importante: deveriam estar sempre a serviço de sua voz. A diferença para outras cantoras era que a voz saía com uma intenção mais instrumental do que vocal.

Suas brigas pela classe musical podem ter origem aí, em seu instinto de preservação da espécie. Indignada com questões ligadas à arrecadação e distribuição do direito autoral no Brasil, Elis presidiu a Assim, Associação dos Intérpretes e Músicos, para fazer frente à Socimpro, Sociedade de Intérpretes e Produtores Fonográficos. Ambas as entidades representavam artistas e estavam ligadas à distribuição dos direitos de autores e intérpretes. Elis acusava a Socimpro, o Ecad (Escritório Central de Arrecadação e Distribuição dos Direitos Autorais) e a Ordem dos Músicos do Brasil de não zelarem pelos músicos.

Era também uma luta em causa própria. Elis afirmava receber por trimestre um cheque no valor de 1500 cruzeiros pelos direitos de execução em rádio de todas as suas músicas gravadas até ali. "Mil e quinhentos cruzeiros, menos do que um salário mínimo", disse ela, em entrevista ao suplemento Folhetim, da *Folha de S.Paulo*. Ela confrontava sem medo o presidente da Ordem dos Músicos do Brasil, Wilson Sandoli, e chegou a apoiar uma manifestação feita por instrumentistas de São Paulo pela garantia do recebimento dos chamados direitos conexos. Com eles, os músicos passariam a ganhar sempre que uma canção da qual tivessem participado, mesmo como músicos acompanhantes, fosse executada em rádios ou locais públicos. Bateristas e baixistas se uniram em uma greve de som, se recusando a gravar qualquer faixa até que a situação fosse resolvida. Não havia recursos tecnológicos que substituíssem esses profissionais, e muitos discos ficariam na gaveta se eles cruzassem os braços. Um outro grupo foi entregar as carteiras da Ordem dos Músicos, na sede da entidade, em uma afronta direta ao presidente. Elis, apoiando e chamando a atenção para os manifestantes, era um problema para Wilson Sandoli.

Sandoli daria o troco. Dias depois, quando os músicos de Elis estavam posicionados para fazer uma apresentação diante de 8 mil pessoas em um ginásio de Ribeirão Preto, no interior de São Paulo, a cantora foi surpreendida pela presença dos fiscais da Ordem dos Músicos do Brasil, na beira do palco. Eles queriam checar se estava tudo em dia, se todos estavam com suas carteiras em ordem, se havia alguma mensalidade atrasada. Um vacilo apontado e a apresentação seria cancelada.

Elis se aproximou de um dos fiscais e disse: "Meu senhor, veja bem, meus músicos estão aqui para trabalhar...". Enquanto falava, conduzia dois ou três profissionais ao centro do palco sem que eles percebessem. Quando chegou perto do pedestal, pegou o microfone e se dirigiu à plateia: "Pessoal, o negócio é o seguinte: esses senhores aqui acham que meus músicos não estão capacitados para tocar para vocês porque eles não têm a famigerada carteirinha azul. Agora, eu acho que eles estão aptos a tocar. Vocês é que decidem". A plateia vaiou, e faltou pouco para que alguns fãs pulassem o alambrado. A segurança entrou em ação, e os fiscais desapareceram. Elis contou até três, e o show começou.

Apoiada pela classe artística, Elis vivia a época da colheita de *Falso brilhante*. Muitos críticos, que anos antes diziam que seu talento estava sendo enterrado por discos técnicos e performances distantes do grande público, tiveram de redigir matérias de capa que a chamavam agora de "a maior" e "a porta-estandarte". Elis e Cesar conseguiam realizar o sonho de narrar a vida de um artista do começo ao fim sem falsa glamorização. Mas os bastidores não eram apenas de glórias, e só quem armava aquela lona sabia o peso que ela tinha.

Ao deixar o Teatro Bandeirantes, depois de uma das sessões, o baixista Wilson Gomes marcou de pegar um amigo, também músico, para darem uma canja em um bar que costumavam frequentar em Osasco, na Grande São Paulo. Os dois andavam tranquilos no fusca de Wilson até que o amigo acendeu um cigarro de maconha sem saber que colocava fogo no pavio de uma dinamite. "Fica tranquilo, Wilson, a área tá limpa", disse.

A fumaça já havia transformado o fusca em uma câmara de gás quando um camburão da Polícia Militar sinalizou para que os dois parassem e descessem do carro. Wilson gelou. Era 1975, época em que o respeito aos direitos humanos não estava exatamente em moda no país. A falta de sorte do baixista, que nem gostava de fumar, era selada por outro detalhe. No carro dos policiais havia uma mulher que acabara de ter seu fusca roubado, um fusca de cor e modelo idênticos ao de Wilson. Provar que o automóvel não era produto de furto foi bem mais fácil do que justificar seu interior aromatizado. "Mãos na cabeça!", ordenaram os policiais, antes de fazerem a revista. Wilson ficou de costas enquanto o amigo foi revistado. Depois, seria sua vez. Conduzido com o colega ao distrito, o músico não deixava de argumentar. Era trabalhador, tocava com Elis Regina, o instrumento estava no banco de trás para comprovar. "Podem levar o rapaz para a carceragem", decidiu o delegado. O baixista de Elis estava preso.

Nenê saiu de casa na manhã seguinte, na avenida São João, seguindo o roteiro de costume em dias de show, pronto para dar uma calibrada etílica na casa de Wilson e, juntos, seguirem para o teatro. Assim que chegou, percebeu a porta fechada. Chamou, e nada. A vizinha ao lado parecia dar a notícia com prazer. "Wilson? O Wilson é maconheiro, meu filho. Ele foi preso", disse, mostrando um exemplar de jornal com a foto do parceiro e a notícia em destaque: "Baixista de Elis Regina é preso em Osasco". *O Wilson rodou!*, pensou Nenê. O baterista voltou para casa preocupado, mas em silêncio. Não seria de sua boca que Elis saberia do episódio. Natan chegou logo depois: "Nenê, aconteceu um problema com o Wilson". "Que problema?", Nenê disfarçou. "Um negócio chato. O pessoal quer fazer uma reunião."

Os músicos se reuniram no teatro. Sem a presença de Elis, Cesar explicou o incidente com Wilson e mencionou que um advogado conhecido do casal poderia resolver o problema. Havia um temor de que o episódio voltasse a arranhar a imagem de Elis e uma dúvida: ela deveria ou não sair em socorro de seu baixista? Como não prejudicar uma carreira que acabara de voltar aos trilhos? Mas, por outro lado, como deixar Wilson sem assistência? Para seguir com o espetáculo, já havia até um substituto de Wilson, um especialista em consertar aparelhos de televisão que também tocava baixo. Nenê se rebelou: "Eu sou contra. Rapaz, pelo que sei ele sabe é arrumar televisão. Desculpe, mas tocar baixo e arrumar televisão são coisas diferentes".

Ao sentir que o amigo Wilson poderia ficar preso por mais dias, Nenê decidiu falar com a chefe. "Elis, desculpe incomodar, mas eu acho que essa história do Wilson vai ficar péssima se a gente não fizer nada. Os jornais vão cair matando, dizer que abandonamos o rapaz." Elis respondeu no ato: "Vamos tirar ele agora". Chamou um advogado da Trama e pediu que providenciasse a fiança que fosse necessária. Em um dia, Wilson estava de volta, após uma noite em claro contando para os parceiros de cela como era tocar baixo para Elis Regina. "Pô, velho, não acredito, Elis Regina? Minha mulher adora", disse um preso. "E te jogaram aqui por causa de uma bagana?", falou outro.

Wilson sentiu os ares mudarem assim que voltou ao grupo. Percebia que o tratavam com reservas e sentia-se isolado, com uma sensação de estar mais só do que nunca, pagando por um erro que nem havia sido seu. "Tem gente atrás dele", ouvia colegas falarem. Elis jamais cobrou de Wilson o valor da fiança nem o descontou de seus vencimentos. Ela também não o enquadraria com lições de moral, como era esperado em episódios dessa natureza. Simplesmente seguiu com os shows, mas percebeu que o ambiente havia pesado para seu baixista. Assim que a temporada terminasse, ela ligaria para seus colegas em busca de um novo emprego para Wilson. A primeira ligação foi para Roberto Carlos, que aceitou a indicação e levou o baixista para integrar sua orquestra. Wilson Gomes caiu para cima.

A temática de *Falso brilhante* — o monstro que cedo ou tarde surgia para cobrar os louros do sucesso de um jovem artista — parecia cada vez mais real. Um mês depois da estreia do espetáculo, a diretora Myriam Muniz e o cenógrafo Naum Alves de Sousa se sentiram financeiramente prejudicados por Elis. Alegavam que ela e Cesar haviam contratado a dupla prometendo pagar 40 mil cruzeiros a cada um — 10 mil por mês referentes aos quatros meses de ensaio. E ainda, segundo Myriam e Naum, mais uma quantia de 16,66% sobre a renda bruta do espetáculo, justificada da seguinte forma: 6,66% pelos direitos autorais de ambos em suas alegadas participações na criação de texto e roteiro; 5% pelos direitos autorais relativos à direção de Myriam Muniz; e mais 5% para cobrir os direitos relativos à cenografia e programação visual feitas por Naum. Myriam e Naum procuraram a Sbat, Sociedade Brasileira de Autores Teatrais, para serem representados por ela em uma ação contra a Trama. Começava uma longa batalha jurídica.

O advogado Luciano Teixeira Pinto assinou o processo encaminhado à 23ª Vara Civil de São Paulo que representava Naum e Myriam pedindo o "sequestro de 16,66% da renda bruta do espetáculo teatral *Falso brilhante* desde a sua estreia, em 17 de dezembro de 1975, até sua última apresentação em São Paulo ou qualquer outra localidade do território nacional". O texto afirmava que, "apesar de o espetáculo já se encontrar em cartaz há mais de um mês, os representantes da suplicante (a Sbat) apenas receberam a parte fixa". E trazia a informação de que, até aquele momento, a renda bruta do espetáculo era "superior a 1 milhão de cruzeiros". Teixeira Pinto pediu ainda ao juiz que tomasse sua decisão o mais brevemente possível e independentemente de qualquer audiência posterior, para evitar que Elis tirasse o musical de cartaz e frustrasse a ação. Para ganhar força, os advogados da Sbat anexaram ao processo recortes de jornais que citavam Myriam e Naum na produção. "Elis, Myriam e Naum, o casamento feliz", era uma das manchetes. "Não dá para não tirar o chapéu para a maravilhosa Myriam Muniz, que dirigiu tudo aquilo", escrevia o *Diário de S.Paulo*. Cesar e Elis começaram a perder o sono.

O juiz Carlos Osório de Andrade Cavalcanti analisou o processo e deu ganho imediato à Sbat, ordenando o sequestro dos 16,66% sobre a renda bruta a partir do dia 10 daquele mês de fevereiro, valor que deveria ser depositado em conta com correção monetária na Caixa Econômica do Estado de São Paulo, e determinando a nomeação de alguém por parte de Elis para fazer os depósitos dos montantes calculados de acordo com o borderô de cada apresentação. A tensão se instalou no Teatro Bandeirantes. Um oficial de justiça ia à bilheteria acompanhar as contas, e seu Romeu, pai de Elis, foi designado para ser o depositário. Agora, Elis precisava dar uma resposta.

O caldo fervia na imprensa, que passou a cobrir a disputa como uma espécie de Fla-Flu: Elis e Cesar versus Myriam e Naum. Elis procurou o escritório de um advogado paulista de 36 anos chamado Michel Temer, que viria a ser presidente do Brasil entre 2016 e 2019. Mas, trabalhando em outros casos importantes, Temer indicou um colega que havia atuado como aprendiz em seu escritório, o jovem Edgard Silveira Bueno Filho, formado em direito havia cinco anos.

Edgard entrou no caso ciente do tamanho da oportunidade que caía em suas mãos. Estudou cada palavra da acusação e percebeu um vacilo dos oponentes. Myriam e Naum haviam cometido o erro de serem representados por terceiros. Se a Sbat conferia maior legitimidade à causa perante o juiz, ela também a inviabilizava, segundo a defesa de Edgard. Naquele momento, anos antes da Constituição de 1988, o código do Processo Civil dizia que ninguém podia pleitear direito alheio em nome próprio. Em outro momento do texto, era contestado o direito de autor a diretores e cenógrafos. "Os supostos associados não poderiam sequer se filiarem à Sociedade porque não são titulares legais de direito de autor. Diretor e cenógrafo têm suas atribuições definidas em lei." Sua conclusão era de que Myriam e Naum já haviam recebido "pelo desempenho reconhecidamente brilhante de suas atividades" a remuneração de 40 mil cruzeiros cada um, "inédita em espetáculos dessa natureza". Escavava um pouco mais, citando o artigo 14 da Nova Lei de Direito do Autor: "Não considera colaborador para fins de direito autoral quem auxiliou o autor na produção dirigindo sua apresentação pelo teatro". "Nestas condições", escrevia Edgard, "aguarda-se a extinção do processo."

Nem precisava de tanta lábia. Quando o mesmo juiz Carlos Osório de Andrade Cavalcanti, que havia determinado o sequestro de renda, retomou o caso, agora com a defesa de Elis em mãos, identificou o calcanhar de aquiles da acusação. "Tem inteira razão a requerida (Elis) quando pede a extinção do processo. Realmente, é o Supremo Tribunal Federal quem diz: 'o representante não é parte na relação jurídica processual; ele tão somente age em nome do representado...'." Cavalcanti determinava agora: "A extinção do processo, desse modo, é indeclinável". Ainda dizia que havia sido convencido de que a Sbat não deveria cuidar de direitos autorais regulados e protegidos pela lei nº 5988, de 14 de dezembro de 1973. "A atividade dos sócios da requerente (Sbat), no meu entender, é de produção artística, nada tendo a ver com direitos autorais".

A nova decisão fez a Sbat espumar. Agora com dois advogados — além de Luciano Teixeira Pinto, também Gastone Righi —, apelou ao tribunal dizendo-se inconformada com a sentença. "A Sbat não propôs a medida cautelar em seu próprio nome e sim como representante legal de seus associados e em nome destes." "A ordem dos fatores não altera o produto, e isto é válido também na ciência jurídica", escreveram. Diziam que as afirmações do juiz eram escandalosas e disparatadas de qualquer realidade, sem nenhum elemento nos autos que as amparasse. "Ignorar que o apelante Naum Alves de Souza é um autor e criador é realmente ignorar que existe um meio teatral e cultural no Brasil. Quem ainda não assistiu ou ignora o famoso *Vila Sésamo*, com bonecos, personagens e textos de criação de Naum? E sobre Myriam Muniz? Quem pode ignorar sua longa carreira e a sua escola de arte dramática Macunaíma, marco do teatro nacional?" A dupla terminava sua apelação pedindo justiça, palavra que escreviam em letras maiúsculas e com um ponto de exclamação no final.

O caso parava agora na mesa da 6ª Câmara Civil do Tribunal de Justiça sob a forma de exceção de suspeição, a ferramenta jurídica usada para solicitar um novo julgamento quando um juiz é considerado suspeito para analisar o processo. A manobra, no entanto, seria derrotada com folga. "Por unanimidade, julga-se improcedente a suspeição e determina-se o arquivamento do processo", sentenciaram os juízes. A Sbat entrou então com uma apelação, e o processo seguiu para a 1ª Câmara Civil do Tribunal de Justiça de São Paulo. Os juízes analisaram de novo o histórico e decidiriam, enfim, quem caminhava com a razão: "Acordam, por votação unânime, negar provimento ao recurso". O tribunal entendia que a Sbat não poderia ter ajuizado a ação em seu próprio nome, mas sim em nome de seus representados Myriam e Naum. As partes firmaram um acordo com Elis homologado em juízo no dia 25 de outubro de 1976, no qual os direitos de Myriam e Naum se encontravam devidamente reconhecidos desde a estreia do espetáculo até sua última apresentação. A peça movida pelo advogado de Elis havia sido certeira. Sem entrar nas constrangedoras discussões sobre quem fez mais para o espetáculo, ela enterrava seus adversários jurídicos evocando um erro de conduta na representação da parte que se dizia lesada. Edgard Bueno ganhava seu primeiro grande caso.

A guerra de *Falso brilhante* foi parar nas páginas dos jornais. Walter Silva publicou uma nota na coluna que assinava no jornal *Folha de S.Paulo* chamando Myriam e Naum de "chantagistas". Myriam respondeu publicamente dizendo que a informação era "sacana" e anexou o recorte junto aos documentos que seus advogados juntavam para tomarem as medidas legais. A atriz calculava que chegava a perder 40 mil cruzeiros por fim de semana de casa lotada. O médico terapeuta Roberto Freire, que estava na equipe de preparação do espetáculo, tomou as dores de Myriam e descarregou seus cartuchos contra a cantora em uma carta publicada pelo jornal *Aqui São Paulo*, em 27 de maio de 1976. Seu título: "O problema de Elis não é de terapia: mau-caráter não tem cura". Freire se mostrava indignado com uma entrevista dada por Elis ao *Jornal da Tarde*, na qual ela se referia às preparações psicológicas de Freire como uma "terapia do Macunaíma". "A terapia do Macunaíma quase nos enlouqueceu. Nós demoramos um pouco para perceber o processo de envolvimento e dependência que estava sendo montado em torno de nós", dizia Elis. Sobre o fato de Myriam fazer cobranças na Justiça, a cantora sugeria que ela estava sendo usada por mentes diabólicas. "A Myriam segurou a bandeira de outra pessoa, inocentemente. Ela foi envolvida e nem percebeu."

Ao escrever sua carta-resposta, o psicanalista disse: "Todo mau-caráter é dedo-duro, intrigante e covarde. Quem você está entregando, Elis? De que bandeira você fala?". Ao *Jornal da Tarde*, Elis havia dito mais sobre as sessões com Freire: "Nós ficamos muito mal, o grupo inteiro. Um rapaz do conjunto quis se suicidar, eu perdi o controle a ponto de precisar de ludoterapia [...]. Teve um momento em que eu compreendi não ser possível um psicodrama por noite. Não tinha sentido subir ao palco junto com o pessoal e levar as coisas tão a sério a ponto de, em vez de representar, viver sofridamente cada segundo do espetáculo".

Freire esquentou mais quando leu aquelas palavras. Agora, também no *Jornal da Tarde*, desferia: "Elis, você sabe que ficou famosa também pela inexpressividade fisionômica e pela estereotipia gestual. Essa é a razão pela qual seus shows fracassaram e porque você não teve mais convites para fazer televisão. Não foi mesmo fácil fazê-la adquirir postura de palco, sinceridade interpretativa, liberdade de movimentos e, sobretudo, fazer você parecer simpática ao público. Essa luta foi o que você chamou de 'quase ficar louca', de 'alucinações'". Freire finalizava a adversária com o que chamava de revelação: "Daquele monstro que tenta abraçá-la e engoli-la em certo momento do espetáculo é como eu vejo o mau-caratismo tentando destruir o que de honesto e verdadeiro existe nas pessoas. Essa não é a concepção de quem dirigiu o espetáculo, mas é exatamente como eu vejo a sua vida de artista depois de *Falso brilhante*".

A briga podia ficar pior. Duas semanas depois da publicação da ira de Roberto Freire, uma carta-resposta da resposta ganhava espaço de quase uma página no *Jornal da Tarde*, assinada pela jornalista e musicóloga Maria Luiza Amaral Kfouri. "Me admira você, sendo terapeuta e dizendo que está farto de saber que o caso de Elis é de mau-caratismo, tenha (conhecendo Elis desde 1965) se enganado durante tanto tempo ou, então, se prestado a trabalhar com tão horripilante criatura [...]. Sabe o que eu acho que aconteceu? Que a Elis foi um achado na vida de vocês. Nunca, como agora, se falou tanto em Myriam, em Macunaíma, em você. Se vocês toparam trabalhar com Elis foi porque foram espertos o suficiente para ver que estavam à frente de uma pessoa inteligente e com condições e coragem para fazer o espetáculo que fez [...]. Só que eu queria ver vocês conseguirem fazer um show tipo *Falso brilhante* com a Martinha." Sobrou até para a cantora da Jovem Guarda. Um pouco mais à frente, Maria Luiza dava outro significado ao gigante que aparecia no espetáculo.

"O monstro que tenta abraçar Elis no show é, entre outras coisas que ficam bem mais claras, a soma dos mais diversos interesses que as mais diversas pessoas têm para cima dela."

Por suas vitórias na batalha de *Falso brilhante*, Edgard foi eleito o novo homem de confiança de Elis — daqueles raros exemplares a quem ela concedia o direito de emitir opiniões sobre sua vida pessoal. As brigas sobre os dias em que o filho João Marcello passaria com o pai seguiam quentes, com Ronaldo pressionando cada vez mais na Justiça para fazer valer seus direitos. Por mais de uma vez, Elis se negou a deixar João nas mãos de Bôscoli em datas predefinidas. Em uma delas, disse que o ex-marido havia ficado com o filho por mais tempo, devolvendo o menino um dia depois do acertado. "E eu passei a noite toda chorando", reclamou.

Edgard via tudo com tristeza. Seu instinto dizia que Ronaldo queria atiçar a ira da ex-mulher levando as brigas pelo filho às últimas consequências. Resolveu emitir seu parecer: "Elis, ele está querendo perturbar você. Deixe o João ir sem resistir que você vai ver. A mulher com quem ele está vai ver você na figura do João, e logo o Ronaldo vai deixar de querer ver o filho tantas vezes". Elis aceitou a proposta de Edgard com uma condição: que ele mesmo, Edgard, levasse João para o pai, no Rio. O advogado partiu com o garoto de avião. Depois de algumas visitas pacíficas, sem a necessidade de oficiais de justiça na história, as brigas por João, como previra Edgard, acabaram.

18.

Agora era o baterista Nenê quem queria mais dinheiro. Incomodado com a falta de reajustes no valor que os músicos ganhavam de cachê durante a temporada de *Falso brilhante*, ele chamou Cesar para conversar. "Não estou entendendo, Cesar. Todo mundo recebe aumento e a gente nada?", argumentou. "Mas o que você ganha não está legal?", perguntou Cesar. "Mas mesmo se eu ganhasse duzentos mil por mês. E daí? Você diz isso porque tem direito a 5% como diretor artístico", respondeu o músico. Falar com Cesar sobre esse assunto, e sobretudo nesse tom, foi um desgaste que Nenê assumiu sozinho. Natan não concordava com a postura do colega baterista. Para ele, todos haviam entrado no barco conhecendo as regras. Não era justo querer mudá-las no meio do jogo.

A situação de Nenê se tornava cada vez mais delicada, com episódios que aumentavam a tensão entre ele, Cesar e Elis. Certo dia, quando *Falso brilhante* havia completado pouco mais de três meses de temporada, ele saiu de casa para tomar vodca com o amigo Zeca Assumpção como se estivesse aproveitando uma folga. De lá, foi ver outro parceiro, Hermeto Pascoal, que ofereceu uísque ao ver os olhos do amigo brilharem pela garrafa que estava na estante. Nenê tomou muitas doses. Quando sua mulher chegou em busca do marido, já não havia muita sobriedade: "O que é que você está fazendo aqui, homem de

Deus? E o show?". Nenê ficou desnorteado: "Que show?". "O show da Elis, criatura!" "Que dia é hoje?" "Domingo." "Puta que o pariu." Nenê pensou que era segunda. Ciente do estado de embriaguez, calculou os prejuízos das duas opções que tinha: ir para o teatro do jeito que estava ou desaparecer. Decidiu pela primeira. *Vou encarar essa*, pensou. Alguns amigos o deixaram na porta do Teatro Bandeirantes poucos minutos depois de o show começar. Sua aparição na noite seria um desastre.

"Senhoras, senhores, gostaria de dizer a vocês que estamos com um problema", falava Elis diante da casa lotada. "Nosso baterista não apareceu, estamos preocupados e vamos esperá-lo mais um pouco, mas, infelizmente, não vamos poder fazer o show de hoje se ele não…" Antes que as vaias começassem, a porta do teatro se abriu. Nenê, ancorado por dois seguranças, vinha aos tropeços em direção ao palco. "Eu estou aqui." Sem tempo para levar as duras da chefe, seguiu para fazer a maquiagem no camarim e ficar pronto o quanto antes. Não foi uma noite fácil. As viradas de bateria saíam duras, os pratos pareciam mais pesados, mas o ritmo estava seguro. Por vezes com um ligeiro retardo, mas seguro. Saiu até "Tatuagem", em que ele tocava piano.

O dia seguinte seria de folga, mas Elis e Nenê precisavam discutir a relação. O baterista olhava para baixo enquanto Elis falava: "A gente vai internar você, cara. Para de beber essa merda!". O baterista se defendia dizendo a verdade: "Eu inverti tudo, Elis. Pensei que era um dia, e era outro". As coisas foram se acalmando, e ficou decidido que Nenê seguiria na trupe. Mas um outro assunto discutido no mesmo encontro exaltou a dupla mais uma vez. Elis disse que precisavam fazer um ensaio extra. Ela queria trocar uma música do repertório, provavelmente para se livrar de qualquer ligação que poderia haver com as sugestões de Myriam Muniz. "Vamos ter ensaio amanhã", disse ela. Nenê contestou: "Por quê?". Elis devolveu: "Porque eu quero". O baterista insistiu: "Quer por quê?". Elis abaixou o volume: "Eu vou trocar uma das músicas do show". Mas Nenê não desistiu: "Está bacana assim". Então, Elis decidiu encerrar o assunto: "Vamos mudar porque aqui quem manda sou eu e eu quero mudar uma música do show". Nenê perguntou o horário, e Elis respondeu: "Duas e meia".

Às 14h30 do dia seguinte, o baterista a postos. Natan chegou um pouco depois. "Nada ainda dos caras?", estranhou Nenê, impaciente, perguntando pelo resto do grupo. "Vou no bar tomar uma e já venho", ele declarou. Ao voltar, eram 15h30 e nada. Quatro da tarde, e ninguém apareceu. Elis e Cesar chegaram por volta das 17h30 com semblantes fechados. Nenê, aquecido pelo uísque, não tinha mais filtro que o protegesse. "E aí? Quando vai ser o ensaio das 14h30?", disse, provocando o casal. Elis virou para ele no mesmo instante: "E o que é que você tem a ver com isso?". Cesar intercedeu. "Você está bêbado!", disse para o baterista. E Nenê respondeu: "Eu bebo sim, mas é com o meu dinheiro, não devo nada para você. Parei com essa merda". E saiu para desmontar a bateria. Uma linha havia sido ultrapassada. Nenê marcou uma conversa particular com Cesar em território neutro, ou quase: o bar da esquina. Depois de tomar duas ou três doses de uísque, olhou para o pianista e pediu demissão do emprego, mas aceitou cumprir o aviso prévio de trinta dias. Em respeito a Elis, ele faria os shows seguintes da temporada até que o grupo contasse com um novo baterista, e não levaria nenhuma gota de álcool à boca. Faltando cinco dias para vencer o aviso, Elis entrou no camarim dos músicos aos gritos: "Você vai se foder, seu vadio irresponsável. Nunca deveria ter feito isso comigo. Está despedido". Nenê estranhou: "Mas eu já me despedi, Elis". Não importava. Se era para perder um amigo, que a última palavra fosse de Elis.

Os humores de Elis e Cesar durante a temporada de *Falso brilhante* eram imprevisíveis, definidos sobretudo pelas condições emocionais da cantora. As crises conjugais estavam mais agudas e isso se refletia nas canções. Alguns músicos perceberam que um termômetro preciso era a forma como Elis cantava "Tatuagem". Se tudo estivesse bem entre o casal, o número se dava assim: Nenê deixava a bateria e ia para o piano enquanto Wilson Gomes trocava o baixo elétrico pelo acústico. Um refletor seguia Elis pelo palco enquanto ela ouvia a introdução curta, mas suficiente para transformá-la. Elis cantava olhando para algum ponto no fundo do teatro. Ao dizer que queria ficar no corpo de seu homem feito tatuagem para lhe dar coragem de seguir viagem quando a noite vem, falava com uma verdade mais do que simbólica, transferindo a vida para a poesia. Antes de repetir a canção, virava para Cesar, que já a acompanhava ao teclado, e o olhava como se fizesse uma última declaração de amor.

No dia em que Elis não se virou para Cesar, os termômetros registraram frio. Nenê percebeu. *Deu barraco*, pensou. A frequente indisposição entre marido e mulher era sentida pelos músicos e por plateias mais observadoras. Às vezes, cenas de ciúmes eram encenadas nas ruas próximas ao teatro. Certo dia, minutos depois do fim de uma sessão, Elis foi vista esbravejando às lágrimas enquanto Cesar saía de moto com uma moça na garupa. Em outro, Elis e os músicos estavam em uma churrascaria quando ela disse: "Parei com o Cesar na cama e no chope. A partir de hoje, vocês são os chefes do grupo". "Ela não está falando sério, né?", perguntou Nenê.

Elis chegou a dizer que seu diretor artístico já "cumpria aviso prévio como marido". Desta vez, ao contrário das outras brigas, seria definitivo. Ela cantou "Tatuagem" sem olhar para Cesar por quatro noites seguidas, com os músicos se perguntando o que seria deles assim que o casal terminasse definitivamente e todos perdessem o emprego. Mas, na noite seguinte, a cantora se virou às lágrimas para o marido com uma interpretação arrebatadora, lembrada por Nenê como uma das mais fortes que presenciou em sua carreira. A verdade de Elis parecia ainda maior quando ela dizia que queria brincar no corpo de Cesar feito bailarina, aquela que logo se alucina, salta e te ilumina quando a noite vem. Seus olhos brilhavam, e seus lábios tremiam. Nenê respirou fundo e disse a si mesmo: *Agora podemos ficar tranquilos*. A plateia aplaudiu de pé.

Cesar era o oposto de Ronaldo, nada tinha de Nelson Motta, não lembrava Edu Lobo e passava longe de Solano Ribeiro. Os homens de Elis eram diferentes entre si, mas tinham personalidades fortes e exerciam uma séria influência sobre a carreira dela. Quando eles chegavam, Elis os observava atenta, tirava de cada um o que poderia valer de bom, buscava conhecer os LPS que eles mencionavam e aprimorava uma técnica necessária à sua sobrevivência intelectual desde a chegada ao Rio: ao ouvir ideias que julgava coerentes, se apropriava delas como se fossem suas.

Inquieta, ela não relevaria os defeitos desses homens e acabaria buscando um novo formato de vida. De cada relação ficaria algo importante para a construção da personalidade artística de Elis. O jazz das grandes feras foi sua maior descoberta dos tempos de romance vividos com os bateristas Rubinho Barsotti, do Zimbo Trio, e José Roberto Sarsano, do Bossa Jazz Trio. Ao lado de Solano Ribeiro, entenderia a MPB de protesto e ficaria atenta às superficialidades da bossa nova. Ao perceber seu deslumbramento com o sucesso de "Arrastão", Edu Lobo disse algo que Elis levou para sempre: "Não se preocupe em ser estrela, seja uma cantora". Com Ronaldo Bôscoli ela mudaria o visual, se iniciaria no conceito dos espetáculos e se abriria para a canção norte-americana. E nos anos de Nelson Motta, baixaria a guarda para permitir-se ouvir e cantar rock com leveza. Cesar tinha a Elis plena, pronta para ser tudo o que havia respirado até ali.

Longe dos palcos, no entanto, a simbiose entre eles não era completa, sobretudo por uma questão traumática. Não importava o nome do homem com quem estava. Para Elis, todos eram Ronaldo Bôscoli quando o assunto era fidelidade. Cesar, mais do que os outros, era assediado por mulheres mais jovens, algo que torturava Elis. Em um encontro de amigos na casa de Laura Figueiredo, nem o estilista Clodovil Hernandez escapou. Assim que Cesar deixou a mesa de jantar, Elis foi saber do amigo por que ele olhava tanto para seu marido. "Ele é um gato", disse Clodovil. Cesar era bem mais discreto em suas crises de ciúmes, mas, ao menos por uma vez, elas colocaram uma grande amizade em risco.

Dos fiéis escudeiros de Elis, Natan Marques foi o maior. Sempre a postos para fazer as vontades profissionais de sua madrinha, era ele um parceiro leal, de vitórias e derrotas. Elis havia ensinado Natan a tocar melhor. Uma de suas lições se deu na gravação do disco de 1974, antes de *Falso brilhante*. Natan, substituto de Hélio Delmiro, estava tímido, sem saber se tocava usando o timbre de guitarra limpa ou distorcida, se produzia um som pesado ou apenas acariciava o instrumento. Eles estavam testando os instrumentos para a gravação da primeira faixa do LP quando Elis sentiu que deveria interceder. "Natan, vou te falar uma coisa: esquece quem tocava guitarra para mim. Eu chamei você porque quero que você faça isso. Então, toque o que você sentir." Natan respirou fundo. Quando chegou a hora do solo, pisou no pedal *overdrive* para dar mais agressividade ao som, fechou os olhos e viajou. Enquanto tocava, ouvia de Elis: "Boa, Natan. Demais!".

A ligação de Natan com Elis extrapolava shows e ensaios, algo comum a poucas pessoas da equipe de *Falso brilhante*. Mas, em uma das fases em que Cesar estava brigado com Elis, chegou aos ouvidos do tecladista que Natan andava próximo demais de sua mulher, íntimo a ponto de dirigir o carro de Elis pelas ruas de São Paulo. Cesar deixou transparecer em um ensaio que algo não ia bem, e Natan foi conversar com o colega para saber o que estava acontecendo. Ao notar que Cesar estava com ciúme, Natan ficou estarrecido. *Iniciar um romance com Elis*, pensou ele, *nem em sonhos*. Havia admiração, sim, mas com respeito. O carro que ele dirigiu havia sido oferecido pela cantora numa tarde, para que ele resolvesse um problema pessoal. Agora aquilo havia virado fofoca. Quantas vezes Elis pedira que Natan ficasse em sua casa quando iam fazer shows no Rio de Janeiro? Quantos filmes assistiram junto com as crianças? Natan ficou magoado e deixou de falar com Cesar. A partir dali, decidiu, era só tocar. Até João Marcello sentiu o baque: "Puxa, Natan, fala com ele", pediu o menino. "Não quero, João. Não tenho mais o que falar com ele", disse Natan.

Natan foi acordado em um domingo de manhã. Era Cesar chamando no portão, cansado de tentar contato por telefone. Ali, pessoalmente, não haveria como o guitarrista fugir. Cesar o procurava para acertar os ponteiros, mas quem desabafou foi Natan. Depois de dizer que se sentira usado pelo casal, que havia se reconciliado de uma briga depois da crise de ciúmes de Cesar, o guitarrista deixou claro que seu respeito aos dois estava acima de suspeitas. Natan aproveitou para confessar sentimentos mais profundos relacionados ao pianista: "Pô, desculpe, mas você é um cara muito difícil, a ponto de a gente ter vontade de te abraçar e nunca conseguir", dizia, às lágrimas. "Cara, eu me sinto sempre um soldado raso falando com um general, como se eu tivesse quase que prestar continência. Será que tem de ser assim?" Cesar ouvia e também chorava, respondendo com gestos conciliadores.

Sensibilidades e egos em ebulição eram uma rotina na órbita da cantora. Por mais que se sentisse respeitada, Elis administrava os funcionários de sua empresa com mãos firmes, deixando o coração para o palco. Dudu Portes foi o baterista que entrou no lugar de Nenê para dar sequência a *Falso brilhante*. Sua presença não era novidade. Antes de substituir Nenê, ele já havia feito uma temporada no lugar de Paulo Braga, apagando um incêndio que ameaçava se alastrar com a saída repentina do baterista. Até então, Dudu era o rapaz que fazia a iluminação dos espetáculos de Elis. Ele trabalhava na empresa de Roberto de Oliveira, a Clack Produções, e se envolveu tanto com o som de Elis que se propôs a fazer a luz dos shows no Teatro Maria Della Costa. Havia sido tanto empenho na marcação dos refletores que Dudu acabou decorando todo o repertório de Elis sem nunca ter ensaiado com ela. Para o jovem baterista, a possibilidade de tocar chocalho já seria o ápice de um sonho que começou assim que ele ouviu o disco *Samba, eu canto assim!*. *Um dia eu vou tocar com essa mulher*, prometeu a si mesmo.

Depois de seguir com a equipe de Elis pelo Circuito Universitário de Roberto de Oliveira, Dudu foi dispensado sem afagos assim que Cesar pensou em dar mais substância ao som que eles faziam. Havia um detalhe em sua relação com o grupo que poderia ser o real motivo da dispensa. Amigo do empresário Roberto, Dudu ouvia comentários de que ele poderia ser uma espécie de espião do patrão, um leva e traz infiltrado na equipe. A situação desconfortável não foi usada oficialmente para sua saída, mas Dudu se ressentiu. Chateado, sentindo-se usado e machucado pelo tombo que levava depois da glória, sarou as feridas, montou um grupo de música brasileira progressiva chamado Mahuaca e voltou a despertar as atenções de Elis.

Enquanto Nenê cumpria aviso prévio, Elis e Cesar, mais uma vez, procuravam por um baterista, perguntando aos amigos quem poderia subir no palco fantasiado para a substituição, Quem pegaria o repertório em tempo recorde? Quem, como Nenê, tocaria outros instrumentos além da própria bateria? "Eu posso", respondeu Dudu Portes. Assim que chegou para o primeiro ensaio, ele recebeu um bilhete de Elis: "Te amo. Nunca ninguém esteve tão certa de que aqui era seu lugar. Demorou, mas chegou o seu dia. Não nos deixe mais. Beijos. Elis".

Os bilhetes voavam das mãos de Elis Regina como aviões de papel. Sabendo da força que tinham, ela se dedicava a fazê-los com carinho para reatar amizades e declarar paixões. Um deles decolou em direção à carceragem do Presídio do Hipódromo de São Paulo direto para as mãos de uma detenta que ela nem conhecia pessoalmente e que parecia precisar de ajuda.

A Delegacia de Entorpecentes de São Paulo estava à caça de Rita Lee naquele agosto de 1976. Depois de uma investigação no Teatro Aquarius, onde a roqueira fazia uma temporada, os policiais conseguiram informações suficientes que justificassem um mandado de busca e apreensão no sobrado de Rita. Os homens chegaram à rua Pelotas, na Vila Mariana, prontos para dar um flagrante na roqueira. Um mês e meio antes, policiais de Florianópolis haviam ganhado fama com a prisão de Gilberto Gil, acusado de fumar maconha. Agora, Rita daria o que dizer assim que eles colocassem as mãos na erva que, segundo informações de algumas fontes, ela deveria consumir em casa. Os policiais entraram e, segundo Rita contou em sua autobiografia, lançada em 2016, colocaram provas onde elas não existiam.

Ao final da visita, os agentes reuniram o "material apreendido": dez gramas de haxixe em uma caixa e restos de cigarros de maconha em outra, além de um narguilé. Pouco, mas o bastante. Aos 28 anos, grávida de três meses de Beto Lee, Rita disse ao juiz que algum amigo poderia ter deixado aqueles vestígios em sua casa depois de uma festa, mas que desde o início de sua gestação não caía nas tentações do tóxico justamente para preservar o filho. Depois de dormir algumas noites no prédio do Deic, Rita seguiu para a carceragem do Hipódromo. Era tudo de que o governo militar precisava para sufocar os artistas, uma classe que marchava na contramão da ordem unida. A Justiça condenou Rita a um ano de prisão, cumprido em regime domiciliar. Ainda que o Brasil começasse a respirar fora do saco, o caminho até a democracia seria longo. Ernesto Geisel, aos poucos, afrouxava a corda do AI-5.

Ao saber da prisão de Rita, Elis apanhou João Marcello e seguiu para o Hipódromo. Ela queria explicações convincentes sobre a prisão de uma mulher grávida pelos militares. Elis chegou ao Hipódromo querendo ver Rita. Ao ser informada de que seria impossível, aprontou um escândalo ameaçando chamar a imprensa. O acordo foi de que ela poderia escrever um bilhete para a amiga, que seria imediatamente entregue. E Elis escreveu:

Rita

Beijos. Beijos. Beijos.

Tô aporrinhada. Gosto muito de você. Desde muito tempo.

Não quero falar muito que a gente nunca sabe.

Mas, dentro do possível, queria que você continuasse pensando em altos níveis.

Que você se mantivesse calma. Muito calma.

Que ninguém é bobo e todo mundo saca tudo.

Te vi ontem, de passagem. Cabelos vermelhos. Olhos idem, de choro.

Chorei junto porque te gosto, te saco, e porque me lembrei do inverso.

Você rindo, dançando, robertocarleando, dando tudo de si, amando.

Tudo igual, que nem nós todos. Amando. E nos danando porque amamos.

Somos de paz, somos de riso, somos de sossego.

Vou te ver, juro!

Fui hoje e João, meu pequeno, se grilou.

Por isso me mandei.

Amanhã, depois, qualquer hora, a gente vai se encontrar.

Dentro ou fora, sempre a gente vai se encontrar!

Até já! Nós todos te amamos. E estaremos com vocês todos.

Beijos. Beijos. Beijos

Elis

As palavras de Elis foram a única manifestação solidária que Rita recebeu da classe artística. Nem Gil, nem Caetano, nem Tom Zé. Quem estendia a mão não tinha sangue tropicalista. Elis colocava-se em risco, mesmo depois de ter sido ameaçada pelos militares no episódio das Olimpíadas do Exército. Até então, ela só havia olhado nos olhos de Rita com timidez quando as duas se cruzavam nos corredores da Record. Em dias de festival, era Elis de um lado e Rita de outro. Como dizia mesmo o bilhete? "Gosto muito de você, desde muito tempo." Estava lá, assinado. "Dentro ou fora, a gente vai sempre se encontrar." "Era mesmo a Elis?", Rita desconfiou. "Sim, ela esteve aí atrás de você", confirmou uma agente penitenciária. Nos anos de afirmação da música popular brasileira, em meio à passeata contra a guitarra elétrica e desforras na imprensa, Rita não combinava com a turma de Elis. Agora, era Elis quem a acudia.

A promessa da gaúcha se cumpriu assim que Rita deixou a penitenciária. As duas se falavam todos os dias até que uma colaboração de repertório ficou óbvia. Ao ser convidada para participar do especial de fim de ano de Elis na TV Bandeirantes, dirigido por Roberto de Oliveira, Rita e seu marido, Roberto de Carvalho, retribuíram com uma música que era Elis escrita: "Doce de pimenta". Seus versos, nas entrelinhas, refletiam a gratidão de Rita pela coragem da amiga. "Quando alguém precisa de um carinho meu/ não há nada que me prenda/ Mas se eu sentir que um bicho me mordeu, sou mais ardida que pimenta."

Rita e Elis cantam e dançam brincando como adolescentes enquanto os músicos tocam ao fundo. Roberto de Carvalho tocou guitarra ao lado do baixista Sizão Machado e do baterista Dudu Portes. As cenas do *Elis Especial*, exibido pela TV Bandeirantes no dia 1º de janeiro de 1979, foram gravadas em algumas ruas do Bexiga, no teatro Aquarius da rua Ruy Barbosa e na boate A Baiúca, da praça Roosevelt. Além de Rita Lee, participaram Henfil, Adoniran Barbosa e João Bosco.

O dueto raro que criava a ponte entre dois mundos a trazia solta e graciosa, feliz por estar ao lado de alguém que lhe fazia bem. Seu dia de roqueira era vivido cheio de despretensão. Ao saber que Rita saíra da prisão de bolsos vazios, devendo até as cordas da guitarra, Elis passou a insistir por lançar uma canção da parceira, algo que, sendo um sucesso, poderia render à amiga um bom dinheiro.

Rita e Roberto criaram "Alô, alô, marciano", um rock acelerado e cheio de malandrices, e o entregaram para Elis como presente em uma fita cassete. Quando viu o material em casa, uma fita com o nome da dupla e o título da canção,

João Marcello estranhou. Ele conhecia Rita e Roberto e tinha Rita como um ídolo, mas não podia imaginar a mãe gravando alguma coisa do casal. Inconscientemente, resumia uma sensação que o país começaria a ter a partir de 1979, quando Rita faria seu primeiro álbum com Roberto de Carvalho. A partir de "Mania de você", seria mesmo difícil imaginar qualquer pessoa que não fosse Rita gravando uma canção de Rita e Roberto.

Levado por um instinto estranho, João escondeu a fita em sua gaveta de roupas. Algum tempo depois, Elis perguntou: "Alguém viu o material que a Rita mandou?". João achou melhor não interferir mais na direção artística da mãe. Tirou a fita da gaveta e a misturou a objetos na estante de música de Elis.

Nas mãos de Cesar, "Alô, alô, marciano" ganhou um andamento mais lento do que o que havia sido pensado por Roberto, doses de suingue latino e uma segunda parte que surpreendeu Rita. Ao cantar *"down, down, down no high society"*, Elis afrouxava a melodia e deixava-se levar por um deboche, com um improviso que jogava seus timbres em lugares diferentes sempre que passavam por ali. O que era brincadeira se tornou uma de suas grandes interpretações. Confidentes de risos e de lágrimas, mães e mais recentes amigas que se completavam nas piadas e nos palcos, Rita e Elis alimentavam a ideia de reunirem músicas para um projeto conjunto chamado As Irmãs Sisters, que nunca saiu do papel.

Quem não achou graça na cena da delegacia, quando a cantora esbravejou em nome de Rita Lee, foram os policiais. Elis, devidamente fichada e perfilada nos relatórios do Dops, não havia saído da lista das ameaças em potencial. Ao compositor Ronaldo Bastos, de Niterói, dois agentes do regime deixaram claro que só esperavam uma oportunidade para agarrá-la: "Você conhece a Elis, não é? Então, diga a ela que ela vai se ver com a gente". A vontade de Ronaldo era correr para avisar a amiga de que algo de ruim poderia acontecer com ela. Só não fez isso porque, naquele mesmo instante, algo de ruim acontecia com ele mesmo.

Ronaldo Ribeiro Bastos havia conhecido Elis Regina pela televisão, nos tempos de *O Fino da Bossa*. Quando saiu o álbum *Elis*, de 1966, só parou de recolocar a agulha da vitrola sobre a "Canção do sal" ao perceber que poderia danificar o LP. A voz de Elis o hipnotizava, e a música assinada por um certo Milton Nascimento o levava a um lugar em que ele nunca havia estado. *Quem será esse cara?*, perguntava-se, sem desconfiar de que um dia colocaria sua poesia a serviço do mesmo homem e, como compositor, entraria para o movimento mineiro Clube da Esquina.

Dez anos depois de sofrer o impacto de "Canção do sal", Ronaldo estava terminando as gravações de um disco que começara a fazer nos Estados Unidos com o guitarrista Toninho Horta. Ao voltar de uma breve temporada no litoral de São Paulo, passou no estúdio Vice-Versa para trabalhar no álbum e não encontrou ninguém. Estranhou o silêncio e seguiu para a casa de um engenheiro de som na qual moravam muitos dos músicos envolvidos no projeto, incluindo o próprio Ronaldo e Toninho Horta. Uma casa no bairro dos Jardins, com uma tenda marroquina armada na sala. Antes de entrar, Ronaldo viu alguns homens de terno nas imediações, mas não se intimidou. Gente que ele não conhecia era o que mais aparecia naquela espécie de comunidade hippie.

Assim que pisou na sala, ele foi revistado e ouviu uma voz de prisão sob a acusação de porte de drogas. Outros de seus amigos que moravam na casa, incluindo Toninho, já estavam presos. Um interrogatório começou. "Só estou gravando um disco com meu amigo Toninho Horta", respondeu Ronaldo. "Não adianta querer vender essa ideia porque sabemos que você é um cara que articula. Sabemos tudo de você", disseram os agentes. Um deles ligou o equipamento de som para que Ronaldo explicasse que trabalho era aquele que dizia estar fazendo. E um outro disse as frases que doeram mais. "Você conhece a Elis?" "Não", despistou. "Como não? Ela não é sua amiga?", ironizou o policial, com aparente conhecimento de causa, uma vez que, de fato, Elis e Ronaldo já haviam estreitado relações artísticas. "Olha aqui, avisa a Elis que ela vai se ver com a gente. Ela não perde por esperar." Antes que pudesse chegar a um aparelho de telefone para avisar alguém próximo a Elis, Ronaldo foi conduzido à delegacia, onde ficaria preso por uma semana. Não houve tortura nem agressões físicas, mas as celas superlotadas e os banhos involuntários de mangueira nas madrugadas de inverno de São Paulo foram o suficiente para traumatizá-lo. Ao colocar os pés na rua, Ronaldo encontrou um orelhão e ligou para Milton Nascimento. Explicou o episódio com detalhes e fez o recado chegar: "Bituca, eles disseram que querem pegar a Elis. Ela tem que tomar cuidado".

Assim que 1977 chegou, Elis teve uma grande notícia por meio de um exame que confirmava sua terceira gravidez. Novamente acompanhada pelo dr. Claudio Basbaum, foi informada de que não era seguro continuar com a temporada de *Falso brilhante*, que exigia uma epopeia de malabarismos físicos e emocionais com direito a danças, rodopios e balanços em trapézio. Apesar da insistência da paciente, que queria levar o espetáculo até as primeiras contrações, o médico foi claro: "Elis, quem manda sou eu. E eu digo que você não pode mais fazer esse show. A não ser que você queira dar à luz no palco". Basbaum chegou a escrever um atestado médico para Elis como forma de convencê--la a se aquietar e deixar a filha viver seus últimos dias no ventre da mãe em segurança. Convencida, Elis comunicou o afastamento aos músicos e anunciou que os dias de *Falso brilhante* chegavam ao fim. Em seu mundo dominado por homens, uma menina era aguardada com esperanças de trazer mais graça e mais poesia. Se viesse, seu nome seria Maria Rita, exatamente como Elis se referia a Rita Lee.

Muitas grávidas famosas ou mulheres de políticos chegavam ao consultório do Doutor Cegonha sugerindo uma espécie de escambo: davam o prestígio de seus nomes como pacientes em troca de um parto "na faixa", de graça. "Se você é estrela em seu negócio, eu sou no meu", irritava-se Basbaum. Com Elis, que nunca tentou negociar prestígios, era diferente. Diante da cantora, Basbaum não se incomodava em ser colocado na condição de confidente para assuntos que nada tinham a ver com a gravidez. Depois do parto de Pedro, eles ficaram muito amigos. Elis falava de seu relacionamento conturbado com o marido e com a família, muitas vezes aos prantos.

Basbaum estava confiante em trazer Maria Rita ao mundo, tanto que propôs a Elis um pouco mais de ousadia naturalista. Em vez de esperar deitada, Elis andaria pela sala do hospital sentindo as contrações, sem o alívio da anestesia. Quando as dores da expulsão apertaram, o médico ordenou. "Agora você vai parir como uma indígena. Agacha!" A experiência com a observação de nascimentos em comunidades indígenas o credenciava para afirmar que o método era não apenas possível como também saudável. Segurando em duas barras de ferro como se fosse arrancá-las, Elis gritava sem poupar Basbaum: "Puta que o pariu, você tinha que me colocar aqui de novo!", dizia. Maria Rita nasceu tranquila, indo para o seio da mãe segundos depois de ver a luz fraca da sala de parto. Com a filha no colo, Elis cantava. Cegonha ficou tão entusiasmado que chegou a propor as condições para um próximo parto, caso houvesse um. "Vou te mandar para uma floresta, e você vai ter seu filho como se fosse indígena. Vou colocar um cesto de palha no chão, e você vai se agachar." Elis gargalhava alto.

19.

O telefone de Renato Teixeira tocou em uma manhã como todas as outras, sem nada que indicasse que sua vida mudaria assim que ele atendesse. "Oi, Renato, é Elis. Passa amanhã no estúdio que eu quero mostrar uma coisa." Uma ligação de Elis já seria motivo de sobra para o desequilibrar. A primeira coisa que Renato, uma rara espécie de "caipira do litoral", nascido em Santos e crescido em Taubaté, fez ao chegar em São Paulo foi ir à casa da cantora que ele só conhecia pela TV acompanhado pelo jornalista Walter Silva. Renato queria mostrar umas músicas e, quem sabe, receber a bênção de uma gravação de Elis. Mas a porta estava trancada, e o compositor não voltou mais. Ficou dez anos sem mostrar uma canção a qualquer intérprete, tocando a carreira, até que a estrada fez uma curva que ele não esperava.

Irmão de Roberto de Oliveira, Renato trabalhava com publicidade e tocava no grupo Água, que tinha como baterista Dudu Portes. Foi ele que um dia disse a Renato que precisaria sair do Água, porque "a Elis vai começar a gravar um disco novo". Foi triste ouvir Dudu se despedindo, mas saber que havia um disco novo de Elis na praça deixou Renato pensativo. De certa forma, era a cantora quem batia à sua porta. Renato se encheu de coragem e voltou à casa da cantora dez anos depois da primeira visita. Dessa vez, Elis não só ouviu as canções de Renato como arregalou os olhos reconhecendo estar diante de alguém especial.

Dias depois de conhecer as músicas de Renato, Elis o chamou para ir até o estúdio, onde ela e o grupo gravavam o disco novo. Sem adiantar o assunto, apenas passou o endereço e desligou. Renato chegou exultante. Ao entrar na sala de gravação, reconheceu o piano de Cesar fazendo a introdução de sua "Sentimental eu fico". A canção era um desabafo. No trecho em que a letra dizia ser o autor um lobo cansado, sentado à mesa de um bar e carente de cerveja e velhos amigos, Elis deixava a voz ser envolvida pelo piano. Ao partir para a segunda parte, concluindo que "amar não lhe competia", que só queria "mesmo era destilar as emoções", ela era abraçada pelos outros instrumentos. Natan Marques gravava a música chorando.

O telefone de Renato voltou a tocar no dia seguinte. "Oi, Renato, é Elis. Passa amanhã no estúdio? Quero mostrar uma outra coisa." Elis o chamava pela segunda vez, um dia depois de colocá-lo em transe. Renato entrou na sala no instante em que ela gravava "Romaria". Além de ser a canção que a tocou mais fundo desde que a ouvira pela primeira vez, era também a preferida do pequeno Pedro, que pedia para a mãe repetir muitas vezes ao dia a "música do Pirapora". Agora, o impacto era ainda maior. Mais que uma canção, "Romaria" constituía um ideal estético e cultural traçado por Renato — uma forma de fazer justiça ao sertanejo, que ainda sofria preconceitos na MPB.

A música caipira começou a virar pó na virada para os anos 1960, com a entrada das gravadoras multinacionais e a chegada da TV, fatores impiedosos na eleição e na exclusão dos fenômenos culturais de massa. A linha do tempo da música brasileira parecia começar com a bossa nova, passar pela MPB, Jovem Guarda e Tropicália e desaguar na música popular moderna dos anos 1970. Mais da metade de um país era deixada de fora da brincadeira. O baião, por exemplo, o monumento erguido com ritmo, poesia e comportamento nordestino de Luiz Gonzaga, havia sido invisibilizado até ser resgatado por Gilberto Gil. O choro do início do século ia parar na vala comum das músicas folclóricas, e a música caipira era rebaixada para as últimas divisões do regionalismo. Ao criar "Romaria", Renato Teixeira usava uma nova embalagem para fazer as pessoas sentirem de novo a força daquela cultura.

Renato foi fundo. Envolvido com a poesia concreta de Haroldo de Campos e Décio Pignatari, libertou-se das convenções do gênero para criar uma estrutura métrica com versos que se quebravam irregularmente, abrindo sentidos paralelos e enriquecendo a interpretação. "Sou caipira Pirapora/ Nossa Senhora de Aparecida/ ilumina a mina escura e funda/ o trem da minha vida." "Romaria" fez o disco de Elis, lançado em 1977, ganhar as rádios sem que ninguém precisasse conhecer a linguagem dos concretistas para gostar da canção. O olhar da cantora para esse universo daria um novo status à música regional. Várias duplas passaram a incluir "Romaria" no repertório. No de Elis, a canção se tornou um clássico rapidamente e foi tocada muitas vezes, até o dia em que uma fã fez a cantora aposentá-la. A senhora se aproximou da artista logo depois de um show, chorando e segurando um folheto que trazia a imagem de Nossa Senhora Aparecida. Ela queria apenas um autógrafo, mas pedia como se precisasse receber uma bênção. Elis se assustou com a cena, desconversou e saiu sem assinar o papel. Assim que viu Renato pela primeira vez, contou o episódio e fez um desabafo: "Desculpe, Renato, mas eu não vou mais cantar sua música. Ela não pode ficar maior do que eu".

O universo das inseguranças de Elis incluía sucessos criados pela própria Elis. Nada, nem o seu repertório, deveria ganhar mais estatura do que ela mesma. Um método que consistia em, ao contrário do que outros artistas fariam, colocar na geladeira ou eliminar definitivamente dos shows qualquer canção que ameaçasse outras canções. As apresentações de Elis nunca cederam ao formato *greatest hits* e só existiram porque havia discos novos, recém-lançados ou prestes a sair. Para não se tornar "a cantora de uma música só", algo que a apavorava, ela silenciava possíveis hits. Depois de gravada e aprovada, "Romaria", assim como havia sido com "Arrastão", "Menino das laranjas", "O morro não tem vez", "Nega do cabelo duro" ou "Fascinação", seria página virada.

Sem turma que o protegesse, Renato Teixeira temeu sair de moda na vida de Elis Regina até o dia em que percebeu que eles já eram amigos. Ele, ela e Cesar passeavam juntos, viajavam para o litoral de São Paulo, iam a shows. Aos poucos, Renato desconstruía a imagem da mulher-problema reforçada por amigos da música para conhecer a artista de posturas fortes, mas, essencialmente, feliz. Em certo dia cinza, de garoa fria e gelada, o trio resolveu comer um peixe frito em uma barraca de praia em Ubatuba. Antes que o pedido chegasse, um homem embriagado que andava pela chuva os avistou. Veio encarando mais e mais até parar ao lado da mesa. "Ei, você não é Elis, a cantora?", perguntou. "Isso, sou eu mesma", disse Elis.

Aparentemente intimidado, o homem seguiu seu caminho cambaleante, deixando os amigos continuarem a conversa. O peixe chegou. Eles comeram, beberam, conversaram e não perceberam quando o bêbado voltou, desta vez com um violão velho nas mãos. "Ei, canta pra mim?", pediu, olhando só para Elis. "Não, meu senhor, nem estou trabalhando", despistou ela. "Canta pra mim, vai?", insistiu. "Ah, estou aqui com os meus amigos, não quero cantar agora." Mas o homem não saiu do lugar. "Você não é a Elis Regina?", disse mais alto. "Sou, mas estou comendo", irritou-se Elis. "Então, se você é a Elis Regina, canta! Você não é cantora? Então canta!" Essa última frase desafiadora pareceu pegar a artista. Seu olhar se fixou no homem, e ela disse: "Cesar, pega o violão dele", pediu. Cesar apanhou o instrumento e ali, em um quiosque de praia, o bêbado assistiu a um recital que seria lembrado por Renato como uma das mais belas interpretações de Elis.

Cantar era mais fácil do que ouvir os outros cantando. Assim que começou a se tornar referência, a própria Elis chegou a deparar com muitas cantoras cover pela noite de São Paulo, uma experiência que a deixava mais incomodada do que lisonjeada. Foi em uma dessas noites que o trio entrou na Boate Baiuca, em São Paulo, para tomar um chope. Assim que a cantora da casa subiu ao palco, percebeu a ilustre visita em uma das mesas na plateia e passou a imitá-la cantando suas músicas com a intenção de prestar uma homenagem. Elis sorria nervosa. Sem jeito, inclinou-se em direção a Renato e desabafou em seu ouvido: "Não sei se amo ou se odeio essa mulher".

Elis recebeu um convite do jornalista, pesquisador e produtor Zuza Homem de Mello assim que o disco de 1977 ficou pronto. Também apresentador da Rádio Jovem Pan, Zuza estava à frente de uma empreitada movida por Antônio Augusto Amaral de Carvalho, o Tuta, filho de Paulo Machado de Carvalho e presidente da emissora. Insatisfeito com os índices de audiência do Ibope, que teimavam em apontar sua empresa fora das cinco mais ouvidas de São Paulo, Tuta decidiu desafiar o instituto. Para provar o poder de sua emissora e desqualificar a medição do Ibope, que ignorava a audiência dos aparelhos de rádio dos automóveis, por exemplo, o presidente da empresa chamou Zuza e armou sua vingança. Ele queria apostar em um projeto baseado em tudo que não desse Ibope. "Qual gênero musical mais difícil de ser absorvido pelas massas?", perguntou a Zuza. "O chorinho é um deles", respondeu o pesquisador. "Qual o espaço de shows em São Paulo com a pior localização geográfica?", quis saber. O Palácio de Convenções do Anhembi, na zona norte de São Paulo, era de pouco prestígio. E qual seria o pior dia da semana para se fazer um show? Todos sabiam que era segunda-feira. Tuta pediu a Zuza que montasse uma série de apresentações com o selo da Jovem Pan dentro desse cenário de terra arrasada. Em vez de anunciá-los em outdoors, TVs e jornais, ia fazer as chamadas apenas durante a programação da Jovem Pan. Se os 3500 lugares do Anhembi fossem ocupados por moscas, o Ibope teria razão. Se fosse um sucesso, a empresa de medição seria desmascarada.

Os ingressos vendidos pela recepcionista da emissora, no 24º andar de um prédio da avenida Paulista, acabaram em oito horas. Inspirado por seu passado na TV Record, Zuza batizou a série de *O fino da música*, em homenagem ao programa *O Fino da Bossa*, de Elis e Jair, e trouxe, logo na primeira noite, em 26 de maio de 1977, os integrantes cariocas do Regional do Canhoto, reunindo-os depois de vinte anos de inatividade, além do saxofonista Paulo Moura e o conjunto Fina Flor do Samba, os paulistanos do Conjunto Atlântico, de Antonio D'Áuria, e a orquestra do trombonista Raul de Barros. Com um bom público, ganhou moral para seguir adiante e fez a segunda edição, um mês depois, com Severino Araújo e Orquestra Tabajara, Elizeth Cardoso, Caçulinha e seu regional, Waldir Azevedo e, de novo, Paulo Moura. E elevou ainda mais suas ambições para a terceira. Elis Regina estava com o disco pronto. Era uma possibilidade remota diante do cachê pouco atraente que poderia ser pago pela emissora, mas não custava tentar. Uma reunião foi feita com Tuta, Zuza, Elis e Cesar, além de Nilton Travesso, diretor dos espetáculos que deveriam ser televisionados pela Record.

As ideias de Cesar eram para transformar o encontro em um grande evento, mas o bolso de Tuta era raso. Para as edições anteriores, orquestras inteiras, como a Tabajara, haviam sido trazidas do Rio de ônibus. Elis percebeu a saia justa e decidiu resolver a questão com um raciocínio de dez segundos. "Quanto é o cachê?", perguntou a Tuta. "Quantos somos no grupo?", perguntou a Cesar. "Então, divide esse valor pelo número de músicos e está fechado, vamos fazer o show." A rádio vibrou, e Zuza conseguiu ainda trazer, com exceção de Milton Nascimento, todos os convidados que tinham seus nomes assinando canções do disco. Renato Teixeira, Ivan Lins, João Bosco e Cláudio Lucci. Milton só não estava presente por um ruído de comunicação. Seu empresário não repassou a ele o convite feito por Zuza. O sucesso indiscutível da série de shows,

300

com todos os lugares do teatro tomados, comprovou o que Tuta contestava. Havia algo de errado com o Ibope.

Quando encerrou a temporada de *Falso brilhante* para ser mãe, no ano anterior, Elis agira rápido para não deixar os músicos sem trabalho. Falou com Cesar sobre criarem no mesmo espaço do Teatro Bandeirantes algo menos audacioso em tamanho, mas com potencial de surpresa numa frente em que nunca haviam investido. Com temas instrumentais de Cesar, iriam conceber uma crônica musical de São Paulo com todos os dilemas e belezas que a vida em uma grande cidade reservava. *São Paulo-Brasil*, o espetáculo, concebeu uma trilha musical que se tornou referência entre os músicos e, de quebra, manteve o time unido, mesmo sem Elis em cena.

Elis conhecia Oswaldo Mendes de outros tempos. Homem que vivia entre o jornalismo e o teatro, Oswaldo, como jornalista, havia entrevistado Elis e, a partir de então, estabelecido com ela uma boa relação. Era comum, ao final de algumas sessões de *Falso brilhante*, saírem juntos pela noite de São Paulo, comerem uma pizza e discutirem ideias. Ele foi convidado para fazer a direção da empreitada instrumental de Cesar, em que a dramaturgia seria amparada por uma trilha sonora sem texto, mas recusou por uma razão. "Eu não sei nada de música", disse a Elis.

Cesar insistiu que Oswaldo escrevesse um roteiro e apresentou os temas: poluição, trânsito, violência urbana, caos. O jornalista pensou melhor e resolveu ceder, chamando a atriz Ligia de Paula para fazer algumas interferências. Antes da estreia, Elis mandou um bilhete ao amigo. Pedia desculpas pela ausência em um dos ensaios dizendo que tinha de fazer o supermercado do mês, já que a despensa estava vazia. Oswaldo seguiu em frente e fez o melhor que podia. No show, o público era orientado sobre as intenções de cada quadro com imagens que desciam em painéis ao fundo do palco e em áudio, com depoimentos gravados de paulistanos famosos e anônimos. O jornalista, além de criar o roteiro e dirigir o espetáculo, assumiu as funções de Ligia no dia em que ela precisou se ausentar por causa de uma gravidez. *São Paulo-Brasil* não foi nenhum sucesso de bilheteria e logo saiu de cena, mas deixou um LP que seria cultuado entre colecionadores de vinil.

Havia mais um ciclo despontando naquela entressafra de espetáculos. Em sintonia com o próprio conceito de *São Paulo-Brasil*, a vida no campo virou uma moda que levou muita gente a migrar para os arredores dos grandes centros, mantendo uma distância saudável das urgências urbanas. Elis se encantou com a serra da Cantareira, na zona norte de São Paulo, para onde muitos músicos se mudavam em busca do sonho cantado na música "Casa no campo", de Zé Rodrix e Tavito. A vida no verde lhe traria a paz que procurava, em uma casa de madeira sem linha telefônica e sob medida para sua família. Depois de vender a residência da rua Califórnia, Elis partiu para o novo endereço com um importante detalhe: sem os pais.

João, seis anos, aproveitava muito bem sua vida "nas montanhas" da Cantareira. Curtia o grande quintal, os animais e fazia novos amigos. Um dia, inspirado por colegas filhos de pais abastados que andavam com dinheiro no bolso e zombavam do amigo por estar sempre duro, ele resolveu furtar da bolsa da mãe duas notas de quinhentos cruzeiros. Na verdade, uma. A outra veio por engano. Quando Elis descobriu, seus dias ficaram menos ensolarados. Elis explicou que o ato era inaceitável e que, a partir daquele dia, eles não poderiam mais morar na mesma casa. Ela montou uma cabana no quintal, com travesseiros e uma coberta, e despachou o filho, até que ele decidisse o que fazer de sua vida. Por algumas noites, foi assim. João jantava e ia para seu exílio. Mas, depois de um tempo, quando sua mãe já estava dormindo, a babá de Pedro, certamente instruída por Elis, passava pela cabana e dizia para João ir dormir no quarto. Pela manhã, antes que a mãe acordasse, ele voltava para a "cela". Depois do terceiro dia, Elis o chamou. Com firmeza, falou sobre delitos, subtrações indevidas e, sobretudo, o perdão. Ela o perdoava, mas só dessa vez. "Nunca mais faça isso, João."

Os socorros que Elis prestava aos pais Romeu e Ercy terminavam ali. A partir daquele instante, eles viveriam com o que ganhassem da renda de um bar que a cantora arrendara no bairro de Indianópolis, bem longe da Cantareira, no extremo oposto da cidade. O preço do sonho ecológico era apenas um: chegar até ele. Subir as estreitas vias de mão única que levavam à serra, muitas vezes tarde da noite e na garupa da moto de Cesar, se tornou logo desconfortável. Quando estavam na cidade e a hora avançava, Elis e Cesar acabavam dormindo na casa de Rogério ou de Orphila, a amiga da Joatinga que agora também vivia em São Paulo com o marido Walter Negrão.

Elis e Cesar aceitaram fazer uma breve turnê pela Europa. Enquanto Biba, mulher de Rogério, acertaria os trâmites legais para a estreia do próximo show, Orphila e Walter cuidariam das crianças para que Elis embarcasse. Depois de um ano e dois meses tocando o mesmo repertório no mesmo palco, com hora marcada, respirar outros ares era quase vital para a sobrevivência do grupo. Ao chegar à Itália, onde fariam shows no Teatro Sistina, em Roma, e no Lírico, de Milão, foram pegos por uma dúvida momentos antes do início da apresentação. Na correria, não haviam ensaiado nem pensado em uma forma impactante para abrir as noites. Em uma reunião informal feita às pressas, Elis tomou a frente. "Já sei, a gente abre só meia cortina e deixa o canhão iluminar o Dudu. Ele faz um solo de bateria. Quando pegar na veia, ele puxa uma batucada de escola de samba e a gente entra com 'O país do futebol'", disse ela, referindo-se à música de Milton Nascimento e Fernando Brant.

Ninguém percebeu, mas Dudu Portes começou a tremer. O palco do Teatro Sistina havia sido ocupado, uma semana antes, pela banda do baixista norte-americano Stanley Clark, entre outros grandes nomes do jazz. "Onde você quer que monte a bateria?", perguntou a ele um produtor italiano. "Em qualquer lugar, por quê?", respondeu Dudu. "Porque ontem o Cobham gostou daquele canto." Era peso demais nas costas do garoto saber que o baterista Billy Cobham havia pisado naquele palco e que agora era ele quem deveria fazer um solo para abrir o show de Elis. "Pessoal", Dudu resolveu dividir sua angústia. "É o seguinte: bateria é igual planador. Para sair do chão alguém tem de puxar. Como é que vocês querem que eu comece um solo do zero?" Elis insistiu: "Vai arrasar, Dudu". "Mas, Elis, imagine a cena: 'Boa noite, plateia. Bum, bum, bum'. O que é isso? Não vai funcionar." Ela então se aproximou e disse, nada maternal: "Você está com medo? Afinal, o que você veio fazer aqui na Europa?". "Sei que viemos tocar", ele respondeu. "Então senta e toca!", ordenou Elis.

Sim, havia um risco. Se Dudu entrasse vacilante, o show perderia a força da abertura e Elis teria de reverter o estrago puxando o andamento e a energia da banda para cima. Mas Dudu se superou e tocou muito. Seu instrumento se tornou o propulsor rítmico imaginado pela cantora, com uma potência que contagiou os músicos logo nos primeiros instantes. A plateia foi convencida de que estava diante de um grande performer, e os jornais italianos do dia seguinte destacavam a apresentação do baterista. O *La Notte* dizia que "Dudu Portes tira solos destemidos e ganha o espetáculo". E enfatizava: "A bateria é a espinha dorsal da noite". A imprensa especializada chamava o músico de *"genio de la batteria"* e uma piada interna começava a pegar. Sempre que alguém reclamava de algo, Elis e os músicos usavam a mesma frase: "Ah, cara, senta e toca!".

Colocado em cena apenas dois meses depois do nascimento de Maria Rita, *Transversal do tempo* estava praticamente na contramão dos sentimentos maternos. Contestador e pesado, não parecia ter sido concebido pela mesma mulher que se derretia ao falar de sua menina. Maria Rita trazia equilíbrio ao congestionamento de homens que orbitava a vida de Elis. Em casa, eram dois meninos e o marido, sem contar o ex; no trabalho, era cercada de produtores, músicos e compositores. "Quero que ela ria muito, que não fique pesada nunca. Mas também não sei o que é legal. O legal meu pode não ser o legal dela", diria mais tarde, às lágrimas, em entrevista ao diretor de TV Daniel Filho para o especial *Mulher 80*. Elis chamava Maria Rita de seu "pequeno samurai", a quem recorria em desabafos e em busca de um consolo de mulher — nem que esse consolo fosse um riso. Assim como Pedro e João, Maria Rita aprendeu cedo que a mãe não estaria a seu lado todas as noites, e que essas noites poderiam ser muitas. Se sentia culpa por isso, Elis não aparentava. "Filho de artista já vem com essa estrutura. O cara já sai do nascedouro sabendo a barra que vai enfrentar", disse ela, em entrevista ao programa *Vox populi*, da TV Cultura.

Transversal do tempo nascia da revolta. Elis explicaria sua origem com duas versões. Na primeira, ela contava que havia se sentido aprisionada dentro de um táxi, em meio a um congestionamento sufocante no centro de São Paulo. Uma manifestação estudantil passava pela avenida Vinte e Três de Maio quando ela estava a caminho de um estúdio de gravação. Na segunda, dizia que a inspiração para o show vinha de uma cena parecida, retratada na música "Transversal do tempo", de João Bosco e Aldir Blanc. A única canção de João gravada por ele mesmo antes de ganhar um registro de Elis havia se tornado pública no disco *Galos de briga*, de 1976, um ano antes de Elis gravá-la no LP de "Romaria". "As coisas que eu sei de mim/ São pivetes da cidade/ Pedem, insistem e eu/ Me sinto pouco à vontade/ Fechada dentro de um táxi/ Numa transversal do tempo/ Acho que o amor/ É a ausência de engarrafamento." Ao ouvir esses versos, sua sensação foi de ter sido sequestrada da possibilidade de ir e vir. Era como se o pavor fosse ainda maior fora do carro, com helicópteros e cavalos da polícia tentando dispersar a multidão.

A tensão parecia estar por todo o palco quando *Transversal do tempo* fez sua estreia no Teatro Leopoldina, em Porto Alegre. Apesar de Aldir Blanc assinar a direção com Mauricio Tapajós, sua participação foi quase nula. O compositor mais gravado por Elis, depois de Tom Jobim, havia escrito um roteiro com Tapajós, mas, sofrendo de hepatite, só emprestou o nome como codiretor. O cenário tinha estruturas metálicas que sugeriam andaimes de obras em construção e a representação de ruas engarrafadas com faróis vermelhos e amarelos, mas nunca verdes. Era a proposta do estresse urbano. Elis, conforme afirmou em entrevistas antes da estreia, não temia soar anticomercial.

As primeiras críticas diziam que, em um momento específico do show, Elis zombava de Caetano Veloso, imitando-o com trejeitos efeminados exagerados. Ela ignorou os comentários sobre isso e seguiu sua proposta de realizar um show de tensões, como se o espetáculo fosse um jornal aberto nas páginas policiais, uma colagem de denúncias e reportagens sobre as condições de vida de um brasileiro periférico, migrante, nordestino e boia-fria. Um trabalhador que caminhava por uma transversal fatal: ou lutava pela liberdade, ou acabava asfixiado. A ferida exposta era mais social do que política, uma manobra para livrarem o show dos cortes da censura.

Ao passar com o show por Porto Alegre, entre 17 de novembro e 4 de dezembro de 1977, Elis falou com os jornalistas. O repórter Ademar Vargas de Freitas, de uma publicação local chamada *CooJornal*, um órgão da cooperativa dos jornalistas de Porto Alegre, relatou o que ela disse em uma coletiva de imprensa: "Agora eu estou olhando letra. Chega de bancar o canarinho, que você dá alpiste e ele canta. Todos esperavam que eu fizesse um concerto, entrasse no palco cheia de plumas e cantasse, cantasse. Chega um momento em que não dá mais para fazer isso. Ou você dá sentido à profissão que escolheu, ou então não faz nada".

Elis estava incomodada com a própria classe. Dizia querer emprestar seu nome para encabeçar a lista das pessoas "que estão reclamando, que estão chiando por uma série de coisas que são irregulares". Ela reafirmou sua crença na democracia e falou em "entrar para a história da música brasileira não apenas como mais uma cantora que cantava bem". "Sou uma pessoa liberal por excelência e acredito em democracia, essa velha prostituta que parece que agora está meio em desuso. O fundamental é que a gente está engrossando fileiras com a rua, com a geral."

* * *

A mãe de Aldir Blanc havia sido internada com um quadro de pancreatite aguda. Um cálculo biliar obstruía seu pâncreas e provocava uma inflamação grave. Dona Helena recebia soro por acesso na artéria subclávia quando os médicos resolveram preparar a família para o risco de morte. Elis decidiu vê-la no hospital Beneficência Portuguesa momentos antes da estreia no Teatro Ginástico, no Rio, com um grupo de amigos e músicos que compartilhavam de suas crenças espíritas. Ao lado do leito da sra. Blanc, ela e o grupo rezaram por algum tempo, se despediram e correram para o teatro. A mãe de Aldir, contou o próprio compositor para esta biografia, sobreviveu à doença e só morreu em 2002, 24 anos depois, em decorrência de uma parada cardíaca.

Ateu convicto, Aldir se submeteu às rezas de Elis por duas vezes. A primeira vez foi na casa do compositor, mas nessa ele não sentiu nada especial. A segunda foi em um apartamento no qual a cantora vivia provisoriamente, entre Ipanema e Leblon. Ele esteve com Elis e Cesar para tratar da mesma hepatite que o impedira de trabalhar mais por *Transversal do tempo*. Elis colocou a mão na altura do fígado de Aldir, algo que o fez sentir uma dor intensa. Dias depois, ao abrir os exames de sangue, viu que os resultados estavam normais. O compositor seguiria ateu até sua morte em 2020, aos 73 anos, vítima da covid-19.

As costuras de Tapajós tentavam unir as transversais naquele engarrafamento de protestos. De "Saudosa maloca", tirava o humor de Adoniran Barbosa para fazer Elis lamentar cada passagem da trágica história do homem que vê seu barraco ser demolido. "Sinal fechado", de Paulinho da Viola, vinha com o diálogo de alta carga dramática entre dois amigos tentando trocar palavras em meio às loucuras da metrópole. "Me perdoe a pressa, é a alma dos nossos negócios", resumia um deles. Chico Buarque dava a Elis a interpretação mais rasgada de "Deus lhe pague" e a crônica mais engajada com "Construção". João Bosco e Aldir Blanc reapareciam com "Rancho da goiabada", outra narrativa forte sustentada por personagens urbanos. E, de Aldir e Maurício Tapajós, "Querelas do Brasil" poderia ser a síntese do que se passava no íntimo de Elis ao dizer que "o Brasil não conhece o Brazil" e vice-versa, decretando mais adiante que "o Brazil tá matando o Brasil". Ivan Lins e Vitor Martins assinavam "Cartomante", um sinal de alerta: "Não ande nos bares, esqueça os amigos. Não pare nas praças, não corra perigo". Cesar investia em arranjos com mais timbres de teclados, e Elis chegava a sublimar as afinações quando sua indignação se tornava maior do que as canções.

Ao contrário de *Falso brilhante*, *Transversal* nascia para ser itinerante. Depois de Porto Alegre, o show seguiu para Lisboa, Roma, Milão, Paris, Barcelona, Rio de Janeiro, Fortaleza, Recife, Salvador, Belo Horizonte, Curitiba e São Paulo. Elis ia para a estrada com a família. Em uma das cidades brasileiras, ela mostrou ao filho João um trote que havia aprendido com Ronaldo Bôscoli. Elis descobria o nome do atendente de uma loja qualquer no térreo do hotel e ligava para o ramal da loja. Quando o funcionário atendia, Elis o chamava pelo nome, se identificava como Elis Regina e dizia que adoraria cantar para ele. O rapaz, incrédulo, desligava, mas Elis ligava de novo. Quando o atendente perdia a paciência e xingava quem imaginava estar lhe passando um trote, era a hora de descer pessoalmente com João. Nesse dia, eles entraram na loja do hotel e viram o rapaz perder a cor. "Sra. Elis?", gaguejou o moço. "Poxa, eu só queria cantar uma música para você", disse ela.

Ao passar pelo Teatro Ginástico, no Rio, Elis mobilizou uma operação de guerra encampada por sua gravadora para registrar quatro noites, de 6 a 9 de abril de 1978, que seriam lançadas em LP. A companhia anunciava com orgulho que levava toneladas de equipamentos desmontados de um estúdio da Barra para o local, mas o resultado técnico ainda não seria comparável ao que se obtinha em estúdio. Além de massacrar o disco, a crítica fez várias ressalvas às interpretações de Elis, chamando atenção para a forma como o exagero prejudicava algumas canções, com gritos em momentos de maior convicção.

O LP foi classificado de panfletário tardio, já que o mundo estava em 1978, não mais em 1968. "Não tenho culpa se quem diz isso mora em um bairro diferente do meu, em que não acontecem essas coisas. Então os jornais estão mentindo?", rebateu em entrevista à *Veja*, fazendo defesa da crítica social que a imprensa via como discurso político. Se soubessem dos relatórios escritos secretamente pelos agentes do regime, os críticos entenderiam a indignação de Elis como ainda necessária.

Sob o título de "Posicionamento de artistas face ao regime vigente", o Serviço Nacional de Informações, o SNI, elaborou um curioso relatório no dia 18 de dezembro de 1978. Mais do que um apontamento sobre supostas atividades subversivas, o texto é quase uma tese acadêmica sobre o que o agente entende como incoerências dos artistas da MPB:

1. Recentemente, os artistas ROBERTO CARLOS, GILBERTO GIL e CAETANO VELOSO concederam entrevista aos órgãos de divulgação, posicionando-se quanto à elaboração de músicas que apresentassem problemas sociais ou fatores ideológicos. ROBERTO CARLOS afirmou que não adentrava nesse campo para não frustrar os anseios do público que o acompanha há vários anos. GILBERTO GIL e CAETANO VELOSO criticaram abertamente tais manifestações. Este último, mais incisivo, afirmava estar arrependido de ter participado do tropicalismo — movimento surgido no final da década de 1960 — e que, no momento, suas composições são baseadas em sentimentos e não em ideologias, dando a entender que os trabalhos de FRANCISCO BUARQUE DE HOLLANDA e ELIS REGINA não são autênticos pois, embora destinados ao proletariado, não permitem a participação destes face ao elevado preço dos ingressos, razão pela qual, se quisessem realmente prestigiar a classe trabalhadora, deveriam participar de suas aspirações de forma mais concreta.

2. O que causa espécie, face tais afirmações, é fato de que CAETANO VELOSO esteve por longo tempo no exterior, provavelmente por motivos políticos, e GILBERTO GIL, toxicômano, compôs várias músicas de protesto, sendo, inclusive, um dos autores da música "Cálice", recentemente lançada por CHICO BUARQUE e que estava vetada pela censura desde 1973.

3. Recorda-se que o advento da bossa nova, também no final da década de 1960, deu ensejo à criação da maioria das músicas de cunho ideológico. Porém, em razão da não aceitação destas pela maioria da população, seus cantores e compositores foram relegados a um plano inferior no cenário artístico nacional. Como exemplo, citamos SÉRGIO RICARDO, TAIGUARA, CLAUDETE SOARES, GERALDO VANDRÉ e outros. Alguns foram tentar o sucesso no exterior, como JOÃO GILBERTO, TOM JOBIM e SÉRGIO MENDES. Os remanescentes dessa época que aqui permaneceram, com exceção de CHICO BUARQUE, somente conseguiram despontar quando gravaram músicas do interesse popular.

4. Nesse sentido, recorda-se que a grande maioria do público que adquire discos e fitas se preocupa apenas em ter na música um fator de alívio das tensões diárias, o que não ocorre com as canções de cunho ideológico.

5. Por esta razão e também face a seus antecedentes, observa-se que as atitudes de CAETANO VELOSO e GILBERTO GIL, embora demonstrem um sentimento de patriotismo, por outro lado, também indicam o interesse destes em atingir determinada faixa de público, da qual estavam parcialmente afastados há algum tempo.

Elis contestava sem bater de frente com os militares. Quando sentia que poderia perder o controle, puxava o freio. "Ah, se eu dissesse tudo o que eu queria... Não posso, tenho três filhos pra criar", falou em sua última entrevista concedida ao programa *Jogo da Verdade*, da TV Cultura. Em 1978 ela já tinha mais do que um sistema para enfrentar. Entre os inimigos de Elis, os executivos das gravadoras estavam no topo.

"O artista leva 10% enquanto a gravadora 90%. Vocês acham isso bonito?", Elis dizia, contestando a lógica da partilha do bolo. Para ela, nem os gastos de gravação e produção justificavam um acerto tão desequilibrado. A situação só piorava quando o LP chegava às lojas ao preço médio de mil cruzeiros, considerado um abuso que implodia a estratégia de qualquer artista que, como ela, sonhava em se aproximar do grande público. Elis soltou as feras em uma passagem por Recife. Antes de fazer um show, disse aos jornalistas que executivos de gravadoras eram pessoas insensíveis sentadas em seus escritórios bolando a próxima estratégia de marketing. O grande equívoco da indústria, para ela, era cuidar do disco e não do artista. Na prática, a opção criava músicas em série para tocar nas rádios e deixava de produzir material humano de qualidade. O que vendia no final era o LP que trazia tal canção, não o LP que trazia determinado cantor. "O produto final deve ser o artista, não o disco."

Um dos altos postos da Philips no Brasil, o de diretor artístico, era ocupado por um músico que conhecia bem Elis Regina: Roberto Menescal. Dois anos antes, em 1976, o empresário André Midani havia saído da companhia depois de receber um convite do turco Nesuhi Ertegun para fundar a Warner no Brasil. Menescal não gostou das declarações de Elis nos jornais e, desta vez, resolveu dar uma resposta à altura e ao vivo. Voou do Rio para Recife e foi ao encontro da cantora. "Elis, o que foi essa história?", questionou, assim que chegou ao hotel. "Eu falei isso mesmo, acho uma sacanagem o que fazem comigo e com outros artistas." Menescal convocou uma coletiva de imprensa, preparou um quadro cheio de números e pediu que Elis estivesse presente para não ficar nenhum mal-entendido. Quando a sala estava cheia, começou a rebater as acusações da cantora, mostrando itens de custos e receitas. Explicava que, além do preço das gravações, havia gastos com divulgação, anúncios em rádios, revistas, passagens aéreas. "Alguma dúvida, Elis?", quis saber durante a explanação. "Ninguém me disse isso", respondeu a cantora. Pelas contas de Menescal, a companhia ficava com um lucro de 1% do valor bruto contra os 10% que pagava ao artista. O executivo não resistiu em fazer uma proposta à cantora. "Acho que a imprensa entendeu. Mas, antes de terminar, eu gostaria de fazer uma proposta a Elis. A companhia gostaria de trocar os 10% que vão para ela pelos 90% que ficam para a companhia. Que tal, Elis?" Ela respondeu que depois conversariam sobre aquilo.

A ira de Elis não cessou. Seus últimos discos, para ela, haviam tido péssima divulgação. Sem amenizar para ninguém, dizia que os principais postos da companhia eram ocupados por "bundões" que pensavam saber muito para brincarem de Deus, decretando aleatoriamente nascimentos e mortes de cantores e cantoras. Indignado, Menescal chamou Elis: "Puxa, como é que você consegue trabalhar em uma gravadora em que todo mundo é bundão? Não fica ruim para você?". Elis ficou possessa: "Você está me botando na rua?", perguntou. "Não", disse Menescal. "Não sou louco de fazer isso." Mas ela foi adiante: "Sim, você está me colocando na rua". "Elis, eu só estou dizendo a você que deve ser ruim estar em uma gravadora assim. Você poderia acreditar mais nas pessoas que trabalham com você." Mas ela não quis conversa: "Eu também não preciso mais dessa merda".

Menescal soube dias depois que Elis havia assinado com a EMI-Odeon e decidiu ligar para alertar a direção da companhia concorrente que, por contrato, Elis ainda deveria lançar um disco pela Philips. O diretor que o atendeu negou que Elis estivesse nos planos da EMI. Menescal não se convenceu e, assim que desligou, discou para outra gravadora, desta vez a Warner. Tinha um plano em mente, e precisava de André Midani para realizá-lo. Se o contrato com a Philips deveria seguir por mais três meses, aquele documento assinado com a EMI não tinha validade. "Midani, você gostaria de voltar a trabalhar com a Elis Regina?", perguntou. "Claro que sim, por quê?" "Então corre porque ela assinou com a EMI. Mas o contrato só começa a valer daqui a três meses." Midani agradeceu e disparou atrás de Elis. Em quinze dias, a cantora assinava dois contratos com gravadoras diferentes e deixava um por cumprir. Warner e EMI que se resolvessem entre elas.

O disco que seu contrato ainda previa foi lançado no início de 1979 com o nome de *Elis especial*, um produto feito à sua revelia. O acabamento gráfico ficava aquém de seus outros trabalhos, e o repertório trazia músicas que ela havia descartado de outros álbuns. Havia pérolas como "Valsa rancho" (de Chico e Francis Hime), "Bonita" (de Jobim) e "Dinorah, Dinorah" (de Ivan e Vitor

310

Martins), mas a finalização deixava a desejar. Ainda assim, muitos críticos aprovaram: "Mesmo defeituoso, não deixa de ser um disco interessante", avaliava o *Jornal da Tarde*, que terminava assim sua apreciação: "O pior de Elis ainda é melhor do que muito disco bem cuidado". Elis pensou em processar a Philips para pedir a retirada do LP das lojas, alegando que as gravações haviam sido feitas com vozes-guia, sem a intenção de se tornarem definitivas, mas desistiu da briga, e o disco continuou nas prateleiras.

Nos arquivos da censura há canções que foram cotadas para entrar em discos de Elis nos anos 1970 mas que, mesmo aprovadas, não chegaram a ser gravadas pela artista. Em fevereiro de 1973, foi analisada "Palhaços e reis", de Ivan Lins e Ronaldo Monteiro de Sousa, designada para ser interpretada por Elis. Como ela não gravou, a cantora Silvia Maria a lançou no mesmo ano. No final de 1976, a Philips enviou para a análise da censura um pacote com composições de Gilberto Gil. Estavam no material as músicas "Sandra", "Academia", "Babá Alapalá", "Chiquinho Azevedo", "Era nova", "Rastafarian" e "De onde vem o baião". Uma delas, "A jovem vizinha", tem o nome de "Elis Regina" como intérprete. A música foi aprovada, mas não chegou a ser gravada, sairia em 1984 sob o título de "Minha jovem vizinha" no disco *Fora de prumo*, do cantor e compositor Sérgio Sá. "Meu quarto de pensão", de Cirino e Pyty, chegou a ser cantada por Elis no palco, mas nunca gravada pela artista, apesar de também aprovada pelos censores.

Elis poderia ter também gravado Sérgio Sampaio se a letra de "O grande xerife", recebida pelos censores em 1973, não tivesse sido vetada. A proibição se deu, segundo os versos sublinhados pelo censor, por conta de algumas menções sexuais. "É quem me coloca sentada/ esperando a morte/ despontar/ É o único dono das transas/ É quem desconfia que eu não fui/ à feira pra comprar// É o homem que come/ que deita na cama da fama/ difama e então perdoa/ mas não passa de um grande xerife/ eu, sua mulher/ mas não passa de um grande xerife/ eu, uma qualquer." Mas, na justificativa anotada ao lado do veto, o censor aponta estar incomodado com a figura do grande xerife. Para ele, trata-se de uma metáfora para atacar os delegados.

No mesmo pacote de canções aparece "Resistindo", de João Bosco e Aldir Blanc. Elis, segundo o documento, seria a intérprete. Como não a gravou, a música acabou sendo lançada pela cantora Marlene no álbum *Te pego pela palavra*, de 1974. O veto a "O grande xerife" e a liberação de "Palhaços e reis" e

"Resistindo" provam a vulnerabilidade do sistema de censura durante os anos de ditadura no país. Enquanto se prenderam aos versos que associavam o xerife da letra de Sérgio Sampaio aos policiais, os mesmos censores deixaram passar uma letra de Aldir Blanc muito mais afrontosa ao regime. Bastava imaginar que "Resistindo" poderia não se referir a um caso de amor, mas de perseguição política: "Você nunca me enganou/ Quero até o fim/ A minha liberdade/ Que você quer tirar de mim".

A Warner, nova casa de Elis, se beneficiaria da inspiração de João e Aldir, que seguiam na linha das crônicas de contestação. Era 25 de dezembro, Natal de 1977, quando as televisões começaram a noticiar a morte do cineasta Charlie Chaplin, aos 88 anos, vítima de um derrame cerebral enquanto dormia. João, fã de Chaplin, compôs nesse mesmo dia "O bêbado e a equilibrista"— o que explica a citação de "Smile", de Chaplin, no início da música. Elis já havia homenageado o ator antes, vestida de Carlitos, durante o show que fez com Miele no Teatro da Praia. Mas o samba iria além do universo chapliniano. Quem Aldir Blanc colocaria para andar na corda bamba era o próprio Brasil.

João Bosco chegou com a música quase pronta para mostrar a Elis, pouco antes da gravação de um especial dirigido por Roberto de Oliveira para a TV Bandeirantes, em que os dois cantariam "Plataforma", também de João e Aldir. A cantora ficou eufórica assim que o violonista tocou o novo samba. "Eu quero cantar isso agora!" João não acreditava que seria um bom negócio, sobretudo por não ter feito ainda uma introdução à altura. "Vou fazer primeiro um começo, depois a gente mostra, melhor assim." Elis topou, mas não parou de falar de "O bêbado e a equilibrista" até lançá-la.

Para João Bosco, nenhum momento era mais especial do que os dias que antecediam o lançamento de uma de suas músicas por Elis Regina. Ao contrário de Gilberto Gil, que se angustiava ao ouvir suas canções na voz da madrinha por temer que ela inviabilizasse gravações posteriores, ele curtia cada instante. Dava à madrinha a primazia dos biscoitos mais finos sem se importar com o que viria depois. Talvez por ainda não se considerar tecnicamente um cantor, o sambista conseguia relaxar mesmo quando gravava um disco como *Caça à raposa*, de 1975, tendo dentro do estúdio a própria Elis Regina.

312

Quando Aldir colocou a letra em "O bêbado e a equilibrista", expressões e rimas como "Brasil" com "irmão do Henfil" pareciam se encaixar naturalmente. Metáforas e recados engrossavam um caldo que ganhava vida própria. Ao final, o que se tinha era um hino sem cara de hino, uma canção de saudade das pessoas obrigadas a sair do país por seus pensamentos e posturas. Cabeças que faziam falta não só por aquilo que diziam, mas por tudo o que representavam. "O bêbado e a equilibrista" sairia para dois destinos: um compacto de Elis Regina, seu primeiro pela Warner, pouco antes do LP *Essa mulher* (que também traria a música), e para o disco *Linha de passe*, lançado por João.

Uma gente engajada liderava pelo país campanhas de anistia irrestrita aos presos políticos e pedia a volta dos exilados com garantias de que não sofressem represálias quando chegassem ao Brasil. Elis estava mais politizada do que nunca. Havia acabado de participar do *Show de maio*, junto a Fagner, João Bosco, Gonzaguinha, Dominguinhos e Carlinhos Vergueiro, para levantar verbas para o fundo de greve do Sindicato dos Metalúrgicos de São Paulo, liderado por um homem habilidoso diante das massas chamado Luiz Inácio da Silva, que São Bernardo do Campo conhecia como Lula. O poder da figura de Lula sobre Elis foi tamanho que ela passaria a sacolinha em prol de suas lutas sindicais até na casa de André Midani. Ao chefão da Warner, discursava citando os feitos do sindicalista em nome dos trabalhadores. Depois, pedia dinheiro. Midani contribuía abrindo a carteira, preocupado mais em não desagradar sua contratada do que em apoiar causas de quem ele mal conhecia. "Se eu não desse a grana, ela poderia ir embora da companhia", disse o empresário para esta biografia.

Elis havia se encontrado com Lula no *Show de maio*. Ao suplemento Folhetim, da *Folha de S.Paulo*, ela descreveu suas impressões. "Ele é uma pessoa baixinha, troncudinha, fala olhando dentro do olho, tem uma cara ótima. Mas aquele cara deve saber tudo." No rápido diálogo que tiveram, Elis perguntou a Lula: "Então é você, rapaz, que está aprontando tudo isso?". "Eu, aprontando?", retrucou o sindicalista. "Sou apenas um trabalhador." E Elis seguiu, advertindo. "Você não tem tamanho pra folgar desse jeito não, você é muito pequenininho." Lula sorriu.

Ao passar pelo Recife com *Transversal do tempo*, em 1978, Elis perdeu os traumas que a calaram por algum tempo ao conhecer a história do líder estudantil Edval Nunes da Silva, o Cajá, sequestrado e preso meses antes pelo regime do então presidente Ernesto Geisel. Acusado de ligações com o Partido Comunista Revolucionário, o PCR, Cajá era um dos últimos presos políticos torturados do país. Ele estava no cárcere no momento em que Elis se preparava para o primeiro dos dois shows que faria no Teatro Santa Isabel, em Recife. Aos 28 anos, o seminarista identificado com o marxismo, atuante em passeatas e protestos contra as opressões desde 1967, trabalhava com o arcebispo dom Helder Câmara como integrante da Comissão de Justiça e Paz da Arquidiocese de Olinda e Recife quando o pior aconteceu.

Cajá sentiu que era o próximo da lista no dia em que estava reunido com a Comissão na cúria diocesana, no bairro do Recife Antigo. Havia sido um dia estranho, com homens perguntando por ele na entrada do prédio e outros reunidos na calçada. Até as sombras pareciam observá-lo. Depois de passar o dia sem almoçar para não precisar sair da cúria, Cajá deixou o prédio para voltar para casa às oito da noite. Certo de que estava sendo perseguido, apertou o passo até chegar ao ponto de ônibus em frente ao Bar Mustang, na avenida Conde da Boa Vista. Ali, pensou, estaria protegido, camuflado entre outras pessoas. Mas, cinco minutos depois, um fuscão branco com placa fria parou com uma manobra brusca, deixando duas rodas sobre a calçada. Dois homens desceram e um gritou: "Tá em cana, comunista safado!". Cajá não se entregou, reagindo com socos. Ao sentir que estava sendo levado para o carro, apoiou os dois pés na lataria e fez os agentes que o seguravam perderem o equilíbrio. Depois de resistir por cerca de cinco minutos, perdeu as forças e foi imobilizado, mas conseguiu gritar antes de ser jogado no banco de trás: "Eu sou Cajá! Digam a dom Helder que estou sendo sequestrado!". O carro se foi, e os policiais começaram a sessão de terror.

Enquanto o motorista, de codinome Alexandre, dirigia pelas ruas do Recife, Cajá levava socos nas regiões do fígado e do estômago, um espancamento que durou quarenta minutos até o grupo chegar à sede da Polícia Federal. O prisioneiro foi arrastado para uma sala para ser interrogado por um coronel que usava o nome de João Carlos. "Quem são os outros?", perguntava ao prisioneiro. Mas Cajá havia trancado em seu próprio calabouço qualquer informação sobre seus companheiros de PCR. "Não sei do que o senhor está falando, eu trabalho para dom Helder." Os torturadores, com a ficha de Cajá em mãos, deram início aos trabalhos. Um dos homens veio por trás e desferiu tapas em suas orelhas. Assim que uma sessão de perguntas era esgotada, retomavam a pancadaria. Cajá apanhou até cair no chão. Então, o ergueram e o mandaram assobiar.

Nenhum nome havia sido revelado quando os torturadores decidiram iniciar a fase mais drástica. Os policiais amarraram os braços e as pernas do prisioneiro e o deixaram nu, encostado à parede. Um agente trouxe um grampeador, abriu suas hastes ao máximo e passou a fechar o aparelho com força em seus testículos. Cajá urrava se apoiando na ponta dos pés. Segunda pela manhã, quando completavam dois dias e três noites do sequestro, sem refeições, o estudante foi informado de que seria levado a outra sala. Ao entrar, percebeu estar em uma nova arena de tortura. O oficial que o entrevistava ouvia pelo rádio um agente que dizia que estava prestes a sequestrar a noiva de Cajá. "Ela vai entrar na paróquia, quer que eu a pegue agora?", dizia. Cajá pedia que parassem com aquilo, que estavam prestes a cometer mais uma injustiça. O policial, furioso, espatifou o rádio na cabeça do prisioneiro. "Esses merdas de comunistas são frios mesmo. Isso nem deve ser mulher dele, deve ter caso com os outros do partido", gritava. Os oficiais amarraram e vendaram Cajá, deixando-o deitado no chão, de barriga para cima. As luzes foram apagadas, e um homem ficou ao seu lado esperando o momento de agir. Quando sentiu que o torturado pegou no sono, o policial deu um salto com os pés sobre seu abdômen.

A primeira notícia sobre o sequestro de Cajá, com suposições de que seu sumiço deveria ser obra da Polícia Federal, circulou naquela mesma segunda, enquanto o pau de arara era preparado para recebê-lo. Foi provavelmente isso que o livrou de mais tortura, mas não da cadeia. Depois da temporada na sede da PF, ele passaria pelos presídios Mourão Filho, Professor Barreto Campelo, novamente pela Polícia Federal e, enfim, por uma solitária no Batalhão Dias Cardoso.

Quando chegou ao Recife, Elis já sabia da prisão e da história de Cajá. Ao saber da tortura que ele sofria, resolveu dedicar a ele o primeiro show no Santa Isabel. A plateia vibrou ao ouvir o nome do estudante lembrado pela cantora, que vinha justamente com o combativo *Transversal do tempo*. A Polícia Federal ameaçou acabar com a festa e avisou que se o nome do preso voltasse a ser mencionado a próxima apresentação seria cancelada. No dia seguinte, Elis foi a uma celebração religiosa dirigida por dom Helder Câmara chamada Via Sacra pela Libertação de Cajá, na igreja matriz de São José. Um infiltrado dos militares redigiu um documento que dizia: "Houve ainda um destaque no campo artístico, com a presença da cantora Elis Regina, que realiza uma temporada de apresentações no Recife, tendo na ocasião conversado com dom Helder

Câmara e lhe entregue o seu disco *Transversal do tempo*. Solicitada a prestar declarações à imprensa, ela disse: 'Já basta eu estar aqui', e nada mais acrescentou". Elis foi autorizada a subir ao altar para cantar alguns hinos. Enquanto isso, dezenas de carros de fiéis tinham seus pneus furados no pátio da igreja, supostamente por simpatizantes ou integrantes do regime.

Elis resolveu dar um drible nos censores quando subiu ao palco para o segundo show no Santa Isabel. Prestes a começar, olhou para a plateia como se procurasse por um de seus músicos perdidos e, fingindo que o avistava, disse, definindo bem cada sílaba no final da frase: "E você, o que está fazendo aí? Vem pra cá, já!". Grande parte do público percebeu o "Cajá" e aplaudiu. Antes de partir do Recife, Elis tentou visitar o preso, mas não foi autorizada. Escreveu então uma carta, pedindo que o jovem não desanimasse de sua luta. O documento foi passado para uma amiga de Elis, a atriz Leda Alves, que o entregou nas mãos da noiva do prisioneiro.

Cajá, estou por aqui, por sua terra forte e maravilhosa. Sabidamente mais forte do que eu. Me desculpe a ausência, embora ela seja somente física e determinada por uma covardia estúpida, gestos maiores e mais amplos. Isso tudo me faz sentir extremamente inferior perto de uma pessoa como você. Mas, já lhe disse, a ausência é só física. Cada momento de sua vida eu acompanho, num misto de admiração, respeito e sei lá mais quê. Que Deus e sua força nunca estejam ausentes. Que Ele sempre lhe proteja, que Ele sempre olhe por seus minutos. Estou rezando por você. E confio no futuro e na Justiça. Ainda iremos nos encontrar, esteja certo. Perdoe minha fraqueza. Muita perseverança, muita força, muita paciência, meu irmão. Elis Regina.

Cajá ficaria na prisão até o dia 1º de julho de 1979, quando a pressão popular tornou sua permanência no cárcere insustentável. Cinco meses depois de sua libertação, entre 14 e 16 de dezembro, Elis passou por Recife para fazer shows da turnê *Essa mulher*, no Teatro do Parque. Ela estava hospedada com Cesar e os filhos em um hotel na praia de Boa Viagem. Cajá soube qual era o hotel ao ler uma nota no *Diário de Pernambuco*. Comprou quatro fichas e ligou de um orelhão para o hotel. A ligação foi transferida para o quarto, e Elis atendeu. Ao saber que era Cajá quem falava, ficou eufórica. Disse que estava com a família, mas que queria muito vê-lo. Sugeriu um encontro, mas o filho de Cajá havia acabado de nascer e ele não podia se ausentar de casa. Sua mulher precisava de ajuda. Elis perguntou como ele estava, se havia sofrido sequelas da tortura, se estava trabalhando. Conversaram até vencer os doze minutos das quatro fichas telefônicas, e a ligação caiu. Cajá nunca conheceu Elis pessoalmente.

Os atos e protestos que se espalhavam pelas cidades passaram a contar com uma trilha sonora cheia de significados. "Meu Brasil que sonha com a volta do irmão do Henfil, com tanta gente que partiu num rabo de foguete. Chora a nossa pátria-mãe gentil, choram Marias e Clarices no solo do Brasil." O irmão de Henfil era Betinho, o sociólogo Herbert de Souza, que ouviu emocionado a canção de seu exílio no México. E Henfil era o cartunista que havia enterrado Elis Regina no Cemitério dos Mortos Vivos do *Pasquim* por considerá-la colaboracionista com o regime. Era simbologia de mais em uma canção.

Com um só tiro, Elis enterrava o que havia da imagem de mulher apolítica e estreava em uma gravadora com um sucesso inquestionável. Ao longo de dez semanas seguidas, "O bêbado e a equilibrista" figurou entre as cinco mais tocadas nas rádios de São Paulo. Assim que Betinho colocou os pés no setor de desembarque do Aeroporto de Congonhas, em São Paulo, um dos estudantes que o esperavam ligou um gravador portátil com a fita de "O bêbado e a equilibrista" no volume mais alto, e Betinho chorou. Ouvindo a voz de Elis nas rádios, centenas de presos políticos fizeram uma greve de fome dentro dos presídios entre 22 de julho e 22 de agosto. Seis dias depois, a Lei da Anistia foi assinada. João Bosco cantaria seu samba para sempre, mesmo depois que Elis partisse, imaginando cantar não com a sua voz, mas com a de Elis.

Outro beneficiado pela anistia aos exilados políticos foi o cantor e compositor gaúcho com histórico de atuação política de extrema esquerda Raul Ellwanger. Ex-estudante de direito da Pontifícia Universidade Católica do Rio Grande do Sul, ele foi perseguido pela ditadura por fazer parte da organização VAR-Palmares, a Vanguarda Armada Revolucionária, que atuava para a derrubada do regime militar no Brasil. Depois de ter amigos presos, torturados e desaparecidos, Ellwanger, que também era cantor e compositor desde 1966, abandonou a música e a faculdade e passou a viver em São Paulo na clandestinidade. Com agentes do DOI-Codi em seu encalço, fugiu primeiro para o Chile, onde ficou entre 1970 e 1973, e, depois da ascensão do general Augusto Pinochet, para a Argentina, entre outubro de 1973 e maio de 1977.

São raras as participações de Elis em discos de outros artistas. Por isso, se tornou ainda mais marcante o fato de ela ter cantado "Pequeno exilado", de Ellwanger, em um disco que ele lançaria pela gravadora Clack, de Roberto de Oliveira. O dueto, intermediado pelo produtor, foi gravado em 1980, nos Estúdios Reunidos, no prédio da TV Gazeta, na avenida Paulista, em São Paulo.

Mesmo que tenha durado o tempo de uma gravação, o dueto de Elis e Raul mostrou com clareza de que lado estava a artista que, em 1972, foi "cancelada" sob a acusação de entreguismo por ter cantado nas Olimpíadas do Exército.

O encontro com Elis se deu três anos depois de sua volta ao Brasil, em 1977. Sua condenação realizada à revelia, seguindo a Lei de Segurança Nacional, havia prescrito. A manhã com Elis foi rápida. Ela tinha o tempo contado para entrar no estúdio, cantar "Pequeno exilado" com Ellwanger e partir para fazer outra gravação na sala vizinha.

"Pequeno exilado" foi feita como um alento aos filhos de pessoas obrigadas a viver na clandestinidade durante o regime militar. A canção comovente, de linda melodia e versos inspirados, deixou Elis tocada: "Navegas, navegas, navegas/ Lá do outro lado do oceano/ Na palma da mão já carregas/ Vinte mil léguas de sonhos".

Quando Elis chegou ao estúdio, a música, com arranjo feito pelo pianista Nelson Ayres, estava pronta para ser gravada. Ellwanger canta toda a canção antes de Elis entrar. Ao chegar ao verso que fala de dois bairros de Porto Alegre, Glória e Floresta, próximos da Vila do IAPI, onde Elis cresceu, ela embarga a voz. O compositor conta que os produtores perguntaram se Elis gostaria de refazer a parte em que algo diferente parecia acontecer com sua voz, mas ela se negou. Achava que, mesmo imperfeita, a interpretação trazia sua emoção. E era isso que importava.

A equilibrista Elis Regina segurava o estandarte da anistia em uma das mãos e uma rosa na outra. Depois de vir combativa, de cabelos curtos e com discurso enrijecido pelo protesto de *Transversal do tempo*, ela reaparecia leve, de cachos armados e maquiagem sutil para trabalhar o lançamento de seu novo LP: *Essa mulher*. A nova paginação levava a assinatura de Leonardo Netto,

318

um novato nas graças de André Midani, e as intenções da companhia eram ambiciosas. "Está na hora de darmos a Elis um disco que finalmente venda mais de 1 milhão de cópias", disse Midani ao agora diretor artístico da Warner, Marco Mazzola. Se o novo LP tinha algum conceito, era o de mostrar Elis mais feminina. A única estratégia da cantora, no entanto, continuava sendo a de fazer o que bem entendesse.

Uma Elis estava serena, leve por acabar de se tornar mãe de uma menina. A outra tinha a faca afiada. Em entrevistas para duas emissoras de rádio, Elis bateu firme em teclas em que não tocava havia tempo. A música brasileira, para ela, estava sem rumo. O discurso pela liberdade de expressão apresentava sinais de desgaste e nada de novo despontava. "Algumas músicas foram bem executadas, mas não teve uma grande música. Milton, Chico, João fizeram pouca coisa. E mesmo os que provaram algo no primeiro semestre fizeram de uma forma antiga de dizer as coisas. É mais difícil criar nesse momento de transição do que em um momento mais estabelecido", disse ao radialista Walter Silva, do programa *Picape do Pica-Pau*, da Rádio Globo, em entrevista concedida em sua casa, na serra da Cantareira. A Zuza Homem de Mello, da Jovem Pan, ela voltava a falar em "perda de força" de sua geração. "Com exceção do Chico, os outros ficaram no limbo." Depois de ter batido, durante a Tropicália, e assoprado logo depois, ao gravar "Irene", Elis voltava a castigar Caetano Veloso. "Não tem mais a força dos idos de 1970. Caetano canta bem, tem bom gosto, mas aquela coisa catalisadora tipo ímã no palco está perdida e não vai mais se recuperar." Para Elis, a experiência do exílio de 1968 havia levado mais do que a liberdade temporária do baiano. "Acho que, na fase em que ele estava no pique da potencialidade… Ele sofreu um grande baque, foi uma experiência muito difícil. E é difícil sair inteiro dessa."

Sem as grandes músicas dos velhos fornecedores nas mãos, algo que contaminava seus discursos de ressentimento, Elis foi a campo, mais uma vez, se juntar a homens para garimpar novidades. Saiu do Hotel Marina, na rua Bartolomeu Mitre, onde passava uma temporada no Rio, andou um quarteirão, entrou na rua João Lyra e tocou a campainha de Paulo César Pinheiro com um saco de fitas nas mãos. Elis tinha um pedido a fazer. Paulo sempre a receberia com um sorriso e muitas lembranças de quando era apenas um garoto de dezesseis anos começando sua parceria com Baden Powell. Elis o remetia a "Lapinha". A música feita com Baden havia sido inscrita pelo parceiro e defendida pela cantora em 1968, na Bienal do Samba. Os jurados não queriam saber de novatos e quase barraram a composição, mas o violonista mandou avisar: "Se o Paulo não participar, eu também não participo". Como Baden já era Baden, os produtores aceitaram seu protegido.

"Lapinha" foi parar nas mãos de Chiquinho de Moraes para receber arranjos de orquestra — tudo para que o samba de um letrista desconhecido penetrasse o salão nobre com dignidade. Cartola, Chico Buarque, Synval Silva, Billy Blanco, Paulinho da Viola, Pixinguinha, Elton Medeiros, Ismael Silva, Donga e João da Baiana estavam entre os concorrentes. Depois de escrever para os instrumentos de sopro e de cordas, Chiquinho chamou Baden e Elis para um primeiro ensaio e não gostou do que ouviu. Notas de mais escondiam a verdade do samba. Ex-aluno do maestro Guerra-Peixe, Chiquinho lembrou de uma lição: "Quando fizer um arranjo que não soa bem, vá tirando notas que ele melhora". Os sopros foram eliminados. "Ainda não está bom", disse a si mesmo, depois de outro ensaio. Saíram os violinos. "É quase isso", repetiu. Decidiu então tirar tudo, deixando só a base de cuíca, pandeiro e cavaco do grupo Os Originais do Samba, mais o violão de Baden e a voz de Elis. "Agora, sim." "Lapinha" venceu, rendendo 20 mil cruzeiros novos e o troféu Roda de Samba aos autores. Paulo César Pinheiro era promovido ao primeiro escalão.

Mais do que ser chave para entrar na terra dos gigantes, Elis significava para Paulo um despertar. Antes de conhecer Baden em São Cristóvão, Paulo, com catorze anos, passou pela porta da Boate Zum Zum, em Copacabana, e viu Elis cantando os afro-sambas ao lado do violonista. De tão natural, o canto de Elis parecia uma fala. Garoto sem idade para a boêmia, Paulinho era impedido de entrar, mas assistia à dupla do lado de fora. Jamais imaginou que aquela mulher, um dia, bateria à sua porta.

"Você pode me ajudar?", disse Elis ao chegar no apartamento de Paulo, explicando que precisava escolher o repertório de seu novo disco. Ela entrou e, imediatamente, desalojou o compositor de seu próprio escritório, criando ali uma espécie de estúdio particular. Elis colocava para tocar as fitas que havia levado e pedia sugestões. Ela queria conhecer novos autores e, se possível, pessoalmente. Paulo, casado com a sambista Clara Nunes, resolveu fazer rodas de samba em casa para convidar João Nogueira, Guinga e Gonzaguinha, além do sempre presente Baden Powell. "Eu, hein, Rosa!", de Paulo com João Nogueira, surgiu na sala do compositor. "Bolero de Satã", parceria do anfitrião com Guinga, também. E o mesmo com "Velho arvoredo", de Paulo e Hélio Delmiro. Por um mês, foi assim. Elis dormia no hotel, acordava, escovava os dentes e chegava muitas vezes para tomar o café da manhã, jamais acompanhada de Cesar Camargo Mariano.

A amizade com Clara se deu de forma imediata. Sempre que possível, as duas saíam para fazer compras ou visitar centros espíritas. Elis, com sua inclinação kardecista, e Clara, com sua devoção umbandista, uniam-se também espiritualmente.

Quando já havia um bom número de canções selecionadas, o processo entrou na reta final. Elis conseguiu que um amigo de Paulo, o pesquisador e jornalista Sérgio Cabral (pai do homem que seria governador do Rio de Janeiro), a apresentasse a Cartola, em Jacarepaguá. Sérgio fez as ligações e agendou o encontro. Homem de fala e jeito simples, Cartola aceitou receber Elis, mas se preparou para não abrir o baú: "Eu não vou mostrar todas as minhas músicas para ela, não. As melhores eu deixo pra Beth Carvalho ou pra Clara Nunes", disse a Sérgio Cabral, referindo-se às intérpretes mais cativas. Mas a resistência do sambista durou até Elis dar a terceira gargalhada. Cartola se encantou com a energia da cantora e baixou a guarda, deixando que Elis enchesse uma fita cassete com o que havia de melhor em sua safra.

Elis voltou de Jacarepaguá também inebriada com Cartola, com sua esposa, dona Zica, e com tudo o que havia trazido gravado em fita. Escolheu um samba, mas percebeu deslizes gramaticais que a incomodaram. Coisas do tipo "você viestes" que deveriam ter escapado à revisão do sambista. Ela ligou para Paulo César: "Você pode dar uma mexida em uma música do Cartola para eu gravar?", quis saber de Paulo, que ouviu a proposta com preocupação: "Não, Elis. Estamos falando de uma música do Cartola! Por que você não fala com ele?". "Ah, eu não tenho essa intimidade, fala você." Paulo ligou sem saber bem como entrar no assunto. "Sabe o que é, Cartola, a Elis gostou muito de uma música, mas a letra tem uns probleminhas…" Cartola ficou surpreso, talvez constrangido, mas não indignado. "Está bem, Paulo. Você pode fazer isso?", pediu. "Claro que sim", respondeu o parceiro. De bisturi, Paulo extraiu uma ou outra letra e deixou "Basta de clamares inocência" pronta para ser gravada por Elis.

Quando *Essa mulher* estava com o repertório quase fechado, o telefone de Paulo voltou a tocar. "Paulo César, é Elis. Seguinte: quero que você e o Aquino façam o samba mais difícil de cantar que vocês já fizeram na vida." Aquino era o jeito com que Elis chamava Baden, registrado como Baden Powell de Aquino. O pedido quase assustador refletia, de novo, sua obsessão em ser a melhor. Elis disse a Paulo que estava incomodada com uma cantora que a imprensa dizia ser a rainha do samba. "Eu quero dar um banho nessa mulher para acabar com essa história", disse. Paulo jamais revelou o nome da sambista, restando apenas suposições. "Todos pensam que é a Beth Carvalho, mas não", afirmou ele para esta biografia. Se não era Beth, poderia ser Elza Soares ou Alcione.

Paulo e Baden partiram para o que chamavam de "samba dos sambas" com um tema em mente: a letra falaria de um desafio e a melodia seria uma briga da qual só os fortes sairiam vivos. Baden colocou em ação toda a sua agilidade para conduzir um ritmo quebrado e alucinante. A letra de Paulo era provocativa: "Até que eu vou gostar/ se de repente combina da gente se cruzar/ ora veja só pois é, pode apostar/ se você gosta de samba, encosta e vê se dá". Ao ouvi-la, Elis aprovou no ato, mas não cantou de primeira, como geralmente fazia. Estudou bastante, principalmente a segunda parte, até ter segurança para decidir que o samba "Cai dentro" iria abrir o disco. Assim que conseguiu gravá-lo, ela não se conteve e ligou entusiasmada para o amigo jornalista Oswaldo Mendes: "Eu consegui, Oswaldo, eu consegui!".

Mais por um tabu e menos por grau de dificuldade técnica, outro desafio do disco foi "Bolero de Satã", de Paulo com o violonista Guinga. Elis fez nessa faixa algo que raras vezes se permitiu: dividir uma canção com outra pessoa. Mas a situação era bem especial, já que a segunda parte era cantada por seu ídolo Cauby Peixoto. O clássico bolero, sem pressa e exalando maracas e bongôs, promovia um encontro festejado. Além de registrar o dueto como um desejo de criança, Elis tirava uma outra lição. No calor do Rio de Janeiro, as roupas da cantora eram as mais leves: camiseta, calça larga, sandália. Nenhuma produção. Certo dia, Cauby a viu caminhando assim pela rua e não perdoou: "Elis, o que é isso?". "Ah, Cauby, está muito calor", respondeu Elis. "Uma estrela não pode andar desse jeito", disse ele. "Andar arrumada é algo que você deve fazer para o seu público, não para você."

Elis e Cauby iniciaram uma amizade da qual o cantor se tornou um dependente quase patológico. Enfim, Cauby encontrava alguém que entendia suas angústias, ouvia seus dilemas e lhe dizia o que fazer. Era com Elis que ele filosofava sobre os caminhos para a felicidade pura e simples e sobre como poderiam se tornar cantores melhores. Inebriado, Cauby começou a levar a sério a ideia de morar com Elis. Sua paixão por ela não passava por conquistas carnais, mas por uma união de pensamento que jamais sentira ao lado de outra pessoa. O cantor criou coragem e fez o convite a Elis. "Você quer morar comigo?" Elis apenas disse: "Vamos ver, Cauby, vamos ver".

Era da compositora Joyce e da letrista Ana Terra a música que dava o título ao disco *Essa mulher*. Quando chegou o momento de Elis gravá-la, Joyce estava no estúdio. A letra pegava Elis em cheio por seu conteúdo biográfico e a fazia interpretar nos limites da emoção. "De manhã cedo essa senhora se conforma/ bota a mesa, tira o pó, lava a louça, seca os olhos/ Ai, como essa santa não se esquece/ De pedir pelas mulheres, pelos filhos, pelo pão." Havia um trecho que Elis não conseguia ultrapassar. "Ai, como essa coisa é tão bonita, ser cantora, ser artista, isso tudo é muito bom." Era cantar a frase e desandar a chorar antes mesmo que ela terminasse. Uma, duas, três vezes, a música tinha de ser sempre repetida. O choro vinha tão intenso que Elis não conseguia se manter afinada.

Joyce, seguidora do espiritismo, começou a fazer uma oração silenciosa enquanto Elis recomeçava a canção às lágrimas. Assim que a compositora terminou suas preces, Elis conseguiu passar pelo trecho que a travava, deixando sua emoção registrada na gravação final. Mais tarde, as duas conversaram em particular. Elis, sem saber da oração de Joyce, contou que só teve forças para não desistir da música depois que sentiu no estúdio a presença da cantora Sylvinha Telles, morta em 1966, aos 32 anos, vítima de um acidente de carro.

Ainda no Rio, de malas prontas para voltar com Cesar para São Paulo, Elis recebeu em seu apartamento um compositor mineiro cheio de boas intenções e muitas canções para mostrar. Tunai, irmão de João Bosco, chegou cedo, por volta das onze horas, quando Elis ainda dormia. "Se quiser, pode começar", disse Cesar Camargo. Tunai tocava torcendo para Elis acordar. Quando estava pela quinta ou sexta canção, Elis surgiu. "Você pode começar de novo?", ela pediu, e começou a gravá-lo. O autor sentiu que ao menos uma de suas músicas havia fisgado a cantora.

Antes de embarcar, Elis voltou à casa de Paulo César Pinheiro. "Paulinho, estou com uma dúvida aqui." Sem dizer mais nada, colocou uma fita no aparelho e ficou olhando para Paulo. "Bonito isso, o que é?", perguntou ele. "Recebi depois de estar com o disco pronto. Não sei o que eu faço", Elis falou. Paulo não teve dúvidas: "Se eu fosse você, tiraria qualquer música para colocar esta". Elis falava de "As aparências enganam", de Tunai e Sérgio Natureza. Assim que *Essa mulher* saiu, Paulo foi checar o nome das faixas e percebeu que, das quatro assinadas por ele e já escolhidas para o repertório, faltava uma, "Velho arvoredo", que ele fizera com Hélio Delmiro. "Poxa, Elis, você tirou uma música minha?", questionou o compositor. "Sim, você disse que eu poderia tirar qualquer uma para colocar a do Tunai." Pior ficou para Hélio Delmiro, que só veria sua composição arranjada por Dori Caymmi para grupo, e não mais em voz e violão, em um disco que sairia depois da morte da cantora.

As vendas depois de *Dois na bossa* nunca foram astronômicas, e as de *Essa mulher*, ainda que com "O bêbado e a equilibrista" de carro-chefe, também não seriam. Mas Elis vinha mais solta, cheia de boleros e convites à dança. Cesar recuperava a sonoridade limpa agora sem Natan, Dudu Portes e Sizão Machado, substituto do baixista Wilson Gomes, voltando com o quarteto fantástico, de Cesar com Luizão Maia, Paulinho Braga e Hélio Delmiro, além do percussionista Chico Batera. Um mal-estar se impôs entre alguns dos dispensados, mas o resultado de *Essa mulher* justificava a escolha. Mais de trinta anos depois da morte de Elis, Paulo César Pinheiro leu o pequeno texto escrito na contracapa do disco e o entendeu quase como uma mensagem cifrada aos amigos mais íntimos da cantora. "Agradeço fundo a Sérgio e Magaly, dona Zica, dona Tereza, seu Lopes, Tia Clara, dom Paulo e seu Aquino." Com exceção de dona Tereza e seu Lopes, Paulo reconhecia Sérgio como Sérgio Cabral e Magaly como a mulher do pesquisador. Dona Zica era a esposa de Cartola e Tia Clara, Clara Nunes. Dom Paulo era ele mesmo, Paulo César, e seu Aquino, Baden Powell. As palavras de Elis ficaram como um abraço apertado.

20.

A efervescência nos dias de lançamento do disco trazia de volta um velho caso. Colunista do jornal *O Globo*, Nelson Motta tinha acesso à coletiva de imprensa com todos os mimos que a gravadora Warner havia preparado para mostrar à cantora que, ali, ela seria bem tratada. Nelsinho e Elis não se viam desde o trágico telefonema em que ela o colocara para correr dizendo na frente do então marido Bôscoli que as noites que haviam passado juntos eram invencionices do jornalista. Curado da perda, Nelson voltou a ser um solteiro convicto e hedonista, de sentir a brisa do mar em seu rosto já no café da manhã, no belo terraço em que vivia, na avenida Atlântica. Elis só estava no Rio para o lançamento do LP, com passagem de volta marcada para a noite. Mas, enquanto a entrevistava pelos trinta minutos que a Warner concedera a cada jornalista, Nelson pensou nos tempos em que foi verdadeiramente leve e sentiu a possibilidade de um *revival*.

Ao final do encontro, eles se despediram, trocaram beijos protocolares na frente dos outros jornalistas e seguiram seus caminhos. Ou pareceram seguir. Em mais algumas horas, Elis tocava a campainha de Nelson Motta. "Elis?" "Oi, Nelson, perdi o avião para São Paulo. Posso passar essa noite aqui?" Espaço era o que não faltava no terraço do jornalista. Por mais uma vez, os dois se trancaram do mundo. Antes de adormecer, Elis lembrou que estava sem dinheiro para ir de táxi até o aeroporto na manhã seguinte e Nelson lhe deu alguns trocados. Ao acordar pela manhã, o produtor sentiu o vazio na cama. Procurou Elis e encontrou apenas um bilhete de despedida carinhoso e um cheque de valor muito maior do que o dinheiro que ele havia emprestado. O cheque ele nunca descontou. O bilhete, guardou para sempre.

Antes que qualquer temporada de lançamento do novo LP fosse desenhada, um convite direto da Suíça queria Elis como uma das atrações no Festival de Jazz de Montreux, o maior do gênero desde sua nada humilde estreia em 1967, com Nina Simone, Ella Fitzgerald e Bill Evans. Seu poder de projeção equivalia a algo como cinco turnês pela Europa, e seu efeito sobre a carreira dos artistas era imediato. Mais do que revelar, Montreux sedimentava, reconhecia e homenageava. Seria um alto posto atingido por Elis Regina, equivalente em repercussão e importância ao próprio Olympia de Paris. A cantora via a chance de se tornar a diva internacional que nunca havia sido de fato, ou por falta de estratégia dos empresários, ou por suas próprias escolhas. Montreux era diferente, a começar pelos convidados que pisariam no palco: Chick Corea, Herbie Hancock, Ray Brown, Oscar Peterson, Wayne Shorter e Rick Wakeman. O blues, sempre representado em uma noite especial, teria na temporada o guitarrista irlandês Rory Gallagher e o bluesman Albert Collins, um texano cheio de apelidos superlativos que davam a dimensão da audácia de seus solos.

Elis e Cesar decidiram manter o grupo que havia trabalhado com eles no álbum *Essa mulher*. A escolha não era pelos mais virtuosos, nunca havia sido, mas pela linguagem de cada um. Com o baixo de Luizão Maia e a bateria de Paulo Braga, além da percussão de Chico Batera, o som se tornava mais propício aos improvisos jazzísticos, bem-vindos em um festival como o Montreux. Natan e Dudu, dois dos músicos dispensados, sentiram por não estar com Elis. Depois de um bom tempo trabalhando sob diversas condições, eles ficaram frustrados por não integrar o grupo que embarcava para a Suíça, mas nunca disseram isso a Elis.

Se a temporada de 6 a 22 de julho estava tomada de feras do jazz, a noite brasileira teria, além de Elis, Hermeto Pascoal. Como os ingressos para o show de Elis estavam esgotados havia dias, a direção do festival decidiu propor uma matinê, algo incomum no histórico do evento. Elis topou. Cantaria à tarde um repertório de treze músicas e, à noite, repetiria a dose trocando apenas algumas canções. Os músicos estavam com o repertório afiado, estrategicamente pensado para dar o recado de forma rápida e cortante. Mesmo o europeu que não conhecesse Elis a veria plena, com todos os recursos técnicos e emocionais que acessava para cantar "Cobra criada", "Cai dentro", "Samba dobrado", "Rebento", "Águas de março" e "Madalena". O espetáculo da tarde tinha um medley de Milton Nascimento que engatava "Ponta de areia", "Fé cega, faca amolada" e uma "Maria, Maria" cheia das percussões afro-jazz de Chico Batera. Montreux se abria como o caminho para a consagração de Elis no mundo do jazz.

Ainda pela tarde, quando chegaram ao teatro para a passagem de som, os músicos ficaram intrigados com uma equipe técnica francesa posicionando câmeras de TV e microfones no teatro do Cassino de Montreux. Ninguém havia sido informado de que o show seria gravado — aquilo não estava no contrato. Elis chamou André Midani para uma conversa no quarto do hotel em que estavam, em frente ao teatro. Sabendo agora que a apresentação seria registrada, o que significava comercializada, Elis pediu a Midani que fizesse um contrato para incluir seus músicos na divisão dos royalties. Para impedir que ficassem sem receber nada em uma futura exploração comercial do trabalho, abriu mão de metade de sua porcentagem de 10% prevista em lei e deixou os 5% restantes para serem divididos pelo quinteto, 1% para cada músico acompanhante. Não era uma montanha de dinheiro, mas reforçava sua indignação diante da política de direitos autorais que ela brigava para mudar.

As cortinas se abriram. Ainda com o percussionista Chico Batera levando as congas para o palco, Cesar iniciou um solo ao piano elétrico, de firulas ágeis e indefinidas. A noite seria quente. Luizão Maia entrou com uma linha de baixo no contratempo, pontuando mudanças de acordes e criando a introdução para "Cobra criada", de João Bosco e Paulo Emílio, e, logo depois, chegaram Hélio Delmiro, dando mais corpo à harmonia com intervenções de improviso, e o baterista Paulo Braga, trazendo um suingue latino que emudeceu a plateia. O som girou pelo teatro por algum tempo até que o apresentador chamou Elis Regina. As palmas vieram quentes e a cantora surgiu com uma saia longa vermelha e uma blusa azul sem mangas, com maquiagem leve e uma flor presa ao cabelo.

A matinê correu com a cantora descontraída, revisitando cantos que a Europa já conhecia em sua voz. Quando terminava a última música, "Maria, Maria", ela sorriu ao sentir que tinha a plateia a seu lado. Segurou a canção até que o mais resistente espectador se rendesse, colocando as mãos para cima e acompanhando com palmas. Certo de que o espetáculo havia terminado após ver o teatro em transe por algum tempo, Claude Nobs, diretor do festival, entrou em cena com um buquê de flores. Elis o recebeu com um beijo, preparada para se despedir, mas a plateia voltou a puxar o refrão de "Maria, Maria".

A cantora foi rápida. Deixou as flores sobre o teclado de Cesar e voltou ao microfone. Ergueu as mãos emocionada e voltou a cantar o trecho pedido pelo público sem olhar para os músicos. Cesar tocou algumas notas, e o grupo voltou com energia. Três pessoas se levantaram à esquerda do palco, algumas outras, à direita, e mais gente se encorajou. Grupos dançavam nas laterais quando Elis se despediu dando um beijo em cada músico e fazendo um aceno para Cesar antes de deixar o palco.

No espetáculo da noite, o esquema seria diferente. Elis ia cantar no palco que havia sido ocupado por Hermeto Pascoal minutos antes. O alagoano chegou à Suíça com cabelos esvoaçantes e óculos grossos, olhando feio para as mesmas câmeras que haviam incomodado os músicos de Elis. Inconformado com a falta de patrocínio para sua viagem, custeada pela gravadora Warner, ele sentiu que era a hora de dar o troco e pediu que não filmassem nada enquanto tocasse. Ainda assim, os produtores registraram a apresentação na íntegra. Hermeto chegou a Montreux como um nome de peso, alguém que havia dito não a Miles Davis quando chamado a integrar a banda do jazzista. Ao terminar seu show, recebeu palmas por um bom tempo e voltou ao palco para fazer um bis arrasador.

Uma inquietação abateu Elis no camarim, minutos antes de ela entrar em cena para fazer o show da noite. Como a filha de uma mulher tão simples como dona Ercy poderia pisar no mesmo palco de Ella Fitzgerald? Elis começou a apresentação suando. Avisado por um produtor francês de que sua estrela estava tensa, prestes a desmaiar, Midani apanhou um copo d'água e se dirigiu para o canto direito do palco, esperando que Elis o visse. Ela o viu, apanhou o copo, tomou a água com pressa e voltou a cantar. O espetáculo assumia um tom dramático, com uma cantora usando todas as forças para chegar ao fim. Sua entrada inicial foi encerrada com palmas bem menos quentes do que as da tarde. Mas era apenas o fim do primeiro ato.

Ao se despedir da plateia, Elis viu Hermeto subindo ao palco em sua direção. De improviso, Claude Nobs havia pedido que os dois fizessem um número de encerramento com voz e piano. A cena que Montreux viu a partir desse instante se tornou uma das performances mais debatidas a respeito do encontro de dois gigantes da música brasileira. Dueto ou duelo? Improviso ou disputa? A primeira música que eles decidiram fazer ali, depois de alguns cochichos entre Elis e Hermeto, foi "Corcovado". Elis ouviu a introdução caótica puxada por Hermeto e esperou pelo seu sinal, mas decidiu esperar que a poeira de dissonâncias baixasse para entrar com mais segurança. Quando achou o tom, o que não parecia fácil, começou firme com a frase "um cantinho um violão, esse amor uma canção", até o terceiro acorde do pianista lhe dar um nó.

Em sua eterna busca por liberdade musical, Hermeto não improvisava notas sobre campos harmônicos definidos, como fazem os jazzistas, mas alterava a própria harmonia trocando os acordes de lugar como se fossem peças de um jogo sem regras. Assim, sua base alternava a desconstrução total de sequências harmônicas com momentos de calmaria em raros trechos reconhecíveis da melodia. Isso até o terremoto voltar. Ao sentir a encrenca, Elis fechou os olhos e seguiu cantando. Segurava o tom com bravura e entrega enquanto o piano viajava. "Corcovado" era executada em duas versões ao mesmo tempo, de uma forma que provavelmente jamais passara pelas ideias de Tom Jobim.

Sem deixar o tom cair, Elis começou a transformar o desafio em diversão. Os dois já sorriam quando Hermeto abriu espaço para ele mesmo fazer um solo no meio da música, e a tensão voltou. O problema não era a entrada do improviso do músico, mas a saída dele. Elis não poderia vacilar. A qualquer momento, o piano reabriria a porta para que ela voltasse a cantar, por mais difícil que fosse saber o que se passava pela cabeça de Hermeto. Elis procurou o tom e não o encontrou, até perceber duas notas familiares. Brincou de Billie Holiday nas subidas e descidas da melodia, e soltou as travas para se jogar definitivamente em uma interpretação arrebatadora.

Os músicos de Elis estavam na área privativa dos camarins, tomando vinho e conversando com convidados como o pianista Herbie Hancock e o baixista Ron Carter. Era ali que todos se conheciam antes e depois dos shows, enquanto as atrações se apresentavam. Às vezes, também tocavam em um pequeno palco reservado para jam sessions, em encontros divertidos e inspirados. Enquanto os dois músicos estiveram em ação, a área vip silenciou. O barulho dos copos cessou, e as conversas foram sendo interrompidas pelas imagens que chegavam pelo monitor de tv. Hélio Delmiro lembra que viu a cena com orgulho por ter saído da mesma terra de Elis e Hermeto Pascoal.

Ao fim do encontro, Elis brincou como se estivesse dando um soco em Hermeto e os dois se abraçaram no palco. Mas a plateia queria mais, e o músico, num gesto inesperado, trouxe Elis de volta ao microfone e retomou seu lugar ao piano. Usando o instrumento de forma percussiva, ele puxou a entrada de "Garota de Ipanema" em um tom baixo e pronto para fazer os mesmos malabarismos, mas desta vez encontrou a cantora mais preparada. Elis e Hermeto demoliram e reconstruíram a canção que todo o mundo cantava mesmo sem falar português e que, curiosamente, Elis havia prometido a si mesma nunca cantar. Os dois se despediram novamente e deixaram o palco. Mas o público queria mais.

Seria o terceiro e último round. Diante de uma plateia europeia, Hermeto iniciou "Asa branca", de Luiz Gonzaga e Humberto Teixeira, com um piano cheio, robusto e criador de uma tensão galopante. Ao ouvir Elis cantar a palavra "coração", ele abandonou o acompanhamento que fazia e passou a criar uma valsa que pegou Elis de surpresa. Ela deu um grito de prazer longe do microfone e um tapa no piano, visivelmente vibrando por Hermeto e Luiz Gonzaga. Ao final da canção, deram-se um abraço forte e demorado. Elis sorria emocionada e, nas lembranças de Hermeto, dizia palavrões. "Seu filho da puta! Foi demais!" As memórias do pianista guardam também um comentário de Elis que o desconcertou. Quando estavam no camarim, logo depois do show, Cesar se aproximou para os cumprimentos e Elis não se conteve: "Viu isso, Cesar? É assim que eu gosto de cantar".

Hermeto havia colocado em prática com Elis o que poderia ser chamado de "método da surpresa", um contraponto ao ensino tradicional do improviso. "Escolas não ensinam palavras, ensinam frases prontas", dizia. A música verdadeira, para ele, deveria ser criada com emoção e susto em um diálogo sem lugares-comuns. Ao perceber que poderia "conversar com a mente" de Elis, decidiu fazê-lo. Anos depois, em entrevista para esta biografia, Hermeto responderia aos que o acusaram de tentar derrubar Elis em pleno palco: "Se é improviso, o músico jamais pode ter certezas. Se tem certeza, é algo decorado. Muitos músicos de jazz têm tudo decorado debaixo dos dedos, eles nem sentem mais a surpresa. Se fosse com outra cantora, eu nunca faria o que fiz. Só fui por aqueles caminhos porque eu estava com Elis Regina".

Logo depois, um jantar reuniu Elis, Midani e os músicos. A cantora confessou a Midani ter tremido antes da apresentação por se lembrar de suas origens e associá-las a Ella Fitzgerald. A intimidação poderia ter sido poupada se Elis soubesse que Ella também não havia saído de um conto de fadas. Se Elis se julgava uma estranha entre tantas feras por vir da periferia de Porto Alegre, Ella era uma espécie de prova de que milagres existem. Ao perder a mãe aos quinze anos, a garota de Newport News, Estados Unidos, ficou sem rumo. Virou figura carimbada na polícia depois de trabalhar em bordéis até o dia em que foi mandada para um reformatório, de onde fugiu para morar na rua.

Seguindo seu faro para presenciar momentos sublimes da música desde que se inventara como compositor, jornalista e produtor, Nelson Motta reencontrava Elis na condição de repórter e se preocupava com a cantora. O show da noite havia sido, para ele, de pouca energia, um preço pago por Elis ter deixado mais da metade de suas forças no tal concerto da tarde que inventaram às pressas. No dia seguinte, um almoço na casa de Claude Nobs reuniu os músicos da noite anterior para entrevistas e troca de experiências. Como enviado da Globo, Nelson sentava-se ao lado de Elis para fazer perguntas de microfone em punho e com a TV da sala de Nobs mostrando a gravação da apresentação. "Estava prevista essa sua participação com Hermeto?", quis saber Nelson. "Não, foi empurração, jazz puro. Dizem que o festival é de jazz, não é?", respondeu Elis, incluindo detalhes de bastidor que pouca gente sabia. "De repente o André [Midani] empurrou o Hermeto e disse que iríamos tocar juntos. Eu disse: 'Mas o quê?'. E ele: 'Sei lá, senta e toca'."

O "senta e toca" era a piada interna criada com Dudu Portes que Nelsinho não entendeu, mas que fez a própria Elis rir enquanto falava. Antes da primeira música, Hermeto perguntou o tom. Elis respondeu que sua extensão era de contralto. "Então você vai daqui até aqui", disse o bruxo, tocando o piano. "Não, bicho, se for em si, numa boa. Em dó já vai forçar, porque eu tô com a garganta cansada." Mas Elis chegava a uma conclusão ao falar do repertório que incluía Luiz Gonzaga. "É muito bom perceber que nós não somos colonizados. A gente tem um orgulho lascado de ser brasileiro. Não tem vergonha de fazer samba, não tem vergonha de tocar triângulo nem pandeiro." Elis falava enquanto o som de "Asa-branca" vinha da televisão. "E pra que falar de jazz se um país como o nosso se dá ao luxo de botar na terra esse albino estrábico que deve ter problemas terríveis e que faz isso aí." Nesse momento, na TV, Hermeto dava os acordes finais e grandiosos de "Asa-branca". O texto de Elis saía como se preparado para ter a mesma duração do vídeo, com um ápice que coincidia com a dinâmica da canção de Luiz Gonzaga e Humberto Teixeira. Sua voz embargou antes da última frase: "Depois disso, vamos fazer o quê? Sentar e chorar, né, Nelson Motta?".

A crítica internacional se dividiu com relação às performances dos dois brasileiros. P.A. Luginbuhl, do jornal suíço *L'Est Vaudois*, foi mais contido com Elis. "Elis Regina não transcende, mas é sutilmente sedutora a respeito de suas concessões aos improvisos." Diante de Hermeto, porém, deslumbrou-se. "Já o efervescente Hermeto Pascoal é um autodidata que não deve nada a ninguém e que pode ir além de todo mundo."

Midani, filho de confeiteira, sírio de nascimento e francês de criação, que correu para o Brasil ao sentir que a Guerra da Argélia sobraria para ele, também tinha histórias de superação. O executivo entendeu Elis quando ela lamentou sobre a apresentação noturna e a consolou, elogiando a reviravolta que havia provocado no fim da noite. Mas Elis fez um pedido, a última coisa que ele não gostaria de ouvir como presidente de gravadora: "Midani, eu quero que você jure nunca lançar um disco desse show". Era uma rara confissão de vergonha de Elis. Ao ver Chick Corea, Wayne Shorter e alguns executivos de gravadoras à sua frente, disse a cantora, ela se apresentou como se estivesse sendo avaliada. Midani lamentou, mas concordou. E havia um adendo: o pedido valia para o além-túmulo. Elis não queria um registro lançado nem depois de sua morte. Mas, no ano de sua morte, em 1982, Midani perdeu algumas noites de sono depois de ouvir as fitas originais novamente. Onde quer que estivesse, ela teria que entender. "Desculpe, Elis, mas nem eu nem você temos direito de não lançar essa gravação", disse a ela em oração, e quebrou a promessa.

Um avião partiu da Suíça para o Japão levando as comitivas de Elis e Hermeto para o Teatro Denen Colosseum, de Tóquio, onde também se apresentariam Herbie Hancock, Wayne Shorter e Sadao Watanabe no evento *Live Under Sky*, quase uma réplica de Montreux, com direito a noite brasileira. Ainda que estivessem no mesmo voo, Hermeto e Elis não se falaram por estarem em assentos distantes, mas tiveram notícias um do outro por recados que ela mandava pelo porta-voz Luizão Maia. "Pô, Hermeto, Elis disse que adorou o show." "Puxa, Luizão, diga que eu gostei também." Para Hermeto, havia um clima pesado entre Elis e Cesar. O comentário geral, segundo sua memória, era que as coisas não iam bem entre o casal.

Montreux trouxe ainda outra surpresa: o reencontro de Elis com o baterista Nenê, que estava tocando com Hermeto. Depois de ser desligado da banda da cantora no meio da temporada de *Falso brilhante*, o músico viveu dias ruins. Depois de receber uma média de 10 mil cruzeiros mensais com as temporadas de *Falso brilhante* no Teatro Bandeirantes, Nenê foi trabalhar na boate do pai do guitarrista Lanny Gordin, no centro de São Paulo, para ganhar um cachê de 2 mil. A família de Lanny via em Nenê uma alma decaída e em processo de autodestruição até que um tio do guitarrista fez uma proposta: "Vá pra casa que eu toco no seu lugar e ainda lhe pago o salário". Nenê foi e se enterrou debaixo nos cobertores à espera de um milagre. Até que o telefone tocou: "Oi, Nenê, é o Milton Nascimento. Vamos gravar um disco novo?". O disco era *Clube da Esquina 2*.

Convidada por Milton Nascimento para participar do álbum, Elis foi ao estúdio com Cesar para colocar voz na faixa "O que foi feito deverá". Ao cruzar com Nenê, fechou a cara, mas mandou um recado pelo marido. "A Elis falou pra você fazer a bateria na faixa que ela vai cantar." Mas Nenê decidiu mostrar que ainda estava ferido e respondeu: "Diz a ela que eu não acompanho mais cantora. Só cantor". Depois das gravações com Milton, Nenê seguiu para o grupo de Hermeto. A viagem a Montreux já havia feito com que o baterista e Elis reatassem a amizade. Quando percebeu que estavam no mesmo hotel, Elis pediu que Luisão Maia chamasse Nenê para um uísque em seu quarto. Ele aceitou, e as últimas mágoas foram encerradas aos risos.

"Ela é a nova Ella Fitzgerald." A frase que André Midani ouviu de mais de um chefão da indústria fonográfica que viu Elis em Montreux ficou guardada na memória. Mas uma diva internacional se fazia com tempo, algo que eles não tinham, e investimento. E nenhum ingrediente seria mágico se o próprio artista não abraçasse a causa. Elis já havia chegado longe. Repetia em suas entrevistas o quanto sentia por ter tido a infância violentada pelo sucesso e o quanto sofrera por ter aprendido à força o que bem-nascidos como Chico e Gil sabiam de berço. A própria Elis não tinha tanta certeza de uma consagração internacional como objetivo de vida. Casada, mãe de três filhos, tinha boa parte de um país a reverenciando. Bastava saber administrar a vida, ela pensava, e seguir cantando em seu próprio país.

Aos artistas dos anos 1970 e 1980, manter-se em evidência era um esforço dobrado quando a televisão não era uma aliada. As experiências de Elis em programas populares haviam rendido situações traumáticas. Era melhor voltar a cantar no *Clube do Guri* do que forjar uma performance dentro de um orelhão público, como ela havia feito para uma emissora de São Paulo. Havia uma crise também em sua relação com a Globo. Elis dizia que os programas por lá haviam se tornado "um esquema de plástico, impessoal, institucional, em que os números musicais entram para, quando muito, ilustrar o assunto anterior". Por isso, justificava sua ligação com a TV Bandeirantes como opção aos maus-tratos que sentia na emissora carioca. Na última vez em que havia sido convidada para cantar no *Fantástico*, que Elis chamava de "Fanplástico", um dos produtores quis saber: "O que você vai fazer?". "Cantar", ela disse. "Só?", ele perguntou, surpreso. "Eu ia cantar", enfureceu-se Elis. "E ia cantar como só eu sei fazer", completou, antes de ir embora. Elis só tinha o palco e os estúdios a favor de sua carreira e, justamente por isso, não passava uma semana sem aparecer em um deles.

Assim que voltaram de viagem, Elis e Cesar começaram a pensar no espetáculo de lançamento de *Essa mulher*. A direção foi entregue ao já amigo Oswaldo Mendes, que havia trabalhado em *São Paulo-Brasil* e estreitado relações com a cantora desde uma entrevista que ele havia feito com ela para o jornal *Folha de S.Paulo*. O curioso foi que, em vez de encontrá-la em algum lugar, Elis foi até a redação da *Folha*, na rua Barão de Limeira, centro de São Paulo, para encontrar o jornalista. Eles decidiram sair juntos depois da entrevista, mas Oswaldo pediu alguns minutos para resolver outros compromissos antes de deixar a redação. Elis estava impaciente: "Vamos, Oswaldo, deixa esse negócio aí". Enquanto o jornalista corria, ela se sentou em uma das cadeiras dos repórteres, leu alguns jornais que estavam pelas mesas e fez ligações profissionais usando os telefones da *Folha*. Até jornalistas mais experientes, acostumados com famosos, passavam pela redação, viam Elis e ficavam incrédulos.

Elis e Oswaldo saíram da *Folha* e foram jantar no largo do Arouche. A cantora estava com muitas ideias para colocar *Essa mulher* no palco e queria compartilhá-las com o novo produtor. Ao ouvi-las, o jornalista ficaria conhecendo um pouco mais de Elis e se surpreenderia com uma bagagem cultural que ia além da música. De Ademar Guerra, mestre de quem Oswaldo havia sido aprendiz, ela sabia, se não tudo, muito das principais montagens, *Oh, que delícia de guerra!* e *Marat/Sade*. Havia sido como espectadora de teatro, e não de shows, que Elis aprendeu conceitos sobre o espaço físico da cena. Suas referências musicais também eram elásticas. Oswaldo propôs uma brincadeira: "Elis, vou cantar uma canção e você diz de quem é". Depois de escolher músicas pouco conhecidas, algumas da era do rádio, o jornalista cantava e olhava para Elis. Ela acertava todas.

Essa mulher começou a ganhar forma seguindo a linha clássica dos espetáculos de Elis, com início impactante, jogo de emoções no decorrer da história e desfecho redentor. Ela fazia questão de examinar as letras estudando seus versos e a intenção de cada interpretação para tecer algo harmonioso — um hábito que havia adquirido desde sua saída de Porto Alegre, quando passava horas analisando a dicção das palavras e fazendo observações à caneta sobre a letra, ao lado do pianista Amilton Godoy.

O vestido feito pelo estilista Clodovil Hernandez, que Elis usaria no primeiro espetáculo, chegou horas antes da estreia. Era uma peça lilás de tecido transparente e sem forro. A canção "As aparências enganam" trazia um canto declamativo, e a ideia de Oswaldo era mostrar a artista com poucos movimentos, mais estática diante do microfone para que o foco se mantivesse na poesia. Ela experimentou o vestido pouco antes de entrar em cena. Clodovil havia acertado, capturando a alma do espetáculo ao moldar uma peça delicada, que não deixava Elis vulgar nem solene.

Oswaldo decidiu acompanhar o show da cabine de luz, ao lado do técnico. Assim que começou "As aparências enganam", apenas um refletor vindo de trás do palco passou a iluminar Elis, criando com a sombra da cantora uma silhueta que ia clareando suas formas cada vez mais, conforme a canção crescia. Era comovente vê-la no palco, solitária e envolvida pelos versos de Tunai e Sérgio Natureza. Ela começava afirmando que "as aparências enganam aos que odeiam e aos que amam, porque o amor e o ódio se irmanam na fogueira das paixões". Oswaldo, ao lado do iluminador, controlava o grau de intensidade da luz, pedindo que ela ficasse mais forte aos poucos. De repente, ele percebeu um efeito inesperado. Elis estava ficando nua. Sem forro, o vestido havia sumido na contraluz e o corpo da cantora ficou exposto. Oswaldo agiu rápido: "Joga a luz de frente!", pediu. "Mas vai chapar", respondeu o iluminador. "Chapa, mas tira aquela luz de lá", disse o diretor. Elis percebeu algo estranho e, ao final do show, quis saber de onde saíra a luz frontal que parecia furar seus olhos. "Fui eu, Elis", disse Oswaldo. "Essa roupa não tem forro, e a luz estava fazendo você cantar de calcinha e sutiã."

21.

A televisão abriu os olhos para o sexo feminino com um novo interesse no final da década de 1970, quando o IBGE apontava a existência de 98,7 homens para cada cem mulheres brasileiras. Um dos primeiros homens a perceber a força da revolução sexual silenciosa estava na TV Globo. Filho de ator catalão e atriz argentina, João Carlos Daniel já era o diretor de programas Daniel Filho quando lhe bateu a vontade de captar o fenômeno de comportamento das ruas com um seriado semanal. *Malu mulher* estreou em maio de 1979, criando expectativa imediata pelos novos capítulos, exibidos nas noites de quinta. Tudo girava em torno da personagem Malu, interpretada por Regina Duarte, uma socióloga divorciada e independente, mãe de uma garota de doze anos e com uma vida pós-conjugal e profissional de carga dramática suficiente para criar identificação imediata com a audiência feminina. Inquietas com a invisibilidade de suas condições sociais, elas queriam voz e espaço em lugares que demorariam para se acostumar com sua presença. Desde que havia chegado à TV Record, em 1965, falando de igual para igual com os músicos do Zimbo Trio, Elis já era essa mulher.

Malu mulher se tornou uma sensação internacional que, depois de ser vendida para emissoras de cinquenta países, recebeu prêmios em Portugal, Grécia, Estados Unidos e Espanha. A trilha sonora seguia a lógica de ter cada música cantada por uma voz feminina diferente, o que fez nascer na Globo a ideia de um LP. Entusiasmado com o produto que haviam criado, João Araújo, diretor da Som Livre, um braço fonográfico da emissora, sugeriu a Daniel que ele elaborasse um programa inspirado no seriado, só com mulheres cantoras. Criaram assim, de uma costela de *Malu mulher*, o *Mulher 80*, com entrevistas e números musicais de nove cantoras e o Quarteto em Cy colocadas lado a lado para conversar sobre os dilemas do início da década sob o ponto de vista das divas.

Elis gostou do formato e aceitou o convite, quebrando o jejum que guardou da Globo. E se ainda tinha algo mal resolvido com alguma cantora, era a hora de resolvê-lo. Além de Elis, estavam no elenco Maria Bethânia, Fafá de Belém, Zezé Motta, Marina Lima, Simone, Rita Lee, Joanna e Gal Costa. Um nome natural para a apresentar a noite era o de Regina Duarte, a Malu do seriado. Mas Regina ficou preocupada com a proposta. Entendeu que *Mulher 80* poderia confundir os telespectadores com *Malu mulher* e relutou, mas acabou percebendo a diferença entre os projetos e topou, desde que usasse ao menos uns óculos para se diferenciar da personagem.

Antes de mostrar as cantoras em ação, Daniel exibia as entrevistas gravadas com cada uma delas fora da emissora. "A gente está aprendendo a pensar com a nossa própria cabeça. Mas como fazer para equilibrar essa cabeça e esse coração?", perguntava Regina, olhando para a câmera. Quando Daniel chegou à casa de Elis para entrevistá-la, ligando o equipamento de filmagem, a artista avisou: "Fiquei sabendo que tem umas cantoras chorando aí nas entrevistas que você está fazendo. Nem vem que aqui não vai ter choro". O diretor explicou que essa não era sua intenção. O choro de Zezé Motta, ao qual se referia Elis, havia saído quando a cantora se lembrou de ter ganhado um prêmio importante no mesmo dia da morte de seu pai.

Elis começou rápida e de bom humor. Falou da mãe: "Ela esqueceu de contar pra gente como era o mundo. Saí de casa totalmente desequipada para a vida". De seus medos: "Eu não aguento a minha insegurança. Acha que sou homem o suficiente para me encarar sozinha com o terapeuta?". E de sua fama de mau: "As pessoas acham que sou antipática porque eu não encaro ninguém. Mas isso é porque eu sou vesga mesmo, e, quando vejo que vou ficar vesga eu começo a disfarçar. Eu sou a rainha do disfarce".

No dia da gravação no estúdio, ao lado de todas as convidadas, lá estavam as colegas de Elis. As mesmas que também eram, por mais velado que fosse, as suas concorrentes. Daniel explorou alguns estereótipos, colocando a magra Rita Lee ao lado da voluptuosa Fafá de Belém, as baianas Gal e Bethânia lado a lado e a altíssima Simone em frente à baixinha Elis Regina. Uma das questões nunca resolvidas de Elis era seu 1,53 metro. "Se chegasse a 1,63, eu estaria feliz da vida", dizia. Ao olhar para Simone, Elis provocou: "Quer dizer que você é a maior cantora do Brasil?". A frase se tornou conhecida no meio musical. Outra anedota que ficou daquele dia, contada por Daniel Filho: quando o programa começou e as cantoras saíram de trás de um cenário caminhando todas para a frente do palco, Bethânia ouviu o barulho forte dos passos no piso de madeira e disse: "Meninas, pisem mais macio porque esse é um programa de mulheres".

Uma música deveria ser escolhida para que todas cantassem juntas no final do programa, mas a decisão se mostrou delicada. De onde sairia uma canção neutra, que não fosse emblemática de nenhuma das cantoras que participavam do especial? Se não a encontrasse, Daniel Filho abriria as portas para um mal-estar entre as estrelas e a guerra de egos poderia colocar tudo a perder. Para que cantassem juntas, a canção não poderia ter sido sucesso de uma "rival". A solução foi recorrer ao repertório de Carmen Miranda. Não havia quem não conhecesse "Cantoras do rádio" de cor.

Elis e Daniel se afeiçoaram com admiração pessoal e profissional, a ponto de o diretor conceber um especial para a cantora na sequência, dentro de uma série da Globo chamada *Grandes Nomes*. A produção seria gravada no Teatro Fênix. Seis câmeras captariam o que aconteceria no palco e na plateia, com capacidade de receber oitocentas pessoas. Elis cantaria quinze músicas no centro de um palco que imitava um picadeiro, cheio de marcações para a entrada e a saída dos convidados. A chegada de Elis simulava o andar por uma corda bamba. Camisetas pretas com a bandeira do Brasil e os dizeres "Elis Regina" no lugar de "ordem e progresso", concebidas por Mário Monteiro, foram distribuídas aos músicos.

Elis atravessava uma crise. Apaixonada por Cesar, vivenciava uma série de desentendimentos que a tornavam insegura. Ainda assim, quando Daniel pediu que ela chamasse um convidado especial, ela não pensou duas vezes em chamar o marido. Os dias anteriores à gravação foram de turbulência entre os dois. Nos bastidores, Daniel chegou a receber a notícia de que eles estavam rompidos.

338

Antes de entrar em cena, Elis tomou dois dedos de uísque e seguiu em frente. Daniel preparou um banquinho no centro do palco para dar apoio cênico ao bloco que chamou de Amor, uma sequência de machucar os corações que tinha "Essa mulher", "Atrás da porta" e "Cadeira vazia". Seguindo as marcações com precisão, Elis começou a desabar em "Essa mulher", emitindo os primeiros sinais de que algo não estava bem. Cantar entregando a alma à plateia não era novidade em seus shows, mas, desta vez, ela se segurava para que a vontade de chorar não a desafinasse. Quando começou "Atrás da porta", a plateia silenciou para assistir a uma impressionante cena de angústia e solidão. Sentada diante daquelas pessoas, Elis falava de si mesma com uma tristeza indescritível.

O choro de Elis intrigou Daniel. As raias que dividiam interpretação de vida real eram rompidas, fazendo tudo se misturar. Ao mesmo tempo que deixava as lágrimas saírem, Elis tinha consciência de que estava em cena. Sua habilidade com as marcações de palco e a afinação deixou o diretor impressionado. Elis, em sua percepção, era também uma atriz que o fazia lembrar de como era importante aos cantores seguirem as lições de Frank Sinatra, que dava a cada palavra o peso certo de emoção, mesmo se a cantasse mil vezes.

Uma das músicas havia entrado no repertório de Elis por acaso. Daniel não tinha ainda uma lista fechada quando Cesar, depois de um ensaio cansativo, se sentou ao piano e começou a fazer os acordes de "Rebento", de Gilberto Gil. Os músicos já estavam guardando seus instrumentos quando perceberam que as notas tocadas por Cesar não eram uma brincadeira. Elis se aproximou do marido e começou a cantar. Cada instrumentista se reposicionou em silêncio para não perturbar a magia que sabiam estar em curso diante de seus olhos. Daniel se lembra de que a música, com todos tocando, ficou girando pelo estúdio um bom tempo até que o diretor decidiu incluí-la no especial. Depois de cantar no show, Elis abraçou Cesar com força e lhe falou no ouvido agrados que sinalizavam uma reaproximação. Dias depois, sentados na sala da casa de Daniel para assistir ao material pronto, Elis e Cesar se beijaram.

Quando chegou a vez de Gal Costa ganhar seu *Grandes Nomes*, um programa batizado como "Maria da Graça Costa Penna Burgos", o real nome da cantora, Daniel perguntou quem ela desejaria que fosse seu convidado especial: "Elis Regina", disse Gal. Daniel ligou, e a cantora respondeu no ato: "Claro que eu quero, estou indo". Depois do convite, Daniel passou o telefone para Gal e as duas ficaram conversando por um bom tempo.

Elis e Gal eram personagens de uma disputa de forças saborosa, uma espécie de Fla-Flu da MPB. Quem era a melhor? De um lado estava a baiana sensual, de voz cristalina, extensa e graciosa. Do outro, a gaúcha de interpretações dramáticas, virtuosas e de muita pressão. Elis, como era de sua natureza, havia entrado no clima da competição. Ao ver o resultado de uma avaliação comparativa sobre as estreias dos shows de Gal, Elis e Maria Bethânia em São Paulo feita por uma revista semanal, ela vibrou ao ler no placar que levava a melhor. Mas a concorrência entre essas vozes se dava de maneira discreta, sem fatos públicos que comprovassem alguma antipatia entre elas.

Se procurassem mesmo, os repórteres poderiam encontrar até o contrário. Assim que estreou o espetáculo *Fantasia*, em 1981, Gal foi hostilizada pela crítica, que dirigiu a ela comentários nada edificantes. Elis a acolheu, ligando para confortá-la assim que leu um dos textos desabonadores. E demonstrou parceria também em outras situações. Quando descobria um bom músico que não poderia ter em seu conjunto por não haver vaga ou algum outro motivo, ela ligava para indicá-lo à colega. Ainda nos anos 1960, quando apresentava *O Fino da Bossa* ao lado de Jair, Elis recebeu Gal. Ao perceber que ela usava uma espécie de camarim comunitário, a convidou para o seu. Não havia intimidades exageradas, mas também não havia mal-estar.

Talvez por isso a participação de Elis no programa sobre Gal se tornou intrigante. Os olhos da gaúcha não se cruzaram com os de Gal enquanto elas estavam no palco. Já na passagem de som, a baiana sentiu que Elis evitava o contato visual enquanto cantavam "Amor até o fim", um samba de Gil, quente e desafiador. Gal buscava uma conexão com Elis e chegou a comentar com o diretor: "Daniel, eu olho, mas ela não olha pra mim, não tem jeito". Em entrevista para esta biografia, Gal contou mais. Depois do ensaio, ela foi falar com a parceira: "Elis, olha no meu olho, eu estou olhando pra você!".

O número começou com Gal cantando a primeira parte. A segunda era de Elis. As duas estavam a algo como dois metros de distância. Elis se vestia de forma um pouco mais reservada, com um conjunto azul, e usava uma maquiagem forte. O samba de Gil guardava o ápice para o final, quando o refrão era repetido de forma circular fazendo a banda se soltar ainda mais. Era um grande momento, no qual a dupla viajava cada uma à sua maneira. Gal sorria e dançava, olhando sempre para Elis, que gingava com os olhos fechados. Um embate de solos vocais crescia ao mesmo tempo que elas se aproximavam. Quando

340

estavam lado a lado, aumentaram a potência de suas frases e passaram a cantar com saltos livres e envolventes. A plateia se levantou e aplaudiu sem perceber a falta de contato visual da dupla. Ao final, Gal voltou ao assunto com Elis nos bastidores: "Mas você não olha mesmo pra mim, né, Elis?". E Elis respondeu: "Sabe, Gal, o problema é que eu sou vesga. Morro de vergonha".

A sensação de Oswaldo Mendes, ao falar de Brasil, era de vergonha. Ele percebia que as pessoas que não concordavam com o regime, incluindo ele, Elis e grande parte de seus amigos da música, do teatro e do jornalismo estavam exaustas por entrarem no 16º ano da ditadura. Muitas começavam a sublimar o fato de que viviam em um país com uma vasta cultura própria, bandeira verde-amarela e Hino Nacional. Símbolos e brasões brasileiros eram usados por apoiadores do sistema militar vigente para reforçar que estavam ao lado de um governo de valorização à pátria. Para quem era contra, o país começou a parecer um lugar cada vez mais distante. "Mesmo estando aqui, tenho saudades do Brasil", disse Elis ao falar sobre tudo isso com Cesar.

Oswaldo Mendes e o amigo diretor de teatro Ademar Guerra falavam também sobre a "olimpíada da dor" que a condição de exilado criava entre os artistas. Em mais uma distorção produzida pelo regime, a resistência de Gil, Caetano e Chico era vista como maior por eles terem saído do Brasil para não serem presos. Outros, como Elis, Simonal e Ivan Lins, não pareciam ter direito à mesma honraria, já que, além de em algum momento terem demonstrado simpatia ao governo (eles levariam anos para limpar suas imagens, e a de Simonal só ficaria limpa depois da morte do cantor, em 2000), não chegaram a ser exilados, presos nem torturados. Ninguém suportava mais rachas nem polarizações na classe artística.

Oswaldo falou com Ademar: "A gente tem que recuperar esse país. Isso não é deles [dos militares], é nosso! Como não podemos ser donos do chão que pisamos? Não consigo nem torcer para a Seleção Brasileira". Um texto seu, *Carta ao exilado*, inspirado na obra do dramaturgo Bertolt Brecht, definia a situação. "O pior é aquele que se torna um exilado em seu próprio país." Quando Elis e Cesar se sentaram com Ademar e Oswaldo para desenhar um novo espetáculo, todas essas ideias foram expostas. A saudade de um Brasil distante seria o tema.

Inspirado no título do recém-lançado disco da pianista Eudóxia de Barros, e não em uma música de Tom Jobim, como se acreditou, Oswaldo propôs *Saudade do Brasil* como nome. A bailarina húngara Marika Gidali, fundadora da companhia de dança Ballet Stagium, seria a responsável pela coreografia, um item que teria em cena tanta importância quanto a música. Marika era amiga de Elis e já havia sido professora de dança de Regina Duarte e Sônia Braga.

A ideia era mostrar gente com cara de Brasil, sem fantasias nem glamour. Além dos músicos, onze pessoas formariam o corpo de baile. Ademar era um craque na direção de espetáculos populosos, e Marika, uma especialista em extrair expressões preservando as personalidades. O time estava afiado no conceito do que queria, depois de longas rodadas em mesas de restaurante. A primeira dúvida veio logo. Quem vai formar o *chorus line*? "Que é isso?", perguntou Cesar. "Vários elementos humanos dizendo textos e até mesmo cantando", explicou Ademar. Se era um espetáculo sobre a saudade de um Brasil puro, não faria sentido colocar bailarinos profissionais. Ademar propôs pagarem a publicação de um discreto anúncio no jornal de forma a não atrair a atenção de profissionais. Marika consentiu. O jornal *O Estado de S. Paulo* fez o anúncio. "Elis escolhe elenco para show." E detalhou que, para a formação da trupe, "haverá hoje entrevistas com atores, cantores e bailarinos com idade acima de dezoito anos, de ambos os sexos, e que tenham disponibilidade para viajar". Às sete da noite do mesmo dia, nada parecia muito discreto em frente ao número 2985 da rua Augusta.

Algo fazia lembrar a fila de desempregados diante das agências da Caixa Econômica Federal no início de um período de recessão que os economistas chamariam de "década perdida". Centenas de pessoas apareceram diante da porta do Ballet Stagium sonhando em participar de um musical com Elis. Se era o Brasil das ruas que ela queria, ali estava ele, com atores, cantores e bailarinos amadores que eram também vendedores, feirantes, comerciantes, músicos, enfermeiros e balconistas. Uma audição faria a primeira seleção. Ademar, Oswaldo, Cesar e Marika ficavam na bancada. Elis não podia aparecer para não desestabilizar os candidatos. Enquanto os testes eram feitos, ela ficava escondida em uma salinha nos fundos.

Marika percebeu a dimensão do projeto que haviam criado quando viu a quantidade de pessoas em fila nas escadas que levavam à sala dos testes. Miúda e elástica, ela conseguiu passar por todos para chegar à entrada antes que a

342

multidão chamasse a atenção da polícia. A fila subia em direção à avenida Paulista. Marika começou a distribuir senhas pedindo que os candidatos voltassem nos dias seguintes e, de quebra, aproveitava para fazer dispensas por conta própria. Para alguns, dizia "sorria" e avaliava os dentes.

Identificar pessoas que representassem o Brasil do qual Elis tinha saudade não foi tarefa fácil. Candidatos excelentes e de técnica sofisticada não se conformavam em ser dispensados. Outros, sem formação alguma, não conseguiam cantar três notas afinadas. A garota bonita demais poderia ser ótima, mas era bonita demais. Depois de alguns testes, o *chorus line* ganhou forma. Um feirante da zona norte chamado Orlando Barros ficou com uma das vagas. A talentosa Brasília, com outra. Depois de quarenta dias de convivência, com uma série de superações físicas e emocionais, as dispensas começaram a ficar mais dramáticas.

Estavam Cesar, Marika e Ademar Guerra na sala de testes quando o homem entrou, ainda sem saber que seria dispensado. Depois de ouvir a justificativa de sua eliminação, continuou de pé, sem reação. Cesar não olhava em seus olhos. O silêncio tomou a sala. O homem se ajoelhou, abaixou a cabeça e começou a chorar. Um choro doído, sem desespero, mas agoniado. Os avaliadores pediram que ele falasse, e ele falou: "Desculpem, mas eu queria agradecer a vocês. Passei quarenta dias da minha vida aprendendo a ser gente. O que vocês me proporcionaram escola nenhuma vai me dar. Obrigado".

Dos mais de setecentos candidatos, apenas onze foram escolhidos. Marika ensaiou cada um, fazendo-os entender que ninguém poderia ser maior do que Elis Regina. Depois de conseguir traçar as linhas de movimentos de cada quadro, ela passou a trabalhar o gestual dos músicos. Natan Marques, de volta ao grupo, vinha da experiência de *Falso brilhante*. Mas os demais haviam sido recrutados por Cesar exclusivamente para o espetáculo. Em uma conversa com Walter Silva, o pianista falou de sua temporada de caça a novos músicos e ouviu do jornalista quatro nomes: o trompetista Nonô Camargo, o clarinetista Paulo Garfunkel, o tecladista Sergio Hernandez e um jovem de vinte anos de São Bernardo do Campo chamado Itacyr Bocato Junior, ou apenas Bocato.

Antes de qualquer indicação, um sonho levou Bocato a Elis. Aluno da Fundação das Artes de São Caetano, o garoto ficou sabendo que um pessoal ligado à cantora estava fazendo um teste com instrumentistas nas dependências da Fundação para o qual nem ele nem o amigo Nonô haviam sido convidados. Algo bateu no trombonista assim que o nome de Elis acionou a lembrança de um sonho que ele tivera dias antes, no qual era ovacionado tocando "Eu, hein, Rosa!" na banda da cantora. Depois de contar a história para Nonô, seguiram juntos para a Fundação. Ao chegar, encontraram outros dez aspirantes ao posto, além de Cesar e Rogério, irmão de Elis, ouvindo um a um. Bocato e Nonô impressionaram com sua musicalidade, exatamente como Walter Silva e o baixista Sizão Machado haviam antecipado a Cesar. Rogério anotou o número do RG dos dois e pediu que não comentassem nada com os amigos. Eles estavam no time.

A rede das indicações começou a funcionar, e logo Cesar tinha a seu dispor treze instrumentistas cheios de talento para criar uma sonoridade cheia e sólida, preenchida por banda, sopros e vozes. O segundo passo seria definir os diálogos. Ademar pediu que Oswaldo adiantasse o roteiro com as falas de Elis, mas daí saiu faísca. "Ademar, quem fala no palco é a Maria Bethânia. A Elis, não", disse Oswaldo. Depois de um embate, ficou definido que Elis não falaria, mas os personagens, sim. Oswaldo havia colhido histórias durante o processo de seleção e se inspirado nelas para montar os textos. No início dos ensaios no Teatro Procópio Ferreira, já com a marcação dos personagens e uma parte do texto definida, Ademar se virou para Oswaldo e disse: "Mas agora os personagens estão falando mais que a Elis, estão ficando mais importantes do que ela". Oswaldo não se conteve: "Ademar, esquece, eu estou fora. Não vou mais escrever texto nenhum. Primeiro ela fala, depois os outros falam demais. É impossível, Ademar. Faz o seguinte, resolve isso na base do corpo e da coreografia". Era o que Ademar precisava ouvir. As músicas e os corpos já tinham texto de sobra; mais palavras e o espetáculo cairia na redundância.

Marika e Elis se tornaram mais próximas do que simples aluna e professora durante a preparação do show. Além de dar ombro e conselho nos momentos de solidão e angústia de Elis, Marika ouvia seus dramas. Um deles, recorrente aos ouvidos de outros confidentes: Elis se frustrava por não ser uma cantora popular. Popular, para ela, eram Maria Bethânia e Gal Costa. A intimidade acenderia ainda um novo projeto em Elis: fazerem juntas pelo Brasil espetáculos de música e dança usando as mesmas estruturas de palco e de transporte — uma ideia que não teriam tempo de tirar do papel.

Passada a fase de ensaios em São Paulo, toda a trupe saiu de carro pela rodovia Rio-Santos para a a estreia de *Saudade do Brasil* no Rio de Janeiro. O

344

percurso era uma festa, com os músicos parando de praia em praia, tomando banho de mar e trocando de carro para que cada um passasse um tempo com Elis. Ao olhar para a figura nada comum do grandalhão Bocato, Elis lhe adesivou um apelido: New Crazy. O mais novo louco da turma justificava o termo. Mas, em uma das apresentações, em que dançava ao lado de Paulo Garfunkel e Chiquinho Brandão durante a música "O primeiro jornal", Bocato foi pego de surpresa. Algum parceiro, que ele jamais soube quem, amassou papel higiênico, fez uma bola e colocou dentro da boca do seu instrumento. Depois de fazer alguns passinhos de dança, foi dar uma nota e a bola de papel saiu da boca do trompete como um torpedo em direção a Elis. Assim que o show terminou, Elis saiu do palco correndo atrás do músico, que se trancou no camarim. "Vai ter retaliação!", gritava Elis, sorrindo.

A chegada ao Canecão não foi uma tranquilidade. Ao saber que a temporada anterior havia sido da baiana Maria Bethânia, Elis pediu profundas alterações no camarim, redecorando o espaço e acendendo incensos durante a semana de ensaio. Ela não dizia a ninguém quais os motivos de tanto cuidado. A estreia, em 20 de março de 1980, estava quase toda definida, exceto por dois detalhes. Elis precisava de uma roupa sem brilho nem estampa, algo bem simples para dialogar com a proposta do show. Saiu com Marika pelas barracas de Copacabana em busca da peça. O espetáculo precisava também de um final. A história merecia um desfecho pacificador e inteligível, que abraçasse cada esperança como uma possibilidade real.

Sentado na plateia, assistindo ao penúltimo ensaio, o compositor Gonzaguinha escreveu os versos e criou a melodia para uma canção que ele chamaria de "Redescobrir" e que outros prefeririam chamar de "Brincadeira de roda", uma espécie de jogo de palavras com perguntas de Elis sendo devolvidas em respostas pelos atores, criando uma energia única. "Como se fora brincadeira de roda." *Memória.* "Jogo do trabalho na dança das mãos." *Macias.* "O suor dos corpos na canção da vida." *História.* "O suor da vida no calor de irmãos." *Magia.* O resultado dos personagens cantando nem sempre era um primor, até porque eles não eram profissionais. Muitas vezes soava mesmo ruim, com vozes masculinas buscando notas inatingíveis, já que o tom era o de Elis. O uso de trabalhadores sem experiência, no entanto, assegurava uma espécie de carta branca contra as falhas de canto. O politizado *Saudade do Brasil*, que havia recrutado Marcos Flaksman para fazer o cenário, era um espetáculo enérgico, com canções vibrantes que funcionavam como roteiro para um discurso maior. Os arranjos de Cesar, aquecidos pelos sopros, imprimiam em Elis uma sonoridade grande e extrovertida.

Quando cantava "Moda de sangue" e "As aparências enganam", Elis passava a Bocato algo que ele nunca havia sentido. Afinal, se tudo parecia tão bem com Elis até quinze minutos antes de o show começar, o que poderia fazer com que ela chegasse tão perto de desabar quando surgia no palco? O fenômeno começava segundos de ela entrar. Assim que sua voz começava a sair, era como se uma névoa descesse ao palco, tornando o mal-estar palpável. Foi preciso tempo para Bocato entender que a interpretação de Elis não era apenas reflexo daquilo que ela vivia na vida real. Sua tristeza vinha também de um mundo interno e invisível, tão verdadeiro quanto aquele que todos podiam ver.

As muitas horas vagas em uma cidade convidativa como o Rio de Janeiro — embora a temporada fosse puxada, de quarta a domingo, com sessões duplas nos fins de semana — poderiam se tornar um risco aos paulistas mais afoitos. Um deles, o trompetista Luiz Cláudio Faria, 22 anos, saiu sem freios em direção à praia de Copacabana e entrou no mar sem saber da força das ondas. Abatido por uma delas, tombou, rolou, engoliu água e só não aconteceu o pior porque o próprio mar o devolveu à areia. Mas Faria passou mal à noite, foi ao hospital e saiu com uma cartela de Plasil. Uma semana depois, correu de novo em direção ao mar e se jogou nas águas de uma praia gelada no Recreio, quando sentiu um desconforto no peito. Voltou ao hospital e foi diagnosticado com pneumotórax, um problema pulmonar que, se não tratado, poderia levá-lo à morte.

Elis tirou Faria do hotel onde os músicos estavam e o levou para um espaçoso apartamento no Arpoador, onde ela ficava com Cesar e os filhos Maria Rita, Pedro e João em suas passagens pelo Rio. Maria e Pedro ficaram em um quarto, Faria e João em outro. A cantora chamou um acupunturista japonês para acompanhar o músico e pediu aos empregados que servissem a ele uma dieta especial. Quando estava inspirada para fazer o almoço, Elis preparava um filé de peixe empanado com aveia. Após uma semana de spa, Faria estava de volta aos shows.

Um áudio que viralizou no TikTok, em julho de 2023, trouxe a voz de Elis falando sobre a ideia de levar o espetáculo para as fábricas. "Eu vou levar *Saudade do Brasil* para dentro de uma fábrica. Riocentro não tem operário que consiga chegar porque o operário não tem carro para ir ao Riocentro nem quatrocentos paus para comprar ingresso. Vamos parar de palhaçada, porra. Eu não vou a show apresentado por patrão [...]. Eu sou filha de um chefe de expediente de uma fábrica de vidro, porra [...]. Não sou filha de almirante."

Para uma edição da revista *Sétimo Céu* de 1980, ela diz algo parecido: "Mesmo tendo abertura [política], não dá pra sonhar muito. Realmente há muita mentira solta. Então, quando vejo show em nome de sindicalismo, fundo de greve, organizado por patrão, eu não participo. Pô, eu sou filha de um torneiro mecânico. Sou do tempo em que se fazia espetáculos no pátio da fábrica, e é nele que o trabalhador pode ir. Chega de palhaçada". Na mesma conversa, ela se lembrou das origens no Beco das Garrafas, quando saiu de Porto Alegre e chegou ao Rio de Janeiro, em 1964. Em sua avaliação, ela havia sido sabotada por "cantar melhor do que seus concorrentes". "Então, para me prejudicar, tocavam tons mais altos que o da minha voz, me marginalizaram por cantar bem um ritmo carioca, a bossa nova, sendo gaúcha, e por ser virgem."

Quando a temporada paulistana de *Saudade do Brasil* estava perto do fim, Elis deu uma longa entrevista ao programa *TV Mulher*, da Globo, apresentado por Marília Gabriela. Ao lado da filha Maria Rita, com três anos, ela falou de suas preocupações ambientais: "Se todas as pessoas fizessem algo em seu próprio pedaço, poderíamos ter uma revolução". Lamentou a "falta de memória dos meios de comunicação", que pareciam querer tirá-la do jogo, e falou sobre a filha, a "mocinha que entrou com rendinha e babadinho em minha vida". Sobre como lidava com o sucesso, com ou sem deslumbramento, Elis disse: "É muito parecido com o que acontecia quando a gente chegava em casa dizendo: 'Mãe, tirei dez em matemática'. Ela respondia: 'Grande coisa, só faz estudar'. Não tem esses mistérios".

Ainda sobre a vida, disse que não veio para explicar, mas para viver. Reconheceu porém a violência que sentia por ter sido arrancada da infância. "Essa insegurança, esse medo de estar de repente saindo praticamente da escola para a TV Record não foi uma transição muito lenta. Foi uma coisa muito brusca que me deixou muito sem pai nem mãe, muito perdida. E as pessoas não são muito pacientes. Elas não estão muito a fim de ajudar, de auxiliar." E agora, final de 1980, o que desejava como mulher? "Que os meus filhos cresçam bem. Segunda coisa: de preferência, não sair da minha casa na Cantareira. Isso não é uma questão de idade, isso é uma questão de oposição."

Quase onze anos depois de receber o *Pasquim* em casa, e já em paz com Henfil depois de ter sido enterrada um dia em seu Cemitério dos Mortos Vivos, Elis foi à casa do *Pasquim*. Em junho de 1980, antes de uma sessão do show *Saudade do Brasil*, no Canecão, ela se dirigiu à redação do jornal, no centro do Rio, com o filho João Marcello e o marido Cesar Camargo Mariano. Quem a entrevistava agora eram os jornalistas Ricky Goodwin, Walter Ghelman, Marcos Vasconcellos e Jaguar. Mais uma vez, são eles que conseguem fazer Elis falar sobre questões das quais ela nunca falava porque ninguém nunca perguntava.

Um dos primeiros assuntos é a preocupação com a voz. Mais que isso, com os microfones. Elis disse: "A primeira preocupação do cantor deveria ser com o microfone. Porque o segundo instrumento do cantor é o microfone. Para o pistonista, o microfone não precisa ter uma qualidade extraordinária, mas para o cantor, sim, senão a voz sai distorcida, com um brilho ou uma cor que não é real". Melhor foi a resposta quando perguntada se sua preocupação com a técnica incluía aulas de canto: "Nunca. Problemas de técnica devem ter sido resolvidos em uma noite de junho qualquer, em Porto Alegre, pelo seu Romeu e pela dona Ercy. O diapasão deveria estar no espermatozoide, e a técnica, no óvulo. Eu não sei dessas coisas, sou desembestada. Canto do jeito que acho que tenho de cantar. Se sai de um jeito ou de outro, perguntem a fórmula para os meus pais".

Sobre algumas críticas terem dito que ela se portava como uma cantora técnica e fria, sobretudo depois do disco de 1973, respondeu: "É porque leram [os críticos] Tarik de Sousa, Roberto Moura... Eu não te disse que as coisas aqui no Brasil são de cima pra baixo? Três disseram e pronto! Vou passar o resto da vida sendo fria. Sou a única cantora no Brasil que grava ao vivo". Ela falou de Dalva de Oliveira, negligenciada pelos intelectuais: "Um dia vão descobrir que a Dalva de Oliveira foi a nossa Billie Holliday. Mas uma nasceu no interior de São Paulo e a outra, no interior dos Estados Unidos. A Dalva conhecia música pacas, passava os acordes para os músicos... É por isso que intelectual é uma merda. Intelectual não respeita mão de obra. Pergunta para o Lula se não é assim".

Ricky Goodwin diz: "A gente estava falando que você era fria. Mas aí você faz o *Falso brilhante* e todo mundo cai para trás. Ficou o rótulo de quente, roqueira. No *Transversal do tempo*, o rótulo já mudou para 'contestatária' (contestadora otária). Mas aí você fez o *Essa mulher*, que é um disco calmo, tranquilo. E agora?". E Elis responde: "Agora eu sou a imprevisível. Não sei se isso é bom ou ruim, mas é mais uma para guardar no arquivo". Ao se identificar como uma pessoa caseira, ela fala de Pedro, seu outro filho que havia ficado em casa. "Tenho uma filha e um outro menino que, aliás, vai ser o Pery Ribeiro dos anos 1990", referindo-se a um dos maiores cantores da música brasileira, filho de Dalva de Oliveira e Herivelto Martins, morto em 2012. Pedro tinha cinco anos. Elis dizia que ele decorava as melodias das músicas que chegavam antes da própria mãe. Certa vez, ao ir gravar com Elis, Milton Nascimento tentava acertar a canção enquanto Pedro a fazia em falsete, sem errar.

Mais à frente da entrevista, Elis criticou o comportamento dos compositores que haviam passado a gravar suas próprias composições. "Acho uma merda. Tô declarando isso em nome da mão de obra. Eles são os criadores, os intelectuais, o pessoal da universidade. Nóis é né, né?" Um dos jornalistas coloca então que Elis "faz parte de um grupo da sociedade mais intelectualizado", que é "uma cantora difícil de ser ouvida". Sua resposta é uma surpresa: "Esse comportamento é fruto de uma época que a gente viveu, em que acreditávamos muito na classe média. A gente estava até achando que era a Argentina, que dava para fazer até Circuito Universitário. Quando nos demos conta de que estávamos cantando para 1% da população, quase morremos de vergonha. Eu, pelo menos, quase morri. Quando fiz o *Falso brilhante*, há cinco anos... Que babaquice. Perdi três anos da minha vida".

O álbum *Saudade do Brasil* se tornou o segundo LP de Elis da fase Warner, gravado em estúdio com o conjunto que participou do espetáculo. Apesar de ser colocado como ponto alto na carreira da cantora, as vendas não foram expressivas e a repercussão nas rádios foi baixa. Mais uma vez, mudar, para ela, era necessário. Ao se comparar com Roberto Carlos e Tim Maia, por exemplo, que eram seguidos pelas massas, procurados por TVs, onipresentes nas emissoras de rádio e vendedores de muitos LPs, Elis entrava em crise. Era como se ela pagasse um preço por só cantar o que queria. Sua estável carreira era marcada por músicas de qualidade inquestionável e, ao mesmo tempo, poucos refrões radiofônicos. Elis já havia deixado de gravar alguns compositores, como João Bosco e Aldir Blanc, em busca de um trabalho mais pop e palatável, mas a base sonora que Cesar havia criado para ela trazia um indisfarçável verniz de sofisticação. Se por um lado era o que a blindava contra possíveis desvios de rota sugeridos por gravadoras, por outro ajudava a criar resistência nas audiências mais populares. A elegância das canções conquistava entendidos e afugentava iniciantes. Gostar de Elis não era tão simples quanto se entregar a Roberto Carlos.

Ganhar o mundo voltou a ser um desejo de Elis. E, desta vez, seu alvo era o único lugar que não sabia de seu potencial: os Estados Unidos. O saxofonista norte-americano Wayne Shorter já era gigante quando a conheceu. Em uma entrevista à revista *Manchete*, publicada na edição de 31 de janeiro de 1981, a cantora afirmou que o primeiro encontro dos dois se deu no Japão. "Ele me convidou para fazermos um disco juntos." Se fosse para citar apenas dois feitos de Shorter como sideman à época, bastava lembrar do que já havia feito ao lado de Miles Davis e do grupo Weather Report. De repente, Elis, que ouvia muito jazz, percebeu em Shorter uma possibilidade de explorações internacionais.

A revista conseguiu entrevistar e fotografar Elis em Los Angeles, na casa de Shorter. Ela viajou sozinha no início de 1981. "É a primeira vez que vem aos Estados Unidos?", perguntou a repórter Valéria Burgos. "É. Eu e Wayne devemos ir ao Brasil em fevereiro a fim de fazer a pré-produção. Em março, estaremos gravando. Em abril a gente volta a Los Angeles para os aparatos finais: mixagem, capa, essas coisas todas", contou Elis. "O disco será em português ou inglês?", seguiu a entrevistadora. "A gente ainda não sabe direito. Wayne compôs muitas canções, ainda sem letras. No momento, é isso que estamos discutindo e planejando."

A jornalista seguia extraindo detalhes importantes do projeto: "Wayne compôs especialmente para você?". "Foi. São músicas lindíssimas. Estou muito emocionada, tanta coisa começou a acontecer ao mesmo tempo... Tenho certeza de que agora a minha vida vai mudar. Eu estou pulando inteirinha. Vibrando." "Mas antes você afirmou que não queria mais compromissos com nada", provocou a repórter. E Elis abriu a guarda: "Quero dizer apenas que estou livre, leve e solta".

Shorter foi ao Rio no mês seguinte e se hospedou com a namorada portuguesa, Ana Maria, na casa de Elis, na Joatinga. Passava as manhãs na sala, ao lado de João Marcello, então com dez anos. Depois de fazer suas preces budistas pela manhã, ele assistia a filmes e desenhos animados na TV com o garoto enquanto reproduzia com graça as músicas das trilhas sonoras. Em uma tarde, ensinou a João como recitar um mantra budista que poderia tornar "todas pessoas em volta felizes".

A história sobre o que de fato aconteceu nos bastidores das gravações desse álbum sempre foi nebulosa. Até o lançamento da primeira versão desta biografia, a mais conhecida era a contada por Cesar. Nas memórias do pianista, Shorter criou sérios problemas durante os ensaios, impossibilitando que ele e Elis seguissem com o projeto. As "esquisitices" do saxofonista incluiriam parar tudo o que faziam para rezar em um dialeto estranho. Cesar lembrou que, quando as composições começaram a ganhar forma, ficou claro que a voz de Elis não teria espaço nas músicas feitas pelo jazzista. "Onde é que a Elis vai entrar?", teria perguntado Cesar. E Shorter teria respondido com descaso, dizendo que haveria apenas "uns oito compassos" para Elis improvisar algo com a voz.

Shorter era um nome conhecido dos brasileiros também por ter feito com Milton Nascimento o álbum *Native Dancer*, lançado em 1974. O disco apresentou Milton ao mundo do jazz e selou uma grande amizade entre os dois. Mas, ainda segundo Cesar, a experiência com Elis foi diferente. Os espaços da casa eram cada vez mais tomados por instrumentos e amplificadores. Quando Shorter abriu as partituras, Cesar se viu em nova enrascada. A escrita do jazzista era algo muito pessoal, quase indecifrável. Em determinado momento, a fala de Shorter teria sido a seguinte: "Não precisa se preocupar. Só faz sua parte porque baixo e guitarra vamos gravar nos Estados Unidos. Vocês vão servir de guia".

Em 2023, surgiu uma nova testemunha da história, entrevistada por este biógrafo para o jornal *O Estado de S. Paulo*. O produtor brasileiro David Hadjes trabalhava para o empresário norte-americano Joe Ruffalo, da companhia Cavallo Ruffalo Fargnolli Management, responsável à época pelas carreiras dos grupos Weather Report e Earth, Wind and Fire e dos artistas Ray Parker Jr. e Prince. Rufallo, que conhecia Shorter do Weather Report, assumiu a gravação do disco da dupla Shorter e Elis, e investiu alto. Além de contratar o engenheiro de som Roy Cicala, que havia trabalhado em álbuns de John Lennon, Aretha Franklin, Madonna e Elvis Presley, mandou para o Brasil equipamentos de ponta e 48 rolos de fita ampex 456 para os registros das faixas. Na mesma época, Roberto Carlos gravava um disco inteiro com dez.

351

Hadjes lembra que o clima estava bastante pesado já no primeiro dia em que os músicos foram para o estúdio da Som Livre, no Rio, fazer os primeiros registros do álbum. Wayne Shorter estava de pé ao lado de Cesar, que estava sentado ao piano. Quando Cesar começou a tocar o tema "The Tiger", que permanece inédito, Shorter percebeu que a harmonia estava errada. O jazzista norte-americano então pegou as mãos do brasileiro e as posicionou nas notas certas. Cesar ficou indignado e começou a discutir com Shorter.

Hadjes conta que, nesse momento, Elis se aproximou enfurecida com Cesar. E uma nova briga começou, agora, entre o casal. Elis teria dito, no testemunho do produtor, frases como "Quem você pensa que é?", "Essa é minha música, esse é meu piano" e "Até a sua carreira você deve a mim". Enquanto discutiam, Shorter foi até Hadjes e desabafou, referindo-se a Cesar: "Não tenho condições de trabalhar com ele. Não vou conseguir mais ficar na casa de Elis". O produtor brasileiro diz que havia dúvida com relação à permanência de Cesar nas faixas. Joe Rufallo queria um disco de Elis com Wayne Shorter, não um disco de Elis, Cesar e Wayne Shorter. Talvez usassem o piano do brasileiro apenas como guia. Hadjes afirma: "Ruffalo cogitava chamar Herbie Hancock para gravar o piano nos Estados Unidos", referindo-se a um dos maiores pianistas do jazz de todos os tempos.

Era por volta das três da manhã quando Hadjes levou Shorter para apanhar as malas na Joatinga e, de lá, seguir para o Hotel Caesar Park. O voo do músico partiu no dia seguinte do Galeão direto para os Estados Unidos. Elis nunca mais o viu. O jazzista fez uma breve referência à última noite em que viu Elis no documentário *Elis & Tom: Só tinha de ser com você*, dirigido por Roberto de Oliveira e lançado em 2023, com imagens captadas em Los Angeles durante a gravação do disco.

O saxofonista não comentou sobre a briga com Cesar, mas lembrou que, quando estavam no estúdio da Som Livre, Elis e o marido pararam a gravação e entraram em uma sala reservada. Depois de discutirem por um tempo, uma discussão acalorada, saíram já decididos a não levar o projeto adiante. Shorter diria, depois da morte de Elis, que esperava se encontrar com ela em algum lugar para fazerem o disco que não puderam fazer em vida. O saxofonista morreu no dia 2 de março de 2023, aos 89 anos. O empresário Joe Ruffalo tinha mais planos envolvendo Elis. Já havia uma minuta de contrato pronta para que ela fizesse parte do elenco representado por seu escritório nos Estados Unidos.

"Hadjes, a ideia é contratar a Elis no Brasil", disse ele ao produtor. Depois do fim das gravações com Shorter, Ruffalo não falou mais no assunto. O álbum que teria Elis Regina, Wayne Shorter e muito provavelmente o pianista Herbie Hancock ficou conhecido nos bastidores como "o melhor álbum de todos os tempos que jamais foi gravado".

22.

Uma das novidades de Elis a partir de 1980 estava na gestão da venda de seus shows, e poucos conseguiam resultados tão positivos quanto seu novo empresário, Manoel Poladian. Em 1981, Poladian vendeu um show coletivo, que teria a cantora e dois nomes fortes que ele também representava na época, Ney Matogrosso e Luiz Gonzaga. A apresentação, que contaria ainda com a participação do sanfoneiro Dominguinhos, era para a décima edição do Festival Interno do Colégio Objetivo, o Fico, marcado para 4 de outubro no Estádio Serejão, na cidade de Taguatinga, Distrito Federal. Elis não era uma cantora para multidões em estádios, e Poladian sabia disso. Mas diva ela achava que deveria ser sempre.

Elis não se conformou com a ideia de cantar antes do show de Ney. Cantar antes era para atrações menores. Ela queria encerrar a noite. Ainda no avião, a cantora foi até Poladian dizer que não concordava com a ordem dos shows e que achava um absurdo não fazer o encerramento. O empresário explicou que tudo seria solucionado. Assim que aterrissaram em Brasília, Poladian se aproximou de Ney com habilidade: "Você acha que teria algum problema se colocássemos a Elis para fechar?". "A Elis no final? Sem problema, para mim está ótimo", respondeu o cantor. Quando levou o recado de volta a Elis, com a questão resolvida, o empresário viu na cantora o rosto de uma criança feliz.

Enquanto Ney se apresentava, Poladian esperava Elis no hotel para seguirem de carro até o estádio. No caminho, nuvens carregadas anunciaram um temporal, fechando o tempo e o humor de Elis. "Eu vou tomar um choque e vou morrer cantando", disse, tensa. Poladian só ouvia. "Quero ver quem vai ser o filho da puta que vai me colocar naquele palco", resmungava Elis, ameaçando desistir do show. O empresário resolveu tirar uma dúvida: "Por acaso você está falando de mim?". "Não, estou nervosa", respondeu.

O locutor do Serejão apresentou Elis. A plateia, animada pelas atrações anteriores, esperava ansiosa, mas a cantora não aparecia. Ney, preocupado, correu para a lateral do palco e viu a cantora encostada em uma parede. Apesar de não estar chovendo, Elis se mostrava frágil, imóvel e assustada. "Eu não posso entrar", dizia ela com os olhos arregalados, segurando uma garrafa de uísque. Ney pensou: "Essa mulher não pode ser Elis". E disse: "Como não entrar? Você tem que entrar", insistiu. "Não vou, não posso", ela respondeu, quase chorando. Mas Ney disse uma frase que pareceu mudar tudo: "Você vai entrar e vai arrebentar". Elis destravou, seguiu para o palco e cantou muito. Sua versão de "Se eu quiser falar com Deus" saiu com tamanha força que, 33 anos depois, Ney diria para esta biografia jamais ter testemunhado nada parecido.

Ao retornar para o hotel em que se hospedavam os artistas, Elis convidou Ney para passar um tempo conversando em seu quarto. Ney aceitou. Elis estava sorridente e divertida. Contou histórias íntimas, ligou o rádio para ouvirem música e riu de suas respectivas famas de "pegadores". Quando disse que Ney era um predador de homens e mulheres, ele sorriu e respondeu: "Sua fama em São Paulo é de que você pega mulheres, Elis". Ela gargalhou.

Ney não quis comentar com Elis sobre um episódio um tanto desagradável que havia se passado enquanto ele gravava o disco *Ney Matogrosso*, lançado naquele mesmo ano de 1981. Cesar era o responsável pelo piano e pelos arranjos de cinco canções: "Deixa a menina", "Viajante", "Mata virgem", Vida, vida" e "De Marte", da dupla Luli e Lucina. Estavam todos no estúdio quando um assistente disse que havia uma chamada telefônica para Cesar. Era Elis. O músico já não vivia uma boa relação com a mulher e, talvez por isso, resolveu pedir licença e atender. Elis estava bastante alterada do outro lado da linha e disse a Cesar algo que todos no estúdio, incluindo Ney, puderam ouvir: "Agora você vai ficar aí tocando com veado, porra?".

Elis e Ney seguiam no quarto se divertindo. Em certo momento, a cantora tirou da bolsa uma fita cassete e a colocou para tocar no toca-fitas do hotel. A canção que ela cantava era "Me deixas louca", de Armando Manzanero, que havia acabado de gravar. Eles já estavam juntos havia pouco mais de uma hora quando Elis se levantou do sofá e foi até a mesa. Ney a observava. Elis preparou duas carreiras de cocaína e disse que uma delas era para Ney. Cheiraram, riram e ouviram mais músicas até de madrugada.

Perto de amanhecer, Ney foi para seu quarto e adormeceu. De manhã, antes de descer para tomar o café da manhã do hotel, percebeu que havia um bilhete no chão passado por debaixo da porta. Apanhou-o e leu: "Ney, gracinha querida! Adorei te encontrar. Ter estado mais próxima da sua beleza e da sua alma que antevi grande e generosa. Sem enganos. Espero que esta noite marque o começo de uma relação mais forte e mais intensa entre a gente. Mesmo. Gosto de você não é de hoje e esperei muito a hora de nos acercarmos. E foi linda essa hora, obrigada! Sempre que você tiver vontade e/ou necessidade, me procure que encontrará uma pessoa que te quer bem e que será solidária e terna. Disponível. Beije Luisinho [secretário de Ney] por mim. Adorei tudo. Amei ter estado com você. Até sempre. Um abraço amigo e companheiro da Elis".

Artista que quisesse estar com o povo nos anos 1980 tinha de passar pelo crivo das FMs. Mais do que estar presente em programas de TV como Chacrinha, Raul Gil ou *Clube do Bolinha*, semanais à base de muita farra circense e performances com o uso do playback, algo que Elis detestava, nada se comparava com o fato de se ter uma música entre as dez mais tocadas nas grandes emissoras de rádio. Artistas se tornavam ídolos quando suas gravadoras se submetiam a um esquema de pagamentos ou troca de favores que, apesar de ilegais, eram práticas comuns nas rádios. Era o chamado "jabaculê", ou jabá. Depois de repetida 47 vezes por dia em cada uma das quatro ou cinco grandes emissoras da época, até "Atirei o pau no gato" se tornaria um fenômeno popular — algo que de fato aconteceu quando "Another Brick in the Wall", do Pink Floyd, teve sua letra adaptada com os versos da canção infantil. "Atirei o pau no gato", com David Gilmour na guitarra e Roger Waters no baixo, atingiu o posto de segunda música mais tocada nas FMs durante alguns meses de 1980.

Depois de "Alô, alô, marciano", Elis queria ganhar outra fatia daquele bolo com um novo sucesso radiofônico. O pagamento do jabá era uma decisão silenciosa, que os executivos das gravadoras não deixavam chegar aos artistas. André Midani tentou negociar com as emissoras entre 1972 e 1974, defendendo uma política de execução por meritocracia artística, até que o deixaram falando sozinho e ele jogou a toalha. A partir de 1974, passou a pagar jabá para que todos os artistas de sua gravadora tocassem nas rádios. Elis fazia o primeiro disco pela EMI na fase em que a gravadora havia decidido pagar para sua contratada ser tocada.

Quando estava gravando o álbum chamado apenas *Elis*, a cantora sentiu que tinha belas canções nas mãos, mas nada com potencial para se tornar hit. Do estúdio da EMI Odeon, no Rio, ela ligou para o telefone de um rapaz que lhe indicaram. Ele poderia ter o que Elis tanto queria. "Olá, posso falar com Guilherme Arantes?" "É ele quem está falando." "Oi, Guilherme, é Elis, como vai? Estamos gravando um disco e eu queria saber se você tem alguma música pra mostrar." "Quem tá falando mesmo?" "Elis Regina." Assim que Guilherme se convenceu de que não era um trote, ele anotou o endereço do estúdio e seguiu de São Paulo para o Rio no primeiro voo. Elis o esperava. Os 45 minutos de viagem foram suficientes para Guilherme passar um curta-metragem da própria vida.

Ainda menino, aos doze anos, Guilherme saía do tradicional bairro paulistano do Bixiga para ver shows de Elis no Teatro Record nos tempos de *O Fino da Bossa* graças aos ingressos que seu tio Ciro conseguia com o patrão Marcos Lázaro, com quem trabalhava elaborando contratos de artistas. A imagem que tinha de Elis era a de uma deusa intocável que um dia tinha a seu lado Chico Buarque e, no outro, Milton Nascimento. Mesmo quando já tocava no grupo de rock Moto Perpétuo, Guilherme estaria sempre na plateia de Elis como um fã. Agora, assim que chegasse ao Rio, como ele poderia servi-la? Casada com um músico excepcional como Cesar Camargo Mariano, que tipo de canção ela procurava?

A nova cena de São Paulo estava em alta com Elis. Depois de descobrir e gravar Cláudio Lucci e Thomas Roth, a cantora ficou sabendo da existência do paranaense Arrigo Barnabé e do paulista de Tietê Itamar Assumpção. Ela ouviu "Sabor de veneno", que Arrigo lançou em seu primeiro álbum, *Clara Crocodilo*, em 1980. Músicos que estavam com Elis haviam tocado também com

Arrigo em um LP da TV Cultura que trazia "Diversões eletrônicas", vencedora do I Festival Universitário de MPB da emissora, de 1979. A cantora pediu para conhecê-lo, e Arrigo foi até ela. Elis falou com muito interesse sobre o que sabia do compositor, mas disse que não queria cantar sobre harmonias complicadas, como as que Hermeto Pascoal havia feito no Festival de Montreux.

Ao inscrever a música "Londrina" ("Uma valsa para Londrina") no Festival MPB Shell, de 1981, transmitido pela Globo, Arrigo pensou em convidar Elis para defendê-la. Mas sua lealdade aos novos nomes que surgiam no movimento Vanguarda Paulista foi maior que suas ambições pessoais, e a convidada foi Tetê Espíndola. A canção levou o prêmio de melhor arranjo, feito por Cláudio Leal Ferreira. A parceria entre Elis e Arrigo não teria tempo de ser consumada.

Elis chegava a Guilherme Arantes por indicação, mas já havia gostado do que ouvira em *Coração paulista*, o LP que o cantor e pianista acabara de lançar. Casado, 27 anos, pai de uma menina recém-nascida, Guilherme chegou à sede da EMI em êxtase. Apresentou-se aos músicos, conheceu Elis e se dirigiu a um piano de armário que estava colocado no canto do estúdio. A primeira coisa que mostrou foi "Só Deus é quem sabe", uma canção de amor perdido inspirada no discreto episódio de separação de Roberto Carlos e sua mulher Nice, no fim de 1978.

Elis se mostrou animada quando Guilherme disse que Roberto escutou a música, mas não se interessou em gravá-la. "Ele não gravou? Eu vou gravar", disse. E assim fez. A escolha e os arranjos da canção pareciam sintoma de um novo tempo sonoro para Elis. A guitarra chegava mais perto do ouvinte, trazendo um suingue funkeado, e os teclados vinham com mais carga romântica do que jazzística. A fórmula da MPB de FM chegaria a um de seus auges cinco anos mais tarde, com Gal Costa e Tim Maia cantando "Um dia de domingo" muitas vezes ao dia nas emissoras. Ser classuda era passado. A nova ordem do pop era ser funky e se embriagar de ecos e sintetizadores. "Só Deus é quem sabe" se tornou a segunda música do lado B, mas ainda faltava um sucesso. "Guilherme, seguinte, sua música é boa, mas vamos combinar uma coisa", disse Elis, olhando firme em seus olhos. "Vá para casa e faça um hit. Eu quero tocar na FM." Guilherme tinha dez dias para concluir a missão.

Conhecer Elis havia sido inspirador, sobretudo uma Elis que ele não imaginava existir. Uma das brincadeiras da cantora no estúdio era inventar seus próprios ditados fazendo trocadilhos sobre frases feitas. "Água mole em pedra dura mais vale que dois voando" e "em casa de ferreiro quem com ferro se fere é bobo". Elis dizia e gargalhava. Guilherme se inspirou nas brincadeiras para fazer a música encomendada. Se era para entrar na FM, a canção deveria ter um refrão irresistível e um arranjo de guitarra, bateria, baixo e metais fazendo muito groove. No prazo estipulado, dez dias, Guilherme voltaria ao Rio com a promessa gravada em uma fita cassete: um pop de encher as pistas das danceterias chamado "Aprendendo a jogar".

Assim que o disco saiu, a música cumpriu sua função, indo parar no topo das FMs. Elis foi falar com Guilherme sem a presença de Cesar. Ela queria que o compositor assumisse o comando definitivo de seu som para modernizá-la e torná-la mais abrangente. Criador de hits radiofônicos desde 1976, quando lançou *Meu mundo e nada mais* em seu primeiro álbum solo, Guilherme teria a chave da transformação e ficou tentado a se sentar no banco do piano de Elis se não fosse por um detalhe: ele respeitava Cesar Camargo Mariano.

Os argumentos do pianista para declinar do convite foram cuidadosos. Ele disse a Elis que era preciso valorizar as qualidades de Cesar como a peça perfeita na condução de uma sonoridade única e classuda na música brasileira, com estofo de samba, jazz e bossa. Já Guilherme, segundo o próprio, não ia muito além de um cantor de programas de auditório. E mais. Ele não se via à altura da missão de suceder um outro condutor do piano de Elis ainda mais inatingível: Tom Jobim, seu ídolo. "Esquece, Elis, não tenho nenhuma competência para isso", arrematou, dizendo não, provavelmente o mais difícil de sua vida. A cantora não gostou da negativa e fechou o tempo. O que ela queria não era mais estofo de bossa nova nem cancha de jazz, mas alguém disposto a encontrar a linguagem dos novos tempos.

O jovem produtor Mayrton Bahia, 25 anos, que havia acabado de trabalhar em um disco de Cesar chamado *Cesar Camargo Mariano e cia*, foi convidado para estar à frente do álbum de Elis com a orientação de fazê-lo tocar nas rádios. Antes de entrarem em estúdio, ele e a cantora haviam escutado muitas fitas na casa da serra da Cantareira. Por mais bela que fosse uma canção, Elis se preocupava com o objetivo final: tornar-se popular. "Eu sei que é linda, mas o que eu vou fazer com essa música?", disse mais de uma vez, reforçando sua nova proposta musical.

No dia de gravações, Elis foi para a sala dos técnicos cantar a voz guia para os músicos registrarem suas partes. Guia é o canto usado apenas para orientar os instrumentistas através dos fones de ouvido, sem maiores recursos nem preocupações com qualidade acústica. Quando chegou a vez de colocar a voz definitiva, ela passou a investir em interpretações totalmente diferentes das que haviam sido acertadas com Mayrton nas audições da Cantareira. Conseguia bons resultados, mas algo incomodava o produtor.

Elis percebeu o mal-estar e provocou: "Só o chato do Mayrton que não está gostando". Ele seguia quieto. Assim que os músicos se foram, ela voltou ao assunto: "Você não está gostando, Mayrton?". Ele explicou: "Elis, eu vi você cantar tudo isso de outra forma em sua casa, muito mais natural. Desculpe, acho que sou eu que tenho de mudar minha cabeça, todos estão gostando". A resposta de Elis foi uma surpresa: "Amanhã você não deixa ninguém entrar no estúdio. Eu quero fazer tudo de novo". No dia seguinte, ela regravou a voz de quatro ou cinco canções, buscando o mesmo sentimento dos dias em que procurava repertório. Mayrton mostrou a voz guia de outras três músicas gravadas pelo grupo de que ele havia gostado muito: "Nova estação", de Luiz Guedes e Thomas Roth; "Só Deus é quem sabe", de Guilherme Arantes; e uma terceira da qual não se lembra o nome. Elis ouviu e pediu que o produtor colocasse aquelas músicas no disco exatamente como estavam, com a voz guia.

Uma canção que já havia sido gravada ficou de fora. Era o xote "Afufe o fole", de Jean Garfunkel, que seria logo inscrita no Festival MPB Shell, de 1981, sem conquistar os primeiros lugares. Mayrton lembra que Cesar considerou a letra inapropriada. Seu refrão dizia: "Afufe o fole da sanfona, sanfoneiro/ Dá-lhe marafa e marafona o tempo inteiro/ Eu sempre quis morar na zona e o meu dinheiro/ É feito pra gastar". Um dos significados de "marafa" é maconha, e de "marafona", prostituta. Para que ninguém usasse a faixa em discos futuros, a voz de Elis foi apagada da gravação.

A EMI caprichou no lançamento do primeiro disco de Elis na companhia. Um jantar foi oferecido aos músicos no tradicional Bar Lagoa, para que todos brindassem o álbum que a colocaria para tocar em larga escala radiofônica. Guilherme Arantes, Natan Marques, Dudu Portes, Cesar, a cantora Marisa Fossa e Pedro Baldanza, todos foram comemorar. Em uma das mesas estavam sentados Elis de frente para Cesar e Guilherme ao lado. Depois de duas doses de uísque, a cantora deu um toque na perna no compositor por baixo da mesa e lhe passou um bilhete sem que o marido visse. Guilherme apanhou o papel e o escondeu entre os dedos. Disfarçou, pediu licença e foi ao banheiro. A mensa-

360

gem de Elis era clara: "Eu quero ficar com você". O músico leu algumas vezes. Talvez Elis e Cesar não andassem bem e a investida não passasse de provocação. Ou seria mesmo alguma atração que a impulsionava? De qualquer forma, era um convite excitante. E a ele a resposta foi sim.

Guilherme Arantes entrava na vida de Elis pelas frestas abertas quando ela se desentendia com o marido. Eram momentos furtivos, fugazes, vividos no Rio ou em São Paulo e sempre, claro, na ausência de Cesar. Guilherme só deveria esperar o telefone tocar. Em uma das visitas à amante, no Rio, ele conheceu a coleção de vídeos e LPs de Vinicius de Moraes que Elis guardava com carinho. Era um deleite ouvi-la falar de Vinicius com tamanha paixão. A morte do poeta, em julho de 1980, deixou Elis em uma crise depressiva da qual ela quase não saiu. Assim que soube da notícia, trancou-se até para os amigos e pouco se alimentou. A ideia de gravar um disco com letras do poeta passou a ser outro plano que ela não teria tempo de realizar.

Seis meses adiante, e outra perda devastaria Elis com a mesma força. Ela havia acabado de levar para casa o novo álbum de John Lennon, *Double Fantasy*, quando soube do assassinato a tiros do beatle em Nova York. A Globo enviou o jovem repórter Carlos Tramontina para entrevistar a cantora em um hotel no centro de São Paulo a fim de repercutir a morte de Lennon. Elis não parava de chorar e só conseguiu dar a entrevista aos soluços. Ela falou sobre as muitas razões que faziam Lennon ser necessário e contou que já havia estado em um dos estúdios usados por ele.

Pouco mais tarde, Elis almoçou com os filhos em um restaurante. Ela continuava silenciosa e desolada. Em uma mesa ao lado, um casal sorriu quando a reconheceu. E manteve o sorriso por algum tempo. João se recorda de que a mãe se levantou e foi ao encontro dos dois. Ao chegar perto da mesa, disse: "O John Lennon foi assassinado e vocês estão sorrindo e apontando pra mim?". Ela desabafava: "Um artista foi assassinado na porta de casa, em frente à sua mulher... Qual a minha importância?". Depois, abraçou o casal.

Ao final daquele ano, Carlos Tramontina já era apresentador de um quadro no jornal *Bom Dia São Paulo*, da Globo, chamado Café da Manhã. Elis e o ator Raul Cortez foram convidados para falar do ano de 1980 e contaram sobre os projetos que tinham para 1981. Ao final da entrevista, Elis convidou Tramontina para passar o ano-novo em sua casa e fez uma dedicatória na capa de um dos discos do álbum *Saudade do Brasil*. "Carlos, um beijo e muito carinho. Feliz 1981, se Deus deixar."

Elis e Guilherme Arantes curtiam o tempo que tinham. Em um desses passeios, viajaram pela rodovia Rio-Santos como adolescentes, com a cantora dirigindo seu jipe Bandeirantes e parando nas praias mais agradáveis do trajeto. No caminho, trocavam confidências e falavam sobre os dilemas da vida musical que haviam escolhido. Guilherme ouviu de Elis uma frase da qual nunca se esqueceu: "Eu queria morrer como a Janis Joplin", disse, referindo-se à roqueira norte-americana morta por overdose de heroína, em 1970. Eles combinaram de se encontrar sempre que possível.

Mais confiante, Guilherme passou a ligar para Elis de um telefone público. Quando Cesar não estava por perto, eles marcavam o encontro. Quando estava, Elis dizia frases cifradas. "A creche está fechada" era uma delas. Guilherme começou a se aborrecer com a superficialidade da relação. Certo dia, ele cruzou com Elis em um coquetel na casa da mãe de dois amigos músicos, na avenida Brigadeiro Faria Lima. A senhora, que era vidente, olhou em seus olhos e disse que ele deveria trocar de nome para não atrair mau agouro. Logo depois, o cantor Fábio Jr. chegou à festa. Guilherme percebeu que havia um clima entre Fábio e Elis e, já se sentindo escanteado na relação, decidiu encerrar o caso. Foi a última vez que ele viu a cantora.

Fábio Jr. havia conhecido Elis dias antes, em outra reunião de amigos em que também havia uma senhora que dizia psicografar mensagens do outro mundo. Elis e Fábio compartilhavam da mesma crença, o espiritismo, e as energias começaram a se encontrar. Ao final da reunião, Elis convidou o cantor para tomar um chope. Ele aceitou, e um caso secreto de frequência inconstante se configurou a partir daquele dia. Fábio via em Elis uma criatura doce, alegre e uma "dona de casa fantástica", como disse para esta biografia. Elis decidiu fazer uma viagem aos Estados Unidos sem Cesar e convidou Fábio para acompanhá-la. Seguiram para Nova York de mãos dadas e voltaram de lá separados.

Ao saber da viagem, Cesar desabou. O maestro Chiquinho de Moraes lembra que, por essa época, ele estava no Rio, trabalhando com o tecladista. Enquanto ensaiava uma orquestra em um estúdio de Botafogo, em plena madrugada, ouviu uma voz vindo da técnica pelos alto-falantes. "As violas estão desafinadas." Era Cesar. Os músicos não gostaram da intervenção, e Chico nada entendeu, mas foi falar com o amigo e percebeu que ele estava abatido. Ao final dos trabalhos, ofereceu carona até a rodoviária, já que Cesar pegaria um ônibus para São Paulo, e aproveitou o caminho para conversarem sobre a vida e, acima de tudo, sobre Elis. No trajeto, Chiquinho percebeu que Cesar vivia um raro momento, abrindo o coração como um homem frágil e temeroso por seu casamento. Quando eles estavam perto da rodoviária, Chiquinho deu meia-volta e retornou para Botafogo. Ele refaria esse percurso umas três ou quatro vezes para dar tempo de Cesar desabafar. Já era perto das 6h da manhã quando deixou o colega sair do carro.

Ao chegarem a Nova York, Fábio e Elis foram assistir ao musical *A Chorus Line*, uma superprodução da Broadway, estreado fazia cinco anos e que ficaria mais dez em cartaz. Os dois se deslumbraram. Enquanto viam a peça, Elis passou a falar ao ouvido de Fábio sobre uma ideia que acabara de ter: "Você vai gravar uma música comigo quando a gente voltar para o Brasil". Fábio desconsiderou imediatamente: "O.k., Elis, vamos ver a peça". "Estou falando sério", ela insistiu. "Você está maluca? Eu vou cantar com você para quê? Para dizerem que me aproveitei da situação?" Ao dar a entrevista para esta biografia, Fábio disse que poderia até ter tido um certo desprendimento e aceitado o convite, mas que não se arrependia de ter negado: "Não seria prudente da minha parte cantar com a maior do país". De certa forma, não deixava de ser uma reprise da breve história vivida com Guilherme Arantes.

Fábio lembrou de uma passagem impressionante que viveu ao lado de Elis. Um dia, ela começou a sentir a presença de um espírito que andava "colado" a Fábio Jr. "Ela tinha essa coisa espiritualista muito forte. E percebeu que havia algo que me seguia o tempo todo. Depois de um tempo, Elis me explicou a história."

Tratava-se do espírito de um homem que havia sido apaixonado pela primeira mulher de Fábio, Teresa. "Esse homem havia morrido em um acidente de moto. Ele entrou na traseira de um caminhão. Ela me disse até o nome do rapaz. Fui checar depois, e o nome estava certo." Fábio não revela o que teria causado o fim do breve relacionamento com Elis. Fato é que eles se separaram ainda em Nova York. Na manhã do dia seguinte ao passeio na Broadway, ele deixou o hotel em que estavam e voltou para o Brasil enquanto Elis seguia para Los Angeles.

Por trás da artista livre e senhora de seus atos havia uma mulher que começava a se perder dentro de si. O que Guilherme, Fábio ou qualquer homem que se aproximasse nesse momento não sabia era que tais romances não passavam de analgésicos que Elis tomava para aliviar a insegurança que sentia durante suas crises conjugais. Ela jamais se entregaria inteiramente a nenhum deles porque não estava ali para amá-los, mas para tentar amar-se um pouco mais, preenchendo o vazio que, como dizia aos amigos, sentia com as despedidas do marido. Elis não suportava nenhum tipo de rejeição. Era assim com todos os músicos que ameaçaram deixar sua banda por outros projetos e com colegas que se afastavam por qualquer razão. Agora, percebia, Cesar não admirava seu corpo como ela gostaria de ser admirada. E, ao perceber que ele atraía olhares de mulheres mais jovens, sua cabeça fervia.

Um pouco antes de conhecer Guilherme, Elis jantava com Cesar e uma turma de jovens cantores na Churrascaria Plataforma, no Leblon, de Alberico Campana, o italiano ex-dono de bares do antigo Beco das Garrafas. Alguns deles eram integrantes de um grupo vocal para o qual Cesar fazia arranjos. Outros só estavam ali para curtir. Elis estava sentada à ponta da mesa, Cesar à sua direita, e Natan ao lado de Cesar. Próxima também estava Celina Silva, filha do produtor Walter Silva e secretária de confiança desde a temporada de *Saudade do Brasil*. Cesar tinha uma expressão fechada, mas se vestia com jovialidade, uma combinação que atraía as mulheres. A certa altura, uma jovem foi falar com ele, cheia de gracejos. Elis se enfureceu, e Celina percebeu o perigo.

A cantora chamou a secretária para acompanhá-la ao banheiro. Celina, que Elis chamava de Tia C, era um porto seguro também para confissões matrimoniais. Seus sentidos apurados indicavam que Cesar era, de fato, o grande amor da chefe, mas que Elis sofria demais com a chegada dos 35 anos e estava começando a perder o controle. Assim que as duas entraram no banheiro, Elis ergueu o vestido até a altura dos seios e fez uma pergunta que deixou a secretária paralisada. "Diz para mim: você acha que eu sou tão feia assim? Fala se eu estou velha." A amiga levou alguns segundos em silêncio. A cena de Elis seminua à sua frente a deprimiu. Como a mulher que conquistara tudo não conseguia se curar de medos que a tornavam tão frágil. "Não, querida, você está linda", respondeu. As duas voltaram para a mesa, mas, ao sentarem-se, Celina percebeu Elis ainda estranha. As moças rodeavam Cesar, e o clima foi pesando. A cantora se levantou e, em um golpe de fúria, puxou a toalha da mesa jogando comida, pratos e copos para o alto. As jovens se assustaram, Cesar emudeceu e Celina conteve a amiga.

Filha de Walter Silva, um dos primeiros jornalistas fãs de Elis, Celina se tornou uma fã da cantora a partir das gravações de *O Fino da Bossa*, às quais ela era levada pelo pai ainda criança, de paninho e chupeta. Só ao espetáculo *Falso brilhante*, Celina foi mais de vinte vezes. Jornalista de formação, ela se casou com o músico Sergio Henriques, um dos integrantes do grupo que tocava no espetáculo *Saudade do Brasil*. Foi na preparação desse show que a tietagem virou profissão. Elis precisou de ajuda com os pedidos de entrevista e contratou a jornalista, que acabou acumulando as funções de secretária, governanta e assessora de imprensa assim que a cantora se mudou para um apartamento na rua Melo Alves, nos Jardins. Era Celina que conversava com os produtores, opinava sobre as músicas que chegavam nas fitas, atendia aos jornalistas, levava o carro para o mecânico e marcava horário para as crianças no pediatra.

Os dias que Celina viveu como uma quase integrante da família fizeram com que ela presenciasse dramas e belezas particulares dos quais poucos sabiam e que nem sempre combinavam com a imagem que muitos faziam de Elis. Ela era uma artista de extremo profissionalismo. Se tinha compromissos, gostava de ficar pronta para eles uma hora antes. Sua organização era impecável. Documentos, livros, fotos, canetas, tudo deveria repousar nos devidos lugares. Exigente com os empregados, não admitia erros.

Certo dia, ao ver peças de roupa amassadas no armário, Elis chamou a arrumadeira e lhe deu uma ruidosa descompostura. "Eu falei que essa aqui você tem de guardar assim, essa assim e essa assim." Então, pegou todas as roupas e as jogou sobre a cama. "Pode passar tudo de novo. Parece que isso saiu de dentro da barriga da vaca." A irritação e a vergonha a faziam ficar vesga. Com Celina, havia respeito e generosidade. Pedidos de entrevista não eram poucos, e ela gostava de atender a todos. Adorava um papo com jornalistas e via nesses momentos a oportunidade de dizer verdades. Convites para participar de gravações com outros artistas também surgiam aos montes, mas havia ressalvas. Um dia ligaram em nome da cantora Simone, pedindo que Elis aparecesse para gravar sua participação em um projeto da cantora. Sua resposta foi: "Vou nada. Mas diz a ela que, quando eu fizer um especial meu, eu vejo se tem uma ponta para ela fazer". Talvez a bronca de Elis tenha origem em uma história de 1979. Ao saber da música "Começar de novo", que Ivan Lins e Vitor Martins fizeram para o seriado *Malu mulher*, a cantora manifestou vontade de gravá-la, mas Ivan respondeu que ele estava comprometido com a Globo, que acabou escolhendo Simone para o registro.

Elis parecia querer triplicar o tempo com os filhos quando conseguia estar perto deles. Com Maria Rita, passava horas conversando "papos de mulher", como se a criança fosse adulta. Pedro era seu "gringo". Com o mais velho, João, havia a turbulência típica dos embates entre a mãe e o filho na idade das rebeldias. Por ser muito católica, a mãe Ercy tinha dificuldades em aceitar os frutos do casamento com Cesar, o marido "não oficial". Já entre os meninos, havia sentimentos que a própria Elis talvez não percebesse. Aos dois anos, Pedro passou por uma cirurgia nos olhos para correção de estrabismo. Ao voltar para casa, ainda com curativos e mal podendo enxergar, Elis deu um brinquedo a ele. Pedro apanhou o objeto, o tateou e, antes mesmo de descobrir o que era, perguntou preocupado: "E pro João, mamãe?". João se emocionou com a sensibilidade do irmão.

A amiga de infância Rejane Wilke, de Porto Alegre, visitou Elis em 1981. Dois dias depois de sua chegada a São Paulo, a cantora a convidou para irem juntas levar as crianças para visitar dona Ercy no hospital, onde ela se recuperava de uma cirurgia. "Hoje você vai ver uma cena histórica", disse Elis, ainda no carro. "Minha mãe vai conhecer os filhos do Cesar", explicou. Pedro, cinco anos, e Maria Rita, três, nunca tinham visto a avó. No corredor do hospital, a caminho do quarto, Rejane ia ficando para trás enquanto Elis seguia em frente. Ao ver a amiga distante, a cantora a pegava pelo braço. "Vem comigo, quero alguém ao meu lado." Elis apresentou a amiga e depois os netos que sua mãe não conhecia. "Ah, Pedro, dá um beijinho na vó", pedia, olhando para o garoto assustado. Ao ver Maria Rita, Ercy disse apenas: "É vesguinha como você quando era criança". Rejane sentia uma tristeza no ar, algo que a pouca convivência com a amiga não permitia decifrar.

Celina tinha carta branca para dar conselhos a Elis em qualquer território. "Calma, ele não quis dizer isso", era uma de suas frases mais pronunciadas depois das desavenças da artista com Cesar. A secretária sabia quando as coisas não iam bem. Afinal, fora treinada para identificar ruídos na relação desde a temporada de *Saudade do Brasil* no Canecão. Quando a música "Marambaia" começava, Cesar tinha de dançar com Elis em um momento que poderia ser estonteante, com o casal flutuando pela pista, ou desastroso, com tropeços e pés enganchados. Tudo dependia de como havia sido a noite anterior.

A mulher que parecia blindada contra ações do tempo acusava um temor do envelhecimento. Elis disse a Celina que não queria "ficar velha como a Édith

Piaf". A secretária não se esqueceu dos comentários: "Já pensou eu velha? Vira um tal de 'pega a velha', 'põe chapéu na velha', 'leva a velha pra tomar sol', 'tira a velha do sol'. Eu não quero isso para mim". Mãe por três vezes, foi depois de *Saudade do Brasil*, quando Elis fazia exercícios no palco e fora dele, que ela passou a olhar mais para o corpo. E foi por aí também que outra mudança começou a ocorrer. Elis passou a buscar equilíbrio interior fazendo descobertas espirituais e físicas, prestando atenção no budismo, no espiritismo e em medicinas alternativas. Ela comia com moderação e tentava contagiar Cesar com a mesma filosofia até o dia em que ele chegou em casa com um pote de morango com chantili. "Tudo o que tem de ruim eles colocam nessa tal alimentação macrobiótica", disse. Ao mesmo tempo que ameaçava partir para uma dieta saudável, Elis passou a tomar mais goles da vodca que guardava na geladeira e a fazer algo que havia largado por um bom tempo: fumar.

A inquietação da cantora se voltou para a busca do entendimento de algo que ninguém conseguia explicar. Sobretudo por influência da amiga Orphila, Elis chegou ao espiritismo cheia de perguntas. Com discrição para que sua ligação com os locais que passou a frequentar não trouxesse inconvenientes — algo que nem ela nem as lideranças espirituais queriam —, ela foi ao Centro Doutor Leocádio, em Curitiba, e conheceu o médium e professor Maury Rodrigues da Cruz para estudar a doutrina de Allan Kardec. Maury liderava o centro no Paraná e passava uma parte do ano morando em um apartamento no Rio. O envolvimento de Elis com sua doutrina foi instantâneo. Uma das raras vezes em que ela falou publicamente sobre o assunto foi ao *Jornal da Tarde*: "Há sete anos venho estudando Allan Kardec e participando de reuniões com pessoas que, como eu, acreditam que a religião ou a religiosidade só tem razão de ser no momento em que também atuem no sentido social".

Orphila narrou a este livro que testemunhou a amiga psicografando mensagens mais de uma vez em reuniões realizadas em sua própria casa. Segundo o que Elis disse à mesma reportagem do JT as manifestações paranormais lhe chegavam compulsivamente, quase sempre à noite, estando ela em qualquer cidade do mundo. Ao menos uma vez, Celina foi chamada para acompanhar Elis a uma sessão espírita no apartamento do professor Maury, na avenida Nossa Senhora de Copacabana, no Rio. Em determinado momento, Elis passou a escrever algo em uma folha de papel com bastante agilidade, como se estivesse recebendo uma mensagem que só ela poderia ouvir.

A cantora chegou a fazer shows nunca divulgados para arrecadar fundos destinados a obras sociais da instituição, e, em 1980, a Globo a convidou para ser uma das intérpretes em um especial em homenagem ao médium Chico Xavier. Elis cantou "No céu da vibração", uma música que Gilberto Gil havia feito para o espiritualista mineiro. "A encarnação, Deus?/ Como será/ Não estar aqui nem lá/ E tão somente andar ao léu/ No céu da vibração?" Apesar de mergulhada no kardecismo, Elis pouco falava do assunto. Mas quem a conhecia bem, acreditando em espíritos ou não, via com bons olhos o fato de, pela primeira vez, Elis buscar equilíbrio para domar as forças que atormentavam seu interior.

23.

Em 1981, Elis sentiu a necessidade de tomar outro trem com destino desconhecido. O argumento de que se reinventar era preciso já soava desgastado, mas era o que ela queria. O esquema dos discos seguidos de shows ano após ano representava um círculo vicioso de muitos artistas, que ela tentava romper usando para isso trabalhos que trouxessem elementos-surpresa de impacto. Ninguém sabia o que era uma grande produção na música brasileira antes de *Falso brilhante*. Poucos acreditavam que um show politizado daria certo em 1978, quando *Transversal do tempo* surgiu. Pois quando a nova década iniciou para valer, a proposta de Elis era desafiadora. Desta vez, ela precisava exorcizar seus demônios a bordo do *Trem azul*.

A cantora procurou o apresentador e produtor Fernando Faro, que chamava a todos de "Baixo" e era também assim chamado pelos outros, um amigo conhecido do programa *Ensaio*, da TV Cultura. "Baixo, me convidaram para eu estrear uma casa aqui em São Paulo, e eu queria que você dirigisse o show, que pensasse em uma coisa simples", disse. Elis queria o contrafluxo de *Saudade do Brasil*, voltar a ser mais cantora e menos atriz. Faro aceitou, desde que ela revisse a ideia da "coisa simples".

O foco agora seria a televisão. Faro se inspirava nessa linguagem para fechar um repertório de canções que havia acabado de migrar para as telas, como

"Alô, alô, marciano" e "Lança perfume", de Rita Lee, e "Menino do Rio", de Caetano Veloso. A intenção era o sucesso, e a graça ficava para quando as caras e bocas de Elis e o instrumental da banda interpretassem vinhetas de programas como *Os Trapalhões* e *Fantástico*. Ao contrário também de *Falso brilhante*, criado sobre o conceito de um espetáculo teatral, *Trem azul* era o momento em que Elis assumia ser filha da TV.

A uma repórter da TV Cultura, ela disse: "Esse show é um programa de televisão. Eu tô admitindo publicamente que sou filha da geração da televisão. Eu nasci em um programa de TV, e a primeira coisa que eu fiz na minha vida profissional foi um programa de televisão, que me fez famosa no Brasil inteiro". E seguiu em sua análise: "Depois, pelos idos de 68, quando a televisão começou a ter uma função um pouco estranha, realmente se criou em minha cabeça, como na cabeça de muito cidadão comum, uma certa animosidade com a televisão. Mas há que se admitir que os tempos estão um pouco modificados. Já até existe debate na televisão, entendeu? Então não há de se culpar essa velha senhora por todos os males do mundo e todos os males pelos quais a sociedade está passando".

Ao final, a jornalista quis saber sobre os planos de Elis para depois da temporada de *Trem azul*. "Meu amor, eu tenho tantos que o nosso tempo seria curto." Sorriu e prosseguiu: "Eu tenho muita viagem programada. Contato com o Japão, contato com a Europa, contato com Europa no período da Copa do Mundo, viagem pela América Latina, gravação de um disco que vai ser editado na América Latina inteira. Tem muita coisa. Não querendo plagiar o Milton, eu já estou com o pé nessa estrada".

Antes de sair, ouviu a última pergunta. Elis estaria realizada como mulher e como artista? "Eu não, de jeito nenhum. Nem num ponto nem no outro. Eu tenho três filhos que não estão totalmente criados, tenho uma menina de quatro anos que não chegou ainda aos sete... E tem tanta coisa que precisa acontecer em minha vida de cidadã comum..." Quanto a sua vida profissional, disse: "Eu não cheguei nem na metade do que eu pretendia realizar ainda. Nos foi ensinado que a ambição é um pecado, o que é uma grande mentira. Eu sou muito ambiciosa, em todos os níveis. Eu quero mais sempre". Há que se pegar o trem? "Há que não se perder o trem. Porque ele para na estação e dá cinco minutos. Se você não entrar, ele parte. Imagina ficar sentada com uma valise do lado vendo o trem partir?"

Elis havia acabado de assinar o contrato com a Som Livre, a gravadora de maior poder midiático na época, justamente por ser da Rede Globo, contra a qual Elis cansou de brigar. "A melhor maneira da gente brigar contra uma série de coisas é ficando próximo do acontecimento, das coisas. Quer dizer, quanto mais gente com a consciência até dessa onipotência ou dessa prepotência da tv Globo estiver lá dentro, mais fácil será eles voltarem a conversar com os artistas e darem a eles o peso e a medida que, na realidade, eles têm", disse a cantora em entrevista ao suplemento Folhetim, da *Folha de S.Paulo*. Elis assinara com a Som Livre depois que o executivo da gravadora, João Araújo, pediu sua liberação da emi e listou todas as benesses que a casa poderia oferecer.

O espaço escolhido para o lançamento de *Trem azul* foi o Canecão-Anhembi, que havia nascido para ser a filial paulistana do Canecão carioca. O cantor e sambista Luiz Ayrão, um dos três sócios do empreendimento, aproveitou a estrutura de uma cozinha industrial da empresa de mudanças Lusitana, que havia funcionado no mesmo endereço, para idealizar seu sonho. Quando percebeu que o teto era baixo demais e que as muitas pilastras poderiam atrapalhar a visão da plateia, correu para solucionar os problemas antes da estreia, marcada para 30 de dezembro de 1980 com um show de Roberto Carlos. Ayrão conseguiu elevar o teto em sessenta centímetros e afinar as vigas, mas não livrar o espaço de todos os problemas. Um brigadeiro da Aeronáutica, morador de uma vila militar que ficava em frente à casa de shows, fez uma visita em tom ameaçador. Se o barulho perturbasse o sono dos oficiais, o espaço seria fechado. Um tratamento acústico, testado com várias guitarras ligadas ao mesmo tempo, foi feito às pressas.

Chamado para fazer a cenografia do espetáculo de Elis, o artista Elifas Andreato ficou preocupado quando viu os pilares no meio do salão e elaborou uma estratégia. Para amenizar o prejuízo visual, criou esculturas de madeira em forma de bonecos que tinham, no lugar de cabeças, monitores de televisão pelos quais o público poderia ver o show. Uma espécie de primórdio dos telões. Mais tarde, as alegorias tão festejadas pela produção seriam destruídas em um acidente com o caminhão que voltava para São Paulo depois de uma apresentação em Porto Alegre. Mas naquele momento era a saída perfeita para um problema estrutural que mantinha diálogo com a proposta de Faro e imprimia um tom futurista.

Tão futurista que inspirou a produção a encomendar as roupas que Elis usaria no espetáculo para um profissional que havia trabalhado, segundo Rogério, irmão de Elis, na equipe de figurinistas do filme *Guerra nas estrelas*. Elifas Andreato não gostou quando Rogério contou a novidade e a entendeu como uma invasão de território. "Sabe o que é, Elifas, o cara é muito fã de Elis e resolveu fazer as roupas para ela de presente", explicou. Elifas ouviu isso como uma desculpa para justificar o atropelo. Fingiu que acreditou, engoliu a seco e decidiu ver para crer. Ao lado de Cesar e da própria Elis, ele seguiu para um ateliê da rua Augusta onde o figurinista esperava a todos com a encomenda pronta. Assim que chegaram, o rapaz se aproximou de Elis trazendo um macacão prateado ao estilo de Darth Vader, uma peça com tanta ponta e brilho que talvez nem o personagem da série de George Lucas teria coragem de vestir. Elis se sentiu ofendida e passou a gritar palavrões incompreensíveis ao estilista norte-americano, que não falava português. "Você acha que eu vou vestir essa merda? Isso pode funcionar na sua terra, aqui não", esbravejou. Depois de sugerir um destino nada digno para a vestimenta, ela virou as costas e saiu. Elifas retomou o posto.

Faltando pouco mais de um mês para a estreia, Elis chegou ao ensaio de cara amarrada. Ao amigo Natan disse apenas três palavras, separando bem as sílabas da última: "Dessa vez, acabou". A mensagem era clara: Cesar não era mais seu marido, muito menos seu diretor musical. O episódio responsável pelo final irreconciliável na história de um dos casais mais prodigiosos da música brasileira se deu diante dos olhos de um músico e produtor, amigo de Cesar e Elis, chamado Sergio Augusto Sarapo. Um trauma que abalaria profundamente a vida de ambos e faria com que Elis Regina, pela primeira vez em quase dez anos, se apresentasse sem Cesar Camargo Mariano.

O paulista Sarapo era dono do estúdio Sonima e amigo de Cesar desde a década de 1960, quando o pianista ainda era casado com a cantora Marisa Gata Mansa. O reencontro se deu anos depois, quando Cesar resolveu alugar o Sonima para gravar um disco de Elis. Cesar, que ainda trabalharia com Sergio fazendo jingles e trilhas publicitárias, havia fundado com ele e outros amigos a Trama, em 1975. O nome havia sido sugerido por Rogério, irmão de Elis, e criado com as iniciais dos sobrenomes dos sócios: T de Edmar Tomy; R de Elis Regina; A de Sergio Augusto; M de Cesar Mariano; e o segundo A de Aldo Astolfi. A sede funcionava no escritório de Sergio, na avenida Rio Branco, 1619.

No ano seguinte à fundação, 1976, Sergio e Astolfi passaram suas cotas da sociedade para Rogério e Cesar e finalizaram suas participações alegando falta de tempo. Sergio Augusto se tornou homem de confiança de Cesar e confidente de Elis. Por muitas vezes, ele presenciou episódios de rompimento e cedeu mais do que o ombro aos amigos. Era em sua casa que Cesar se alojava quando as coisas ficavam insustentáveis.

O dia amanheceu com Elis entrando no escritório de Sergio, na avenida Rio Branco, ao lado de uma senhora desconhecida e uma jovem. As três chegaram em silêncio e subiram as escadas até a sala de Sergio. Bateram e entraram. Ele estava sozinho. Cesar tocava piano trancado no estúdio que ficava no andar de baixo. "Sergio, vim aqui contar para você quem é esse homem chamado Cesar Camargo Mariano", disse Elis. A senhora que Sergio não conhecia era a mãe da garota. As duas haviam procurado Elis com uma bomba. "Só vim dizer para a senhora que o seu marido está tendo um caso com a minha filha", disse a mulher ao se encontrar com Elis. Sergio ouvia tudo calado. Mãe e filha ficaram sentadas nas poltronas da sala em silêncio enquanto Elis triturava a reputação do marido. Ao final, Sergio decidiu deixar as três na sala e descer ao estúdio para falar com Cesar a sós. "A Elis está lá em cima", ele disse, e contou tudo. Cesar respondeu com uma frase antes de sair do estúdio para encarar a esposa e as pessoas que estavam com ela: "Eu amo a Elis".

Sergio havia conseguido apaziguar crises do casal com algum sucesso. Depois de presenciar uma das brigas, convenceu os dois a passarem alguns dias no Guarujá, litoral de São Paulo, e combinou de ir encontrá-los para um fim de semana entre amigos. Quando chegou com a mulher, viu de fora do prédio que algo não estava bem. Elis havia jogado pela janela vários pertences do marido.

O caso agora era mais sério. No mesmo dia que parecia não ter fim, Elis saiu do escritório de Sergio e, sabendo que Cesar estava se hospedando na casa do amigo, seguiu de carro para lá quando já era noite. Estacionou na rua, desceu e apanhou no porta-malas dezenas de LPs da coleção do casal. Arremessou um a um no jardim, entrou de novo no carro e sumiu para não voltar mais. Por anos, Sergio ficou sem saber o que fazer com todos aqueles discos que Cesar não queria aceitar de volta. Acabou negociando-os em um sebo.

Natan não tinha mais dúvidas de que, desta vez, ele e os músicos seguiriam na estrada sem Cesar. O pianista já havia arranjado quase metade das músicas do espetáculo *Trem azul* quando Elis pediu para o guitarrista assumir o cargo. Sua missão era a seguinte: Elis tinha de fazer uma viagem até o Chile para um compromisso assumido no início do ano. Enquanto isso, Natan terminaria de arranjar as canções e chefiaria os ensaios com a banda. Se não desse certo, Elis cancelaria o show. "Não faça isso. Eu topo", disse o guitarrista.

Sem a chefe por perto, Natan poderia trabalhar com menos pressão. O guitarrista pediu ajuda aos músicos e elaborou cada arranjo imaginando como Cesar os faria para não provocar uma ruptura na linguagem que havia sido iniciada. Em uma tarde, Cesar ligou: "Oi, Natan. Estou aqui e não paro de pensar no show. Você não quer que eu vá aí para ajudar a fazer as coisas?". Contar com o amigo naquele momento seria perfeito, mas Natan não queria trair Elis. "Desculpe, Cesar, mas não posso fazer isso. Eu não me sentiria bem, não é o que Elis gostaria." Assim que voltou de viagem, a artista foi checar o que Natan havia feito. Música a música, ela aprovava e se animava, como se sentisse que havia vida depois de Cesar Camargo.

Outro mal-estar durante os ensaios atingiu em cheio a equipe de produção, já combalida pela perda de Cesar e pelas limitações da casa de shows. Elis brigou com o diretor Fernando Faro pelo simples fato de ele ter citado o nome de Cesar em uma brincadeira que gostava de fazer. Logo depois da separação do casal, Faro chegou com a piada: "Baixa, sabe quem eu vi ontem?". "Quem?", quis saber Elis. "O Cesar", Faro dizia isso e sorria, enganando Elis com uma ingenuidade infantil. Mas, desta vez, não teve graça. Elis ficou furiosa com o amigo na frente de todos. Faro sentiu o golpe e saiu de cena, jurando não trabalhar mais com a cantora.

Se Natan se dava bem nas funções que eram de Cesar, por que não Elifas ocupar as de Faro? "Você pode assumir?", ela quis saber. A resposta foi rápida: "Desculpe, não posso. Sou programador visual, não diretor". Elis não gostou da recusa, virou a cara para Elifas e seguiu com os ensaios. Silencioso e distante, Faro escreveu um texto para ser lido pela artista em uma gravação em off durante o show. Elifas passou na casa de Faro, pegou o texto e o levou a Elis. Foi testemunha do brilho nos olhos da cantora assim que ela terminou de ler.

Faro havia escrito a poesia com o coração partido: "Agora o braço não é mais o braço erguido num grito de gol. Agora o braço é uma linha, um traço, um rastro espelhado e brilhante. E todas as figuras são assim: desenhos de luz, agrupamentos de pontos de partículas, um quadro de impulsos, um processamento de sinais. E assim, dizem, recontam a vida. Agora, retiram de mim a cobertura da carne, escorrem todo o sangue, afinam os ossos em fios luminosos e aí estou, pelo salão, pelas casas, pelas cidades, parecida comigo. Uma forma nebulosa feita de luz e sombra. Como uma estrela. Agora eu sou uma estrela". Elis terminou de ler às lágrimas e exigiu a volta de Faro ao ensaio, dizendo que só gravaria aquilo se ele estivesse presente. Faro voltou, deu um abraço apertado em Elis e reassumiu a direção do show. O tempo levaria muita gente a crer que a inspiração para o texto era, na verdade, um sentimento premonitório. Faro negaria tal dom, dizendo que tudo não passara de uma fala sobre o que era Elis naquele começo dos anos 1980 — uma artista disposta a pagar o preço dos falsos brilhantes para mostrar sua arte.

O peso de encarar o palco sem o homem que vivia a seu lado como marido, pianista e arranjador era grande. Elis estava com os nervos por um fio quando decidiu procurar o escritório de um advogado especializado em direitos autorais, amigo de Edu Lobo desde 1973, com serviços prestados a Tom Jobim e Chico Buarque. Samuel Mac Dowell já havia defendido Elis em *Falso brilhante*, quando a produtora Trama foi cobrada de uma vultosa quantia em impostos sobre serviços pela prefeitura de São Paulo. A lei isentava as peças teatrais, não os shows musicais. E *Falso brilhante* era, a princípio, bem mais show que teatro. Mas Samuel trabalhou até provar que aquela nova forma de arte se encaixava na categoria de espetáculo teatral. O crítico Sábato Magaldi, então secretário municipal da Cultura de São Paulo, se juntou a outros dois acadêmicos para endossar a teoria de Samuel, e a Justiça aceitou o argumento, cancelando a dívida.

Ao rever o advogado agora, Elis se apresentava como uma mulher frágil e assustada com o fato de ter de se apresentar sem o marido. Ela dizia que a casa de shows era um problema, um lugar mal-ajambrado e de estrutura caótica. O adiamento da estreia, sugestão de Samuel, chegou a ser cogitado, mas o assunto não foi adiante. A certa altura, depois de conversarem sobre intimidades que nada tinham a ver com questões jurídicas, o advogado percebeu que Elis estava ali porque precisava não de um advogado, mas de um parceiro, um homem. E esse homem poderia ser ele.

Samuel Mac Dowell chegara do Recife com vinte anos para terminar a faculdade de direito no largo São Francisco. O sobrenome materno Mac Dowell poderia ser tanto herança dos escoceses quanto dos norte-americanos que passaram por aquela região. A primeira vez que ele vira Elis foi em um show no Clube Internacional do Recife, quando ela cantou na mesma noite em que Roberto Carlos. De zero a dez, o grau do impacto que sentiu ao vê-la não passou de cinco. Bem depois, seu respeito seria elevado ao assisti-la no *Fantástico* interpretando "Como nossos pais", mas nada que mudasse sua opinião nas conversas com o amigo Edu Lobo. "Para mim, a melhor cantora do Brasil é a Nana Caymmi. A segunda é a Nana, e a terceira é a Nana."

O LP *G.I. Blues*, que Elvis Presley lançou em 1960 como trilha sonora do filme homônimo, chegou às suas mãos em 1964. Um ano depois, ele conheceu o LP de estreia do Zimbo Trio e começou a mudar de rumo. Aos quinze anos, trocaria Elvis pelo Frank Sinatra da fase da gravadora Capitol. Alguns anos mais tarde, em agosto de 1981, lá estavam Samuel e Elis de mãos dadas assistindo ao show de Frank Sinatra no teatro do Hotel Maksoud Plaza, em São Paulo.

Samuel e Elis assumiram o namoro sem medo. Família, amigos e imprensa, todos viam a imagem de Cesar desbotar com a chegada de alguém fora dos padrões da cantora. A mulher que havia vinte anos não conhecia homens que não fossem ligados à música se declarava apaixonada por um advogado bem-sucedido e de aparente controle sobre as emoções, equilibrado mas não frio. Samuel abria a porta do carro, levava flores em dias aleatórios da semana e cobria Elis de carinho e gentileza. Tinha a favor de si a experiência acumulada em um casamento com dois filhos. Quando o interfone do apartamento da Melo Alves anunciava a chegada de Samuel, ela sorria como adolescente e brincava com Celina: "Agora, dá licença porque eu vou me arrumar para o meu namorado".

Se havia um longo caminho para o equilíbrio, algo que talvez jamais fosse atingido, Elis, ao menos agora, respirava em seu próprio lar. Morando com os três filhos e Celina, ela recebia Samuel em casa ou o visitava em seu apartamento ainda improvisado, de homem recém-separado, na avenida Caxingui, no Butantã. Isso quando eles não estavam em shows, restaurantes e gravações de programas de televisão. Quando a alegria de Elis transbordava, ela ligava o aparelho de som da sala e colocava discos de Aretha Franklin e Earth, Wind and Fire para dançar com as crianças. Aquele cantinho agora era seu e seria decorado conforme seu gosto.

Quando passou por Belo Horizonte com *Trem azul*, Elis recebeu um convite especial. Milton Nascimento queria rever a amiga e a convidava para conhecer sua nova casa no bairro Santo Antônio. Iria preparar um almoço especial. Elis topou. Ela levaria o namorado Samuel mais Pedro e Maria Rita. João havia ficado em São Paulo. Para receber a cantora, Milton chamou a amiga Marilene Gondim, uma jovem estudante de direito de 21 anos apaixonada por música brasileira desde o fim dos Beatles, em 1970. Deprimida por causa da dissolução do grupo, Mari já preocupava a família com seu doloroso luto até o dia em que sua avó chegou da rua com um LP nas mãos e disse: "Quem sabe você não gosta desses aqui, minha filha". Era um disco dos Mutantes.

Apaixonada por "Canção do sal", Marilene conheceu Milton sem imaginar que, um dia, trabalharia para ele — o que fez entre 1994 e 2009 como advogada especializada em direitos autorais. Mas ainda era 1981, e Milton a chamou para ajudá-lo na cozinha. Marilene topou e, por sua vez, pediu uma força ao amigo Veveco, que resolveu recrutar outras vinte pessoas. Todas, segundo ele, assistentes de cozinha. Já eram umas cinquenta pessoas na casa, bebendo, conversando e ouvindo e reouvindo na vitrola o novo LP de Milton, *Caçador de mim*, quando a campainha tocou. Marilene abriu a porta e viu uma cena tensa. Maria Rita se contorcia ferozmente no colo da mãe. Samuel, ao lado, segurava sem graça a mão de Pedro. "Quer ajuda?", perguntou Marilene. Eles entraram, e Elis, ao menos enquanto pensou que só havia Milton e Marilene em casa, relaxou.

Milton mostrou os cômodos do andar térreo e a piscina, que batizou de Priscila, enquanto os amigos mineiros esperavam Elis no andar superior. "Aê, Nascimento, bela casa, hein", brincava Elis, cheia de graça, enquanto caminhava entre os móveis. Quando subiu e viu a quantidade de pessoas que a esperavam, sua expressão mudou. Elis ficou tensa, mas, talvez em nome do amigo, esforçou-se para manter a compostura quando foi apresentada aos presentes. Sentou-se no sofá e esperou o almoço ao lado de Samuel enquanto todos seguiam conversando e ouvindo *Caçador de mim*. Quando terminava um lado, alguém virava o disco e a festa seguia. Eram três da tarde, e o almoço não ficava pronto. Maria Rita dormia, Pedro comia todos os salgadinhos, e Elis já não falava com ninguém.

O clima, que era tenso, explodiu quando alguém parou diante da vitrola e subiu a agulha que deslizava, naquele instante, sobre a música "Amor amigo", de Milton e Fernando Brant. A letra parecia feita sob medida para caber o sentimento que Milton tinha por Elis: "O que eu vou dizer/ Você nunca ouviu de mim/ Pois minha timidez/ Não me deixou falar por muito tempo/ Para mim você é a luz/ Que revela os poemas que fiz/ Me ensina a viver, me ensina a amar/ Quem conhece da terra e do sol/ Muito sabe os mistérios do mar".

Elis, que estava muda, deu um grito: "Deixa essa merda tocar aí, porra!". Silêncio absoluto. A mesma pessoa baixou a agulha tentando acertar o ponto da canção que havia sido interrompida. A música voltou a tocar, mas já não era a mesma. Elis saiu minutos depois, sem almoçar. Despediu-se de Milton, disse que tinha de se preparar para a apresentação da noite e partiu. Milton ficou arrasado e, apesar de ter se programado para isso, não foi mais ao show de Elis. Foi a última vez que se viram.

O bem-estar de Elis a fazia querer resgatar antigas amizades. Desde que havia saído da Philips, ela não tivera notícias de Roberto Menescal. A última conversa não havia sido agradável: ele, incomodado por ser chamado de "bundão" na imprensa; ela, sentindo-se preterida pela gravadora. Agora, Elis ligava aos prantos. "Roberto, nós somos dois babacas", disse. "Elis, desculpe, mas eu não briguei com você. Foi você quem brigou comigo", respondeu o produtor. "Esquece isso, você está chateado?", insistiu ela. "Só fiquei triste por termos rompido." Depois de reatarem, Elis o convidou para ver *Trem azul*. "Quero muito que a gente volte a trabalhar juntos." Menescal sentiu que também devia um presente a Elis, e o melhor que poderia dar era uma música que nenhuma cantora quisera gravar.

Menescal havia pedido ao mexicano dos grandes boleros, Armando Manzanero, que mandasse uma canção para estar em um novo disco de Gal Costa. A fita chegou com sete composições, sendo a melhor delas a romântica "Me deixas louca". "Gal, estou te mandando uma música, veja o que acha", Menescal avisou à cantora na primeira ligação. Sem resposta, foi atrás da baiana: "E aí, ouviu?". Gal disse que não havia tido tempo. Algumas semanas depois, ele tentou de novo: "Ouviu a fita?". Nada. Como a cantora não parecia interessada, e nem tocada pelo fato de a versão em português ter sido feita pelo escritor e parceiro de Raul Seixas, Paulo Coelho, Menescal voltou à casa da baiana em busca da fita. Quando chegou, Gal não estava. Uma mulher atendeu à porta. "A senhora deixa eu entrar para eu pegar uma coisa minha que está aí?", pediu o músico.

Com a fita recuperada, ele tentou Maria Bethânia. "Puxa, adoro o Manzanero", comemorou Bethânia. Dias depois, lá foi Menescal saber o que ela havia achado. "Ouviu a música, Bethânia?" Nada. Alguns dias depois, uma nova tentativa: "E aí, Bethânia, gostou?". Também nada. Dias depois, Simone ligou: "Oi, Roberto, soube que você tem um bolero do Manzanero". "Sim, Simone, e ninguém quis gravar." "Então, manda pra mim", pediu ela. Mas foi aí que o papo com Elis aconteceu e "Me deixas louca" mudou de destinatário. Daniel Filho ouviu e deu grande força para que Elis gravasse o tema que poderia ser usado na trilha da novela que ele iria dirigir na Globo, *Brilhante*.

Elis adorou e a entregou nas mãos de seu novo diretor musical, Natan Marques, com a indicação de que a deixasse mais balada e menos bolero. Natan se lembrou da introdução de "You've Got a Friend", de James Taylor, e fez uma abertura de guitarra nos mesmos padrões. Elis aprovou e incluiu algumas frases que havia criado com a voz para serem executadas por um violino em uníssono com a guitarra distorcida de Natan.

O violinista Cassio Poletto tinha 23 anos quando Natan Marques o convidou para a gravação de "Me deixas louca" no estúdio da Som Livre. Ele tocava em bares de jazz de São Paulo e acompanhava Guilherme Arantes com uma visível influência do francês Jean-Luc Ponty, que tocava violino no grupo de jazz fusion dos anos 70, a Mahavishnu Orchestra. Poletto chegou com violino e pedais de efeito e ficou à espera de Elis. A base da canção, com baixo, bateria e piano, já havia sido gravada em outra sessão.

Assim que Elis entrou no estúdio, leve e bem-humorada, estendeu a mão para Cassio e disse: "Muito prazer, Maria Creuza". Eles riram. Natan falou da influência que o amigo trazia da Mahavishnu Orchestra. "Quer dizer que essa gravação vai ficar uma *mahavishnu*", ela gracejou. E emendou: "Toca esse violino direito, menino". Natan havia pensado em uma linha de violino que trouxesse um clima folk, mas o arranjo ganhou outro rumo com a participação de Poletto. Todos ficaram animados.

Antes de deixar o estúdio, Poletto ouviu de Elis algo que o marcou. "Eu ando meio sumida da mídia, mas agora vou voltar porque essa música vai ser tema de novela. Essa você vai enjoar de tanto ouvir." Ele riu. Elis estava divertida, mas deixou escapar algum desconforto: "Fazer sucesso cantando 'Lança perfume' é fácil". Ao dizer isso, imitou Rita Lee cantando o hit que havia lançado com o marido Roberto de Carvalho no final de 1980, com as mãos para cima. "Quero ver fazer sucesso cantando esses versos com as harmonias que eu canto", disse Elis, comparando "Lança perfume" a "Me deixas louca". Quando Poletto e Elis estavam saindo do estúdio, Rita chegou para fazer uma gravação. As duas se cruzaram na porta. "Querida, que bom te ver. Como você está?", disse Elis abraçada a Rita. Poletto pensou: *Mas ela não estava...?* Interrompeu o pensamento, riu e foi embora.

Trem azul estreou como um longo espetáculo de músicas bastante reconhecíveis, incluindo "Me deixas louca". Depois de algum tempo tentando deixar o cabelo crescer e atingindo uma aparência mais conservadora, que parecia inaugurar uma nova personalidade artística, Elis reapareceu no palco com um corte curto de pontas desfiadas e descoloridas, usando um macacão dourado, intencionalmente copiado de uma peça que Rita Lee já havia usado em público, e portando um dos primeiros microfones sem fio do showbiz. A diferença não era mais de show para show, mas de Elis para Elis. Sua postura era a de uma cantora de rock dos anos 1970, uma Janis Joplin que, por vezes, virava Billie Holiday.

Elis surgia em cena mal controlando o próprio corpo, se jogando para a frente e para trás com uma euforia convulsiva. Ao apresentar os músicos, gesticulava os braços com força em direção a eles e aparentava ter as emoções embaralhadas. Fazia graça com Baby Consuelo cantando "Menino do Rio" e fingia lamber as axilas na parte do "dragão tatuado no braço". Ao mesmo tempo que havia um impacto artístico inegável, o show causava desconforto em quem conhecia Elis de outros palcos. "Se eu quiser falar com Deus" deixou Gilberto Gil atônito, tenso primeiro e rendido depois. "Como é que eu vou cantar essa música agora?", comentou com Elifas Andreato. Sua maior oração fazia uma espécie de voo cósmico na voz de Elis. A música "O trem azul" seguia a mesma linha, atingindo uma vibração delirante. Contudo, havia algo de estranho. A Elis que estava ali não era a Elis que todos conheciam.

Uma das mesas do Canecão-Anhembi era ocupada por Caetano Veloso, Sônia Braga, Gilberto Gil e sua mulher, Flora. Avisada por Elifas da presença dos baianos, Elis ficou tensa. "Como é que eu vou cantar agora, Elifas?", tremeu. Mas logo depois escreveu um bilhete para Gil e uma carta de duas páginas para Caetano. Para Gil, poucas palavras: "Um beijo, querido, estou muito feliz por você estar aqui". Em meio às muitas palavras que dirigiu a Caetano,

Elis incluiu um pedido de desculpas por tê-lo satirizado no espetáculo *Transversal do tempo*: "Caetano, eu fico amargurada de pensar que fiz aquilo. Quero que saiba que a ideia foi dos diretores, que eu jamais faria nada que prejudicasse nossa amizade. Te admiro muito". Minutos depois de o show começar, pela quarta ou quinta música, todos da mesa pensaram algo que comentariam depois: "Isso não pode ser só álcool". Gil cochichou com o amigo: "Isso não é normal". Ao vê-la apresentando os músicos com gestos desmedidos, Caetano teve a mesma suspeita: "Isso é cocaína".

Menescal se espantou. As letras tinham perdido a conexão com os sentimentos. Elis chorava nos momentos felizes, sorria nas tragédias e se rastejava a qualquer hora. Se fechasse os olhos, estaria tudo bem. Mas, ao abri-los, parecia ver tudo ao contrário. Do palco, Natan sentia ondas de energia que o abatiam como um tornado. A cantora parecia uma vocalista de heavy metal que usava um volume nas alturas. Zuza Homem de Mello, enviado ao show para fazer uma crítica para o jornal *O Estado de S. Paulo*, percebeu algo estranho. Elis estava exagerada e confiante, com uma postura de palco que não era a habitual. A crítica que ele escreveu foi respeitosa, mas as entrelinhas indicavam que aquela estava longe de ser uma grande apresentação: "É nesse clima de ausência que esse show vem à tona. Cercado de uma especialíssima atmosfera de tensão e de torcida favorável para que tudo dê certo".

As impressões estavam corretas. Elis havia chegado à cocaína, destino surpreendente para uma mulher que passara a vida desaprovando as drogas numa época em que o mundo artístico as descobria. Elis não se intimidava em resistir, ameaçando mandar músicos embora se eles não largassem o que ela chamava de "porcaria". As viagens a bordo das canções tinham alucinógenos o suficiente para tornar dispensável qualquer substância que tirasse seus pés do chão. Mas a cocaína fazia mais. Ao aspirar uma carreira de pó antes de subir ao palco, ela pode ter experimentado uma segurança que havia muito tempo não sentia, uma força que potencializava seu furacão interior, fazendo a ausência de Cesar, no palco e fora dele, se tornar insignificante. O problema era depois.

Fagner já havia reatado a amizade com Elis quando *Trem azul* estreou em São Paulo. Ele se animou para ver a apresentação no Canecão paulista e chamou a amiga Nara Leão e seu diretor, Flávio Rangel, para acompanhá-lo. Nara estava em São Paulo na mesma época, em agosto de 1981, estrelando o show *Romance popular* no Tuca. Ela resistiu ao convite, sentiu que não deveria ir, mas Fagner a convenceu.

Foram os três no fusca de Flávio. Quando o show estava perto do fim, Fernando Faro chegou agachado entre as mesas e parou ao lado dos três: "Vou levar vocês ao camarim assim que o show terminar?". Nara pediu para não ir, mas Fagner insistiu. Assim que o show terminou, Faro os levou. Quando a porta da sala de Elis foi aberta, ela recebeu Fagner com alegria, abraçou Flávio efusivamente e ignorou Nara completamente. Elis brincava com todos. Em um gesto estranho, chegou a ajoelhar-se no chão para beijar os pés de Faro. Nara estava chocada. Elis não lhe dirigia o olhar. "Eu quero ir embora", pediu a Fagner, discreta e de olhos marejados. Os dois saíram. Enquanto voltavam no fusca, Nara chorava e dizia: "Bem que eu sabia que não deveria vir". Foi a última vez em que as duas estiveram juntas.

Elis afundava cada vez mais em porções que chegava a consumir diluídas em doses de uísque para, conforme acreditava, evitar que a voz fosse prejudicada. Elifas Andreato viu quando ela voltou de uma viagem ao Chile. Junto com os dólares do cachê que ganhou por ter participado de um programa de TV, havia cocaína suficiente para oferecer aos músicos da banda. Sem meio-termo, vivendo primeiro para medir o estrago depois, dava de ombros às preocupações dos amigos mais próximos que assistiam à sua escalada como um espetáculo de terror. A temporada de *Trem azul* a fazia perder a medida. Eram raras as noites em que Elis não estava sob os efeitos da droga.

Elifas viu o trem sair dos trilhos ao menos uma vez. Elis se exaltou a ponto de perder a noção do que deveria fazer no palco. Momentos antes da apresentação, o artista disse a Rogério que talvez fosse a hora de fazerem algo. "Rapaz, está difícil. Como é que ela vai fazer esse show?" Elis foi colocada no chuveiro do camarim e lá ficou até se mostrar minimamente recuperada. Seguiu para o palco e fez uma de suas mais confusas apresentações, protagonizando cenas de gestos exagerados e frases desconexas. Quando terminou, Elifas levantou com Faro e Rogério a hipótese de a levarem para um hospital, mas Elis reagiu furiosa, falando como um alcoólatra que jura não estar bêbado. Não havia sentido em procurarem um médico, dizia ela. Uma exposição pública de suas fraquezas diante de seus filhos e de Samuel seria a morte para alguém que passara a vida dando provas de força.

A Elis que Elifas conheceu antes do pesadelo, amiga e carinhosa, também ressurgia quando ele menos esperava. Uma das vezes foi durante uma folga da temporada de *Trem azul*, ainda em São Paulo, quando ela o convidou para jantar em casa. Assim que chegou, foi recebido pela empregada e conduzido ao quarto de Elis. Ela estava lá, abraçada à filha Maria Rita, ouvindo o disco gravado com Tom Jobim. "Nunca mais vai acontecer uma coisa desse tamanho", dizia, extasiada com o próprio feito, sem olhar para o convidado.

Luiz Ayrão conhecia a cantora de outros tempos. Havia visto Elis garotinha chegar do Sul para registrar um de seus primeiros discos nos estúdios da CBS e, quase duas décadas depois, presenciou a gravação de "Alô, alô, marciano". Um dia, foi visitar sua contratada no camarim do Canecão paulista. Ao entrar, percebeu que Elis olhava para a parede e cantava "Upa, neguinho" como exercício vocal, alongando suas notas ao máximo para treinar afinação. *É por isso que ela é a cantora mais afinada do país*, saiu pensando.

Elifas sabia da paixão de Elis pelo personagem Mafalda, do cartunista argentino Quino. Ao ser informado de que o desenhista estava no Brasil, o convidou para assistir a uma sessão do espetáculo. Quino, também um admirador de Elis, aceitou no ato. Antes do show, no camarim, Elifas deu a notícia à cantora, certo de que seria recebida com euforia. "Elis, o Quino, da Mafalda, está aí. Veio ver o seu show." Mas não. "Seu filho da puta. Como é que eu vou cantar agora sabendo que ele está aí?", devolveu. Elifas ficou sem jeito e se retirou.

Ao final da apresentação, Quino ficou para ver a cantora no camarim, mas ela não quis recebê-lo. Desconcertado, Elifas argumentou que seria um despropósito tratar o homem com tamanho desdém. Elis pediu que ele reservasse mesas no La Buca Romana, o restaurante em que gostava de passar os finais de noite, para um encontro em algumas horas. Elifas e Quino chegaram primeiro e esperaram até Elis entrar com os músicos. Sem olhar para o cartunista, ela passou reto, sentou-se em outra mesa e ignorou a existência do argentino. Chateado, Quino foi embora. Mais tarde, Elis foi a Elifas e disse: "Puxa, hoje não deu para falar com ele, né? Mas a gente pode marcar um almoço amanhã lá em casa, o que você acha?". Elifas não tinha mais paciência. "Sinceramente, Elis, se você quiser, fale com ele. Não dá mais." Quino e Elis nunca se encontraram.

A temporada de *Trem azul* seguiu com Elifas assumindo uma nova função: ao final dos shows, ele esperava Elis na porta do camarim. Se fosse preciso, e muitas vezes foi, a carregaria no colo e a colocaria no sofá até que a tempestade passasse e ela voltasse a si. A tempestade passava, mas nunca era para sempre. Depois de uma apresentação, o músico Roberto de Carvalho, marido de Rita Lee, foi para a fila do camarim. Havia algumas pessoas à sua frente, incluindo Miele, mas Rogério, irmão da cantora, abriu a porta e chamou com a voz grave: "Roberto, venha aqui".

Ele se sentiu lisonjeado ao imaginar que Elis queria atendê-lo primeiro, mas, ao entrar, viu a cantora desacordada caída no chão. Os olhos estavam revirados, e a língua, enrolada no céu da boca. O músico sabia o que fazer. Colocou a mão levemente entre os dentes de Elis e desenrolou sua língua. Depois, com a ajuda de Rogério, a levantou com cuidado enquanto ela voltava ao normal. Elis, ainda tonta, disse que estava sendo vítima de magia negra. Seu desmaio, contava, era obra de trabalhos espirituais feitos por pessoas invejosas.

Roberto saiu em choque, mas sem pensar que a cantora poderia estar usando cocaína. Certo dia, ele e Rita viram a amiga tirar um baseado da bolsa na casa do casal, no Pacaembu, mas entendiam que, ainda assim, Elis era careta. Meses antes, Roberto recebeu ligações de Elis nas madrugadas por alguns dias. Ela falava sem parar por até três horas sobre intimidades, Samuel, Cesar e música. Ele achava estranho o fluxo incessante da fala, mas entendia que poderia ser por algum estado alcoólico.

Quando a turnê de *Trem azul* seguiu para Curitiba, Elifas percebeu que Elis estava em guerra com Samuel Mac Dowell. Ao ligar para ele, ela fazia a temperatura subir sempre que o tema era o dia em que iriam viver juntos. Elis queria que fosse logo, mas Samuel titubeava. Em minutos, Elis se descontrolava e batia o telefone com força. Ia então ao banheiro do quarto do hotel, passava algum tempo por lá e voltava a ligar para começar tudo de novo. "Ela está completamente descontrolada, vai perder a medida", disse Elifas a Faro. O salvador de uma possível tragédia naquela noite de Curitiba foi Edu Lobo. O antigo namorado de Elis, agora amigo, estava na cidade e resolveu levá-la a um restaurante.

Edu revia Elis graças a uma coincidência de agendas. O compositor havia criado a trilha para o espetáculo *Jogos de dança*, do Ballet Guaíra, que também estreava na cidade, e convidou sua ex-mulher, Wanda Sá, para assistir ao musical junto com os filhos pequenos do casal. Wanda reencontrava Edu, e ambos reencontravam Elis. Seguiram ao restaurante, jantaram, e, antes que a conta chegasse, Elis chamou Wanda para irem ao banheiro.

Ao entrar, Elis tirou do bolso uma caixinha de metal que continha uma pedra de cocaína. "Ela parecia uma expert no assunto", lembrou Wanda para esta biografia. Elis começou a raspar a pedra para conseguir extrair o pó com uma pequena lixa quando percebeu a expressão da amiga. Wanda não acreditava. "Não, Elis, você não pode fazer isso, por favor", pedia. "Não por quê? Por que você pode e eu não posso?", irritou-se Elis. E Wanda respondeu: "Porque você é a maior de todas".

Wanda Sá era a amiga de idas e vindas na história de Elis. Adorava aquela mulher, entendia suas oscilações de humor e a considerava anos-luz melhor que qualquer outra cantora. Conheceram-se muito jovens, assim que a gaúcha chegou ao Rio e foi parar no Beco das Garrafas. Estava na casa de Nelson Motta quando a imagem de Elis apareceu na TV pela primeira vez. "Como é cafona!", fez coro com o grupo reunido na sala. E também estava, tempos depois, no apartamento dos irmãos Marcos e Paulo Sérgio Valle quando, junto com o mesmo grupo da zona sul, teve de rever todos os conceitos. Sentada no chão, em silêncio, de vestido branco e sapato vermelho, Elis deixava que as pessoas cantassem e afinassem seus instrumentos até o momento em que decidiu mostrar quem era Elis Regina. Assim que chegou sua vez de cantar, soltou a voz com tanta emoção que pareceu silenciar o quarteirão inteiro.

Edu Lobo havia deixado Wanda, sua namorada dos tempos de Beco das Garrafas, para namorar Elis na fase pré-"Arrastão". Magoada, Wanda não quis ficar no país para ver o novo casal trocando carícias e foi morar nos Estados Unidos. Ao retornar ao Brasil, Edu e Elis já estavam separados. Wanda se reaproximou de Edu, refez sua amizade com Elis e a chamou para ser sua madrinha de casamento com o compositor. Wanda também seria madrinha do casamento de Elis com Ronaldo. Era muita história que a credenciava como amiga. Assisti-la agora esticando uma carreira de pó na pia do banheiro de um restaurante não poderia ser mais devastador. Wanda e todas as outras cantoras poderiam fazer isso. Elis, não. Mas ela fez.

Se os amigos viam Elis com uma admiração perturbadora, havia também quem a saudava pelo impacto de suas interpretações. Depois de São Paulo e Curitiba, o espetáculo foi para Porto Alegre, com previsão de chegar ao Rio antes do Natal de 1981. Elis marcava outros afazeres no pouco espaço em branco da agenda, entre shows, tempo com os filhos e momentos com Samuel.

Entre os compromissos profissionais que a estimulavam estava a gravação que o produtor Roberto de Oliveira já havia fechado para a TV Record, a mesma emissora onde tudo tinha começado quinze anos antes. O ideal seria que ela gravasse as duas músicas que estavam no roteiro, "Me deixas louca" e "O trem azul", e fosse para o Rio, onde estrearia o espetáculo. Mas o Aeroporto de Congonhas fechava à meia-noite e os estúdios da Record só eram liberados a partir desse horário. Ou seja, todos seriam muito bem-vindos desde que estivessem dispostos a não dormir cedo. Conhecendo Elis, que não era de repetir música, três horas de trabalho e tudo estaria nos trinques. Mas, naquela noite, não foi assim.

385

Elis queria mais e mais, acreditando que tudo podia ficar melhor. Entre uma e outra gravação, ela entrava no camarim, passava dez minutos por lá com a porta fechada e voltava para o estúdio com a energia redobrada. Gravava outra, voltava ao camarim e retornava ao estúdio. "Vamos de novo", dizia a Roberto. As músicas só não ganharam versões de trás para a frente, e as gravações foram finalizadas quando o dia amanheceu. Ao mesmo tempo que tudo parecia agitado demais, não havia como não admirar as tentativas de Elis de lapidar takes que qualquer diretor daria por definitivos.

De vestido branco, longo, leve e rodado, que a deixava de braços livres, Elis cantava "O trem azul" de costas para Natan e Luizão, rasgando as notas mais agudas no refrão e se divertindo como se descobrisse a canção naquele momento. Arrastados por ela, Natan e Luizão começaram a se olhar brincando com as notas nas brechas que surgiam até que Elis percebeu a sintonia e se virou para cantar olhando para os dois, perseguindo o solo de Natan nota por nota. Subiram juntos uma ladeira que terminava em um mi bemol aparentemente impossível de ser atingido. Mas Elis chegou lá sem fazer força.

Elis vivia com Samuel em aparente harmonia depois dos desentendimentos ao telefone, mas ela confessava sentir a pressão das expectativas. Sob os cuidados da Som Livre, a cantora tinha de pensar em um próximo disco forte para a estreia na nova companhia. As fitas cassete que chegavam dos compositores lotavam quatro sacos de cem litros cada e ouvi-las em detalhes se tornava uma tarefa árdua para a qual Elis, sem Cesar, pedia ajuda a Celina. A fase da matrícula da escola das crianças para 1982 chegara, e Elis, com pesar, a delegou à secretária. No momento de escrever um bilhete de recomendações para ser levado à escola, a cantora se emocionou por não ter tempo de fazer uma das tarefas que tanto amava e redigiu um tratado de amor e liberdade sobre pais e filhos que comoveu Celina.

E tinha Samuel. Em pouco mais de cinco meses de namoro, os dois decidiram que iriam se casar. Antes, porém, queriam comprar uma casa que zerasse o passado de ambos naquele início de vida nova. Acharam primeiro um imóvel no Alto de Pinheiros, do qual gostaram muito, a não ser pelo fato de não haver um cômodo anexo para Elis ensaiar. Seguiram então para o Morumbi, onde depararam com outra mansão, mas a negociação não foi adiante. Eram dias extenuantes de olhar casa por casa em ritmo acelerado, já que Elis queria resolver tudo até o Natal para entrar em estúdio no início de 1982 sem pendências. Encontraram uma na rua Chile, no bem localizado Jardim América, e fecharam negócio. Enquanto a papelada não saía, Elis seguia com a família na Melo Alves. Vivendo no ritmo de Elis, Samuel a conhecia rápido, em seus dons e suas fraquezas.

A imaginação de Elis fez Samuel virar Ronaldo Bôscoli ao menos uma vez. Samuel queria aproveitar o fim de semana para ver os filhos no Rio. Eles estavam com a ex-mulher desde a separação. Assim que chegou à casa do irmão, de onde partiria para se encontrar com os meninos, recebeu um recado da cunhada. "É melhor você ir cuidar da Elis." A cantora havia ligado em fúria, certa de que seu noivo estava nos braços da ex-mulher.

Depois de passar a tarde de sábado com os meninos, o advogado decidiu voltar para São Paulo. Desembarcou em Congonhas às 21h30 e comprou um jornal para ver onde a noiva faria o show naquela noite. Descobriu o endereço da casa em Santos, pegou o carro que havia deixado no estacionamento do aeroporto e seguiu para lá. Quando chegou, Elis já havia se apresentado. Estava no camarim, exausta e chateada. Sem falar nada sobre a ligação, tirou a maquiagem e a roupa do espetáculo, entrou no carro de Samuel e deitou a cabeça em seu colo para ser acariciada enquanto subiam a serra de volta a São Paulo em silêncio.

Foi em reuniões para definir o novo disco que alguns amigos souberam que Elis estava usando cocaína. Em uma delas, na casa de Daniel Filho, Elis fez um sinal que surpreendeu o amigo diretor, ao tapar uma das narinas com uma mão e aspirar forte com outra, tudo bem discreto para que ninguém percebesse. Em outra ocasião, começou a ouvir verdades de Natan até resolver lhe cortar as asas. "Pô, Baixinha, você não deveria entrar nessa, porque você para mim já é uma Ferrari, está sempre a mil. Pra que envenenar o motor de uma Ferrari? Por que você não fuma um baseado?" Maconha nunca fora sua praia. "Nem vem. Nunca gostei desse mato, não."

A exceção da vida limpa de Elis havia sido a mescalina que tomou na primeira noite com Nelson Motta, na casa da avenida Niemeyer. Elis era chata com o assunto. Em um jantar com o presidente da Philips, André Midani, ela ficou chocada ao vê-lo tragar um cigarro de maconha. No dia seguinte, resolveu ligar: "Midani, eu não admito que meu patrão use drogas". Quando passou uma temporada morando na casa da família Figueiredo, assim que se mudou do Rio para São Paulo com Cesar e João, ela fez um escândalo ao pegar um cigarro de maconha entre as coisas de Patrícia, a filha mais nova de Abelardo.

Seus músicos eram tratados na rédea curta. Um deles tomou uma bronca por usar um perfume de patchuli que Elis teve certeza de se tratar de qualquer substância alucinógena. "Pô, que coisa mais careta, para com essa merda", dizia para Nenê quando o via com um baseado nas mãos. Certa vez, em um hotel de Curitiba, onde estavam hospedados na época do Circuito Universitário, Elis acordou furiosa no meio da noite ao perceber que os jogadores de um time de futebol que estava no mesmo hotel fumavam maconha em seus quartos. Fez todos os seus músicos acordarem para mudar de hotel.

Mãe, 36 anos, três filhos pequenos, ideias combativas, posturas firmes, Elis parecia protagonizar um filme de roteiro inverossímil sempre que alguém a imaginava cheirando cocaína. A droga caía como um vestido fora de moda mais por questões culturais do que moralistas. Elis havia feito suas revoluções e superado a fase da rebeldia, passando ilesa pelos ácidos dos anos 1970 e segurando a barra até o início de 1980, quando a cocaína estava disseminada no universo artístico. Diretores de TV, atores de novela, músicos e cantores eram seduzidos pelo pó. Quem não caía por gosto caía por moda. Cheirar era cool, algo que estava de acordo com os novos dias, uma atitude libertadora. Elis, que se sentia deslocada por não usar a droga, começou a se incomodar consigo mesma e a rever seus conceitos. "Eu chego aos lugares e as pessoas mudam de assunto. Estou cansada de ser a polícia dos meus amigos", disse certa vez, frase que o filho João ouviu. Sua chegada às drogas era tardia mas intensa, praticada por uma mulher em constante crise existencial. Elis decidiu implodir a sobriedade que havia construído esticando carreiras de pó até no banheiro de sua própria casa, sempre escondida de Samuel.

Depois de uma apresentação do *Trem azul* em São Paulo, o namorado decidiu chamar alguns músicos e amigos de Elis para uma reunião doméstica. Ao chegar, a casa já estava cheia, e ele percebeu que havia um entra e sai sem fim do banheiro, com narinas fungando mais do que o normal. Avisado por uma amiga de confiança de que Elis andava cheirando cocaína havia alguns meses e que ela fazia tudo às escondidas dele, Samuel se sentiu traído, mas não levou o assunto à mulher. Naquela noite, resolveu acabar com o jogo. "Pessoal, é o seguinte: aqui não tem polícia, não tem nada disso. Então escutem: está proibido cheirar escondido, o.k.? Podem cheirar onde quiserem, liberou geral." Elis se encolheu ao seu lado.

24.

Em dezembro de 1981, Elis vivia um processo de revisão. Depois de um bom tempo sem falar com Ronaldo Bôscoli, ela resolveu ligar para o ex-marido. Ele estava na casa de Miele. Quem atendeu foi o assistente pessoal de Bôscoli, Joseph Pessanha. "Ronaldo está aí?", perguntou Elis. Joseph passou o telefone ao chefe, que tapou o aparelho com uma das mãos assim que ouviu a voz de Elis e comentou: "Lá vem bomba". Em seguida, ficou apenas ouvindo o que ela dizia. As lágrimas começaram a descer em seu rosto. Bôscoli se despediu de Elis, desligou o telefone e caminhou até o jardim. Pessanha perguntou o que havia acontecido, e ele respondeu: "Ela quer que eu veja João com frequência, quando quisermos. Pediu perdão por ter misturado os papéis de mulher e de mãe. Disse ter errado profundamente. O menino tem um pai e precisa conviver comigo". Em seguida, Elis falou com João: "Fiz as pazes com seu pai. Preciso do seu perdão, filho. Já combinamos tudo. Você vai visitá-lo no Rio ou quando quiserem".

Alguns dias depois, Elis e Samuel planejaram um Natal diferente, só entre eles e as crianças. Sem João Marcello, que preferiu ficar em São Paulo com a avó, seguiram com Pedro e Maria Rita no automóvel MP Lafer da cantora para Foz do Iguaçu, no Paraná, a fim de conhecer as Cataratas. Elis e Samuel tiveram momentos leves, falaram com entusiasmo sobre morar juntos e curtiram as crianças. Um dos poucos ruídos aconteceu quando o noivo tomou uma bronca ao pegar algo nos pertences de Elis sem avisá-la — uma resistência da cantora que só faria sentido dias mais tarde. Assim que voltou para São Paulo, Elis seguiu, agora sem Samuel, para uma viagem ao litoral com Maria Rita, Pedro e uma amiga dezessete anos mais nova, Patrícia Figueiredo.

Algo em Patrícia fazia Elis ver a si mesma quando criança. Ao escrever bilhetes para Laura, mãe da garota, ela assinava "Patrícia 2" e a protegia como se fosse sua própria filha. Era com ela e com sua irmã mais velha, Mônica, que Elis parecia resgatar a infância da qual havia sido retirada pelo trabalho ainda em Porto Alegre. Jogavam pedrinhas, tarô e encapavam cadernos. Patrícia a imitava atrás dos candelabros da sala, usando-os como microfone, e anotava frases engraçadas que ouvia de Elis como "a roupa que eu estou usando pode estar suja, mas eu estou limpa, bicho" ou "fique de olho na privada: se o cocô boia, a cabeça está boa. Se afunda, está ruim". Uma graça infantil. Quando foi viver em Paris, Patrícia recebia cartas de Elis, que escrevia preocupada com uma possível alienação social. "Não seja burguesa, esqueça as lojas Dior e companhia limitada. Coloca um jeans, caneta e bloco no bolso e sai anotando tudo o que você vir por aí. Você recebeu ouro em pó, não desperdice." Patrícia voltou a conviver com Elis assim que retornou ao país e aceitou substituir uma atriz no grupo que participava do espetáculo *Saudade do Brasil*. Para fazer a cantora rir, gostava de imitar Gal Costa se despedindo do público com os cabelos ao vento.

Patrícia não tinha a seu lado uma amiga amargurada ou depressiva quando as duas chegaram à praia de Juquehy, no litoral norte paulista. Estavam com Pedro e Maria Rita cheias de energia para fazer as velhas piadas. Sentada no banheiro, Elis cantava para Patrícia uma versão que havia acabado de criar de "Meu bem, meu mal", um sucesso de Caetano Veloso na época, gravado por Gal Costa como tema da trilha sonora da novela *Brilhante*, a mesma para a qual Elis registrou "Me deixas louca". "É assim que ela tem de cantar…" E seguia arrastando os tempos para dobrar sua duração, com um timbre delicioso que fazia lembrar Nina Simone. A grande voz estava ali, sentada diante de Patrícia, fazendo uma brilhante performance em seu vaso sanitário. A graça só acabava quando a cantora usava cocaína.

Ao voltar do litoral, Elis adentrava o ano de 1982 com uma indisfarçável angústia. Depois de passar o réveillon com Samuel, ela voltou a falar de trabalho e de família. Por sua vez, Samuel também passou a levantar questões que o preocupavam. Viver com Elis sob o mesmo teto parecia uma realidade próxima até que ele foi tomado pelo sentimento de estar abandonando os filhos ou, pior, substituindo suas crianças pelas de Elis. A crise pessoal de Samuel, indeciso sobre morar ou não com Elis, atingiu a cantora em cheio, e um silêncio pesado pairou sobre o casal de sexta até a manhã de domingo. Pela tarde, eles começaram a se desarmar, mas a trégua só duraria até a noite.

Segunda, dia 18 de janeiro de 1982, foi um dia cheio, com Rogério e a família chegando para o almoço depois de vinte dias de férias em São Pedro da Aldeia, no Rio. Elis acordou cedo e foi para a cozinha, queria preparar um almoço de gala para o irmão, a cunhada Biba e os dois sobrinhos que ela não havia visto no Natal. Eles almoçaram, contaram sobre a viagem e trocaram presentes até a hora em que Rogério e Biba saíram para levar a filha Carolina ao pediatra. Natan Marques e Ronaldo Bastos chegaram no começo da tarde, um pouco antes de Rogério sair, e foram direto para um dos quartos revirar os sacos de fitas em busca de músicas para o novo disco. A noite fecharia com um jantar à luz de velas preparado para Samuel, uma investida definitiva de Elis para fazer as pazes com o namorado. A programação do longo dia tentava satisfazer os universos que eram mais caros a Elis: família e trabalho.

Com Natan e Ronaldo foram horas de audição sem nenhuma definição. Elis evitava fazer escolhas até vencer ao menos metade do material guardado nos quatro sacos plásticos. Havia ainda outras possibilidades que não estavam no lote. Era certo que uma nova canção de Edu Lobo entraria naquele ou em um próximo disco. Daniel Filho também havia atiçado o ímpeto empreendedor de Elis ao sugerir que ela fizesse um disco de crooner, inspirado nas seleções que as pessoas faziam em casa quando gravavam suas músicas preferidas em fitas cassete — uma febre na época. Para Daniel, era a hora de Elis mostrar o que gostava de cantar em casa com um álbum menos autoral e mais pop.

Ronaldo Bastos escolheu "Gema", samba de Caetano Veloso, e pediu que Arrigo Barnabé criasse o arranjo. Elis falou de "Till There Was You", dos Beatles, que acabaria sendo gravada por Beto Guedes na versão em português feita por Ronaldo em 1984. Dori Caymmi era um dos nomes na lista dos arranjadores. O produtor Lincoln Olivetti, em alta nos estúdios da época, poderia ser chamado para imprimir o acento pop que as rádios pediam. Mais definida estava uma versão para "Nos bailes da vida", de Milton Nascimento, com menções propositais a "Something", de George Harrison.

A ideia era de Natan. Ele queria começar a canção com o solo da introdução de "Something" e entregar para "Nos bailes da vida", ao mesmo tempo que um arranjo com as frases da música do beatle soasse por trás. O solo de "Something" voltaria no meio, antes que "Nos bailes da vida" fosse cantada pela segunda vez. "É só a gente pedir autorização para usar os solos", propôs. Elis sorriu, empolgada. "Isso é do cacete, Natan! Por que a gente não grava amanhã?" O estúdio estava marcado para a semana seguinte. "Vai lá, Elis, acho que você consegue mudar isso, você é a chefe", sugeriu o guitarrista. "Então vamos fazer isso amanhã, às três da tarde", decidiu Elis.

Natan, Ronaldo e Elis passaram a noite de 18 para 19 de janeiro falando da vida, quando não de música. Ninguém, segundo Natan e Ronaldo, consumiu drogas durante as horas em que estiveram juntos. Nas lembranças de Ronaldo, Elis não apresentava sinais que denunciassem ter cheirado cocaína. João Marcello trouxe algumas latas de cerveja da cozinha, e Ronaldo tomou duas. Por volta das 20h30, Natan e Ronaldo decidiram ir embora, mesmo sob a insistência de Elis para que ficassem. Mas Samuel havia chegado do trabalho, e eles não queriam atrapalhar o jantar do casal. Quando se despediam, Elis percebeu que a noite estava fria e que Ronaldo usava apenas camiseta. Pediu que esperassem um segundo, foi ao quarto e voltou com um suéter de lã verde-escuro. "Coloque isso, está frio", pediu. "Não precisa, Elis, obrigado", disse Ronaldo. "Pode levar, é seu. É um presente", disse ela, e fechou a porta.

Elis e Samuel começaram um silencioso jantar por volta das nove, quando as crianças já dormiam. O clima era romântico, e a mesa, farta e iluminada por velas. Samuel queria viver aquela felicidade sem se sentir mal por não ter os filhos ao lado, mas não conseguia. E sabia que levar seu drama mais uma vez a Elis poderia colocar tudo a perder. Quando começaram a conversar, por volta das 23h30, ele mencionou o assunto e Elis apanhou a capa de um LP que estava ao lado e cobriu o rosto, demonstrando indisposição em seguir ouvindo. Samuel reagiu: "É melhor eu ir embora". Levantou-se e saiu. Elis ligou para a portaria do prédio logo depois de sua saída, um pouco antes de meia-noite, e falou com o porteiro: "Seu Manoel, não deixe ninguém subir a partir de agora. Nem minha mãe, nem meu pai, nem o Samuel, nem Deus".

Minutos depois de chegar em casa, Samuel decidiu ligar para Elis. O embate começou com uma intensidade ainda maior. Elis estava nervosa e, aos poucos, mostrou-se incontrolável. Após falar os palavrões que queria sem ouvir as réplicas, bateu o telefone. Alguns minutos depois, voltou a ligar em tom de reconciliação, mas sua raiva logo retornou. Ela disparou mais alguns palavrões e desligou outra vez. Samuel ligou várias vezes, mas Elis havia tirado o aparelho do gancho.

Samuel acordou às seis horas da manhã, uma hora e meia antes do horário de costume. Ele se levantou, tomou banho e se vestiu com elegância para ver Elis, decidido a enterrar a noite anterior com beijos e abraços, mas um estranho impulso o fez ficar em casa. Pensou que não poderia fazer isso sempre que brigassem e que seria um despropósito aparecer na Melo Alves tão cedo depois de uma noite como aquela. Convencido de que era a coisa errada a fazer, tirou a roupa e voltou para a cama.

Elis saiu do quarto às seis horas da manhã. Fez o café e acordou João Marcello entre 6h30 e sete para comerem juntos. Estava com olheiras profundas de uma noite maldormida, mas parecia tranquila. João, que não gostava de café, tomou leite com achocolatado, e Elis, café com torradas. Os dois haviam combinado de ir ao shopping à tarde para comprar roupas para ele. João estava ansioso. Após comer e conversar, Elis voltou para o quarto e trancou a porta. Eram quase nove horas da manhã.

Quando Samuel já estava no trabalho, entre nove e 9h30, o telefone tocou. Com uma voz suave, Elis mostrava-se arrependida. Dizia que a situação deveria ser superada, sem brigas nem cabos de guerra. Alguns minutos depois, ela passou a emitir palavras desconexas e a voz ficou lenta e pastosa. Samuel tentava intervir, mas era em vão. As frases da cantora saíam cada vez mais espaçadas e a pronúncia se tornou incompreensível. "Elis, Elis!", Samuel chamava. Então, ela disse seu nome por três vezes e o telefone ficou mudo. Ele saiu do escritório às pressas em direção à Melo Alves.

De um orelhão próximo ao bairro dos Jardins, a secretária Celina tentava avisar Elis de que iria passar na oficina mecânica para pegar o jipe que ficara para consertar e seguir o quanto antes para o trabalho. Elas já haviam acertado de ouvirem juntas mais fitas cassete. A empregada Maria das Dores atendeu ao telefone e disse que a patroa ainda não havia saído do quarto nem para lhe dar o dinheiro da feira. Celina ligou várias vezes para o número do quarto, mas só ouviu o sinal de ocupado. *Com quem ela tanto fala?*, estranhou.

Sem esperar mais, Celina foi para a oficina, apanhou o carro e dirigiu às pressas para a casa de Elis, seguindo uma intuição de urgência. Ela já estava perto quando outro veículo passou a seu lado em alta velocidade. Assustada, pisou no freio e o banco em que estava se deslocou. Celina perdeu o controle do jipe, que deslizou perigosamente, fazendo uma das portas se abrir. Depois de se recuperar, amarrou a porta com a alça da bolsa e retomou a direção, mas foi surpreendida outra vez. A gasolina do carro acabou. A secretária foi à casa de um amigo que morava perto e pediu para usar o telefone. Tentou ligar para o quarto de Elis algumas vezes, mas, de novo, não foi atendida. Então, deixou o carro na rua e foi caminhando para o apartamento.

Samuel chegou ao endereço de Elis irreconhecível. Entrou pela portaria e cruzou com os pequenos Pedro e Maria Rita, que estavam sendo cuidados por duas empregadas no playground do prédio. Ao ver Maria das Dores, pediu as chaves do apartamento e subiu às pressas. Ela foi atrás. Ele entrou com facilidade pela sala e correu até o quarto de Elis, mas percebeu que a porta estava trancada. Chamou algumas vezes, mas Elis não respondeu. Pediu então que Dores trouxesse uma caixa de ferramentas. Com um martelo, forçou a chave de fenda contra a maçaneta e arrombou a porta. João apareceu assustado, perguntando o que estava acontecendo, mas foi impedido de entrar: "Vai brincar João, está tudo bem", disse Samuel, impedindo com o braço a entrada do garoto. João obedeceu, e Samuel entrou no quarto. Elis estava caída no chão, ao lado da cama, segurando o telefone com a mão estendida para o seu lado direito. *Não é só um desmaio*, ele pensou, antes de tentar reanimá-la. Em seguida, ligou para um amigo do escritório, o também advogado Marco Antônio Barbosa, e explicou o que estava acontecendo. Depois, discou o número de emergência e chamou uma ambulância.

Celina entrou no apartamento querendo saber de Elis. "E essa mulher que não atende telefone?", disse. "O Samuel está lá chutando a porta, parece que ela dormiu mesmo", respondeu Dores. A secretária correu até o quarto. Elis estava desacordada e Samuel tentava reavivá-la. Ele gritava seu nome enquanto a massageava e fazia respiração boca a boca. "Nós vamos sair dessa", repetia Celina. Samuel já havia ligado para o 191 pedindo uma ambulância com urgência, mas Celina voltou a ligar. Ao desligar, correu para o lado da amiga e insistiu em chamá-la. "Lili, fala comigo?", disse, chorando. "Por favor, Lili, fala comigo."

Samuel decidiu não esperar mais. Às 11h20, uma hora depois de chegar ao apartamento, desceu pelo elevador com Elis no colo e pediu que Celina corresse até a frente do prédio para chamar um táxi. No instante em que ela voltava para avisar que o carro já estava na entrada do edifício, um outro táxi chegou trazendo um amigo de Samuel, Marco Antônio, e um médico, o dr. Álvaro Machado Junior. Samuel entrou no banco de trás com Elis no colo. O médico sentou-se à frente. Celina e Marco Antônio seguiram no outro carro.

Foram poucos minutos até chegarem ao Hospital das Clínicas. O táxi parou buzinando na entrada do pronto-socorro, e todos desceram às pressas. O motorista Manoel ajudou Samuel e Álvaro a colocar Elis em uma maca que a equipe de plantão trouxe rapidamente. Depois de receber de Celina o pagamento pela corrida, Manoel já manobrava para partir quando viu que Samuel havia deixado sua agenda cair no banco traseiro. Desceu novamente e correu até a recepção, mas não o encontrou. Deixou o objeto com uma atendente, que anotou seu nome e a placa do carro. Celina fazia a ficha de Elis quando estremeceu com os pensamentos que começaram a chegar com uma velocidade angustiante. "Meu Deus, as crianças. Quem está cuidando das crianças?"

A maca com o corpo de Elis chegou à sala de emergência do hospital às 11h35. Naquela manhã, a dra. Elisabeth Lima Nicodemus tentaria salvar a mulher que ela considerava um mito. "Parada!", gritou um enfermeiro, sinalizando que se tratava de um paciente com parada cardiorrespiratória. A jovem médica de 29 anos, formada havia dois, voltava ao trabalho naquele dia, depois de uma licença-maternidade de três meses. Minutos antes de Elis chegar, três companheiros da equipe de emergência da 1ª Clínica Médica do HC combinaram de almoçar juntos. Elisabeth não foi. Queria usar o horário de almoço para passar em sua casa e amamentar a filha. Mas só faria isso quando os amigos voltassem. Elis chegou antes.

Auxiliares e técnicos vieram para seguir as orientações de Elisabeth. Antes de saberem que era Elis quem estava em suas mãos, perceberam que a paciente parecia jovem demais. As chances de recuperação seriam boas se agissem rápido, mas o eletrocardiograma apontava que ela não tinha movimentos respiratórios espontâneos nem batimentos cardíacos. Fizeram a entubação para iniciar a ventilação artificial, investiram em uma forte massagem cardíaca e administraram adrenalina, gluconato de cálcio e carbonato de sódio intravenosos.

Elisabeth apalpou o corpo de Elis em várias partes e percebeu que ele não estava gélido. Não havia o que os médicos chamam de rigidez cadavérica, o que indicava que a parada cardíaca era muito recente. Mas Elis não respondia a nenhum procedimento. As insistentes massagens no peito e os choques elétricos para reanimá-la foram inúteis. Às 11h45, quando a ficha da paciente chegou ao setor de emergência com o nome datilografado, Elisabeth levou um susto: "Elis Regina Carvalho Costa". A mesma que a emocionava quando menina, no palco do programa *O Fino da Bossa*. Elisabeth se sentia frustrada. Ela queria trazer Elis de volta, mas os sinais mostravam que a cantora havia chegado aos seus cuidados tarde demais.

A notícia de que tentavam reanimar a cantora voou pelos corredores do hospital e mobilizou médicos, enfermeiros e técnicos de várias áreas. Muitos chegavam para oferecer ajuda. Celina acompanhava tudo de uma distância permitida, mas conseguiu ver por uma fresta uma mulher de traços orientais quase que de pé sobre a maca, apoiada sobre o corpo da cantora. O barulho das massagens e dos desfibriladores criava uma expectativa insuportável na secretária. Tudo o que Elis precisava fazer era tossir, gemer, dar um único respiro. "Ela continua parada", dizia um enfermeiro. Os médicos tentaram por muito tempo, até que Celina ouviu a frase que fez escurecer tudo ao redor: "Não tem mais jeito". Antes de o óbito ser declarado, o diretor do hospital, Luiz Baccalá, disse a Elisabeth que o corpo de Elis deveria ser enviado ao Instituto Médico Legal, e não ao Serviço de Verificação de Óbito. Para ele, aquela morte deveria ser explicada, e, uma vez que o corpo chegasse ao IML, um inquérito policial seria aberto para investigação.

Celina saiu à procura de um orelhão. Ela estava chorando quando ligou para o médium Mauri, em quem Elis confiava. Queria pedir ajuda aos espíritos. Quem atendeu ouviu um clamor incomum. "Pelo amor de Deus, façam alguma coisa. Eu preciso falar com o professor Mauri. A Elis morreu." Sem saber o que responder, o atendente disse o que achou que deveria dizer naquele instante: "Desculpe, mas o professor Mauri não está. Pode deixar que eu darei o recado assim que ele voltar".

Do mesmo orelhão, Celina começou a ligar para quem conseguia se lembrar, dando a notícia da morte enquanto o corpo seguia para o IML, ao lado do Hospital das Clínicas. Os amigos e a família chegavam em busca de informações. Natan desmaiou em frente ao hospital assim que um médico confirmou a morte. Walter Silva chorava sem controle. Ronaldo Bastos, em choque, lembrou-se da frase do policial no dia de sua prisão: "Avisa Elis que ela vai se ver com a gente. Ela não perde por esperar".

A partir do momento em que os jornalistas chegaram, o pesadelo dos que amavam Elis foi instantaneamente potencializado e se tornou comoção. Seu Manoel, o motorista que a levara ao hospital, ouviu pelo rádio do carro que a mulher que carregara em seu banco traseiro era Elis Regina. E que, agora, ela estava morta. Do IML o corpo seguiu para ser velado, não por acaso, no Teatro Bandeirantes, o mesmo palco onde Elis havia se apresentado muitas vezes.

A equipe do perito Jorge Hizume, da Seção Técnica de Perícias em Crimes contra a Pessoa do Instituto de Criminalística, recebeu uma ligação às 14h20 do delegado Carmo Aparecido Camargo para comparecer ao apartamento de Elis Regina a fim de esclarecer a ocorrência. O pedido foi oficializado mais tarde em uma mensagem teletipada do 4º Distrito Policial, assinada por Carmo. "Solicito técnica para local de morte a esclarecer à rua Doutor Melo Alves, 668. Vítima: Elis Regina Carvalho Costa."

Ao receber a primeira ligação, no entanto, Jorge Hizume não tinha o endereço do apartamento de Elis e combinou com o delegado de se encontrarem no pronto-socorro do HC para apanharem as coordenadas. Enquanto os técnicos tentavam se entender, o apartamento de Elis recebia pessoas que alteravam a cena do quarto no instante da morte. Além das empregadas que haviam ficado no local o tempo todo, Samuel, acompanhado por dois irmãos, voltou ao endereço enquanto o corpo estava no IML. Mais tarde, Rogério fez o mesmo.

Os técnicos chegaram anotando o que podiam. Na suíte de Elis havia uma cama de casal, uma estante, uma mesinha, uma chapeleira e um armário. Sobre a cama, algumas almofadas e um lençol amarrotado. A estante, entre a cama e a porta, abrigava livros, um aparelho de som, uma TV, fitas cassete, vasos com plantas ornamentais e outros objetos. O telefone ainda estava no chão, próximo à mesinha. Sinais menos comuns apareceram quando observaram a porta do quarto de Elis. A fechadura, retirada por Samuel, havia sido cuidadosamente recolocada, com um dos parafusos frouxo. No banheiro, conforme anotaram, não havia anormalidade. Um armário de parede guardava produtos homeopáticos e, dentro de uma caixinha que ficava em um móvel junto à banheira, comprimidos próprios do que os técnicos chamaram de "farmácia caseira". Os peritos perceberam que aquele cenário poderia ter sido alterado e avisaram sobre isso no laudo técnico.

A primeira a entrar no quarto depois de Samuel sair com Elis nos braços foi Maria das Dores. A empregada potiguar de quarenta anos disse à polícia que encontrou o quarto relativamente arrumado, mas que não estranhou. "Elis tinha problemas de coluna e gostava de dormir no chão." Afirmou também que muita gente chegou logo depois da morte da cantora. Sobre drogas, respondeu que "o único pó branco que sua patroa tomava, conforme sabia, era sal de frutas" e que, quando se sentia cansada, usava calmantes como o Carmocetina para dormir. Dores, no entanto, revelou que, ao entrar no quarto, retirou de lá uma garrafa de Cinzano branco caída no chão do quarto com apenas um resto de líquido. E que havia também recolhido todo o lixo que estava no banheiro e jogado seu conteúdo em um saco plástico.

Samuel pode ter sido a segunda pessoa a entrar no quarto de Elis depois de o óbito ter sido declarado. Ao retornar ao apartamento, foi até a suíte apanhar algumas fotos que havia tirado com a cantora. Ficou lá, sozinho por um tempo que não soube precisar, mas disse em depoimento à polícia que já havia encontrado o lugar arrumado. Informou também que encontrou no banheiro da suíte um envelope vazio onde deveriam estar quatro comprimidos do remédio Sonotrat. Sua observação no depoimento foi de que o Sonotrat era um medicamento que Elis usava em raras ocasiões, quando precisava se recuperar para os compromissos do dia seguinte. Samuel afirmou que, assim que viu a embalagem do remédio no banheiro, a colocou em seu bolso. "Por quê?", quiseram saber os policiais. Ele respondeu que nem sabia o motivo de sua reação, mas talvez por lamentar a descoberta naquele momento, já que muitas vezes insistira com Elis para que ela deixasse de tomar esses medicamentos. No mesmo depoimento, o advogado reforçou que "Elis jamais fez uso de qualquer tóxico durante os seis meses em que conviveram e que, dada a intensidade dessa convivência, pode fazer essa afirmação com absoluta certeza".

A notícia da morte devastou Cesar Camargo quando ele comemorava o fato de ter feito as pazes com a ex-mulher. Ele estava na sede da Som Livre, no Rio, produzindo para o diretor artístico Max Pierre o novo disco de Cauby Peixoto. Ao mesmo tempo, Max fazia reuniões na casa de Elis aos sábados para definir o repertório do próximo álbum. Dias antes de um desses encontros, Cesar havia sofrido um acidente de moto na avenida Marquês de São Vicente, no Rio, e quebrado um braço em três lugares. Max comentou com Elis sobre o tombo e sentiu a preocupação da cantora.

No domingo, Elis ligou para Cesar dando bronca: "Tá pensando que é moleque com essa moto?". Era a primeira vez que se falavam desde a separação.

Na mesma ligação, fizeram as pazes e ela permitiu que ele visse os filhos Pedro e Maria Rita. Justamente quando Cesar contava a Max sobre sua alegria por ter falado com Elis, um produtor entrou na sala com a notícia: "Vocês viram que a Elis Regina morreu?". Cesar primeiro duvidou, mas em seguida começou a esmurrar a mesa e a parede do escritório aos berros, em meio a uma crise de nervos. Max e seu funcionário o contiveram, e a mulher do diretor trouxe um copo de água com açúcar. Aos poucos, Cesar foi se acalmando. Os dois tomaram o primeiro voo para São Paulo e Max veio ao lado do colega, que não conseguiu conter o choro durante todo o trajeto. Ao chegar em São Paulo, Cesar foi direto para a casa de Elis, onde encontrou os filhos.

A fila no mesmo endereço que um dia foi formada por uma multidão vinda em caravanas para ver *Falso brilhante* perdia-se agora de incredulidade pela avenida Brigadeiro Luís Antônio. Senhores, jovens, crianças e artistas caminhavam pela calçada questionando uns aos outros sobre o que poderia ser a causa da morte. Por 23 horas seguidas de velório, 25 mil pessoas passaram para dar adeus a Elis. O trânsito parou. Dentro do teatro, a cerimônia improvisada sugeria que as pessoas se aproximassem do caixão lacrado no palco, passassem pelo corpo, do qual só viam o rosto por um vidro, e seguissem em frente. Mas muitas resolviam continuar ali, ou aglomeradas no palco, ou sentadas na plateia.

A família, que ficava em um espaço reservado na parte de trás do palco, mal conseguia se aproximar. Um repórter da Globo tentou entrevistar seu Romeu e dona Ercy ao lado das coroas de flores que não paravam de chegar. "Como o senhor está vendo essa manifestação de amor pela sua filha?" Romeu tentou uma resposta. "É uma satisfação", conseguiu dizer. Ercy balançou a cabeça e ameaçou desmoronar ao lado do marido. Algumas pessoas saíam desmaiadas, retiradas pelos seguranças. A plateia começou a cantar "Travessia", de Milton Nascimento. Assim que uma turma terminava uma canção, outro grupo começava outra. Cantaram "Romaria", "Saudosa maloca", "Valsa da despedida" e várias outras.

Cesar perguntou aos filhos Pedro, de seis anos, e Maria Rita, de quatro, se eles queriam ir a um negócio que se chamava velório. Sem saber dos detalhes, as crianças disseram que sim e seguiram com o pai para o Teatro Bandeirantes. Ele prometeu que seria rápido e entrou com os dois pelos fundos. Ao deparar com as pessoas cantando, teve uma nova crise de choro e foi amparado pelos amigos. No microfone colocado no centro do palco, pediu colaboração. "É uma festa, sim, é uma festa. Cantem bastante. Mas vou pedir uma coisa: daqui a pouco nossos filhos, Pedro e Maria Rita, vão dar o adeus para a mamãe." Sua voz embargou, e ele interrompeu o discurso. Mas voltou para completar. "Por favor, nesse momento, façam silêncio."

Desde que chegou com o pai ao velório, Pedro viu cenas que levaria anos para processar. João, o confiante irmão, estava transtornado, em um estado que Pedro jamais havia visto. Maria Rita, carregada por Samuel, parecia perdida na multidão, carente dos cuidados da mãe. As pessoas de quem Pedro gostava e via em casa lamentavam ou choravam. Um caixão levava o corpo de sua mãe, que estava ali, mas não estava. Muitas memórias que viveu com Elis seriam suprimidas para protegê-lo. O rosto, o toque, as broncas, quase tudo desaparecia. Pedro e Maria Rita ficariam com muito pouco da Elis viva. A partir daquele dia, começaram a descobrir o tamanho da mulher que, até a noite anterior, eles só conheciam como a mãe que os colocava para dormir.

Lennie Dale gritava como se sentisse uma dor física. Chegava a ser assustador. Ronaldo Bôscoli vencia o pavor de avião para vir do Rio. Mônica Figueiredo viu o instante em que João Marcello se debruçou sobre o caixão para olhar a mãe fixamente. Um repórter escreveu que esse momento durou vinte minutos. Mônica contou que, ali, viu o menino de onze anos envelhecer cinquenta. Adylson Godoy tentou consolá-lo logo depois, ao perceber que ele estava só. "Dureza, né, João?" E percebeu que o menino envelhecido era só um menino: "É minha mãe, né, Adylson, minha mãe". O caixão foi retirado do teatro pouco antes das onze horas, provocando confusão entre repórteres, policiais e fãs. Um caminhão do Corpo de Bombeiros saiu com o caixão em direção ao Cemitério do Morumby, na zona sul de São Paulo. Depois que as pessoas deixaram o teatro em carreata atrás da cantora, outras continuaram chegando e se acomodando nas cadeiras da plateia. Mesmo sem o corpo de Elis presente, elas ficavam ali, em silêncio, olhando para um palco vazio.

25.

O grande cortejo parou São Paulo na manhã de 20 de janeiro de 1982. Cada vez mais pessoas seguiam a pé o carro do Corpo de Bombeiros desde a saída do Teatro Bandeirantes. Quando os familiares perceberam a quantidade de gente que se acumulava em torno da viatura, o motorista foi avisado dos riscos e aumentou a velocidade. A multidão só deixou de seguir o corpo de Elis quando não podia mais acompanhar o veículo, na altura do Parque do Ibirapuera. Mas, em seu lugar, surgiram algo como 2 mil automóveis, segundo noticiado à época. Em fila, os motoristas buzinavam sem parar. Fãs acenavam com lenços do alto dos prédios e sobre os viadutos da avenida Vinte e Três de Maio. Aplausos e gritos de "Elis" duraram até a chegada ao Cemitério do Morumby.

Um cordão de isolamento providenciado por 450 policiais militares impedia a imprensa e os fãs de se aproximar da quadra sete, setor cinco, onde ficava o jazigo 2199. O jornalista Walter Silva e Rogério decidiram vestir o corpo da cantora com a camiseta usada no especial da Globo, de Daniel Filho, que trazia a imagem da bandeira nacional. Um carro da prefeitura chegou com mais de cinquenta coroas de flores, enviadas por artistas como Roberto Carlos, Gal Costa, Caetano Veloso e Gilberto Gil. Chamava atenção a de Edu Lobo, um violão formado por rosas amarelas com uma faixa em que se lia apenas: "Com saudades". Jair Rodrigues era aplaudido por alguns grupos enquanto os jornalistas procuravam por Lula.

O sindicalista dizia estar ali "pelo muito que Elis contribuiu com sua arte para o país, pelo muito que contribuiu ao movimento de anistia e, finalmente, pelo muito que contribuiu com todos os trabalhadores, particularmente em 1979, quando precisávamos de recursos e ela não hesitou em tornar vários shows beneficentes". "Como cantora", seguia Lula, "eu diria que vai ser difícil encontrar alguém como ela, a maior intérprete da nossa música popular."

Samuel Mac Dowell, Rogério e Natan Marques ajudaram a levar o caixão até a beira do jazigo. "Que Elis seja recebida pelos anjos", dizia o padre Carlito Spadoline, concluindo a cerimônia. Enquanto o corpo de Elis descia lentamente a 2,2 metros de profundidade, o choro do bailarino Lennie Dale continuava sendo ouvido de longe. Às duas horas da tarde, a multidão deixava o cemitério se perguntando como e por quê.

Suicídio? A hipótese foi levantada. Mas Elis seguia a vida a mil, cheia de planos desafiadores e, por mais que pudesse ainda sentir algo mal resolvido com relação a Cesar ou estar em crise com Samuel, nada parecia grave o suficiente para levá-la a dar cabo da própria vida entregando à própria sorte os três filhos que amava. Não combinava com Elis. Assassinato? Mas quem? Por quê? Como? As conversas rondavam os bastidores da cerimônia. Um dos presentes reforçou o que Samuel já sabia: Elis consumia drogas havia cerca de dez meses. Ele ouviu de Rogério outra revelação: ao entrar no quarto em que a irmã morreu, depois que Samuel a levou para o Hospital das Clínicas, ele mesmo havia limpado a cocaína que estava no local. As informações bateriam com o que Samuel iria escutar um tempo depois da amiga e cantora Wanda Sá: que Elis não queria que Samuel soubesse que ela estava usando drogas.

O Instituto Médico Legal divulgou o laudo com a causa da morte de Elis no dia seguinte ao enterro. O documento afirmava que ela morrera por ter ingerido álcool com cocaína, uma combinação explosiva. Assinado pelos drs. José Luiz Lourenção e Chibly M. Haddad, o laudo trazia duas conclusões complementares, uma reforçando a outra. "Na necropsia procedida, nada encontramos digno de especial menção que pudesse explicar o evento letal, apresentando os órgãos suas integridades anatômicas. Assim sendo, é de se presumir que a examinada gozava aparentemente de boa saúde física. O laudo nº 415/82 do laboratório de toxicologia deste instituto revelou resultado positivo para cocaína e álcool etílico, este na quantidade de 1 grama e 600 miligramas de álcool por litro de sangue. A quantidade de álcool etílico encontrado em nível sanguíneo revelou estar a vítima sob estado de embriaguez, e a presença de cocaína caracterizou o estado toxicológico que, em somatória, pode responder pelo evento letal."

Ou seja, Elis não havia morrido de causas naturais, já que tudo em seu organismo funcionava perfeitamente até o dia da morte. O mesmo documento trazia o resultado do exame toxicológico, assinado pelas peritas Tania R. M. da Costa do Amaral e Maria Isabel Garcia Massa. "As análises químicas e cromatográficas revelaram resultado positivo para cocaína." Oito dias depois, um exame complementar do mesmo IML falava da quantidade de cocaína encontrada no corpo de Elis: 23 miligramas por 100 mililitros de urina e 2,4 miligramas por 100 gramas de tecido, uma quantidade considerada alta pelo médico-legista José Lourenção. "Os valores indicados são superiores aos da tabela norte-americana que usamos como referência, com o agravante do álcool que Elis ingeriu." O álcool havia tornado a droga letal, aumentando seus efeitos. A quantidade de pó encontrada no estômago da cantora indicava que ela havia provavelmente diluído a coca na bebida alcoólica. Não havia sinais de que algo fora aspirado ou injetado.

O médico que divulgou o laudo para a imprensa, Harry Shibata, diretor do Instituto Médico Legal, entrou na mira de amigos e familiares que o acusaram de participar de uma armação, já que Elis, até onde sabiam, não usava drogas. A imprensa colocou Shibata no corner oposto a Samuel para o segundo round de uma luta que havia começado seis anos antes, quando um laudo assinado pelo mesmo Shibata, na condição de segundo perito, dava como certo o suicídio em cárcere do jornalista e preso político Vladimir Herzog.

Trabalhando pela família de Herzog, Samuel provou a impossibilidade do suicídio nas condições apresentadas no laudo e reverteu a situação, desmoralizando Shibata, culpando a União e dando ganho de causa à família do jornalista. Agora, o legista poderia ter se vingado divulgando um documento em que a morte de Elis era associada ao consumo de cocaína, uma bomba de efeito moral arremessada na biografia da mulher de seu desafeto. Um belo caso com potencial para render páginas na imprensa, mas que não representava os sentimentos do próprio Samuel. "Eu nunca achei que o laudo fosse forjado.

Isso foi algo criado pelos jornais", disse Samuel para esta biografia. Diante das teses de suicídio, indução ao suicídio e homicídio, a polícia abriu as investigações e colheu depoimentos que não apontaram nenhum novo caminho que não a morte acidental.

Ao analisar o inquérito, o promotor do caso, Pedro Franco de Campos, defendeu o arquivamento por "não haver crime a ser punido". Algo que chamou a atenção, entretanto, foram as fotos da autópsia realizada em Elis, anexadas ao documento pelo IML a pedido de Shibata. Ali, Pedro sentiu uma tentativa de vingança por parte de Shibata contra seu suposto desafeto, Samuel Mac Dowell. As imagens que o promotor nunca havia visto em processos anteriores mostravam o corpo de Elis aberto de fora a fora, como um animal, com ganchos separando sua estrutura óssea e um corte que saía do pescoço e seguia até as partes inferiores.

Atento ao efeito que as fotos poderiam provocar nos filhos da cantora, Pedro alertou o juiz do caso, Antônio Filardi Luiz, de que as imagens poderiam ser divulgadas como forma de revide. No dia 24 de fevereiro de 1982, Filardi Luiz, da 1ª Vara Auxiliar da Capital, determinou que o inquérito fosse arquivado e as fotos, lacradas. "Se Elis merecia respeito como ser humano, merecia-o ainda mais como mulher e mãe, não justificando que permanecessem visíveis nos autos as fotos que ora definitivamente lacro, fato já ocorrido anteriormente a pedido do culto e humano promotor público, doutor Pedro Franco de Campos, posto que referidas fotos nenhum interesse jurídico possuem e podiam perfeitamente ter sido dispensadas", anotou na sentença.

Sua decisão pelo arquivamento era justificada em uma peça de cinco páginas escrita por um magistrado comovido. "Seja como for, cobriu-se o evento de densa e nebulosa cortina sobre os reais motivos que ceifaram a vida de alguém que, entre outras coisas, tinha o mérito de encantar o público com sua arte, uma das poucas artistas a 'ousar' aparecer publicamente vestindo blusa verde e amarela." Em outro trecho, descartava as hipóteses de suicídio induzido e homicídio. "Não há que falar em homicídio, pois inexiste qualquer indício a esse respeito nos autos. E, no que concerne a uma possível instigação, auxílio ou induzimento ao suicídio, também absolutamente nada se encontra na prova produzida capaz de alicerçar tal hipótese. Inexiste a mínima suspeita contra qualquer das pessoas do relacionamento da falecida, conforme profundamente demonstrado nos autos." Ainda sobre a causa da morte, Filardi ressaltava que "se houve suicídio, só Elis sabe dos motivos e enterrou-os em seu túmulo. Contudo, a hipótese mais viável é de que houve mero acidente". Ou seja, um "erro de cálculo" provocado pela ingestão de cocaína com álcool, o que levou a uma "intoxicação exógena aguda".

A polícia seguiria investigando para tentar descobrir quem havia fornecido a dose fatal para Elis. Assim que a causa de sua morte foi divulgada, o compositor Ronaldo Bastos passou a ser apontado como um dos culpados. Ao passar em frente a uma banca de jornal, ele leu a manchete do periódico *Última Hora* com o coração acelerado. "Compositor traficante." Seguiu lendo as letras menores e percebeu que o "rapaz loiro de cabelos encaracolados" que a polícia procurava só poderia ser ele, um usuário sim, mas jamais um traficante.

Ao chegar a seu apartamento, o pai e os irmãos o esperavam preocupados com a situação. Até que a temporada de caça às bruxas terminasse, seria melhor que partisse para Nova York. Aos poucos, a busca pelos possíveis traficantes cedeu lugar às homenagens a Elis. Culpar alguém pela morte de uma mulher de 36 anos que só fazia o que bem queria foi perdendo o sentido. Elis, apontavam os laudos, havia morrido de inexperiência. E a culpa da tragédia, até alguma prova em contrário, era exclusivamente sua.

João Marcello chorou quando abriu a porta do quarto dos irmãos e os viu brincando. Nenhum lamento pela partida de Elis seria, para ele, mais triste do que o baque de ver Pedro e Maria Rita vulneráveis. Aos poucos, pessoas que pareciam próximas e carinhosas tornavam-se frias e distantes, como se a morte da mãe estivesse derrubando também a mentira dos que habitavam os mundos daquelas crianças em benefício próprio. A vida havia se transformado muito rápido.

A velocidade das mudanças atropelou as crianças com violência. João Marcello se sentiu devastado diante de uma questão que só ele poderia resolver com a experiência de seus onze anos de idade: a partir daquele dia, qual seria seu lar? Viver com o pai biológico, Ronaldo, um homem cheio de boas intenções e que tomava uísque logo pela manhã, estava fora de questão. Ir com os irmãos Pedro e Maria Rita para a casa de Cesar não era uma possibilidade, já que ele não se lembra de nem sequer ter sido convidado para isso.

João recorda que, depois de ser levado ao velório de Elis, passou dois dias sozinho no apartamento onde a mãe havia sido encontrada desacordada por Samuel Mac Dowell. João Marcello, onze anos, seis meses e dezenove dias de vida, foi levado ao velório e, depois, deixado no apartamento da Melo Alves. Sentindo o peso de um silêncio insuportável, ligou o toca-discos e colocou para tocar o LP *The Dude*, de Quincy Jones. Ouviu inteiro e trocou por *Sunlight,* de Herbie Hancock. Então, desligou o aparelho e guardou os álbuns. Ainda em silêncio, começou a discar muitas vezes para o número 280-3197, até alguém atender. "Rádio Antena 1, boa noite." "Olá, meu nome é João. Eu gostaria de ouvir 'Love x Love', do George Benson." A música de Benson começou a tocar, mas as imagens e as frases vividas nos últimos dias voltaram como flashes: "Traga a chave reserva, João. Ela trancou a porta por dentro". "Não venha aqui, espere no quarto!" "Veja se a ambulância chegou." "Hospital das Clínicas!" "Ela não vai voltar." "Onde estão os meus irmãos?" Assim que a música de George Benson chegou ao fim, João desligou o rádio e foi até o quarto da mãe. Abriu o armário, pegou o roupão que ela mais usava e o cheirou até pegar no sono, esperando que Elis voltasse no dia seguinte.

Dias depois, o tio Rogério veio com a família para assumir a responsabilidade pelo apartamento da Melo Alves, mas a relação dos dois não era boa. Uma das primeiras coisas que João ouviu de Rogério foi: "Se você não estiver gostando de alguma coisa, pode ir embora". Uma decisão da família, de colocar objetos e roupas de Elis para serem doadas, vendidas ou compartilhadas entre os parentes, o devastou. "Eles arrancavam um pedaço de mim a cada objeto que levavam", lembrou João, anos mais tarde. Mesmo sendo um imóvel comprado por sua mãe, a sensação era de que o apartamento da Melo Alves não pertencia mais a ele. Às vezes, ouvia adultos falarem sobre ele. "E o João? Quem vai ficar com ele? Quem vai pagar as contas dele?" Sentia-se um estorvo. "Eu morava dentro de mim e ponto", escreveu em seu livro de memórias *Elis e eu,* lançado em 2019.

Cesar passou no apartamento numa tarde em que João não estava e levou Pedro e Maria Rita. "Eu nunca me despedi dele", lembrou João. Ao ler a história narrada por João a este repórter, publicada na revista *piauí* em dezembro de 2023, Cesar divulgou uma nota em suas redes sociais dizendo que não havia abandonado João em momento algum. "As insinuações de abandono de minha parte são totalmente inverídicas e extremamente ofensivas à minha pessoa."

Afirmou que estava em busca de uma casa para viver com as três crianças, mas que acabou deixando João com o tio, o que foi de "total agrado" do garoto. João, ao ler a nota de Cesar, reafirmou todo o seu relato.

Alguns dias depois da morte de Elis, João soube que a casa que Elis mantinha na serra da Cantareira, zona norte de São Paulo, havia sido saqueada. Documentos, fotos, quadros de parede, bilhetes, roupas. Tudo foi levado. O que o faria lamentar mais, no entanto, seria o sumiço de um documento da escola Pueri Domus, onde Elis o havia matriculado. A secretaria do colégio pediu que ela preenchesse uma ficha e escrevesse alguns dos traços principais da personalidade de seu menino. E Elis escreveu: "Charmoso, inteligente, cínico, bonito e debochado".

Quando as aulas voltaram, João foi deixado com o material em um ponto de ônibus. Não havia mais motorista para levá-lo à escola. Descobriu a linha que passava perto do colégio perguntando para as pessoas da rua. Amigos que antes o bajulavam agora só cuidavam de suas próprias vidas. Ao passar em frente ao parque de diversões Playcenter, na marginal do rio Tietê, João pediu a um ex-músico de sua mãe, que dirigia o carro: "Você me traz aqui um dia?". A resposta foi: "Pô, eu não faço isso nem para os meus filhos, vou fazer para você?".

Na casa onde estavam seus irmãos, Cesar perguntou a Pedro se ele queria ir para a escola no primeiro dia de aula. "Quero, sim", respondeu o menino. "Mas, olha, vocês vão ouvir muitas coisas sobre a mãe de vocês. Sejam fortes", preparou o pai. Ao chegar na sala de aula, a criança de seis anos foi tratada como se estivesse no centro de uma coletiva de imprensa. Pais, amigos e professores queriam saber tudo — se sua mãe usava drogas, se ele havia visto o corpo no quarto, como havia sido o enterro. Pedro só lembrava do pai Cesar pedindo que ele fosse forte.

Uma professora o viu entrando na sala e começou a chorar. Por muitas vezes, o garoto tinha a certeza de ser uma peça nas mãos dos adultos. Ter a amizade do filho de Elis era como conquistar uma medalha. Aos poucos, ele criou seus mecanismos de defesa, pronto para ir ao ataque quando se sentisse usado em nome da mãe. Por mais de uma vez, rompeu amizades com aqueles que o apresentavam para suas famílias usando a frase que ele passou a temer: "Mãe, esse aqui é o filho da Elis". Nem em seus fracassos o deixavam ser ele mesmo. Ao tirar uma nota baixa na prova do colégio, ouviu do professor: "Está pensando que vai ter moleza aqui só porque é o filho da Elis Regina?". Nesse dia, por pouco, não partiu para a agressão física. Ao chegar em casa, triste, queria saber do pai quando é que aquilo iria acabar. "Filho, sua mãe foi muito, muito grande. Grande mesmo. Pode ser que isso aconteça para sempre."

Sete anos depois da morte de sua mãe, Pedro ouviu a gravação que uma outra cantora fez para a música "Aos nossos filhos", de Ivan Lins e Vitor Martins, registrada por Elis no álbum *Saudade do Brasil*, de 1980. Ao ouvir a letra, era como se Elis falasse com os próprios filhos: "Perdoem a cara amarrada/ Perdoem a falta de abraço/ Perdoem a falta de espaço/ Os dias eram assim". A canção trazia o mesmo piano tocado por seu pai, Cesar, mas a voz de outra mulher, a cantora peruana Tania Libertad. Pedro contaria anos depois que foi naquele instante que sentiu o tamanho do buraco deixado por Elis. Ele levou sete anos para desabar: "Foi naquele dia que eu caí no alçapão das emoções da perda de minha mãe". Ainda assim, decidiu enfrentar todos os fantasmas e seguir a carreira de cantor.

Os desentendimentos entre João e o tio Rogério se tornaram insustentáveis. Depois de dois anos de conflitos na Melo Alves, João ligou para Cesar pedindo para viver com ele na espaçosa casa em que o pianista morava com Pedro, Maria Rita e sua nova mulher, Flávia, na Granja Julieta, em São Paulo. João saiu do apartamento de Rogério com a roupa do corpo para não voltar mais. Em 1997, aos 27 anos, abriu uma gravadora com o mesmo nome da antiga produtora de Elis, Trama.

Em 1993, Maria Rita partiu com Cesar e Flávia para os Estados Unidos, enquanto Pedro e João ficaram em São Paulo dividindo um apartamento nos Jardins. Aluna residente de comunicação social e estudos latino-americanos na Universidade de Nova York, ela sentia que a música deixava de ser diversão para se tornar necessidade. No dia em que tomava banho no alojamento, cantando para o bloco inteiro ouvir, um casal de namorados parou abraçado em frente ao seu quarto e começou a dançar de olhos fechados. No ano seguinte, seus amigos a inscreveram em um show de calouros organizado pelos estudantes. Maria não queria participar, mas eles insistiram. Quando chegou sua vez de subir ao palco, as pessoas começaram a chamar por seu nome em coro, mas ela fugiu correndo. Os amigos se dividiram em grupos e foram à sua procura, até que a encontraram sozinha, sentada no banco de uma padaria. Fizeram uma roda à sua volta insistindo para que fosse cantar, que não perdesse a chance, que aquele palco era seu. Ela explodiu com um grito: "Vocês não têm ideia do que isso significa para mim!". Em 2003, aos 26 anos, Maria Rita lançou seu primeiro CD.

Julho de 2014, São Paulo. Uma Elis menina abraça Jair Rodrigues cheia de afeto, e outra Elis, mulher, entrega-se a Cesar com um beijo de olhos fechados. A terceira, mais abaixo, parece abatida e solitária, prestes a desabar de tristeza, bem diferente da jovem decidida e concentrada, de braços erguidos para cantar "Arrastão". É assim que Elis aparece em mais de trinta fotos que estão coladas nas paredes do camarim, muitas nas laterais de um espelho iluminado que reflete, em silêncio, a imagem de um outro rosto em transformação.

Quando toca o primeiro sinal, a pele clara de Laila Garin já está maquiada. Os lábios pequenos levam um batom forte, e os olhos verdes são cobertos por lentes escuras. Os cílios são alongados, e duas perucas de fios pretos e curtos são delicadamente ajustadas sobre os cabelos crespos. As costas estão feridas pelas fitas adesivas que prendem o fio do microfone ao corpo, e a voz passa a produzir sons subindo e descendo notas até o limite de sua extensão. Soa o segundo sinal. Laila acende um incenso.

As 1422 cadeiras do Teatro Alfa, em São Paulo, estão tomadas por um público que quer ver Elis Regina 32 anos depois de sua morte. Mais de 200 mil pessoas assistiram ao musical feito para homenagear a cantora nos primeiros oito meses de montagem. A temporada paulistana está a uma semana do fim. Laila deixa o camarim apressada e sobe dois lances de escada. Chega à coxia, ajoelha-se e curva o corpo para encostar a testa no palco. Fica assim até acabar sua oração. Vem o terceiro sinal, as cortinas são abertas e, do alto de uma plataforma, Elis Regina, a própria, metade levada por uma atriz, metade pelo amor de sua plateia, surge cantando "Fascinação", pronta para viver tudo de novo.

Elis Regina teria 78 anos na manhã do dia 4 de julho de 2023. Ela dirigia uma kombi azul e branca ano 1972 em uma estrada que corta uma longa planície avermelhada pelo sol da tarde. Usava blusa de lã azul com gola rolê, tinha os cabelos bem baixos, como em 1968, e cantava "Como nossos pais", de Belchior, com uma leveza que não tinha na gravação de 1978, quando lançou *Falso brilhante*. Sozinha na pista, acelerava até emparelhar com outro carro conduzido pela filha Maria Rita, que não via a mãe desde o dia 18 de janeiro de 1982. As duas seguiram cantando lado a lado, de vidros abaixados, até desaparecerem no horizonte.

Dois minutos e um segundo de uma propaganda compartilhada apenas nas redes sociais estremeceram o país. Elis cantava com movimentos e feições reconstituídos com o uso dos recursos da inteligência artificial. O comercial da Volkswagen, desenvolvido pela agência AlmapBBDO, de São Paulo, foi um susto também para os executivos das duas empresas. A Volks não queria mais do que um anúncio de jornal para lembrar de seus setenta anos de história no Brasil. Não haveria nenhum centavo para outras ações. A missão foi passada no dia 1º de novembro de 2022 para dois jovens publicitários da agência liderada pelo CEO Filipe Bartolomeu.

Gustavo Tasselli e Francis Alan França se encontraram por volta das dez da manhã na sala de criações da empresa. Era um dia comum de trabalho. Eles começaram imaginando como representariam em um comercial valores como tradição e tecnologia sem clichês, passado e futuro sem rupturas. O brainstorm começou com sugestões de pais ou mães com filhos ou filhas surgindo dentro de carros. O cantor Fábio Jr. com o filho Fiuk foi a primeira dupla que surgiu. Depois vieram Zezé Di Camargo com Wanessa Camargo, Martinho da Vila com Mart'nália e Xororó com Sandy, todas sendo rapidamente diluídas por outras ideias. Francis pensou em Elis.

O fluxo de possibilidades lançadas pela dupla era incessante: Elis recriada com inteligência artificial. Elis e Maria Rita cantando "Como nossos pais". Cada uma em um carro. Elis dirigindo um fusca de 1953, e Maria Rita, o moderno carro elétrico ID4. A ideia se desenvolveu para uma cena: as duas passam por uma pessoa que coloca um violão dentro de uma kombi. A pessoa é Belchior, também recriado com IA. Os carros de mãe e filha ficam lado a lado, e elas começam a cantar "Como nossos pais".

A canção tinha uma frase publicitária perfeita, "o novo sempre vem", mas outra empresa, o Nubank, já havia usado. Tasselli pensou em "o novo veio de novo", e o roteiro foi fechado. Tasselli e França finalizaram o trabalho satisfeitos, mas sem muita esperança. A ideia era ótima, mas eles sabiam que as chances eram poucas. O cliente queria uma canoa, e eles entregaram um transatlântico. Deram o primeiro retorno sete dias depois de receberem a encomenda.

O texto da dupla foi para instâncias superiores da agência e, em cada sala em que era apresentado, um chefe se arrepiava. Ao chegar às mãos de Filipe Bartolomeu, a ordem, mesmo sem autorização dos clientes da Volkswagen, foi: "Façam". Entre pagamentos de royalties, cachês aos herdeiros e produção, foram investidos 5 milhões de reais por conta e risco da agência, sem nenhuma garantia de retorno. O convite foi feito para Maria Rita e, depois de seu o.k., uma equipe foi a campo para gravar o vídeo.

Primeiro, a atriz Ana Rios dirigiu a Kombi dublando a canção de Elis. Com a cena gravada, os editores aplicaram sobre Ana a imagem de Elis Regina. A técnica é conhecida como deepfake, que utiliza recursos de inteligência artificial para substituir rostos da forma mais próxima possível da realidade. No dia 3 de julho de 2023, a montadora organizou uma festa no Ginásio do Ibirapuera para celebrar seus setenta anos com 5 mil pessoas. Ao final, a propaganda foi mostrada na íntegra pela primeira vez. As pessoas que gostassem podiam copiar o QR code que seria mostrado na tela e compartilhar o vídeo com os amigos. Maria Rita subiu ao palco para cantar a música logo depois de ver o filme. Chorando muito, abraçou o CEO da montadora no Brasil, Ciro Possobom.

Bartolomeu saiu da festa e foi para casa. Chegou, tomou banho e, antes de dormir, deu uma última checada no WhatsApp. O comercial com Elis já havia sido compartilhado em três grupos diferentes. *Isso já é uma coisa que eu nunca vi*, pensou, e adormeceu. Na manhã seguinte, a propaganda havia se alastrado como fogo em palha. Os filhos de Elis começaram a ser procurados pela imprensa. Em poucos dias, João deu 53 entrevistas, incluindo jornais norte-americanos e europeus. O periódico inglês *The Guardian* saiu com uma de suas manchetes assim: "Ressurreição de cantora brasileira por IA para anúncio de carro desperta alegria e preocupações éticas".

Sem verba para exibição em TV, o vídeo só aparecia nas redes sociais. Dois dias depois do lançamento da campanha, em um gesto inédito, três canais de televisão ligaram para a agência pedindo para exibir o comercial sem cobrar nada por isso. Inserções de trinta segundos custavam, em 2023, uma média de 700 mil reais em uma grande emissora. A surpresa era ainda maior porque o vídeo não seguia os padrões da propaganda vigentes em 2023. Tratava-se de uma peça longa, com mais de dois minutos de duração, não se falava o nome do cliente nos primeiros cinco segundos e era feita em formato horizontal, e não no vertical usado para facilitar o compartilhamento nas redes sociais. Um estudo de repercussão foi encomendado pela agência. Ao todo, o vídeo com Elis e Maria Rita foi visualizado 3 bilhões de vezes pela internet. Só nos dez primeiros dias, o vídeo foi visto 16 milhões de vezes no YouTube.

A imagem de Elis produzida por inteligência artificial levantou resistências com a mesma força das paixões. Artigos de jornal, teses acadêmicas, debates sobre ética no mundo digital e sobretudo posts nas redes sociais refletiam sobre os limites da IA e acusavam os responsáveis pela propaganda e a família de Elis de terem comercializado a imagem da cantora à revelia de sua vontade. Para muitos, a interpretação mais efusiva da canção vista no comercial não condizia com o que a letra dizia. Elis não sorria ao cantar "Como nossos pais". Para outros, não fazia sentido o fato de a cantora ser usada para a propaganda de uma empresa que teria ligações com o fascismo no início da Segunda Guerra Mundial.

Supostos casos de colaboração da montadora com os militares no Brasil também foram levantados para justificar a ideia de que haviam escolhido a garota-propaganda errada. Uma das muitas denúncias foi levada ao Conar, o Conselho Nacional de Autorregulamentação Publicitária, pelo advogado Gabriel de Britto. Entre outras questões, ele chamava atenção para a forma com que Elis e Maria Rita dirigiam os carros na propaganda: "No caso da publicidade em questão, ambas motoristas de ambos os veículos figuram a cantar e a olhar uma à outra enquanto dirigem, em desatenção e de forma imprudente, considerando que deveriam olhar de forma fixa o caminho e estrada à frente na qual transitam".

O Conar decidiu abrir um processo baseado, conforme anunciou em nota oficial, em "consumidores que questionam se é ético ou não o uso de ferramenta tecnológica e inteligência artificial (IA) para trazer pessoa falecida de volta à vida como realizado na campanha". Em agosto de 2023, o órgão decidiu arquivar o processo: "O colegiado considerou, por unanimidade, improcedente o questionamento de desrespeito à figura da artista, uma vez que o uso da sua imagem foi feito mediante consentimento dos herdeiros e observando que a cantora aparece fazendo algo que fazia em vida".

A lista de Elis

Em 2024, Rodrigo Costa, filho de Rogério, sobrinho de Elis, revirava antigas caixas guardadas pelo pai quando descobriu um arquivo de matérias de jornal a respeito do show *Trem azul* e algumas cadernetas de Elis com muitas anotações feitas entre os últimos dias de 1981 e os primeiros de 1982. Rodrigo enviou o material para o primo Pedro Mariano. Parte do conteúdo de uma das cadernetas havia sido revelada pouco depois da morte da cantora, com uma lista de nove músicas que ela pensava em gravar e alguns compromissos profissionais. O material descoberto por Rodrigo, no entanto, traz uma lista de 26 canções anotadas em uma das cadernetas intitulada por Elis de "Disco 1982". Em uma segunda caderneta, de nome "A tratar com Lea Millon", Elis anota as estratégias que pensava adotar para o lançamento do álbum. Uma parte desse conteúdo também chegou a ser revelada, mas não a sua íntegra. Lea Millon, ou Tia Lea, que já trabalhava com Gal e Bethânia, era a nova administradora da cantora.

Elis anotou as datas previstas para a gravação daquele que seria seu novo álbum: entre 26 e 28 de janeiro de 1982. Ela havia escolhido os seguintes programas de TV para divulgar o disco, conforme escreveu: "*Canal Livre, Jornal Hoje* — variedades — sábado; e *Som Brasil*". Os jornalistas ou veículos de rádio que contariam com seu material de divulgação estavam divididos em "Rio" e

"São Paulo". No Rio: "Especial JB; Mario Luiz — Globo; fitinha gravada para cada rádio". E em São Paulo: "Zuza (Homem de Mello) — Jovem Pan; (Maurício) Kubrusly — Excelsior; W. Silva (Walter Silva)". Além disso, Pedrinho Sirotsky receberia a fita em Porto Alegre e Tutti Maravilha, em Belo Horizonte.

Sobre a parte gráfica do disco, ela anotou o nome do fotógrafo que queria: "1. Capa: Simples (Paulo Vasconcellos). 2. Encarte: Letras de um lado, pôster de outro. 3. Ficha técnica bem precisa". No dia 11 de janeiro de 1982, Elis fez uma longa lista de deliberações em outra agenda. Anotou tudo aparentemente durante uma reunião feita com advogados. "Escritório advogados" é o título da lista. Ela definia o que iria fazer um novo profissional contratado para a equipe. O nome da função: "personal manager", alguém para intermediar todo o "entendimento com gravadoras no Brasil e no exterior", além de "contatar e acertar apresentações em televisão e receber cachês dos programas e de suas reapresentações".

Em outra página, Elis sugeriu as "épocas melhores para shows no Brasil": "A) Verão: Salvador, Recife, Fortaleza. B) Primavera: Fortaleza, Teresina, São Luís e Belém. C) Outono: Belo Horizonte, Brasília e Goiânia. D) Inverno: Porto Alegre, Curitiba, Florianópolis".

Depois de pontuar as missões profissionais para o ano que começava, ela fez uma última lista com o título "Próxima etapa". Elis Regina parecia não querer mais loucuras quando anotou suas resoluções para 1982. Estava em busca de um modelo de carreira que equilibrasse trabalho e tranquilidade para ela e seus músicos: "Procurar uma forma de programação que: dê chance a cada um de planejar e programar sua vida, garanta um mínimo de arrecadação mensal, estabeleça um período de férias e ensaios, permita manter a exclusividade do grupo e possibilite uma dose de tranquilidade para cada um".

Cadernetas acompanhavam Elis havia anos, com anotações sobre músicas e compositores que chamavam a sua atenção. Raul Ellwanger e Jerônimo Jardim estavam em um ensaio de *Saudade do Brasil* quando Elis tirou da bolsa uma delas e disse: "Olha aqui, o nome de vocês está na minha lista". Mas, dessa vez, o título "Disco 1982" indica que as canções da lista eram sérias candidatas a irem para o vinil. Além de dar pistas sobre qual seria seu primeiro caminho musical escolhido sem Cesar em muitos anos, os últimos escritos de Elis mostram uma profissional criteriosa, estrategista e um tanto centralizadora.

414

A lista com as músicas traz círculos feitos com caneta nos números 4, 7, 10, 11, 13, 15 e 17, indicando que essas canções teriam prioridade. Ana Terra aparece como coautora de quatro composições, sendo uma assinada com Marina Lima, uma com Filó Machado e duas com Chico Lessa. A anotação "Duardo Dusek" refere-se à vontade de Elis em ter algo no disco que fosse composto pelo pianista e cantor carioca Eduardo Dusek, que usava Duardo no início de carreira e que já havia sido gravado com sucesso por Ney Matogrosso. Marilton Borges, irmão menos conhecido dos mineiros Lô e Márcio Borges, aparece duas vezes. Seria também a primeira vez que Elis o gravaria em um disco seu. De Gil, ela anotou que precisava aprender a cantar "Balada do lado sem luz", que Maria Bethânia já havia lançado no álbum *Pássaro proibido*, de 1976. De Edu Lobo, repertório que não visitava havia mais de dez anos, escolheu "O dono do lugar", feita em parceria com Cacaso.

Fossem quais fossem as canções da lista que entrariam no álbum, e ainda que não existisse álbum, as anotações de Elis respondem a uma pergunta feita muitas vezes desde sua morte. Afinal, para onde sua música iria se ela não tivesse partido naquele janeiro de 1982? Para quem ela olharia? Quais sons estariam em seu radar? Cantar para massas de estratos sociais mais heterogêneos era um desejo. Elis chegou a dizer que só mirar a classe média em fases como a do Circuito Universitário havia sido um erro de cálculo. Ela queria fazer shows para operários e ter sucessos executados em rádios populares. Mas a que preço?

Apesar de falar com respeito dos expoentes da Vanguarda Paulistana em suas últimas entrevistas, como Arrigo Barnabé e Itamar Assumpção, ela não os tinha na mira. Por outro lado, não renunciava ao rebuscamento harmônico nem à exuberância poética, como mostra seu carinho por canções como "O dono do lugar"; "A porta", de Dori e Paulo César Pinheiro; "Balada do lado sem luz", de Gil; e "Entre nós", de Ana Terra e Filó Machado. Algo mais pop poderia acontecer quando cantasse "Ensaios de amor", de Marina Lima e Ana Terra; a versão Beatles de "Quando te vi", de Ronaldo Bastos; "Caminhos do coração", de Gonzaguinha; ou sua regravação para "Nos bailes da vida", de Milton e Brant, além de qualquer canção que Eduardo Dusek enviasse.

Com Lincoln Olivetti e seus teclados ditando uma nova estética no início da década, Rita Lee cantando "Lança perfume", Pepeu Gomes estourado com "Eu também quero beijar" e Guilherme Arantes nas estrelas com "Deixa chover", todos se revezando nas FMs desde o verão anterior, Elis renovava sua devoção a Tom Jobim anotando na caderneta a vontade de gravar "Falando de amor". Seguia uma admiradora do Clube da Esquina, como provam tantas canções anotadas de Ronaldo Bastos, Milton Nascimento, Beto Guedes e dos irmãos Borges. E se abria aos novos colocando na lista canções enviadas em fitas cassete por Filó Machado, Ana Terra, seu próprio guitarrista, Natan Marques, e Marilton Borges. Elis caminhava para chegar ao mesmo lugar onde sempre esteve.

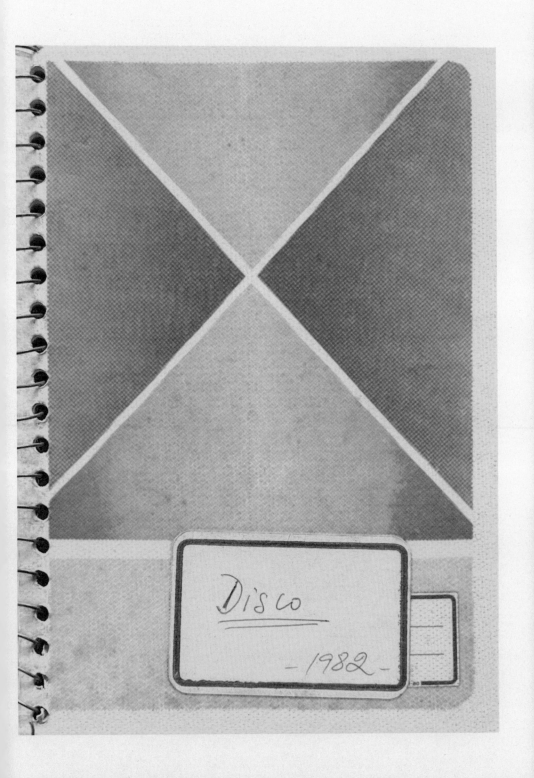

Repertório

1. Nas esquinas –
   – Melão e Marillon –

2. Mil razões
   – Marilton e Solange –

3. Pequenas Coisas
   – Sergio Magrão e Cesar das
                          Mercês –

(4.) Vida
   – Irinea Maria e

5. Represa
   — Sergio Sá —

6. Instantânea Atração
   — Renato Rocha —

7. Nos bailes da vida
   — Milton e Fernando —

8. ~~Represa~~ Auto-retrato
   — Egberto Gismonti e
   Marilda Pedroso(?) —

9. O dono do lugar
— Edu e Cacato —

10. Tudo que você podia ser
— Lô e Marcio —

11. Falando de amor
— Tom —

12. A porta
— Dori e P. Cesar —

13. Gema (B-Nova, com sotaque)
— Caetano

14. Convite
— Telo e Solange —

15. Caminhos do coração
    — Gonzaga Jr. —

16. Me deixas louca
    — Manzanero —

17. Versão Beatles — "Quando te
vi" — R. Bastos —
    — Meredith Wilson —

18. Frevo

19. Ricardo Ousek

20. Gil — Preciso aprender
    Balada do lado s/luz

21. Raiz
    - Chico Cessa e Ana Terra

22. Samba pro Marcinho
    - Chico Cessa e Ana Terra -

23. Ensaios de amor
    - Marina e Ana Terra -

24. Entre nós
    - Filó e Ana Terra -

25. Canção do novo mundo
    - Beto Guedes e R. Bastos -

26. Encrenca - Natan
    (sem letra)

Som livre

1. 26/01 –

    início das gravações
    (desde que definido
    o repertório)

2. 28/01 –

    término das gravações
    (caso nada de es-
    tranho aconteça)

3. Data de lançamento
    a ser marcada,
    dependendo de época
    de entrada no estúdio

e do andamento
do trabalho

4. Especial TV
a) último trabalho.
b) pelo menos 3 meses
após o lançamento do
LP.
c) resenha do Lp, das
suas músicas mais
executadas, etc.

5. Filme para divulgação
Consultar Márcio
Moreira — março

6. Relação de programas TV.
    a) Canal livre
    b) Jornal Hoje - Varied.
      - sábado -
    c) Som Brasil

Rádio

1 Rio

    a) Especial JB

    b) Mario Luiz – Globo

    c) fitinha gravada
       p. cada rádio

2. S.P.

    a) Zuza – J. Pan

    b) Kubrasly – Excelsior

    c) W. Silva –

    d) fitinha idem.

3. POA – Pedrinho

4. B.H. – Tutti. Maravilha.

Lojas de Disco

1 Não visitar

2. Coquetel p. lojistas, na
própria S. Livre, no
Rio e em S.P.
Se preciso, programar
algumas das principais
cidades e/ou capitais.

Capa

1. Simples. (P. Vasconcellos)

2. tacarte

   letras, de um lado
   poster, do outro

3. ficha técnica bem
   precisa

1. Vida
2. Nas baites da vida
3. fonova garoa
4. Tudo que você podia ser
5. Quando te vi
6. Falando de amor
7. Caminhos do coraçã
8. gema
9. Canção do novo mundo

1) Épocas melhores para
shows no Brasil

A. Verão — Nordeste
Salvador, Recife, Fortaleza

B. Primavera — Norte
Fortaleza, Terezina, São Luiz,
Belém.

C. Outono — Centro
B. Horizonte, Brasília,
Goiania

D. Inverno — Sul
P. Alegre, Curitiba, Florianópolis.

2) Quando seria bom

Nordeste – 1982
Norte – 1982
Centro – 1983
Sul – 1983 (Curitiba
só 1 dia)
Rio e S Paulo – 1982
Int. S Paulo – 1982

Proxima etapa

1. Procurar uma forma de programação que:

- de ~~chance~~ a cada um ~~de planejar e programar~~ sua vida;
- garanta um mínimo de arrecadação mensal;
- estabeleça um período de férias e ensaios;
- permita manter a exclu- tividade do grupo
- possibilite uma dose de tranquilidade a cada um;

Entrevistados, agradecimentos e principais fontes

ENTREVISTADOS

Adilson Godoy, Ayrton dos Anjos, Alaíde Costa, Alberico Campana, Alceu Valença, Aldir Blanc, Angela Dória, Amilson Godoy, Amilton Godoy, André Midani, Angela Maria, Antonio Adolfo, Armando Pittigliani, Arrigo Barnabé, Beth Carvalho, Beto Previero, Biba, Bocato, Boni, Caçulinha, Caetano Veloso, Carlos Tramontina, Carlos Lyra, Cassio Poletto, Cauby Peixoto, Celina Silva, Chico Batera, Chiquinho de Moraes, Claudette Soares, Claudio Basbaum, Claudia, Daniel Filho, David Hadjes, Dayse Rego, Déa Silva, Dom Salvador, Dudu Portes, Dulce Nunes, Edgard Silveira Bueno Filho, Edu Lobo, Edval Nunes da Silva (Cajá), Elifas Andreatto, Elisabeth Lima Nicodemus, Erasmo Carlos, Ercy Carvalho Costa, Fábio Jr., Fagner, Fernando Faro, Filipe Bartolomeu, Gal Costa, Gilberto Gil, Glênio Reis, Gustavo Tasselli, Guilherme Arantes, Hector Costita, Hélio Delmiro, Hermeto Pascoal, Horácio Berlinck, Hyldon, Ivan Lins, Ivo Pitanguy, Jair Rodrigues, Jô Soares, João Araújo, João Bosco, João Donato, João Marcello Bôscoli, José Lázaro, José Nogueira Neto, José Roberto Sarsano, Joyce Moreno, Julio Medaglia, Luiz Ayrão, Luiz Carlos Miele, Luiz Claudio Faria, Lupicínio Morais Rodrigues (Mutinho), Manoel Barenbein, Manoel Carlos, Manoel Poladian, Márcia, Marco Mazzola,

Marcos Valle, Maria Odette, Maria Rita, Maricenne Costa, Marika Gidali, Marilene Gondim, Max Pierre, Mayrton Bahia, Milton Nascimento, Mônica Figueiredo, Nana Caymmi, Natan Marques, Nelson Angelo, Nelson Motta, Nenê, Netinho, Ney Matogrosso, Odair José, Orphila Negrão, Oswaldo Mendes, Patrícia Figueiredo, Paulo Cesar Pinheiro, Pedro Franco de Campos, Pedro Mariano, Pedro Sirotsky, Pelé, Pierre Barouh, Raul Ellwanger, Raul de Souza, Rejane Wilke, Renato Sérgio, Renato Teixeira, Ricardo Amaral, Rita Lee, Roberto de Carvalho, Roberto de Oliveira, Roberto Menescal, Ronaldo Bastos, Ronnie Von, Rubinho Barsotti, Ruth Maria, Samuel Mac Dowell, Sergio Augusto Sarapo, Sérgio Cabral, Silvio Cesar, Solano Ribeiro, Toni Tornado, Toninho Horta, Toquinho, Tunai, Walter Negrão, Wanda Sá, Wanderléa, Wilson das Neves, Wilson Gomes, Wilson Rodrigues Poso, Zuza Homem de Mello.

AGRADECIMENTOS

Anésia de Tofoli, Beto Previero, Carlos Tramontina, Daniela Tófoli, Danilo Casaletti, Edmundo Leite, Eliana, Fernanda Nunes Abreu, Fernando Faro, Gilberto Gil, Helena Sato, Indiana Nomma, Ivan Lins, José Nêumanne Pinto, José Nogueira, Manoel Seoman, Marilene Gondim, Miele, Otávio Marques da Costa, Renato Vieira, Roberto Menescal, Solano Ribeiro, Zuza Homem de Mello e aos herdeiros e representantes de Tom Jobim, Ronaldo Bôscoli, Jair Rodrigues e Wilson Simonal. Em especial a João Marcello, Pedro e Maria Rita, pela confiança e por acreditarem que a história só poderia ser contada com liberdade.

PRINCIPAIS FONTES

Jornais: *A Noite* (Rio de Janeiro); *Aqui São Paulo* (São Paulo); *Correio Brasiliense* (Brasília); *Diário Carioca* (Rio de Janeiro); *Diário da Noite* (Rio de Janeiro); *Diário de Notícias* (Rio de Janeiro); *Diário de Pernambuco* (Recife); *Diário de S. Paulo* (São Paulo); *Folha de S.Paulo* (São Paulo); *Jornal da Tarde* (São Paulo); *Jornal do Brasil* (Rio de Janeiro); *O Estado de S. Paulo* (São Paulo); *O Globo* (Rio de Janeiro); *Última Hora* (Rio de Janeiro); *Zero Hora* (Porto Alegre).

Revistas: *Amiga, Fatos & Fotos, Intervalo, Manchete, O Cruzeiro, Playboy, piauí, Revista do Rádio, Veja.*

Livros: *A bossa do lobo: Ronaldo Bôscoli*, de Denilson Monteiro; *A era dos festivais: uma parábola*, de Zuza Homem de Mello; *Eles e eu: memórias de Ronaldo Bôscoli*, de Luiz Carlos Maciel e Ângela Chaves; *Elis & eu: 11 anos, 6 meses e 19 dias com a minha mãe*, de João Marcello Bôscoli; *Tempo feliz: a história da gravadora Forma*, de Renato Vieira; *Furacão Elis*, de Regina Echeverria; *Histórias das minhas canções*, de Paulo César Pinheiro; *Maysa: só numa multidão de amores*, de Lira Neto; *Noites tropicais*, de Nelson Motta; *O Fino da Bossa: o programa de televisão que revolucionou a música brasileira*, de Júlia Bezerra e Lucas Reginato; *Prepare seu coração: a história dos grandes festivais*, de Solano Ribeiro; *Solo*, de Cesar Camargo Mariano; *Verdade tropical*, de Caetano Veloso; *Viva Elis*, de Allen Guimarães; *Vou te contar: histórias de música popular brasileira*, de Walter Silva/Pica-Pau; *Waltel Branco: o maestro oculto*, de Felippe Aníbal.

Créditos das imagens

Imagens das páginas 417-32: Acervo pessoal

Caderno de fotos:
pp. 1, 2, 3 e 11 (abaixo): Acervo pessoal
pp. 4, 5 (acima) e 7 (abaixo): Editora Globo/ Agência O Globo
p. 5 (abaixo): Wilman/ UH/ Folhapress
p. 6: Sérgio Castro/ Estadão Conteúdo
p. 7 (acima): Foto Arquivo/ Agência O Globo
p. 8: Estadão Conteúdo
p. 9: Sergio Araki/ Estadão Conteúdo
p. 10: Carlos Namba/ Abril Comunicações S.A.
p. 11 (acima): Dario de Freitas/ Abril Comunicações S.A.
p. 12: Foto Anibal Philot/ Agência O Globo
p. 13: Fernando Pimentel/ Abril Comunicações S.A.
p. 14: Acervo UH/ Folhapress
p. 15 (acima): Mario Leite/ Estadão Conteúdo
p. 15 (abaixo): Jorge Araújo/ Folhapress
p. 16: Benedito Salgado/ Estadão Conteúdo

Índice onomástico

"1, 2, 3, balançou" (canção), 44

I Festival Fluminense da Canção (1969), 97

I Festival Internacional da Canção Popular (1966), 94-5

I Festival Nacional de Música Popular Brasileira (1965), 70-3

I Festival Universitário de MPB (1979), 358

II Festival Nacional de Música Popular Brasileira (1966), 131, 233

III Festival da Música Popular Brasileira (1967), 74

III Festival Internacional da Canção Popular (1968), 162, 231

IV Festival Internacional da Canção Popular (1969), 183

V Festival Internacional da Canção Popular (1970), 219

V Festival Nacional de Música Popular Brasileira (1969), 164, 229

VI Festival Internacional da Canção Popular (1971), 219

"20 anos blue" (canção), 196, 204, 206

Abbey Road (álbum dos Beatles), 185

"Abre alas" (canção), 258

"Academia" (canção), 311

"Acalanto" (canção), 93

"Acender as velas" (canção), 79

"Aconteceu" (canção), 130, 132

"Adiós, pampa mía!" (canção), 27

Adolfo, Antonio, 155-6, 160, 201, 219

Aeronáutica, 215-6, 371

Afrosambas (álbum de Baden e Vinicius), 60

"Afufe o fole" (canção), 360

"Agnus sei" (canção), 212, 214

"Águas de março" (canção), 204, 206-7, 230-1, 241, 244-5, 250-1, 327

AI-5 (ato institucional nº 5), 67, 162, 164, 213, 291

Aida (tia materna de Elis), 26-7, 151

Air France (companhia aérea), 172-3

Alcione, 322

"Alegria, alegria" (canção), 202

Alemanha, 143, 150, 208-10, 241

Alf, Johnny, 76, 83, 102, 245

Allete (mulher de Renato Sérgio), 58

AlmapBBDO (agência de publicidade), 410

Almeida, Aracy de, 86-7, 164

Almeida, Manoel Carlos Gonçalves de *ver* Manoel Carlos (Maneco)

Almirante (músico), 123

Almirante Negro (João Cândido Felisberto), 214-5

"Almirante negro" (canção) *ver* "mestre-sala dos mares, O" (canção)

Almoço com as estrelas (programa de tv), 52

"Alô, alô, marciano" (canção), 292-3, 357, 370, 383

Alves, Ataulfo, 86-7

Alves, Francisco, 28, 52, 196, 208

Alves, Hermano, 224

Alves, Leda, 316

Alves Filho, Lauro, 226

Amaral, Ricardo, 107-8, 154

Amaral, Tania R. M. da Costa do, 403

"Amor amigo" (canção), 377

"Amor até o fim" (canção), 340

Amor demais (álbum de Silvio Cesar), 69

"amor em paz, O" (canção), 70

Amor na tarde (filme), 32

"Amor, Amor" (canção), 41

Ana (avó materna de Elis), 25-6, 33

"Ana" (canção), 187

Andança (álbum de Beth Carvalho), 231

Andrade, Leny, 55

Andrade, Maria Helena, 33

Andreato, Elifas, 15, 371-2, 374, 380, 382-4

Angela (mulher de João Bosco), 23, 263

Angela Maria, 14, 28, 30, 36, 40-1, 50, 94, 196

Angelo, Nelson, 183, 188

Anhembi, Palácio de Convenções do (São Paulo), 229-300, 371, 380

Aníbal, Felippe, 43

Anjos, Ayrton dos, 43-5, 47

"Another Brick in the Wall" (canção), 356

Antonio Carlos e Jocafi (dupla musical), 220

Anysio, Chico, 49, 148, 202

"Aos nossos filhos" (canção), 408

"aparências enganam, As" (canção), 324, 335, 346

Apple (gravadora), 185

"Aprendendo a jogar" (canção), 359

"Aquarela do Brasil" (canção), 155, 160, 166, 174, 266

Aqui São Paulo (jornal), 281

Arantes, Guilherme, 22, 357-64, 379, 415

Araújo, João, 119, 337, 371

Araújo, Severino, 42, 300

Are You Experienced? (álbum de Jimi Hendrix), 146

Arena conta Zumbi (musical), 75

Argentina, 77, 80, 103, 203, 235, 273, 318, 349

"Ária da quarta corda" (música de Bach), 143

Armstrong, Louis, 85

Armstrong, Neil, 167

"Arrastão" (canção), 72-6, 89, 91-2, 109, 125, 148, 217, 266, 270, 287, 298, 385, 409

"Asa branca" (canção), 330-2

Assim (Associação dos Intérpretes e Músicos), 275

Assis, Chico de, 267

Assis Brasil, Vitor, 60

Assumpção, Itamar, 357, 415

Assumpção, Zeca, 284

"Até aí morreu Neves" (canção), 181

"Atirei o pau no gato" (canção), 356

Atlantic Records (gravadora), 86

"Atrás da porta" (canção), 201-2, 205-6, 230, 339

Au Bon Gourmet (boate/ restaurante no Rio de Janeiro), 50, 54

Auditório Araújo Vianna (Porto Alegre), 151

Augusta, rua (São Paulo), 164, 183, 269, 342, 372

Aurore, L' (jornal francês), 149

"Ave Maria" (canção), 93

Axis: Bold as Love (álbum de Jimi Hendrix), 146

Ayrão, Luiz, 371, 383

Azevedo, Geraldo, 257

Azevedo, Waldir, 300
Azulay, Jom Tob, 246
Azymuth (grupo musical), 207

"Babá Alapalá" (canção), 311
Baby Consuelo, 264, 380
"Baby Face" (canção), 41-2
Bacará (boate no Rio de Janeiro), 53, 55
Baccalá, Luiz, 396
Bach, Johann Sebastian, 143
Bahia, Mayrton, 359-60
Baiúca (boate em São Paulo), 98
Baker, Chet, 28, 87
"Bala com bala" (canção), 206, 209, 212, 214, 230
Balabanian, Aracy, 211
"Balada do lado sem luz" (canção), 415
Baldanza, Pedro, 360
Ballet Guaíra (companhia de dança), 384
Ballet Stagium (companhia de dança), 342
Banco de Leite do Hospital do Servidor Público Estadual de São Paulo, 178
Banda de Pífanos de Caruaru, 146
"banda, A" (canção), 117, 122, 124, 136
Bando da Lua (grupo musical), 241
Barata Ribeiro, rua (Rio de Janeiro), 54, 57, 64, 81, 145, 202, 259
Barbosa, Adoniran, 87-8, 306
Barbosa, Marco Antônio, 18-21, 394-5
Barbosa, Orestes, 46
Bardot, Brigitte, 31, 148
Bardotti, Sergio, 164
Barenbein, Manoel, 68, 77, 166, 182
Barnabé, Arrigo, 357, 391, 415
Barouh, Pierre, 15, 156-7, 194
"barquinho, O" (canção), 140, 160, 163, 167
Barros, Alésio de, 97
Barros, Eudóxia de, 342
Barros, Orlando, 343
Barros, Raul de, 300
Barros, Theo de, 62, 69, 72, 117
Barros, Waldir de, 95

Barroso, Ary, 166, 246
Barroso, Sérgio, 55
Barsotti, Rubinho, 77, 98-100, 145, 262, 287
Bartolomeu, Filipe, 410-1
Basbaum, Claudio, 263-5, 294-5
Basbaum, Leôncio, 264
Bassini, Rubens, 69
Bastos, Ronaldo, 202, 206, 293-4, 391-2, 396, 405, 415-6
Batista, Dircinha, 129
Beat Boys (banda argentina), 202
Beatles, The, 64, 117, 119-20, 146, 158, 185, 377, 391, 415
"bêbado e a equilibrista, O" (canção), 312-3, 317, 324
Beco das Garrafas (Rio de Janeiro), 23, 49, 51-60, 62-9, 74, 79, 96, 110-1, 125, 128, 140, 143, 145, 173, 240, 347, 364, 385
Belchior, 193, 195, 206, 266, 273, 409-10
Bélgica, 156, 160
Belo Horizonte (MG), 123, 130, 132, 188, 208, 212, 226, 307, 376, 414
bem do amor, O (álbum de Elis), 44
Ben, Jorge, 49, 53, 58, 77, 88, 163, 181
Benson, George, 406
Bergman, Ingmar, 201
Berlinck, Horácio, 76-7, 84, 91, 104-5
Bertrami, José Roberto, 186, 207
Bethânia, Maria, 86, 127, 169, 249, 337-8, 340, 344-5, 379, 413, 415
Betinho (Herbert de Souza), 317
"Beto bom de bola" (canção), 75
Bezerra, Ricardo, 195
Bianchi, Cido, 77, 79
Biba (mulher de Rogério Costa), 303, 391
"Bicho do mato" (canção), 181
Bidu (compositor), 37
Bill Halley & His Comets (banda), 85
"Black Is Beautiful" (canção), 210, 217, 220-1
Blanc, Aldir, 14, 211-2, 214, 228, 250, 254, 267, 272, 304-6, 311-3, 349
Blanc, Helena, 306

441

Blanco, Billy, 320

Blanco, Roberto, 210

Blota Jr., 83

Blues Boy, Celso (guitarrista), 202

"Bluesette" (canção), 159

"Boa noite, amor" (canção), 196, 206, 208

"Boa palavra" (canção), 87, 133, 233-4

Boal, Augusto, 75

Bocato (Itacyr Bocato Junior), 343-6

"Bolero de Satã" (canção), 321-2

Bom Dia São Paulo (telejornal), 361

"Bom dia, tristeza" (canção), 88

"Bom tempo" (canção), 159

Bonfá, Luiz, 94

Boni (José Bonifácio de Oliveira Sobrinho), 209-10, 250

"Bonita" (canção), 248, 310

Borba, Emilinha, 27-8

Borges, Lô, 130, 194, 415

Borges, Márcio, 130, 167, 415

Borges, Marilton, 415-6

Bosco, Francisco, 23, 263

Bosco, João, 23, 209, 211-2, 214, 250, 254, 263, 267, 272, 300, 304, 306, 311-3, 317, 323, 327, 349

Bôscoli, João Marcello (filho de Elis), 14, 17-9, 21, 168, 175-8, 184-5, 194-5, 209, 211, 218, 226, 238-9, 241, 243, 261, 263-4, 283, 289, 291, 293, 302, 304, 348, 350-1, 361, 366, 376-7, 387-9, 392-3, 400, 405-8, 411

Bôscoli, Ronaldo, 58, 61-2, 65-7, 74, 84, 96, 110-2, 114-6, 122, 128-9, 137-45, 147, 149-50, 154-5, 158, 165-8, 171-2, 175, 178-81, 183-4, 186, 189-98, 200, 205, 211, 222-3, 236, 283, 287-8, 307, 385, 387, 389, 400, 405

Bossa 3 (grupo musical), 62

Bossa Jazz Trio (grupo musical), 82, 104, 112-3, 145, 148-9, 151, 155, 287

Bossa no Paramount (álbum), 99

Bossaudade (programa de TV), 105, 107

Bottle's (boate no Rio de Janeiro), 53-6, 58-62, 65

"BR-3" (canção), 219

Braga, Paulinho, 134, 198, 209, 231, 241, 245, 252, 255, 262, 266, 289, 324, 326-7

Braga, Sônia, 342, 380

Braguinha (João de Barro), 133, 220

Branco, Waltel, 43

Brant, Fernando, 303, 377

Brasil, Vera, 92

Brazilian Bitles, The (banda), 119

Brecht, Bertold, 341

Brigadeiro Luís Antônio, avenida (São Paulo), 68, 78, 118-9, 270, 399

"Brigas nunca mais" (canção), 246

Brilhante (novela), 390

"Brincadeira de roda" (canção), 345

Brito, Guilherme de, 231

Brito, Nazareno de, 39-40

Britto, Gabriel de, 412

Brizola, Leonel, 35

Broadway (Nova York), 363

Brown, James, 219

Brown, Ray, 326

Bruno, Lenita, 248, 251

Buarque, Chico, 72, 86, 116-8, 122-4, 133, 135-6, 157-9, 162, 167, 170, 198, 201-4, 210, 215, 219-20, 237, 240, 249-50, 267, 306, 308, 310, 320, 333, 341, 357, 375

Buarque, Silvia, 162

Bueno Filho, Edgard Silveira, 279-81, 283

Buenos Aires (Argentina), 44, 202

Burgos, Valéria, 350

Butique Real (Paris), 148

"Cabaré" (canção), 214, 229

Cabôco Mamadô (personagem de Henfil), 227

Cabral, Sérgio, 15, 169, 226, 240, 321, 324

Caça à raposa (álbum de João Bosco), 312

"Caça à raposa" (canção), 214, 251

"caçador de esmeralda, O" (canção), 214

Caçador de mim (álbum de Milton Nascimento), 377

Cacaso (compositor), 415

Caçulinha (Rubens Antônio da Silva), 14, 89, 97, 300
"Cada vez mais Rio" (canção), 74, 76
"Cadê Jodel" (canção), 257
"Cadeira vazia" (canção), 339
"Cai dentro" (canção), 322, 327
"Cais" (canção), 206
Caldas, Sílvio, 52, 158
"Cálice" (canção), 308
Califórnia, rua (São Paulo), 253, 302
Calil, Antonio Carlos, 76
Câmara, d. Helder, 23, 314-6
Camargo, Carmo Aparecido, 397
Camargo, Hebe, 121, 148, 227-8
Camargo, Nonô, 343
Camargo, Wanessa, 410
Camargo, Zezé Di, 410
Camero, Manolo, 232
"Caminhante noturno" (canção), 158
"Caminhos do coração" (canção), 415
Campana, Alberico, 14, 53-5, 58-9, 61, 65, 364
Campana, Giovanni, 54-6
Campanha da Legalidade (1961), 35
Campello, Celly, 39-41, 46, 58, 77, 108, 130, 135, 165
Campello, Tony, 40, 108
Campo Grande (MS), 14, 208
Campos, Augusto de, 70
Campos, Helena, 142
Campos, Pedro Franco de, 404
"Canção de enganar despedida" (canção), 43
Canção do amor demais (álbum de Elizeth Cardoso), 52
"Canção do amor demais" (canção), 95
"Canção do sal" (canção), 133-4, 293-4, 377
"canções que você fez pra mim, As" (canção), 164-5
Canecão (Rio de Janeiro), 174-5, 236, 345, 348, 366, 371, 380-1, 383
Cannes, Festival de (França), 71, 145-7, 156-7
Cantareira, Serra da (São Paulo), 22, 302, 319, 347, 359-60, 407
"Canto de cordel" (canção), 195

"Canto de Ossanha" (canção), 148, 155, 160, 167, 174, 266, 270
Canto para um novo dia (álbum de Beth Carvalho), 231
"Canto triste" (canção), 94
"Canzone per te" (canção), 164
Capela Mayrink (Floresta da Tijuca, RJ), 138, 140
Capinan, José Carlos, 220
Caracas (Venezuela), 53, 112-3
Cardoso, Elizeth, 22, 51-2, 74, 76, 92, 95, 105, 123, 162, 199, 300
"Carinhoso" (canção), 121, 133
Cariocas, Os (grupo musical), 37, 40
Carlos José (cantor), 64
Carmocetina (calmante), 398
Carnegie Hall (Nova York), 50, 147
Carta ao exilado (Mendes), 341
"Carta ao mar" (canção), 155, 192
Carter, Ron, 329
Cartola, 320-1, 324
Carvalho, Antônio Augusto Amaral de (Tuta), 88-9, 299-301
Carvalho, Beth, 14, 231-3, 321-2
Carvalho, Paulo Machado de (pai), 84-5, 164, 299
Carvalho, Paulo Machado de (Paulinho, filho), 83, 85-6, 97, 104-5, 108-10, 116, 121, 140-1, 164
Carvalho, Roberto de, 22, 292-3, 379, 383-4
Carvalho, Sérgio, 188
Carvana, Hugo, 158
"Casa forte" (canção), 158, 167
"Casa no campo" (canção), 202-3, 206, 210, 220, 302
Castro, Fidel, 63
Castro, Ruy, 174
Castro, Tarso de, 169-70, 226
Cavalcanti, Carlos Osório de Andrade, 279-80
Cavalcanti, Flavio, 227
"cavaleiro, O" (canção), 94
"cavaleiro e os moinhos, O" (canção), 267

Cavallo Ruffalo Fargnolli Management (companhia), 351

"Cavalo ferro" (canção), 195

Cave (boate em São Paulo), 125

Caymmi, Dori, 51, 94, 158, 192, 219, 324, 391, 415

Caymmi, Dorival, 72, 86-7, 93

Caymmi, Nana, 91, 93-4, 124, 126, 376

CBS (gravadora), 44-6, 383

Celestino, Vicente, 252

Célia Regina (amiga de Elis), 101

Celina (secretária de Elis) ver Silva, Celina

Cemitério do Morumby (São Paulo), 400-1

Cemitério dos Mortos Vivos do Cabôco Mamadô (tira de Henfil no Pasquim), 227-8, 317, 348

Centro Doutor Leocádio (centro espírita em Curitiba), 367

Cesar Camargo Mariano e cia (álbum), 359

"Céu e mar" (canção), 245

Chacrinha (Abelardo Barbosa), 244, 356

"Chão de estrelas" (canção), 46

Chaplin, Charlie, 173, 192, 216, 312

Charles, Ray, 86, 261

Chaves, Erlon, 154-6, 166, 173, 181

Chaves, Luiz, 77, 109, 252-3

"Chega de saudade" (canção), 36

Chevalier, Maurice, 32

Chicago (grupo musical), 261

Chico Batera, 53, 232, 254, 324, 326-7

Chile, 162, 317, 374, 382

"Chiquinho Azevedo" (canção), 311

"Chiquita Bacana" (canção), 27

"Chora céu" (canção), 96

"Chorou chorou" (canção), 257

Chorus Line, A (musical da Broadway), 363

"Chovendo na roseira" (canção), 244, 246-7, 251

Cibrazem (Companhia Brasileira de Armazenamento), 49

Cicala, Roy, 351

Cidadão Kane (filme), 112

"Cidade vazia" (canção), 131-2

CIE (Centro de Informações do Exército), 218, 221

Cine Teatro Paramount (São Paulo), 68, 76, 78-9, 83, 91, 99-100, 104, 117-8, 124, 164, 191

Cinelândia (Rio de Janeiro), 223

Cinema Castelo (Porto Alegre), 34

Cinema Novo, 63

"Cinema Olympia" (canção), 187-8, 200, 209

Cinzano (vermute), 21, 398

Cirino, Wilson, 202, 311

"Ciúme de você" (canção), 165

Clair, Janete, 222

Clapton, Eric, 275

Clara Crocodilo (álbum de Arrigo Barnabé), 357

Clark, Stanley, 303

Claudia (cantora), 95-7, 155

Clevers, The (banda), 42, 225

"Close to You" (canção), 187

Clube da Esquina (movimento musical mineiro), 294, 416

Clube da Esquina (álbum de Milton Nascimento e Lô Borges), 193-4

Clube da Esquina 2 (álbum de Milton Nascimento e Lô Borges), 333

Clube do Bolinha (programa de TV), 356

Clube do Guri (programa de rádio), 28-30, 33, 40, 270-1, 334

Clube Internacional do Recife, 376

Cobham, Billy, 303

"Cobra criada" (canção), 327

Coelho, Paulo, 378

Coisas (álbum de Moacir Santos), 60

"coisas que eu gosto, As" (canção), 41

Cole, Nat King, 85, 261

Colégio Estadual Júlio de Castilhos (Porto Alegre), 32

Collins, Albert, 326

"Comadre" (canção), 214

"combatente, O" (canção), 74

"Começar de novo" (canção), 365

"Como é grande o meu amor por você" (canção), 110

"Como nossos pais" (canção), 13, 266, 273, 376, 409-10, 412

Companhia Brasileira de Discos (CBD), 45

Companhia das Letras (editora), 13

Companhia Sul-brasileira de Vidros, 29

"Comunicação" (canção), 164, 210

Conar (Conselho Nacional de Autorregulamentação Publicitária), 412

Conjunto Atlântico (grupo musical), 300

"Consolação" (canção), 87

Consolação, rua da (São Paulo), 17, 86, 93, 164

"Construção" (canção), 202, 306

Contesini, Hermes, 155, 188

Continental (gravadora), 38-9, 41, 43

"Conversando no bar" (canção), 250-1, 254-5

CooJornal (publicação gaúcha), 305

Copa do Mundo (1970), 175-6

Copa Trio (grupo musical), 55-6, 68

Copacabana (Rio de Janeiro), 44, 52, 54, 57-9, 135, 145, 179, 195, 202, 227, 255, 274, 320, 345-6, 367

Copacabana Palace (hotel no Rio de Janeiro), 140

"Copacabana velha de guerra" (canção), 183, 191

Coquatrix, Bruno, 147-9, 157

Coração paulista (álbum de Guilherme Arantes), 358

"Corcovado" (canção), 244, 251, 329

Cord, Ronnie, 42

Corea, Chick, 275, 326, 332

Correa, Roberto, 101

Correio da Manhã (jornal), 41, 150

"Corrida de jangada" (canção), 155, 158, 160, 174

Cortez, Raul, 361

Costa, Alaíde, 68, 74, 77, 90-2

Costa, Ercy Carvalho (mãe de Elis), 24-31, 33-4, 36, 44-5, 47, 50, 54, 63, 81, 113, 141, 149, 151, 190, 218, 259, 271, 302, 328, 348, 366, 399

Costa, Gal, 22, 155, 166, 169, 187, 337-40, 344, 358, 378, 390, 401, 413

Costa, Maricenne, 91, 93

Costa, Rodrigo, 413

Costa, Rogério Carvalho (irmão de Elis), 21, 24, 29, 81, 143, 185, 190, 259-60, 262, 269, 303, 344, 372, 382-3, 391, 397, 406, 408, 413

Costa, Romeu (pai de Elis), 26-9, 34, 36, 39, 44-5, 48-9, 55, 63, 77, 81, 113, 128, 134, 223, 259, 279, 302, 348, 399

Costa, Sueli, 196, 204

Costa e Silva, Artur da, 123, 162, 215

Costita, Hector, 69

Coutinho, Maria Teresa, 363

Cozzella, Damiano, 70

Crawford, Joan, 140

"Crença" (canção), 132

CRPE (Centro de Relações Públicas do Exército), 217

"Cruz de cinza, cruz de sal" (canção), 104

Cruz, Maury Rodrigues da, 367, 396

Cruzeiro, O (revista), 152

Cuba, 63, 216

Curitiba (PR), 253, 307, 367, 384-5, 388, 414

"curvas da estrada de Santos, As" (canção), 174, 181

D'Áuria, Antonio, 300

"Dá sorte" (canção), 41-2, 130

Dale, Lennie, 56, 173, 249, 400, 402

Daniel Filho, 304, 336-40, 379, 387, 391, 401

Davis, Miles, 328, 350

Davis Jr., Sammy, 85-6

Dawd, Tom, 86

"De Marte" (canção), 355

"De onde vem o baião" (canção), 311

"Deixa" (canção), 148

"Deixa a menina" (canção), 355

"Deixa chover" (canção), 415

"Deixa o mundo e o sol entrar" (canção), 200

445

Del Cistia, Crispin, 266

Delmiro, Hélio, 198, 207-8, 241, 245, 249, 252-3, 266, 288, 321, 324, 327, 330

"Dengosa" (canção), 44

Denti-Samba (evento da Faculdade de Odontologia da USP), 68

Deodato, Eumir, 69, 220

"Depois da queda" (canção), 205

"Desacato" (canção), 220

Desenhos (álbum de Vitor Assis Brasil), 60

"Detalhes" (canção), 213

"Deus lhe pague" (canção), 306

Deutsche Grammophon (gravadora alemã), 36

Dhordain, Roland, 148

"Dia das Rosas" (canção), 94

"Dia de verão" (canção), 220

Diário Carioca (jornal), 52, 74, 101

Diário da Noite (jornal), 144

"Dindi" (canção), 251

Dino 7 Cordas, 232

"Dinorah, Dinorah" (canção), 310

"Disco 1982" (projeto de Elis), 413-4

Discolândia (loja em Porto Alegre), 38

"Discriminação racial no Brasil" (documento do CIE, 1971), 221

Disney, Walt, 241

"Disparada" (canção), 117, 122, 136

"Diz que fui por aí" (canção), 79, 99

Djalma's (boate em São Paulo), 69, 78

"Doce de pimenta" (canção), 292

Dois na bossa (álbum de Elis, Jair e Jongo Trio), 100-1, 103, 112, 136, 154, 180, 191, 324

Dois na bossa número 2 (álbum de Elis e Jair), 104, 127

Dois na bossa número 3 (álbum de Elis e Jair), 104

"Dois pra lá, dois pra cá" (canção), 211, 214, 272

"Domingo no parque" (canção), 166

Dominguinhos, 313, 354

"Don't Stop 'til You Get Enough" (canção), 261

Donato, João, 15, 206, 257

Donga, 123, 320

"dono do lugar, O" (canção), 415

Dops (Departamento de Ordem Política e Social), 215, 223, 227-8, 293

Double Fantasy (álbum de John Lennon), 361

Doutor Melo Alves, rua (São Paulo), 17, 365, 376, 387, 393, 397, 406, 408

Downbeat (revista), 99

Duarte, Raul, 88

Duarte, Regina, 336-7, 342

Dude, The (álbum de Quincy Jones), 406

Duprat, Rogério, 166

Duran, Dolores, 157, 202

Dusek, Eduardo, 415

Dzi Croquettes (grupo de teatro e dança), 56

"E a gente sonhando" (canção), 132

É Elis (espetáculo), 193-6, 198-9, 202, 212

Earth, Wind and Fire (grupo musical), 261, 351

Eça, Luizinho, 111-2, 128, 141-2

Ecad (Escritório Central de Arrecadação e Distribuição dos Direitos Autorais), 275

Eduardo (loja de sapatos), 69

Ela (álbum de 1971), 185, 188, 203, 220

"Ela disse-me assim" (canção), 35

Elenco (gravadora), 73

Elis (álbum de 1966), 133, 293

Elis (álbum de 1980), 357

Elis 5 (grupo musical), 155, 162

Elis: como & porque (álbum de 1969), 166-7

Elis & Tom (álbum de 1974), 10, 248, 253

Elis & Tom — Só tinha de ser com você (documentário), 246, 352

Elis & Toots (álbum de 1969), 160

Elis e eu (livro de memórias de João Marcello Bôscoli), 406

Elis especial (álbum de 1968), 154

Elis especial (álbum de 1979), 200, 310

Elis especial (programa de TV), 191

Elisa (mulher de Marcos Lázaro), 81

Ellis Regina (álbum de 1963), 44

Elis Regina em Londres, 162

Ellwanger, Raul, 317-8, 414

Eloir e Eloisa (irmãs amigas da família Costa), 26-7

Em pleno verão (álbum de Elis), 164, 181-2

EMI (gravadora), 310, 357-8, 360, 371

Endrigo, Sérgio, 70, 164

Enoé, Francisco, 121

Ensaio (programa de TV), 134, 369

"Ensaio geral" (canção), 94, 117

"Ensaios de amor" (canção), 415

"Entre nós" (canção), 415

"Era nova" (canção), 311

Erasmo Carlos, 15, 88, 108, 110, 115, 119-21, 163, 169, 174, 181

Ercy, dona (mãe de Elis) *ver* Costa, Ercy Carvalho

Ertegun, Nesuhi, 309

Escolinha do Edinho Gordo, A (programa de TV), 49

Espanha, 97, 106, 241, 336

Espíndola, Tetê, 358

Essa mulher (álbum de Elis), 313, 318, 321, 323-4, 326, 349

Essa mulher (show), 316, 334-5

"Essa mulher" (canção), 339

"Esse mundo é meu" (canção), 79

"Esses moços" (canção), 35

Est Vaudois, L' (jornal suíço), 332

Estádio Serejão (Taguatinga), 354

Estado de S. Paulo, O (jornal), 98, 140, 151, 165-6, 342, 351, 381

Estados Unidos, 51, 86, 93, 132-3, 146-7, 150, 157, 162, 180, 182-3, 218-9, 240, 244, 246, 248, 261, 294, 331, 336, 348, 350-2, 362, 385, 408

"Estatuinha" (canção), 133

Estocolmo (Suécia), 159-60

"Estúpido Cupido" (canção), 40

"Eu sei que vou te amar" (canção), 104, 248

"Eu só queria ser" (canção), 76, 92

"Eu também quero beijar" (canção), 415

"Eu te amo, te amo, te amo" (canção), 165

"Eu, hein, Rosa!" (canção), 321, 344

Europa, 77, 106, 125, 146-7, 149, 156, 158-9, 162, 194, 209, 215-6, 225, 303, 326-7, 370

Evangelho de São Mateus, 143

Evans, Bill, 159, 261, 326

Evelin (bailarina), 49

Express, L' (revista francesa), 148, 158

Fábio Jr., 362-3, 410

Faculdade de Direito da Universidade de São Paulo (SanFran), 76-7, 84, 375

Faculdade de Odontologia da Universidade de São Paulo, 68

Faculdade Paulista de Medicina, 67

Faerman, Marcos, 263

Fafá de Belém, 337-8

Fagner, 22, 193, 195, 206, 266, 313, 381-2

"Fala-me de amor" (canção), 41

"Falando de amor" (canção), 416

Falso brilhante (álbum de Elis), 274

Falso brilhante (espetáculo), 263, 265-7, 269, 271-2, 276, 278, 281-4, 286, 288-9, 294-5, 301, 307, 333, 343, 348-9, 365, 369-70, 375, 399, 409

Fantasia (espetáculo de Gal Costa), 340

Fantástico (programa de TV), 264, 334, 370, 376

Faria, Betty, 173, 211

Faria, Luiz Cláudio, 346

Farney, Dick, 76

Faro, Fernando, 134, 236, 369, 374-5, 382, 384

Farrow, Mia, 129

"Fascinação" (canção), 32, 267, 273, 298, 409

Fatos & Fotos (revista), 106, 190

Faust, Karl, 36

"Fé cega, faca amolada" (canção), 327

Federação Paulista de Futebol, 107

"Feio não é bonito" (canção), 79

Feitosa, Chico, 62

"felicidade, A" (canção), 79

Felisberto, João Cândido *ver* Almirante Negro (João Cândido Felisberto)

Féraudy, Maurice de, 32

Fermata (editora musical), 70

Fernandes, Millôr, 168-9, 226

Ferreira, Cláudio Leal, 358

Ferreira, Djalma, 69

Ferreira, Durval, 61

"Festa de arromba" (canção), 108

Festival MPB Shell (Rio de Janeiro, 1981), 358, 360

"fia de Chico Brito, A" (canção), 202

Fico (Festival Interno do Colégio Objetivo, 1980), 354

Figaro, Le (jornal francês), 149

Figueiredo, Abelardo, 142, 176, 387

Figueiredo, Laura, 142-3, 176, 288, 390

Figueiredo, Mônica, 263, 400

Figueiredo, Patrícia, 387, 390

Fina Flor do Samba (grupo musical), 300

Fino da Bossa, O (festival em São Paulo), 77, 91

Fino da Bossa, O (programa de TV), 83-98, 100, 104-5, 107, 109-11, 115, 118-9, 121, 128, 130, 133, 135, 171, 188, 196, 203, 208, 244, 249, 293, 300, 340, 357, 365, 396

fino da música, O (show de 1977), 300

fino do fino, O (álbum de Elis e Zimbo Trio), 98

Fiorentina, La (restaurante no Rio de Janeiro), 54

Fiorini, Luvercy, 91

Fitzgerald, Ella, 57, 72, 159, 326, 328, 331, 333

Fiuk, 410

"Five for Elis" (canção), 160

Flamboyant (conjunto melódico), 36-7

Flávia (mulher de Cesar Mariano), 408

Florianópolis (SC), 45, 72, 290, 414

Fluminense (time de futebol), 158

Folha de S.Paulo (jornal), 86, 108, 271, 275, 281, 313, 334, 371

"Folhas secas" (canção), 231-3

Fonseca, Luiza, 130, 132

Fora de prumo (álbum de Sérgio Sá), 311

Ford, Mary, 85

Forma (gravadora), 60

"Formosa" (canção), 87

"Fotografia" (canção), 244-5

França, 71, 145, 147, 149, 151, 155, 157-9, 162

França, Francis Alan, 410

Francis, Paulo, 169, 226

Franco, Luciene, 65

Franklin, Aretha, 261, 351, 376

Freire, Lula, 73, 131

Freire, Roberto, 268, 281-2

Freitas, Ademar Vargas de, 305

Frente única (programa de TV), 118-9, 121-2, 124

Frias, Marcelo, 202

G.I. Blues (álbum de Elvis Presley), 376

Gabriela, Marília, 347

Gaguinho (sambista/ comediante), 62

Galhardo, Carlos, 32

Gallagher, Rory, 326

Galos de briga (álbum de João Bosco et al.), 304

Garcez, Paulo, 141

Garcia, Isaurinha, 94

Garfunkel, Jean, 360

Garfunkel, Paulo, 343, 345

Garin, Laila, 409

Garland, Judy, 149

"Garota de Ipanema" (canção), 51, 330

Garota de Ipanema (filme), 121

Garota fenomenal: Celly Campello e o nascimento do rock no Brasil (Gonçalo Junior e Oliveira Junior), 46

"Garoto último tipo" (canção), 41

Gaspar, Tibério, 155, 160, 219-20

Gatica, Humberto, 247

Gatica, Lucho, 247

Gebara, Wadi, 60

Geisel, Ernesto, 291, 314

"Gema" (canção), 391

Gente (programa de TV), 82

"Gente Nova" (coluna jornalística de Amaral), 108

Gessy (jogador de futebol), 32

Gessy Lever (empresa), 90, 127

Getz, Stan, 242

Ghelman, Walter, 348

Gidali, Marika, 342-5

Gigetto (restaurante em São Paulo), 82

Gil, Gilberto, 90, 94, 115-8, 122, 124, 126-8, 132, 134, 136, 146, 157, 162, 166-7, 174, 182, 209, 215, 218, 229, 249, 256, 258, 290, 292, 297, 308, 311-2, 333, 339-41, 368, 380-1, 401, 415

Gil, Raul, 356

Gilberto, Astrud, 93

Gilberto, João, 28, 36-7, 51, 61-2, 76, 90, 93, 102, 242, 308

Gilmour, David, 356

"Gira girou" (canção), 132

"Girl" (canção), 119

Gismonti, Egberto, 167, 220

Globo (emissora) ver TV Globo

Globo, O (jornal), 152, 325

Godinho, Ida, 31

Godoy, Adylson (Dico), 81-3, 104, 125, 400

Godoy, Amilson, 82, 104, 112-3, 147

Godoy, Amilton, 70, 77, 82, 84, 98, 104, 131, 145-6, 205, 335

Golden Kids (grupo musical), 146

"Golden Slumbers" (canção), 185

Golpe de 64, 48, 82

Gomes, Pepeu, 415

Gomes, Wilson, 266, 274, 276-8, 286, 324

Gonçalo Junior, 46

Gonçalves, Antoninho, 36

Gondim, Marilene, 377

Gonzaga, Luiz, 213, 237, 297, 330-2, 354

Gonzaguinha, 237, 313, 321, 345, 415

Goodwin, Ricky, 348

Gordin, Alan, 78

Gordin, Lanny, 78, 333

Goulart, João (Jango), 35, 48

Gounod, Charles, 93

Gouveia, Manoel, 19-20, 395, 397

"Gracias a la vida" (canção), 273

Gracindo, Paulo, 49

Gracindo Júnior, 211

"grande xerife, O" (canção), 311

Grandes Nomes (programa de TV), 338-9

Gregório (avô materno de Elis), 25-7

Grêmio (time), 32

Guarabyra, 196, 206

Guardian, The (jornal), 411

Guarnieri, Gianfrancesco, 75-6, 133

Guarujá (SP), 71, 373

Guedes, Beto, 391, 416

Guedes, Luiz, 360

Guerra nas estrelas (filme), 372

Guerra, Ademar, 267, 334, 341, 343

Guerra, Ruy, 72, 76, 94, 219

Guerra-Peixe, César, 42-3, 123, 320

Guerreiro, Regina, 271

Guevara, Che, 64

Guiana Francesa, 158

Guinga, 321-2

Gurjão, Cristina, 143

Gusmão, Manoel, 55-6, 153

Haddad, Chibly M., 402

Hadjes, David, 351-2

Halfin, Joseph, 172-3

Halfoun, Eli, 65

Hamilton, Roy, 85

Hammond (órgão eletrônico), 232

Hancock, Herbie, 261, 275, 326, 329, 332, 352-3, 406

Hard Day's Night, A (filme), 64

Harlem (Nova York), 218-9

Harrison, George, 391

Hendrix, Jimi, 146

Henfil, 226-8, 313, 317, 348

Henriques, Sergio, 365

Hepburn, Audrey, 32

Hernandez, Clodovil, 288, 335

Hernandez, Sergio, 343

Herzog, Vladimir, 403

449

Heymann, Danielle, 158
Hime, Francis, 51, 72, 76, 133, 141, 192-3, 201, 203-4, 310
Hino da Legalidade (1961), 35
Hizume, Jorge, 397
Hoje (telejornal), 185
Hoje é Dia de Rock (programa de TV), 42
Holanda, 156, 218, 237
Holiday, Billie, 86, 329, 348, 380
Homem de Mello, Zuza, 11, 15, 73, 86, 88-9, 100, 104, 299-300, 319, 381, 414
homem que deve morrer, O (novela), 222
"Honeysuckle Rose" (canção), 160
Horn, Shirley, 242
Horta, Toninho, 188, 294
Hospital Beneficência Portuguesa (Porto Alegre), 26
Hospital das Clínicas (São Paulo), 18, 20, 178, 395-6, 402, 406
Hospital São Luiz (São Paulo), 264
Hotel Margaridas (Petrópolis), 184
"How Insensitive" (canção), 163
Huxley, Aldous, 183
Hyldon, 256

IAPI (Instituto de Aposentadoria e Pensão dos Industriários) *ver* Vila do IAPI (Porto Alegre)
Ibope (Instituto Brasileiro de Opinião Pública e Estatística), 109, 115, 124, 299-301
ID4 (carro elétrico da Volkswagen), 410
"Imagem" (música de piano), 142
IML (Instituto Médico Legal), 396-7, 402-4
Imperial, Carlos, 40-3, 58, 122, 154
Incríveis, Os (banda), 42, 225
Inglaterra, 156, 218
inimitável, O (álbum de Roberto Carlos), 164
Instituto Estadual de Educação General Flores da Cunha (Porto Alegre), 30-2
Instituto Estadual Dom Diogo de Souza (Porto Alegre), 32
Intervalo (revista), 88, 110, 184, 194

"Inútil paisagem" (canção), 244, 251
Ipiranga, avenida (São Paulo), 17, 269
"Irene" (canção), 173, 319
Isaura, dona (conselheira espiritual), 114
Itália, 53, 70, 106, 164, 176, 218, 303-4
Itamaraty (Ministério das Relações Exteriores), 123-4, 150

Jackson, Michael, 261
Jaguar (cartunista), 168, 226, 348
James, Jimmy, 209
Jango *ver* Goulart, João (Jango)
Japão, 97, 241, 332, 350, 370
"Jardins de infância" (canção), 273
"Jesus, alegria dos homens" (música de Bach), 49
João Augusto (compositor), 133
João da Baiana, 320
João Francisco (zelador), 19-20
"João Valentão" (canção), 72
Joatinga, praia/ condomínio da (Rio de Janeiro), 210-1, 302, 350, 352
Jobim, Tom, 50-1, 57, 63, 70, 86, 102, 123, 147, 153-4, 204, 207, 220, 230, 240-5, 247-8, 250, 254, 262, 270, 305, 308, 310, 329, 342, 359, 375, 383, 416
Jocafi (José Carlos Figueiredo), 220
Jogo da Verdade (programa de TV), 309
"Jogo de roda" (canção), 94
Jogos de dança (espetáculo do Ballet Guaíra), 384
Jones, Quincy, 261, 406
Jongo Trio (grupo musical), 77-9, 100-1
Joplin, Janis, 362, 380
Jornal da Tarde, 155, 163, 165, 263-4, 271, 281-2, 311, 367
Jornal do Almoço (telejornal), 151
Jornal do Brasil, 49, 62, 65, 74, 95, 109, 122, 124, 140, 158, 222
Jornal Hoje (telejornal), 21, 413
Jornal Nacional (telejornal), 89
"Jovem Guarda" (coluna jornalística de Amaral), 107

450

Jovem Guarda (programa de tv), 88, 107, 109-10, 120
"jovem vizinha, A" (canção), 311
Joyce (cantora), 183, 323

Kalil Filho, 80
Kanduc, Alexandre, 48
Kardec, Allan, 367
Kfouri, Maria Luiza Amaral, 282
King's Motel (Rio de Janeiro), 168, 185
Knight, Peter, 160, 163
"Kyrie" (canção), 220

"Lábios de mel" (canção), 30
Lana, João Bosco Cavalcanti, 101
"Lança perfume" (canção), 370, 380, 415
Lance legal (álbum de Guilherme Arantes), 22
Lancellotti, Silvio, 248
Landwer, Hugo, 78
"Lapinha" (canção), 319-20
Laport, Francisco, 158-9
Lara (empresário), 50
Laranja mecânica (filme), 210
Lázaro, José, 236
Lázaro, Marcos, 77-8, 80-1, 94, 96, 115, 119, 126, 137, 139, 141, 147, 150, 158, 196, 226, 235-6, 238-9, 259, 357
Leão, Jairo, 144
Leão, João Evangelista, 76, 135
Leão, Nara, 50-2, 62, 77, 86-7, 109, 115-8, 122-4, 129, 136, 144-5, 166, 170, 249, 381
Lebendiger, Enrique, 70
Leblon (bairro do Rio de Janeiro), 64, 95-6, 306, 364
Leboyer, Frédérick, 263-5
Led Zeppelin (banda), 275
Lee, Beto, 290
Lee, Peggy, 242
Lee, Rita, 15, 22, 188, 249, 290-3, 295, 337-8, 370, 379-80, 383-4, 415
Leite, Edson, 80
Leite, Vera Barreto, 141

Lennon, John, 185-6, 261, 351, 361
Leonardo Netto, 318
Leopoldo e Silva, Marcelo, 107-8
Les Paul (Lester William Polsfus), 85
Lessa, Chico, 415
Lessa, Ivan, 226
"Let Me Sing, Let Me Sing" (canção), 255
Lettieri, Íris, 60
Libertad, Tania, 408
Licorne, La (boate em São Paulo), 252, 266
Lima, Ciro, 141
Lima, Marina, 255, 337, 415
Lima, Mário, 91
Linha de passe (álbum de João Bosco), 313
Lins, Ivan, 185-7, 194, 206, 219, 226, 229, 258, 300, 306, 310-1, 341, 365, 408
Lins, Lucinha, 194
Lisboa (Portugal), 225, 307
Little Club (boate no Rio de Janeiro), 53, 55, 58, 61-5
Live Under Sky (evento em Tóquio, 1979), 332
Lobo, Edson, 145
Lobo, Edu, 23, 51, 56-7, 72-6, 86-7, 94, 102, 118, 122-3, 125, 127, 133, 136, 157-8, 162, 166-7, 192, 205, 215, 218, 220, 262, 287, 375-6, 384-5, 391, 401, 415
Lobo, Fernando, 56, 150, 166
Lolgren, Bo, 223-4
Londres (Inglaterra), 149, 160-2, 169, 173-4, 182, 185, 190
"Londrina" ("Uma valsa para Londrina", canção), 358
Los Angeles (Califórnia), 10, 162, 241-2, 244, 246, 248, 254, 350, 352, 363
Louco por você (álbum de Roberto Carlos), 40
Lourenção, José Luiz, 402-3
"Louvação" (canção), 127-8
Louzada, Armando, 32, 267
Love in the Afternoon (filme), 32
"Love x Love" (canção), 406
Loy, Luiz, 88-9, 103
Lucas, George, 372

451

Lucci, Cláudio, 300, 357
Luginbuhl, P.A., 332
Luis Claudio (músico), 232
Luiz, Antônio Filardi, 404
Luiz Henrique (cantor), 45
Lula da Silva, Luiz Inácio, 313, 348, 402
Luli e Lucina (dupla musical), 355
Luluzinha (personagem humorística de Elis), 49
"Lunik 9" (canção), 128, 133
"Luz da Light" (canção), 88
Lyra, Carlos, 14, 49-51, 57-8, 83, 102, 104, 153, 241

Ma Griffe (boate no Rio de Janeiro), 53
Mac Dowell, Samuel, 17-20, 375-7, 384, 386-94, 397-8, 400, 402-4, 406
Machado, Edison, 55
Machado, Filó, 415-6
Machado, Sizão, 292, 324, 344
Machado de Assis, rua (São Paulo), 82
Machado Junior, Álvaro, 18-20, 395
Maciel, Luiz Carlos, 169
"Madalena" (canção), 186-7, 327
Madi, Tito, 64
Madonna, 351
Mafalda (personagem de quadrinhos), 383
Magaldi, Sábato, 375
Magnecord (gravador de fita), 89
Mahavishnu Orchestra (grupo de jazz fusion), 379
Maia, Luizão, 134, 198, 207, 209, 231-2, 241, 244-6, 262, 266, 324, 326-7, 332, 386
Maia, Tim, 180, 182-3, 219, 249, 257, 349, 358
Makeba, Miriam, 151, 160
Malheiros, Alex, 207
Malu mulher (série de TV), 336-7, 365
"Mamão" (Ivan Conti, baterista), 207
Manchete (revista), 62, 64, 116, 137, 154, 170, 195, 350
Mandel, Johnny, 242
Manga, Victor, 145

"Mania de você" (canção), 293
Manoel (porteiro), 392
Manoel Carlos (Maneco), 84, 88, 92-3, 105-6, 109-10
Manzanero, Armando, 356, 378
Maracanãzinho, estádio (Rio de Janeiro), 94-5, 220-1
Marcelo (filho de Dom Salvador), 145
"Marcha de Quarta-Feira de Cinzas" (canção), 104
Marchetti, Dante, 32
Márcia (cantora), 74
Maria (mulher de Dom Salvador), 145
"Maria, Maria" (canção), 327-8
Maria das Dores (empregada de Elis), 17-21, 393-4, 397
Maria Odette (Mariô), 87, 124, 233-4
Maria Rita, 17-8, 20-1, 295, 304, 346-7, 366, 376-7, 383, 389-90, 394, 399-400, 405-6, 408-12
Mariano, Cesar Camargo, 10, 21, 89, 134, 196, 198, 200-1, 204-5, 209, 231-3, 235-6, 238-9, 242-5, 247-8, 253-6, 260, 267, 271, 273, 276, 279, 284-90, 293, 298, 300-3, 306, 321, 323, 326, 330, 332, 334, 338-9, 341-2, 344, 346, 348, 351-2, 355, 357, 359-64, 366-7, 372-4, 381, 384, 386-7, 398-9, 406-9
Mariano, Maria Rita Camargo ver Maria Rita
Mariano, Pedro, 17-8, 20-1, 101, 263, 295, 304, 349, 366, 376, 399-400, 405-8, 413
Marina ver Lima, Marina
Marinês (cantora de baião), 93
Marisa Fossa, 360
Marisa Gata Mansa, 231, 372
Marlene (cantora), 28, 311
Marques, Armando, 141
Marques, Carlos, 116
Marques, Natan, 252-4, 262, 266, 268-9, 274, 284-5, 288-9, 297, 324, 343, 360, 364, 372-4, 379, 381, 386-7, 391-2, 396, 402, 416
Mart'nália, 410
Martin, Lu, 269

Martinha (cantora da jovem guarda), 282
Martinho da Vila, 232, 410
Martins, Herivelto, 349
Martins, Vitor, 196, 204, 258, 306, 310, 365, 408
"Mas que nada" (canção), 88
Mascarenhas, Jorge, 52
Mascarenhas, Pacífico, 130-1
Massa, Maria Isabel Garcia, 403
Master Books (editora), 13
"Mata virgem" (canção), 355
Mathias, Germano, 37
Mathis, Johnny, 187
Mato Grosso do Sul, 14, 208
Matogrosso, Ney, 23, 214, 354-6, 415
Mattar, Pedrinho, 92
Maysa, 39, 76, 94-5, 129, 144-5, 164
Mazzola, Marco, 202, 255, 273-4, 319
Mazzuca, Sylvio, 71
McCartney, Paul, 185
MDB (Movimento Democrático Brasileiro), 224
"Me deixa em paz" (canção), 206, 210
"Me deixas louca" (canção), 356, 378-80, 385, 390
Medaglia, Julio, 209-10
Medalha, Marília, 237
Medeiros, Elton, 320
Médici, Emílio Garrastazu, 215-6, 225
Meirelles, Jurandir, 112, 147, 155
"melhor vai começar, O" (canção), 22
Melo, Luiz, 69
"Memórias de Marta Saré" (canção), 158, 167
Mendes, Márcia, 185
Mendes, Oswaldo, 301, 322, 334-5, 341
Mendes, Sergio, 53, 60-1, 77, 157, 308
Menescal, Roberto, 62, 74, 84, 95, 102, 140, 153-6, 159-63, 173, 186, 192-3, 202-7, 215, 231-2, 246, 309-10, 378-9, 381
"Menino da porteira" (canção), 42
"Menino das laranjas" (canção), 62, 69, 72, 79, 89, 298
"Menino do Rio" (canção), 370, 380
"Mentiras" (canção), 257

Mestre Marçal, 232
"mestre-sala dos mares, O" (canção), 214, 250, 254
"Meu bem" (canção), 119
"Meu bem, meu mal" (canção), 390
Meu mundo e nada mais (álbum de Guilherme Arantes), 359
"Meu quarto de pensão" (canção), 311
México, 97, 175, 236, 261-2, 317
Midani, André, 14, 158, 174, 181, 185, 211, 217, 224, 237, 240-2, 246, 309-10, 313, 319, 327-8, 331-3, 357, 387
Midem (Mercado Internacional de Discos e Edições Musicais), 145-8, 155, 157, 162
Miele, Luiz Carlos, 15, 23, 58, 61-2, 65-7, 96, 110-2, 115, 128-9, 142, 154, 168, 171-4, 178, 183, 188, 190-3, 195, 224, 312, 383, 389
Milão (Itália), 303, 307
Milito, Osmar, 219
Millon, Lea, 413
Miltinho (cantor), 124
Minas Gerais, 48, 129-30, 132, 212
"Minha jovem vizinha" (canção), 311
"Minha namorada" (canção), 104
Miranda, Carmen, 30, 33, 47, 93, 241, 270, 338
Miranda, Tavares de, 108
Mississippi (Estados Unidos), 133
Mocambo (gravadora), 44
"Moda de sangue" (canção), 346
Modern Jazz Quartet (grupo musical), 86
"Modinha" (canção), 245, 251
Modo livre (álbum de Ivan Lins), 258
Molière, Prêmio, 172-3
Monte, Heraldo do, 86
Monteiro, Ciro, 65, 76, 87, 105, 123
Monteiro, Mário, 338
Montreux, Festival de Jazz de (Suíça), 326-9, 332-3, 358
Moraes, Chiquinho de, 14, 90, 97, 134, 163, 185, 187, 196-8, 320, 362-3
Moraes, Vinicius de, 50-1, 60, 69-70, 72-4, 76, 86-7, 92, 94, 102, 104, 112, 121, 123, 127, 133, 173, 191, 211, 220, 237, 361

453

Morangos silvestres (filme), 201
Moreira, Airto, 53
Moreira, Cid, 89
"Morrer de amor" (canção), 91
"morro não tem vez, O" (canção), 79, 298
Mosteiro de São Vicente de Fora (Lisboa), 225
"Moto 1" (canção), 195
Moto Perpétuo (banda), 357
Motta, Nelson, 22, 51, 94, 122, 124, 148, 158, 170, 173, 180-7, 189-90, 192, 194, 200, 202, 205, 230, 256-7, 287, 325, 331-2, 385, 387
Motta, Nelson (pai), 142
Motta, Zezé, 337
Moura, Paulo, 61, 300
Mourão Filho, Olímpio, 48
MPB4 (grupo musical), 118, 124, 136, 199, 237
"Mucuripe" (canção), 193, 195, 206
"Mulata assanhada" (canção), 87
Mulero, Diogo, 42-3
Mulher 80 (especial de TV), 304, 337
Müller, Rolf-Hans, 209-10
Müller, Sônia, 60
Muniz, Myriam, 267-9, 278-82, 285
"Murmúrio" (canção), 41
Museu da Imagem e do Som (São Paulo), 201
Mutantes, Os (grupo musical), 120, 157-8, 166, 181, 188, 219, 377
Mutinho (Lupicínio Morais Rodrigues), 35-7
Muylaert, Eduardo, 76

"Na batucada da vida" (canção), 246
"Nada será como antes" (canção), 202-3, 206, 255
Naegele, Kuntz, 69
Nascimento, Milton, 21-2, 86, 129-34, 136, 167, 194, 198, 200, 202, 206, 219, 250, 254-7, 267, 271, 293-4, 300, 303, 327, 333, 349, 351, 357, 370, 376-7, 391, 399, 416
Nascimento, Roberto, 65
Native Dancer (álbum de Milton e Shorter), 351
Natureza, Sérgio, 324, 335
"Navegante negro" (canção) *ver* "mestre-sala dos mares, O" (canção)

Navegantes (bairro de Porto Alegre), 27
"Nega do cabelo duro" (canção), 160, 166, 210, 298
Negrão, Daniel, 211
Negrão, Orphila, 177, 211, 267, 303, 367
Negrão, Walter, 211, 302-3
Nelson Cavaquinho, 231-3
Nenê (baterista), 262, 266, 268-9, 274, 277, 284-7, 289-90, 333, 388
"Nervos de aço" (canção), 35
Neugebauer (chocolates), 33
Neves, Oscar Castro, 68, 77, 91
Neves, Wilson das, 15, 155, 188
New Holiday (boate no Rio de Janeiro), 219
Ney Matogrosso (álbum de 1981), 355
Nice (mulher de Roberto Carlos), 358
Nice Matin (jornal francês), 158
Nicodemus, Elisabeth Lima, 395-6
Nicola (porteiro), 20
Niemeyer, avenida (Rio de Janeiro), 138, 168, 183-4, 193, 197, 387
"No céu da vibração" (canção), 368
Nobs, Claude, 328-9, 331
Nogueira, João, 320-1
Nogueira, Paulinho, 68, 77
Nogueira Neto, José, 15, 178-9
Noite da Música Popular Brasileira (programa de TV), 118-9, 124
"noite do meu bem, A" (canção), 157
"Noite dos mascarados" (canção), 157
Noite, A (jornal), 41
Nora Ney, 36
"Nos bailes da vida" (canção), 391-2, 415
"Nossa canção" (canção), 117
Notte, La (jornal italiano), 303
"Nova estação" (canção), 360
Nova York (Estados Unidos), 50, 56, 86, 147, 218-9, 361-3, 405, 408
Novelli (baixista), 188
"Noves fora" (canção), 193, 195
Nunes, Bené, 50
Nunes, Clara, 320-1, 324
Nunes, Dulce, 14, 50

"O que foi feito deverá" (canção), 333

Odair José, 207

Odeon (gravadora), 40, 310, 357

Off the Wall (álbum de Michael Jackson), 261

Ogerman, Claus, 242

Ohmacht, Francisco de Assis, padre, 142

"Olhos abertos" (canção), 196, 206

Olimpíadas do Exército (1972), 226-7, 239, 292, 318

Oliveira, Aloysio de, 50, 73, 241-2, 244-5, 247, 250

Oliveira, Conceição Rodrigues de, 99

Oliveira, Dalva de, 348-9

Oliveira, José Carlos, 140

Oliveira, José Luiz de (Bico de Luz), 56

Oliveira, Juca de, 211

Oliveira, Renato de, 42

Oliveira, Roberto de, 236-7, 239-40, 246-9, 254, 265, 289, 292, 296, 312, 318, 352, 385

Oliveira Junior, Dimas, 46

Olivetti, Lincoln, 391, 415

Olympia *ver* Teatro Olympia (Paris)

Ordem dos Músicos do Brasil (omb), 118, 123-4, 254, 275-6

"Oriente" (canção), 258

Originais do Samba, Os (grupo musical), 320

Orlandivo, 49, 219

Orquestra Sinfônica Brasileira, 142

Orquestra Tabajara, 300

"Osanah" (canção), 202-3

Osanah, Tony, 202-3

Ouro Preto (mg), 212

"país do futebol, O" (canção), 303

"Paixão de um homem" (canção), 187

Palácio do Catete (Rio de Janeiro), 214

"Palhaços e reis" (canção), 311

"Palmeira e Piraci" (dupla caipira), 42

Pamplona, Dener, 140-1

Pan Air (companhia aérea), 254

Panteras Negras (partido norte-americano), 221

Paoli, João Gilberto Caymmi, 93

Paoli, José Aponte, 93

Paris (França), 87, 147, 149-51, 155-7, 261, 268, 307, 326, 390

Paris Match (revista), 148

Parker Jr., Ray, 351

Parra, Violeta, 270, 273

Partido Integralista, 118

Pascoal, Hermeto, 86, 284, 326, 328-30, 332-3, 358

Pasquim, O (jornal), 168-70, 226-7, 317, 348

"pássaro e o poeta, O" (redação escolar de Elis), 32-3

Pássaro proibido (álbum de Maria Bethânia), 415

Passeata Contra a Guitarra Elétrica (São Paulo, 1967), 118, 126, 128

Paulinho da Viola, 164, 219, 237, 306, 320

Paulista, avenida (São Paulo), 164, 300, 318, 343

Paulo Emílio (compositor), 327

Pedro i, dom, 225

"Pedro pedreiro" (canção), 210

Pedroso, Bráulio, 202

Peixoto, Cauby, 14, 28, 87, 322-3, 398

Pelé (jogador de futebol), 127, 137, 175-6, 191, 228

Pepe Luiz, 43

Pequeno Mundo de Ronnie Von, O (programa de tv), 120

pequeno príncipe, O (Saint-Exupéry), 126

Pêra, Marília, 22, 228

"Perdão, não tem" (canção), 191

Pereira, Ciro, 89, 95

Pereira, Marcus, 166

Pereira, Silvio Gomes, 101

Perlingeiro, Aérton, 52

Perón, Juan, 273

Pessanha, Joseph, 389

Peterson, Oscar, 242, 326

Petrópolis (rj), 71, 185

Philips (gravadora), 45-6, 49, 60, 72, 74, 88, 100, 103-4, 136, 145, 149, 153, 158-60, 166-7,

174, 180, 182, 185, 187, 198, 200, 202, 229, 232, 237, 240-1, 254, 265, 272, 309-11, 378, 387

Phono 73 (festival da Philips em São Paulo, 1973), 229

Piaf, Édith, 148-9, 366

piauí (revista), 406

Picape do Pica-Pau (programa de rádio), 75, 319

Pierre, Max, 398-9

Pignatari, Décio, 70, 297

Pinheiro, Paulo César, 175, 181, 199, 319-20, 323-4, 415

Pinheiro, Toninho, 198, 261

Pink Floyd (banda), 356

Pinochet, Augusto, 318

Pinto, Luciano Teixeira, 278, 280

Pinto, Magalhães, 123

Pitanguy, Ivo, 176

Pittigliani, Armando, 45-6, 49, 72, 142, 154, 159, 166-7

Pixinguinha, 121, 123, 133, 320

"Plataforma" (canção), 312

Playboy (revista), 174

Playcenter (parque de diversões), 407

Plínio Marcos, 226

Pobre menina rica (comédia musical), 50, 153, 241

Poder Negro (movimento norte-americano), 218

Poema de amor (álbum de Elis), 43

Poladian, Manoel, 76, 354-5

Poletto, Cassio, 379-80

PolyGram (gravadora), 45

"Ponta de areia" (canção), 251, 254-6, 327

Ponty, Jean-Luc, 379

"Por quem morreu o amor" (canção), 74

Por toda a minha vida (álbum de Lenita Bruno), 248

"Por toda a minha vida" (canção), 248

"Por um amor maior" (canção), 72, 76

"Por você" (canção), 121

Porão 73 (boate no Rio de Janeiro), 145, 219

"porta, A" (canção), 415

portas da percepção, As (Huxley), 183

Porter, Cole, 170

Portes, Dudu, 289-90, 292, 296, 303, 324, 331, 360

Porto Alegre (RS), 10, 25-30, 32, 34-6, 38, 41-2, 44-5, 48-9, 55, 57, 81, 87, 115, 131-2, 136-7, 149-52, 197, 208, 211, 218, 240, 253, 259-60, 267, 305, 307, 318, 331, 335, 347-8, 366, 371, 385, 390, 414

Portugal, 99, 102, 106, 157, 225, 336

"Posicionamento de artistas face ao regime vigente" (relatório do SNI, 1978), 307-8

Poso, Wilson Rodrigues, 38-9, 41, 44

Possobom, Ciro, 411

Powell, Baden, 44, 53, 60, 69, 76-8, 83, 86-7, 92, 127, 131, 175, 181, 199, 219, 319-22, 324

"Pra não dizer que não falei das flores" (canção), 162

"praça, A" (canção), 122

Praia Produções Artísticas Ltda., 171-2

Prates, Leonino (Dedão), 36

"Preciso aprender a ser só" (canção), 62, 69, 72, 79, 89

"Prenda minha" (canção), 151

Presley, Elvis, 351, 376

"Primavera" (canção), 50, 104, 182

Primavera Eduardo é Festival de Bossa Nova (Teatro de Arena, 1964), 69

"primavera impetuosa de Elis Regina, A" (artigo de Skoltens, 1971), 216-7

Prince (cantor), 351

"problema de Elis não é de terapia: mau-caráter não tem cura, O" (artigo de Roberto Freire, 1976), 281

Programa Maurício Sobrinho (Rádio Gaúcha), 34

Programa Silvio Santos (programa de TV), 222

"Prova de carinho" (canção), 88

PTB (Partido Trabalhista Brasileiro), 48

Purim, Flora, 53, 64

Pyty (compositor), 202, 311

Quadros, Jânio, 35

Qual é o tom, Mr. Jobim? (show de Claudia), 96

"Quando te vi" (canção), 415

Quarteto em Cy (grupo musical), 53, 56, 136, 237

Quarteto Sambacana (grupo musical), 131

Quartin, Roberto, 60

"Quarto de pensão" (canção), 202

Quatro Ases e Um Coringa (grupo musical), 37

"que é que a baiana tem, O" (canção), 93

Queirós, Nilo, 101

"Queixa" (canção), 76

Quem é quem (álbum de Donato), 257

"Quem é quem" (canção), 258

Quem tem medo de Elis Regina? (projeto de show), 96

"Querelas do Brasil" (canção), 306

"Qui nem jiló" (canção), 213

Quino (cartunista argentino), 383

"rã, A" (canção), 257

Rádio Antena 1, 406

Rádio Bandeirantes, 75, 77

Rádio Cacique, 40

Rádio Difusora de Taubaté, 40

Rádio Farroupilha, 28, 30, 33-4, 150, 240

Rádio Gaúcha, 34-9, 41, 43, 45, 81

Rádio Globo, 319

Rádio Guaíba, 151

Rádio Jovem Pan, 89, 100, 127, 299-300, 319, 414

Rádio Nacional (Rio de Janeiro), 25, 28, 52

Rádio Nacional de Cuba, 63

Rádio Panamericana, 127

Rádio Record, 85, 119

Rádio Sequência (programa de auditório), 38

Rádio Tamoio, 119

Rallo, Maria das Graças Oliveira *ver* Claudia (cantora)

Ramos, Graciliano, 82

Ramos, Lenilde, 14, 208

Ramos, Luiz Claudio, 198

"Rancho da goiabada" (canção), 306

Rangan, Lívio, 70-1, 75, 77

Rangel, Flávio, 381-2

Rangel, Lúcio, 123

"Rastafarian" (canção), 311

Ray, Johnny, 85

Rayol, Agnaldo, 121, 124

Razaf, Andy, 160

"Razão de paz para não cantar" (canção), 97

Realidade (revista), 222

"Rebento" (canção), 256, 327, 339

Recife (PE), 136, 257, 307, 309, 313-6, 375-6, 414

Record (emissora) *ver* Teatro Record (São Paulo); TV Record

"Redescobrir" (canção), 345

Regional do Canhoto (grupo musical), 300

Rêgo, Ary, 28, 30, 33-4, 47, 150

Rêgo, Dayse, 30

Reis, Glênio, 38-9, 42, 47

remédio é bossa, O (show), 67

Renato Sérgio, 15, 52, 54-61

"Resistindo" (canção), 311-2

"Resolução" (canção), 73

"Retrato em branco e preto" (canção), 244

Revista do Globo, 41

Revista do Rádio, 58, 69, 74

Revolta da Chibata (1910), 214

"Reza" (canção), 72, 87

RGE (gravadora), 104

Rhodia (empresa francesa), 70-1, 75

Ribeirão Preto (SP), 276

Ribeiro, Miriam, 92

Ribeiro, Pery, 68, 74, 173, 349

Ribeiro, Solano, 62-4, 69, 71, 73, 75, 79-80, 125, 209-10, 287

Righi, Gastone, 280

Rio de Janeiro (RJ), 23, 25, 38-9, 41, 44-9, 52-4, 62-3, 67, 69-73, 75, 87-8, 90, 94, 96, 101, 106, 108, 113-4, 119, 123-4, 133, 135, 138, 144, 152-3, 157, 165, 175-6, 180, 183, 206, 214, 225, 263, 288, 307, 321-2, 344, 346-7, 413-4

"Rio do meu amor" (canção), 75

Rio Grande do Sul, 35, 38, 47-8, 54, 57, 151, 165, 169, 240, 317

Riocentro (centro de convenções no Rio de Janeiro), 346-7

Rios, Ana, 411

Roberto Carlos, 40, 42, 84, 88, 97, 101, 103, 108-10, 115-7, 119-20, 123, 146, 163-4, 169-70, 174, 181, 187, 196, 213, 233, 275, 278, 308, 349-51, 358, 371, 376, 401

Roberto Jorge (produtor), 52, 54-6, 59-61

Rocha, Aurimar, 96-7

Rocha, Glauber, 63, 82

Rocha, Waldir, 30

"Roda" (canção), 128, 133, 209-10

Rodrigues, Amália, 85

Rodrigues, Jair, 15, 22, 69, 74, 78-9, 83, 86-90, 99-100, 103-8, 111, 117-8, 122-4, 127, 130, 136, 164, 191, 213, 300, 340, 402, 409

Rodrigues, Lupicínio, 35-7, 254

Rodrigues, Lupicínio Morais *ver* Mutinho (Lupicínio Morais Rodrigues)

Rodrigues, Nelson, 227

Rogério (irmão de Elis) *ver* Costa, Rogério Carvalho (irmão de Elis)

Roldão, César, 103

Roma (Itália), 162, 303, 307

Romance Popular (show de Nara Leão), 381

"Romântico" (pot-pourri de canções), 104

Romão, Dom Um, 49, 53, 55, 61, 64, 68

"Romaria" (canção), 297-8, 304, 399

Romeu, seu (pai de Elis) *ver* Costa, Romeu (pai de Elis)

Ronnie Von, 119-21

Roosevelt, praça (São Paulo), 62, 69, 76

Roquette Pinto, prêmio, 83, 99

Rosângela (Gringa, prima de Elis), 45

Rose (cantora), 204

Ross, Diana, 146

Roth, Thomas, 357, 360

Ruffalo, Joe, 351-3

Ruth Maria (cantora mirim), 33

"Sá Marina" (canção), 155

Sá, Sérgio, 311

Sá, Wanda, 51, 93, 141, 384-5, 402

Sabá (contrabaixista), 77, 100, 198

"Sabor de veneno" (canção), 357

Saint-Exupéry, Antoine de, 82, 126

Salvador (BA), 162, 169, 264

Salvador, Dom, 53, 55-6, 59, 68, 145, 220

Salvador, Henry, 158

"Samba da bênção" (canção), 148, 157

"Samba da carioca" (canção), 79

"Samba de negro" (canção), 79, 101

"Samba do avião" (canção), 209

"Samba dobrado" (canção), 327

"Samba em paz" (canção), 133

"Samba feito pra mim" (canção), 41

Samba, eu canto assim! (álbum de Elis), 72-3, 100, 240, 289

Sampaio, Sérgio, 311-2

San Remo, Festival de (Itália), 70, 164

Sandoli, Wilson, 275-6

"Sandra" (canção), 311

Sandy (cantora), 410

Santa Catarina, 45

Santo André (SP), 114

Santos, Agostinho dos, 65, 86, 124, 164

Santos, Moacir, 60, 130

Santos, Silvio, 218, 222, 227

Santos, Walter, 68, 74, 104

São Paulo (SP), 22-3, 47, 60-2, 64, 67-71, 74-8, 80-2, 84, 87, 91, 93, 95, 98-9, 101-2, 108-9, 111-3, 117, 119, 123, 125-7, 129-31, 136, 141-2, 145, 164, 166, 172-3, 178, 183, 197, 202, 222, 225, 229, 232-3, 236-8, 249-50, 252-4, 264-6, 268-70, 273, 275-6, 278-9, 281, 288, 290, 294, 296, 298-302, 304, 307, 313, 317-8, 323, 325, 333-4, 340, 344, 355, 357, 361-2, 366, 369, 371, 373, 375-7, 381-2, 385, 387-90, 399-401, 407-10, 414

São Paulo (estado), 40, 81, 86, 90, 188, 218, 237, 253, 276, 348

São Paulo-Brasil (espetáculo), 301-2, 334

Sarapo, Sergio Augusto, 372-3

Sarsano, José Roberto, 112-5, 125, 147, 150, 287

Saudade do Brasil (álbum de Elis), 349, 361, 408

Saudade do Brasil (espetáculo), 342, 344-8, 364-7, 369, 390, 414

"Saudades dos aviões da Pan Air" (canção), 254

"Saudosa maloca" (canção), 87, 306, 399

"Saveiros" (canção), 94

Sbat (Sociedade Brasileira de Autores Teatrais), 278-81

"Se eu quiser falar com Deus" (canção), 355, 380

"Se você pensa" (canção), 163, 165, 169

Sebesky, Don, 242

"secretárias, As" (canção), 43

Seixas, Américo, 206

Seixas, Raul, 252, 255, 378

"Sem Deus com a família" (canção), 103

"Sem você" (canção), 248

Sérgio Murilo, 42, 108

Sérgio Ricardo, 75, 219, 308

Sesquicentenário da Independência (1972), 224

Sétimo Céu (revista), 347

Severino Filho (arranjador), 40, 64

Severo, Marieta, 162

Sgt. Pepper's Lonely Hearts Club Band (álbum dos Beatles), 146

Shibata, Harry, 403-4

Shopping News (jornal), 108

Shorter, Wayne, 326, 332, 350-3

Show do dia 7 (especial de TV), 120-1, 141, 147

Silva, Astor, 44

Silva, Carmen, 222

Silva, Celina, 18-20, 364-7, 376, 386, 393-6

Silva, Déa, 77-9, 99, 101

Silva, Dorival, 206

Silva, Edval Nunes da (Cajá), 313-7

Silva, Ismael, 320

Silva, Orlando, 123

Silva, Rui, 30

Silva, Synval, 320

Silva, Walter (Pica-Pau), 67-8, 75, 77-9, 99-101, 103, 271, 281, 296, 319, 343-4, 364-5, 396, 401, 414

Silvio Cesar, 64, 69-70

Simonal, Wilson, 49, 55, 60, 71, 74-6, 83, 91, 118, 156, 196-7, 219, 227-8, 341

Simone (cantora), 337-8, 365, 379

Simone, Nina, 326, 390

"Sinal fechado" (canção), 164, 306

Sinatra, Frank, 9, 57, 129, 139, 147, 155, 169, 191, 194, 242, 270, 339, 376

Sindicato dos Metalúrgicos de São Paulo, 313

Singers Unlimited (grupo musical), 261

Siqueira, Silnei, 267

Sirotsky Sobrinho, Maurício, 34-5, 37, 39, 43, 47

Sirotsky, Pedrinho, 414

Sivuca, 157

Skoltens, Marlis, 215

"Smile" (canção), 312

SNI (Serviço Nacional de Informações), 307-8

"Só Deus é quem sabe" (canção), 358, 360

"Só tinha de ser com você" (canção), 244, 250

Soares, Claudette, 74, 76, 91-2, 110, 308

Soares, Elza, 123, 322

Soares, Jô, 15, 104

Socimpro (Sociedade de Intérpretes e Produtores Fonográficos), 275

"sol nascerá, O" (canção), 79

Solo (livro de memórias de Cesar Camargo Mariano), 235, 266

Som 3 (grupo musical), 198, 231

Som Livre (gravadora), 184, 197, 337, 352, 371, 379, 386, 398

Som Livre Exportação (programa de TV), 184, 197

"Something" (canção), 391-2

"Soneto da separação" (canção), 244, 248, 251

"Sonhando" (canção), 41

"sonho, O" (canção), 160, 167

"Sonho de Maria" (canção), 133

"Sonho de um Carnaval" (canção), 72

Sonima (estúdio), 372

Sonotrat (medicamento), 398

Soriano, Waldick, 187

Sosifor agora (espetáculo), 54, 59

Souza, Naum Alves de, 269, 278-81

Souza, Raul de, 15, 53, 55, 86

Souza, Ronaldo Monteiro de, 186, 206, 229, 311

Souza, Tereza, 104

Spadoline, Carlito, padre, 402

Spotlight (programa de TV), 83

Stardust (boate em São Paulo), 77

Stevens, Cat, 185, 189

Streisand, Barbra, 66, 149-50

"Stupid Cupid" (canção), 40

"Subi lá no morro" (canção), 101

Sucata (boate no Rio de Janeiro), 154-5

Suécia, 150, 156, 159, 223

Suíça, 156, 160, 326, 328, 332

"Suíte dos pescadores" (canção), 72-3

"Summer of 42" (canção), 210

Sunlight (álbum de Herbie Hancock), 406

Supremes, The (grupo musical), 146

Tabelinha: Pelé × Elis (álbum de 1969), 191

Taguatinga (DF), 354

Taiguara, 219, 308

Tamba Trio (grupo musical), 53-4, 73, 76, 111, 206

Tapajós, Maurício, 305-6

Tapajós, Rosana, 65

Tapecar (gravadora), 231-2

Tasselli, Gustavo, 410

"Tatuagem" (canção), 267, 273, 285-7

Tavares, Marly, 49, 62

Tavito, 202, 204, 206, 220, 302

Taylor, James, 185, 379

Te pego pela palavra (álbum de Marlene), 311

Teatro Alfa (São Paulo), 409

Teatro Álvaro de Carvalho (Florianópolis), 45

Teatro Aquarius (São Paulo), 290, 292

Teatro Astoria (Rio de Janeiro), 72

Teatro Bandeirantes (São Paulo), 22, 249-50, 265, 270, 272-3, 276, 279, 285, 301, 333, 397, 399, 401

Teatro Cultura Artística (São Paulo), 82

Teatro da Praia (Rio de Janeiro), 171, 173-4, 196, 207, 224, 229, 257, 312

Teatro de Arena (São Paulo), 69, 267

Teatro de Bolso (Rio de Janeiro), 96

Teatro Denen Colosseum (Tóquio), 332

Teatro do Parque (Recife), 316

Teatro Escola Macunaíma (São Paulo), 268

Teatro Francisco Nunes (Belo Horizonte), 208

Teatro Ginástico (Rio de Janeiro), 306-7

Teatro Glauce Rocha (Campo Grande), 208

Teatro Ipanema (Rio de Janeiro), 202

Teatro Leopoldina (Porto Alegre), 305

Teatro Lírico (Milão), 303

Teatro Maria Della Costa (São Paulo), 236, 249, 252-4, 289

Teatro Oficina (São Paulo), 268

Teatro Olympia (Paris), 147-50, 155-7, 159, 268, 326

Teatro Paramount *ver* Cine Teatro Paramount (São Paulo)

Teatro Procópio Ferreira (São Paulo), 344

Teatro Record (São Paulo), 74, 85-8, 91, 93, 96, 100, 110, 113, 164, 357

Teatro Santa Isabel (Recife), 314-6

Teatro Sistina (Roma), 303

Teixeira, Humberto, 330, 332

Teixeira, Renato, 237, 296-8, 300

Telejornal Pirelli (TV Rio), 52

Telles, Sylvinha, 65, 323

Telstar (satélite europeu), 146

"Tem mais samba" (canção), 133

Temer, Michel, 279

Tempo feliz: a história da gravadora Forma (Vieira), 60

Tenório Junior, 55, 65

Teresa (babá), 19-20, 185, 302

"Tereza sabe sambar" (canção), 133

"Terra de ninguém" (canção), 67-8, 87

Terra, Ana, 323, 415-6
"Terremoto" (canção), 257
"The Lady Is a Tramp" (canção), 56-7
Theatro Municipal (Rio de Janeiro), 62, 69
Theatro Municipal (São Paulo), 268
"These Are the Songs" (canção), 182, 256-7
Thielemans, Toots, 159
Thriller (álbum de Michael Jackson), 261
"Tiger, The" (canção), 352
TikTok, 346
"Till There Was You" (canção), 391
"Time for Love, A" (canção), 163
Tinhorão, José Ramos, 230
Tiso, Wagner, 130, 132, 198
Toledo, Maria Helena, 94
Tom Zé, 166, 292
Tomás, Américo, 225
Toni Tornado, 218-9, 221
Toninho (baterista), 77
Toquinho, 79, 125-6, 220, 237
Tóquio (Japão), 332
Torquato Neto, 127
Torres, Carlos Alberto, 175
Touber, Rob, 209
Trama (gravadora de João Marcello), 408
Trama (produtora de Elis e Cesar), 269, 278, 372, 375, 408
Tramontina, Carlos, 361
Transversal do tempo (álbum de Elis), 164, 316
"Transversal do tempo" (canção), 304
Transversal do tempo (show), 164, 304-7, 313, 315, 318, 348, 369, 381
Trapalhões, Os (programa de TV), 370
"Travessia" (canção), 250, 254, 399
Travesso, Nilton, 88, 300
"trem azul, O" (canção), 380, 385-6
Trem azul (espetáculo de Elis), 369-71, 374, 376, 378, 380-4, 388, 413
"Trem das sete" (canção), 255
Três na bossa (projeto de show), 100
Trio Irakitan (grupo musical), 37, 49, 65
Trio Mocotó (grupo musical), 237

Trio Ternura (grupo musical), 219-20
"Triste" (canção), 244-5
"Triste amor que vai morrer" (canção), 79
"Tristeza de Carnaval" (canção), 37
Troncoso, Mário, 23
Tropicália ou Panis et circencis (álbum de 1968), 166
Tros-Nederland (revista holandesa), 215
"Tu serás" (canção), 41
Tuca (cantora), 94, 128, 136
Tuca (Teatro da PUC São Paulo), 236, 381
Tunai, 15, 323-4, 335
Turquinho (baterista), 69
Turrentine, Stanley, 242
Tuta *ver* Carvalho, Antônio Augusto Amaral de (Tuta)
Tutti Maravilha (locutor), 414
TV Bandeirantes, 241, 292, 312, 334
TV Continental, 61-2
TV Cultura, 134, 304, 309, 358, 369-70
TV Eurovision, 146
TV Excelsior, 62-4, 70-1, 75, 78, 80-1, 91, 105, 112, 115, 131-2, 151, 233, 414
TV Gazeta, 318
TV Globo, 21, 84, 164, 183-5, 191, 208-10, 217, 219, 222, 224, 228, 250, 257, 264, 331, 334, 336-8, 347, 358, 361, 365, 368, 371, 379, 399, 401
TV Mulher (programa), 347
TV Record, 74, 77, 80-6, 88, 90-6, 104-5, 107-9, 111-5, 117-21, 124, 127, 129, 137, 141, 147, 153, 164, 166, 171, 184, 196, 202, 249, 270, 292, 300, 336, 347, 385
TV Rio, 42, 49, 51-2, 55, 57, 60, 64-5, 80, 91, 94, 153
TV Tupi, 52, 55, 80, 83, 85, 93, 105, 110, 115, 124, 188

"Última forma" (canção), 199
Última Hora (jornal), 58, 95, 107-8, 116, 121, 137, 270, 405

"Um por todos" (canção), 267

Universidade de São Paulo (USP), 68, 76-7

"Upa, neguinho" (canção), 146-7, 149, 155-6, 188, 210, 217, 266, 270, 383

Uruguai, 175-6

Valadão, Jece, 191

Valdés, Cacho, 202

Vale do Anhangabaú (São Paulo), 269

Valença, Alceu, 257

Valença, Rosinha de, 56

Valle, Marcos, 55, 62, 67-9, 72, 133, 148, 192-3, 200, 220-1, 257, 385

Valle, Paulo Sérgio, 62, 67, 69, 72, 133, 200, 220-1, 385

"Valsa da despedida" (canção), 399

"Valsa do amor que não vem" (canção), 76, 92

"Valsa rancho" (canção), 310

Vandré, Geraldo, 68, 72, 94, 115, 117-8, 122, 124, 136, 162, 215, 218, 308

Vanelli, Gino, 261

Vanusa, 164

Varig (companhia aérea), 254

VAR-Palmares (Vanguarda Armada Revolucionária), 317

Vasconcellos, Marcos, 348

Vasconcellos, Paulo, 414

Veja (revista), 165, 195, 222, 228, 237, 248

"Velha roupa colorida" (canção), 266, 273

"Velho arvoredo" (canção), 321, 324

Veloso, Caetano, 22, 115, 118, 122, 127, 133, 136, 146, 157, 162, 166-7, 173-4, 182, 187, 202, 218-9, 229-30, 233, 240, 292, 305, 308, 319, 341, 370, 380-1, 390-1, 401

Venezuela, 53, 93, 97, 112-3

"Vera Cruz" (canção), 167

Verdaguer, Willy, 202

Vergueiro, Carlinhos, 313

Viaduto do Chá (São Paulo), 269

"Viajante" (canção), 355

Viana, Chu, 69

"Vida de bailarina" (canção), 196, 206

vida escrachada de Joana Martini e Baby Stompanatto, A (Pedroso), 202

"Vida, vida" (canção), 355

Vidigal, Morro do (Rio de Janeiro), 139

Vieira, Renato, 60

Vietnã, Guerra do, 140

Vila do IAPI (Porto Alegre), 29, 33, 36-7, 43, 45, 47, 259, 318

Vila Sésamo (programa de TV), 280

Vinhas, Luís Carlos, 53-4, 62, 74, 175

Vinhas, Silvia, 175

"Viola enluarada" (canção), 193

Viola, José Carlos, 268

violão de Toquinho, O (álbum de 1966), 79

"virgem de Macarena, A" (canção), 44-5

Virgem Maria, 143

Visão (revista), 215

"Visão" (canção), 160

Viva a Brotolândia (álbum de Elis), 40-2, 46, 121, 130-1, 240

Viviani, Raphael, 227-8

"Você" (canção), 84, 160, 163

"Você e eu" (canção), 50

Vogue (bar em Porto Alegre), 35

Volkswagen, comercial da (2023), 409-12

"volta, A" (canção), 104, 160

"Vou andar por aí" (canção), 79

"Vou deitar e rolar" (canção), 175, 181

Vox populi (programa de TV), 304

"voz do morro, A" (canção), 79

Wakeman, Rick, 326

Waller, Fats, 160

Waltel Branco: o maestro oculto (Aníbal), 43

Wanderléa, 88, 108, 115, 119-20, 244-5

Warner (gravadora), 309-10, 312-3, 319, 325, 328, 349

Watanabe, Sadao, 332

Waters, Roger, 356

"Wave" (canção), 160, 163

Weather Report (grupo musical), 350-1

Wilke, Rejane, 31-2, 47, 366

Willy (paquera de Elis), 32
"Wilsamba" (canção), 160
Wolff, Fausto, 109
World Pop News (jornal), 149

Xavier, Chico, 368
Xororó, 410

"Yesterday" (canção), 117
"You've Got a Friend" (canção), 379
"You've Got to Hide Your Love Away" (canção), 119
YouTube, 412

"Zambi" (canção), 87
Zamma, Caetano, 70
"Zazueira" (canção), 163
Zé Keti, 58, 118
Zé Renato (filho de Chacrinha), 244
Zé Rodrix, 196, 202, 204, 206, 220, 302
"Ziguezague" (canção), 79
Zilber, Sylvio, 268
Zimbo Trio (grupo musical), 68, 77, 82-4, 86-7, 89-91, 98-100, 104-5, 109, 111-2, 114, 145-6, 252, 262, 287, 336, 376
Ziraldo, 226
Zum Zum (boate no Rio de Janeiro), 320

ESTA OBRA FOI COMPOSTA PELO ACQUA ESTÚDIO EM MINION E IMPRESSA
EM OFSETE PELA LIS GRÁFICA SOBRE PAPEL PÓLEN NATURAL
DA SUZANO S.A. PARA A EDITORA SCHWARCZ EM FEVEREIRO DE 2025

A marca FSC® é a garantia de que a madeira utilizada na fabricação do papel deste livro provém de florestas que foram gerenciadas de maneira ambientalmente correta, socialmente justa e economicamente viável, além de outras fontes de origem controlada.